14-26

HISTOIRE
DE LA
LITTÉRATURE FRANÇAISE
AU XVIIe SIÈCLE

L'ÉPOQUE D'HENRI IV
ET DE LOUIS XIII

DU MEME AUTEUR

Histoire de la Littérature Française au XVII siècle. Editions Domat.

    I. — L'Epoque d'Henri IV et de Louis XIII. (Grand Prix de la Critique Littéraire, 1949.)

    II. — L'Epoque de Pascal. (1951.)

    III. — L'Apogée du siècle. Boileau, Molière. (1952.)

    IV. — L'Apogée du siècle. La Fontaine, Racine, La Rochefoucauld, Mme de Sévigné. (1954.)

Théophile de Viau et la libre pensée française en 1620. Droz, 1936.

Le vrai Verlaine, essai psychanalytique. Droz, 1936.

Le secret de l'Aventure vénitienne. Perrin, 1938.

Verlaine, l'Homme et l'Œuvre. Hatier, 1953.

Les premières satires de Boileau (I-IX), édition critique. Giard, 1942.

MONTESQUIEU. *Les Lettres persanes*, édition critique. Droz, 1954.

BALZAC. *Illusions perdues.* Garnier, 1956.

ANTOINE ADAM

Professeur à la Faculté des Lettres de Lille

HISTOIRE
DE LA
LITTÉRATURE
FRANÇAISE
AU XVIIe SIÈCLE

Tome I

L'ÉPOQUE D'HENRI IV
ET DE LOUIS XIII

EDITIONS DOMAT

2, rue des Italiens, Paris-IXe

PQ 101
A19
v.1

PRÉFACE

Après tant de travaux consacrés par l'érudition à notre XVIIe siècle, il est peut-être possible de dresser un tableau général de cette période. Certes, les lacunes restent grandes, et certains domaines n'ont été que très insuffisamment défrichés. Mais on peut, dès maintenant, semble-t-il, rassembler les conclusions qui se dégagent d'innombrables études de détail, et en tirer une vue d'ensemble.

C'est là l'objet principal du présent ouvrage. Travail de rassemblement et de synthèse, et non pas d'érudition. Les spécialistes n'auront pas de peine à reconnaître sur bien des points le résultat de recherches originales. Mais elles n'ont ici qu'une importance secondaire, et je me suis borné à utiliser certaines notes recueillies depuis de longues années déjà. Toute mon attention était tournée ailleurs, vers une interprétation exacte du mouvement des lettres françaises.

Etude d'ensemble par conséquent. Mais qui n'en concentre pas moins la lumière sur des œuvres particulières, sur les grandes œuvres. L'histoire littéraire ne se justifie que si elle donne aux lecteurs de nouveaux moyens de comprendre, de nouvelles raisons d'aimer les œuvres vivantes, celles qui, à travers les siècles, continuent d'éclairer, d'enchanter ou d'émouvoir. Tous les gens de lettres qui ont noirci le papier de leur prose ou de leurs vers n'ont pas un droit égal à figurer dans l'histoire. Il faut qu'ils restent pour nous des écrivains vivants, ou tout au moins qu'ils aient joué un rôle dans le mouvement littéraire, et que leurs livres jettent une utile lumière sur les ouvrages des plus grands. L'écrivain mérite quatre lignes quand il s'appelle Hélie Poirier, quelques pages s'il s'appelle Malleville, un chapitre entier s'il est Corneille. J'ai attaché une importance particulière à mesurer exactement la part qui revenait à chacun.

Ainsi conçu, ce livre ne pouvait accorder à la bibliographie qu'une place très restreinte. Mais il fallait penser à ceux qui voudront connaître avec plus de détails un auteur ou une œuvre, et leur donner le moyen de pousser plus loin leur étude. C'est pourquoi chaque paragraphe porte, en principe, l'indication du livre le plus utile à consulter. C'est pourquoi aussi j'ai ajouté aux dernières pages de cet ouvrage une liste brève des manuels de bibliographie et des répertoires concernant le XVIIe siècle. En rapprochant ces indications, il sera toujours possible de constituer la bibliographie des questions particulières. J'espère qu'ainsi compris, ce travail rendra service à tous les curieux du XVIIe siècle, aux membres du corps enseignant et aux étudiants de nos Facultés.

Je ne crois pas me faire d'illusions sur les erreurs de fait et sur les lacunes que peut présenter mon travail. Mais quelques critiques qu'on en fasse, je m'en consolerai si l'on veut bien admettre la pensée générale qui l'inspire et l'interprétation générale que j'ai essayé d'y donner de notre littérature classique naissante. Je ne crois pas qu'on serve la cause de la tradition française en exaltant sans fin ses vertus de discipline et de clarté, en la présentant comme une manifestation prestigieuse d'un ordre classique éternel. Cette manière de la célébrer ne saurait que détourner d'elle, en France et à l'étranger, ceux qui pensent que l'œuvre de l'esprit est d'abord création, élan, fécondité, et que si l'art est un ordre, c'est dans ce sens que l'artiste domine cet élan créateur, et non pas qu'il s'en passe. Beaucoup d'excellents esprits, à l'étranger, cesseraient de ranger notre littérature au-dessous de quelques autres, si les historiens français avaient mis plus fortement en relief ce qu'eut de neuf, de hardi, de vivant, l'effort de notre siècle classique. L'interprétation que je propose des œuvres de Corneille rapprochera, je pense, ce grand génie français des génies de l'étranger, au lieu de l'isoler comme pouvait faire un classicisme de décadence. J'espère avoir servi mon pays en exaltant l'œuvre de l'esprit français à un moment décisif de son histoire, en la faisant mieux comprendre, et par des raisons auxquelles fussent sensibles des hommes nourris de Shakespeare, de Gœthe et de Dostoïewski.

PREMIÈRE PARTIE
(1600 - 1627)
Chapitre I
LA POÉSIE

Renaissance poétique

La paix de Vervins en 1598 détermina un réveil immédiat de l'activité poétique, longtemps gênée par les troubles intérieurs et la guerre étrangère. Un éditeur écrivait en tête d'un recueil de vers: «Les Muses dispersées par l'effroi de nos derniers remuements en tous les endroits de la France, et comme ensevelies dans les ténèbres d'une profonde nuit, commencent de voir le jour au lever de cette Aurore et bienheureuse Paix» (1). Coup sur coup en effet, toute une série de volumes paraissait qui attestaient cette renaissance. Dans l'espace de quatre ans (1597-1600), près d'une dizaine de recueils collectifs sortaient des presses de Raphaël du Petit-Val à Rouen, de Nicolas et Pierre Bonfons, d'Antoine du Breuil et de Mathieu Guillemot à Paris: abondance exceptionnelle pour l'époque, et qu'on ne reverra plus au cours du demi-siècle suivant (2).

Dans ces volumes, qui jouent le rôle de nos modernes revues littéraires, et qui constituent le plus précieux des témoignages sur le mouvement poétique à cette date, bien des noms apparaissent qui se rattachent au passé: Béroalde de Verville, Trellon, Bouteroue, Durant de la Bergerie (3). Sponde, qui semble occuper une place de choix dans l'estime des contempo-

---

(1) Dédicace des *Muses françaises ralliées*, Mathieu Guillemot, Paris, 1599.
(2) Lachèvre, *Recueils collectifs*, I.
(3) On trouvera une notice et une bibliographie sur chacun de ces écrivains dans Lachèvre, *op. cit.*

rains, est mort depuis deux ans lorsque le *Recueil* de Raphaël du Petit-Val publie cinquante de ses poésies (4). En fait, ni lui, ni les autres écrivains dont les noms viennent d'être prononcés n'ont une profonde influence sur le développement de notre poésie. Trois hommes seulement comptent, et sont considérés comme des maîtres : Desportes, Bertaut et Du Perron.

Desportes (1)

Le plus âgé d'entre eux est Desportes. Il est né en 1546. Il a été « le bien-aimé et favori poète » d'Henri III, en un temps que les Français n'évoquent qu'avec horreur. Depuis la fin des guerres civiles, il passe les hivers dans sa luxueuse retraite de Vanves, et les étés dans son abbaye de Bonport. Il conserve l'admiration de ceux qui restent fidèles au passé. Bien qu'il ait trouvé le moyen d'être absent aux funérailles de Ronsard, il est toujours, pour les contemporains, le légitime héritier du maître. Les écrivains n'oublient pas les services qu'il leur a rendus. C'est lui qui a poussé Vauquelin à la poésie et Du Perron à la politique. C'est sur ses instances que Vauquelin des Yveteaux a été choisi pour précepteur de César de Vendôme. Bertaut, aussi bien que Deimier, lorsqu'ils nous rappellent leurs débuts dans le métier des lettres, citent deux noms: Ronsard et Desportes (2).

Mais cette gloire est proche de son déclin. Desportes, depuis 1600, ne travaille plus guère qu'à sa traduction des *Psaumes*, et lorsqu'elle paraît, le succès est médiocre. On devine que les éloges qui l'accueillent sont de complaisance. Les

---

(4) *L'Œuvre poétique de Sponde* a été l'objet d'une réédition par les soins d'Alan Boase et François Ruchon, Cailler, Genève, 1949. Les textes de Sponde y sont précédés de deux introductions remarquables.

(1) Voir l'admirable thèse de J. Lavaud, *Philippe Desportes,* Paris, 1936. Les œuvres du poète ont été rééditées par A. Michiels, Paris, 1858.

(2) Bertaut, éd. Chenevière, p. 130, et Deimier, cité dans Brunot, *Doctrine de Malherbe*, p. 29.

amis mêmes ne louent qu'avec quelque embarras (3). En fait, c'est toute l'œuvre de Desportes qui est en train de vieillir. La mode de 1600 n'est plus celle des Valois et de leur cour. Dans son *Elégie sur les œuvres de Monsieur Desportes,* Vauquelin des Yveteaux s'en prend à de « jeunes esprits » qui prétendent introduire à la Cour « un langage nouveau » (4), et sans doute la désaffection du public est-elle déjà évidente, car les éditeurs de recueils collectifs ne puisent presque jamais dans l'œuvre de Desportes : une pièce dans *l'Académie* de 1599, cinq en 1607, dans le second tome du *Parnasse.*

Bertaut et Du Perron [1]

Ils attachent au contraire le plus grand prix aux productions poétiques de Bertaut et de Du Perron. Entre 1597 et 1611, ils publient deux cent cinquante-cinq pièces du premier, et cent soixante-cinq du second. Ce sont donc ces deux hommes qui, bien mieux que Desportes, représentent la poésie française dans la première décade du siècle.

A vrai dire, leur œuvre, à eux aussi, appartient à un passé déjà révolu. Non pas qu'ils soient déjà des vieillards. Bertaut est né en 1552, et Du Perron en 1556. Mais les charges qu'ils remplissent accaparent leurs forces, et les dignités qu'ils cumulent ne leur permettent plus guère de s'abaisser au rang très humble des gens de lettres. Tous deux sont en effet des dignitaires de l'Eglise. Après avoir reçu en commande l'abbaye

(3) Soixante psaumes paraissent d'abord en 1591, puis l'édition complétée paraît en 1598 et en 1603. Voir dans Brunot, *op. cit.,* p. 31 sqq., les témoignages recueillis sur l'accueil des contemporains.
(4) Vauquelin des Yveteaux, éd. Mongrédien, p. 30. Tout le passage est important sur le progrès des nouvelles tendances.
(1) Abbé Grente, *Jean Bertaut,* 1903, à compléter par l'important compte rendu qu'en a donné J. Vianey dans *R. H. L.,* 1904, p. 156. Abbé Féret, *Le cardinal Du Perron orateur, controversiste, écrivain.* E. Magne a donné une note bibliographique sur Du Perron dans son *Plaisant Abbé de Boisrobert,* p. 35, n. 1. Les œuvres de Bertaut ont été rééditées par Ad. Chenevière, Paris, 1891.

d'Aulnay (1594), Bertaut a été nommé en 1600 premier aumônier de la Reine. Il a été sacré évêque de Séez en 1606. Du Perron, ancien réformé, s'est converti, et d'abord titulaire de plusieurs bénéfices, il est devenu évêque d'Evreux, puis archevêque de Sens, et, sur le tout, cardinal de la Sainte Eglise Romaine. On comprend que dans ces conditions Du Perron « quitte l'amusement » des vers en 1595. Bertaut seul demeure du « noble triumvirat ». Mais il évitera tout ce qui paraîtrait frivole, et s'il publie en 1602 ses vers d'amour, il a soin de le faire sous l'anonymat, avec toutes sortes de précautions.

La Poésie Religieuse

Dans les œuvres de Bertaut et de Du Perron, on ne s'étonnera pas que l'inspiration religieuse occupe une place de premier plan. Elles abondent en paraphrases de psaumes, en cantiques, en prières. Ce choix de sujets religieux, cette insistance à consacrer les premières pages de recueils poétiques à des compositions pieuses, témoignent du chemin parcouru depuis l'explosion de paganisme qui avait, cinquante ans plus tôt, marqué les premières activités de la Pléiade.

A vrai dire, ce catholicisme littéraire n'a pas les allures fanatiques qu'on pourrait craindre. Bertaut a de beaux vers sur les exigences de l'Evangile et sur les devoirs du clergé. Il est resté hostile à la Ligue, et n'a pas cessé de prêcher la réconciliation nationale. Desportes, au dire d'un contemporain, était papiste, mais non pas bigot (1), et s'il s'était compromis avec les Ligueurs, il ne cachait pas ses sympathies pour deux humanistes honnis du parti dévot, Scaliger et Casaubon. Mais cette modération ne doit pas dissimuler que la poésie religieuse de Desportes, de Bertaut et de Du Perron, est au service, non d'un idéal et d'une foi, mais d'une hiérarchie et d'une orthodoxie, et pour reprendre une opposition connue, au service

---

(1) *Scaligerana,* ed. 1740, t. II, p. 513, Lavaud, *op. cit.,* p. 389.

d'une politique, et non pas d'une mystique. Elle est l'expression littéraire de la Contre-Réforme française, avec tout ce que ce mot comporte de modération relative, mais aussi d'abdication intellectuelle et de complaisance morale. D'hypocrisie peut-être aussi. Les contemporains de Desportes ont toujours pensé qu'il était secrètement athée, et les auteurs de la *Satire Ménippée* n'en doutaient pas, ni, trente ans plus tard, Balzac (2). Lorsqu'ils le virent qui prenait sa retraite, ils en firent des gorges chaudes et dirent qu'il s'était repenti comme le bon larron, « ne pouvant plus mal faire » (3). La réputation de Du Perron n'était pas moins déplorable, et Guy Patin parle de son inconduite comme d'une chose sûre (4). On a même de bonnes raisons de penser que Régnier s'adresse au Cardinal lorsqu'il dit à un hypocrite qu'il ne nomme pas :

> *Ton vice est de n'avoir ny Dieu, ny foy, ny loy* (5).

La Poésie politique (1)

Mise au service de l'Eglise établie, la poésie de 1600 est au service aussi de la monarchie traditionnelle. Une seule foi ; un seul roi. Desportes, Bertaut, Du Perron sont aux ordres de la Cour et travaillent sur commande. Ils composent, à propos des événements politiques, toutes les pièces qu'on attend de leur savoir-faire et de leur zèle. D'où ces odes, ces stances, ces étrennes, ces épithalames, ces chants funèbres, ces innombrables vers de circonstance qui célèbrent les naissances et les

---

(2) Balzac, *Lettres inédites*, p. p. Tamizey de Larroque, p. 449.

(3) *Satire du temps*, dans Perceau et Fleuret, *Satires françaises du XVIIᵉ siècle*, I, p. 120. Voir dans Lavaud, *op. cit.*, p. 394-395, des détails piquants sur les visites galantes que l'abbé de Bonport continuait de recevoir.

(4) Guy Patin, *Lettres*, I, p. 493 et III, p. 545.

(5) M. Vianey, qui a fait ce rapprochement, pense que Régnier vise également Du Perron quand il parle d'un pédant à la scandaleuse fortune. (*Sat.* II, v. 84-86, Vianey, *Mathurin Régnier*, p. 14).

(1) G. Allais, *Malherbe et la poésie française à la fin du XVIᵉ siècle*, Paris, 1891, et M. Raymond *L'Influence de Ronsard*, Paris, 1927.

mariages, pleurent sur les maladies et les décès de la famille royale, et qui chantent sans se lasser les victoires des fleurs de lys.

Œuvres sincères sans aucun doute. Mais froides. De l'inévitable froideur de toute poésie imposée et de toute littérature officielle. Froides surtout parce que la pensée qui anime ces poètes, ce n'est jamais une grande et généreuse idée, et qu'ils sont condamnés, par la position qu'ils ont prise, à célébrer sans fin les intérêts d'une famille et les beautés d'une aveugle obéissance. D'ardentes convictions ont inspiré à Du Bartas et à D'Aubigné des mouvements lyriques qui nous émeuvent encore. N'attendons rien de semblable des poètes officiels de la Cour.

Ce développement de la poésie politique répond à des circonstances historiques très nettement déterminées. On a établi que, chez Bertaut comme chez Du Perron, aucun discours de circonstance, ni d'ailleurs aucun poème religieux n'est antérieur à 1585. La poésie politique n'est donc pas chez eux spontanée. Elle ne se développe pas de façon parallèle à leurs poésies amoureuses. Elle en prend la place. Elle répond à un mot d'ordre. Elle traduit la transformation profonde des idées et des goûts qui se produit en 1588, après la mort d'Henri III. La poésie française cesse pendant dix ans de s'attarder aux gentillesse de la galanterie. Elle est tout accaparée par les querelles religieuses et les luttes de la politique.

La Poésie sentimentale

Il était inévitable qu'avec le retour de la paix, la poésie sentimentale reprît de son importance, et qu'on renouât avec une tradition interrompue depuis dix ans. C'est bien en vain que Ronsard avait, dans sa préface des *Odes,* raillé les petits sonnets pétrarquisés et autres mignardises d'amour. Le développement de la vie de cour avait été plus fort que les plus fortes résolutions du poète. A partir de 1560, il avait dû, luimême, céder à la mode. A la Cour plus qu'à demi italienne de Catherine de Médicis, dans les salons de Mme de Villeroy ou de Mme de Retz, la poésie des Italiens s'était imposée, et les raffinements du platonisme, et les subtilités métaphysiques de Leone Ebreo.

De cet engouement, Desportes avait été à la fois le témoin et l'artisan. En 1566, il était revenu d'Italie et s'était introduit au Louvre. Il y était devenu, selon une heureuse formule, « le Saint-Gelais du dernier Valois ». Il imite alors, ou plutôt il traduit les poètes italiens qui sont à cette époque en vogue dans la Péninsule, Tebaldeo et Panfilo Sasso. Vers 1583, il découvre Angelo di Costanzo et s'efforce de faire passer dans notre langue la préciosité aimable de ce poète (1). Ces œuvres amoureuses de Desportes traduisent l'influence grandissante de la société aristocratique sur le développement de notre littérature. Elles ont, pour satisfaire l'élite mondaine, une première qualité ; elles sont claires. Le raffinement des sentiments n'empêche jamais le vers d'être limpide. La pensée prend tout son temps pour s'exprimer, et les lentes explications sentimentales ne laissent aucune place au mystère. Les liaisons sont mieux suivies que dans les œuvres de la Pléiade, et le débit plus homogène. Cette poésie n'est pas seulement claire. Elle est, elle veut être « douce ».

Faut-il ajouter qu'elle est molle ? L'amour, chez Desportes, est une passion au sens premier du mot, une passivité. Il s'exprime par des adorations, par des plaintes, par l'aveu d'une servitude. Point de sursauts, nul mouvement de révolte. Ce qu'il y a de féminin dans le pétrarquisme, l'idolâtrie de la femme, l'asservissement de l'homme, est ici porté à son terme extrême.

(1) Vianey, dans *R. H. L.*, 1906, a établi la succession de ces diverses influences. De 1573 à 1577, Desportes ne découvre pas de modèles nouveaux. Il puise dans Sasso, Tebaldeo, dans le recueil d'Atanagi (1565) et dans le deuxième volume de Dolce (1565). Mais en 1583, son œuvre connaît un brusque enrichissement. C'est qu'il vient de découvrir la réimpression, faite en 1579, des *Fiori delle rime de' poeti illustrissimi* de 1558. Les imitations d'Angelo di Costanzo ont été étudiées par Kastner, *R. H. L.*, 1908, p. 113 sqq, celles de Sasso par Vianey, *R. H. L.*, 1903.

Cette clarté, cette douceur, l'élégance du fond et de la forme, cet accord du poète avec les goûts des courtisans et des femmes de la haute société, des allusions discrètes mais perceptibles aux doctrines platoniciennes firent le succès de Desportes. Un succès qui gagnait des cercles étendus, et non pas seulement dans l'aristocratie, mais parmi les lettrés (2). Il atteignit son point culminant aux environs de 1583.

Mais dans l'intervalle, des tendances nouvelles apparaissaient. Sensibles du vivant même d'Henri III, elles allaient s'affirmer avec plus de force après sa mort. Leur influence est visible surtout chez Bertaut. Nous n'avons rien de ses productions poétiques de 1568 à 1573 et 1576. Mais de 1579 à 1589 il a « pétrarquisé » à la façon de Desportes. Son œuvre ne se confond pourtant pas avec celle de son maître. Il évite de traduire des œuvres italiennes, et se borne à reproduire quelques tours heureux qu'il y a notés. Il emploie moins volontiers le sonnet, et lui préfère les chansons et les stances. Il modifie d'ailleurs la stance italienne, et il emprunte à Ronsard et à Desportes la strophe de six alexandrins et celle de quatre alexandrins à rimes croisées. Mais surtout il apporte à la poésie sentimentale quelque chose de nouveau. S'il garde les thèmes du pétrarquisme, s'il en conserve le vocabulaire, il cesse de s'exprimer par des métaphores et des images. Il cherche des équivalents intellectuels aux mouvements passionnés du pétrarquisme. Il remplace les cris et les plaintes par des raisonnements (3).

Plus intellectuelle, la poésie sentimentale devient aussi plus volontaire et plus virile. Avec Desportes, elle s'inspirait de la conception mystique de l'amour, empruntée aux trattatistes italiens. L'amour était aliénation totale de l'amant dans l'aimée,

(2) Scévole de Sainte-Marthe a défini admirablement le succès de Desportes, et les causes de ce succès « Eaque porro styli simplicitas, cum eximio lepore semper conjuncta, non Gallicae modo nobilitati et illustribus aulae feminis, verum et eruditis hominibus placuit ». (Cité M. Raymond, *op cit.*, p. 108).

(3) M. Raymond, *op. cit.*, et J. Vianey, *R. H. L.*, 1904, p. 156.

destruction de l'être. Il exigeait que tout, chez l'amant, pensée et volonté, s'identifiât à l'être aimé. D'où ces extrêmes subtilités, pour nous difficilement supportables, mais exquises au goût des contemporains, par où le poète s'efforce d'expliquer qu'en aimant il se détruit, mais qu'en se détruisant il naît à la véritable vie, qu'en perdant sa vie, il la sauve, et qu'en la sauvant, par un nouvel approfondissement de sa passion, il la perd. Pensées raffinées qui réclament des formes d'expression ingénieuses. Desportes rivalisait de subtilité avec ses modèles italiens. Parfois aussi de mauvais goût: il lui arriva de se plaindre que le vent chaud de ses soupirs attisât le feu qui le dévorait (4).

Mais la mode de ces molles délicatesses passa de bonne heure. A partir de 1585, la théorie mystique de l'amour n'inspire plus guère les poètes. Ils parlent maintenant un langage moins subtil. Ils adoptent une attitude qui n'est plus celle des premières œuvres de Desportes. L'Amour apparaît chez eux comme une sorte de lutte où la liberté de l'amant est en jeu, et ne renonce pas si aisément à abdiquer. Ils font appel à leur raison. Ils parlent à l'aimée un langage d'une fermeté toute nouvelle. Leurs plus belles pièces sont des plaidoyers passionnés par où ils s'efforcent d'arracher à la femme la récompense de leurs services.

L'existence de cette poésie sentimentale nouvelle s'explique sans aucun doute par l'influence de certains cercles mondains. On a fait observer que la Cour d'Henri III et les salons de Mme de Retz et de Mme de Villeroy se plaisaient dans les raffinements du néo-pétrarquisme, tandis que chez Henri de Navarre ou François d'Alençon l'amour se présentait sous un aspect plus viril, militaire et glorieux (5). Avec la mort d'Henri III et le recul de l'influence italienne, ce second aspect devait prendre une importance grandissante et recouvrir le

(4) *Amours de Diane,* II, sonnet 72.
(5) M. Raymond, *op. cit.,* p. 157.

11

2

précédent. Après les martyres infinis de Desportes, la poésie de Bertaut marque un progrès de la franchise virile.

Déjà même cette nouvelle manière de parler de l'amour se trouve dans certaines des élégies de Desportes (6) et dans plusieurs pièces de ses *Diverses amours* (7). Inversement, certaines œuvres de Bertaut développent dans toute son ingéniosité la théorie mystique de l'amour (8). Mais d'autres, plus nombreuses, valent par la noblesse fière du ton, par l'énergie de la révolte, par la fermeté d'une âme résolue à secouer un joug humiliant.

> *On ne fait point trop tost ce qu'on fait par raison* (9).

La poésie sentimentale évolue donc dans le sens d'une virilité plus grande et, par une conséquence nécessaire, dans le sens d'une forme plus sobre. Un historien a remarqué que déjà chez Desportes, l'imitation d'Angelo di Costanzo et celle, simultanée, de Bernardino Rota, succédant à celle de Tebaldeo et de son école, marque, sur la première manière, un progrès certain de la mesure et du bon sens (10). L'évolution est beaucoup plus nette chez Bertaut. La poésie chez lui devient une sorte de rhétorique, grave et dense. Il ne connaît plus guère qu'un procédé, le parallélisme, c'est-à-dire, par conséquent, un procédé oratoire. On a fait observer que l'apparition de ce style répond exactement à une évolution semblable de la poésie italienne. On a rappelé que le Tasse construit de la même façon ses phrases et que la *Jérusalem délivrée* avait paru en 1580, les *Rime* en 1581. Il est possible qu'il n'y ait là qu'un pur synchronisme, mais de toute façon, cette formule nouvelle de la phrase poétique annonce, en France comme en Italie, l'apparition de la poésie oratoire et du style classique.

Cette poésie sentimentale nouvelle, tendue, sérieuse, oratoire,

---

(6) Notamment dans II, 3.
(7) Voir les pièces XIII, XIV et XXIII.
(8) Par exemple, *éd. cit.*, p. 309.

> *Mon âme vit en moi comme l'on vit en terre,*
> *Mais elle vit en vous comme l'on vit aux cieux.*

(9) *Ed. cit.*, p. 400.
(10) Lavaud, *op. cit.*, p. 275 sqq.

aurait pu inspirer de nobles œuvres. En fait elle n'en a guère produit que d'ennuyeuses. L'imprécision des traits, la froideur logique du développement, l'absence de détails particuliers et concrets, la généralité extrême des sentiments exprimés rendent à peu près illisibles la plupart des œuvres de cette époque. Bertaut, comme Du Perron, comme tous ceux qui les imitent, ressassent à l'infini des *éloges de la constance,* des *plaintes pour une infidélité,* des *regrets pour une absence.* Jamais, ou presque jamais, un cri vrai, un aveu qui ouvre sur les profondeurs de la passion une perspective émouvante. Rien qui témoigne d'un sentiment réellement éprouvé. Les lieux communs de la tradition sentimentale, une poésie qui n'a de généralité que parce qu'elle est abstraite. Tous les périls déjà du faux classicisme.

Comment d'ailleurs le poète réussirait-il à nous toucher ? Il parle presque toujours pour le compte d'un grand seigneur, et travaille sur commande. La mode avait commencé de bonne heure, et dès 1560, Ronsard lui-même avait prêté sa voix au royal amant de Marie de Clèves. Depuis lors, l'usage s'était imposé. Il est maintenant établi que la plupart des poésies amoureuses de Desportes lui ont été commandées. Si nous possédions sur Bertaut un travail sérieux, nous apprendrions vraisemblablement qu'il en va de même pour lui. Ce qui est sûr, c'est qu'il composa des vers au nom de Henri IV pour Gabrielle d'Estrées et pour Henriette d'Entragues, et l'on a soutenu, avec quelque malice, mais non sans apparence de raison, qu'il dut à ces poèmes d'amour sa charge de premier aumônier de la Reine. Il n'en faut pas davantage pour qu'on s'explique le caractère glacé et conventionnel de toute cette littérature.

Ronsard et le souverain style

Si l'on songe que Ronsard ne mourut qu'en 1585, on se rend compte que cette évolution de notre poésie, en ses formes comme en son fond, s'est déroulée sous ses yeux, et qu'il a eu la possibilité de faire peser sur elle son immense autorité. Ce n'est pas de bon gré qu'il se laissa entraîner par la mode, et il était le premier à condamner l'influence croissante de l'aristocratie mondaine sur notre poésie. Sa gloire était grande dans les cercles humanistes et parmi les parlementaires. Les courtisans savaient que Ronsard n'avait travaillé pour eux qu'à son corps défendant. Aux mollesses de la poésie sentimentale, il avait opposé la « doctrine » et la « fureur » de la grande poésie. Doctrine, c'est-à-dire hauteur de la pensée, qui ne recule pas devant les sujets les plus élevés et les plus difficiles. Fureur, c'est-à-dire élans audacieux, enthousiasmes, raccourcis puissants et, s'il le faut, obscurs. Vers la fin de sa vie, il affirma une dernière fois les principes de sa poésie. Il condamna les néo-pétrarquistes qui « se traînent bassement », en même temps d'ailleurs que les audacieux comme du Bartas qui échellent les cieux. Son admiration allait à Homère et à Virgile. Il prônait « le souverain style », le style qui sait être grand sans être boursouflé. Il était revenu à sa prédilection juvénile pour la grandeur (1).

L'écrivain de cette époque qui a le mieux entendu le message du grand poète, ce n'est pas Desportes. Ce n'est pas non plus Du Perron. Celui-ci est au contraire allé s'éloignant de la leçon et de la façon de Ronsard. Ses poésies de 1578 et des années de début s'inspiraient du maître. Mais, lorsqu'il fut nommé lecteur du roi, il adopta la manière de Desportes et ne s'en dégagea plus. Bertaut par contre, à partir de 1587 ne cessa de se rapprocher de Ronsard, et en 1607, il écrivait à Du Perron en lui envoyant son *Pannarète* : « Si je ramène bien en usage cette antique et vraie poésie, qui consiste principalement en belles fictions, descriptions, comparaisons, prosopopées et autres sortes d'ornements poétiques, où M. de Ronsard a tant acquis de

(1) M. Raymond, *op. cit.*, p. 340.

14

gloire... » Bertaut, au début du XVIIe siècle, est par son exemple comme par sa doctrine, le vrai successeur de Ronsard.

La langue poétique

La langue poétique est, elle aussi, en pleine transformation. Les exigences des cercles mondains ont joué, dans ce développement, un grand rôle. Car la langue que Ronsard avait pratiquée dans les années d'enthousiasme, celle qu'il avait préconisée dans son *Abbrégé de l'Art poétique françois*, n'était pas une langue de courtisans et de gens du monde. Il fallait, pour la comprendre, connaître les langues, la mythologie et l'histoire d'Athènes et de Rome, il fallait avoir pénétré dans les ateliers des artisans, avoir pratiqué les vieux poètes nationaux et n'être pas sans quelque connaissance des patois de nos provinces. Depuis 1570 au contraire, sous la pression des milieux aristocratiques, la langue évoluait dans le sens d'une pureté, d'une simplicité, d'une abstraction toujours plus grandes. Plus de latinismes, plus d'expressions techniques, plus d'archaïsmes ni de locutions dialectales. Un vocabulaire appauvri, mais directement accessible aux habitués des salons de Mme de Villeroy ou de Mme de Retz.

Mais cette influence ne s'exerça pas seule. De lui-même, l'audacieux mouvement de la Pléiade s'était assagi. On a vu que Ronsard, dans ses dernières années, proposait pour modèles Homère et Virgile, c'est-à-dire les plus « classiques » des Anciens et qu'il condamnait les extravagances de ceux qui prétendaient « écheler les cieux ». On peut penser aussi que dans les cercles des lettrés, dans ceux notamment des grands parlementaires, une connaissance intime des littératures antiques avait développpé le sens et le goût d'une langue sobre et claire.

Cette évolution est déjà en plein cours à l'époque de Desportes et de Bertaut. On n'a relevé chez ce dernier que deux exemples du tour un moment cher à la Pléiade : *les fruits porte-larmes* et les *traîtres fausse-foy*. En réalité la langue de Desportes, comme celle de Bertaut, est une langue moderne très différente de celle que la Pléiade avait pratiquée avant 1560, très différente de celle que des provinciaux attardés prolongèrent jusqu'après la réforme malherbienne.

Mais en fait c'est plus tôt encore, c'est vers 1560 que cette évolution avait commencé, et Ronsard le premier en avait donné l'exemple. De beaux travaux ont maintenant établi qu'à partir de 1560 il ne cesse de corriger son œuvre, et qu'il la corrige sans cesse dans le sens moderne, dans le sens qu'exigent à la fois les cercles mondains et un goût plus classique de la langue Même travail chez Desportes ; la démonstration décisive en a été récemment apportée (1). Toute cette fin du XVIᵉ siècle va dans la direction de Malherbe, se précipite au-devant de lui, abjure les audaces de la Pléiade à sa naissance.

Vauquelin des Yveteaux [1]

Si l'on veut connaître le genre de poésie qui se pratiquait au Louvre dans les dix premières années du siècle, aucune œuvre n'en donnera une plus exacte idée que celle de Vauquelin des Yveteaux. Il était né en 1567 et vint à la cour en 1601. Bien vu du roi, il devint précepteur du duc de Vendôme, puis du Dauphin. Henri IV lui confia plus d'une fois le soin de composer des vers pour ses maîtresses. Ses poésies de circonstance, ses pièces amoureuses donnent donc bien le ton qui était de mode à la Cour.

C'était un authentique libertin, un non-conformiste de tempérament et de doctrine. Héroard, le médecin du roi, ne parle

---

(1) Lavaud, *op. cit.*, p. 291 sqq.
(1) G. Mongrédien, *Etude sur la vie et l'œuvre de Nicolas Vauquelin, seigneur des Yveteaux*, Paris 1921, et *Œuvres complètes de Nicolas Vauquelin*, même date.

de lui qu'avec horreur. Tallemant, qui n'était pas prude, dit qu'il était « des plus vicieux et corrompus ». Il avait fallu l'amitié personnelle d'Henri IV pour protéger le précepteur du Dauphin contre la cabale dévote. Le roi mort, la réaction triompha, et Vauquelin perdit son emploi. La Régente était d'avance hostile. Le clergé lui présenta un mémoire contre Vauquelin. Il fut chassé.

Si l'on se fie à sa très belle *Institution du Prince*, écrite pour le duc de Vendôme en 1604, il était déiste. Mais, au dire de Balzac, il était athée (2). Du moins a-t-il eu l'audace d'affirmer dans une pièce publique son rêve d'une humanité moins occupée de parades guerrières et toute tendue à construire librement un monde meilleur.

Au milieu d'une Cour de plus en plus dominée par les Jésuites et par le catholicisme ultramontain, cette attitude le condamnait. Plus tard, ses ennemis firent de lui un ridicule et le représentèrent, vêtu en berger extravagant, dans sa belle propriété du faubourg Saint-Germain transformée en sérail (3). Balzac, qui alla le voir chez lui, semble donner raison aux malveillants. « C'est un faune, écrit-il, que j'ay surpris autrefois dans ses bocages, avec un housseau de paille, un pourpoint de satin blanc, et une grande chaisne au col de patenostres musquées ». Mais, dans ses *Origines de Caen*, Huet remet les choses au point. Il a su, dit-il, de personnes de grand mérite et de grande qualité qui l'ont connu particulièrement, « que la plupart de ces gentillesses sont supposées. » Le prétendu costume bucolique se réduisait à un chapeau de paille couvert de satin noir à la fois léger et capable de le protéger du soleil.

Rien n'oblige à penser que Vauquelin vécut dans sa retraite

---

(2) Le texte de Balzac vaut d'être cité : « Ce bonhomme est un des restes de la Cour paillarde, et un des nourrissons de M. Desportes, de la religion duquel il est dit dans le *Catholicon* : « aussi athée que le poète de l'Amirauté » (*Lettres inédites*, p. 449).

(3) On trouvera de très précieux détails sur cette propriété du faubourg Saint-Germain dans le *Mémoire touchant le pré aux Clercs*, p. p. Fournier dans *Variétés historiques*, IV, p. 139 sqq.

comme un moine en son couvent. Mais rien non plus n'impose de croire, avec Balzac, qu'il pratiquait alors l'une et l'autre Vénus, et qu'il se servait d'un marotus aussi bien que d'une Délie. A y bien regarder, tout le désordre de Vauquelin se réduisait à sa liaison affichée avec Jeanne Dupuy, une excellente musicienne, et cette liaison n'eût sans doute choqué personne si Vauquelin n'avait prétendu conserver ses bénéfices ecclésiastiques, ce qui, au temps de Vincent de Paul, témoignait de quelque candeur ; si son incroyance n'avait dressé contre lui le parti dévôt ; si enfin il n'avait eu un neveu décidé à aggraver le scandale.

Epicurien, sceptique, dilettante, en relations avec d'excellents esprits, avec Saint-Amant par exemple (4), Vauquelin reste en marge du monde officiel, sous le régime de Richelieu, comme il l'a été au temps de la Régente. Il a dit un jour : « Si c'est vice que d'aymer la Musique, la Poésie, la Peinture et l'Architecture... » Tout son crime, en effet, est là.

L'œuvre de ce libertin a été écrite, pour sa plus grande partie, entre 1597 et 1610. Elle ne doit donc guère à Malherbe. Elle doit peu aussi à Desportes. Elle est tout inspirée par les poésies de Bertaut et Du Perron. La plus anciennement attestée de ses pièces, une *Résolution de n'aymer constamment....,* parue en 1597, est d'une facture sobre, dense, sans mignardise, sans jeux d'esprit, sans vaines subtilités. Le ton est tendu et âpre. L'amour y apparaît comme une passion douloureuse et douloureusement contenue, exigeante et dominée avec peine. On a reconnu là cette forme nouvelle de la poésie amoureuse qui apparaît à partir de 1580, si différente des raffinements et des mollesses des *Amours de Diane* et des *Amours d'Hippolyte.* Bonnes ou mauvaises selon que la facture en est plus ou moins soignée, les poésies sentimentales de Vauquelin ne sortent pas de ce type, adopté une fois pour toutes.

(4) Dans une épître au baron de Melay, Saint-Amant décrit la retraite « du magnifique et grand Yveteaux ». Il vit solitaire, goûte en repos les fruits de l'étude et abandonne ses sens « aux doux excès des plaisirs innocents ». (*Œuvres*, I, p. 346).

Ses sujets aussi sont les mêmes que ceux de Bertaut et de Du Perron. Vers sur le retour de la paix, vers sur la naissance de Monseigneur le Dauphin. Vers sur Gabrielle d'Estrées, sur la beauté de ses mains, de ses yeux et de ses cheveux. Vers sur des absences, sur des fidélités et sur des inconstances, écrits pour le compte de quelque grand seigneur.

Le Cercle de la Reine Marguerite [1]

Les contemporains ont un mot pour désigner Bertaut, Du Perron et Vauquelin : ce sont « les poètes du Louvre ». C'est qu'il savaient bien qu'il existe dans Paris d'autres centres d'activité poétique, et qui gardent leur physionomie propre. Le plus important d'entre eux est le cercle de la Reine Marguerite.

Elle était revenue à Paris le 19 juillet 1605. Elle s'était d'abord fixée au château de Madrid. Puis elle s'était rapprochée du centre de la capitale et avait demeuré un moment à l'hôtel de Sens. Lorsque son favori Saint-Julien eut été assassiné sous ses yeux, elle prit cette résidence en horreur et se fit construire un magnifique hôtel quai Malaquais. Il fut achevé en 1608. En attendant, elle vécut le plus souvent au château de Madrid et dans sa belle propriété d'Issy, qu'elle avait achetée en 1606, et que Bossuet et Fénelon allaient plus tard rendre fameuse.

Marguerite était une vraie grande dame de la Renaissance, admirablement cultivée, capable d'improviser une harangue latine, toute nourrie des poètes et des philosophes d'Italie. Elle connaissait Mario Equicola ; et Marsile Ficin ni Leone Ebreo n'avaient pas d'obscurité pour elle.

Elle vivait entourée d'une petite cour d'hommes de lettres. On voyait auprès d'elle des romanciers, comme Vital d'Audiguier et Jacques Corbin ; un philosophe, Jean Alary ; un auteur dra-

(1) Sur ce sujet, une bonne étude de Simone Ratel dans la *Revue du XVI⁰ siècle*, 1924 et 1926.

matique, Claude Billard (2). Mais surtout les poètes se pressaient autour d'elle, Marc de Maillet, Laugier de Porchères, François de Rosset, La Roque, Du Mas, Claude Garnier, Deimier. Auprès d'eux apparut un moment un jeune homme destiné à une durable célébrité, François Mainard. Le futur disciple de Malherbe a fait ses débuts chez la reine, et si l'on en croit un témoignage ancien, il a d'abord « mis en ordre » les vers de la princesse pour leur donner « un tour aisé et galant » (3).

Il serait facile de brosser de ce cercle un tableau riche en ridicules. La reine Marguerite ne craignait pas assez les grotesques. Jean Alary s'était attiré par ses allures le surnom de « philosophe crotté » (4). Marc de Maillet lui faisait pendant, qui portait celui de « poète crotté » (5). Le second de ces deux hommes ne se distinguait pas seulement par son air farouche, ses chausses trouées et son pourpoint élimé. Son extravagance se reflétait dans ses œuvres, et Colletet a parlé de

(2) Claude Billard a été l'objet d'une étude de Lancaster E. Dabney, Baltimore, 1931. Il est né probablement en 1549 ou 1550 à Souvigny, près de Moulins. Il a été élevé par la duchesse de Retz qu'il appelle dans ses vers « la généreuse Dictynne ». Il se bat dans les rangs catholiques et se lamente sur la mort du duc de Joyeuse (1587). Il a publié des vers dès 1588. En 1605, il fait paraître le *Voyage de la Reyne Marguerite en sa maison de Bologne*. Il finit sa vie dans sa retraite de Courgenay, et, semble-t-il, il s'y est retiré en 1617. Cette année-là, il signe : conseiller et secrétaire des commandements de la Reine Marguerite. Dans ses vers il se proclame le disciple de Ronsard. Il reste, en 1610, l'admirateur enthousiaste de son maître.

(3) On a souvent nommé Desportes parmi les familiers de la Reine Marguerite. Le plus récent biographe du poète n'a pu relever aucune trace ancienne de ces relations. Il fait justement observer que Desportes mourut en 1606 et n'a donc pu connaître la belle époque du cercle de Marguerite (Lavaud, *op. cit.*, pp. 396-397).

(4) Jean Alary est fils d'un conseiller au Grand Conseil. Il est venu de Toulouse à Paris en 1605. Voir sa notice dans Goujet, XV, p. 35 sqq. Ses *Récréations poétiques*, en 1605, sont dédiées à Marguerite.

(5) Marc de Maillet, 1568-1628. Voir sur lui, la notice de Lachèvre, *op. cit.*, II, p. 350, mais aussi deux précieuses notes de l'édition des œuvres de Saint-Amand, par Livet, I, pp. 139 et 211. Son recueil de poésie à la louange de la Reine Marguerite date de 1611. Saint-Amand l'appellera « le fou de la Reine ». Il servira de cible à Théophile (Ed. Alleaume, I, p. 218) et à Sorel. S'il faut en croire François Colletet, écho des confidences de son père, c'est Théophile qui, l'un des premiers, s'en prit à Marc de Maillet, et Saint-Amant ne fit que s'amuser à « enchérir encore par dessus ».

ses vers « qui sont autant de marques esclatantes du déréglement de son esprit ».

Mais l'histoire littéraire n'a que faire de s'attarder à ces bizarreries pittoresques. Ce qui importe, c'est la place que tient, dans le développement de notre poésie, le cercle de la Reine, et l'appui qu'il donne à des formes périmées de notre littérature. L'ode pindarique, si rapidement abandonnée par Ronsard, reste en honneur dans l'entourage de Marguerite. Du Mas insère une ode pindarique à Mlle de Chateauneuf dans les *Œuvres mêlées* qu'il publie en 1609 à la suite de *Lydie*. Laffemas, plus ou moins mêlé aux activités du groupe, adresse une ode pindarique au lecteur, en tête de *l'Umbre du mignon de Fortune* (1604). Mais surtout Claude Garnier en compose plusieurs, et l'une d'elles, *Les royales couches,* en 1604, n'a pas moins de soixante-dix pages.

De même l'échec de la *Franciade* ne décourage pas les familiers de la Reine Marguerite et ne les détourne pas de composer de nouvelles épopées. En 1601, Deimier publie *l'Austriade* et en 1605 cinq livres de la *Néréide*. Garnier donne une suite de la *Franciade,* et, en 1609, son vaste poème de *l'Amour victorieux*. Il semble que la *Franciade* de P. de Laudun d'Aigaliers (1604) soit issue du même mouvement, car elle a paru précédée de pièces liminaires de deux familiers de la Reine, Rosset et Garnier.

A certains moments l'on serait même tenté d'admettre que Marguerite et son entourage restaient fidèles à des modes antérieures à la Pléiade. On cite des vers de la Reine qui sont écrits dans le plus pur style des Crétin et des Mollinet (6), et dans l'*Amour victorieux* de Garnier, l'on s'étonne de rencontrer Désespoir et Feintize, Dépit, Bel Accueil et Soulas.

Mais des traits de ce genre ne constituent, chez les écrivains du groupe, que des survivances. Leur effort s'oriente, en fait, dans d'autres directions. D'abord la philosophie platonicienne. La Reine, on l'a vu, y était tout acquise. Ses familiers

(6) Voir par exemple les vers cités par Drouet, le *Poète François Mainard*, p. 40.

la suivirent. Marc de Maillet a fait le panégyrique de « l'Amour honneste et céleste ». Jean Alary et Du Mas ont traité le même thème (7).

Ce platonisme mondain trouvait une forme particulièrement heureuse dans la poésie pastorale. Du Mas a publié *Lydie*, fable champêtre imitée de l'*Aminta* (1609), Claude Garnier a composé plusieurs « églogues pastorales », La Roque a fait imprimer en 1615 une « pastorelle » intitulée *la Chaste Bergère*, et Laffemas avait, dès 1605, donné *l'Instabilité des félicitez amoureuses,* qui est une « tragi-pastorale ». Jean de Lingendes, l'ami d'Honoré d'Urfé, a dédié à la Reine Marguerite les *Changements de la bergère Iris*, et François Mainard a composé, dans l'entourage le plus immédiat de la Reine, son poème pastoral de *Philandre* (8).

Enfin le cercle de Marguerite restait fidèle à la tradition de poésie amoureuse qui avait été à la mode sous Henri III. Garnier a composé un recueil de deux cents sonnets amoureux, Du Mas des *Sonnets amoureux*, Vital d'Audiguier *La Défaite d'amour*, François de Rosset a publié *Les XII beautez de Phyllis, Le tombeau de Phyllis* et *Diverses amours*, et dans les *Œuvres* de la Roque, dédiées en 1609 à la Reine Marguerite, on lit d'autres *Amours de Phyllis*. Toute cette poésie sentimentale se développe sans contact avec celle de Bertaut et de Du Perron. Elle s'inspire surtout de Desportes. Même dans ce que celui-ci avait de plus contestable. Laugier de Porchères (9) est l'auteur

(7) Sur Du Mas, voir Lachèvre, *op. cit.*, I, p. 172. Outre *Lydie, fable champêtre,* il a publié des *Œuvres meslées* formées d'odes, de chansons, de complaintes, d'épigrammes. Les recueils ne donnent de lui qu'une pièce adressée au comte de Nançay (1630). Il était l'ami de Racan et a composé un sonnet pour les *Psaumes de la Pénitence* de celui-ci (1631). Mainard a écrit des vers pour vanter *Lydie* (Drouhet, *op. cit.*, p. 51) et d'Audiguier a écrit un sonnet sur ses poésies amoureuses en 1611.

(8) Ph. Martinon s'est efforcé de démontrer que *Philandre* était l'œuvre de François Ménard, avocat de Nîmes (*R. H. L.*, 1908, p. 495 et 1910, p. 825). Ch. Drouhet a défendu l'attribution à François Mainard avec des arguments qui paraissent définitifs.

(9) Honoré Laugier, écuyer, sieur de Porchères. Voir sur lui Lachèvre, I, p. 278, et Goujet, XVI, p. 167 sqq. Il serait né en 1572. On le voit à la cour d'Henri IV en 1594 et il compose cette année-là un ballet. Il écrit des stances

de l'absurde sonnet *Sur les yeux de Madame la duchesse de Beaufort* où les gens du XVIIe siècle ont vu l'exemple le plus parfait du mauvais goût de la vieille Cour. Il ne fait pourtant que reprendre un procédé que Desportes avait fréquemment employé (10).

Les derniers Fidèles de Ronsard

Plus en retard encore sur l'évolution générale des mœurs et des esprits, d'autres poètes restaient étroitement attachés à la pure tradition de Ronsard. Leur culte pour le grand homme allait trouver son émouvante expression dans l'édition de ses *Œuvres* que Claude Garnier et Philippe Galand procurèrent en 1623. Mais s'il était besoin de démontrer que cette fidélité n'était plus que stérile, l'œuvre de Claude Garnier suffirait à le prouver (1). Ce disciple de Ronsard n'a rien à opposer de solide aux modernes. Toute son œuvre se réduit à des poésies

sur les diverses beautés de Gabrielle. En 1595, il est à Bordeaux et assiste à la mort de Sponde. En 1599, il donne le *Tombeau* de la duchesse de Beaufort, pleure la mort de Callisthée et chante les regrets de Polémandre. Il passe à Turin au service du duc Charles, revient en France en 1605 et se partage entre la princesse de Conti et la reine Marguerite. Il sera de l'Académie en 1634 et se survivra jusqu'en 1653. Il a publié quelques plaquettes, un volume de *Cent lettres d'amour* (1646) et donné d'assez nombreuses pièces aux recueils collectifs. Sa renommée atteignit son point culminant entre 1615 et 1620. C'est à ce moment que Théophile écrit :

> Je marque entre les beaux esprits
> Malherbe, Bertaud et Porchères.

Il le citera encore en 1625 dans sa *Prière aux poètes de ce temps*.

(10) On peut lire ce sonnet dans l'*Anthologie* d'Allem, I, p. 72. On trouvera des exemples du même procédé chez Desportes, *Amours de Diane*, I, sonnet 20, II, sonnet 6. Colletet nous donne un point de repère important sur l'évolution du goût. D'après lui, le sonnet de Porchères perdit sa vogue vers 1610-1615.

(1) La meilleure notice sur Claude Garnier est celle de Fleuret et Perceau, *Les Satires françaises*, I, pp. 164-168. Mais la bibliographie de Garnier reste sujette à caution. Même si l'attribution du *Satyrique françois* et de *l'Ateinte* est exacte, elle aurait besoin de s'appuyer sur des preuves qui jusqu'ici n'ont pas été apportées.

de circonstance, plus artificielles encore que les leurs. Il est en conflit avec eux, non parce qu'il les dépasse, mais parce qu'il s'entête à ranimer un passé mort.

Cette résistance aux tendances nouvelles s'appuie sur des forces sociales considérables. La Cour d'Henri IV n'absorbe pas toute la vie de la nation et les salons ne font que renaître. Un texte important de Balzac nous apprend que dans sa jeunesse, c'est-à-dire, approximativement, vers 1615-1620, Ronsard gardait pour lui « le Parlement de Paris, et généralement les Parlements, l'Université et les Jésuites ». En face du Louvre et de certains hôtels du Marais, la montagne Sainte-Geneviève et l'Ile du Palais dressent leur résistance contre les efforts de l'école moderne.

Condition Sociale des Poètes

Qu'ils appartiennent au cercle de la Reine Marguerite, qu'ils se rassemblent dans les librairies de la rue Saint-Jacques, ou qu'ils aient leurs entrées au Louvre, les poètes vivent dans des conditions misérables s'ils ne sont que poètes. Desportes, Bertaut, Vauquelin ne doivent leur situation de fortune qu'aux charges civiles et ecclésiastiques qu'ils ont su obtenir. Leur opulence fait apparaître sous un jour plus cruel le dénuement de leur confrères moins heureux.

Qu'on n'aille pas croire en effet qu'avec la fin des guerres civiles les belles-lettres aient trouvé, auprès du pouvoir royal, un accueil généreux. Charles IX, Henri III avaient encouragé la poésie par leurs abondantes générosités. Henri IV, profondément indifférent à la littérature, n'avait d'autre souci que de rétablir les finances du pays. Son règne vit la fin des subventions. Aussi les plaintes commencent-elles alors à s'élever. C'est le moment où Régnier s'écrie :

Motin, la Muse est morte, ou la faveur pour elle (1).

(1) Satire IV, v. 1.

24

On regrette tout haut Charles IX et Henri III. Le roi Henri, disait Du Perron, « n'entend rien en la musique, ni en la poésie, et c'est pour cela que de son temps il n'y a personne qui y excelle » (2). Marie de Médicis se montrera plus disposée à la générosité, mais le désordre des finances sera tel que les pensions promises resteront trop souvent impayées.

La pauvreté est donc grande chez ceux qui s'intitulent pompeusement « les favoris d'Apollon ». Marc de Maillet vivait dans un état voisin de la mendicité. On assure qu'il vendait ses vers à raison de trois francs le cent quand ils étaient longs, et deux francs seulement quand ils étaient plus courts. Un sonnet d'Isaac du Ryer, en 1610, nous apprend que d'Arbaud de Porchères, très admiré par les grands, n'en était pas pour autant mieux payé. Malherbe même a vécu dans la pauvreté ; une pauvreté qui, s'il fallait en croire une pièce de l'époque, était toute proche de la noire misère (3). Vers 1620, un poème circula qui avait pour titre la *Pauvreté des poètes*. Il nomme les poètes les plus fameux du temps (4).

Pour gagner leur vie, les écrivains n'avaient d'autre ressource que de mettre leur plume au service d'un grand seigneur. Ils composaient des vers pour lui dans les ballets de la Cour, ils célébraient en vers ses exploits guerriers, ils répondaient aux

(2) *Perroniana et Thuana*, Cologne, 1694, p. 191.
(3) Voir notamment deux épigrammes Arsenal, ms. 4124, f° 963 et 965. La première donne ce détail pittoresque :

> *Malherbe a souvent dans les crottes*
> *Perdu la semelle des bottes*
> *Qu'il portait, faute de souliers.*

Malleville écrit à Mme des Loges que si Malherbe ne fût mort de maladie, il fût mort de faim. (L. Arnould, *Anecdotes inédites*, p. 82.)
(4) On trouve ce poème dans deux textes très différents, Arsenal, ms. 4123, f°ˢ 313 et 317. Le deuxième de ces textes date du secrétariat d'Etat de Puisieux, donc de 1622. L'auteur du poème est Boissières. Le ms. 4129, f°ˢ 446-448, contient des pièces de ce poète, dont l'une déplore la mort du comte de Soissons. Dans le recueil Sercy, 4ᵉ partie, 1658, figure sous son nom une parodie ou un plagiat de l'*Aurore* de Théophile (pp. 134-136. Voir aussi le poème de la page 144). Ces faits rendent extrêmement improbable qu'il faille identifier ce Boissières avec le Jean de Boyssières, né à Montferrand en 1555, que F. Lachèvre a étudié dans le *Bulletin du Bibliophile*, 1926, p. 299 sqq.

libelles qui l'avaient diffamé. Les Guises, les Condés avaient des gens de lettres attachés à leurs personnes. Plus qu'eux tous, le duc de Montmorency eut l'art de s'attacher d'excellents écrivains. Théophile, qui avait commencé par être le maître d'hôtel du comte de Candale, passa ensuite au service de Montmorency. Mairet reçut le plus généreux accueil dans la même maison, et Hardy trouva dans ce duc le mécène dont sa pauvreté avait le plus pressant besoin. Par l'indifférence du pouvoir royal, l'aristocratie avait réussi à s'assurer le dévouement des gens de lettres. Elle les tira de la misère, au prix de leur liberté.

Malherbe [1]

Telle était la situation de notre poésie lorsqu'en 1605, Malherbe vint se fixer définitivement à Paris. Il avait cinquante ans déjà. Son bagage littéraire se bornait pourtant à une quinzaine de pièces. Encore plusieurs d'entre elles étaient-elles insignifiantes, et d'autres, comme les *Larmes de Saint-Pierre*, étaient maintenant désavouées par leur auteur. Mais le cardinal Du Perron, des Yveteaux, La Roque et Rosset le connaissaient, et étaient prêts à faciliter ses débuts [2]. Surtout, il avait pour lui les nombreux amis que Peiresc et le Président du Vair possédaient dans la capitale. Le cardinal Du Perron, en 1601, avait parlé de lui au roi et l'avait désigné comme le meilleur

---

(1) Sur Malherbe, l'étude de F. Brunot, *La doctrine de Malherbe*, 1891, reste l'ouvrage essentiel. Les *Œuvres complètes* ont été publiées par Lalanne dans la collection des *Grands Ecrivains*, en quatre volumes, mais pour les poésies, on utilisera l'édition de J. Lavaud, 1936, dans la collection des *Textes Français Modernes*.
L'étude de Malherbe a été récemment renouvelée par les ouvrages de R. Fromilhague, *La Vie de Malherbe. Apprentissage et luttes* et *Malherbe. Technique et création poétique*, 1954. Le deuxième volume de R. Lebègue, *La Poésie française de 1560 à 1630*, 1951, est consacré à *Malherbe et son temps*. — Le poète s'appelait François Malherbe, et c'est par abus que certains ont mis *de* à son nom.
(2) Rosset, en 1604, a dédié une ode à Malherbe, encore en Provence. La Roque, dès 1596, a écrit des stances en l'honneur des *Larmes de Saint-Pierre*.

poète du royaume. Des Yveteaux profitait de toutes les occasions pour rappeler son nom au roi et pour conseiller à Henri IV de le faire venir à la cour. Le roi, ménager des deniers publics, attendit encore. Mais en 1605, Malherbe vint à Paris pour affaires. Grâce à des Yveteaux, il obtint une audience au Louvre. Henri IV lui commanda une pièce de vers, et Malherbe écrivit sa *Prière pour le roy Henry le Grand allant en Limousin*. Le roi trouva les vers admirables, et garda le poète à Paris (3).

Désormais, Malherbe allait être le poète le plus en vue de la Cour. La mort d'Henri IV ne mit pas un terme à la faveur dont la famille royale l'entourait. Marie de Médicis lui assura une pension de cinq cents écus. Il assista, muet et secrètement hostile, aux excès et aux maladresses de Concini et de Luynes (4). Lorsque Richelieu prit en main la direction des affaires, il salua ce pouvoir fort, ce retour à l'ordre, où il mettait son idéal politique. Une de ses dernières odes, au début de 1628, est un long éloge du cardinal-ministre (5), et les disciples du vieux poète ont formé l'équipe d'écrivains où Richelieu trouva ses partisans les plus dévoués.

Il avait pénétré également dans la plus haute société. Il fréquentait assidûment la princesse de Condé et les La Trémoille. Il était des habitués de l'hôtel de Rambouillet et du salon de Mme des Loges, où il se rendait tous les deux jours.

L'homme pourtant, n'avait rien d'un courtisan, ni d'un poète de salon. C'est trop peu de dire qu'il avait des façons rudes. Il était brutal, et certains mots qu'on rapporte de lui sont d'une impolitesse grossière. On devine, il est vrai, que la brutalité de ses boutades était souvent adoucie par le ton, par le jeu de la physionomie, qu'elles voulaient être plaisantes et faire rire. Mais on sent bien qu'il devait être plus à l'aise lorsqu'il était

(3) Au début, Henri IV le mit à la charge de Roger de Bellegarde, un grand seigneur qui se piquait de bien écrire. Bellegarde assura au poète le vivre, un homme, un cheval et mille livres d'appointements.

(4) Il a écrit un quatrain contre Luynes « cet Absyrthe au nez de barbet » et se réjouit de la mort de Concini. Voir éd. Lavaud, I, p. 128.

(5) *Edition citée*, I, pp. 64-65.

entouré de ses « écoliers » que lorsqu'il se trouvait au Louvre ou dans le salon de Mme de Rambouillet. Ses opinions, en matière de politique et de religion, traduisent à l'endroit des dogmes sociaux une indépendance d'esprit, une irrévérence bien faites pour choquer. Non qu'il fût libertin. Il prêchait au contraire une docilité aveugle aux puissances établies. Mais il avait, pour enseigner le respect, des façons étrangement irrespectueuses. Si l'on se lamentait devant lui d'une fausse couche royale : « Ne vous souciez, disait-il, que de bien servir ; vous ne manquerez jamais de maîtres ». Il observait les jeûnes de l'Eglise et, quand il le fallait, il allait en pèlerinage tout comme un autre. Mais il poussait un peu loin l'acceptation aveugle du *credo* officiel, et ne cachait pas assez son indifférence pour le contenu de ce *credo*. « Il lui échappait de dire, rapporte Racan, que la religion des Honnestes gens estoit celle de leur prince ». Quand il fut près de mourir, on eut les plus grandes peines à lui faire recevoir les derniers sacrements. Il avait coutume de se confesser et de communier à Pâques. La mort même ne lui semblait pas une raison suffisante pour faire davantage.

Dans ses rapports avec les femmes, il était parfaitement fermé aux chimères du platonisme. Il se vantait de ses bonnes fortunes. Il se vantait même des mauvaises, et des incommodités qui l'avaient plusieurs fois mené chez les barbiers. Il dut un jour aller jusqu'à Nantes pour s'y faire traiter. Ses familiers l'appelaient le Père Luxure, et il paraît bien qu'il en était flatté.

Personnalité curieuse en vérité, aux limites étroites, fermée à mille choses, mais vigoureuse et au demeurant sympathique. Un orgueil tranquille, ingénu, qui ne lui permet pas un instant de douter qu'il est le premier poète de son temps, et qu'il a raison contre Homère et Virgile, contre Pétrarque et Ronsard, contre les Anciens et les Modernes, contre tout le monde. Une intelligence étroite, mais claire et bien ordonnée, qui ne court pas le risque de confondre ce qui doit être distingué. Tout ce qu'il faut pour faire un merveilleux chef d'école.

Car voilà ce qu'il a été avant tout, et qui apparaît si rarement dans notre histoire littéraire : un chef d'école, avec des écoliers, qu'il réunit, qu'il endoctrine et qu'il forme. Presque tous les jours il rassemble chez lui ses élèves. Lorsque toutes les chaises sont prises, il ferme la porte et ne reçoit plus personne. Puis, tout bredouillant et crachotant, sur des vers qu'on lui soumet il développe ses principes, en montre les applications, décèle toutes les faiblesses du texte étudié. Son autorité de *magister* est si redoutable et si redoutée que Racan attendra sa mort pour enfreindre telle de ses règles, celle par exemple, qui interdit au poète de « nombrer par cent » (6).

La Doctrine de Malherbe

Cette doctrine, c'est d'abord la rupture avec la tradition littéraire de l'humanisme. Les critiques classiques ne mettent pas toujours en suffisante lumière cette révolte de Malherbe contre tout le passé. Ils semblent croire qu'il n'en voulait qu'à la Pléiade et aux Italiens. Comment, au reste, pourraient-ils faire autrement, puisque dans leur esprit Malherbe est le restaurateur de la grande tradition gréco-latine et classique ? Les contemporains, eux, ne s'y sont pas trompés. Ce que Régnier reproche à Malherbe, c'est de censurer les Anciens, de rejeter les Grecs, les Latins, « toute l'anticaille » (1). Berthelot l'accuse de reprendre Homère et Virgile (2). Racan, avec des précisions et des détails, ne fait que confirmer ces témoignages des adversaires. Malherbe, nous dit-il, n'estimait pas du tout les Grecs, et chez les Latins n'épargnait même pas Virgile. Il faisait grâce à quelques Anciens, mais quel goût dans son choix ! Son auteur préféré est Stace. Il range après lui Sénèque le Tragique, Horace, Juvénal, Ovide et Martial. De toute l'Antiquité, seuls lui

(6) Racan, éd. Tenant de Latour, I, p. 284.
(1) Satire IX, v. 17-21.
(2) *Œuvres satyriques de Berthelot*, p. p. Fernand Fleuret, 1913, p. 17.

plaisent, Horace et Ovide exceptés, des décadents, des poètes rhé-
teurs. Chez les Modernes il trouvait ridicules Pétrarque et l'ensemble des Italiens. Il ne faisait d'exception que pour l'*Aminta*
du Tasse. Il n'estimait aucun des poètes français « qu'un peu
Bertaut ». Toute l'œuvre de Ronsard, presque toute celle de Desportes, étaient enveloppées dans une condamnation sans appel.

Après avoir ainsi rompu avec le passé et fait place nette,
restait à poser les principes d'une poésie moderne. Malherbe,
beaucoup moins négatif qu'on ne le croit parfois, ne manque
pas à cette tâche. Ce qu'il exige d'abord, c'est que l'œuvre poétique soit fortement, logiquement pensée. Il n'admet pas l'à
peu près, l'incohérence, le raisonnement lâche. Une ode, des
stances, un sonnet doivent avoir la cohésion logique de toutes
les œuvres de l'esprit, et ce n'est pas parce qu'il écrit d'amour
que le poète a le droit de déraisonner. Les critiques que Malherbe adresse à Desportes ne sont pas, on l'a démontré, enfer-
mées dans des détails de pure forme. Elles portent très souvent
sur la valeur logique de la pièce étudiée.

Il avait, nous dit Racan, « aversion contre les fictions poétiques ». Il lut un jour dans Régnier, conte également Racan, que
la France s'enlevait en l'air pour parler à Jupiter et se plaindre
du misérable état où elle était pendant la Ligue. Il demanda
à l'auteur en quel temps cela était arrivé. Il fit observer « qu'il
avoit toujours demeuré en France depuis cinquante ans, et qu'il
ne s'étoit point aperçu qu'elle se fût enlevée hors de sa place »
(3). Telle quelle, l'anecdote ne peut pas être tout à fait exacte,
car le texte de Régnier n'est pas ce que nous dit Racan. Mais
on voit dans quel sens Malherbe exerçait sa critique.

Il exigeait en second lieu la clarté. Il ne lui suffit pas que
la pensée puisse toujours être comprise. Il veut qu'elle le
soit sans effort, qu'elle soit directement, immédiatement acces-

(3) Racan, *éd. cit.*, I, p. 264. Il s'agit d'un passage de la 1re épître au roi.
La France fait du milieu des airs un discours aux mutins qui voudraient
ramener les troubles dans le royaume.

sible. Il veut par conséquent que l'expression ne laisse jamais place à la moindre ambiguïté, que ni ellipses, ni inversions maladroites ne viennent gêner le mouvement de l'esprit et le contraindre à une seconde lecture. Il veut surtout que la langue soit débarrassée de tout vocable rare ou obscur, de tout archaïsme, de tout terme trop technique. Les allusions mythologiques, chères à la Pléiade, n'ont droit de subsister que dans la mesure où elles sont devenues le trésor commun de tous les esprits.

Pour exprimer de façon frappante ce qu'il exigeait du vocabulaire poétique, Malherbe avait coutume de renvoyer ses écoliers aux crocheteurs du Port au Foin, et « disoit que c'étoient ses maîtres pour le langage ». Mais la formule pourrait tromper. Elle veut dire seulement que Malherbe rejette tout ce qui n'est pas dans l'usage vivant, tout le vocabulaire artificiellement conservé par les poètes de la génération précédente. Ses vrais maîtres, à coup sûr, n'étaient pas les crocheteurs du Port au Foin. C'était la Cour, dans la mesure où elle était « dégasconnée », c'était l'hôtel de Rambouillet, c'étaient déjà « les honnêtes gens ». On ne comprendrait pas autrement qu'il ait si souvent reproché à ses prédécesseurs leurs expressions « plébées », qu'il ait si soigneusement réparti les mots de la langue en termes bas et en termes nobles, et qu'il ait blâmé Desportes d'avoir parlé « comme le peuple » (4).

Pour que la langue soit claire, il faut qu'elle soit nette, c'est-à-dire qu'elle n'ait qu'un mot pour une idée, et un seul sens pour un mot. La langue du XVIe siècle péchait contre cette double règle. Bien des mots étaient chez elle susceptibles de plusieurs sens, et surtout le poète avait à sa disposition, pour chaque idée, une profusion d'expressions possibles. Malherbe travaille à simplifier, à unifier, à fixer le sens unique, le mot nécessaire, à exclure de la conjugaison les doubles formes, à don-

(4) Voir la démonstration définitive de cette interprétation du mot de Malherbe dans Brunot, *op. cit.*, p. 225 sqq.

ner au langage français une netteté pleinement satisfaisante pour l'esprit.

Travail de grammairien par conséquent. Parallèle d'ailleurs à un travail identique de métricien. Malherbe s'est formé peu à peu une doctrine rigoureuse des formes poétiques. Il exclut l'hiatus, fixe les exigences de la césure. Il donne à la rime des règles de plus en plus sévères. Surtout, il fixe la structure des formes lyriques. Vers 1612, il décide, sur les indications de Mainard, que la stance de six vers doit être partagée en deux moitiés égales. Puis, avec Mainard encore, il décrète que dans les stances de dix vers il faut un arrêt au quatrième et au septième. Il prétendit même étendre cette sorte de règles à des genres poétiques qui ne s'y prêtaient guère. Il voulut que les élégies eussent un sens parfait de quatre en quatre vers, et même de deux en deux s'il se pouvait. Ce qui les eût réduites à n'être plus que des séries de quatrains ou de distiques.

Telle est cette doctrine de Malherbe, qui allait servir de code à notre poésie, et même à toute notre littérature pendant l'époque classique. Pour l'apprécier avec équité, il faut en bien discerner le double aspect. Elle est d'abord une liquidation, elle avoue une banqueroute. La tentative de la Pléiade a échoué, et Malherbe tire les conclusions de cet échec. On ne peut prétendre, dans la France monarchique, ressusciter Homère, Pindare, Eschyle. Dans la société du XVII⁰ siècle, dans un monde où le roi se charge de gouverner le pays, et où l'Eglise se réserve le droit de diriger les esprits, le poète ne peut être qu'un arrangeur de syllabes, pas plus utile à la société qu'un bon joueur de quilles (5). La poésie n'est qu'un jeu. Un jeu de société. Un jeu qui doit être agréable, plaire à l'oreille et ne pas fatiguer l'esprit.

La chute que signifie, dans l'histoire de la pensée, la victoire de la Contre-Réforme, s'exprime de façon saisissante dans cet abandon des hautes doctrines de la Pléiade. Elles supposaient

(5) Racan, *éd. cit.*, I, pp. 270-271.

un climat de liberté intellectuelle, un affranchissement des traditions, le droit pour l'individu de courir tous les risques et d'oser toutes les audaces. La monarchie, l'Eglise, l'aristocratie ont repris la situation en main, étouffé les efforts de l'esprit pour se libérer. La poésie paie le prix de sa liberté perdue.

Au-dessous de ce fait d'ordre politique, il en apparaît un autre, d'ordre social. La classe dominante, c'est la nouvelle aristocratie, issue des guerres civiles. Assez éloignée du pur type féodal, tel qu'on pouvait encore l'observer en Allemagne et dans les provinces reculées de la France, elle fait penser plutôt à l'aristocratie italienne de la Renaissance, plus ou moins pénétrée par la bourgeoisie riche, ouverte à une certaine culture, aux arts, aux belles-lettres. Les collèges des Jésuites, chaque année, jettent, si l'on peut dire, dans la circulation les jeunes recrues de cette aristocratie nouvelle.

C'est pour elle que Malherbe écrit et veut qu'on écrive. Lorsque Ronsard composait ses *Odes* et ses *Amours,* il avait en vue des érudits comme Dorat, des bourgeois bardés de grec et d'hébreu comme Morel. Il pensait aussi aux gens de la campagne, aux glaneuses du Vendômois. Ce culte, à la fois, de l'antiquité la plus savante et de la nature la plus simple, ne se contredisait pas à ses yeux, car ce qu'il attendait des Grecs et des Latins, ce n'était pas une érudition morte, mais le sens profond de la vie. Théocrite ne lui importait que parce que le poète grec lui livrait le mot secret de son Vendômois, de ses forêts et de ses sources. Pour la poésie du XVIIᵉ siècle au contraire, il n'est plus question que d'un jeu, parfois délicat et charmant, souvent noble, toujours vain, pour le plaisir d'une aristocratie mondaine confirmée dans ses privilèges.

Liquidation par conséquent, abandon d'une haute entreprise. Mais liquidation nécessaire et bien menée. Car il ne faut surtout pas, pour apprécier avec équité la réforme malherbienne, imaginer le réformateur aux prises avec Ronsard. Tout Bertaut, nous l'avons vu, et tout Du Perron, Desportes même et Ronsard, dans les corrections successives qu'il apporte à ses vers, annoncent et préparent Malherbe, vont d'avance dans le sens de Malherbe. Ce n'est pas Malherbe qui a réduit la poésie à n'être qu'un amusement de courtisans et de mondains ; c'est Desportes. C'est même déjà un peu Ronsard, dans ses poésies amoureuses après 1560. Ce n'est pas Malherbe qui renonce à rivaliser avec les grands Anciens. C'est toute notre poésie, quand elle se met à l'école des Italiens, au temps de Charles IX et d'Henri III. Ce n'est même pas Malherbe qui réclame le premier une langue poétique plus ferme, des formes plus resserrées, une discipline enfin. Bertaut et Du Perron l'avaient sur ce point devancé. Jusque dans le détail, la réforme de Malherbe avait été préparée par la génération précédente. Une étude minutieuse de l'hiatus a démontré que sur ce point particulier l'initiative de Malherbe a été « absolument nulle » (6). Une pièce, déjà citée, de des Yveteaux, en 1600, parle, sans malheureusement les nommer, de jeunes esprits qui veulent introduire à la Cour un langage nouveau, dont les vers doivent plus au travail et à la patience qu'au génie, et qui n'atteignent qu'à ce prix la douceur dont ils se parent (7). Ces Malherbiens d'avant Malherbe, révèlent à quel point la réforme était nécessaire, exigée par les conditions politiques, sociales et littéraires de l'époque.

Elle était nécessaire ; elle fut bien faite. Mieux faite sans doute par Malherbe qu'elle ne l'eût été par nul autre. Car il ne suffisait pas de liquider l'enseignement de la Pléiade, décidément périmé. Il fallait encore libérer notre littérature de l'emprise dangereuse des Italiens. Il ne suffisait pas de prétendre fonder une poésie moderne. Il fallait lui proposer un idéal et lui imposer une discipline. Un idéal qui, n'étant plus inspiré du passé, ne pouvait être fondé que sur la raison. Une discipline

(6) Ph. Martinon, *R. H. L.*, 1909, p. 62 sqq. Le recueil de Bertaut, en 1601, contient trois hiatus pour 7.000 vers. Celui qu'il donne en 1603, et qui comprend ses œuvres de jeunesse, n'en offre qu'un.

(7) Ed. Mongrédien, p. 30.

qui, ne s'appuyant plus sur les exemples antiques, tirait ses règles de l'usage d'une élite mondaine et intellectuelle.

Cette élite, il s'est trouvé par bonheur que Malherbe l'avait approchée et en avait compris les leçons. Le meilleur de ses historiens a justement mis en relief l'influence qu'eut sur lui le président du Vair, avant son arrivée à Paris, et montré que l'œuvre réformatrice du poète fut comme la réplique de celle que l'illustre président préconisait pour la prose. Vue profonde, et qui permet d'éviter une trop grossière erreur. Car si l'on songe que Malherbe arriva de Provence à Paris en 1605, et que son commentaire de Desportes date de 1606, il est bien évident qu'il ne doit pas sa doctrine réformatrice aux salons parisiens et qu'il l'avait constituée en Provence. Mais la magistrature éclairée formait précisément, de toutes les élites sociales du royaume, la plus capable de donner à un poète de salutaires leçons.

A Paris, Malherbe trouva une Cour en partie engasconnée. Mais en partie seulement, et il lui fut facile de puiser, dans les cercles aristocratiques qu'il fréquenta, des leçons de pureté et d'élégance. Ses relations avec la marquise de Rambouillet et Mme des Loges achevèrent de lui faire connaître le bon usage. Elles lui permirent de s'identifier pour ainsi dire à lui, si bien que la langue du poète devenu vieux devint à son tour le modèle de cet usage souverain, après qu'il en eut d'abord reçu les leçons.

L'Œuvre de Malherbe

L'œuvre de Malherbe ne contredit pas sa doctrine. Elle ne s'y absorbe pas non plus totalement. Elle vit de sa vie propre, dont ses maximes ne suffisent pas à rendre compte.

Poète favori d'Henri IV et de Marie de Médicis, il a écrit des odes et des stances sur les événements les plus marquants de la vie nationale, sur les voyages du roi en Limousin et à Sedan par exemple, ou sur le mariage du roi et de Marie de

Médicis. L'un de ses derniers poèmes a salué Louis XIII lorsqu'il quitta Paris pour le siège de La Rochelle. En quoi il ne fait pas autre chose que de continuer une tradition pratiquée avant lui par Du Perron et Bertaut.

De même ses poésies amoureuses. Il les a presque toujours écrites, comme ses prédécesseurs, pour le compte du roi ou de quelque grand seigneur. Un petit nombre seulement s'adresse à la vicomtesse d'Auchy, sa maîtresse (1), et à la marquise de Rambouillet. Les autres font parler Henri IV, le comte de Soissons et Bellegarde (2). Documents précieux pour l'histoire galante de la Cour. Mais on ne peut en vérité attendre d'eux plus de sincérité que des pièces analogues de Desportes et de Bertaut. C'est la même banalité, ce sont les mêmes figures sans cesse ressassées : les fleurs du teint, les couleurs du printemps éparses sur un beau visage, l'éclat de la neige et des roses.

Qu'on ajoute à ces œuvres de commande des vers de ballet, quelques paraphrases de psaumes, un petit nombre de sonnets et d'épigrammes, et l'on aura toute l'œuvre de Malherbe. Il ne voit pas qu'il y ait, pour un poète, autre chose à faire, d'autres sujets à aborder, d'autres thèmes à traiter. Par rapport à ses devanciers, son œuvre ne constitue pas un élargissement du domaine poétique. Il n'avait cessé de se rétrécir depuis 1560. Avec Malherbe, il se resserre encore, et jusqu'à l'extrême.

Ajoutons à cela une lenteur qui fait rire même les contemporains. Marino, faisant allusion à l'habitude qu'avait Malherbe de crachoter, disait qu'il n'avait jamais vu de poète si humide

(1) Il a chanté la vicomtesse d'Auchy sous le nom de Caliste. Elle était née Charlotte Jouvenel des Ursins. Son nom s'écrit au XVIIe siècle Auchy ou Ochy, mais il serait plus juste de l'appeler d'Oulchy, car elle était vicomtesse d'Oulchy-le-Château, actuellement dans le département de l'Aisne. Pour la marquise de Rambouillet, Malherbe avait trouvé l'anagramme d'Arthénice. Il l'a pourtant chantée sous le nom de Rhodante.
(2) La pièce LXIV « pour la guérison de Chrisante » semble bien s'adresser à Anne d'Autriche, malgré les doutes de M. Lavaud. Cette maladie de la jeune reine a laissé des traces dans les documents diplomatiques, et l'ambassadeur de Venise en parle dans une dépêche du 17 juillet 1623 (A. Adam, *Théophile de Viau*, p. 285).

à la fois et si sec. Berthelot se moque de ce poète qui est six mois à faire une ode (3), et l'on prétendit que Malherbe ayant mis trois ans à composer sa *Consolation* au président Nicolas de Verdun pour la mort de sa femme, sa pièce n'était parvenue à son destinataire que lorsque le président était déjà remarié. Conte de mauvais plaisant (4), mais qui n'était pas sans apparence, et la stérilité de Malherbe était proverbiale.

Dira-t-on qu'il se distingue de ses prédécesseurs par un sens nouveau de la vérité, du sérieux et de la mesure ? Ce serait une étrange erreur. Nulle vérité dans les idées affirmées, et sans doute Malherbe le savait bien qui fournissait aux grands les louanges commandées. Il appelait Concini « l'Esprit sacré » dans un ballet de 1612, et le traitait d'excrément de la terre en 1617 (5). Il a loué avec le même excès, et souvent sans y croire davantage, tous les grands du royaume. Quand il parle de Marie de Médicis il délire. Jamais, s'il faut l'en croire, rien n'a paru comparable à la « grosse banquière » florentine. Si son voyage de Toscane à Marseille fut long et pénible, c'est que Neptune fut blessé d'amour, c'est qu'il sentit un feu le pénétrer dans ses caves profondes, et qu'il s'efforça de garder le plus longtemps possible la princesse dans son empire (6) : trouvaille étonnante, et qui vaut bien, on l'avouera, « la fiction poétique » que Malherbe reprochait à Régnier. Mais quel besoin d'être vrai lorsqu'on célèbre les grands de la terre ? Un roi, chez Malherbe, est toujours « le miracle des rois », « un miracle aux yeux de l'univers ».

Au service des puissants, il exagère avec entrain le moindre de leurs succès. Qu'on observe comme il parle de la campagne de Montauban, demi-échec où l'armée royale fondit par l'effet conjugué des épidémies et de la courageuse résistance des Ré-

(3) Berthelot, *éd. cit.*, p. 18.
(4) On a prouvé que l'histoire, telle quelle, ne pouvait être exacte, puisque Nicolas de Verdun, veuf en 1626, est mort, le 17 mars 1627. Mais il est très vrai qu'il s'était remarié, et vraisemblable par conséquent que les vers de Malherbe lui arrivèrent trop tard.
(5) *Ed. cit.*, I, pp. 205 et 128.
(6) *Ibid.*, I, pp. 73-75.

formés. Elle devient un triomphe inouï, un des grands tournants de l'histoire (7). C'est dire que si d'aventure le roi de France obtient quelque succès dans une escarmouche sur les frontières d'Espagne ou d'Italie, les sommets des Alpes ou des Pyrénées en sont ébranlés et, s'il livre combat près d'un cours d'eau, on peut être assuré que le fleuve « débordera des rives » sous la masse des cadavres ennemis.

De l'exagération forcenée, Malherbe passe sans difficulté à l'imagination absurde. Par exemple, lorsqu'on apprend à Paris que la fille du roi d'Espagne va venir épouser le jeune Louis XIII, il s'étonne :

> *N'étant pas convenable aux règles de nature*
> *Qu'un soleil se levât où se couchent les jours.*

Le duc d'Orléans, l'un des trois fils de la reine, meurt et Malherbe se console en pensant que le Destin aurait pu faire plus mal.

> *N'a-t-il pas moins failli d'en oster un au monde*
> *Que d'en partager trois en un seul univers ?*

On croirait qu'il plaisante. Mais il est terriblement sérieux. Il lui manque, comme à tout son temps, le sens de certains ridicules.

La vérité, c'est que Malherbe est un « baroque ». Il a raillé les fictions poétiques de ses prédécesseurs ou de Régnier. Mais ce n'est pas pour leur substituer une vision plus sincère des hommes et des choses. C'est seulement parce qu'il n'admettait pas les libres jeux de la fantaisie. Il prétend prendre toujours son point d'appui dans le réel. Mais il le gonfle ensuite, le déforme, et croit ainsi le grandir. Il a condamné les pointes. Mais c'est leur subtilité seule qui l'exaspère, puisqu'il leur substitue les boursouflures de son emphase. Il est « baroque » comme son temps, comme la Cour d'Henri IV, comme toute cette société de « dieux » et de « demi-dieux », issue des guerres de religion

(7) *Ib.*, I, p. 61.

et des victoires de la Contre-Réforme. Il aime, comme ses contemporains, ce qui est grand, énorme, surchargé. S'il n'était si complètement fermé aux choses de l'art, il aimerait les tableaux de son contemporain Rubens. Il se reconnaîtrait dans l'accablante richesse du peintre flamand. Baroque, Malherbe est donc amené à trahir souvent son propre programme. Il avait condamné les excès de la mythologie, au nom de la vérité et de la clarté. Il est bien vrai qu'elle ne joue plus chez lui le rôle qu'elle avait joué chez Ronsard, qu'elle avait d'ailleurs cessé depuis longtemps de jouer. Mais, dans son désir d'étonner, de donner une impression de force et de grandeur, il lui faut recourir à ce moyen condamné. Il dira par exemple que l'honneur est « l'Euristée » d'Henri IV, ou encore que, si Louis XIII accepte d'employer le nouveau Typhys, Syrtes et Cyanées seront hâvres pour lui (8), ce qui veut dire, en clair, qu'Henri IV risque sa vie par un sentiment excessif de l'honneur, et que Louis XIII, s'il a recours à Richelieu, surmontera les difficultés du siège de la Rochelle.

Il a critiqué chez Desportes ce qu'on appellera bientôt les métaphores filées. Mais l'on n'est pas baroque si l'on renonce à ce moyen d'étonner le lecteur. Et voilà pourquoi il fera dire à Henri IV, lorsque Charlotte de Montmorency revient à la Cour :

> *Les voici de nouveau, ces astres adorables,*
> *Où prend mon Océan son flus et son reflus* (9).

Bien loin de pourchasser la métaphore, il la cultive au contraire, il la veut rare, étonnante, capable de frapper les esprits. Qu'on étudie, à ce propos, la troisième chanson, et la manière dont Malherbe y peint un lever de soleil. Au lieu d'une description, nous ne trouvons qu'une suite de métaphores. Le soleil est un galant en bonne fortune. Ses rayons forment son « cha-

(8) *Ib.*, I, pp. 78 et 64.
(9) *Ib.*, II, p. 190.

peau de fête », et il s'en va suivre en si bonne journée « la fille de Pénée » (10).

On voudrait comprendre exactement cet aspect « baroque » de l'œuvre de Malherbe. L'étude de ses sources ne suffit pas à en rendre compte. Elle a été faite et, semble-t-il, bien faite (11), assez pour qu'on ne puisse plus guère attendre que des précisions de détail. L'influence des modernes Espagnols a été justement relevée, et Malherbe connaissait Gongora. Mais l'obscurité n'est pas l'emphase et, chez les poètes castillans, il semble que Malherbe ait été surtout intéressé par les pièces qui en France pouvaient devenir des chansons (12). Il a connu Marino. On n'a pas jusqu'ici relevé entre lui et l'Italien de ressemblances nettes, et sa manière est fixée à une date où il ne peut certainement pas connaître l'auteur de la *Lira*. Si l'on se tourne vers notre propre littérature, l'influence de Bertaut est visible chez lui mais précisément dans les pièces qui ne sont pas baroques, dans celles, au contraire, qui sont « sages ». Il reste à penser que le baroque, dans Malherbe, s'explique par sa qualité de poète de cour. Il a vécu dans cette atmosphère où un encens épais montait sans cesse vers le Roi, les Grands et les ministres, où toute réalité se trouvait déformée par des flatteries insensées, où des natures grossières goûtaient plus aisément les hyperboles forcenées que les délicatesses où s'étaient complu les derniers Valois.

La présence chez Malherbe de ces traits baroques, non pas exceptionnels, mais fréquents, mais répandus dans tant de ses pièces, modifie profondément l'image que nous serions tentés de nous faire de son œuvre. Mais elle n'en forme qu'un aspect. Ce qui est au contraire très beau chez lui, et qu'on ne retrou-

(10) *Ib.*, II, p. 283

(11) Counson, *Les sources de Malherbe*, Paris, 1904. Voir aussi, pour les influences espagnoles, l'étude de Lanson, *R. H. L.* 1896. De Gongora, Malherbe a traduit une letrilla satirique.

(12) Berthelot l'accuse de traduire l'espagnol en français « pour faire sa vertu reluire » (*éd. cit.*, p. 17), et Garnier prétend que Malherbe imite les Espagnols « Quand ils font leurs regrets » (Fournier, *Variétés*, II, p. 254-256).

verait au même point chez aucun de ses contemporains, c'est un sens authentique du grand et du sublime. Non de ce faux sublime qui déforme le visage d'un personnage princier et exagère la portée d'un événement politique. Quand il paraphrase un psaume, Malherbe se meut à son aise dans un monde de pensées élevées et de nobles images. Il ne lui est plus besoin alors d'enfler la voix. On sent qu'en ces moments il pense grand. Il a un tact exquis pour éviter ces chutes dans le familier et le bas où les poètes du XVIe siècle se laissaient aller trop souvent. Ce n'est pas pourtant qu'il ait l'imagination grandiose, à la façon d'un Ronsard ou d'un Hugo. On la devine au contraire médiocre, et il n'a rien d'un visionnaire. Mais il sait choisir, utiliser au mieux, placer à l'endroit voulu l'image qui donnera à une grande pensée une expression digne d'elle.

Ce sens de la grandeur, il le doit, en partie, à l'espèce de stoïcisme où il s'est établi. Il continue sur ce point, mais aussi il accentue et porte à son terme l'évolution que nous avons relevée dans la poésie sentimentale, et qui mène des langueurs quintessenciées de Desportes aux passions énergiques et douloureuses de Bertaut et de Des Yveteaux. Ce n'est pas seulement dans sa vie, c'est dans son œuvre que Malherbe oppose aux subtilités du platonisme les exigences de la passion. Il lui plaît d'exprimer sa volonté de puissance, de réclamer de la femme aimée la reconnaissance de ses services. Dans le même temps il exalte la force morale, l'énergie, la liberté. Toute la poésie amoureuse se trouve par là transformée. Aux mollesses de la tradition italienne, il achève de substituer un sentiment plus vulgaire peut-être, mais moins servile, plus capable d'exigences et de sursauts. Ses plus beaux vers d'amour sont des vers de rupture ou de révolte. Vers douloureux souvent, et d'une étrange intensité. C'est le mérite de Malherbe d'avoir su exprimer avec tant de force le conflit de la passion qui aspire à la servitude, et de la volonté qui prétend sauver sa liberté. Il ne sacrifie ni l'une, ni l'autre. Il les pousse au contraire à l'extrême, et c'est la violence de la lutte qui donne à certaines de ses poésies amoureuses leur beauté et leur authentique grandeur.

Il a montré dans le choix des formes lyriques (13) un sens admirable de l'harmonie et de la force. Il a peu créé, et ses innovations ne sont ni importantes, ni nombreuses. Il a même peu détruit, et il n'est pas responsable de la disparition des mètres courts dont la Pléiade avait fait un emploi si souvent heureux : depuis vingt ans ils devenaient de plus en plus rares. Il suit, beaucoup plus, sans doute, qu'il n'eût consenti à l'admettre, le chemin où Desportes s'était engagé. Il l'imite même dans ses innovations les plus contestables. Mais il triomphe dans la strophe de dix vers. Il est le premier, non pas qui l'ait pratiquée, mais qui en ait pleinement senti la haute valeur lyrique, l'ampleur associée à la mesure et à un juste équilibre. Il a fourni ses formes à peu près définitives au lyrisme classique.

Pour donner à ses poèmes la forme la plus dense et la plus efficace, Malherbe n'épargnait ni sa peine, ni son temps. En fait pourtant, il n'est pas toujours parvenu à la perfection qu'il exigeait des autres, et qu'il rêvait pour lui. On a relevé, jusque dans ses meilleures œuvres, des faiblesses, des platitudes, des obscurités, des tours vieillis ou durs. Mais il n'en reste pas moins que chez lui les réussites parfaites abondent. Ce n'est souvent qu'une strophe, qu'un vers, parfois même seulement un groupe de mots. Mais ils présentent une harmonie si parfaite de la pensée et de l'expression, une telle noblesse heureuse, une élégance si haute que l'esprit se sent pleinement satisfait, et salue la beauté classique.

Parfois, dans une paraphrase de psaume, Malherbe donne à des lieux communs de la sagesse humaine une forme noble et émouvante. Parfois, il envisage la mort qui vient, il se retourne vers son passé, vers l'œuvre qu'il a construite, et l'homme trouve alors des accents admirables de fierté et de mélancolie.

---

(13) Sur les formes lyriques de Malherbe, voir Ph. Martinon, *Les Strophes,* 1911.

On comprend, à lire ces pages, que les contemporains aient reconnu en lui le plus grand des poètes vivants.

Les Disciples de Malherbe

Très rapidement il s'imposa. En 1607, le *Parnasse* de Mathieu Guillemot publie treize pièces de lui. Le *Nouveau Recueil* de Toussaint du Bray, en 1609, en donne quinze. Les *Délices de la poésie française*, en 1615, en contiennent jusqu'à trente-cinq. Les *Délices* sont rééditées en 1618, en 1620, et cette fois avec douze pièces de plus, en 1621 encore avec trois pièces inédites. Enfin le *Recueil des plus beaux vers*, en 1627, forme une véritable édition préoriginale, avec soixante deux pièces, dont douze inédites. L'ensemble de son œuvre est donc progressivement connu et sa vogue ne fait que grandir.

Très vite aussi il groupa autour de lui des disciples. Le plus considérable est Mainard. Nous avons déjà rencontré ce jeune homme. Il était alors le familier de la reine Marguerite et ne se doutait pas encore qu'il y eût une poésie moderne. Il en fit sans tarder la découverte, et aussitôt il se rallia. En avril 1606, il avait écrit, pour la mort de Saint-Julien, le favori de Marguerite, une pièce que L'Estoille nous a conservée, et qui fourmille d'archaïsmes. En février 1607, Mainard publie cette même pièce dans le *Parnasse des plus excellents poètes de ce temps*. Les corrections très nombreuses l'ont rendue conforme aux règles malherbiennes. Le ralliement de Mainard se place donc entre ces deux dates.

Une autre conversion n'est pas moins notable. C'est celle de Deimier (1). Il appartenait sans doute, lui aussi, au cercle de

(1) Pierre de Deimier est né à Avignon en 1570. Il est resté dans le Midi de la France jusqu'en 1603 au moins, car il a publié ses *Premières Œuvres* à Lyon en 1600, l'*Austriade* à Lyon en 1601, et ses *Illustres aventures* parues également à Lyon en 1603 sont dédiées au légat du Pape en Avignon. Puis, en 1605, la *Néréide* paraît à Paris, et en 1608, le *Printemps des lettres* est dédié à Marguerite, comme le sera l'*Académie*, en 1610. Bien qu'il n'existe jusqu'ici aucune preuve que Deimier et Malherbe se soient fréquentés, il est curieux que d'Escallis et du Périer, les amis de Malherbe, aient donné

Marguerite de Navarre. En tout cas il lui dédie son *Académie* en 1610. Or cette *Académie* expose avec beaucoup d'exactitude la doctrine malherbienne. Elle enseigne « qu'il vaut mieux n'escrire point que d'escrire parmy les nuages de l'obscurité » et que le poète doit demander « le bon usage » de la langue aux « demoiselles de cette grande ville », à Messieurs du Parlement et à ceux des Courtisans « que l'on connoît estre accompagnez de l'Amour des bonnes lettres ». Cet accord n'est pas seulement curieux par le fait que le livre est dédié à Marguerite. Il l'est surtout parce qu'autant qu'on en peut juger, Deimier n'a aucune relation personnelle avec Malherbe, et qu'il n'est sûrement pas son disciple. Quand il le cite, c'est sur un ton d'indifférence, alors qu'il nomme avec émotion « ses bons maîtres », les divins Poètes, Ronsard, Desportes, Garnier et Du Bartas. Mais la leçon de Malherbe se fait entendre, à partir de 1610, de ceux-là mêmes qu'il n'avoue pas pour ses écoliers.

Sans doute faut-il en dire autant de Rosset (2). Il a célébré

des pièces liminaires à l'*Austriade*. Voir sur ces faits Brunot, *Doctrine*, pp. 574-576. Deimier s'est inspiré des poètes italiens et espagnols. Sa *Néréide* est précédée d'imitations du *Pastor fido*, des madrigaux de Guarini, de l'Arioste, et de quelques *romances* espagnols (Goujet, XV, p. 34).

Deimier a été l'objet d'excellents travaux de P. Colotte, *Le Poète Pierre de Deimier. Sa carrière provençale*, Marseille, 1952, et *Pierre de Deimier. Sa carrière à Paris*, Gap, 1953.

(2) G. Hainsworth, dans son ouvrage sur *Les Novelas ejemplares de Cervantès en France*, a utilement précisé nos connaissances sur Fr. de Rosset. Il ne faut pas le confondre avec un François de Rosset, écuyer, seigneur de Gorgas et de la Vernède, qui était protestant et qui vécut de 1564 environ à 1627. Un texte sur Rosset homme de lettres dit qu'il était docteur ès droits (c'est-à-dire en droit civil et en droit canon), avocat et prieur de Sainte-Agathe. On possède un ouvrage sur le Concile de Trente, en 1615, signé De Rosset, dont l'auteur avait été protestant, puis s'était converti au catholicisme. On ne sait s'il s'agit du même Rosset. François de Rosset était né vers 1570, et d'après une pièce des *XII Beautés de Philis*, il était probablement d'Avignon. Il connut Deimier et Materot. Dans les *XII Beautés de Philis*, il adresse une pièce à Lucas Materot, dont les ouvrages sont dédiés à la reine Marguerite. Il était le cousin de Pierre de Laudun, sieur d'Aigaliers. Il fréquenta Malherbe, Desportes, Bertaut, Coeffeteau. Il habitait rue Bertin-Porée, à l'enseigne de l'Ours-Rouge. Il mourut, non pas en 1630, comme on l'a longtemps dit, mais entre le 21 août et le 29 novembre 1619. Il a publié une trentaine d'ouvrages. En 1612, il donna des *Lettres amoureuses et morales*, puis il se tourna vers les travaux d'édition et de traduction. Il a traduit les *Nouvelles* de Cervantès (1618), le *Roland amoureux* de Boiardo (1619), l'*Admirable histoire du chevalier du Soleil* (1620-1626),

« l'incomparable Malherbe » et il a procuré, en 1615, l'édition des *Délices de la poésie françoise,* qui réunit, autour de Malherbe, tous ses disciples. Il n'est pourtant pas un « écolier » du maître. S'il célèbre Malherbe, c'est en même temps et sur la même ligne que Desportes, Bertaut, Chillac, d'Aigaliers et Deimier, et ses *Paranymphes* exaltent, avec Malherbe, Ronsard, Bertaut et des Yveteaux.

N'oublions pas non plus que Du Perron patronne Malherbe et approuve son œuvre. Maintenant que Desportes et Bertaut sont morts, il est le doyen des lettres françaises, et son autorité est très grande : les écrivains aiment à le visiter dans sa retraite de Bagnolet. Il ne parle de Malherbe que pour applaudir à son œuvre. Il admire en lui « quelque chose de bon et de hardy ». Il l'appelle « un bon esprit qui écrit fort bien en vers et en prose » (3). Ce haut patronage a été, n'en doutons pas, précieux, jusqu'au jour où Malherbe fit à son tour figure de maître et groupa autour de lui ses écoliers.

Parmi ceux-ci, il y a des hommes obscurs, et qui le resteront : Yvrande, Dumonstier le peintre, Patrix, Touvant, et même en dépit de sa qualité d'académicien, acquise plus tard, Colomby (4). Touvant est mort de bonne heure. Yvrande et Du-

probablement continuée après sa mort par Louis Douet. On peut se demander s'il est l'auteur d'une traduction de *Don Quichotte* parue en 1639 sous le nom de C. Oudin et Fr. de Rosset, d'une traduction du *Roland Furieux* en 1643, et surtout d'un volume de *Portraits* paru en 1660.

(3) *Perroniana,* Cologne, 1694, p. 237.

(4) Yvrande, page de la grande écurie, n'est, dans notre histoire littéraire, qu'un nom. Tallemant a parlé de lui plusieurs fois. — Daniel Dumonstier, né en 1574, est mort en 1646. Voir une notice sur lui dans Lachèvre, I, p. 174. — Pierre Patrix est né à Caen en 1583, il est donc compatriote de Malherbe. Il mourra en 1671. Voir sur lui Goujet, XVII, p. 226, Niceron, XXIV, p 169 et Lachèvre, I, p. 272. — Touvant est mort au plus tard en 1614. Il a donné un petit nombre de pièces aux recueils collectifs. Il est par ailleurs tout à fait inconnu. Voir sa notice dans Lachèvre, I, p. 319. — François de Chauvigny, sieur de Colomby est né en 1588. Il était un peu parent de Malherbe et né à Caen comme lui. C'était un homme grand et vigoureux, et, au moral, un personnage d'une choquante vanité. Il a donné des pièces aux *Délices* de 1620. Après cette date, comme Rosset, il se tourna vers les traductions. Il entra à l'Académie, y fut l'adversaire de Perrot d'Ablancourt, son rival en matière de traductions. Il est mort en 1648. Voir sur lui Goujet, XVI, p. 195 sqq. Parmi ces écoliers, certains

monstier semblent intéressés surtout par la poésie gaillarde des Recueils « satyriques ». Colomby seul aura le temps et l'ambition de se former et de construire une œuvre, mais elle ne sera jamais qu'une imitation servile de son maître. Aux environs de 1615, l'influence s'élargit. Les *Délices de la poésie françoise* publiés par Rosset ne contiennent pas seulement des vers de Malherbe, Mainard, Colomby, Dumonstier et Touvant. Des Yveteaux et Lingendes joignent leurs compositions à celles de la nouvelle école (5). Trois ans plus tard, en 1618, dans une réédition du recueil, apparaît pour la première fois le nom d'un jeune poète qui se classe aussitôt parmi les meilleurs disciples du maître : Racan (6).

Cette année-là, Du Perron meurt. Les Muses françaises perdent en lui leur Apollon : ainsi s'exprime un contemporain, et désormais, nul poète n'occupe une situation comparable à celle de Malherbe. On s'en apercevra en 1626. Le *Recueil des plus beaux vers* publié par Toussaint du Bray se donne expressément comme l'œuvre de Malherbe et de « ceux qu'il avoue pour ses écoliers ». On y lit des vers du maître, de Mainard et de Racan, mais aussi de Monfuron, de Boisrobert, de l'Estoille, de Mareschal, et une pièce d'un nouveau venu, Tristan l'Hermite (7). Malherbe avait alors soixante et onze ans. Il pouvait se

avaient composé avant de se mettre sous la direction de Malherbe. Le *Parnasse* de Guillemot, en 1607, contient des pièces qui ne se conforment pas aux principes de la réforme malherbienne. De même, les *Plaintes de la captive Caliston,* publiées en 1605 par Colomby. Dans cette pièce, Caliston est Henriette d'Entragues.

(5) Lingendes avait dédié à la reine Marguerite les *Changements de la bergère Iris* qu'on lira dans une édition procurée par E. T. Griffiths, *Jean de Lingendes, Œuvres poétiques,* 1916. Il est mort en 1616, assez tard pour s'être laissé gagner à la réforme malherbienne, comme l'avaient fait Deimier et Rosset.

(6) Sur les rapports de Malherbe et de Racan, voir l'étude précise et neuve de R. Lebègue, *Revue des Cours et Conférences,* du 15 avril 1925.

(7) Jean-Nicolas Garnier de Monfuron, est né à Aix. Il est abbé de Valsainte, au diocèse d'Apt. Provençal, il connaît à coup sûr Malherbe. Il est l'ami de Scipion du Périer, qui est fils de François du Périer, l'ami de Malherbe. C'est sur les sollicitations de Scipion du Périer qu'il a écrit ses vers d'amour. Il figure pour la première fois dans les recueils collectifs en 1620. Les *Délices* de cette année présentent vingt-deux pièces de sa composition.

rendre ce témoignage que sa vie était une belle réussite, et que tout le Parnasse reconnaissait ses lois.

Mainard

Parmi les disciples de Malherbe, il en est deux qui ont acquis dans l'histoire de notre littérature une place trop importante pour qu'il soit possible de ne parler d'eux qu'en passant. François Mainard était né à Toulouse en 1582. Nous l'avons déjà rencontré dans le cercle de Marguerite de Valois. C'est le moment où il compose un poème pastoral, *Philandre*, à l'imitation du *Sireine* d'Honoré d'Urfé et des *Changements de la bergère Iris* de Jean de Lingendes, parus en 1605 (2). En 1607 il s'est rallié à Malherbe et est même venu habiter le quartier Saint-Eustache, près de son maître (3). En décembre 1611, il acheta l'office de président au Présidial d'Aurillac, et le garda jusqu'aux environs de 1628, mais il fit à Paris de fréquents séjours, et resta en rapports constants avec Malherbe. Il entretenait également des relations suivies avec les satiriques, et il faisait figure, aux yeux des contemporains, mieux renseignés que nous, d'émule heureux des Motin, des Berthelot et des Sigogne. Son nom figure en bonne place, à côté des leurs, dans les

En 1627, il prend place dans le *Recueil* de Du Bray, aux côtés des autres Malherbiens. En 1632, il donne un recueil de ses œuvres poétiques. Voir sa notice dans Goujet, XV, p. 291, et Lachèvre, I, p. 260. — L'Estoille, Boisrobert et André Mareschal sont les dernières recrues du groupe. Boisrobert, après s'être engagé dans une autre direction, se rallie à Malherbe vers 1625. L'Estoille est né en 1597, André Mareschal est, en 1626, un jeune avocat et un poète débutant.

(1) Voir l'excellente thèse de Ch. Drouhet, *Le poète François Mainard*, Paris, 1909. Les *Œuvres* ont été publiées par Garrisson, 1885, 3 vol. Il y a joint par erreur les œuvres de l'avocat Fr. Ménard, de Nîmes.

(2) *Philandre* a été publié à Tournon en 1619, mais la langue et la versification prouvent assez que Mainard l'a composé beaucoup plus tôt, lorsqu'il appartenait au cercle de la reine Marguerite.

(3) Drouhet, *op. cit.*, p. 62. Malherbe habite, de 1606 à 1626, l'auberge à l'image Notre-Dame, rue des Petits-Champs. Il est donc tout près de l'hôtel de Bellegarde, où il mange. Sur le plan de Gomboust (1652), l'hôtel de Bellegarde figure sous le nom d'Hôtel Séguier.

recueils libres de l'époque. Il eut avec Régnier un duel où éclata sa rare lâcheté. On en a conclu qu'il y avait opposition entre le Malherbien et le Satirique. Il est plus juste d'y voir la preuve qu'ils se connaissaient bien. On distingue mal, en dépit d'une production abondante, le vrai visage de cet homme. Il y a, semble-t-il, chez lui un grand fond de libertinage, mais aussi une volonté bien arrêtée de ne s'attirer nulle affaire avec les puissants ; une sorte de nostalgie de l'indépendance, mais aussi un manque de dignité qui a choqué ceux même qui, comme Chapelain, étaient le mieux disposés à son endroit. Toute sa vie, il a flatté les grands de ce monde. Il a flatté les Jésuites, et le trait est rare chez les écrivains de son temps. Il est vrai qu'il se consolait de sa lâcheté en écrivant contre les Révérends Pères dans ses cahiers secrets (4). Il a flatté Richelieu, quitte à insulter le Cardinal après sa mort. Il l'avait obsédé de plaintes sur sa pauvreté, et ne lui pardonnait pas d'être resté sourd à ses demandes de gratifications et d'emplois.

On le prendrait volontiers pour un « honnête homme », mais lorsqu'il se brouilla, à Rome, avec l'ambassadeur Noailles, on apprit qu'il avait eu, dans la ville des Papes, une tenue, ou plutôt un manque de tenue qui avait fait scandale (5). Il

(4) Voici une pièce attribuée à Mainard par le manuscrit f. fr. 19145, f° 46, v°.

> France, tes mortels ennemis,
> Ces disciples du Père Ignace,
> Ne pourchassent d'estre remis
> Que pour traverser ta bonace.
> Croy-moi, si l'infidellité
> De leur caute subtilité
> Te remet sous leurs tyrannies,
> Nous verrons infailliblement
> Ajouter à nos litanies
> Jean Chastel et Jacques Clément.

Il est piquant de rapprocher ces vers des dithyrambes du Père Garasse.

(5) Noailles écrit à son frère le 4 février 1634 : « Vous sçavez son humeur portée à la débauche, et qui met ordinairement toute une maison en danse avec toutes ses galanteries », et le 3 janvier 1635 : « Je doute que le président s'accommodast à l'humeur de ce pays et à la façon dans laquelle il fault vivre dans la maison d'un ambassadeur ».

y a chez lui de l'aventurier, que sa lâcheté préserve des trop fâcheuses aventures.

Aux environs de 1620, à un moment où le pouvoir ne parvient pas à étouffer toutes les manifestations de la liberté, Mainard est allé très loin sur la route de l'impiété. Il parle alors dans ses vers des « mangeurs d'Autel », et se place apparemment parmi les « Antéchrists » (6). Mais en 1625 le P. Garasse, dans sa *Somme Théologique*, l'appelle « aussi bon catholique que sage poète », et Mainard communique aux Jésuites un dizain imité de Martial contre les impies (7).

Ce qu'il y a de plus sympathique chez lui, c'est le choix de ses amis, car il les choisit bien, et les aime avec délicatesse. Il a été dévoué, sans réserve et sans lâcheté cette fois, à Bassompierre et à Cramail, embastillés par le Cardinal. Il a dans ses lettres une phrase exquise pour le président de Monrabe et le petit jardin de Toulouse où le magistrat et le poète ont passé tant d'heures embellies par l'amitié. Il a aimé Tristan, la plus noble figure de poète que puisse nous offrir l'époque de Louis XIII. Ce Mainard qui a tant flatté le pouvoir, aimait les caractères indépendants, les esprits libres, les sages exempts d'ambition et d'avarice, et qui préféraient aux charges et à la fortune les plaisirs délicats de la chère et de l'amour, et les plaisirs plus délicats de l'intelligence.

Etait-il poète ? Malherbe lui-même ne le croyait pas, car il disait que Mainard « n'avoit point de force », c'est-à-dire d'inspiration. Mais il était un remarquable artisan de vers, et de tous les disciples de Malherbe, il est celui qui entra le plus profondément dans la doctrine du maître. Il renchérissait même sur les exigences de Malherbe, et ce fut lui qui, le premier, découvrit qu'une strophe de six vers doit, pour être parfaite, comporter un arrêt au troisième. Ce fut encore lui qui, avec Malherbe, prétendit imposer dans la strophe de dix, un arrêt au quatrième et au septième. Racan suppose que ce fut

(6) Arsenal, ms. 2943, f° 415.
(7) Ed. Garrisson, III, p. 123 et *Somme théologique* de Garasse, pp. 421-422.

pour cette raison que Malherbe estima Mainard « l'homme de France qui sçavoit le mieux faire des vers » (8). Chose plaisante, Mainard apportait les mêmes scrupules d'artisan lorsqu'il écrivait des pièces obscènes, et Racan nous a raconté une amusante histoire sur les délicatesses de Mainard, lorsqu'il composait une « épigramme d'ordure ».

En bon disciple de Malherbe, il a composé des odes, des stances, des sonnets. Il a prié Dieu et loué le Roi sous toutes les formes traditionnelles, et cultivé comme nul autre la métaphore baroque. Mais son goût le portait vers l'épigramme, et puisque Malherbe appréciait Martial, il voulut être le Martial de notre littérature. Malherbe n'était pas convaincu qu'il réussît « parce qu'il manquait de pointe » (9). Mainard ne fut pas pour autant découragé, et l'on peut dater de cette période tant d'épigrammes dirigées contre Jacqueline de Bueil, contre Bordier et Marc de Maillet, contre Mlle de Gournay et contre Théophile.

Racan [1]

L'autre écolier de Malherbe fut Racan. Il était né en 1589. Il appartenait à une famille noble de Touraine, et son père était maréchal dans les armées du Roi. Son père et son oncle paternel avaient été honorés du cordon bleu, et sa famille avait donné à l'Etat un amiral et deux maréchaux de France (2). Orphelin de bonne heure, il fut élevé à Paris par le duc de Bellegarde, son cousin par alliance et son tuteur. C'est chez Bellegarde qu'aux environs de dix-sept ans il fit connaissance

(8) Racan, *Œuvres, éd. cit.*, p. 283.
(9) *Ib.*, p. 277.
(1) On consultera, sur Racan, l'excellent ouvrage de L. Arnould, Paris 1902. Ses *Œuvres* ont été publiées par Tenant de Latour en 1857, et ses *Poésies* l'ont été plus récemment par L. Arnould dans la collection des *Textes Français Modernes*, Paris, 1930-1937.
(2) *Œuvres*, I, p. 321.

de Malherbe. Il se lia à lui très étroitement. « Il le respectoit comme son père, a-t-il dit lui-même, et M. de Malherbe de son côté vivoit avec luy comme avec son fils » (3). L'amitié qui s'établit entre eux dura sans nuage jusqu'à la mort du vieux poète.

Il fut d'abord page de la chambre du roi. Mais il déplut au maître. Il n'avait en effet aucune des qualités qui lui eussent été nécessaires. Il était mal fait de corps et brillait peu dans la conversation. Il bégayait et ne pouvait prononcer les *r*. Il était « mal-adroit et mal propre ». Il comprit très vite que dans ces conditions il n'avait rien à espérer de la carrière militaire, et c'est alors qu'il s'adonna à la poésie, sous la direction de Malherbe. On le plaisantait, à la Cour, sur sa docilité à l'endroit du vieux poète, et l'on disait de lui qu'il était page de Malherbe et non page du Roi (4).

Si c'est être poète que d'être dans la vie maladroit et distrait, Racan était poète, plus qu'aucun de ses contemporains. Ses étourderies devinrent vite proverbiales, et de bons contes coururent sur lui que l'on retrouve dans le *Francion* de Sorel et dans Tallemant. Par bonhomie naturelle, il accepta ce rôle de naïf qu'on lui imposait. Il faisait parade de sa stupidité. En 1656, il a, si l'on peut dire, commandé à Ménage une satire sur ses ignorances, et lui a fourni toute documentation utile (5). Mais qu'on y regarde bien : la lettre sur ce sujet qu'il écrit à Chapelain est un chef-d'œuvre de bonhomie narquoise et de l'esprit le plus fin. Il a exagéré les lacunes de sa formation comme d'autres exagèrent leurs connaissances. Il disait à qui voulait l'entendre qu'il n'avait jamais appris le latin, mais s'il n'avait rien d'un Scaliger, il savait du moins fort convenablement la langue de Virgile (6).

(3) *Ib.* 277.
(4) Le meilleur document que nous ayons sur Racan est une lettre de Marolles reproduite dans l'édition Latour, I, p. LXVII.
(5) *Ed. cit.*, I, p. 329.
(6) Arnould, *op. cit.*, p. 49. Marolles prétend qu'on ne voyait pas de livres latins dans sa bibliothèque, mais ce témoignage ne touche pas à la question de savoir si Racan avait appris le latin.

La vérité, c'est qu'il était nonchalant. Malherbe l'en plaisantait, et lui parlait de « ce glorieux titre de nonchalant » qui l'avait fait mettre autant que sa poésie « entre les noms illustres de ce siècle » (7). Il était nonchalant dans son travail, et mit deux ans pour faire une ode qu'il avait promis à Balzac de faire dans les quinze jours (8). Il était même nonchalant en amour. Quand il était épris, il bornait sa cour à écrire des vers amoureux et à soupirer aux pieds d'une dame. Il fut l'amoureux berné de la comtesse de Moret, la Cloris de ses poèmes. Puis il prit pour objet de ses vers la marquise de Termes, et la chanta sous le nom d'Arthénice. Mais cet amour poétique devint un jour une passion, et une passion malheureuse. Tout se termina heureusement par un mariage avec une héritière de Touraine, qui était laide, mais qui était riche. Ce jour-là, le bon Racan oublia d'être distrait (9).

Il était bon catholique, comme Malherbe, et il mérita le *satisfecit* du parti ultramontain. Garasse, après avoir cité Du Perron, Malherbe et Bertaut, « qui sont le noble Triumvirat des esprits excellens » se réjouissait de voir qu'ils avaient en Racan « un digne héritier de leur vertu et de leur suffisance », c'est-à-dire de leur talent. Racan, de son côté, envoyait à Garasse des vers contre « les escoliers d'Epicure ». Mais ce catholicisme, très sincère, était plutôt une sorte de pyrrhonisme chrétien, analogue d'ailleurs à celui de Malherbe. Comme on discutait un jour de questions théologiques devant lui, Racan se borna à déclarer que sa religion « estoit assez bonne pour ce qu'il en avoit à faire ». Il appelait Montaigne « son cher ami » (10). Il était persuadé que si un homme errait sur la foi, mais vivait de façon conforme à la loi morale, Dieu lui enverrait plutôt des inspirations pour le remettre dans le

(7) Malherbe, éd. Lalanne, IV, p. 239.
(8) Ed. Latour, I, p. 310.
(9) Ce détail nouveau, la laideur de la femme du poète, nous a été révélé par les précieuses lettres inédites de Malherbe publiées par R. Lebègue dans *R. H. L.*, 1922 et 1923.
(10) Latour, I, p. 320.

droit chemin que de le perdre pour une erreur dont il n'aurait pu se retirer. Opinion théologiquement correcte, mais qui, à la bien prendre, marque une tendance à ramener la religion à la morale, une tendance au bout de laquelle il y a le déisme de Voltaire.

Ce catholicisme tolérant s'accommodait fort bien, chez cet excellent homme, d'un goût prononcé pour les gravelures. Il a versifié des obscénités, et il est curieux d'observer que, lorsqu'il en parle, toutes ses délicatesses ne sont que scrupules de grammairien.

Malherbe disait de lui « qu'il avait de la force » (11) et Balzac lui écrivait : « Le puissant esprit qui vous agite... » (12). De tous les écoliers de Malherbe, Racan est certainement celui qui possédait le plus de dons naturels. Il les a trop souvent sacrifiés aux exigences de la poésie officielle, à son emphase prétentieuse, à ses conventions de fausse grandeur. Il est mauvais encore lorsqu'il prétend décrire, que ce soit le printemps ou le Loir débordé. Mais lorsqu'il obéit à son génie, il sait être délicieux. Telle jolie pièce sur la vie des camps charme par son vif pittoresque, par un réalisme de bonne tenue, et elle est admirablement écrite (13). Les vers de ballets offrent souvent une harmonie sensuelle et profonde qui annoncent les vers de *Psyché*.

Vers 1618, il écrivit son chef-d'œuvre, ses *Stances sur la retraite*. Il n'avait donc que trente ans. Mais il avait assez souffert déjà pour sentir profondément le besoin de la solitude. On a montré ce qu'il doit dans ces *Stances* à Desportes, et plus encore à une page de du Bartas où éclatent de puissantes beautés (14). Mais ces influences reconnues, il reste que Racan a su

(11) Racan, *Œuvres*, éd. cit., I, p. 277.
(12) Lettre du 3 septembre 1633, éd. 1665, I, p. 408.
(13) Ed. Arnould, I, p. 122.
(14) Ajoutons que Desportes et Du Bartas n'avaient pas été seuls à développer ce thème. Nicolas Rapin a écrit les *Plaisirs du Gentilhomme champestre*, Pibrac les *Plaisirs de la vie rustique*, et Claude Binet les *Plaisirs de la vie rustique et solitaire*. Ces trois œuvres avaient été réunies dans un recueil de 1583 (Goujet, XIV, pp. 131-132).

exprimer de façon émouvante ses tristesses, ses déceptions, son amour de la vie rustique, son espoir dans la solitude retrouvée.

Il était le disciple chéri de Malherbe. Mais non pas son disciple aveugle. Malherbe le savait bien, et lui reprochait ses « trop grandes licences ». Dans les décisions du maître il faisait son choix. Il n'accepta pas la division des strophes de dix vers, celle des élégies en quatrains. Il ne cachait pas qu'il aimait Théophile et il mit un jour sur le même pied, dans un discours à l'Académie, « les vers miraculeux de Berthault et de Malherbe ».

La Résistance à Malherbe

Si l'influence de Malherbe ne cesse de grandir, certains groupes restent irréductibles dans leur résistance à la réforme et dans leur attachement aux traditions du siècle précédent. Le premier manifeste de l'opposition fut, en 1606, la satire de Régnier à Nicolas Rapin. Ecrite par Régnier pour venger l'affront fait à son oncle Desportes (1), elle ne nomme pas Malherbe, mais elle le vise expressément. Elle est, dans la précision de ses griefs, singulièrement instructive. Elle reproche à Malherbe de rompre avec le passé, de condamner en bloc les Grecs, les Latins et toute la poésie française antérieure. Elle lui fait grief d'aller demander des leçons de langue aux crocheteurs du marché Saint-Jean, et l'on a vu quel sens il faut donner à cette formule, et que ce qui est en question, c'est le modernisme de la langue, non pas du tout la classe sociale sur laquelle il convient de se régler. Malherbe n'est

(1) F. Brunot a précisé, autant qu'il était possible, la date de cet important épisode de l'histoire littéraire. Postérieur au mois d'août 1605, date de l'arrivée de Malherbe à Paris, il est antérieur au mois de février 1606. Desportes qui mourut au mois d'octobre de cette année, eut le temps de critiquer plusieurs pièces de Malherbe (Brunot, *La Doctrine de Malherbe*, p. 82 sqq).

aux yeux de Régnier qu'un critique vétilleux, tout occupé à épier les hiatus ou les insuffisances de la rime. Ce grammairien, à ses yeux, n'est pas un poète. Il est sans ardeur, sans élévation, et dissimule la faiblesse de ses inventions sous des ornements affectés.

C'est exactement le même réquisitoire qui se retrouve, en 1609, sous la plume de Claude Garnier. « Je suis, écrit-il dans l'Avant-propos de son *Amour Victorieux,* je suis ami de l'antiquité sans me ranger à la vulgaire opinion qu'il se faut ranger au tans ». Les poètes modernes ont sacrifié à la mode et trahi les nobles ambitions de Ronsard et de son école. Ils ne sont plus que des rimeurs, « avec leurs plates chansons et leurs froides stances ». Claude Garnier désormais ne se lassera plus de protester contre « la bande moderne », aussi bien dans un sonnet de 1620 que dans le *Frelon du temps* en 1624, et dans la *Muse infortunée* de la même année (2).

Les résistances venaient des points les plus éloignés en apparence de l'horizon littéraire. Parmi les poètes du Louvre, Du Perron avait, il est vrai, approuvé l'œuvre de Malherbe, mais si l'on se fie à Tallemant, Bertaut aurait critiqué tout ce qu'il faisait (3). Dans le cercle de la Reine Marguerite, le ralliement de Mainard, de Deimier et de Rosset ne doit pas faire illusion. L'opposition restait vive. Sinon contre Malherbe même — aucun texte ne permet ni de l'affirmer, ni de le nier — du moins contre la direction où s'engageait notre poésie et dont il restait le représentant éminent. Vital d'Audiguier, en 1606, parlait de nos « correcteurs modernes » qui « préfèrent la douceur

(2) On est extrêmement tenté de croire que Sorel a décrit Claude Garnier dans son *Francion* lorsqu'il met en scène un grand hâbleur, fanatique de Ronsard, et qui recommande une réforme de l'orthographe. Ce dernier trait conviendrait également à Louis Mauduit, et M. Maurice Cauchie l'a fait justement observer (*Revue d'histoire de la philosophie,* 1942, p. 60), mais le fanatisme et les allures de grand hâbleur décrivent plutôt, semble-t-il, notre Garnier.

(3) On nous dit aussi que Des Yveteaux aurait pris parti contre Malherbe. S'il l'a fait, ce ne fut que plus tard. En 1615, Des Yveteaux figure dans l'anthologie malherbienne de Toussaint du Bray.

du langage à celle de la conception » et Du Mas pensait certainement aux modernes lorsqu'il mettait sa *Lydie* sous la protection de la Reine « pour eschapper aux Satyres de ce temps et pour évader la rencontre de quelques esprits noirs qui font trophée de mesdire et gloire d'envier ». Une épigramme de Mainard prouve que les rapports étaient aussi mauvais que possible entre le clan malherbien et un autre habitué du cercle de la Reine Marguerite, Laugier de Porchères (4).

Même opposition très vive du côté des auteurs dramatiques. La plus forte critique que l'on puisse lire contre Malherbe, c'est sans doute celle que Hardy a insérée dans l'*Avis au lecteur* du troisième volume de son théâtre (1626). Il reconnaît chez le vieux poète « une grande douceur de vers, une liaison sans jour, un choix de rares conceptions, exprimées en bons termes... », mais, ajoute-t-il aussitôt, « sans force ». Il dénonce l'appauvrissement de la langue, un purisme qui la soumet au jugement des ignorants. Chaque mot doit maintenant passer « à la pluralité des voix, par le suffrage de l'ignorance ». Une censure qui condamne les fictions poétiques, les épithètes, « les mots plus significatifs et propres à l'expression d'une chose ». Si bien que notre langue, pauvre d'elle-même, « devient totalement gueuse par leur friperie ».

Cette éloquente protestation du plus éminent des auteurs dramatiques contre Malherbe, et plus généralement contre le courant de la poésie moderne, trouve son écho chez d'autres écrivains qui travaillaient aussi pour la scène. Claude Billard, familier de la Reine Marguerite, auteur d'un recueil de sept

(4) Cette pièce est reproduite par Ch. Drouhet, *op. cit.*, p. 82. Le biographe de Mainard prétend qu'elle vise Régnier. Mais aucun doute n'est possible. L'épigramme se termine par ces vers :
Et croyant à vostre anagramme,
Aymés désormais le repos.
et ce repos aimé, ce repos cher est l'anagramme non douteux de Porchères. La pièce est curieuse, car c'est « la grammaire de Normandie » qui voit en Porchères un fort triste écrivain, et « la grammaire de Normandie » est une formule intéressante pour désigner l'école de Malherbe.

tragédies publiées en 1610, attaque « ces petits cajoleurs de Cour » qui pensent élever leur gloire en rabaissant celle du grand Ronsard, « le Phœnix, l'Apollon et l'Unique prince des meilleurs poètes de la France ». Mêmes protestations chez Jean de Schélandre (5). Il reproche aux modernes « censeurs des mots et des rimes » de substituer au beau le joli. Il raille leurs subtilités creuses, leurs vers qui s'avancent comme de la prose, leurs paroles « en bon ordre agencées ». De même encore Dubreton, l'ami de Hardy, s'en prend à la poésie moderne, à sa langue « peignée », à son mépris de Ronsard, à cette littérature de courtisans :

> *Et calamistratos et inania verba sonantes*
> *Et molles numeros Aulica turba legat* (6).

Sans rapport connu avec les milieux du théâtre, Mlle de Gournay s'opposa toute sa vie aux progrès de l'école moderne. En 1626, dans *l'Ombre,* elle s'en prit aux « poètes grammairiens », aux « docteurs en négative ». Elle reprocha à Malherbe de faire « son idole de la ryme et de semblables merceries ». Elle railla la lenteur du maître et sa « honteuse profusion de temps pour composer trois stances sur le modèle qu'il se prescrit ». Elle paya cher sa franchise. Les Malherbiens lui firent des farces de gamin et la criblèrent d'épigrammes, dont sa mémoire, après trois cents ans, ne s'est pas encore relevée.

Les Poètes Satiriques [1]

Un tableau de notre poésie au début du XVIIe siècle, et plus particulièrement l'étude des rapports de Malherbe avec les écrivains de son temps, présenteraient une lacune essen-

---

(5) Sur Jean de Schélandre, voir *infra*, p. 187, n. 1.
(6) *Œuvres de Hardy,* éd. Stengel, I, p. 5.
(1) Le dépouillement de cette littérature a été fait par Fr. Lachèvre, *Les recueils collectifs de poésies libres et satiriques* (1600-1626), Paris, 1914.

tielle si l'on n'y parlait pas des auteurs satiriques. Eux aussi, d'ailleurs, ils représentent une tradition, celle des *Folastries* de Ronsard. Une tradition qui remonte même au delà de la Pléiade, jusqu'à Marot et Saint-Gelais. De même que Desportes va chercher ses modèles chez les Pétrarquistes italiens, ils vont chercher les leurs chez les Bernesques et les satiriques d'au delà les Alpes. Ils continuent enfin la tradition des libelles en vers dont la violence et l'obscénité sont un des traits du XVI' siècle en sa seconde moitié, de ses luttes politiques et de ses querelles littéraires. Ils bénéficient à la cour, non seulement de la bienveillance amusée d'Henri IV, mais d'un engouement véritable chez le grand nombre des seigneurs, anciens combattants des guerres de religion, et qui n'oublient pas les rudes gaîtés de la vie des camps.

Aussi toute une branche de la librairie vit-elle de leurs productions. Ce sont les volumes de la *Muse folastre* (1600-1607), le *Labyrinthe de récréation* (1602), les *Muses inconnues* (1604). Puis ce seront les *Muses gaillardes* (1609), les *Satyres bastardes* (1615), et enfin les éditions successives du *Cabinet satyrique* (1618-1620), des *Délices satyriques* (1620) (2) et du *Parnasse des poètes satyriques* (1622). On ne peut s'expliquer le nombre de ces recueils et leurs rééditions successives que par un goût prononcé du public pour les gaillardises les plus osées. Les autorités ecclésiastiques, le Parlement ne réagissaient guère. Lorsque sous les régimes de Concini et de Luynes, certains libraires sont poursuivis, ce n'est pas parce qu'ils ont offensé les bonnes mœurs, c'est parce qu'ils ont imprimé des libelles hostiles au pouvoir. Cette tolérance cessa brusquement en 1623, lorsque le Parlement ordonna des poursuites contre les auteurs du *Parnasse*. Il suffit de cette soudaine sévérité pour faire disparaître à peu près complètement des étalages de la librairie cette littérature pornographique. Les publications seront désormais, à travers tout le siècle, très

---

(2) L'unique tirage connu porte une coquille dans son titre : *Les Délices satyrique.*

rares. Si la poésie libre continua d'exister — et qui en douterait ? — elle circula désormais manuscrite, et pour la retrouver, il faut l'aller chercher dans les fonds manuscrits de nos bibliothèques publiques.

L'erreur qu'il faut avant tout éviter, c'est d'opposer aux auteurs satiriques Malherbe et son école. Il est bien vrai que, s'il fallait en croire Mlle de Gournay, Motin ne voulait pas « prêter serment à la nouvelle école » (3), que Berthelot a écrit contre Malherbe des vers sanglants, et que Mainard eut un duel avec Régnier. Mais lorsque les *Muses Gaillardes* citent leurs auteurs, elles nomment Malherbe et Mainard aux côtés de Motin, Régnier, Sigogne et Berthelot. En 1618, le *Cabinet satyrique* d'Estoc cite Sigogne, Motin, Régnier, Berthelot et Mainard. En 1620 les *Délices satyriques* paraissent sous le patronage des mêmes noms. Aussi bien, Malherbe n'avait-il pas composé plusieurs pièces obscènes dans la plus authentique manière des Satiriques ? (4). Les contemporains n'ont jamais soupçonné qu'il y eût opposition entre le groupe des Malherbiens et les auteurs des recueils libres.

Jusqu'en 1609, les libraires de Paris et de Rouen puisaient, pour former leurs anthologies, dans les œuvres gaillardes du XVIᵉ siècle. Leurs auteurs préférés étaient Marot et Saint-Gelais, Ronsard, Jamyn, Jodelle, Baïf et Tabourot. A ces œuvres déjà anciennes, ils joignaient des pièces de quelques très obscurs contemporains, et tout particulièrement d'un groupe de rimeurs d'Orléans, Brissart, Raoul et Henri Fornier, Paul de l'Ecluse et leurs amis. C'est en 1609 seulement que sans renoncer à exploiter les ressources de la poésie antérieure ils se tournent plus volontiers vers les contemporains, et cette fois leurs auteurs ne sont plus d'obscurs provinciaux. Ce sont les

(3) Mlle de Gournay, *L'Ombre,* 1627, p. 631.
(4) Outre les pièces libres connues, Malherbe s'est amusé à écrire un distique latin qu'Huet envoya un jour à Ménage, et qui contient « les plus grosses ordures du monde » (B. N., n. acq. fr. 1341, lettre du 20 novembre 1659).

familiers de la reine Marguerite, Rosset, Du Mas, Maillet, Vital d'Audiguier, et ce sont les spécialistes de la satire, Berthelot, Mainard, Motin, Régnier et Sigogne.

Avec le temps, et le succès grandissant, la poésie satirique devenait une part importante du domaine littéraire, et le confluent des courants les plus divers. L'avertissement au lecteur du *Cabinet satyrique* énumère les auteurs et les œuvres dont la poésie libre continue la tradition. Ce sont, dans l'antiquité, Pétrone et Apulée, en Italie Berni, en Espagne le roman picaresque avec *Guzman d'Alfarache,* chez les Néo-latins l'*Euphormio* de Barclay, et c'est enfin Régnier. La poésie satirique devenait ainsi, avec les romans satiriques, la manifestation d'un besoin de franchise et de réalisme. Elle se recommandait « des esprits libres de ce temps ».

Sigogne [1]

Le premier qui se soit fait un nom dans la poésie satirique est Sigogne (2). Cet ancien soldat a servi d'entremetteur entre Henri IV et la marquise de Verneuil. Dans le gouvernement de Dieppe où il termine sa vie aventureuse, il fait scandale par la liberté et la violence de ses mœurs. Pendant le temps qu'il a passé à la Cour, ses « médisances », c'est-à-dire les pièces satiriques qu'il faisait courir, lui ont valu force

(1) Voir l'édition de ses *Œuvres satyriques* p. p. F. Fleuret et L. Perceau, Paris, 1920, avec une introduction qui réunit tout ce que l'on peut savoir de sa vie.

(2) Charles-Timoléon de Beauxoncles, seigneur de Sigogne, est né vers 1560. Il se battit dans plusieurs campagnes au cours des guerres civiles, devint gouverneur de Châteaudun, puis fréquenta la Cour. Il eut l'amitié du Roi, dont il négociait les amours, et qu'il amusait de ses bons mots. Compromis dans une obscure intrigue, accusé d'avoir courtisé pour son propre compte Mlle de Verneuil, il dut se retirer à Dieppe, dont il était devenu gouverneur. Il y mourut le 16 avril 1611.

soufflets et force bastonnades, mais ses ennemis n'ont pas réussi à le faire taire.

Son œuvre, parue dans les recueils collectifs à partir de 1607, permet d'apprécier exactement l'état de la poésie satirique avant Régnier. Elle est, au vrai, beaucoup plus burlesque que satirique, infiniment plus près de Berni que d'Horace. Sigogne a, de Berni, les fantaisies cocasses, la recherche de l'effet pittoresque, drôle ou cru. Quand il campe un personnage de vieille courtisane ou de dame maigre, ce n'est jamais pour étudier un type. C'est pour dresser une caricature, aussi outrée, aussi folle que possible. Son incohérence voulue fait penser au coq à l'âne marotique. Il a écrit plusieurs lettres « en galimatias » (1) et une « fantaisie » dans le même style.

Sa verve s'attarde aussi volontiers sur les choses que sur les gens. Il a écrit une amusante *Anatomie du manteau de court*, et pris pour sujet le nez d'un courtisan. Son impudeur est totale, mais il semble que le pittoresque l'intéresse plus que le vice. Si sa poésie s'attarde dans les mauvais lieux, c'est que les mauvais lieux offrent apparemment plus de ressources à l'amateur de pittoresque que les maisons bourgeoises. Son vrai terrain est celui de la truculence grossière.

La satire, pour lui, se confond avec la diffamation. Il faut lire les pièces dirigées contre Mlle du Tillet pour comprendre jusqu'où pouvait aller sa violence, et s'expliquer les haines qu'il suscita. On devine d'ailleurs que toutes ses pièces ont été écrites contre quelqu'un, que les contemporains savaient le nom de la victime, et que les copies manuscrites contenaient primitivement les clefs qui aujourd'hui nous manquent.

Les formes que Sigogne emploie le rattachent directement à la Pléiade ou même à Marot. Quand il compose une satire, elle est presque toujours en octosyllabes parfois groupés en huitains ou en sixains. Il fait grand usage du sonnet satirique, dont Joachim du Bellay avait donné l'exemple après Berni.

(1) *Edit. cit.*, pp. 51, 77, 116, etc.

Motin [1]

Le deuxième en importance des satiriques de cette génération est Motin. Il était né en 1566, sept ans par conséquent avant Régnier. On connaît très mal sa vie, mais le peu qu'on en sait permet de discerner qu'entre Sigogne et lui la distance est grande. Il n'est pas un soudard, mais un homme de lettres. Il donne une pièce liminaire aux *Changements de la bergère Iris* de Jean de Lingendes. Le succès de ses œuvres est considérable. Il figure assez rarement dans les recueils avant 1607, mais à partir de cette date, il connaît une vogue qui ne cessera qu'après 1620. Sa sœur, Mlle Motin, se mêle comme lui de poésie, ainsi que Bonnet, son neveu. Il meurt probablement peu après 1613, mais sa sœur et son neveu donnent aux libraires de ses inédits et groupent autour d'eux, vers 1620, tout un groupe de jeunes écrivains (2). L'œuvre obscène de Motin confirme les conclusions de sa biographie. Si, comme Sigogne, il s'inspire de Rabelais, de Saint-Gelais et de Ronsard, il regarde plus que lui vers les Italiens, vers l'Arétin surtout, et il a des prétentions à la poésie savante. Il écrit des élégies et compose des traductions.

(1) Pierre Motin est né à Bourges en 1566. Il a étudié sous Cujas, il est venu à Paris entre 1590 et 1594. Il y est protégé par le comte d'Auvergne, le frère de la marquise de Verneuil. On s'explique ainsi les pièces qu'il écrit contre Sigogne. Paul d'Estrée a publié des *Œuvres inédites de Pierre Motin*, Paris, 1883, tirées du ms. f. fr. 2308 de la B. Nle. Les raisons qu'il donne de son attribution semblent sérieuses. Mais il paraît certain qu'il y a eu deux poètes qui s'appelaient Motin. Un érudit de Bourges, Chenu, signale, en 1610, la mort de Jean-Jacques Motin, « un des meilleurs poètes français, si la mort ne l'eût ravi en la fleur de son âge ». Ni le prénom, ni la remarque sur l'âge de ce Jean-Jacques ne s'appliquent à Pierre Motin, et celui-ci, en 1612, composait de nouveaux vers.

(2) Bonnet est en même temps neveu de Motin et beau-frère de l'illustre orateur de Besançon, Antoine Brun. Il groupe autour de lui, avec Brun, ses amis Chifflet, Boissat, Faret et Frenicle. Ce sont presque tous des jeunes gens. Lorsqu'à propos d'un deuil de Brun, en 1620, ils publient les *Muses en deuil*, Chifflet a vingt-trois ans, Brun, Frenicle et Faret en ont vingt, Boissat en a dix-sept.

Berthelot [1]

Du troisième, Berthelot, on ignorait tout jusqu'à une date récente, et l'année de sa naissance reste inconnue. En 1604, des vers signés de son nom figurent dans les recueils. Il est vraisemblable que si l'on était mieux renseigné sur lui, on découvrirait qu'il avait des relations suivies avec les cercles lettrés. Lui aussi, il a donné une pièce liminaire aux *Changements de la bergère Iris* en l'honorable compagnie d'Honoré d'Urfé. En 1608 il donne un sonnet liminaire au *Ritratto del S. don Carlo Emmanuello* de Marino, aux côtés de Laugier de Porchères et de Scipion de Grammont. Il est en rapports avec le poète italien, car les *Epitalami* de Marino contiennent également un sonnet de Pierre Berthelot, et l'on a de celui-ci, dans un manuscrit de Chantilly, un poème qui imite sans doute les *Amori notturni* (2). Mais ces relations, et la dignité qu'elles supposent, n'empêchent pas Berthelot d'écrire des œuvres de l'espèce la plus grossière.

Les injures qu'il adresse à la vicomtesse d'Auchy prouvent que pour lui, comme pour Sigogne et Motin, la littérature satirique comportait une bonne part de diffamation. Ses satires proprement dites sont, chez lui comme chez Sigogne, en octosyllabes. Le genre est, à ses yeux, mal défini encore, et l'une de ses satires n'est qu'un conte libertin.

(1) Voir l'article remarquable de G. Daumas, *Revue des Sciences humaines*, juillet-septembre 1950. Il en ressort que Pierre Berthelot était Normand, qu'à partir de 1608 il fut au service du duc de Nemours, qu'il fit dans cette maison une brillante carrière. Il accompagna son maître en Savoie et à Turin, et l'on s'explique ainsi qu'il ait connu Marino. Il fut assassiné le 3 septembre 1615, en Savoie. Il est vraisemblable, mais non certain, qu'il était né vers 1580. Ses *Œuvres satyriques* ont été publiées par F. Fleuret, Paris, 1913

(2) Cette pièce, tirée du ms. 534 de Chantilly, a été reproduite par Fr. Lachèvre. Elle imite des vers de Marino, et presque certainement les *Amori notturni*. On trouvera ceux-ci dans les morceaux choisis de Marino, publiés par Benedetto Croce, coll. *Scrittori d'Italia*, p. 41.

Régnier [1]

Rien n'autorise à penser que les satiriques aient formé une école. Des historiens fantaisistes n'ont pas manqué de les attabler ensemble dans les tavernes de Paris, mais aucun témoignage ancien n'autorise ces descriptions d'un pittoresque facile. Motin a déchiré Sigogne, non pas une fois, mais dans quantité de pièces. Sigogne a écrit contre Berthelot une satire cruelle. On a l'impression que, bien loin de former un groupe, ces hommes appartenaient à des clans hostiles. Les deux seuls qu'il serait raisonnable de rapprocher seraient Motin et Berthelot, dont l'œuvre et la vie présentent un certain nombre de points communs.

Mais surtout il ne faut pas faire de Mathurin Régnier le chef d'une école qui n'a pas existé et le maître de disciples qui tous étaient plus âgés que lui. Il naquit en 1573, une douzaine d'années après Sigogne, et sept ans après Motin. Lorsque Sigogne commença d'être imprimé, à près de quarante ans, Régnier n'avait encore composé que deux de ses satires, et elles étaient inédites (2). Rien ne prouve qu'il ait été l'ami des autres satiriques. Motin seul fut son ami. Motin composa la pièce liminaire par où s'ouvre l'édition des *Satires,* et la IVe lui est adressée. Mais nulle part Sigogne n'apparaît dans sa vie

---

(1) Sur Régnier, l'ouvrage fondamental est la thèse de J. Vianey, *Mathurin Régnier,* Paris, 1896. La notice de Fleuret et Perceau, *Satires françaises,* I, pp. 53-54, donne la bibliographie des publications plus récentes. La meilleure édition des œuvres reste celle de Courbet, Paris, 1869 et 1875. A l'occasion de l'édition de Plattard, 1931, Gabriel Raibaud a donné dans la *R. H. L.,* 1931, p. 448, d'importantes corrections de texte. Mathurin Régnier est né à Chartres, le 21 décembre 1573. Il est neveu de Desportes par sa mère. Tonsuré à neuf ans, il est attaché, en 1589, au cardinal de Joyeuse et le suit en Italie. Il a vraisemblablement séjourné au delà des Alpes de 1589 et 1596, en 1598, en 1603 et en 1604. A partir de 1605, il reste en France. Il vit sur un bon pied, d'un canonicat de Chartres (1609) et d'un bénéfice que Tallemant évalue à 6.000 livres. Il meurt le 22 octobre 1613, dans une hôtellerie de Rouen.

(2) J. Vianey date la IIe satire de 1596-1598 et la IIIe de 1598.

et dans son œuvre, et il eut avec Berthelot une querelle qui fit du bruit.

On ne saurait se convaincre assez fortement que de sa vie nous ne savons à peu près rien et que l'image que l'on s'en fait d'ordinaire est une création des érudits de l'époque romantique. A en juger par les noms qu'il met en tête de ses satires, il fréquentait, bien plutôt que les tavernes, les doctes cabinets des humanistes, et il était reçu chez des personnages comme Bertaut, le comte de Béthune et le comte de Cramail. Il faut une belle naïveté pour tirer argument de la maladie dont on dit qu'il mourut. Si même la chose était exacte — et elle n'est nullement prouvée — elle ne donnerait à coup sûr aucun droit d'opposer le débraillé de Régnier à la bonne tenue de Malherbe.

S'il n'est pas sans importance de rectifier sur le sujet de sa vie une légende tenace, depuis longtemps réfutée et toujours reprise, il est plus essentiel de rendre à l'œuvre de Régnier sa véritable signification. Il est en effet beaucoup plus qu'il ne semblerait d'abord dans la ligne de la grande poésie. Il témoigne d'un effort puissant pour sortir de la satire telle que la pratiquent Motin, et surtout Sigogne et Berthelot, pour l'élever à la dignité d'un genre littéraire authentique.

Il est faux d'ailleurs qu'il s'enferme dans la satire. Lui aussi il a écrit un *Discours au Roi* et célébré l'entrée de Marie de Médicis à Paris. Dans ses poésies de circonstance, il imite à la fois Ronsard, Bertaut et du Perron (3). Quand par aventure il écrit des vers d'amour, des « élégies zélotypiques », des stances, des plaintes sur l'absence d'une maîtresse, il pétrarquise à la façon de Desportes, son oncle (4). Il dédie à Bertaut sa cinquième satire. Rien ne serait plus inexact que de le placer en marge du mouvement littéraire et de faire de lui un irrégulier.

Les *Satires* même attestent, chez lui, le souci de se relier

(3) J. Vianey, *op. cit.*, p. 267.
(4) *Ib.* pp. 264-267.

à la grande tradition. Il imite les Latins. Son *Importun* (satire VIII) essaie de rivaliser avec celui d'Horace. La VII⁺ satire est adaptée d'Ovide. Il parle en fort bons termes d'Horace et de Juvénal. Il a les yeux fixés sur les grands génies du monde antique. Homère et Virgile sont ses dieux.

La forme qu'il emploie suffit à lui donner sa vraie place dans la lignée des classiques. Il écarte l'octosyllabe. Il écrit en alexandrins, le type de vers français qui se rapproche le plus de l'hexamètre des satiriques latins. Son ambition est de s'élever jusqu'à la poésie morale, à la façon de la διατριβή antique. Il prend pour thèmes l'honneur, la folie humaine, les incohérences de la raison, tous sujets que Sigogne et Berthelot eussent été bien empêchés de traiter.

Ce qui a masqué le sens, la force et la sincérité de son travail, c'est d'abord le succès de son *Souper ridicule* (Satire X) et du *Mauvais gîte* (Satire XI). C'est peut-être aussi que sa plus belle pièce, que sa plus certaine réussite est *Macette* (Satire XIII). Mais pour les deux premières, on a fait justement remarquer qu'elles ont paru en 1609, qu'elles sont à coup sûr postérieures à juillet 1608, et qu'à cette date, la mode était à ce genre de pièces pittoresques et libres (5). Celles de Régnier sont exactement du même ton que d'autres, composées par Sigogne en cette même année. Elles forment, dans l'ensemble des satires, un groupe à part, et sur lequel il n'est pas équitable de le juger. Non pas qu'elles soient inférieures aux autres. Mais parce qu'elles sont différentes.

Quant à *Macette*, il y a longtemps qu'on a relevé le caractère admirablement classique de cette œuvre audacieuse. Macette est une entremetteuse de l'époque d'Henri IV. Mais elle est aussi une incarnation de l'éternelle hypocrisie. Elle n'éveille

(5) Dans les *Muses Gaillardes* de 1609 on trouve six portraits burlesques de vieilles femmes, attribuées plus tard à Sigogne. La ressemblance est si forte avec les pièces de Régnier, que J. Vianey est tenté d'imaginer que Régnier et Sigogne ont assisté à une lecture de Lasca, et que de cette lecture seraient sortis les *Vieilles* de Sigogne, l'*Inventaire* de Berthelot, l'*Éloge* de Motin, le *Repas ridicule* et le *Mauvais giste* de Régnier (J. Vianey ; op. cit., p. 132).

pas seulement un intérêt de pittoresque et de curiosité historique. Elle est, plus que la Célestine, si admirable pourtant, plus que les entremetteuses de l'Arétin, dégagée des précisions trop fortes qui lui enlèveraient de sa vérité profonde et durable (6).

La satire, telle que la comprend Régnier, est le confluent de plusieurs traditions littéraires. Celle des satiriques latins, celle d'Horace surtout, est sans aucun doute la plus importante, celle qui, dans l'esprit de Régnier, devait assurer la noblesse et l'authenticité de son œuvre. Mais elle n'est pas la seule. Non moins que d'Horace, il est plein de Rabelais, et de tout le courant de littérature libre issu de Rabelais, et qui circule à travers le XVI⁰ siècle pour aboutir à Béroalde de Verville. D'autre part, il n'ignore rien de la littérature italienne. Il connaît les satiriques italiens, mais les imite peu. Il laisse à Vauquelin de la Fresnaye le soin de piller dans ses satires celles de Dolce et d'Alamanni (7). Le seul des satiriques italiens qu'il imite, c'est l'Arioste, et son historien pense que c'est aux *capitoli* de l'Arioste qu'il emprunte le ton de confidence qu'il adopte si volontiers, ces récits d'aventures personnelles dont il fait le point de départ de ses dissertations morales. Il puise plus volontiers chez les Bernesques, et il lui arrive d'adapter, dans ses satires, un mouvement qui lui a plu chez Berni, Lasca

(6) De même que le *Souper ridicule* et le *Mauvais giste, Macette* paraît à un moment où ce sujet est à la mode. En 1609, paraît dans les *Muses Gaillardes* la *Catin* de Ronsard, qui est aussi une Macette. En 1609 encore, le *Discours* de l'Espine contient des conseils qui font penser au personnage de Régnier. (Voir sur lui une notice dans Fleuret et Perceau, *Satires françaises*, I, pp. 22-23). Enfin, en 1610, paraît chez Estoc une réédition de la *Vieille Courtisane Romaine*, de Du Bellay, précédée d'une traduction de la *Vie de Lais* de l'Arétin.

(7) Les *Satires* de Vauquelin de la Fresnaye ont paru en 1605, mais elles avaient été composées plus tôt. J. Vianey a démontré que Vauquelin abuse du droit reconnu alors aux poètes de prendre leur bien où ils le trouvaient. Il a plagié six satires d'Horace, cinq de l'Arioste, trois de Sansovino. Il a traduit, mot pour mot, des pages antérieures de Dolce et d'Alamanni. Allais et Lemercier avaient loué la vérité de son tableau de la France à la fin du XVI⁰ siècle. Hélas ! il ne fait que traduire un tableau de l'Italie par Vinciguerra.

ou Mauro (8). Il doit surtout aux Bernesques sa recherche du pittoresque. Un pittoresque haut en couleur et qui ne recule pas devant certaines crudités. Mais ce trait, qui est important et devait être noté, n'est pas, chez lui, dominant. On a observé avec raison qu'il est faible dans les satires IV et VI et que, dans les satires X et XI où il apparaît le plus fortement, il n'exclut pas de façon complète les autres éléments plus chers à Régnier.

La poésie de Régnier est donc une poésie savante. Il n'avait que mépris pour les rimeurs de bas étage avec lesquels on voudrait le confondre. Il en a parlé deux fois et chaque fois en termes très durs. Il s'est moqué de leur gueuserie et n'éprouve nulle pitié pour la misère où ils se débattent, pour la faim qui les tord. Le portrait du poète crotté, à l'air inspiré et au pourpoint en lambeaux, qui est un lieu commun de l'époque, a son point de départ dans la deuxième satire de Régnier. Il est surtout dur pour ceux qu'il appelle « les poètes de bordel ». Ils sont responsables, à ses yeux, du mépris où est tombée la poésie. Ils se plaignent au ciel de leur misère comme si leurs vices et leurs mœurs débraillées n'en étaient pas les véritables causes (9).

Il a, un jour, dessiné son portrait. Un portrait qui étonne d'abord, puis qui éclaire (10). Il offre, pour la conscience bourgeoise, des traits fâcheux.

Jamais on ne luy voit aux mains des patenostres,

et il « hante en mauvais lieux », ce qui d'ailleurs peut très bien signifier des compagnies d'artistes et les « cabarets d'hon-

(8) La dette de Régnier peut maintenant s'établir avec précision. Il doit aux Bernesques la VIe, la Xe et la XIe satires, avec des parties de la IVe. Mais d'ailleurs son imitation est assez libre pour que l'allure des IVe et VIe satires soit toute différente des pièces bernesques, et que, dans les Xe et XIe, la ressemblance ne soit pas totale.
(9) Satires II et IV.
(10) Satire XIII, v. 237 sqq. On complétera ce portrait par les indications de la satire V, où il explique pourquoi ce n'est pas sa faute s'il est un peu fou, libre et amoureux.

neur ». Mais ce n'est pas, comme on pourrait le croire, un joyeux drille. Il a au contraire la mine sombre.

Il va mélancolique, et les yeux abaissez.

Il parle savamment, il a de l'esprit, il serait, pour une jeune fille, un prétendant séduisant et passionné. Cette image du poète s'accorde avec l'idée que l'on se fait de son œuvre, une fois dissipées de vaines apparences.

On devine chez lui, bien plutôt que le goût de la gaudriole, un sentiment amer de la sottise et de l'injustice universelles. Sa troisième satire, au marquis de Cœuvres, mène très loin dans le secret de sa pensée. L'image qu'il se représente du monde, c'est le triomphe d'un absurde hasard, c'est l'hypocrisie maîtresse, les biens de la fortune répartis à l'aventure, c'est la domination des sots et la science « pauvre, affreuse et méprisée ». Il explique pourquoi, dans un monde ainsi fait, il n'y a pas de place pour lui. Il est trop sincère à la fois et trop chaste. Il se sent incapable, selon son énergique expression, de jouer le rôle de maquereau. Et qu'avait donc fait son oncle Desportes, que faisaient Bertaut, et Vauquelin, et Malherbe, et tous les poètes du temps, que mettre leur plume au service des amours adultères de tous les puissants ?

Pour achever d'égarer les historiens, sa critique de Malherbe, dans la satire à Nicolas Rapin, a fixé Régnier, aux yeux de la postérité, dans une attitude d'opposition au théoricien de la nouvelle poésie. D'où la conclusion, qu'on a trop souvent tirée, que l'histoire de notre littérature, au début du XVII' siècle, se résume dans la lutte entre Malherbe et Régnier, entre la discipline classique et l'anarchie du siècle précédent. Vue sommaire et inexacte. Malherbe le savait bien, qui, au dire de Racan, « l'estimoit en son genre à l'égal des Latins » (11). L'opposition des deux hommes, des deux poètes, était profonde. Elle n'est pas ce que l'on dit parfois.

Ce qui les amène à se heurter, c'est que Malherbe veut rompre avec le passé, qu'il est moderne, qu'il affiche son irrespect

(11. Racan, éd. Latour, I, p. 261.

pour les gloires les plus reconnues, tandis que Régnier reste
fidèle à la tradition des humanistes. Qu'on relise la fin de la
satire à Nicolas Rapin, et l'on verra que le nœud du conflit
est là. Bien loin d'être, en littérature, un anarchiste, Régnier
s'attache de toutes ses forces à la grande tradition. Il montre
en Malherbe, les excès du goût individuel, de la « raison ».
Il dénonce chez lui le goût de la nouveauté, et déclare que pour
sa part il préfère imiter « nos vieux pères ». S'il ne dit pas
que Malherbe est, en littérature, une sorte de huguenot, on sent
très bien qu'il a ce rapprochement dans l'esprit, et qu'à ses
yeux, le « sens individuel » est aussi dangereux en matière de
poésie qu'en matière de religion. Bien loin de rejeter l'idée d'autorité, c'est en son nom qu'il condamne l'œuvre révolutionnaire de Malherbe.

Il est bien vrai qu'en plusieurs endroits de ses satires,
Régnier a protesté contre le joug que les modernes prétendaient
imposer à notre poésie.

> *Appollon est gesné par de sauvages lois,*

disait-il déjà dans la quatrième satire, écrite vers la fin de
1605. Mais ce n'est pas qu'il rejette toute discipline. Il accepte
au contraire d'obéir à celle d'Horace et de Ronsard, il lui
plaît de se mettre à l'école de ces maîtres. Ce qu'il n'admet pas,
c'est la tyrannie du goût nouveau, dont Malherbe s'est fait le
champion.

Conflit dramatique, et qui nous mène au cœur des problèmes intellectuels de l'époque. On les présente trop souvent
comme une lutte entre l'anarchie du XVIᵉ siècle et l'ordre
classique. Comme si notre XVIᵉ siècle avait été une anarchie.
Comme si l'ordre du XVIIᵉ siècle avait réalisé les plans de
l'éternelle Raison. Ce qui est en jeu au contraire, c'est la tradition humaniste, c'est le « souverain style » de Ronsard,
c'est une conception de la poésie qui est « doctrine » et
« fureur ». Une tradition qui est aussi une discipline, qui l'est
peut-être trop, et qui propose aux nouveaux poètes l'exemple et
l'autorité des grands poètes de la Grèce, de Rome, de l'Italie et de notre Pléiade. C'est cette tradition qui est menacée

par les modernes. Et il est bien vrai qu'ils invoquent la raison. Quelle autre autorité pourraient-ils invoquer, puisqu'ils rompent précisément avec la tradition ? Mais cette raison exigeante, étouffante, cette discipline dont Régnier ne veut pas, ce n'est pas la Raison universelle, qui est pure chimère. Ce sont les goûts d'une élite sociale, dont Malherbe reconnaît l'autorité, tandis que Régnier la rejette. La question qui se pose, pour Malherbe et pour lui, n'est pas de savoir si notre poésie reconnaîtra un ordre, mais si l'aristocratie et les cercles mondains ont une autorité légitime sur la littérature, et si leur goût doit faire loi.

Cette opposition entre les deux poètes devait se manifester dans le détail de leurs œuvres, dans leur technique, dans leur langue. Elle est pourtant, sur tel point, bien moindre qu'on ne serait tenté de le croire. C'est ainsi que Régnier évite à peu près complètement l'hiatus. On n'en trouve aucun dans les deux épîtres et dans le *Discours au Roi*. Les satires en ont une quarantaine, dont beaucoup sont à la césure, et par conséquent peu sensibles (12). D'autre part, du seul fait qu'il écrit des satires, Régnier adopte une construction beaucoup plus libre que Malherbe dans ses odes et dans ses stances. Mais cette liberté ne s'appuie pas du tout sur un refus de toute discipline. Elle se fonde, volontairement, sur la tradition de la *satura* latine. Son désordre est un désordre savant, le désordre d'un imitateur d'Horace, et non pas du coq à l'âne de jadis. De même sa langue, forte, colorée, savoureuse, bourrée d'archaïsmes et de proverbes. Ce n'est pas une langue populaire. Régnier, tout au contraire, s'indigne quand il apprend que Malherbe renvoie les écrivains aux crocheteurs du marché Saint-Jean. Il n'acceptera de parler comme le vulgaire que lorsque le vulgaire possédera « le beau sçavoir », et quand les crocheteurs seront poètes (13).

(12) Martinon, *R. H. L.*, 1909, p. 62 sqq. Le même auteur note que dans l'édition de 1913, les satires XIV, XV et XVII ne contiennent pas un hiatus, mais que la satire XVI, qui n'était pas au point lorsque Régnier mourut, en contient huit.

(13) IX, v. 29-36.

Ce qui est exact, et qui explique qu'on ait pu voir en Régnier une sorte d'anarchiste de la poésie, c'est qu'il trouvait, chez ses maîtres du XVIᵉ siècle, un sens de l'individuel qu'on ne retrouve pas dans la poésie malherbienne. Montaigne était pour Régnier un maître. Disons plutôt le maître, et l'on forcerait à peine l'expression si l'on soutenait que le rôle essentiel de Régnier dans l'histoire de notre littérature, a été de donner une forme poétique aux grandes leçons des *Essais*. A une époque où déjà, au nom de la Raison universelle, on tend à réduire à rien les valeurs individuelles, Régnier enseigne que la raison est trompeuse, ou plutôt que chacun possède sa raison à soi, et qu'elle est, en droit comme en fait, la seule loi de sa pensée et de sa conduite. Il reprend l'argumentation de l'*Apologie de Raymond Sebond* pour prouver que les qualités bonnes ou mauvaises de nos actions ne sont que des points de vue, que c'est « la nature et l'humeur des personnes » qui les fondent (14). Les sens nous trompent, et aussi ce que nous appelons la raison, qui est, à dire vrai, « une estrange beste ». Nulle règle par conséquent qui soit fondée sur la nature des choses. Encore nous faut-il un principe directeur. Montaigne nous l'avait donné : « que nous ne saurions faillir à suyvre nature ». Régnier a fait de cette formule un alexandrin :

> *Nous ne pouvons faillir, suivant nostre nature.*

Cédons à nos humeurs. Ne jugeons pas. N'acceptons pas non plus d'être jugés.

On croirait que cette doctrine est révolutionnaire. Elle est, au contraire, toute d'acceptation. Car Régnier, comme apparemment Montaigne, a un très vif sentiment de tous les déterminismes. « Rien n'est libre en ce monde... », écrit-il. C'est l'arrêt de Nature, et nul n'y saurait contredire.

Conclusion pleine de sens, et qui interdit décidément de voir en Régnier un révolté. Mais il est clair aussi que cette soumission ne se confond pas avec le sens de l'ordre si forte-

(14) *Sat*. V, v. 41-42.

ment marqué chez Malherbe. Il y a, derrière le traditionalisme de Régnier, un souci de la liberté intérieure, un sens de l'originalité, un certain dédain du conformisme qui ne se retrouvent pas chez Malherbe, poète officiel et visiteur assidu de l'hôtel de Rambouillet. Le succès de Régnier prouve assez qu'il y avait, de son temps, de bons esprits pour apprécier l'importance de son message.

Claude d'Esternod [1]

Si Régnier n'eut aucune influence, et pour cause, sur Motin, Sigogne et Berthelot, les satiriques qui publièrent leurs œuvres à partir de 1619 le considèrent au contraire comme un maître et s'inspirent de son exemple.

Claude d'Esternod occupe parmi eux une situation à part. Il est un bon poète de langue française, mais il est à peine un écrivain français. Il est né à Salins, en Franche-Comté, et il a commandé la place d'Ornans pour le compte du roi d'Espagne. Aucun témoignage sérieux ne permet d'affirmer qu'il soit venu à Paris et qu'il ait eu des relations suivies avec les cercles littéraires. Né en 1592, il était de toute façon trop jeune pour fréquenter Sigogne, mort en 1611, et Régnier, mort en 1613. Les hommes de lettres français qui apparaissent en relations avec lui sont Boissat et Faret, tous deux originaires des provinces du sud-est. Son *Espadon satyrique* a paru à Lyon, et non à Paris, en 1619 (2).

L'œuvre de Claude d'Esternod se révèle tiraillée entre deux directions très différentes, celle de Sigogne et celle de Régnier. Le *Paranymphe de la vieille qui fit un bon office,* ou l'*Antima-*

(1) *L'Espadon satyrique* a été réédité par F. Fleuret et L. Perceau, Paris, 1922.

(2) On est pourtant très tenté d'admettre que d'Esternod a fait un séjour à Paris en 1614-1615, car il y a publié à ces dates deux plaquettes où il célèbre l'alliance de la France et de l'Espagne et applaudit aux mariages espagnols.

riage d'un cousin et d'une cousine de Paris sont des pièces d'un pittoresque très cru et suffisamment plaisant, mais fort éloignées de la haute idée que Régnier se faisait de la satire. Par contre *l'Ambition de certains courtisans nouveaux venus* s'inspire de plusieurs développements de Régnier, même si le style s'y révèle beaucoup plus truculent que celui du modèle. *L'hypocrisie d'une femme* est une imitation de *Macette,* et qui n'est pas sans talent. D'Esternod — on le sait par les *Caquets de l'accouchée* — a été lu dans la bourgeoisie parisienne. Son vocabulaire extrêmement concret et coloré aura une influence certaine sur les écrivains de la génération suivante. Il encouragera dans leur résistance ceux qui se refusent à appauvrir la langue sous prétexte de l'épurer.

Les Satiriques Normands [1]

Les autres satiriques issus de Régnier forment une sorte d'école. Si l'on met à part Jean Auvray dont la date de naissance est inconnue, les trois autres appartiennent à une même génération, légèrement postérieure à celle de Régnier : Tho-

(1) Sur chacun de ces auteurs on trouvera d'excellentes notices dans Fleuret et Perceau, *Satires françaises,* t. I. On a longtemps confondu Jean Auvray avec un auteur de son temps, Guillaume Auvray (voir à ce sujet une érudite discussion d'E. Roy dans *R. H. L.,* 1915, p. 513 sqq). Il faut également le distinguer d'un troisième Auvray, dont l'existence n'est pas douteuse et qui était, en 1627, jeune avocat parisien et dramaturge débutant (Carrington Lancaster, *A history of french dramatic literature,* I, 1, p. 294). Jacques du Lorens (dont on devrait prononcer le nom du Laurant) a été avocat un moment. Il a passé sa jeunesse à Paris, donc aux environs de 1609, puis quelques années à Chartres, et s'est fixé à Châteauneuf-en-Thimerais. On sait qu'il avait le goût des « excès, injures et libelles diffamatoires ». Au demeurant le meilleur fils du monde. Ses *Satires* de 1624 ont été rééditées en 1881 par Jouaust, celles, toutes différentes, de 1633 l'ont été par J. Gay, à Genève, en 1868, et l'édition de 1646 qui est un grossissement de la précédente a été réimprimée par Jouaust encore, en 1869. Thomas Sonnet, lui aussi, a passé sa jeunesse à Paris, puis il est retourné à Vire et n'en a plus bougé. Il est, de profession, médecin. Ses *Poésies* ont été rééditées par Prosper Blanchemain en trois volumes, 1876-1877, mais le deuxième volume contient les *Exercices de ce temps* qui sont d'Angot de

mas Sonnet de Courval est né en 1577, Jacques de Lorens en 1580 et Robert Angot de l'Esperonnière en 1581. Ils sont tous Normands. Auvray gravite autour de Rouen, Sonnet de Courval est né à Vire, Angot à une quinzaine de kilomètres de cette ville, et Du Lorens, né à Tillières-sur-Avre, a passé la plus grande partie de sa vie à Châteauneuf-en-Thimerais.

L'exemple de leur compatriote Vauquelin de la Fresnaye fut peut-être à l'origine de leur œuvre satirique. C'est en 1608 que Sonnet de Courval publie sa *Satyre Ménippée* contre les femmes, trois ans après qu'eurent paru les *Satyres* de Vauquelin. Mais en fait ces auteurs n'écrivent l'ensemble de leur œuvre satirique qu'à partir de 1620, à une époque par conséquent où l'œuvre de Régnier s'est imposée. Le *Banquet des Muses* d'Auvray est de 1623, les *Satires* de Du Lorens de 1624, les *Exercices de ce temps* d'Angot sont attestés à partir de 1622, et c'est en 1621 que Sonnet de Courval joint à une réédition de sa *Satyre Ménippée* cinq satires d'une signification toute nouvelle.

Car cette satire des années 1620-1625 n'a que le nom de commun avec celle que l'on pratiquait au temps d'Henri IV. Il ne s'agit plus de diffamation. Il ne s'agit plus de manteaux troués et de nez ridicules et le portrait d'une vieille édentée ne fait plus rire. Les satiriques normands sont des moralistes. Un peu crus, et qui ne craignent pas encore assez la trivialité pour être appelés classiques. Mais leurs satires sont des discours moraux, et leur objet est de censurer les mœurs.

Du Lorens l'a dit en termes exprès :

C'est un brave sermon qu'une juste satyre (2).

l'Esperonnière. Celui-ci est né à Montchauvet, à 15 kilomètres de Vire. Il est l'ami de Sonnet de Courval. En 1603, il publie son *Prélude poétique*, recueil d'élégies et de sonnets amoureux. Comme du Lorens, il a étudié le droit. Il semble qu'après un séjour à Paris il n'ait plus quitté sa province natale. La plus ancienne édition connue des *Exercices de ce temps* est la troisième ; elle porte la date de 1622. On a longtemps attribué les *Exercices* à Sonnet de Courval. Fr. Lachèvre les a rendus à Angot et en a procuré une excellente édition dans les *Textes Français Modernes*.

(2) *Satires* de 1624, rééditées en 1881, p. 101.

Il a parlé des principaux auteurs satiriques, et il a surtout loué Horace. Juvénal lui semble trop âpre et Perse lui fait peur. Sur Régnier même il fait des réserves :

Renier coule assez bien, si les eaux estoient pures.

Surtout, il ne veut rien savoir de l'exemple, du mauvais exemple de Sigogne. Il ne faut pas, dit-il, s'amuser aux vaines bagatelles. Ce qui compte, ce n'est ni le corps ni l'habit, c'est « la vie et les vœux » (3).

A bien chercher, on trouverait chez ces auteurs des développements sur les vices généraux de l'humanité. Il est arrivé à Du Lorens de réfléchir sur la nature de l'homme (4). Mais ce n'est pas là sa vraie préoccupation, encore moins celle de Sonnet de Courval. On se risquerait volontiers à dire que l'un et l'autre sont, plus que des moralistes, des censeurs politiques. Ce qu'ils dénoncent, ce n'est pas l'avarice ou l'ambition par exemple, c'est l'état d'un royaume où l'ambition et l'avarice sont reines.

Non pas qu'ils soient des révolutionnaires. Ils sont bons catholiques et parlent sans douceur des protestants qui ont ruiné l'unité nationale. Ils sont royalistes fervents. Ils sont persuadés que le salut ne peut venir que du maître et déplorent seulement qu'il soit si mal entouré. Comme si le maître n'était pas responsable du choix de ses collaborateurs, comme si ce choix ne le jugeait pas. Mais ces médecins et ces avocats du pays normand partagent l'illusion habituelle aux Français et leurs critiques s'arrêtent aux pieds du chef.

Après quoi, naïvement assurés de ne pas déplaire au roi, ils dénoncent avec une extrême vigueur l'état déplorable du pays. Le roi, écrit Du Lorens, ne sait pas « le point où la France est réduite » et il se charge de l'en instruire. Il dénonce avant tout les nobles, leur vanité, leur incapacité, les violences qu'ils se permettent sur un peuple asservi, mais il n'épargne pas

(3) *Ib.*, p. 172.
(4) *Satires* I. 2 et II. 6.

non plus les « gros bourgeois ». Chez Sonnet de Courval, la critique politique revêt une précision qui témoigne d'une attention extrême portée aux problèmes de l'Etat. Sonnet s'attache plus particulièrement au « détestable champ de la vénalité des offices ». Dans une argumentation pressante de son *Avis au lecteur,* il cite les articles 10 à 13 des cahiers des Etats de 1614 qui réclamaient la suppression de ce « monstre hideux ». Il dénonce la mainmise de la finance sur les ressources vives de la nation et sur toute la machine de l'Etat. « Les principaux financiers, disait-il avec une force admirable, font un Estat dans l'Estat, et une caballe et monopole si grand, acheptant les premiers offices de la Chambre des Comptes pour leurs enfants, gendres, parens et alliez, dont ils authorisent les larcins et malversations, que si l'on ni donne ordre, ils auront à l'avenir assez de puissance, par les inventions et subtils artifices, de s'opposer aux volontés de sa Majesté, ou pour le moins les éluder. »

Les satires de Sonnet de Courval ne font que développer cet audacieux *Avis au lecteur.* Tour à tour l'Eglise de France, la Justice, la classe noble, la haute finance sont l'objet de ses réquisitoires passionnés. Il est catholique, mais dans l'Eglise, il voit la simonie « parvenue à son zénith ». Il est loyal sujet du prince, mais il dit tout haut que l'injustice et la corruption sont installés en quartier dans les palais de Thémis. Ses satires sont essentiellement des réquisitoires. Elles contiennent, il est vrai, des passages où l'observation curieuse des mœurs est excellente. Mais l'attention de l'écrivain est ailleurs : il veut que par son œuvre le pays prenne conscience des abus qui le ruinent.

Les mérites d'Angot de l'Esperonnière sont autres. L'auteur du *Prélude poétique* n'a pas l'âcre bile d'un Sonnet, et son intelligence ne s'intéresse pas aux problèmes de la politique. Etre peintre des mœurs, pour lui, ce n'est pas étudier la concentration du pouvoir aux mains des financiers, c'est recréer l'atmosphère d'un bal, les propos qui s'y échangent, les libertés qu'on y prend, les intrigues qui s'y nouent. C'est décrire « la foire au village », comme un autre Normand peindra un jour des noces campagnardes et des comices agricoles. Parfois, on croirait qu'Angot va se permettre d'avoir une idée, de soutenir une thèse. Lorsqu'il aborde son *Pèlerinage,* il paraît disposé à faire de la superstition un libre tableau. Avec une audace qu'on admire, il s'étonne « du nombre excessif des Religions ». Chaque pays a la sienne ; elle a son *credo,* ses mystères, ses fêtes, ses saints et ses prophètes, ses miracles. Et le bon de l'histoire est qu'elles se ressemblent toutes. Arrivé là, il tourne court, et s'amuse à décrire une troupe en route vers Liesse ou Bonsecours, les voitures qui s'avancent sur la route, et les abondantes provisions des dévôts pèlerins.

Ces tableaux sont parfois vifs, ils ne sont pas grossiers, même lorsqu'Angot écrit *Lucine ou la femme en couche.* Ceux qui ont traité les *Exercices* de « livret pornographique » avaient apparemment « cette vertu diablesse » que Molière n'aimait pas. S'il faut assigner au livre d'Angot une place dans l'histoire de notre littérature, elle n'est pas difficile à découvrir. Non pas du tout aux côtés des *Parnasses satyriques.* Pas aux côtés non plus de *Francion.* Mais tout près des *Caquets de l'Accouchée,* parmi les réalistes les meilleurs.

Angot est en effet un réaliste, et c'est là son mérite et sa limite. Comme tous les réalistes, il s'arrête à la surface de la vie, il en recueille les gestes drôles, les propos savoureux, les détails qui fixent une amusante image. Le fond lui échappe, et parce qu'il n'a vu du réel que les apparences, son œuvre n'a plus, aujourd'hui que les formes extérieures de la vie ont changé, qu'un intérêt — très vif d'ailleurs — de curiosité.

La Génération de 1620

Lorsque Du Perron mourut, en 1618, il pouvait paraître évident que Malherbe allait désormais exercer sur la poésie française une sorte de domination incontestée et exclusive. C'est précisément aux environs de cette date, entre 1618 et

1620, qu'apparaît une nouvelle génération, toute une équipe de jeunes poètes, pleins de talent, d'enthousiasme, ayant un sentiment très fort de leur originalité. Trois noms la dominent : Théophile de Viau, Boisrobert et Saint-Amant. Trait curieux : ils sont tous trois, à très peu près, du même âge. Boisrobert est né en 1589 (1), Théophile en 1590, et Saint-Amant en 1594. Tous les trois sont nés protestants, et tous les trois se sont convertis au catholicisme, par un mouvement où le Saint-Esprit ne fut vraisemblablement pour rien. Ils se sont connus vers 1617 au plus tard et ont formé un *trio* d'amis jusqu'au jour où le procès de Théophile éloigna de lui les deux autres. Mais leurs œuvres, si diverses qu'elles soient, répondent à des préoccupations identiques, et s'éclairent à être rapprochées.

Théophile de Viau [1]

On a voulu faire de Théophile un disciple de Régnier. Les dates s'y opposent. On a prétendu le dresser contre Malherbe, alors qu'il a dit expressément son admiration pour le maître, et qu'il a corrigé ses premières œuvres pour obéir à sa leçon. On a imaginé, autour de lui, une école d'écrivains indépendants, et on l'a logé dans les tavernes et les mauvais lieux, sans doute pour opposer son débraillé et son libertinage à la chasteté de Malherbe et de Mainard. Sa vie et son œuvre protestent contre ces légendes.

Il était né à Clairac en Agenais, en 1590. Il appartient donc à une génération qui s'ouvre aux choses de la poésie vers

(1) On avait cru, jusqu'à une date récente, que Boisrobert était né en 1592. M. Maurice Cauchie a démontré qu'il était né entre le 1er juillet et le 31 décembre 1589 (Boisrobert, *Epîtres*, p. p. M. Cauchie, *Textes Français Modernes*, II, p. 302.

(1) A. Adam, *Théophile de Viau et la libre pensée française en 1620*, Paris, 1936. Le procès de Théophile a été étudié et les pièces publiées par Fr. Lachèvre. Les œuvres ont été rééditées par Alleaume, 2 vol., 1856.

1610, quand Desportes est mort, quand Bertaut n'a plus qu'un an à vivre, et Régnier trois, quand au contraire la poésie nouvelle, dont Malherbe est, sinon l'unique, du moins le plus important représentant, est en train de conquérir à Paris tous les écrivains qui comptent. Après une jeunesse vagabonde, on le trouve à Paris, vers la fin de 1615, au service du comte de Candale. Désormais, il bénéficiera des plus hautes protections, Candale d'abord, puis le duc de Liancourt, puis Montmorency. Il mène grand train, et bien loin de lui reprocher une tenue débraillée, ses ennemis allèguent contre lui son faste, son cheval, son valet et les parties fines, dans les « cabarets d'honneur », avec la plus brillante jeunesse de la Cour.

Trop mêlé aux intrigues de la Cour, trop ouvertement en conflit avec le clan ultramontain, il fut exilé une première fois en 1619. En 1623, les Jésuites réussirent à mettre contre lui le Parlement en mouvement. On lui imputa la publication d'un recueil obscène, le *Parnasse satyrique*. Accusation deux fois étonnante, puisque ce genre de publication n'avait pas été jusqu'alors inquiété, et puisque, de toute évidence, Théophile n'y était pour rien. Arrêté dans des circonstances dramatiques, jeté dans le cachot de Ravaillac, il attendit vingt-cinq mois d'être jugé. Il ne fallut pas moins de temps au Père Garasse et au Père Voisin pour se rendre compte qu'ils étaient incapables d'apporter une seule preuve contre leur victime. Ses juges, bien disposés pour la plupart en sa faveur par haine des intrigues dévotes, le condamnèrent seulement à s'éloigner quelque temps de Paris : un bannissement à vie n'avait pas à cette époque d'autre sens lorsque le pouvoir était résolu à l'indulgence. Très vite même, Théophile obtint la permission tacite de revenir parmi ses amis. Mais les conditions horribles de sa prison avaient ruiné sa santé. Il mourut un an après sa libération, le 25 septembre 1626. Il avait trente-six ans.

Il était de petite taille. Pas beau, et il le savait bien. Jusqu'à son arrestation il était plutôt replet, et le portrait qu'on a de lui, avec ses joues creuses et les os trop saillants, ne peut dater que de la dernière année de sa vie. C'était une vraie nature de Gascon, primesautière, toute en saillies, en brusques découragements, en brefs enthousiasmes. Il fut aimé de ceux qui l'ont connu, et Montmorency, deux évêques, Cospeau et Camus, des Capucins comme le P. Athanase et le P. Philippe se sont portés garants de ses bons sentiments. Un Jésuite même, le P. Séguiran, avait de la sympathie pour lui. Il est vrai que le P. Séguiran était un modéré et, comme l'écrivait le Nonce du Pape, « senz' animo e senza vigore ».

Il était ambitieux, mais comme le sont les poètes, c'est-à-dire qu'en se croyant habile il multipliait les maladresses, et que ses boutades ruinaient à chaque instant le résultat de ses calculs. Il était incapable de se courber sous aucun joug, et il rompit avec Candale lorsque le comte prétendit lui faire sentir son autorité. Il avait sans cesse le mot de franchise sous la plume, et cette franchise fut la vraie cause de ses malheurs.

Sa sensibilité était vive, toute fraîche et spontanée. Il aimait tout ce qui est beau, un paysage comme un visage de femme. Qu'on lui en fasse grief ou qu'on l'en loue, il était sensuel, et vivait profondément par ses sens. Un parfum l'émouvait comme une musique. Il a écrit des vers obscènes. Gageons qu'il n'y voyait point de mal. Cette poésie devait lui paraître légitime parce qu'elle traduisait la force profonde, essentielle, primitive, qu'avait chez lui la vie des sens. Dans une femme, il était incapable de voir l'idole que le Pétrarquisme avait imaginée. Ses Cloris, ses Philis, sa Caliste surtout, sont des êtres vivants, capricieux, charmants, cruels, qui l'ont affolé, qui lui ont donné ses plus grandes joies et ses plus grandes douleurs.

Son œuvre, en perpétuelle évolution, illustre de façon remarquable le mouvement de notre poésie entre 1610 et 1625. Il débute par quelques pièces qui rappellent les *Gaîtés* du siècle précédent, dans une langue vive, spontanée, qui étincelle de vraies beautés et fourmille d'archaïsmes et de négligences. Le *Matin*, la *Solitude*, œuvres gracieuses et franches, mais sans force véritable, datent de cette première période.

Manifestement, il est alors en marge de la poésie galante

et mondaine. On s'explique sans peine cette attitude si l'on songe qu'à ses débuts, Théophile a écrit pour le théâtre, et que son maître c'est Hardy. Une ode de date imprécise, mais certainement ancienne, célèbre chez l'auteur dramatique un écrivain de la grande tradition, qui déteste la poudre et le fard, et ne s'amuse pas « à couler un sonnet mignard ».

Mais très vite Théophile a été séduit par la poésie moderne et mondaine. Il corrige ses premiers vers. Tantôt il écrit dans un style prétentieux, tendu, baroque, qui prétend imiter les poètes officiels. Tantôt il rivalise avec ce que lui-même appelle « la douceur de Malherbe ». Il obtient dans ce genre de belles réussites, qui feraient de lui un élève bien doué du maître.

A la fin de 1620, il fixe sa position dans son *Elégie à une dame*. On y a vu une déclaration de guerre contre la réforme malherbienne. Mais pourquoi ne pas admettre qu'il est sincère lorsqu'il déclare : « Malherbe a très bien fait... », ou encore : « J'aime sa renommée... » D'autant plus que vers la même date il écrit sans excès d'amour-propre :

> Je me contenterais d'imiter en mon art
> La douceur de Malherbe ou l'ardeur de Ronsard.

et que plus tard, en énumérant les poètes de son temps, il donne la première place à Malherbe (2).

Point d'opposition radicale, par conséquent. Et pas davantage reprise aveugle des arguments apportés par Régnier, par Garnier, par Dubreton, contre la réforme malherbienne. Régnier, on s'en souvient, dénonce surtout en Malherbe l'homme qui rompt avec la tradition, et ce grief, nous l'avons retrouvé chez Garnier, chez Dubreton, chez Hardy lui-même. On ne le retrouve pas chez Théophile. Ce qu'il reprocherait à Mal-

---

(2) Naturellement les deux hommes ne s'aimaient pas. On possède sur leurs rapports, une seule phrase. Elle est intéressante : « Théophile, qui le piccottoit tousjours... » (L. Arnoud, *Anecdotes inédites*, p. 64). On trouve dans ce livre un quatrain de Théophile contre Malherbe.

herbe, ce n'est ni son œuvre, ni même les principes de sa réforme, ni, à coup sûr, sa rupture avec le passé. Ce serait plutôt son dogmatisme, et surtout ses disciples, cette séquelle de Malherbe, qui le pille et exagère la rigueur de sa réforme.

Bien loin de s'entêter dans la fidélité aux Anciens, Théophile est un moderne, comme Malherbe et plus que Malherbe. Déjà en 1618 il raillait les légendes de l'antiquité : « La sotte antiquité... » osait-il dire (3). En 1623, quelques mois avant son procès, il inséra dans les *Fragments d'une histoire comique* un véritable manifeste. Ce qu'on appelle imitation des Anciens n'est à ses yeux que larcins, ornements démodés. Les livres des Anciens étaient, quand ils les firent, nouveaux. Nos livres à nous naissent vieux. Libérons-nous donc d'un respect servile. Pour être modernes, bannissons des figures qui n'ont plus de sens. Plus de vers lyriques : nous n'usons plus de la lyre. Plus de poèmes héroïques : il n'y a plus de héros. Plus d'invocations aux Muses, plus d'Apollon. Au lieu de ces oripeaux démodés, la claire raison, dure et nue. « Il faut que le discours soit ferme ; que le sens y soit naturel et facile, le langage exprès et signifiant ». Théophile, de notre temps, dirait que la première et essentielle qualité de l'œuvre littéraire, c'est son efficacité. Et pour cela « il faut escrire à la moderne » (4). Voilà ce qu'enseigne ce poète, en qui l'on a longtemps prétendu voir un disciple attardé de Ronsard (5).

La position de Théophile dans le mouvement littéraire est donc sans ambiguïté. Mais elle est complexe. Il adhère, et sans réserve, au principe d'une poésie moderne, et par conséquent, à l'exigence essentielle de Malherbe. Mais, si Malherbe est pour lui un maître, il n'est pas l'unique maître.

(3) Ed. Alleaume, I, p. 234.
(4) *Ib.*, II, pp. 13-14.
(5) Il a, en effet, parlé en fort bons termes de Ronsard, avec un sens beaucoup plus juste de sa grandeur que n'avait fait Malherbe. Mais après avoir reconnu le génie du poète, Théophile dit très nettement qu'il ne faut pas le suivre. Le parti des Ronsardisants ne s'y est pas trompé. Le *Satyrique françois* et l'*Ateinte* issus des cercles fidèles à Ronsard, sont deux des pamphlets les plus violents qui aient été écrits contre Théophile.

D'abord parce que le vieux poète n'a marqué puissamment qu'un canton très étroitement limité du domaine poétique, et que son influence n'a guère été que formelle. Il s'est enfermé dans le lyrisme et, de façon presque exclusive, dans le lyrisme d'apparat. Il a laissé de côté l'élégie, la satire. Dans l'ode, dans les stances et le sonnet, il s'est borné à quelques thèmes peu nombreux. Là même, il a été un maître de la forme bien plus qu'un inspirateur d'idées, il s'est borné à enseigner les règles de la métrique. Sans doute a-t-il exigé certaines qualités de pensée. Mais il a laissé à d'autres le soin de donner un contenu aux formes qu'il a fixées. Les poètes de 1620 pouvaient donc, sans contradiction, accepter la leçon de Malherbe et créer pourtant une poésie indépendante de l'œuvre malherbienne.

D'autre part Régnier reste pour eux un grand nom, et son exemple n'est pas de ceux qu'ils songeraient à négliger. Son influence s'exerce dans un double sens. Pour la forme, c'est-à-dire pour la structure de l'œuvre poétique et la langue, de même pour la juste part qui revient respectivement à la spontanéité et au labeur, elle fait équilibre au dogmatisme malherbien. Elle n'invite pas à se révolter contre lui, mais bien à l'assouplir. Régnier a appris à Théophile qu'il avait le droit d'écrire « confusément », c'est-à-dire en suivant les souples démarches de son inspiration (6). Il lui a appris à ne pas mettre l'essentiel de l'effort poétique dans des scrupules de grammaire et de métrique et à ne pas éprouver, à l'idée d'un hiatus ou d'une rime faible, une crainte superstitieuse. Parce qu'il a entendu la leçon de Régnier, Théophile accepte de bon cœur que sa sincérité se paie d'un peu de désordre, et que pour traduire avec plus de vérité son tumulte intérieur, le poète néglige dans la composition l'ordonnance logique. Il

(6) Théophile a eu l'imprudence d'avouer : « J'écris confusément... » (éd. cit., I, p. 219) et l'on en a conclu qu'il négligeait son style et que la forme, chez lui, ne réussissait pas à exprimer nettement la pensée. Il suffit de replacer ce mot dans son contexte pour s'apercevoir qu'il s'agit du plan, de l'ordonnance générale de l'œuvre.

accepte même que la forme reste imparfaite, pourvu que le sentiment s'exprime dans toute la force de son jaillissement.

Il n'est que trop aisé de voir les dangers de cette doctrine. Un correspondant de Mersenne écrivait à cette époque : les vers de Théophile sont « scabreux en tout plein de lieux, et sa veine (n'est) point si esgale que je le désirerois » (7). L'observation est juste. Elle explique que Théophile offensera toujours ceux qui, dans la poésie, sont surtout sensibles à la pureté.

Mais l'influence de Régnier s'est aussi exercée sur lui dans un autre sens. Disons, pour être plus exact, que s'il en vient à montrer quelque négligence de la forme, ce n'est là que l'envers d'une doctrine d'ailleurs légitime et féconde. Régnier a enseigné à Théophile le prix de la sincérité. A une époque où les poètes se font les chantres d'une religion et d'une politique avec un enthousiasme de commande, où la poésie d'amour elle-même est presque toujours une feinte, puisque les écrivains célèbrent non leurs propres maîtresses, mais celles des grands qui les paient, Régnier a rappelé qu'il n'est de poésie possible que si le poète croit aux idées qu'il affirme et aux sentiments qu'il exprime. On se souvient de la formule énergique dans laquelle Régnier avait condensé cette exigence. Elle avait sans doute frappé Théophile. Il y est revenu plusieurs fois. Sans doute il est arrivé que ses amis lui aient arraché des vers d'amour. Mais il s'est plaint de cette violence, et un jour il a dit : non.

Le résultat le plus immédiat de cet effort vers la sincérité, c'est que la poésie sentimentale de Théophile se libère des entraves de la tradition galante, aussi bien des procédés du pétrarquisme que de la mode plus récente de Bertaut et de Malherbe. Si parfois il écrit un sonnet où il exprime avec les formules anciennes les sujétions et les révoltes de l'amour, il écrit plus souvent des odes charmantes, fraîches, passionnées,

(7) Correspondance de Mersenne, éd. C. de Waard, I, p. 443.

naïves. Il parle à ses maîtresses, non pas comme Malherbe parlait à la vicomtesse d'Auchy, mais comme un jeune homme de la cour devait en 1620, parler à de jeunes femmes un peu libres. Il les supplie, il les adore, il glisse un compliment ingénieux. Puis il se fâche, et leur fait, mi-souriant, mi-grave, des reproches. Il sait les manèges coquets, les inconstances, il sait les mensonges de ces regards candides. Il le leur dit, mais il se moque, il accepte d'être trompé par ces rusées, bien sûr de les tromper plus encore. Les pièces qu'il adresse à ses Cloris et à sa Philis ne sont pas sans doute de la grande poésie. Mais elles sont vivantes, et à la différence de la poésie officielle, elles se laissent lire, aujourd'hui encore, avec plaisir. Surtout elles ont libéré notre poésie des traditions qui pesaient sur elle. Elles lui ont appris à exprimer, dans une langue moderne, la sensibilité d'une âme moderne.

Sincère, Théophile a eu le courage de prendre pour objet de son œuvre les sentiments qu'il éprouvait. Au lieu d'inventer des métaphores sur le lever du soleil, il a osé dire qu'il aimait la nature : « J'aime, a-t-il dit, un beau jour, des fontaines claires, l'aspect des montagnes, l'estendue d'une grande plaine, de belles forests ; l'Océan, ses vagues, son calme, ses rivages ; j'aime encore tout ce qui touche plus particulièrement les sens : la musique, les fleurs, les beaux habits, la chasse, les beaux chevaux, les bonnes odeurs, la bonne chère » (8). En un temps où notre poésie s'enferme, pour deux siècles, dans les salons, Théophile reste un poète de plein air et de pleine vie.

Mais après quelques années, Théophile s'oriente dans une autre direction. Peut-être a-t-il compris les limites de cette poésie sentimentale, charmante, mais sans possibilités de grandeur. Peut-être a-t-il senti que ses meilleures qualités n'y trouvaient pas leur emploi. D'une intelligence et d'une culture très supérieures à celles de Malherbe, il voit beaucoup mieux que lui ce qu'implique sa révolte contre la tradition. C'est alors

(8) *Ed. citée,* II, p. 16.

qu'il parle de ses « nouveaux escrits ». Non plus des odes légères, ni des stances. Mais des poèmes en alexandrins, qu'il appelle satires ou élégies, et qui sont, au vrai, de la poésie d'idées et de la poésie d'analyse, aussi étrangère à l'exemple malherbien qu'à la tradition de la Pléiade.

C'est à cette époque qu'il compose ses élégies, où il fait le récit dramatique de sa passion pour Caliste et de ses péripéties. Il s'y sent plus à l'aise que dans les formes étroites du lyrisme. Il y réalise cette manière de poésie abstraite qui répond à ses goûts profonds et qu'il a préconisée. Sans doute ne s'y élève-t-il jamais jusqu'à la perfection. Il n'était pas un artiste assez exigeant. Mais ces pièces, vivantes, dramatiques, qui développent une pessimiste conception de l'homme ou qui racontent les désespoirs, les révoltes, les défaites d'un être passionné, sont encore aujourd'hui capables d'intéresser et d'émouvoir. On comprend que les contemporains, en dehors de la chapelle malherbienne, y aient vu l'œuvre de cette génération la plus neuve, la plus riche de promesses.

Dans ces poèmes, Théophile s'efforce de traduire, plutôt que les banalités de la poésie officielle et de la galanterie mondaine, le tragique de la condition humaine. Il refuse de se conformer à la philosophie orthodoxe et à sa psychologie de convention. Il développe une âpre philosophie d'inspiration naturaliste. L'homme n'est pas le roi de l'univers. Il est le produit des forces aveugles de la nature, un mélange d'air et de boue, soumis à la pression de la nécessité. Il se croit raisonnable, et ses passions le mènent. L'amour n'est pas, comme semble le croire la poésie mondaine, une activité noble et libre. Il est une servitude, il est erreur, faiblesse et dégradation.

C'est, avec plus d'âpreté et une note beaucoup plus forte de pessimisme, la doctrine de Montaigne, reprise par Régnier. Au poète des *Satires,* Théophile a encore emprunté une autre thèse essentielle. A une critique identique de la Raison universelle répond, chez les deux poètes, une affirmation identique d'individualisme. Car si la Raison, valeur universelle par excellence, est une chimère, il reste à chacun de nous une seule voie. C'est de suivre sa propre nature et d'obéir à sa loi intérieure. Théophile a su développer les conséquences de ce principe avec infiniment plus de force que Régnier.

Sur le plan moral d'abord. A ses yeux le vice n'a d'autre cause que l'effort par où nous prétendons nous conformer et par conséquent nous trahir. S'il y a des ambitieux, et des cupides, et des hypocrites, c'est parce que l'homme renonce à trouver en lui-même la fin de ses actions. Ce que nous devons au contraire apprendre, c'est à savoir « jouir de nous ».

De même sur le plan littéraire. S'il refuse de se mettre à la remorque de Malherbe, ce n'est pas que Malherbe ait tort. C'est qu'il ne faut être à la remorque de personne.

L'œuvre de Théophile vaudrait davantage s'il s'était tourné plus résolument vers la prose. Ses meilleures œuvres en vers ne valent pas ses *Fragments d'une histoire comique,* ni surtout les opuscules qu'il écrivit dans sa prison, pour plaider sa cause devant le Parlement et l'opinion. Sa phrase est brève, incisive, efficace. Son vocabulaire est remarquable de pureté, et déjà très moderne. Beaucoup plus moderne que la prose de Balzac, encore empêtrée dans la rhétorique. Une comparaison s'impose : Pascal et les *Provinciales.* C'est la même logique passionnée, la même variété du ton, cinglant, méprisant, ému, ironique. Théophile est le premier en date de nos grands prosateurs classiques.

Le succès du poète, auprès de sa génération, fut immense, plus vaste sans doute que celui de Malherbe, moins enfermé dans les limites d'une étroite chapelle. Aux yeux des contemporains, il est « le grand poète de la France », l'Arion français, le Premier prince des poètes, « l'Apollon de nostre aage », le « Roy des esprits ». La jeune noblesse de la Cour se met à son école « pour y recueillir les fruicts de ses discours comme oracles d'une divinité ». Ce succès dura après sa mort, et l'on a compté qu'il parut, au cours du XVII⁰ siècle, quatre-vingt-treize éditions des poésies de Théophile contre seize seulement de Malherbe. Il n'y eut, pour demeurer hostile, que le clan des

Ronsardisants. Malherbe se borna à dédaigner le jeune audacieux. Il écrivait, à l'époque du procès : « Je ne le tiens pour
coupable de rien que de n'avoir rien fait qui vaille au mestier
où il se mesloit » (9). Dans le salon de Mme de Rambouillet,
inféodé à Malherbe, on ne voulait pas entendre parler d'un
poète qui venait pourtant de renouveler la poésie française.

Boisrobert [1]

François le Métel, seigneur de Bois-Robert, était né en
1589, un an avant Théophile. Il était venu à Paris en 1616 au
plus tard, et dès cette époque il fut l'ami de Théophile. En
1621 il donna une pièce liminaire aux œuvres du poète. Ses
propres vers, qui paraissent à cette époque, dans les recueils
collectifs, rappellent de très près ceux de Théophile.

Les deux hommes ont entre eux plus d'un point de ressemblance. Protestants tous deux, ils sont tous deux suspects
de libertinage. Libertinage d'esprit : les contemporains sont
d'accord pour affirmer que Boisrobert était athée, aussi résolument athée que Théophile. Libertinage des mœurs, et le terme de non-conformisme doit être pris dans son sens le plus
précis pour l'un comme pour l'autre. Avec cela, charmants l'un

(9 Lettre du 4 novembre 1623, éd. Lalanne, III. pp. 8-9.
(1) Voir E. Magne, *Le plaisant abbé de Boisrobert*, Paris, 1909. Boisrobert
n'a pas réuni les pièces qu'il avait disséminées dans les recueils de 1619
à 1635. Elles mériteraient de l'être. Il a publié, en 1647 et 1659, des *Epitres
en vers*, qui ont été rééditées par M. Maurice Cauchie dans les *Textes
Français Modernes* avec un commentaire d'une richesse exceptionnelle.
Boisrobert, né à Caen d'un procureur de la Cour des Aides, a étudié le
droit et fut avocat au barreau de Rouen. A Paris, il s'introduit auprès
de Du Perron, et grâce à lui, il fait partie de la maison de Marie de
Médicis. Il la suit à Blois et traduit pour elle le *Pastor fido*. Il a le bon
esprit de s'apercevoir à temps que le futur maître de la France est l'évêque
de Luçon, Richelieu. Il n'est d'ailleurs pas obligé, à l'époque qui nous
occupe, de choisir entre la reine et le prélat. En 1625, il accompagne le duc
de Chevreuse dans sa mission en Angleterre. Depuis la publication de son
livre, Emile Magne a retrouvé l'acte d'abjuration de Boisrobert (4 octobre
1621) et son acte de tonsure cléricale (22 décembre 1623).

comme l'autre, spirituels, bons amis et dévoués. On discerne pourtant une différence. Boisrobert est plus souple, plus insinuant, plus habile. Il vante lui aussi, sa « franchise », mais il la sacrifie sans trop de peine. Il ne vaut pas son ami. Mais qui sait si dans le secret il ne maudissait pas sa complaisance, et ne gardait pas la nostalgie d'une jeunesse où il avait été libre ? Il eut, au moment de mourir, un mot qui étonne : « Le cardinal de Richelieu m'a gasté ; il ne valloit rien ; c'est luy qui m'a perverty ».

Comme Théophile, il est moderniste. On a gardé le souvenir d'un discours qu'il prononça sur les Anciens. Il y parla des grands hommes de l'Antiquité avec une irrévérence extrême. On n'a vu dans cette diatribe qu'un paradoxe du « plaisant abbé ». Rapprochée des déclarations modernistes de Théophile et de Saint-Amant, elle apparaît ce qu'elle fut réellement : l'expression d'une vue systématique et réfléchie.

Ce modernisme éclaire les poésies de Boisrobert qui s'étendent de 1619 à 1635 (2). Elles sont écrites dans la langue la plus moderne, celle de Théophile en ses meilleures pièces. Lorsqu'on les compare aux poésies de Malherbe, aucun doute n'est possible. Le poète dont le vocabulaire a le moins vieilli, celui qui parle déjà la langue des précieux, celui qui est le plus près de la langue de Voltaire, ce n'est pas Malherbe, c'est Boisrobert. Langue pure, limpide, un peu molle. Mais souple, extrêmement sensible et élégante. Elle se prête de façon parfaite aux sentiments d'un jeune galant de 1620.

L'historien ne saurait insister trop sur la nouveauté et l'importance de cette apparition. Elle ne peut s'expliquer que

---

(2) Si l'on néglige une pièce parue en 1616 dans le volume d'un ami, Boisrobert a été imprimé pour la première fois en 1619, dans un recueil paru à Rouen, le *Cabinet des Muses*. Ce recueil contient aussi des vers de Théophile, et l'on peut être certain que Boisrobert a porté à l'imprimeur rouennais les pièces de son ami. Le *Cabinet des Muses* contenait quinze pièces de Boisrobert. Il collabore à un mince volume où ses amis expriment leurs regrets pour la mort du baron de Frican (1622). Et c'est de nouveau le silence jusqu'en 1627. Mais cette année-là, le *Recueil des plus beaux vers* révèle quatre-vingt-quatorze pièces de Boisrobert.

par l'affinement des mœurs et les progrès de la vie mondaine depuis le début du siècle. Malherbe reste engoncé dans les formes raides du siècle passé. Boisrobert, c'est déjà la souplesse, la légèreté souriante des Sarasin et des Pellisson. Et, si l'on songe que certaines de ses poésies, et des plus caractéristiques, ont paru dans le *Cabinet des Muses* de 1619, on est amené à faire de lui, aux côtés de Théophile, et sans doute avec plus de netteté que lui, l'initiateur de la poésie galante à l'époque classique.

De même sa poésie a toute la richesse d'idées et de sentiments que nous avons reconnue en Théophile, et pas plus que son ami, il ne se croit obligé de s'enfermer dans des lieux communs. Sa poésie sentimentale est vive, primesautière, un peu libertine, avec un joli sourire de coin. Lui aussi, il a vu en la femme, non l'idole, mais la partenaire, loyale ou traîtresse. Quand il la loue, ce n'est pas pour faire monter son encens vers une divinité, c'est pour arracher un aveu, un consentement, une faiblesse.

Il a, en morale, développé les idées les plus chères à Théophile. Il a condamné son siècle, livré à l'avarice et à l'ambition. Il a célébré, comme lui, « la sainte amitié » : un sentiment qui pour ces libertins a une valeur toute spéciale, car il rapproche les hommes libres, et les isole au milieu d'un monde asservi. Il traduit leur rêve d'une humanité innocente, où il formerait le lien social par excellence. Vue chimérique, mais d'une singulière noblesse. N'en plaisantons pas. Rien n'empêche de croire que Boisrobert ait cru à cette chimère quand il était jeune et qu'elle soit restée la fierté de sa vie et la source de ses remords. Tant de services rendus aux gens de lettres prouvent que l'amitié était autre chose pour lui qu'un vain mot. Ne nous indignons pas si, dans les années de réaction qui suivirent le procès de Théophile, Boisrobert donna des gages au parti dévot et fournit des preuves de sa piété en publiant une *Paraphrase des Sept Psaumes de la Pénitence* (1627).

Saint-Amant [1]

Son vrai nom n'est pas, comme on l'a dit longtemps, Marc-Antoine de Girard, mais bien plus simplement Antoine Girard, sieur de Saint-Amant. Il est fils d'Antoine Girard, un loup de mer de Rouen qui a fait fortune [2]. Il a été baptisé le 30 septembre 1594 au temple protestant de Queville, près de Rouen [3]. D'après une tradition qui n'est pas sûre, il aurait fait ses études au collège de la Marche à Paris, et aurait été le condisciple de Malleville [4].

Fils de marin, Saint-Amant voyagea de bonne heure. Le détail de ses voyages n'est pas connu de façon sûre, mais avant 1633 il avait déjà visité l'Amérique, il avait poussé jusqu'au Sénégal et visité les Canaries. Il était même allé aux Indes pendant que son frère continuait son voyage jusqu'à Java et Sumatra [5]. On admet communément qu'après son voyage en Amérique, il passa quelque temps à Belle-Isle auprès du duc de Retz qui y était exilé, et c'est là qu'il aurait composé sa *Solitude*. Puis, au début de 1618, l'exil ayant pris fin, Saint-Amant serait venu à Paris. C'est alors peut-être qu'il se lia

[1] Il a été l'objet d'une étude de Durand-Lapie, 1896, qui reste méritoire, indispensable à consulter, mais qu'il y aurait le plus grand intérêt à remplacer. Les *Œuvres* ont été rééditées par Ch. Livet en deux volumes, 1852. Depuis lors, Fr. Lachèvre a mis à jour de nombreuses pièces et les manuscrits des bibliothèques en contiennent beaucoup d'autres.

[2] Le 17 janvier 1619, le père du poète s'associe avec les d'Azemar, gentilshommes verriers, et c'est lui qui, dans l'association, se charge de fournir les fonds.

[3] Voir un article de P. Brun, *R. H. L.*, 1897, p. 566.

[4] Le renseignement est, *a priori*, invraisemblable, et l'on voudrait, pour y croire, un document authentique. Le collège de la Marche est inféodé aux Jésuites, et l'on serait heureux d'avoir la preuve qu'ils y acceptaient des enfants protestants.

[5] Voici ce que, pour le moment, l'on sait de sûr au sujet des voyages de Saint-Amant. Quand il écrit la dédicace à Retz de la 1re partie de ses *Œuvres*, donc en 1629, il s'en va en un voyage « vers ces pays où l'on va chercher des trésors » (*éd. cit.*, I, p. 5) et quand il compose l'avertissement au lecteur, il est allé déjà en Afrique et en Amérique (*ib.*, p. 13). La lettre de Peiresc aux Dupuy du 19 décembre 1633 (*Corresp. de Peiresc*, II, pp. 671-673) fournit un *terminus ad quem* pour le voyage aux Indes.

avec Théophile et Boisrobert. Il forma en tout cas, à un moment donné, une sorte de trio avec les deux jeunes poètes protestants, et lorsqu'au début de 1622 Théophile publia pour la première fois le recueil de ses œuvres, Saint-Amant lui donna, avec Boisrobert, une ode liminaire. Avec Théophile il s'attache à Montmorency et en 1623, il appelle le duc « mon unique Mécène ».

Saint-Amant est l'un des écrivains du grand siècle qui ont le plus souffert d'une certaine manière d'écrire l'histoire. Parce qu'un jour il a composé des poésies sur le vin et le tabac, parce qu'il appartient à un groupe d'amis qui s'appelaient les goinfres, on a dessiné de lui une grotesque caricature, on a fait de lui un vide-pot hilare et débraillé. Les efforts de certains érudits pour dissiper cette légende n'ont pas réussi à détruire une erreur invétérée.

Il est au contraire un des meilleurs et plus vigoureux esprits de l'époque. Il est savant. « Quoi qu'il ne sût ni grec, ni latin, a dit Urbain Chevreau, il entendoit l'anglais, l'espagnol, l'italien, le caractère des passions, l'usage du monde, et fort bien la fable ». Si jusqu'ici rien ne prouve qu'il ait utilisé les poètes anglais — et l'on n'aurait aucune surprise à l'apprendre un jour — on a relevé chez lui des imitations très précises de Gongora (6), et il avait la réputation d'être l'homme de France qui connaissait le mieux Marino, le seul qui eût navigué de bout en bout dans l'océan de l'*Adone*. Au surplus il est bon musicien, joue du luth, et s'intéresse à la peinture en amateur éclairé. Ses préoccupations sont les plus sérieuses qui soient. Lorsqu'il revient d'Italie en France, il s'arrête à Aix chez Peiresc et fait à son hôte le récit de son voyage aux Indes ; il lui raconte les découvertes de son frère à Java, à Sumatra et en Abyssinie. A Florence il visite Galilée, et à Rome Campanella. Quand il parle de son ignorance, nous comprenons maintenant ce qu'il veut dire. C'est un moderne, et s'il se moque du

(6) *R. H. L.*, 1896, pp. 327-328.

grec, c'est parce qu'il croit que l'avenir de la science est dans la révélation de Copernic et dans les recherches de Galilée.

Comme Théophile, comme Boisrobert, il était vraisemblablement athée. D'origine protestante, il se convertit comme ses deux amis. Mais certaine pièce, écrite après sa conversion au catholicisme, blasphème le dogme eucharistique sans aucune ambiguïté (7). Comme Boisrobert encore, il dut ménager le parti dévot, et en 1627, dans le même temps que Boisrobert paraphrasait les psaumes de la pénitence, Saint-Amant dédiait à l'évêque Cospeau son *Contemplateur,* qui n'est pas seulement d'allure religieuse, mais qui fait ouvertement profession de christianisme. Il est infiniment probable qu'avec le temps il finit par adhérer dans le fond de l'âme à la religion du royaume. On ne comprendrait pas autrement qu'il ait été le familier du duc et de la duchesse de Liancourt, piliers du jansénisme dans le monde de l'aristocratie.

En poésie, Saint-Amant est un moderne, et il a affirmé son modernisme avec plus de vigueur encore que Théophile et Boisrobert. Dans son *Advertissement au lecteur* de 1629 il déclare qu'il ignore le latin, mais il ajoute fièrement : « une personne n'est pas moins estimable pour cela ». On prétend nous enseigner le grec. Mais Homère n'a jamais su que la langue « que sa nourrice luy avoit enseignée » (8). Autrement dit, Homère fut, de son temps, un moderne. Ce qui est la remarque même de Théophile dans les *Fragments d'une histoire comique.*

Comme Théophile, Saint-Amant substitue aux dogmes de l'humanisme le principe rationaliste, la Raison, source de lumière pour tous les peuples et pour tous les temps. « L'imagination, écrit-il, l'entendement et la mémoire n'ont pas de nation affectée, et pourvu qu'on les veuille cultiver avec quelque soin, elles portent du fruit indifféremment en toutes sortes de climats ».

L'humanisme reposait sur la notion d'imitation, et les Mal-

(7) B. Nle, f. fr., 19145, f° 113.
(8) Ed. Livet, I, p. 12.

herbiens, tout en se libérant de cette servitude, s'en imposaient une autre pire, la mode, les exigences et les caprices des cercles mondains. Théophile avait revendiqué le droit pour le poète d'être lui-même, de « suivre sa nature ». Dans une lettre *A un sot amy* il avait dit : « Je ne défère guères aux exemples, et me desplais surtout en l'imitation d'autruy » (9). De même Saint-Amant condamne toute imitation : « Je l'abhorre tellement, que mesme si je ly parfois les œuvres d'un autre, ce n'est que pour m'empescher de me rencontrer avec luy dans ses conceptions... Le moindre original d'un Fréminet est beaucoup plus prisé que n'est la meilleure copie d'un Michel-Ange ».

Il avait débuté dans les lettres par la *Solitude* (10). Il semble bien qu'il en ait emprunté le titre à la littérature espagnole, car cette *Solitude* est exactement une *Soledad*, une méditation. Elle fait penser à celle de Théophile et à une *Gaieté* de Boisrobert, sans qu'il soit possible de dire lequel des trois poètes a été l'initiateur (11). Mais ce qui n'est pas douteux, c'est que la pièce de Saint-Amant est supérieure aux deux autres par une puissance plus grande du souffle lyrique, un pittoresque plus marqué, un souci de pensée supérieur.

Ami de Théophile, Saint-Amant n'en suit pas moins sa propre route, et dans les années suivantes, il s'oriente vers Marino. Ce qui est encore une manière d'être moderne, puisque Marino est, dans la littérature italienne, le chef des *moderni*. En 1620 il venait de faire paraître à Paris son recueil de la *Sampogna*. Le volume contenait un certain nombre de courts poèmes mythologiques. Saint-Amant les imita, et composa dans la manière de Marino *Andromède*, la *Métamorphose de Lyrian et de Silvie* et *Arion*. Il avait eu soin d'ailleurs de ne reprendre aucun des sujets traités par Marino. Il eut même la loyauté de désigner son modèle à ses lecteurs.

(9) Ed. Alleaume, II, p. 328.
(10) Elle a paru à part, sans lieu, ni date, aux environs de 1620.
(11) On admet sans preuves suffisantes que Théophile a imité Saint-Amant. La *Solitude* date des environs de 1617 et la pièce de Théophile n'est imprimée qu'en 1620. Mais on a des raisons de penser qu'une partie au moins de la *Solitude* de Théophile daterait de 1612 environ.

Cette poésie est essentiellement descriptive. Déjà, en présentant sa *Solitude* au président de Bernières, Saint-Amant avait écrit :

> *Reçoy ce fantasque tableau*
> *Fait d'une peinture vivante,*

et lorsqu'il publia ses poèmes mythologiques, il les appela « des descriptions de quelques aventures célèbres dans la Fable ancienne, qui s'appellent en grec *Idil'ios* ». Faret, de son côté, dans la préface qu'il donne aux œuvres de son ami, écrit : « Cette chaleur que les anciens ont appelée génie, ne se communique qu'à fort peu d'esprits, et ne se fait principalement remarquer qu'aux descriptions qui sont comme de riches tableaux où la nature est représentée : d'où vient qu'on a nommé la poésie une peinture parlante ».

Mais cette poésie descriptive n'est nullement soucieuse de reproduire avec exactitude les objets. Elle embellit, elle vise au pittoresque, à l'inattendu, et malheureusement aussi à la pompe. Lorsqu'il décrit, nous apprend Faret, Saint-Amant « imprime dans l'âme des images plus parfaites que ne font les objets mesmes. Il fait toujours remarquer quelque nouveauté dans les choses qu'on a vues mille fois » et Saint-Amant parle lui-même de son « art pompeux », il se vante de « faire briller ses pensées ».

C'est dire que les poésies marinistes de Saint-Amant sont pleines de *concetti* à l'italienne. Ils sont parfois du plus mauvais goût, et l'on déplore qu'il les ait, dans la *Plainte sur la mort de Sylvie,* multipliés à ce point. Mais ces jongleries ne sont qu'un aspect — le plus contestable à coup sûr — de son œuvre. Celui qui importe le plus chez lui, ce n'est pas le jeu des idées et des mots, c'est le jeu des images. Il en met trop du reste, il exagère. Il écrit, par exemple, dans le *Bel Œil malade :*

> *On diroit à le voir respandre ainsi des pleurs*
> *D'un vaze de christal tout plein de perles fines,*
> *Que l'on renverseroit sur quelque champ de fleurs.*

Mais si l'on songe que notre poésie tendait, depuis Desportes et Du Perron, à n'être plus qu'une rhétorique abstraite, on admettra que l'effort de Saint-Amant pour lui rendre le sens de la beauté des formes, répondait à une nécessité.

Par cette conception de l'œuvre poétique, Saint-Amant se distingue très nettement de la tradition malherbienne. Gardons-nous pourtant de croire qu'il s'y oppose. Sa position en face de Malherbe est exactement celle de Théophile. Il accepte la réforme de Malherbe, il ne s'y enferme pas. Il n'a pas un instant la prétention de dresser, en face d'une doctrine de l'ordre et de la raison, une poésie désordonnée et déraisonnable. Il se moque, à coup sûr, de ceux qui mettent trop de temps à écrire quelques vers,

Qui font pour un sonnet deux jours le cul de plomb (12).

Mais lorsqu'il est sérieux, il demande seulement pour l'imagination, pour la fantaisie, le droit de se déployer dans les justes limites que la raison leur assigne. La preuve en est qu'il confie à Faret, malherbien authentique, le soin de présenter son œuvre au public ; et Faret insiste sur le caractère raisonnable de cette œuvre. Chez Saint-Amant, écrit-il, « cette ardeur d'esprit et cette impétuosité de génie qui surprennent nos entendemens et qui entraînent tout le monde après elles ne sont jamais si desreiglées qu'il n'en soit tousjours le maistre ». Il célèbre le « juste tempérament », chez lui, du jugement et de l'imagination.

Au surplus l'inspiration mariniste n'occupe pas Saint-Amant tout entier. Une autre forme de poésie le sollicite, très romantique, et dont on ne trouverait pas aisément des exemples chez les autres poètes de son temps. Elle apparaissait déjà dans la *Solitude*. On y voyait des ruines où nichent couleuvres et orfraies, le squelette d'un pendu, des devises effacées sur des marbres rompus, des planchers effondrés. Les *Visions*, la *Nuit* continuent et développent cette tendance. Dans ces

(12) B. Nle, f. fr. 19145, f° 51.

étranges poèmes on entend les loups-garous hurler dans les cimetières, le clocheteur des trépassés qui agite sa sonnette dans les rues de la ville endormie, un chien maigre et noir qui se plaint dans la nuit. Atmosphère de folie et de cauchemar ; gens affolés qui entourent un halluciné, sous la « lumière sombre » de la lune (13).

Tendances nouvelles

Théophile, Boisrobert et Saint-Amant sont les chefs de file de leur génération : ce ne sont pas des isolés. En 1615, lorsque paraissent les *Délices,* Bertaut, Du Perron, des Yveteaux dominaient encore, aux côtés des Malherbiens, Mainard, Bellan, Dumonstier, Bonnet, Chabans, pendant que d'autres, dans le même recueil, représentaient, avec Davity et Lingendes, les façons de la cour de la reine Marguerite. Un seul auteur, fort obscur, Pierre Forget de la Picardière (1) se distinguait par une note plus moderne. Ses vers osent sortir de la rhétorique amoureuse et des lieux communs galants pour traiter l'amour comme un sentiment personnel, comme une aventure vécue. Sa langue est d'une netteté froide qui annonce Boisrobert. Chose étonnante, car le texte de 1615 n'était qu'une réimpression, et ces vers

(13) Pour ne rien dire des pièces du XVIᵉ siècle où s'annonce déjà ce romantisme, Saint-Amant avait pu le trouver dans des vers de Motin parus en 1615 dans les *Délices.* Il y a, dans les stances de Motin, des croix, des ossements, de froides ténèbres. Un corbeau lui apparaît. Des fantômes s'offrent à sa vue. Si l'on songe que Saint-Amant savait l'anglais, on aimerait imaginer que les poètes anglais lui ont donné l'idée d'un genre de poésie qui répond si bien, chez eux, à la sensibilité populaire. Pourtant les érudits anglais qui ont étudié Saint-Amant n'ont vu que des imitations de Saint-Amant par les poètes d'outre-Manche, et n'ont rien relevé dans le sens contraire. Thomas Stanley a traduit la *Jouissance* et la *Débauche.* Un peu plus tard Edward Sherburne publie (1651) la *Métamorphose de Lyrian et Sylvie,* le *Soleil levant* et *Plainte sur la mort de Sylvie.* Il est à noter que Sherburne s'est occupé à traduire Marino, Guarini et Preti, les modernistes italiens. (*Modern Language Review,* 1931, p. 180 sqq.).

(1) Voir les quelques très maigres renseignements que l'on possède sur lui dans Lachèvre, I, p. 210.

avaient déjà paru en 1609, bien avant les premières manifestations de la nouvelle école.

Au contraire, en 1620, les preuves d'un état d'esprit nouveau se multiplient. Monfuron peut bien être un ami de Malherbe. Les douze sonnets qu'il donne aux *Délices* de 1620 offrent avec les vers de Théophile et de Boisrobert des ressemblances évidentes. Il dégage l'amour, non seulement des entraves de la tradition pétrarquiste, mais des conventions de la galanterie mondaine. C'est un esprit analytique, qui dissocie sans discrétion les éléments dont se forme l'amour, et qui en décèle les illusions et les mensonges. Sans aucune brutalité réaliste, sans éclats de voix, avec une sèche lucidité.

Marin Le Roy de Gomberville, dans le même recueil, révèle, avec Théophile, des relations plus précises. On ne peut guère expliquer les ressemblances que son œuvre présente alors avec celle de Théophile que par une volonté consciente d'imiter le mieux possible les modèles d'un maître. Il pille le *Matin* et plusieurs de ses sonnets reprennent les thèmes de Théophile, souvent avec les mêmes mots (2).

A l'extrême pointe du mouvement littéraire, certains jeunes poètes en venaient à considérer Malherbe et Théophile comme dépassés. Une petite académie s'était formée chez un logeur, nommé Piat Maucors. Elle réunissait Louis de Revol, Marcassus, Marbeuf, l'abbé de Crosilles et l'abbé de Marolles qui nous a laissé sur elle de précieuses pages. Des inconnus comme Beys et Beauclère, des jeunes gens destinés au contraire à conquérir une vraie notoriété comme Colletet, Malleville ou Molière d'Essertines fréquentèrent ce groupe. Il est, politiquement, d'inspiration jésuitique et ultramontaine. Son programme littéraire dépasse toutes les exigences de Malherbe. Ces jeunes gens sont

(2) Marin Le Roy de Gomberville est né en 1599. Il a été le condisciple de l'abbé de Marolles, et il est attaché aux Jésuites. Il ménagera en 1626 la réconciliation de Balzac et du P. Garasse. Il a écrit pourtant, en 1620, un *Discours sur les vertus et les vices de l'histoire,* qui est d'inspiration critique et rationaliste. Il s'attaque à la mythologie antique avec une vigueur qui fait penser à Théophile.

si bien convaincus que l'invention n'a guère d'importance en
poésie qu'ils se bornent d'ordinaire à des traductions d'œuvres
latines (3). Ils condamnent les « vieux resveurs », ou comme
ils disent, les « Romans ». Ils raillent le goût des Français pour
la liberté, et exaltent les beautés des « règles nouvelles ».

Mais ils ne sont pas pour autant malherbiens. Pas un d'eux
ne figure dans le *Recueil* où Malherbe accueillit « ceux qu'il
avouoit pour ses escoliers » et le vieux poète, comme Racan,
se raillait « souvent des escrits qui sortoient de cette société ».
Sur la route qui mène notre poésie vers les disciplines de l'académisme, Malherbe, de son vivant même, était dépassé, et Mlle
de Gournay le lui faisait savoir : « Les escoliers, écrivait-elle
avec ironie, après s'estre fait enseigner, ont voulu charitable-
ment tour à tour enseigner les maîtres, enchérissans sur l'austérité des lois qu'ils leur avoient prescrites » (4).

(3) Beauclère publie en 1620 une paraphrase des neufs psaumes de Job
dans l'office des morts, Crosilles et Malleville s'occupent à une traduction
des *Héroïdes* d'Ovide ; celle de Croisilles paraît en 1619. Marolles qui sera
un des plus abondants traducteurs du XVIIᵉ siècle, commence alors sa carrière
par une traduction de Lucain. Colletet traduit l'*Alexiade*, poème latin du
Jésuite Fr. de Rémond.

(4) *L'ombre de Mlle de Gournay*, p. 229.

Chapitre II

LE ROMAN

Renaissance du roman [1]

Pendant la période de 1560 à 1590 les œuvres romanesques avaient été peu nombreuses. Le catalogue qui en a été dressé peut naturellement présenter des lacunes, mais il offre du moins une vérité relative. Il traduit sans doute possible une diminution du nombre des romans publiés ou réédités. Il ne contient d'autres œuvres originales que la *Pyrénée* de Belleforest en 1571, et les *Bergeries* de Nicolas de Montreux. Le reste consiste en traductions : romans grecs surtout, mais aussi les *Histoires tragiques* de Bandello, la *Fiametta* de Boccace, la *Diana* de Montemayor.

Or, en face de ces chiffres dérisoires, nous voyons paraître, de 1592 à 1599, trente-deux romans nouveaux, et plus de soixante entre 1600 et 1610. La situation est donc maintenant toute différente, et le roman connaît une vogue inattendue.

Histoires tragiques et romans de Chevalerie

L'on peut, avec une exactitude suffisante, y distinguer trois genres. Les *Histoires tragiques* d'abord. Ce sont à peine des œuvres littéraires, et elles ne rappellent qu'en apparence les

---

[1] Pour ce paragraphe et ceux qui suivent, l'étude à consulter est celle de G. Reynier, *Le roman sentimental avant l'Astrée*, Paris, 1908.

nouvelles de Bandello. On les rapprocherait plus justement des reportages modernes. De très mauvais reportages, d'ailleurs, sommaires, dépourvus de finesse, uniquement occupés de frapper les imaginations par des détails atroces. Elles correspondent à un genre de publications alors très en vogue : les minces plaquettes où des plumes maladroites racontaient quelque fait divers, quelque crime, l'exécution d'un bandit de grand chemin. Mais autant ces brochures sont alors nombreuses, autant les volumes d'*Histoires tragiques* restent rares. On n'en compte guère que six entre 1593 et 1610.

Le roman de chevalerie, hérité du moyen âge, a plus de succès. Les *Amadis*, traduits en 1540, avaient connu leur plus grande vogue sous le règne d'Henri II, et avaient provoqué une renaissance du roman d'aventures. On rajeunit alors les vieilles histoires, on abrège le *Lancelot* (1591), on réunit en un seul recueil la matière de plusieurs romans anciens (1584). Des œuvres nouvelles paraissent : plus de trente entre 1593 et 1610.

Ne dédaignons pas ce genre de publications. Elles ont enchanté une société à peine sortie de trente ans d'aventures et de guerres, et qui retrouvait dans ces pauvres livres le souvenir de ses prouesses guerrières, de ses aventures d'amour et de mort. Henri IV se faisait lire l'*Amadis,* et les malveillants prétendaient que ce roman était « la bible du roi ». Plus tard, cette littérature de coups de mains, de duels, d'enlèvements fut la nourriture de la jeunesse des écoles. Sorel a raconté plaisamment ses enthousiasmes d'écolier pour les « gorgiases infantes » aux yeux verts, et pour ces combats héroïques où se faisaient « d'horribles chaplis de géans déchiquetez menu comme chair à pâté ». Chapelain lui-même ne dédaignera pas de composer une étude *Sur la lecture des vieux romans.*

Le roman sentimental

Pourtant le roman de chevalerie est, dès cette époque, un genre mort, et ceux-là mêmes qui lui restent fidèles, se croient obligés de mêler aux thèmes anciens des éléments plus modernes. La génération qui s'enchante à la lecture de Desportes, de Bertaut et de Du Perron, préfère aux vieilles histoires d'aventures les romans consacrés à la peinture de l'amour. On en compte une cinquantaine entre 1593 et 1610, plus de trente-cinq dans les dix premières années du siècle.

Ces romans mériteraient plutôt le titre de nouvelles. Ils sont courts, et l'action s'y réduit à une simple anecdote. Deux jeunes gens s'aiment. Quelque obstacle s'oppose à leur union. Mais ils sont fidèles. Ils souffrent. Ils sont persécutés. Parfois ils meurent. Parfois la jeune fille s'enferme dans un couvent. Plus rarement ils trouvent, à la fin du livre, la récompense de leurs vertus. Quelle que soit la lenteur du développement, un canevas aussi pauvre ne permettait guère au romancier d'écrire un gros volume.

Il ne lui permet pas non plus de donner vie à ses personnages. Enfermé dans d'étroites limites par les conventions qui dominent le genre, il ne peut étudier, ni l'adultère, ni des amours coupables. Le seul amour qu'il connaisse s'interdit le désir et la faute, les perfidies et les trahisons. Il est constamment, désespérément vertueux. La psychologie des personnages est donc d'avance fixée, et l'observation de la vie n'y joue aucun rôle. Les jeunes gens sont toujours chastes, et les pères toujours tyranniques. Puisque la vertu exige que la passion se sacrifie, ces vertueux amants ont renoncé à passer par-dessus l'obstacle. Ils sont d'avance vaincus. Il ne leur reste qu'à beaucoup pleurer, beaucoup parler, et à écrire d'innombrables billets pleins de tendresse et de douleur.

Par cette affectation de vertu, le roman sentimental rompait avec les très libres traditions du roman antérieur, avec ses adultères, avec ses charnelles amours. Il contredisait un peu trop fortement ce que les chroniques du temps nous apprennent sur les mœurs de cette époque. Mais il répondait bien au goût d'un certain public. Faut-il dire, comme certains semblent le penser, qu'il trouvait ses lecteurs dans les mêmes salons qui avaient assuré la gloire de Desportes ? La pauvreté du roman sentimental invite plutôt à imaginer qu'il fut lu surtout dans la bourgeoisie, dans un monde où le sens de la délicatesse morale et de la décence n'était pas moins vif que chez Mme de Villeroy ou chez la maréchale de Retz, mais où les exigences de l'esprit et du goût restaient moindres (1).

La tradition romanesque et la tradition platonicienne combinées donnent à ces œuvres leur étrange physionomie. Tous leurs personnages ne sont occupés qu'à aimer. Mais en même temps, ils n'attendent d'autre fruit de leur amour que cet amour même. Ils ne le connaissent qu'épuré du désir sensuel. Il est à leurs yeux source de toutes les vertus et de tous les héroïsmes, effort spirituel vers la beauté. Quantité de romans portent alors des titres suggestifs : ce sont les *Chastes amours...*, ou les *chastes et heureuses amours...* ou encore les *pudiques amours*. Toute cette littérature ne sort pas du cercle où elle s'est d'abord enfermée.

Elle est écrite au surplus par des écrivains sans talent et, le plus souvent, sans formation littéraire. Bon nombre d'entre eux ne sont même auteurs que par occasion. Ce sont des magistrats, ou plus souvent des gentilshommes. Ils n'écrivent que pour occuper leurs loisirs, se consoler, disent-ils, de peines amoureuses, et peut-être obéir à la maîtresse de maison dont ils fréquentent le cercle. Quelques-uns seulement sont gens de lettres et vivent de leur plume. Mais ces professionnels ne valent guère mieux que les amateurs.

On citera parmi eux Vital d'Audiguier, rimeur et romancier, protégé de la reine Marguerite (2), Du Souhait, et surtout

(1) Ce qui inspire ce doute, ce n'est pas seulement la médiocrité des œuvres. C'est aussi et surtout que les romans ne sont pas dédiés à ces grandes dames, comme il serait certainement arrivé si elles les avaient inspirés. Il semble pourtant qu'on s'intéresse au roman dans l'entourage de la Reine Marguerite. Deimier publie *Lysimont et Clytie* (1608), Vital d'Audiguier les *Douces affections de Lydamant et de Calliante* (1607). Jacques Corbin est un romancier fécond. Il est vrai qu'il publie ses romans avant que la Reine soit revenue à Paris : Les *Amours de Philocaste* sont de 1601, le *Martyre d'amour* de 1603 et les *Trophées de l'amour* de 1604.

(2) Voir sur lui une notice de l'abbé Goujet, t. XIV, pp. 341-354. Il est né en Rouergue vers 1565. Sa vie mal connue a toutes les allures d'un roman.

Nervèze et des Escuteaux. Ces deux hommes annoncent, à l'aube du XVII° siècle, le type moderne du tâcheron de lettres, qui accumule les livres, aborde tous les genres, attentif aux fluctuations de la mode, et singulièrement habile à se régler sur elle. Nervèze, plus encore que l'obscur des Escuteaux. Secrétaire de la chambre du roi Henri IV, il se vantait d'avoir l'expérience de la Cour et du monde. Il a écrit une douzaine de romans, des poésies galantes, des *Epistres morales* et des poèmes spirituels. Mainard parle du temps où Nervèze « fut le roy des orateurs » et une Mazarinade raconte qu'il fut, avec Des Escuteaux, « le mignon des dames ». Les livres de ces deux auteurs faisaient autorité chez elles. « Quelques unes les portoient au lieu d'heures à l'église, et s'il se formoit entre elles quelque différent touchant un terme, on s'en rapportoit à Nervèze, et qui l'eust voulu contredire, auroit été chassé comme un péteur de la compagnie » (3).

Voilà les maîtres du genre, et ils ont attaché leur nom au style de ces romans, à leur extraordinaire amphigouri, à leurs pointes, à leurs absurdes comparaisons, à leurs métaphores ridicules. Le roman, à dire vrai, n'a pas été le seul genre

En 1591, il manque d'être assassiné par les Ligueurs. Il vient à Paris pour y chercher fortune dans le métier des armes, il veut aller se battre en Hollande ou en Hongrie. Dévalisé, il reste à Paris. Duels, prisons. Quelques campagnes militaires. Misère et vie de plaisir à la Cour. Il entre au service de Marguerite de Valois. Finalement il meurt assassiné vers 1625. Cet aventurier a écrit deux recueils de poésies, en 1606 et 1614, et composé plusieurs romans, notamment en 1606 et 1607.

(3) Du Souhait commence à écrire en 1599 et débute par deux romans. Il en donne encore un en 1600, un autre l'année suivante. Puis il garde le silence jusqu'en 1609. Fr. Lachèvre a dressé une bibliographie de ses œuvres, mais sa vie reste inconnue. On sait seulement qu'il était originaire de Champagne (Lachèvre, *op. cit.*, I, pp. 185-186). Des Escuteaux a donné ses deux premiers romans en 1601 ; les autres ont suivi en 1602, 1603, 1605 et 1607. Voir sur Nervèze, la notice de Goujet, XIV, p. 221. La date de sa naissance est inconnue, mais assez probablement, il était né en 1576. Il débuta en 1594 par les *Hazards amoureux* et donna onze romans entre 1594 et 1610. Il a publié ses *Essais poétiques* en 1605 et des *Problèmes spirituels* en 1606, sur un privilège de 1598. Il était l'ami de Desportes, de Bertaut et de Scévole de Sainte-Marthe. Il semble qu'il ait été protégé dans les débuts de sa carrière par la famille du marquis de Villars. Il serait mort en 1614 ou 1615, après avoir écrit une vie du duc de Mayenne.

atteint par cette sorte de maladie (4). Mais il en a été l'agent de propagation le plus redoutable. Elle inquiéta les contemporains, et en 1592, Antoine d'Urfé écrivait dans la dédicace de *l'Honneur* : « Presque tous ceux qui publient aujourd'huy leurs escrits (sont) entièrement tendus et bandez à certains termes recherchez et exquises façons de parler. » C'est en effet vers 1590 que le mal éclata, et un romancier de l'époque, Roussel, écrit en 1601 : « Il n'y a pas encore dix ans, lorsque la pureté de nostre langue estoit en sa vogue... » (5).

Faut-il citer et, pour donner une idée des folies qui furent alors commises, faut-il rappeler ces amants qui « tiennent en lesse leurs passions attachées au collier de leur attente ? » Faut-il avouer qu'un Français guéri de l'amour a pu un jour dire à une dame : « Mon amour a aujourd'huy le bonnet en main pour prendre congé de vous » ? et qu'on a donné des conseils de sagesse sous cette forme inattendue : « Exprimez par la force de la prudence quelque suc de raison du marc de vostre passion » ?

On s'est demandé d'où venait cette étrange maladie de la prose française. Il est bien évident que la poésie mondaine y avait échappé, et qu'il n'y a pas commune mesure entre les *concetti* de Desportes et les aberrations de Nervèze et de ses émules. Il est bien certain aussi que cette prétendue préciosité est restée étrangère aux aristocratiques salons de la fin du siècle, et qu'entre les raffinements des cercles de la maréchale de Retz et de la marquise de Villeroy d'une part, et la distinction souveraine de l'hôtel de Rambouillet de l'autre, on ne conçoit pas qu'il y ait eu une période intermédiaire où des esprits délicats aient pu se satisfaire de ces balourdises. Il y

---

(4) Du Perron en parle, non pas à propos du roman, mais en songeant à l'ensemble de notre littérature. Il s'inquiète du succès de l'*Avant-victorieux* de Lostal : livre maniaque, dit-il, et dont l'auteur devait être enchaîné. Mathieu est encore plus insupportable, et a des métaphores plus impures encore. « Notre langue, gémit-il, s'en va perdue puisque de telles gens trouvent qui les applaudissent... Nous allons entrer dans une grande barbarie ». (*Perroniana*, 1694, p. 231).

(5) Cité Reynier, *op. cit.*, p. 337.

eut mode, mais une mode qui sans aucun doute resta d'un ordre inférieur et qui n'atteignit pas la véritable élite.

On dira que le cercle de Marguerite, aristocratique entre tous, a parlé ce langage. En fait, les écrivains qui prenaient leur mot d'ordre chez elle ont écrit une langue quintessenciée, beaucoup trop artificielle à notre goût. Mais qui n'est pas ridicule. Qui a même porté des fruits précieux. Le procédé qui met au pluriel les noms abstraits, qui nous parle des affections, des glaces, des ressouvenances, a fait fortune dans la prose symboliste et, lorsque Vital d'Audiguier parle d'une « triste joie », au nom de quelle fausse idée de la simplicité du style pourrait-on juger son expression ridicule (6) ?

En fait, cette mode venait, non d'Italie, mais d'Espagne, et quoi qu'en ait dit un excellent historien, on ne voit pas qu'il y ait moyen d'en douter. Les grands, les admirables prosateurs de l'Espagne avaient poussé jusqu'à l'extrême limite du bon goût les raffinements de *l'estilo culto*. Montemayor, pour ne prendre qu'un exemple, n'hésitait pas à écrire : « A quien sin causa lo tenia sepultado en las tinieblas de su olvido... », et cette phrase n'est pas sans poétique beauté. Elle l'est surtout dans l'ensemble où elle s'insère, dans la symphonie exquise de la *Diana*. Mais que des écrivains sans goût, sans finesse, sans génie, fassent de ces hardiesses des recettes, les transforment en procédés, les manient avec lourdeur, et l'on aura les monstrueuses sottises du style de Nervèze (7).

(6) Le style de Jacques Corbin est d'un degré plus bas. Il appelle l'amour le dictateur de l'âme, et l'œil est pour lui « le poste des désirs ». Les « cambrures célestes » désignent le firmament. Mais ces romans, on l'a vu, sont antérieurs à 1605 et à l'arrivée de la reine Marguerite.

(7) Si l'on trouve que la distance est grande entre les beautés subtiles de Montemayor et les sottises de Nervèze, on se rappellera qu'en Espagne même de mauvais écrivains avaient fourni à nos romanciers les pires exemples de galimatias. Cinquante ans avant Nervèze, Feliciano de Silva se livre aux mêmes raffinements barbares. Les exemples cités par Menendez y Pelayo (*Origenes de la Novela*, I, p. CCXLVI-CCXLVII), et qui avaient déjà provoqué les railleries de Hurtado de Mendoza et de Cervantès, ne laissent aucun doute sur l'origine espagnole du style Nervèze. Sorel a donné des indications brèves, mais importantes, sur le développement du mal. Il en rend responsable d'abord Nicolas de Montreux, puis Béroalde de Verville.

Les gens du XVII' siècle en conservèrent un souvenir durable. Il fut entendu qu'il existait une maladie du style, que la prose française en avait été atteinte dans les premières années du siècle, et que le premier souci des écrivains raisonnables devait être d'en empêcher le retour. L'effort parfois exagéré de nos auteurs pour assurer la pureté de notre langue s'explique par une réaction voulue contre un danger toujours vivement ressenti (8).

Honoré d'Urfé [1]

Au milieu de cette production sans valeur apparaît en 1607 une œuvre qui se classe parmi les plus considérables de notre histoire littéraire, l'*Astrée* d'Honoré d'Urfé.

Il était né en 1567. Son grand-père Claude était diplomate de carrière. Il avait été ambassadeur en Italie, gouverneur du

Nervèze crut être plus élégant dans ses *Amours diverses* et tomba dans l'extravagance. Des Escuteaux fit pis encore. Les orateurs parlèrent cet étrange langage. Enfin le livre du *Soldat françois* et celui de l'*Avant-victorieux* portèrent le mal à son paroxysme. Ce dernier trait s'éclaire du témoignage de Du Perron, qui traitait ce livre de « maniaque » et son auteur Lostal, de fou qui devait être enfermé (*Perroniana et Thuana*, Cologne, 1694, p. 231).

(8) En 1610, cette mode n'est plus qu'un souvenir ridicule. C'est ainsi que, cette année-là, l'éditeur du *Labyrinthe d'amour* s'amuse à parodier le style Nervèze : « prendre chambre garnie en vostre bonne grâce... ; noyer ses ardeurs au cuvier de lessive de consolation... ». A partir de cette date toute extravagance de cette sorte ne peut avoir qu'une signification satirique ou bouffonne. Il n'en est pas moins vrai qu'après l'*Astrée*, aux environs de 1627, on assiste à une nouvelle poussée du galimatias. M. Magendie cite des exemples à peine croyables, tirés de La Serre (*Clytie ou le Roman de Cour*) et de Videl (*Mélante*). Il semble pourtant que cette recrudescence du fléau fut de brève durée. En 1635 les « pointes » sont universellement condamnées. Est-il besoin de dire que ces phénomènes de l'histoire de la langue n'ont rien à voir avec la préciosité, qui n'apparaîtra qu'en 1653, et qui est surtout une conception de la vie morale, contestable, mais infiniment délicate ? Madeleine de Scudéry eût été bien étonnée d'apprendre que les historiens ne feraient pas de différence entre son œuvre et celle de Nervèze ou de La Serre.

(1) L'étude la meilleure reste celle du chanoine Reure, *La vie et les œuvres d'Honoré d'Urfé*, Paris, 1910.

Dauphin et des enfants de France sous Henri II. Le père, Jacques d'Urfé, était bailli et lieutenant général au gouvernement du Forez. Il avait épousé, en 1554, Renée de Savoie-Tende, d'une branche légitimée de la maison de Savoie. Par sa formation, par son mariage, par les propriétés de sa femme, Jacques d'Urfé était presque autant Italien que Français, très ouvert à la culture d'Outre-Monts, et la Bastie d'Urfé, dans le Forez, avec sa loggia, était comme le symbole de cette influence de la Renaissance italienne sur une famille de grands seigneurs français. Un frère de l'écrivain fut même page à la Cour de Turin.

Tout le monde, dans cette famille, est, de naissance, philosophe et poète. Antoine d'Urfé, le frère d'Honoré, composait des vers à treize ans, et passa plus tard, au dire de Loys Papon, pour « un miracle de son temps en toutes sciences, comme un vrai fils ayné de l'Anciclopédie ». En 1592, il publia deux ouvrages de philosophie morale. Abbé de la Chaize-Dieu et prieur de Montverdun, engagé à fond dans le parti de la Ligue, il devait finir, au cours des guerres civiles, d'un coup d'arquebuse sous les murs de Villerêt (2).

L'autre frère, Anne, né en 1555, rimait à quinze ans, et en 1572, il composa un recueil de cent quarante sonnets. Il mêlait la politique, la guerre, la poésie et l'amour, en véritable grand seigneur de la Renaissance. On le voyait à l'armée de Lorraine en 1573, il prit part à la campagne de Languedoc en 1577, se battit pour le duc de Nemours de 1589 à 1592, passa ensuite dans le camp d'Henri IV, se débattit dans une situation impossible et ne s'avoua vaincu par vingt ans d'une vie épuisante qu'en 1595. Il abandonna alors la plupart de ses charges. Il accepta ou provoqua, en 1598, la rupture de son mariage avec Diane de Chateaumorand, et entra dans le clergé en 1603. Doyen de Montbrison jusqu'en 1611, il resta prieur de Mont-

---

(2) Il a laissé deux courts ouvrages de prose, *l'Honneur, premier dialogue du Polémophile*, Lyon, 1592, et la *Vaillance, second dialogue du Polémophile*, dédié au duc de Nemours, Lyon, 1592. Il comptait faire paraître des *Epîtres philosophiques (L'Honneur*, p. 32).

verdun, publia un volume d'*Hymnes* en 1608 et mourut en 1621 (3).

C'est dans cette famille d'aristocrates, hommes de guerre et hommes d'Eglise, dans ce milieu largement ouvert aux influences de la Renaissance italienne, qu'Honoré d'Urfé a grandi. Il a fait ses études au collège de Tournon, et en 1583 — donc à seize ans — il a, sur la demande de ses maîtres, composé des vers pour la *Triomphante entrée de très illustre Dame Madame Magdeleine de la Rochefoucault.* Presque aussitôt après il compose un poème pastoral, *Sireine.* Il ne l'achèvera qu'en 1596 et ne le publiera qu'en 1604, mais *l'Avis au lecteur* qui le précède dit qu'il fut composé quand l'auteur était « à peine sorti de ses premières estudes », et que c'est un « essay de son esprit en son enfance ».

En même temps qu'il s'exerce à la poésie, le jeune Honoré s'abandonne aux impulsions d'une sensibilité très vive. On a dit et indéfiniment répété qu'il aimait dès lors Diane de Chateaumorand, la femme de son frère Anne. Mais le seul témoignage vraiment sérieux que nous ayons sur cette période de sa vie, c'est, dans une lettre à Pasquier, une phrase où il évoque les « diverses passions, ou plutôt folies qui (l') ont tourmenté l'espace de cinq ou six ans », et il serait, avouons-le, étonnant qu'il traitât de folies l'amour qu'il aurait eu alors pour celle qui allait devenir sa femme (4).

(3) Il a été l'objet d'une brève mais bonne étude de M. Badolle, *Anne d'Urfé, l'homme et le poète,* 1927. Van Roosbroek a publié dans la *Romanic Review* de 1929 des poèmes inédits qui apportent sur Anne d'Urfé des précisions nouvelles et importantes.

(4) On parle beaucoup d'un voyage qu'il aurait fait à Malte. Mais s'il est impossible de prouver que ce voyage n'eut pas lieu, il est plus impossible encore de fournir le plus léger argument pour établir sa réalité. Il ne faut surtout pas utiliser *Sireine* et le voyage que fait le héros sur les bords de l'Eridan, car ce voyage lointain est une des péripéties essentielles de la *Diana* de Montemayor où Honoré d'Urfé a puisé la matière entière de son poème. Le témoignage de Patru fourmille d'inexactitudes. Il dit : « H. d'Urfé fut absent plusieurs années, et pendant son absence on maria cette fille si merveilleuse avec l'aîné d'Urfé ». Or, si le voyage a eu lieu, ce ne peut être qu'entre 1583 et 1590. Diane a été mariée à Anne d'Urfé en 1571 par contrat, et le mariage religieux a été célébré en 1574. Honoré a donc alors sept ans.

Ces folies, nous a-t-il dit, durèrent cinq ou six ans : de 1583 à 1590 par conséquent. Cette année-là, une période nouvelle commence dans la vie d'Honoré d'Urfé. Une période de luttes politiques, d'escarmouches, de coups de main. Chevalier de Malte, engagé à fond dans la réaction féodale et cléricale que la Ligue dissimule sous un programme démagogique, Honoré d'Urfé s'est attaché au duc de Nemours et aux Ligueurs. En 1593, il assiste à l'écroulement de la Ligue forézienne. En 1594, le duc de Nemours tente un retour offensif. Honoré est un moment lieutenant-général au gouvernement du Forez. Mais en février 1595, son parti est définitivement vaincu. Il est fait prisonnier. Libéré grâce à sa belle-sœur Diane, il tente presque aussitôt de dégager Montbrison, assiégé par les troupes royales ; et il est une seconde fois capturé. Il renonce enfin à une lutte qui ne lui apporta que des déboires. Mais trop compromis pour rester dans le royaume, il s'exile et se retire en Savoie.

On l'imaginerait entièrement accaparé par ces luttes et par ces aventures, et il est bien probable en effet qu'entre 1590 et 1596 il n'a pu se consacrer à l'étude des lettres autant qu'il l'aurait voulu. Il n'en compose pas moins, pendant sa captivité, en 1595, le premier livre de ses *Epistres morales* (5), et il a, alors, dans ses papiers, le premier jet de ce qui va devenir son grand ouvrage.

Nous avons en effet sur l'existence de *l'Astrée* à cette époque, et sur sa forme ancienne, un document du plus haut prix. L'un de ses amis, du Crozet, a dédié en 1593 à Honoré d'Urfé sa *Philocalie*, et il y a inséré les vers « qu'il avoit dressez sur les *Bergeries* de M. le Chevalier d'Urfé, qui luy avoit fait l'honneur de les luy communiquer ». Nous apprenons ainsi que dès cette époque, l'intrigue centrale de *l'Astrée* est toute bâtie. Astrée et Céladon. Céladon est prisonnier de la reine Galathée et résiste avec peine à l'amour royal qui s'offre à lui. De son

---

(5) Elles paraissent à Lyon en 1598, mais elles portent la date du 24 septembre 1595, du moment de la captivité par conséquent ; elles ont été écrites à Montbrison.

côté, Astrée le croit mort et veut mourir elle-même. Elle se reproche ses duretés pour un amant si fidèle. Telle est la substance de l'œuvre en 1593, et si l'on songe que les emprisonnements de l'écrivain datent de 1595, on voit avec quelle vraisemblance certains ont prétendu qu'il avait figuré dans l'épisode de Céladon chez la reine Galathée sa captivité à Usson, près de la reine Marguerite (6). Beaucoup plus simplement il a sans doute transposé dans son roman l'épisode odysséen d'Ulysse et de Calypso.

Avec l'année 1596, la période d'agitation s'achève. Honoré achète le domaine de Senoy près de Virieu-le-Grand. Il est au service de la maison de Savoie et prend part, en 1597 et en 1598, aux campagnes du duc contre les troupes françaises du maréchal de Créquy.

En 1600, il se marie avec Diane de Chateaumorand. Son ancienne belle-sœur était maintenant libre, puisque la Cour de Rome avait déclaré nulle son union avec Anne d'Urfé. Les mêmes historiens qui ont lu dans *Sireine* le récit de la prétendue passion du jeune homme pour sa belle-sœur, les mêmes qui ont reconnu dans l'épisode de la reine Galathée une prétendue captivité de l'écrivain à Usson, ont imaginé que tout jeunes Honoré et Diane s'étaient aimés d'une grande passion, qu'ils avaient pendant dix-huit ans souffert et attendu, et que leur mariage, en 1600, marqua la victoire de l'amour sur une

(6) Le cercle de beaux esprits foréziens auquel appartenait Honoré d'Urfé, a certainement connu la reine Marguerite. Loys Papon lui a dédié un *Hymne*. Antoine d'Urfé lui envoie, en 1592, une épître inspirée de Platon *de la beauté qu'acquiert l'esprit par les sciences*. Il y célèbre Usson, « hâvre de tranquillité qui semble attirer à soy ceux qui cultivent les Muses ». Anne d'Urfé appelle Marguerite « la perle de la France » et lui dédie son hymne de la *Chaste Suzanne*. On peut donc admettre, si l'on y tient, qu'Honoré d'Urfé, en dessinant le portrait de l'altière et passionnée Galathée pense à la Reine. Mais les dates interdisent absolument de penser que Céladon prisonnier de Galathée représente Honoré d'Urfé captif à Usson. C'est, ici encore, Patru qui a égaré les historiens. Honoré, dit-il, fut pris par les gens de la Reine et mené à Usson. « Je ne sçay même si le prisonnier ne fut point blessé dans le combat. » *(Œuvres*, p. 560). Mais, comme on l'a justement noté, la reine Marguerite soutenait la Ligue et se trouvait par conséquent dans le même camp que les D'Urfé.

trop longue épreuve. L'histoire est belle et émouvante. Elle est peut-être vraie. Mais elle est surtout douteuse. Au XVII° siècle déjà, on racontait les choses autrement. A en croire le docte Huet, Honoré d'Urfé n'aurait jamais caché qu'en épousant sa belle-sœur, il avait agi dans l'intérêt de sa famille « et pour ne pas laisser sortir de la maison les grands biens qu'elle y avoit apportés ». Témoignage qui n'a pas seulement un intérêt biographique de haut prix, car il ruine l'interprétation traditionnelle de l'*Astrée*, et oblige l'historien à en reprendre l'étude (7).

De 1600 à 1607, Honoré d'Urfé vit à Chateaumorand et à Virieu. Fait important, Virieu appartient, depuis 1601, non plus à la Savoie, mais à la France. S'il ne rompt pas ses relations avec Turin, du moins l'écrivain en noue-t-il de nouvelles avec la Cour de France. Déjà le souvenir des guerres civiles s'affaiblit. Les anciens Ligueurs reviennent en grâce. En 1603, Honoré d'Urfé devient gentilhomme ordinaire du roi. La même année, il fait éditer, non plus à Lyon, mais à Paris, le deuxième volume de ses *Epistres morales*. Entre 1603 et 1606, il compose son poème de la *Savoysiade*. En 1607, il publie enfin la première partie du grand roman commencé plus de dix-sept ans auparavant.

Les années qui lui restent à vivre, Honoré d'Urfé les passera en Italie, en Savoie, dans le Forez et en France. On le voit à Rome, à Milan, à Venise, à Turin surtout. En 1616, une lettre de Stigliani parle d'un séjour que l'écrivain français vient de faire à Parme (8). A Paris, il devient l'ami de Malherbe et de Jean de Lingendes. On peut être assuré qu'il paraît à l'hôtel de Rambouillet, dont la maîtresse de maison est, comme lui, d'origine et de culture italiennes. Il est un familier du Louvre, et Mlle de Gournay dira qu'il fut « longtemps fort visi-

(7) Cette interprétation traditionnelle, qui se borne à reprendre les affirmations de Patru, avait été pourtant combattue, dès le XVIII° siècle, dans le cinquième volume des *Mémoires* d'Artigny, avec des arguments très forts et valables encore aujourd'hui.

(8) *Epistolario* du chevalier Marin, *Scrittori d'Italia*, Bari, 1912, pp. 270 et 288.

ble auprès de nos roys ». Il vit alors presque toujours loin de Diane, sa femme. Ils ne sont pas brouillés, ni à proprement parler séparés, mais il la laisse dans son domaine du Forez, au milieu de ses chiens et de sa malpropreté. Il publie encore la deuxième partie de son roman en 1610, la troisième en 1619. Un fragment de la quatrième partie paraît en 1624. Il meurt l'année suivante.

On ne sait qu'admirer le plus chez lui, l'élégance du grand seigneur, la vaste culture, la sensibilité riche et vive. Son portrait par Van Dyck le montre étrangement séduisant, le nez droit et fin, les yeux à la fois de l'observateur et du rêveur. Son ami, l'évêque Camus, a dit « qu'il estoit fort versé en la philosophie et en l'histoire, qu'il avoit les mathématiques à un haut point, avec la cognoissance des langues latine, grecque, italienne, espagnole, allemande ». L'étude de son œuvre prouve que cet éloge n'est pas exagéré. Il connaît les anciens, d'une connaissance directe, et il lui arrive de dire : Je lisais ce matin dans Plotin... Il cite des textes de Platon, de Favorinus, des moralistes du Portique. Les littératures modernes lui sont familières. Il a étudié Pic de la Mirandole et Marsile Ficin, les *Dialoghi d'Amore* de Leone Ebreo et les *Lezioni* de Varchi. Il est nourri des romans espagnols et cite couramment Cervantès et Gil Polo. Il développe même parfois les thèses empruntées à la philosophie arabe et à la cabale juive. L'on conçoit bien que sur ce point son érudition est de seconde main, mais elle n'en est pas moins digne de remarque. C'est un spectacle curieux que ce grand seigneur, si engagé dans les luttes politiques et dans la vie mondaine, et qui, à l'improviste, vous explique les théories arabes sur le *Mahad* et les compare à la philosophie d'Averroës. On ne voit pas qu'il y ait eu, à l'époque, un écrivain français en possession d'une érudition aussi vaste et aussi solide.

Il nous séduit aussi par une sensibilité très rare à son époque. Au moment où se fait déjà sentir, chez nous, une tendance dangereuse au rationalisme le plus sec, Honoré d'Urfé est un romantique par son goût de la rêverie solitaire. Il aime la lecture et la promenade. Il a goûté de façon exquise les charmes du Forez, et il a été sensible aux beautés grandioses de la Savoie. Il s'est plu, dit-il, « à visiter ces grands rochers et agréables précipices des ruisseaux ». En 1596, il écrit à son ami Hugues Fabri : je cours « dans les rochers et les bois où je me plais en mes douleurs ». Il se plaît en effet en ses douleurs, et comme Stendhal, il dirait déjà que vivre, c'est se sentir vivre, même si cette sensation est douloureuse. On le devine mélancolique, très vite accablé. Mais aussi, toujours prêt à renaître, à retrouver l'ardeur de vivre. L'ardeur aussi d'aimer, et il faudrait être naïf pour s'en étonner. Nous croirons donc volontiers ceux qui prétendent « qu'il avoit toujours quelque amourette dans la tête ». Si, quand il disserte, il fait penser à Silvandre, il est, dans le courant de la vie, le modèle de son charmant et volage Hylas.

Les Epîtres morales

Les *Epistres Morales* permettent de suivre, chez l'écrivain, le développement de sa pensée entre 1595 et 1603, au moment précis où il travaille à la première partie de l'*Astrée*.

Le premier livre, composé en 1595, pendant qu'il est prisonnier en Forez, est d'inspiration stoïcienne. C'est au nom des maximes du Portique qu'il console la duchesse de Guise des malheurs de sa maison. C'est à leur lumière qu'il envisage ses propres épreuves. Précisons d'ailleurs que son stoïcisme puise tout autant dans la tradition espagnole que dans la littérature des Anciens. C'est une sentence de Gil Polo qui lui fournit le thème d'une méditation sur l'inconstance de la fortune.

Les années 1595-1596 sont décisives pour lui, et l'on remarquera qu'elles coïncident avec la fin des guerres civiles et la retraite de Savoie. C'est à ce moment qu'Honoré d'Urfé est définitivement gagné aux théories platoniciennes. A dire vrai, il n'avait certainement pas attendu jusque-là pour s'initier à ces doctrines. Antoine d'Urfé, dans son dialogue *Sur l'Honneur*, en 1592, avait fait appel au platonisme. Il y avait joint une lettre *A mon frère le chevalier d'Urfé, De la préférence des Platoniciens aux autres Philosophes*. De son côté Anne d'Urfé avait écrit des sonnets sur le thème de l'*Honneste amour*. Le platonisme était donc de tradition dans la famille, et il serait inconcevable qu'Honoré d'Urfé ne l'eût connu qu'en 1595. Il n'en reste pas moins qu'aux développements stoïciens de cette année-là succèdent dans les *Epistres morales* de 1605 des thèses d'inspiration platonicienne, et que le fait est plus sensible encore dans les *Epistres* de 1608.

Philosophie de l'amour, de l'héroïsme et de l'enthousiasme, opposée à une philosophie de la raison, de la prudence et de la médiocrité. Ce que d'Urfé reproche aux Aristotéliciens, c'est leur morale du juste milieu, leur méfiance devant tout ce qui dépasse les timidités et les calculs de la raison. A cette raison, il fait sa part, celle des habitudes, et de ce qu'il appelle les vertus morales ou civiles. L'homme, en face de la société, est obligé d'être raisonnable et prudent. Mais il est d'autres vertus, qu'il nomme contemplatives, et qui nous élèvent au-dessus de nous-mêmes, jusqu'au divin. Celles-là ne souffrent pas le juste milieu. Elles ne peuvent avoir « une extrémité vicieuse ». Au contraire, la perfection ne saurait être pour elles que dans l'excès.

On ne saurait donc pécher par trop d'amour. Cet amour, Honoré d'Urfé le conçoit comme un « désir de beauté ». « Toujours en soy louable », il prend sa source dans une « surabondance de vertu ». Car la beauté et la bonté se confondent, et la bonté, c'est Dieu même. Si bien que « désirer la beauté, c'est désirer la bonté, et désirer la bonté, c'est désirer Dieu ». L'amour est enthousiasme, dépassement, héroïsme. Ceux qui critiquent Alexandre ou Caton ne savent pas aimer.

Ne forçons pas le sens et la portée de cette morale de l'amour. N'y voyons surtout pas une théorie des droits souverains de la passion, tels que certains romantiques, un jour, les prêcheront. Mais la doctrine d'Honoré d'Urfé n'en est pas moins audacieuse. Elle s'oppose d'avance aux platitudes d'un rationalisme moral qui répondait trop bien à certaines tendances profondes de l'esprit bourgeois. Elle enseignait à son siècle qu'il n'y a d'acte moral qu'inspiré par l'amour, que la pure obéissance à une loi, et que des considérations de prudence ou de bienséance ne peuvent conférer à nos actes de qualité morale. Elle transmettait ainsi au siècle nouveau, au siècle de la raison, ce qu'avait mis à jour de plus précieux la philosophie de la Renaissance, son sens de l'activité libre de l'individu, son sens de l'héroïsme, ou, comme on disait alors, de la générosité.

Cette philosophie de l'amour, Honoré d'Urfé l'appuie sur toute une métaphysique où se croisent notions platoniciennes et théories cabalistiques. Dieu est identité de la pensée et de l'objet, il est l'Etre, et tout le fini est suspendu à l'Infini par une sorte d'aimantation, en chaînons successifs : monde des formes matérielles, monde des âmes, monde des pures intelligences. En tous Dieu est présent. « Toute nature a autant en soy de Dieu qu'elle a de bon ». L'esprit surtout « est une estincelle de la divinité ». Notre âme « a en Dieu commencé ses actions avant le temps » et toutes les actions de notre âme « ne sont qu'une seule qui a commencé en Dieu avant le temps et doit par raison continuer après le temps ».

On voit comment de cette métaphysique se déduit une doctrine de l'amour. Car l'amour n'est rien autre que le mouvement qui porte tout le fini vers Dieu. Κινεῖ ὡς ἐρώμενος. Si bien que tout amour est bon, puisqu'il est ascension vers la beauté, mais tous les amours ne sont pas également bons puisqu'ils n'approchent pas tous également de la beauté absolue. De même encore se justifie la doctrine de l'héroïsme. Car le principe naturel de l'âme, c'est la raison. Mais le principe des purs esprits, c'est l'intellect, véritable idée platonicienne, aussi élevée au-dessus de l'ordre rationnel que celui-ci peut l'être au-dessus de la matière. Or l'âme, qui est, par nature, raisonnable, est intellectuelle par participation. Elle dépasse donc l'ordre de la raison, elle s'élève à une région supérieure, celle de l'héroïsme et de l'amour. L'ordre de la charité, dira plus tard Pascal.

Pour l'homme, qui est âme et corps, et dont l'âme est à la fois raisonnable et intellectuelle, l'amour parfait, c'est l'amour complet. « N'aimer que de corps est vertu honteuse ; n'aimer que d'âme est vice glorieux ». L'amour complet est la vraie vertu de l'homme.

Le roman pastoral [1]

Au moment où il composait ses traités philosophiques, Honoré d'Urfé donnait sa forme définitive à la première partie de son roman pastoral. L'on trouvera peut-être étrange qu'un esprit aussi préoccupé de problèmes métaphysiques se soit tourné vers un genre d'apparence aussi frivole. Mais il a fallu de profondes transformations sociales et une évolution correspondante du goût, pour déconsidérer une forme littéraire, noble et exquise entre toutes, l'une des manifestations les plus séduisantes de la Renaissance européenne.

L'*Arcadia* de Sannazar, en 1502, avait fixé la tradition du genre. Des bergers où se reconnaissaient sans peine, autour de Sannazar lui-même, des personnages de la cour napolitaine, dissertaient dans une prose élégante mêlée de vers, sur des questions de casuistique amoureuse et chantaient leurs amours au milieu des paysages bucoliques d'une Arcadie de rêve. Le souvenir de Virgile, de Nemesianus et de Calpurnius, celui des Bucoliques grecs récemment découverts, les modèles, plus proches, du *Bucolicum Carmen* de Pétrarque, du *Nifale fiesolano* et du *Nifale d'Ameto* de Boccace, servaient de support à l'œuvre moderne, l'enrichissaient de toute une tradition de beauté. Mais elle possédait aussi sa valeur propre, et la Cour de Na-

---

(1) L'histoire du roman pastoral forme une des parties les plus largement développées de l'admirable ouvrage de Menendez y Pelayo, *Origenes dé la Novela*, Madrid, 1925, qui est, même pour notre littérature, une source de connaissances et d'idées fécondes.

ples pouvait y reconnaître, sous une forme singulièrement heureuse, son rêve de vie élégante, et les mêmes raffinements sentimentaux qu'elle admirait chez ses Cariteo et ses Pontano, chez Sannazar lui-même.

En Italie pourtant, la fortune du roman pastoral avait été brève et la pastorale dramatique l'avait supplanté, à partir de 1550, dans la faveur des Cours. Elle avait abouti, en 1573, à un chef-d'œuvre de la plus grande classe, l'*Aminta* du Tasse. En Espagne au contraire, la poésie pastorale sous forme dramatique, trop fidèle aux traditions locales et fermée aux influences de la Renaissance, ne donna pas d'œuvre importante. Mais lorsqu'en 1558 Montemayor publia sa *Diana,* il assura pour un demi-siècle la vogue du roman pastoral. En vingt-cinq ans, quatre chefs-d'œuvre allaient paraître : après *Diana,* on eut la *Diana enamorada* de Gil Polo (1564), *El Pastor de Filida* de Montalvo (1582) et, en 1585, la *Galatea* de Cervantès. Si l'on observe qu'Honoré d'Urfé a écrit son *Sireine* en 1584, et commencé ses *Bergeries,* la future *Astrée,* avant 1593, on reconnaîtra à quel point il se rattache étroitement à un genre tout moderne, et alors dans sa pleine vogue.

Mais sous la plume de Montemayor, de Gil Polo, de Montalvo et de Cervantès, le roman pastoral s'est chargé de significations de plus en plus riches. Il n'essaie même plus de dissimuler que ses bergers ne sont bergers que par convention, que « van disfraçados debaxos de nombres y estilo pastoril », comme dit Montemayor. Il prétend décrire certains de ces cercles aristocratiques où l'idéal de la Renaissance avait trouvé accueil. Non pas leur vie quotidienne et matérielle. Mais leur vie sentimentale, leur goût de la poésie et de la musique, leur aspiration surtout à une existence de paix et de pureté. Le mythe de l'âge d'or, le rêve de l'innocence retrouvée se dissimulent, sous-entendus, derrière ces œuvres que l'on croit frivoles, et c'est ce qui explique qu'au milieu d'un récit d'amour apparaissent soudain de belles pages sur une conception mystique de la pureté, ou sur le vrai mérite, qui n'est jamais fondé sur la fortune et sur la race, mais sur les qualités de l'intelligence et du cœur. Il n'est juste d'expliquer la vogue du roman pastoral par les goût des cercles aristocratiques, qu'à condition de préciser qu'il s'agit d'une aristocratie ouverte aux influences de la Renaissance, désabusée de la puissance, détachée de l'argent, repliée dans un rêve de pureté morale et dans les raffinements les plus exquis du cœur et de l'esprit.

En France les traductions avaient fait connaître *l'Arcadie* en 1544, *Diane* en 1578, l'œuvre de Gil Polo en 1582. Mais les œuvres originales furent médiocres et peu nombreuses : la *Pyrénée* de Belleforest en 1572, les *Bergeries de Juliette* de Nicolas de Montreux (2), la *Bergère Uranie* de Favre en 1595. L'échec visible des *Bergeries de Juliette* avait découragé les auteurs.

Le poème pastoral

Ce n'est pas par un roman, mais par un poème qu'Honoré d'Urfé avait abordé la littérature pastorale. Son *Sireine* est en vers. Mais il imite de très près la *Diana* de Montemayor. Il lui emprunte son principal personnage et son intrigue. Comme dans l'œuvre espagnole, le berger Sireine doit, pour obéir à son maître, entreprendre un long voyage, et s'éloigner de la bergère Diane. A partir de ce moment les détails diffèrent, mais le fond reste identique, puisque des deux côtés Diane est mariée à un rival, et que la douleur des deux amants, vertueux et désespérés, forme le centre de l'œuvre (1).

---

(2) Nicolas de Montreux est un gentilhomme du Maine, fils d'un maître des requêtes de la maison de Monsieur. Né vers 1561, il compose ou traduit à seize ans le XVI⁰ livre de l'*Amadis*. Il est mort après 1608, date de son dernier ouvrage. Niceron a donné de lui une bibliographie de onze articles. Elle comprend des tragédies, des romans, une pastorale, un traité de morale et un ouvrage d'histoire (Niceron XXXIX, p. 196 sqq.). Fr. Lachèvre a complété cette liste par cinq ouvrages restés inconnus de Niceron (Lachèvre, *op. cit.*, I, p. 265). Les *Bergeries* ont paru de 1585 à 1598.

(1) Il n'existe, pour nous autoriser à voir dans *Sireine* le récit des amours contrariées d'Honoré et de Diane aucun argument sérieux. Etienne Bournier, en 1606, dans son *Jardin d'Apollon et de Clémence* dit que le poème fut composé en l'honneur de Diane (Reure, *op. cit.*, p. 68). Mais cette affirmation,

Ce petit poème reste grêle, sans originalité, sans profondeur et l'on voit trop qu'il est l'œuvre d'un tout jeune homme. Il n'en obtint pas moins un vif succès. Il eut onze rééditions jusqu'en 1619 et fut imité par Jean de Lingendes et François Mainard (2). Il fallut, pour le rejeter dans l'ombre le succès triomphal de l'*Astrée*.

L'Astrée [1]

Ce ne sont pas les historiens récents, ce n'est ni Patru, ni Huet, c'est Honoré d'Urfé lui-même qui nous apprend qu'il a raconté dans son *Astrée* ses aventures de jeunesse. « Cette

si même elle était exacte, ne suffirait pas à établir que l'auteur raconte une aventure personnelle. La comparaison avec l'œuvre de Montemayor rend un compte suffisant de tous les traits où l'on voudrait voir une confidence. Si l'on tenait absolument à expliquer *Sireine* par des allusions, il faudrait, plutôt qu'à Honoré, songer à Anne d'Urfé. Celui-ci avait aimé dès quinze ans, donc en 1570, Mme de Luppé. En 1573, il s'en alla à l'armée de Lorraine. Il voulait y conquérir des lauriers pour se rendre digne de sa dame. Quand il revint, elle était mariée au seigneur de Montrond, et il ne resta au jeune homme qu'à épouser Diane de Chateaumorand en 1574. L'histoire ressemble fort à celle du poème, et l'on peut imaginer qu'Honoré a écrit son œuvre en songeant à la fois au roman espagnol et aux malheurs de son frère.

(2) Sur le *Philandre* de Mainard, voir un copieux chapitre de Drouhet, *op. cit.*, p. 369 sqq. Les *Changements de la bergère Iris* ont été l'objet d'une excellente réédition par E. T. Griffiths, *Jean de Lingendes, Œuvres poétiques*, dans les *Textes Français Modernes*, 1916. Jean de Lingendes est né probablement à Moulins en 1580. Il est assez vraisemblable qu'il a raconté dans son poème les chagrins et les traverses de sa jeunesse. Il fut l'ami d'Honoré d'Urfé, et donna une pièce liminaire à la première édition de *Sireine* en 1604. La même année il composa les *Changements de la bergère Iris*, où il imitait son ami. Ils parurent en 1605 et eurent six éditions entre cette date et 1623. Détail extrêmement curieux, il y eut d'abord une dédicace à la Reine Marguerite, puis, pour des raisons inconnues, Jean de Lingendes la supprima et dédia son livre à la princesse de Conti. Il a connu une vogue étendue aux environs de 1615. Bien qu'il se fût toujours refusé à soumettre ses vers aux exigences de Malherbe, il figura avec dix-neuf pièces dans les *Délices* de 1615.

(1) Voir Magendie, *Du nouveau sur l'Astrée*, Paris, 1927. On dispose de deux éditions récentes de l'*Astrée*, une édition complète, Lyon, 5 volumes, 1925-1926, et une édition de la 1ᵉ partie, *Bibliotheca romanica*, Strasbourg, 1921-1922. M. Magendie a donné d'utiles *Extraits de l'Astrée*, Paris, 1935.

bergerie que je vous envoye, écrivait-il à Pasquier, n'est véritablement que l'histoire de ma jeunesse sous la personne de qui j'ay représenté les diverses passions ou plustost folies qui m'ont tourmenté l'espace de cinq ou six ans ». Et Pasquier répondait : « Je vois un Céladon qui estes vous-même... ». Quelles furent ces folies, où le jeune homme s'était jeté de 1584 à 1590 ? Qui saurait le dire ? Et qui serait assez perspicace pour discerner, dans les personnages du roman, dans le développement de l'intrigue, dans les sentiments exprimés, la part de l'expérience vécue et la part des sources littéraires ou de l'imagination créatrice ?

Le roman pastoral est par tradition un roman à clef, et l'érudition espagnole s'est appliquée à retrouver, chez Montemayor et chez ses successeurs, les noms des personnages à qui ils avaient imposé le « déguisement pastoral ». Honoré d'Urfé ne l'ignorait pas, et l'on a, à chaque instant, lorsqu'on lit son roman, l'impression de rencontrer des personnages qu'il a connus. Si Amasis reste une figure imprécise, celle de Galathée semble réelle, et ce Pimandre qui « a esté curieux de rechercher les antiquitez de cette contrée » évoque moins la figure d'un personnage de roman qu'un de ces érudits qui vivaient dans la familiarité des D'Urfé et consacraient leurs études à l'histoire ancienne du Forez. Adamas « prince des druydes de cette contrée », ressemble à un autre de ces doctes ou à un homme d'Eglise, et lorsqu'il converse avec la supérieure de jeunes « prêtresses druides », on a le sentiment d'assister à un entretien entre un évêque et une abbesse que l'auteur aurait fort bien connus (2).

(2) Les gens du XVIIᵉ siècle ont cru posséder la clef de certains personnages du roman. François du Rozier assure, dans une lettre à Pierre d'Hozier que Jean Papon, « aida beaucoup Honoré d'Urfé dans la composition de son roman de l'*Astrée*, et c'est de lui, Jean Papon, dont il est parlé dans ce roman sous le personnage d'Adamas ». Ces mots ont été recueillis dans le ms. de la B. Nle 32526 qui rassemble des généalogies de plusieurs familles foreziennes. Il serait important de rechercher si elles ne se révéleraient pas en rapports avec des épisodes de l'*Astrée (Revue du* XVIᵉ *siècle*, 1922, pp. 116-117). Voir d'ailleurs ci-dessous, p. 124, n. 3.

Les recherches qui permettraient d'identifier le plus grand nombre possible de ces personnages restent à commencer. Elles seront compliquées par le fait qu'Honoré d'Urfé n'a pas eu toujours en vue les mêmes milieux sociaux, et qu'ayant commencé son roman dans le Forez vers 1590, il l'a continué pendant qu'il fréquentait la cour de Savoie, et l'a achevé, de 1596 à 1607, dans une période où il partageait son temps entre Paris et Turin.

Le fond le plus ancien de l'œuvre décrit donc le Forez. Pasquier le dit expressément : « Vous estant proposé de célébrer sous noms couverts plusieurs seigneurs, dames et anciennes familles de vostre pays de Forest ». Mais sur ce fond est venu s'ajouter, comme une série de sédiments successifs, maint épisode, maint portrait de personnage, que la Cour de Turin, et peut-être celle de Paris, inspirèrent à l'auteur. Et l'on a une idée de la richesse des éléments qui forment la matière de l'*Astrée* dans ces lignes de M. de la Goutte : « Sous des noms empruntez l'*Astrée* comprend une partie de l'histoire de France et de Savoie, et des maisons particulières d'Urfé, d'Albon, de Chalmazel, et d'autres familles de cette province ».

Ne nous laissons donc pas égarer par la stabilité du cadre où, de façon presque exclusive, se déroule l'action. Montverdun, Marcilly et Chandieu, Bonlieu et la Bouteresse, tous ces noms qui allaient devenir si familiers aux cercles galants du grand siècle, servent à assurer l'unité de l'œuvre, et dissimulent un élargissement progressif, aussi bien qu'un déplacement du monde dont Honoré d'Urfé a entrepris l'étude.

Il reste qu'il a voulu donner à son œuvre un cadre parfaitement déterminé. Sur ce point comme sur tant d'autres, il se conformait à la tradition créée par Montemayor. Tandis que le roman de Sannazar se déroulait dans une chimérique Arcadie, Montemayor avait placé le sien sur les bords de l'Ezla, et le *Pastor de Filida* se situait sur les rives de l'Hénarès et du Tage. Mais dans une page charmante, l'écrivain français a dit les raisons personnelles qui lui avaient inspiré son choix : le cher Forez, les bords du Lignon, qui semblent convier chacun à y mener la vie de ses bergers, l'attachement à une terre qui fut, depuis tant de siècles, le séjour de ses aïeux : « Nous devons cela au lieu de nostre naissance et de nostre demeure, de le rendre le plus honoré et renommé qu'il nous est possible. » Peut-être faut-il, à ces raisons, en ajouter une autre : un souci de vérité précise et locale, qu'on ne retrouverait pas chez les romanciers espagnols. Montemayor chante la douceur des rives de l'Ezla, mais il ne les décrit pas. Le roman français au contraire, apporte, sur le pays où l'action se déroule, les détails les plus minutieux.

L'histoire se passe au V⁴ siècle. On peut s'étonner qu'Honoré d'Urfé ait cru nécessaire de transporter ses personnages dans une époque reculée et mal connue. Peut-être y fut-il poussé par le désir de faire preuve d'érudition ; peut-être son imagination avait-elle été séduite par ce qu'il avait lu dans les *Antiquitez et histoires gauloises et françoises* du président Fauchet : on a établi que presque toute sa science historique vient de ce livre. Peut-être enfin ses amis les Papon, tout occupés de recherches locales, lui avaient-ils conseillé de faire revivre le passé de leur chère province (3). Dans l'état des sciences historiques à cette époque on ne sera pas étonné de trouver à travers le roman d'étranges anachronismes. Mais dans la pensée de son auteur, ce choix d'une époque déterminée marquait le même souci de vérité précise que nous avons relevé dans ses descriptions du Forez.

Dans ce monde d'une simplicité antique, vit un peuple de bergers et de bergères. Ne disons pas trop vite qu'ils n'ont ni réalité, ni vraisemblance. Les bergers de l'*Astrée* sont des personnages beaucoup moins vagues qu'on ne le croirait d'abord. L'auteur a eu soin de nous avertir, dès les premières pages du

(3) Huet a prétendu — ne le tenait-il pas des d'Hozier ? — que Jean Papon « aida M. d'Urfé dans la composition de son ouvrage », et lui fournit les « mémoires » nécessaires. Mais il y a longtemps que l'abbé d'Artigny a fait remarquer que Jean Papon mourut dès 1590. Il en faut donc conclure qu'Huet a confondu Jean Papon avec son fils Loys Papon, érudit comme lui, et qui ne mourut qu'en 1599.

livre, que ce ne sont pas des bergers ordinaires, et que ses bergères ne sont pas de ces femmes nécessiteuses « qui, pour gagner leur vie, conduisent leurs troupeaux aux pâturages » (4). Ce sont en réalité des gentilshommes campagnards. Ils séjournent loin des villes, dans leurs manoirs rustiques, ils échangent des visites, ménagent entre eux des rencontres, et vivent ainsi de la vie des campagnes sans jamais se mêler aux travaux de leurs paysans. C'est tout à fait par hasard que nous apprenons que Silvandre exploite plus habilement ses domaines que les autres bergers : « Il a la cognoissance des herbes et du naturel des animaux. Le bestial... augmente entre ses mains ».

Ces bergers, disons mieux, ces nobles campagnards mènent une vie simple et pure. Ils sont exempts de l'ambition, de l'envie, des artifices et des médisances qui sont « les quatre pestes de la vie de cour ». Leurs bergères aussi. Par contre les nymphes appartiennent à la noblesse de Cour. De même en effet que les bergers et les bergères de l'*Astrée* appartiennent à une classe sociale aisément discernable, de même les nymphes ne sont à aucun degré des êtres mythologiques, mais représentent l'aristocratie qui gravite dans l'entourage immédiat des rois.

On arrive ainsi à découvrir entre la *Diana* de Montemayor et l'*Astrée* une différence profonde. Les bergers du roman espagnol incarnent des grands seigneurs et des dames du plus haut rang. Mais l'écrivain leur a enlevé toute détermination sociale. Si bien qu'ils sont à la fois des aristocrates par les sentiments et le langage, et par intermittences, de vrais bergers. Si bien qu'on voit parfois ces bergères laver leur linge à la rivière et traire le lait dont elles feront des fromages. Moins poétique que le roman espagnol, l'*Astrée* marque un souci plus grand de cohérence et de vérité (5).

---

(4) Il donne pour se justifier devant le public français trois raisons curieuses. Qu'il n'y aurait aucun plaisir à écouter de vrais bergers. Que ces bergers, étant tous amoureux, ont tous beaucoup d'esprit, comme on le voit dans l'*Aminta*. Enfin, que la pastorale dramatique nous a fait connaître des bergers qui ne portent ni sabots, ni « habits de bureau ».

(5) Gabriel Guéret s'est moqué de ce qui, dans l'*Astrée*, lui semblait invraisemblable. Il se croit spirituel lorsqu'il fait dire à Silvandre : « N'est-il

La noblesse provinciale du XVIIe siècle a donc pu lire le roman sans éprouver l'impression d'irréalité qui gêne le lecteur moderne. Ces rencontres quotidiennes, ces conversations interminables, ces discussions où reviennent si souvent les problèmes du sentiment, cette vie monotone où les grands événements sont une idylle qui se noue, une rupture, une fourberie découverte, figuraient exactement la vie de ces gentilshommes, inactifs au milieu du peuple de leurs manants.

Sur ce point encore, on discerne, dans le développement de l'œuvre, une sorte de transformation lente. Honoré d'Urfé avait conçu son roman sur le modèle des pastorales espagnoles. Si fortes que soient les différences qu'elles présentent, elles offrent, vues à distance, pour un Français, assez de traits communs pour former bloc. Elles sont d'un genre conventionnel à l'extrême, mais capables d'offrir un charme exquis, susceptibles d'allusions ingénieuses, de poétiques descriptions, d'analyses subtiles du cœur. Les *Bergeries,* telles qu'Honoré d'Urfé les a d'abord conçues, répondaient sans doute à cette idée du roman pastoral. Il est même probable qu'elles ressemblaient surtout à la *Diana* de Montemayor. D'abord parce que ce roman était beaucoup plus largement répandu en France que le *Pastor de Filida,* encore récent. Mais surtout parce que la nature rêveuse et sentimentale de l'écrivain français avait plus de sympathie pour l'élégante tendresse de Montemayor que pour les mondanités quintessenciées de Montalvo.

Quoi qu'il en soit d'ailleurs, l'*Astrée* fut d'abord un pur roman pastoral de type espagnol. Mais peu à peu l'idée d'Honoré d'Urfé se délaya, perdit de sa cohésion. Des éléments plus proprement romanesques, combats singuliers, déguisements,

pas étrange que vous me fassiez quitter la fameuse école des Massiliens pour me travestir en berger, et me faire débiter sous cet habit de grandes leçons philosophiques, capables d'épouvanter toutes les bergères ». Mais Silvandre est un gentilhomme de bon lieu, qui a fait ses études à l'université, et qui vient maintenant à la campagne pour y exploiter un domaine, y achète des troupeaux et une « cabane ».

reconnaissances, pénétrèrent dans le roman (6). C'est à ce moment que Lidias est enfermé dans la cage aux lions, et que le Chevalier triste accumule ses exploits. Ces épisodes, qui n'ont plus rien de pastoral que le prétexte, nombreux déjà dans la première partie du roman, le seront de plus en plus à mesure qu'on avancera dans les autres parties, et prendront une importance de plus en plus considérable.

Honoré d'Urfé les a puisés dans ses vastes lectures, et un dépouillement de la littérature romanesque d'Espagne et d'Italie retrouverait sans doute la plupart des thèmes qu'il a ensuite exploités. Pour ne prendre qu'un exemple, l'écrivain nous raconte les malheurs et le stratagème de Lindamor. Ce héros a dû disparaître, pour fuir l'injuste courroux de Galathée, sa maîtresse. Elle le croit mort, et s'avoue maintenant qu'elle l'aime. Lindamor, pour reparaître devant elle, se déguise en jardinier. Un ami fait savoir à la Reine qu'un messager lui apportera un soir, dans le jardin, le cœur de Lindamor. Elle se rend au rendez-vous et trouve Lindamor qui lui apporte son propre cœur.

On croirait cette étrange histoire inventée par Honoré d'Urfé. Il n'a fait au contraire qu'y brasser des éléments tous empruntés à un vieux roman d'aventures espagnol, le *Primaleón*. C'est dans le *Primaleón* qu'il a trouvé le thème de l'amant déguisé en jardinier, et dans un autre endroit du livre, le Héros apporte sa propre tête à une maîtresse irritée. Les deux thèmes ont été fondus, et, chose curieuse, non seulement par le romancier français, mais par Marino dans son *Adone* (7). Une étude des thèmes romanesques de l'*Astrée* fournirait sans doute des résultats analogues pour chacun d'eux.

Tout un monde s'agite dans l'œuvre monumentale de l'écrivain, et l'on ne sait ce qu'il faut le plus admirer, de

(6) Tout ceci ne prétend pas ignorer que même dans Montemayor il y a du romanesque, et des travestis, et des combats singuliers. Mais la tonalité de l'œuvre est différente.

(7) A. Adam, *Le Prince Desguisé de Scudéry et l'Adone de Marino, Revue d'histoire de la philosophie*, 15 janvier 1937.

l'aisance avec laquelle il entre-croise les intrigues sans jamais devenir confus, ou de la netteté avec laquelle il dessine la physionomie de personnages si nombreux. Sur un fond de figures secondaires se détache Céladon, l'amoureux passionné et fidèle, Astrée, déchirée entre son amour et les exigences de ce qu'elle croit son honneur, Silvandre, si fin, si savant, nourri du platonisme italien, Hylas l'épicurien, Adamas le Druide, qui tire les théories platoniciennes dans le sens du mysticisme religieux.

Tous sont vivants. Non pas tellement de corps. Leurs silhouettes restent vagues. Toutes les bergères sont belles et les bergers charmants. C'est miracle si nous apprenons qu'Hylas est chauve et roux. Mais ils vivent par le cœur et l'esprit. En un temps où les poètes manquent si complètement du sens de l'individuel et ne sont capables que de développer les lieux communs du sentiment, Honoré d'Urfé témoigne d'un talent merveilleux à distinguer les plus fines nuances dans l'étude des caractères, à dégager ce qu'il y a de propre et d'unique dans tout amour. Qu'on lise par exemple le récit du bal où Céladon veut faire savoir ses sentiments à Astrée sans pourtant lui adresser la parole. La scène est parfaite d'observation juste et fine : les paroles dites à un tiers, assez haut pour qu'elles soient entendues de la jeune fille, la présentation retardée, la surprise feinte.

L'on croirait que tous ces bergers et ces bergères sont amoureux d'unique façon et se bornent à platoniser. La vérité est différente. On trouve chez eux toutes les formes de l'amour, et toutes ses ruses, et les folies qu'il fait faire, et les crimes auxquels il conduit certaines natures brutales et passionnées. Polémas n'est pas un amoureux loyal, et son complice Climanthe est un coquin. Sémire gâte les plus hautes qualités de l'honnête homme par une perfidie naturelle. Galathée est une femme hautaine, emportée, capable au demeurant de bons sentiments. Hylas n'est pas scandaleux. Il est charmant. C'est un Méridional, toujours prêt à rire de ses propres paradoxes, et qui craint par-dessus tout le terne et l'ennuyeux.

Voilà l'impression d'ensemble qui se dégage de la lecture de l'*Astrée* : une impression de vérité et de variété. Ne nous laissons donc pas égarer par certains détails où l'artifice et l'invraisemblance ne sont que trop visibles. Nul ne croira qu'il fût d'usage chez les habitants du Forez de se lamenter à haute voix dans les sentiers, qu'ils aient si facilement confié leurs peines d'amour à un ami, près d'un taillis où par hasard se cachait un indiscret. Nul n'acceptera sans scepticisme et un peu d'agacement ces rencontres toujours fortuites et toujours merveilleusement opportunes, ces chansons improvisées, ce mélange de poésie et de vérité. Mais c'est qu'Honoré d'Urfé, en donnant à son roman d'observation un cadre pastoral, acceptait du même coup les traditions de ce genre et ses artifices. Ce n'est pas dans le Forez, c'est sur l'Ezla que les bergers ont commencé de gémir, de se confier leurs peines d'amour, d'improviser des chants sur leurs malheurs. Nous sommes un peu gênés par ce mélange de conventions et d'observations vraies. Il est probable que les lecteurs du XVII* siècle y ont goûté un plaisir de très fine qualité, où la poésie se mêlait à la vérité de la peinture.

Ils ont aussi goûté les doctes entretiens d'Adamas et de Silvandre, du théologien mystique et du philosophe de l'amour (8). L'étude de ces théories, semées à travers le livre, dans des discussions qui ne sont jamais ennuyeuses (9), révèle chez Honoré d'Urfé la connaissance des *Trattati d'amore* que l'Italie avait publiés en si grand nombre depuis la fin du XV* siècle. Aux uns, à Bembo et à Castiglione, il emprunte la doctrine du *Banquet,* l'amour source de toute vertu, désir d'union dans la beauté. Mais à Pic de la Mirandole, aux *Dialoghi d'a-*

(8) Sur les rapports de l'*Astrée* avec les *Trattati d'amore* voir A. Adam, *La théorie mystique de l'amour dans l'Astrée et ses sources italiennes, Revue d'histoire de la philosophie,* 1937.

(9) Roland Desmarets caractérisait en 1650 les développements philosophiques de l'*Astrée :* « Doctrina summa, eaque tanta cum facilitate et perspicuitate tradita, ut difficiles philosophiae locos etiam feminis intellectu faciles reddiderit » (*Epistolarum philologicarum liber I,* p. 62, cité Magendie, *op. cit.,* p. 408).

more de Leone Ebreo, aux *Lezioni* de Varchi, il ne craint pas de demander une théorie plus abstruse, une véritable philosophie de l'esprit. Comme eux il adopte la théorie aristotélicienne de la connaissance, et il en tire une métaphysique de l'amour. L'esprit se définit par la possibilité de devenir l'autre, de devenir toutes choses τῷ πάντα γίνεσθαι. L'esprit est tout, πάντα πως. La connaissance est unification, identité, à la limite, du sujet et de l'objet. Mais l'amour est connaissance par excellence, il est l'activité essentielle de l'esprit. C'est-à-dire que l'amour est union, et que l'amant se perd dans l'aimé, s'absorbe en lui, meurt pour revivre en lui. Cette théorie mystique de l'amour, sous-jacente à certaines des plus belles pièces amoureuses de la poésie du XVI° siècle, mais à laquelle aucun poète n'avait su donner une expression satisfaisante, trouve enfin dans l'*Astrée* son plein développement.

Ces théories, comme celles que nous avions remarquées dans les *Epistres morales,* témoignent de l'emprise de la pensée mystique sur l'ami de François de Sales. Mais il importe de relever aussitôt deux traits essentiels de sa pensée, qui précisent et limitent ses tendances au mysticisme.

C'est d'abord que sa mystique est au plus haut point intellectualiste. L'amour est au centre de notre vie, mais l'amour est lié à la connaissance. Il est « un acte de volonté qui se porte à ce que l'entendement juge bon ». Il naît d'une vue claire des perfections de son objet. Déjà Bembo avait largement développé cette doctrine dans ses *Asolani.* Honoré d'Urfé l'adopte et la pousse à sa limite. « Il est impossible d'aymer ce qu'on n'estime pas... Nous ne pouvons aymer que ce que nous connaissons ». D'accord sur ce point avec les théoriciens d'Italie, Honoré d'Urfé accepte sans réserve la doctrine du primat de l'intelligence, qui est aussi bien celle de Socrate et d'Erasme, celle du thomisme et celle de la Renaissance platonicienne : « Tout vice estant mal, et tout mal estant entièrement opposé à la volonté, il n'y a point de doute que tout vice reconnu ne soit hay ». D'où le caractère péremptoire de cette maxime : « L'amour jamais ne se prend aux choses mesprisées » (10). On ne voit guère qu'un passage où perce une certaine inquiétude en face d'une conception si rigoureusement intellectualiste. Tant de preuves n'établissaient-elles pas le caractère irrationnel de l'amour ? Devant cette difficulté, l'écrivain se dérobe et son druide Adamas nous conte le mythe des aimants, à la façon platonicienne. Une prédestination mystérieuse expliquerait le secret de certaines fatales passions.

D'autre part, s'il croit qu'il n'y a de grande vie qu'inspirée par l'amour, Honoré d'Urfé conçoit l'amour comme un héroïsme. Cette idée, déjà développée dans les *Epistres morales,* inspire plusieurs épisodes du roman. Aimer, c'est se sacrifier. Nulle doctrine ne fera donc davantage appel à la volonté que cette philosophie sentimentale où l'on a prétendu découvrir l'origine de la morale romantique et de ses égarements. L'épisode de Bellinde illustre de façon saisissante le rôle de la volonté libre dans la vie morale des bergers astréens (11). Les bergères d'Honoré d'Urfé aiment « d'une volonté résolue », elles décident d'aimer, et lorsqu'au contraire elles étouffent une passion impossible, elles le font avec une étrange rigueur. De l'une d'elles on nous dit : « Après avoir considéré combien elle contrevenoit à son devoir de vivre de cette sorte, et combien elle travailloit vainement, elle résolut d'estre maistresse de ses volontez ».

A la richesse des pensées, à la finesse des analyses sentimentales, l'*Astrée* joignait, aux yeux des contemporains, la beauté de son style. Ils rangèrent son auteur parmi les plus illustres défenseurs de notre langue et de sa pureté. Lorsque parut la première partie du roman, la réaction avait déjà commencé contre les folies du style Nervèze. En 1610, Deimier pouvait écrire : « L'on voit qu'aujourd'huy les plus célèbres escrivains pour

(10) La philosophie d'H. d'Urfé, antirationaliste, est par contre intellectualiste. Qu'on se souvienne qu'à ses yeux, l'homme, raisonnable par nature, participe à *l'intellect,* c'est-à-dire à l'Idée.

(11) Cet épisode de Bellinde offre les plus frappantes ressemblances avec les *Amours de Florimond et de Clytie* de Blaise de Saint-Germain, parues la même année que la première partie de l'*Astrée* (Régnier, *op. cit.,* p. 304, n.).

la prose ont un style clair, doux et majestatif, et du tout vuide de figures estranges, de poinctes affectées, et de paroles hors de propos hautaines et inconnues, comme autrefois ceste vaine façon d'escrire estoit et se trouve encore affectueusement pratiquée par quelques uns » (12). Parmi ces « plus célèbres escrivains », Deimier nommait le marquis d'Urfé, aux côtés de Du Perron, du président Du Vair et de Coeffeteau. Il observait que chez lui et chez eux le style « est très doux et intelligible, et que l'éloquence y parle naïvement ». Plus tard, M. de la Goutte dira du roman d'Honoré d'Urfé qu'il avait « désabusé le monde du galimatias de la vieille cour » (13), et Sorel : « On se garantissoit de cette barbarie en s'arrestant aux agréables inventions de l'*Astrée* et à ses beaux et sçavants Discours » (14).

Honoré d'Urfé se range donc parmi les créateurs de la prose classique. Mais ce mérite n'est pas à nos yeux celui qui compte le plus. Ce qui nous charme plutôt, c'est la grâce souple, la constante distinction, un goût exquis. Il n'a pas les qualités éminentes de Montaigne. Mais il est très supérieur à son ami François de Sales, charmant lui aussi, mais qui résiste mal au plaisir des *concetti* et des grâces mièvres. Très supérieur au grand prosateur de la génération suivante, à Balzac, beaucoup trop latin et pédant, et désireux d'étonner. La grâce du style, dans l'*Astrée*, est d'une parfaite distinction. Elle est seulement un peu molle, elle manque de nerf, de concentration, de mordant. On aura noté les termes par lesquels Deimier qualifiait la prose de ses contemporains : un style clair, doux et majestatif, un style très doux et intelligible. Nulle formule ne saurait mieux définir le style de l'*Astrée*, ses vertus et les limites de ses vertus.

Le succès du roman fut rapide, immense, durable. Deimier,

(12) *Académie*, p. 276.
(13) On consultera utilement le travail de comparaison auquel s'est astreint M. Magendie du texte de 1607 et de celui des éditions postérieures. L'effort de l'écrivain vers la langue moderne y est sensible.
(14) *Bibliothèque françoise*, p. 159.

en 1610, trois ans seulement après la publication de la première partie, range, nous l'avons vu, son auteur parmi les grands prosateurs du temps. Mlle de Gournay, en 1626, dit que l'*Astrée*, « sert de bréviaire aux dames et aux galands de la Cour ». Elle atteint donc, non pas les cercles peu nombreux du monde littéraire, mais les salons, la Cour, la haute société tout entière. Elle continuera, tout le long du siècle, à charmer des générations successives de lecteurs, elle prolongera sa vogue jusqu'au siècle suivant, et l'on sait quelles larmes elle arrachera au fils d'un horloger de Genève.

Elle est une des grandes œuvres du XVII° siècle, et toute image de ce siècle qui ne fait pas à l'*Astrée* sa juste part, qui la relègue en marge du mouvement littéraire, est une image fausse. L'action de Malherbe s'est exercée à l'intérieur d'une étroite chapelle. Celle d'Honoré d'Urfé a profondément marqué la pensée et la sensibilité des contemporains de Corneille et de Racine.

Elle a fourni à la littérature une profusion de thèmes romanesques. L'immense enquête de M. Carrington Lancaster et de son école sur la littérature dramatique du XVII° siècle, a mis à jour les innombrables plagiats, imitations, emprunts de toute sorte, par où les auteurs du théâtre ont puisé dans l'œuvre du romancier. Une enquête du même ordre menée dans les romans du temps donnerait sans doute des résultats moindres, certains sondages le prouvent (15). Mais là encore l'influence de ce premier de nos grands romans se révélerait profonde. On ne lassait pas le public en transposant sur la scène des épisodes entiers de l'œuvre, on ne cherchait pas à les dissimuler, et l'un des premiers succès du jeune Mairet fut son *Chryséide et Arimant,* c'est-à-dire un récit tiré de l'*Astrée,* avec les noms mêmes des personnages.

Plus profonde que cette influence d'ordre littéraire, l'action de l'*Astrée* a marqué la sensibilité du grand siècle. Elle

---

(15) Magendie, *Le roman français au XVII° siècle, de l'Astrée au Grand Cyrus,* 1932.

lui a proposé un idéal de pureté et d'innocence. **Pureté** dans les rapports de l'homme et de la femme. Innocence, c'est-à-dire mépris de l'ambition et de la richesse, nostalgie de la simplicité primitive. Cet idéal, Honoré d'Urfé l'avait trouvé dans le roman pastoral espagnol, et plus généralement dans les cercles d'Espagne et d'Italie où la culture de la Renaissance avait pénétré. Il a joué un rôle de premier plan dans la diffusion en France de ces formes de pensée. Pendant tout le siècle elles feront contrepoids à un excès de culture, à un dessèchement des esprits qui vont s'aggravant sous l'influence conjuguée du rationalisme et de la centralisation croissante de la vie publique.

Il a du même coup apporté un puissant renfort à ceux qui défendaient les valeurs du sentiment et de la spontanéité. On peut imaginer ce que serait devenue notre littérature si le plus illustre écrivain de prose française avait opéré dans son domaine le même travail qu'à la même heure Malherbe exécutait dans le domaine de notre poésie. Mais qu'est-il besoin d'imaginer, et n'allons-nous pas voir bientôt les « puristes » s'acharner à discipliner, à dessécher, à appauvrir ? Si leur œuvre a échoué, c'est pour une part importante à l'influence d'Honoré d'Urfé que nous le devons, et c'est grâce à lui que le XVII⁰ siècle n'est pas devenu le siècle des géomètres.

Romans satiriques et romans comiques [1]

La vogue du roman sentimental au début du XVII⁰ siècle, et l'immense succès de l'*Astrée* ne doivent pas nous faire oublier qu'une autre forme de romans était alors connue et goûtée. Au lieu de s'enfermer dans l'analyse de chastes amours et de s'attarder à la peinture d'un monde idyllique de bergers

---

(1) G. Reynier, *Le roman réaliste au XVII⁰ siècle*, Paris, 1914. Voir aussi l'ouvrage vieilli, mais encore utile, de H. Koerting, *Geschichte des franz. Romans im XVII. Jahrhundert*, t. 2, *Der realistische Roman*, Leipzig, 1885.

innocents, le romancier pouvait prendre au contraire pour sujet les laideurs de la vie contemporaine, les passions brutales et honteuses, ou tout simplement les aspects pittoresques de la réalité quotidienne.

On a nommé réalistes les romans qui trouvent leur intérêt dans cette peinture. L'appellation n'est pas sans offrir des dangers. Elle invite à confondre ces œuvres anciennes avec celles d'un Duranty ou d'un Champfleury par exemple, et à négliger les différences essentielles que l'histoire exacte découvre entre le réalisme du XIXe siècle et le prétendu réalisme du XVIIe. Elle suppose qu'il a existé, vers 1620, un « roman réaliste », conçu et réalisé en opposition formelle et consciente au roman dit précieux, alors que cette opposition, inventée par les historiens, est inconnue des contemporains, alors qu'un homme de lettres comme Sorel ne croyait nullement se contredire en écrivant *l'Orphise de Chrysante* dans les mêmes mois qu'il écrivait son *Francion*.

Elle se substitue enfin, de façon arbitraire, aux appellations authentiques, les seules que connussent les écrivains de l'époque. Ils appelaient ces romans des histoires *satiriques* s'ils peignaient avec cruauté les vices des nobles et des magistrats. Ils les appelaient des *histoires comiques* lorsque cette critique ne dominait pas l'ensemble de l'œuvre, et le nom est parfaitement juste. Car ces livres s'opposent aux romans sentimentaux de la même manière et dans le même sens que la comédie s'oppose à la tragédie. Opposition, non pas de deux conceptions de la littérature et de la vie, mais de façon bien plus simple, de deux formes du plaisir, l'émotion tragique et le rire. En fait d'ailleurs, romans satiriques et histoires comiques se distinguent mal, et c'est comme un ensemble qu'il convient de les étudier.

Ils ne sont pas une création de l'époque, et plusieurs traditions littéraires se rejoignent pour en fixer la structure et les lois. D'abord la tradition antique. Le *Satyricon* et *l'Ane d'Or* jouissent alors d'une vogue considérable (2). Ces œuvres peu édifiantes ont charmé, à travers le grand siècle, tous les libres esprits. On ne se borne pas à les rééditer et à les lire. On les imite. Même en latin. L'une des œuvres les plus lues dans les vingt premières années du siècle est l'*Euphormio* de Barclay, et Théophile a écrit une charmante nouvelle latine, *Larissa*.

Barclay (3) n'avait que vingt ans lorsqu'il écrivit son *Euphormio*, et de bons juges — à commencer par Scaliger — ont jugé son œuvre manquée. Elle n'en a pas moins été l'un des grands succès de l'époque. Surtout elle a créé en France, imposé au public, un roman de type défini. Un roman où le personnage principal n'est pas un héros chevaleresque, ni un parfait amant. Euphormion est un assez pauvre homme, superstitieux, lâche, et qui se laisse entraîner à d'étranges sottises. Un roman où les aventues racontées ne sont pas des combats singuliers et des victoires sur des animaux monstrueux, mais des rencontres dans des auberges, des mésaventures sur les routes, des démêlés avec la maréchaussée.

L'*Euphormio* présentait encore d'autres traits, que les romans comiques reproduiront à leur tour. La composition du livre est très lâche, et l'action se réduit à une enfilade d'épisodes sans autre unité que celle du héros principal. L'œuvre prétend être un roman à clef, et sous des noms inventés, nous parler du duc de Guise, de la comtesse de Moret, de Villeroy, et autres illustres personnages. Enfin l'*Euphormio*, histoire

(2) Le *Satiricon* est notamment réédité en 1575 par de Tournes, en 1577 par Pithou, en 1585 par Douza, en 1618 par Bourdelot, pour ne rien dire de deux éditions de Francfort (1610 et 1620) et d'une édition de Genève (1620).

(3) Barclay est né en 1582 à Pont-à-Mousson. Son père, d'origine écossaise, s'était réfugié en France, puis en Lorraine, après la défaite de Marie Stuart, sa protectrice. Le jeune homme devint un brillant humaniste, vint achever ses études à Paris, alla en Angleterre où il gagna la faveur de Jacques Ier. Il remplit pour ce prince plusieurs missions diplomatiques. Il acheva sa vie à Rome, protégé par Paul V et Grégoire XV. Il y mourut en 1621. Il ne réussit pas à convaincre les Romains de la sincérité de sa foi. On le jugeait fourbe et ambitieux. Il a publié son *Euphormio* en 1603. Voir sur lui H. Koerting, *Geschichte des franz. Romans in XVII. Jahrhundert*, 2e vol. p. 9-29.

comique, est aussi un roman satirique. Il dénonce les vices des
contemporains. Non pas seulement l'avarice par exemple ou
la fourberie en général. Mais les malversations des officiers, les
prévarications des magistrats, les fourberies des gens du barreau, l'ignorance et le charlatanisme des médecins. Il dénonce par-dessus tout les nobles. Ils font dans ce livre fâcheuse
figure. Ils sont ignorants, frivoles et brutaux. Ils abusent de la
confiance naïve que le bon peuple accorde à ses maîtres. Ce
roman d'un jeune homme de vingt ans est l'œuvre d'un fort
mauvais esprit (4).

Barclay a écrit plus tard un autre roman latin, *Argenis.*
C'est plus nettement que son *Euphormio,* un roman satirique.
On y traite de « discours d'Etat », et ses admirateurs disaient
« qu'il est remply de maximes d'Estat, qui l'élèvent au dessus
des autres ». Au dire de ceux qui ont étudié les deux romans,
Argenis, œuvre de la maturité, est par la fermeté du style et
par la cohésion de l'ensemble, très supérieur à l'autre, inégal et
décousu. Mais pour le fond, Barclay reste fidèle à ses préoccupations de jeunesse. Son livre veut combattre les méchants et
les factieux, il prétend insinuer une leçon salutaire, révéler
au peuple la sottise de sa crédulité, *suae credulitatis ineptiam.*

Plus fortement encore que Pétrone et qu'Apulée, le roman
picaresque espagnol inspire les auteurs d'*histoires comiques.*
Les œuvres savoureuses de Mateo Aleman, d'Espinel et de
leurs émules, avaient été très vite connues et appréciées en
France. *Lazarillo de Tormes,* traduit dès 1561, l'avait été à
nouveau au début du siècle, et sept éditions s'étaient succédé de
1601 à 1628. En 1600 Gabriel Chappuys faisait connaître la première partie de *Don Guzman d'Alfarache.* En 1618, d'Audiguier donnait l'*Obregon* de Vicente Espinel (5). Encore ne

(4) La dédicace à Jacques Ier commence par ces mots : « Non peccavi in
virtutem tuam, Invictissime Rex, dum terrarum scelus libello hoc acerbe
ultus sum. In homines enim erupit hic impetus, non in Deos : quos etiam
laudare pertimui, ne aut quaesisse curiosus crederer, aut sacrilegus dubitasse.
Caeteros suscepi indignante stimulo perfodiendos »
(5) Sur l'introduction en France du roman picaresque, voir dans Régnier,
op. cit., les pages 72-80.

faut-il pas oublier qu'une vaste partie du public n'a nul besoin de traduction, et lit les romans espagnols dans le texte. C'est le moment, entre 1615 et 1620, où, s'il fallait en croire Cervantès, il n'y avait en France homme, ni femme qui manquât d'apprendre l'espagnol (6), et d'Audiguier reconnaît alors que pour recommander une œuvre au public il suffit de lui dire qu'elle vient d'Espagne (1618).

Devant cette vogue du roman picaresque, faut-il dire que le réalisme est à la mode ? Mais par plusieurs de ses aspects les plus importants, le roman picaresque n'est pas réaliste. Il cherche l'effet comique par l'accumulation des péripéties bouffonnes, par l'outrance des détails, par l'ampleur caricaturale du trait. Sans doute les auteurs espagnols y déploient ce merveilleux don d'observation qui est une des qualités les plus certaines de leur peuple. Mais ils s'amusent à déformer la réalité observée pour en tirer de puissants effets.

Sur un point encore ils débordent les limites du réalisme. Ce n'est pas n'importe quelle réalité qui sollicite leur intérêt, et la vie quotidienne et terne du bourgeois les laisserait fort indifférents. Ce qui seul mérite à leurs yeux d'être traité, c'est le monde des aventuriers et des filous, des entremetteuses et des courtisanes. S'il fallait, pour éclairer leur œuvre, la rapprocher de quelques romans modernes, ce n'est pas Champfleury, ni Zola qu'il conviendrait de nommer, mais bien Francis Carco et Pierre Mac Orlan. A condition d'ailleurs de ne pas oublier que ces écrivains récents s'efforcent de peindre avec vérité un milieu spécial, tandis qu'Aleman et Quevedo cherchent à tirer d'une matière analogue des effets tout différents, des effets de pittoresque truculent et d'un comique très appuyé.

Ce n'est donc pas par son prétendu réalisme que le roman picaresque pouvait exercer son action sur le développe-

---

(6) « En Francia, ni varon, ni mujer deja de aprender la lengua castellana » *(Persiles y Sigismunda*, 1617). Mais Lanson a relevé des indices contraires, *R. H. L.*, 1896, p. 57.

ment du roman français, et il n'apportait sur ce point rien de neuf à un pays où les manifestations d'un authentique réalisme ne manquaient pas. Mais il a d'abord appris à nos écrivains la valeur pittoresque de la réalité la plus triviale : une salle d'auberge, un marché de Madrid, la vie des écoliers de Salamanque. Il leur a enseigné le prix d'un geste noté, d'un tic où se révèle un caractère. Il a réagi par là contre une tendance foncière de l'esprit français, plus préoccupé de vérité morale que de pittoresque, plus habile à analyser un sentiment qu'à fixer une image, moins doué que l'espagnol du sens de la réalité concrète et matérielle. L'*Astrée,* nous l'avons vu, était une œuvre profondément vraie, mais d'une vérité tout intérieure. La vie des sentiments y était analysée avec une finesse merveilleuse. Mais Honoré d'Urfé avait montré un parfait dédain de la vérité physique de ses personnages. Le roman picaresque affirmait une conception toute contraire de l'œuvre littéraire.

En second lieu, le roman picaresque témoignait d'un certain non-conformisme, et les tirades édifiantes qui s'y mêlaient ne pouvaient faire illusion. Les auteurs de romans picaresques jugent avec sévérité ou plutôt observent sans indulgence les diverses classes sociales : si les pauvres leur semblent le plus souvent de plats coquins, les classes dirigeantes ne font pas meilleure figure. Les juges sont corrompus, les marchands et les banquiers sont des voleurs, les ecclésiastiques sont des hypocrites, et les nobles dissimulent par orgueil la déchéance de leur caste. Pessimistes, ces écrivains affectent de n'être pas choqués de ce débordement de vices. Lorsque Guzman laisse sa femme en tête à tête avec un riche marchand, et se retire comme un hidalgo, drapé dans son manteau, et le chapeau sur la tête, pas un mot n'indique que l'auteur soit choqué de cette complaisance. Les auteurs de romans picaresques ont d'emblée atteint à l'objectivité de Flaubert, comme à son pessimisme. Tandis que le roman sentimental s'inspire de l'idéalisme platonicien, le roman picaresque ne veut connaître que le jeu fatal des passions et des préjugés. Il s'appuie — le mot n'est anachronique qu'en apparence — sur une conception matérialiste

139

de la vie morale. L'on se souviendra que Machiavel est une des grandes sources de pensée des siècles classiques, et que Huarte, en 1596, faisait paraître son *Examen de ingenios,* d'inspiration si audacieusement matérialiste.

Les *histoires comiques* et les romans satiriques tirent donc leur principale origine des romans latins et du roman picaresque. Mais leurs auteurs ont dans l'esprit d'autres œuvres encore. Ils ont lu, n'en doutons pas, la *Célestine,* et ce n'est pas parce qu'elle appartient au genre dramatique qu'elle a eu moins d'influence sur le développement du roman. On s'en apercevra lorsque Sorel dressera dans *Francion* l'inoubliable portrait de son Agathe. Ils ont lu les œuvres de l'Aretin, et pénétré à sa suite dans les secrets des courtisanes. Ils connaissent la production récente des satiriques français, de Régnier, de Motin, et les auteurs des recueils libres. Ils ont appris chez eux à ne reculer devant aucune audace et à désigner les choses par leur nom. Le roman comique français sera beaucoup plus scandaleux que le plus libre des romans espagnols. Il est comique dans le même sens que les Muses de Motin et de Sigogne sont folâtres. Et l'on n'aurait le droit de l'appeler réaliste que si l'on donnait la même qualification aux *Parnasses satyriques* qui déshonorent la librairie à cette époque.

La tradition réaliste

Bien différente de cette veine pittoresquement ordurière, il existe, vers 1620, une tradition de véritable réalisme. Elle est, par son origine, toute française. Elle remonte aux *Propos* de Noël du Fail (1547). Le gentilhomme breton avait donné le modèle d'un livre dont le mérite fût dans la peinture exacte de la vie quotidienne. Une peinture minutieuse faite de traits accumulés. Une peinture loyale, qui ne déformait pas la réalité toute simple pour la rendre plus pittoresque. Les *Serées* de Guillaume Boucher, en 1584-1598, avaient prolongé jusqu'aux abords du XVIIᵉ siècle cette tradition de vérité familière, de peintures fines, justes, discrètes. Elles n'avaient d'autre ambition que de reproduire, avec toute la fidélité possible, les conversations de quelques bourgeois de Poitiers, de peindre une image exacte de ces braves gens et de leurs respectables épouses.

En 1622, le même thème allait être repris par un auteur parisien (1). *Les Caquets de l'accouchée* sont, dans le meilleur sens, et le sens le plus précis du mot, une œuvre réaliste. Ils témoignent d'un don remarquable d'observation familière, d'un sens très fin du comique involontaire des attitudes et des propos. De même que les *Serées* de Boucher, ils sont une œuvre proprement bourgeoise. La bourgeoisie pouvait s'y reconnaître, et en rire sans se manquer à elle-même, tant la raillerie était légère et bienveillante. Excellente étude de mœurs, étude plus précisément d'une classe sociale, avec ses rites, ses préjugés, ses routines, avec ses antipathies et ses ambitions. L'excès du luxe grandissant, les friponneries des financiers, l'enchérissement de la vie, la crise du petit commerce, autant de sujets de conversation où les Parisiennes sont intarissables. Mais tarissent-elles davantage lorsqu'il s'agit d'apprendre aux amies que la jolie femme de l'orfèvre du coin se conduit mal et que le tailleur de la rue des Prouvelles est un mari trompé ? Quels commentaires aussi sur les problèmes de la hiérarchie bourgeoise, sur les femmes des procureurs et celles des boutiquiers du quartier Saint-Denis !

Cette préoccupation d'authentique réalisme fait le prix de ces œuvres dont aucune — on l'aura remarqué — n'est un roman. Il restait à écrire une œuvre proprement romanesque, où le travail de l'imagination se conciliât avec le souci de peindre les mœurs dans toute leur vérité. En 1612, Du Souhait publia un volume d'*Histoires comiques,* formé de neuf contes. En 1615,

---

(1) Les *Caquets de l'accouchée* ont d'abord paru en cahiers, puis ils ont été, en 1623, réunis en un volume de deux cents pages. Ils ne portent aucun nom d'auteur, et il est probable qu'ils ne sont pas tous de la même main (Reynier, *op. cit.*, pp. 105-107).

paraissait à Lyon l'*Histoire comique de Fortunatus* (2). En 1622, Théophile de Viau inséra dans la deuxième partie de ses *Œuvres* les *Fragments d'une histoire comique* où il montre ces dons remarquables de romancier, mais qui ne sont hélas que des fragments. Enfin, la même année, paraissait l'œuvre maîtresse, le *Francion* de Charles Sorel.

Charles Sorel [1]

Il était né à Paris vers 1600 (2). Il était fils d'un procureur. Il avait fait ses études dans un collège parisien. Sa vie est obscure. Ses biographes n'en disent pas grand-chose, et en savent moins qu'ils n'en disent. En 1635, il acheta la charge d'historiographe du Roi, qui appartenait à son oncle Charles Bernard. Il menait une existence sans histoire, toute consacrée à l'étude et à la composition de volumes compacts souvent, et nombreux. Son travail ne l'enrichissait pas, sa pension d'historiographe cessa un jour d'être payée, les libraires hésitaient à recevoir ses manuscrits. Sa vieillesse fut triste. Il mourut en 1674, chez le neveu qui l'avait accueilli.

C'était un homme petit et grasset, avec un grand nez aigu. Un nez « qui estoit tousjours vestu de rouge », ajoute Furetière qui ne l'aimait pas. Guy Patin, qui l'aimait, l'a décrit dans une de ses lettres en 1653. Il est, à cette date, fort mélancolique et taciturne. Il affiche un grand stoïcisme, mais il est tendre, et seize mois après avoir perdu son bon ami M. Miron, il ne

---

(2) Ce *Fortunatus* a eu plusieurs éditions. Raymond Poisson, en 1668, écrit : « moi qui ne sais presque pas lire, et qui n'ai étudié que *Lazarille de Tormes, Buscon* et *Fortunatus* » (Dédicace du *Poète basque*).

(1) E. Roy, *La vie et les œuvres de Charles Sorel,* Paris, 1891.

(2) Patin, en 1653, dit que Sorel a cinquante-quatre ans. Par contre, le registre des enterrements de Saint-Germain-l'Auverrois porte, en 1674, qu'il en avait soixante-douze. On hésitera donc entre 1599 et 1602. On observera seulement que si Charles Sorel est né en 1602, il avait donc quatorze ans lorsqu'il fit imprimer son *Epithalame sur l'heureux mariage du très chrétien roi de France,* ce qui témoignerait d'une belle précocité.

parle jamais de lui que les larmes ne lui viennent aux yeux. Il est de santé fragile et souvent malade. Mais il est sobre, et il évite par ce moyen les maladies graves. Patin est le seul homme, à peu près, qui réussisse à le faire parler. Ils sont de même humeur et de même opinion. C'est dire que Sorel n'est ni bigot, ni Mazarin, ni Condé, qu'il déteste les moines et les Jésuites, les cardinaux qui deviennent ministres et les grands seigneurs qui dévorent le peuple.

A ce portrait qu'inspire l'amitié, il manque un dernier trait. Sorel n'est pas seulement taciturne. Son grand soin, son plaisir est de dérouter les curieux, de se dérober aux indiscrétions par une accumulation de petites impostures, de phrases à double entente, de demi-aveux aussitôt rétractés. Presque toutes ses œuvres ont paru anonymes, ou sous de faux noms. Il les a reniées, il a raconté la vie de leurs prétendus auteurs. Il a si bien fait qu'aujourd'hui encore, il n'est pas possible de dresser un catalogue sûr de ses œuvres (3) et que sans l'indiscrétion de Guy Patin, on pourrait, avec d'ingénieux arguments, lui refuser même la paternité de son chef-d'œuvre.

Il a débuté par un *Epithalame* pour le mariage de Louis XIII, Paris, 1616. On le retrouve en 1621, qui publie *l'Histoire de Cléagénor et de Doristée,* dans la meilleure formule du genre romanesque. L'année suivante, il dédie à Madame, sœur du Roi, un nouveau livre, le *Palais d'Angélie,* et déjà y apparaît une préoccupation curieuse de vraisemblance. Les héros de ces histoires ne vivent pas dans un pays chimérique, mais en France. Les scènes se déroulent par exemple dans la maison de campagne d'un riche partisan ou dans un hôtel princier à Paris. Les amants n'échangent pas de doctes propos sur l'amour platonique, mais des bracelets de cheveux et des nœuds de

(3) Il faut par exemple retirer à Sorel les *Aventures satyriques de Florinde* (1625), qui lui ont été attribuées, Dieu sait pourquoi. Ce très scandaleux roman a été réédité en 1928. Son éditeur donne les arguments les plus forts pour l'attribuer à un étranger, presque certainement un Italien, et de toute façon le style, la langue, tout interdit de penser un instant à Sorel.

taffetas. Les passions sont violentes dans ces histoires, et l'on s'y évanouit d'amour. Les enlèvements y sont un peu fréquents à notre goût. Mais comme on l'a justement fait remarquer, la génération de 1620 eut vraiment de ces emportements de passion, que nous aurions tort de croire romantiques, et Tallemant ou Garasse nous renseignent assez sur la fréquence des enlèvements dans une ville où la police « connivoit » trop souvent avec les coupables (4).

Quelques mois après le *Palais d'Angélie,* Sorel publia les *Nouvelles françoises* (1623), et là encore il marque sa volonté de rapprocher le roman de la vie quotidienne. Ses personnages s'appellent, non pas Cydias ou Eraste, mais le baron de Saint-Amour ou le vicomte de l'Estang et leurs exploits se déroulent dans Paris, « la plus belle ville du monde ». Plus tard, dans la *Bibliothèque françoise,* revenant sur ces œuvres de sa jeunesse, Sorel leur reconnaîtra une double originalité. C'est d'abord que les héros de leurs histoires sont des personnes « de médiocre condition ». C'est aussi que ces aventures sont « vraisemblables » et qu'elles donnent, ou qu'elles visent à donner une impression de vérité (5).

A cette époque, Sorel est en relations avec Théophile, Saint-Amant, Boisrobert et l'obscur Du Vivier (6). Il compose avec eux le ballet des *Bacchanales* (1623). Parmi les seigneurs de la Cour,

(4) Le *Palais d'Angélie* est signé du sieur de Marzilly. E. Roy écrit à ce propos : « Le seigneur de Marcilly, qui avait la réputation de tricher au jeu, vola, ou signa à sa place le *Palais d'Angélie,* sans le payer ». Il ne donne malheureusement pas les arguments qui autoriseraient cet étrange commentaire. En attendant les preuves, on se bornera à dire que Sorel a publié son livre sous un pseudonyme.

(5) La *Bibliothèque françoise* reconnaît implicitement que *Cléagénor,* le *Palais d'Angélie* et les *Nouvelles françoises* sont l'œuvre de Sorel (p. 304). Sur ce point du moins, Sorel nous dispense de faire des hypothèses.

(6) C'est un garçon de Blois ; il a écrit une comédie (Tallemant, III, p. 240, n.). Balzac et Chapelain ont parlé de lui. Il était mort avant le mois de novembre 1639. Voir sur lui une note précieuse de Tamizey de Larroque, *Lettres de Chapelain,* I, p. 526. Détail à relever, le nom de Du Vivier est rapproché par Chapelain de celui de la Pigeonnière. Celui-ci fut également un ami de Théophile (*Œuvres, éd. cit.,* II, p. 419).

il en est un qui l'emploie, ou qui l'a employé, qui en tout cas le protège, c'est l'ancien ami de Régnier, l'ami de Mainard, un grand seigneur très mêlé au mouvement littéraire, et qui compose même des vers, le comte de Cramail. Plusieurs indices donnent à penser que Cramail et Sorel ont collaboré dans la rédaction de quelques menus travaux (7). Voilà tout ce que l'on peut savoir de l'écrivain au moment où il écrit et publie l'*Histoire Comique de Francion* (8).

Francion [(1)]

Le roman, étonnant à une première lecture, s'éclaire lorsqu'on le replace dans la tradition des *histoires comiques*. Il est

(7) Voir sur cette collaboration E. Roy, *op. cit.*, pp. 416-417. Sorel a dit, dans la *Science Universelle*, que Cramail avait été son premier maître, qu'il n'était pas resté longtemps à son service, mais qu'il garda avec le comte de bonnes relations. Mais il ne donne aucune précision de date. En 1626, Sorel a dédié son livre à Baradas, le favori de Louis XIII. Mais ne disons surtout pas qu'il le décrit dans certain personnage de *Francion*. La faveur de Baradas ne dura que quelques semaines, en 1626.

(8) On s'est efforcé récemment de prouver qu'il n'en était pas l'auteur. On fait valoir que Sorel, né en 1602, n'a pas encore assez vécu pour écrire un roman de mœurs d'une observation aussi aiguë que *Francion*. On fait observer qu'il a obtenu le privilège de *Cléagénor* le 27 novembre 1620, celui du *Palais d'Angélie* le 4 décembre 1621, et celui des *Nouvelles françoises* le 27 janvier 1623, que celui de *Francion* est du 5 août 1622, à un moment où Sorel est certainement occupé des *Nouvelles françoises*. Mais si remarquable que soit le livre, il apparaît beaucoup moins étonnant lorsqu'on le replace dans le mouvement littéraire. Un jeune homme, très doué pour l'observation des mœurs, que soulève une juvénile indignation et qui a lu *Euphormio*, pouvait écrire *Francion*. D'autre part, Sorel a écrit son roman très vite. Si on l'en croit, il lui arriva d'écrire trente-deux pages d'impression par jour. Les deux objections soulevées ne sont pas, par conséquent, suffisantes pour ruiner une attribution affirmée formellement par Tallemant, et par l'intime ami de Sorel, Gui Patin (Lettre du 14 juin 1657, *Lettres*, t. II, p. 318).

(1) *Francion* a paru en 1623. On ne connaît qu'un exemplaire de la première édition. Celle de 1626 comprend onze livres au lieu de sept et se trouve allégée des textes les plus audacieux. Certaines additions sont non plus libertines, mais grossières. En 1633, paraît une édition en douze livres. E. Roy a réédité, en 1924, dans les *Textes Français Modernes*, le texte de 1623 et les variantes de 1626 et de 1633.

en effet d'abord un roman comique, un livre facétieux, une folâtrie. Sorel veut faire rire. C'est ce que nous apprend, en termes exprès, la première phrase de la première édition de son livre : pour porter remède à l'ennui qui l'affligeait depuis quelque temps, il a voulu s'amuser à écrire une histoire « qui tinst davantage du folastre que du sérieux de manière qu'une mélancolique cause a produit un facétieux effet ». Pourquoi ne l'en croirions-nous pas ? et si les moyens qu'il emploie pour faire rire paraissent étonnants à certains lecteurs délicats, qu'ils aillent lire les *Muses folastres* et les *facéties* de l'époque. Ils comprendront que Sorel n'essaie pas de provoquer le rire par d'autres moyens que ses contemporains. Le titre de son roman est clair. C'est l'*Histoire comique de Francion* (2).

Mais ce rire cache une pensée sérieuse. Ce roman comique est aussi un *roman satyrique*. Sorel veut montrer aux hommes « les vices ausquels ils se laissent insensiblement emporter ». En 1626, il appelle son livre des « entretiens satyriques » et plus loin il écrit : « Pour les livres satyriques comme le mien... » (3).

Son livre révèle en effet un terrible pessimisme. Les hommes sont à ses yeux stupides, et leur « ânerie » dépasse les bornes permises. Il s'indigne contre « la corruption de ce siècle ». Il nous prévient que son livre contient « des choses que jamais personne n'a eu la hardiesse de dire » (4).

Critique amère de l'homme, mais peut-être plus encore de la société. Si le siècle est corrompu, c'est parce que « l'on empesche que la vérité soit ouvertement divulguée », et l'on voit mal le sens de cette phrase, si elle ne vise pas l'esprit d'orthodoxie, la tyrannie politique et religieuse qui étouffe la li-

----

(2) Dans le même sens cette déclaration de 1626 : « Fasse qui voudra l'Héraclite du siècle, pour moy j'aime mieux en estre le Démocrite, et je veux que les plus importantes affaires de la terre ne me servent plus que de farces ? Puis que le ris n'est propre qu'à l'homme entre tous les animaux, je ne pense qu'il luy ayt esté donné sans sujet et qu'il luy soit défendu de rire, ny de faire rire les autres » (éd. Roy, I, p. XI-XII).

(3) *Ed. cit.*, I, p. III, IX et XX.

(4) *Ib.*, p. IV.

berté de penser. Sorel en veut à la hiérarchie. Il se moque de la mystique royaliste des « bons Gaulois » (5), et son Francion parle avec désinvolture de la faveur royale : « Cela m'estoit tout à fait indifférent ». Il raille la gloire militaire, et sait ce qu'il faut penser de l'héroïsme guerrier. Il accumule, contre les grands surtout, les termes de mépris. En 1626, il les interpelle : est-ce ma faute, leur demande-t-il, si je ne raconte de vous que de lâches et brutales actions. « Que ne me donnez-vous l'occasion d'en raconter de belles ? »

Ils sont ignorants. Philémon, l'un d'entre eux, « n'avoit pas l'esprit de dire trois mots de suite... possible ne sçavait-il pas lire ». Il n'est pas seul à étaler son ignorance. « La plupart des Seigneurs sont plus chevaux que leurs chevaux mesmes, ose écrire Sorel. Ils ne s'occupent pas à un exercice de vertu, ils ne font que remuer trois petits os quarrez dessus une table » (6).

Cette attitude de Sorel est moins étonnante, moins personnelle même qu'on ne serait tenté de le penser. Elle s'éclaire par le caractère satirique que la littérature libre revêtait de plus en plus volontiers aux environs de 1620, et le personnage de Francion fait penser à ce satyre armé d'une épée et pourfendant les vices, qui orne la première page de *l'Espadon satyrique* de d'Esternod. Elle s'éclaire plus encore par l'exemple de *l'Euphormio,* et l'influence directe de Barclay sur Sorel est évidente. Même ton batailleur et provoquant que dans la dédicace à Jacques Ier, même prétention de dénoncer « les vicieux » (7). Il faut enfin penser à Rabelais. Sorel prétend, comme Rabelais, dissimuler une leçon sérieuse sous les apparences

(5) *Ib.,* II, p. 207.
(6) *Ib.,* II, p. 153.
(7) Sorel, dans les *Remarques* du *Berger Extravagant,* s'est montré ingrat et a médit de l'*Euphormio.* Ce n'est à ses yeux que « l'ouvrage d'un escolier qui commence à se desniaiser ». Il lui reproche d'être pédant, de mêler à des peintures de mœurs modernes des traits empruntés à l'antiquité, et de ne pas se montrer capable de « faire parler chaque personnage selon son esprit, ce qui est la grâce d'une satyre » (p. 529 sqq). Il reviendra sur ce sujet dans la *Bibliothèque françoise,* p. 193.

d'une bouffonnerie, et, comme il dit, « cacher (ses) principales répréhensions soubs des songes qui semblent sans doute pleins de niaiseries à des ignorans qui ne pourront pas pénétrer jusques au fond » (8). On reconnaît là les idées que Rabelais avait développées dans sa célèbre préface.

Enfin Sorel veut que son livre serve à peindre des objets que la littérature de son temps a le tort de dédaigner. Cette préoccupation ne se confond pas entièrement avec le souci du vraisemblable que nous avons observé dans le *Palais d'Angélie* et les *Nouvelles françoises,* mais elle s'y relie de façon visible, car l'œuvre ne saurait être pleinement vraisemblable si elle s'interdit de vastes régions de la réalité. A ces régions, considérées trop souvent comme indignes d'intérêt, Sorel trouve au contraire un véritable agrément, et il est heureux d'écrire une œuvre « folâtre », pour avoir le droit d'y introduire des peintures qui, autrement, lui seraient interdites. « Dans les livres sérieux, écrit-il, l'on n'a pas la liberté de se plaire à cela, et cependant ces choses basses sont plus agréables que les choses relevées. » (9).

On s'explique ainsi ce qui, dans le personnage de Francion, se rattache à la tradition picaresque, et ce qui s'en éloigne. Des héros picaresques, il a l'immoralité foncière, et le besoin de liberté. Il va comme eux de ville en ville, à la recherche, non d'un bonheur tranquille, mais d'une aventure nouvelle, d'émotions non encore éprouvées. Il y a chez lui comme chez eux, du nomade et de l'irrégulier. Il met son point d'honneur à vivre « généreusement », nous dirions volontiers : dangereusement, et le nom de bourgeois est déjà, dans sa bouche, une injure. Les aventures en effet ne lui manquent pas. Elles se succèdent dans sa vie comme elles se succédaient dans l'orageuse carrière de Guzman et d'Euphorion. Il y déploie la même énergie, le même sang-froid, le même dédain des préjugés que les plus fiers *picaros.* Il se défend contre les coups du sort

(8) *Francion*, I, p. IV.
(9) *Ib.*, p. XV.

avec la même philosophie, cette *conformidad* faite à la fois d'endurance stoïque, de patience infinie, et d'un très grand orgueil.

Il diffère d'eux pourtant. Sorel n'a pas voulu prendre son héros dans la classe abjecte des gueux. Il a fait de lui un gentilhomme. Par impuissance à pousser jusqu'au bout sa propre doctrine du roman ? Non, sans doute, mais plutôt pour rendre vraisemblable le caractère de son personnage, sa bravoure, sa clairvoyance, ses jugements sur les grands, l'audace de sa philosophie. Francion n'est pas une âme vulgaire. Il a un vif sentiment de l'honneur, il est brave, il est raffiné, il est élégant. Il préfère se priver de manger, et paraître en costume de gentilhomme. Il ne s'intéresse même à l'amour que s'il s'entoure des délicatesses de la galanterie. Il ne prétend pas « faire l'amour » comme les paysans. Il n'est pas, comme Guzman, le fils d'une pauvre veuve. C'est un jeune seigneur libertin, semblable à tant d'autres qui hantent alors le Louvre, non moins élégant, non moins soucieux d'honneur mondain, non moins libre de préjugés.

Ses aventures nous mettent en rapport avec tout un monde, avec la Cour, avec les gens de lettres de la rue Saint-Jacques. Elles nous introduisent dans le salon de Luce, dans les salles poussiéreuses d'un vieux collège et chez les entremetteuses et les filles de joie. Dans la peinture de ces groupes sociaux, Sorel se révèle un observateur de grande classe. Sans doute a-t-il pu lire dans l'*Euphormio* une description de la vie de collège, et la *Célestine,* puis *Macette* avaient fixé des figures immortelles d'entremetteuses. Mais aujourd'hui encore il n'existe pour l'historien des mœurs aucun document qui introduise plus profondément que *Francion* dans la vie quotidienne des hommes, au temps de Louis XIII. La description du ballet de cour, pour ne prendre qu'un exemple, est une pièce de laquelle il n'existe pas d'équivalent dans la littérature de l'époque. Sur ce point, Sorel est vraiment le précurseur des réalistes. S'il fallait en croire Furetière, l'auteur de *Francion* « faisait un recueil où il mettait par escrit tous les beaux traits et toutes les choses remarquables qu'il avait ouyes pendant le jour dans les compagnies ». Nous acceptons volontiers ce propos qui croyait être médisant, et il ne nous déplaît pas de penser que Sorel ait travaillé, comme le feront les Goncourt et Zola, dans la recherche minutieuse du document humain (10).

Il était dans la tradition créée par l'*Euphormio* que l'histoire comique fût une histoire à clef. Il y a dans *Francion* des personnages contemporains dissimulés sous des pseudonymes. Il est probable que Sorel, en écrivant son livre, avait dans l'esprit l'image de Théophile. Les ressemblances sont en tout cas nombreuses entre Francion et le poète, alors à l'apogée de son succès, fêté par la jeunesse libertine de la Cour, protégé et entretenu sur un bon pied par Montmorency, profitant de son prestige pour scandaliser les bien-pensants. Il est simplement possible que Clérante désigne Montmorency (11). Mais il est certain que Praxitèle est Luynes, et Sorel le désigne de telle façon que les contemporains ne pouvaient s'y tromper (12). De même ils étaient si persuadés que *Francion* comportait une clef que l'un d'eux, pour un personnage aussi secondaire que Géropole, notait dans la marge de son exemplaire — et l'étymologie lui donne raison — le nom de La Vieuville.

C'est surtout lorsqu'il met en scène ses confrères du Parnasse que Sorel se plaît aux piquantes personnalités. Musidore est formé de traits empruntés à deux hommes que nous connaissons bien, Laugier de Porchères et Marc de Maillet. Mélibée est

(10) Certaines parties du roman reposent, non sur l'observation personnelle mais sur une documentation livresque. La description de Rome repose sur *Guzman d'Alfaraqhe* et sur les *Lettres* de Balzac. La paysannerie du livre VI est imitée de Noël du Fail.

(11) Il n'est en aucun cas Cramail, car Clérante « avait avant un peu hay les lettres », alors que Cramail est déjà, en 1605, l'ami de Régnier.

(12) Il lui reproche d'avoir fait la fortune de toute sa famille, « des coquins venus de bas lieu ». Ce grief se retrouve dans tous les factums écrits contre Luynes, ses frères et cousins de Provence.

Boisrobert, et Sorel lui attribue une ruse indélicate dont Boisrobert s'était en effet rendu coupable. Racan et ses distractions reviennent plusieurs fois dans le roman. Un poète « un peu plus hardy que les autres », qui réclame une simplification de l'orthographe et prend la défense des vieux mots est très probablement Claude Garnier. Enfin et surtout, le pédant Hortensius devient, à partir de l'édition de 1626, une énorme caricature de Balzac.

Par la richesse et la vérité du tableau de mœurs qu'il nous présente, *Francion* serait déjà une œuvre non négligeable. Par la hardiesse et la force de sa pensée, c'est un grand livre. Sur ce point en effet, Sorel cesse d'imiter le roman picaresque ou les œuvres satiriques françaises. Il apporte une philosophie. Les autres livres, écrit-il, « s'amusent à parler d'un nombre infiny de choses vaines, qui ont été dites beaucoup de fois, et ne pénètrent point jusqu'au centre de la vérité : pour moy, j'essaye d'aborder par un chemin droit un souverain bien et une vertu solide. » Il veut, dit-il, dans une phrase remarquable, il veut apprendre aux hommes à « vivre comme des dieux » (13). Nous voilà loin des ambitions d'une histoire comique.

Vivre comme des Dieux. Il dépend des hommes d'y atteindre. Et pour cela d'abord, qu'ils soumettent tous les préjugés à la critique de la raison. Il faut savoir « la raison naturelle de toutes choses », et surtout ne pas s'arrêter « aux opinions vulgaires ». Aucun livre n'expose avec plus de netteté et de force l'œuvre libératrice de la raison.

Ce que la raison enseignait au jeune Sorel, il n'est pas malaisé de le discerner. Il ne croit certainement pas au Dieu de la théodicée traditionnelle, et pense, comme Bruno et Vanini, que la croyance aux dieux fut inspirée aux hommes par la contemplation des astres. L'immortalité personnelle des âmes est, dans son roman, matière à plaisanteries. Mais, bien plus que contre les

(13) *Francion*, II, p. 123.

dogmes, c'est contre les idées morales du vulgaire que la critique rationaliste de Sorel se révèle redoutable. Il faut dissiper les préjugés, et tout dans ce monde est préjugé. La hiérarchie sociale, la majesté des puissants, l'idolâtrie de l'or. Tout est préjugé, et jusqu'aux cérémonies dont les hommes entourent la mort. Tout est préjugé surtout dans les rapports des sexes, et Sorel, dans un passage qu'on a le tort de juger infâme, qui est scandaleux sans doute, mais courageux, ose poser devant ses lecteurs le problème de la moralité, pour une jeunesse que la nature a menée jusqu'à la puberté, et que les « loix du monde » condamnent à de longues années de continence.

Ces critiques redoutables ne doivent pas nous induire à méconnaître ce qu'offre de positif la pensée du tout jeune romancier. Un mot la définit : la générosité. Ce ne sont pas les préjugés qui doivent régler notre conduite. C'est le sentiment profond que nous avons de la grandeur morale, pourvu que nous ayons « l'âme véritablement généreuse ». Le généreux lutte pour « sa nouvelle vertu ». Il combat le vice, à coups de langue et, s'il le faut, à coups d'épée. Il méprise la lâcheté et la brutalité de certains nobles, la bassesse d'âme des bourgeois. Il est plein d'indulgence pour les aventuriers, mais à condition qu'ils soient courageux, qu'ils acceptent de courir des risques, et qu'ils s'interdisent certaines bassesses. La générosité est une fermeté de l'âme « qui résiste à tous les assauts que luy peut livrer la fortune, et qui ne mesle rien de bas à ses actions ».

Admirable manuel d'individualisme, *Francion* étonne encore par l'idée étrangement moderne qu'il se fait de l'amour. Il réclame pour lui la plus absolue liberté. Mais il n'en approuve pas toutes les formes. Ici encore la générosité a son rôle à jouer. Les hommes, trop souvent, sont en amour « terrestres et brutaux ». Les généreux s'y montrent doués de « quelque chose de divin et de céleste ». Ils y apportent des « délicatesses » inconnues du vulgaire. Mais cet amour les dépasse et les emporte. Ce serait à peine un paradoxe de rapprocher le thème central de

Francion et celui de la *Chartreuse*. Comme Fabrice, Francion est en quête de l'amour, et ne trouve sur sa route que le plaisir ou des attachements imparfaits. Chaque fois qu'il sent qu'une femme est à sa merci, il s'en détache. Il quitte Diane lorsqu'il comprend qu'il n'y a plus d'obstacle à son désir, et s'il s'éloigne de Joconde, c'est que « la jouissance avoit esteint si peu de passion qu'il avoit eu pour elle ». Dans une phrase d'une forte et troublante beauté, il décrit ce mouvement qui l'emporte, cette force qui le domine. « Mon naturel n'a de l'inclination qu'au mouvement..., mon souverain plaisir est de frétiller, je suis tout divin, je veux estre toujours en mouvement comme le ciel. » Sorel conçoit l'amour comme une force cosmique, indépendante de toutes les morales inventées par l'homme, et qui pousse sans cesse les individus en avant, vers un but qu'ils ignorent.

Si la pensée est, dans *Francion,* étonnante d'audace et de fermeté, la langue est extrêmement riche et savoureuse. Sorel s'est, à bon droit, glorifié de cette richesse. « Je sçay bien, a-t-il écrit dans *l'Advertissement* de 1626, que dans mon livre, on peut trouver la langue françoise toute entière ». Il s'est plu en effet à employer le plus souvent possible les expressions populaires, les formules proverbiales. Peut-être même, a-t-il, sur ce point, obtenu des effets « plus vrais que nature ». Mais de toute façon, le résultat d'ensemble est infiniment savoureux (14).

(14) Sera-t-il permis d'ajouter ici un éclaircissement de détail à ceux, si nombreux, qu'E. Roy a su apporter au texte de *Francion ?* Il n'a pas trouvé dans les dictionnaires anciens l'explication du *signe* dont parle Sorel (1, p. 173), et il a avancé une hypothèse, qui est fausse. Dans les collèges de l'ancien régime, où l'usage du latin était imposé au moins plusieurs jours par semaine, le signe est une plaque ronde en cuivre que le surveillant donne, le matin, au premier élève qu'il surprend à prononcer un mot français. Cet élève s'efforce de repasser le *signe* à un camarade qui commet la même faute, et ainsi de suite, jusqu'au soir. L'élève, qui, en fin de journée, se trouve en possession du *signe,* se voit infliger une puni-

Sorel aimait le langage que les salons n'avaient pas affadi. C'est dire qu'il n'admettait pas le purisme des Malherbiens. Il jugeait méprisables ces minuties grammaticales où les modernes tendaient à enfermer l'écrivain. Il dit d'eux superbement : « Leur âme sert indignement à leur plume, et je veux que ma plume serve à mon âme ». Ils n'écrivent que pour aligner des mots. Il écrit pour « mettre en ordre », pour exprimer ses pensées. « Je n'ay pas, écrit-il encore, l'âme si basse que de mettre tous mes efforts à un art à quoy l'on ne sçaurait s'occuper sans s'asservir ». Il raille « plusieurs qui croient bien parler, tant plus ils parlent obscurément, ne considérant pas que le langage n'est que pour faire entendre ses conceptions, et que celuy qui n'a pas l'artifice de les expliquer à toutes sortes de gens, est taché d'une ignorance presque brutale ». Admirable formule, qui rejoint celle de Théophile : « Il faut que le discours soit ferme, que le sens y soit naturel et facile... ». Ces libertins de 1620 ont fondé une esthétique rationaliste.

Sorel, malheureusement, ne devait pas rester fidèle à ces belles audaces. Son livre, avec un privilège du 5 août 1622, avait paru en 1623. Cette année-là, Théophile était jeté en prison, et son procès commençait. Sorel eut sans doute peur, et il est notable qu'on n'ait conservé de sa première édition qu'un unique exemplaire. En 1626, il réédita son roman, mais allégé de ses phrases les plus scandaleuses. Très libre encore, il n'insinuait plus d'opinions hétérodoxes sur les dieux et le livre tendait à n'être plus que grivois. Une troisième édition, en 1633, allait surcharger le roman d'une dernière partie toute romanesque, et Sorel y joignit un *Advis aux lecteurs* pour leur apprendre

tion. Méthode curieuse, qui heurte certains principes non douteux de la pédagogie morale. Mais méthode efficace, puisqu'elle confie aux enfants le soin d'assurer eux-mêmes l'exécution des ordres reçus. En 1910, si étrange que cela puisse paraître, la méthode du *signe*, et son nom même, existaient toujours dans certains établissements. Mais le *signe* ne pourchassait plus les mots français. Il servait à combattre l'emploi du patois.

que l'auteur de *Francion* était un certain Moulinet du Parc, mort depuis longtemps (15).

Jean de Lannel [(1)]

Le roman de Sorel était une grande œuvre. Les autres romans dont il faut parler maintenant ne sont qu'intéressants et curieux. En 1624, Jean de Lannel publie son *Romant satyrique*. Le titre, à lui seul, permet de fixer les intentions de l'auteur. Ce n'est pas exactement un roman comique, ce n'est surtout pas un roman réaliste. Il fait la satire de la société, par une peinture qui sera d'ailleurs « comique », et parfois terriblement réaliste. Il imite par conséquent avant tout l'*Argenis* de Barclay.

Dans cette tâche de romancier satirique, Jean de Lannel a déployé des qualités estimables. Son livre est un recueil de portraits et d'histoires où les contemporains ont pris sans doute un vif plaisir, car ils y retrouvaient mille anecdotes connues, et des figures sur lesquelles ils pouvaient sans peine mettre des noms. Le procès de Théophile par exemple est, un bref moment, évoqué, et le romancier prend la défense du poète emprisonné.

(15) Ce Moulinet du Parc était né à Séez à la fin du XVIᵉ siècle. Le premier ouvrage connu de lui date de 1612. Il est alors avocat au parlement de Normandie. La même année, il dédie une plaquette de 24 pages à la reine Marguerite, et il publie un volume de contes plaisants. Il donne, en 1613, les *Amours de Floris et de Cléonthe*, où l'un des personnages s'appelle Francion. On a de lui encore un autre roman, les *Agréables diversitez d'amour* (1613). Les *Fidèles affections* dont parle Sorel sont inconnues. Moulinet du Parc est mort avant 1625.

(1) Jean de Lannel a publié, en 1625, un volume de précieuses *Lettres* qui mériteraient une étude, et permettraient d'éclairer sa vie et les groupes sociaux qu'il approcha. Il a été l'élève des Jésuites pendant huit ans, puis a étudié le droit pendant deux ans, et est entré au service du maréchal de Brissac (*Lettres*, p. 629). Sa vie a été orageuse. Il a dû un moment fuir et a été recueilli par les Jésuites de Lorraine. Dans le monde des lettres, il a été lié à Balzac, à la Motte-Aigron et à Vaugelas. Et pourtant, certaines phrases semblent des critiques à peine voilées de l'*unico eloquente* (p. 10 et 24).

155

L'abbé d'Artigny, au XVIII° siècle, a relevé quelques épisodes du roman et a montré jusqu'à quel point Jean de Lannel s'attachait à la vérité historique et puisait dans la chronique de son temps. On retrouve dans son roman l'histoire obscure du magicien César, le duel du chevalier de Guise et du baron de Lux, et jusqu'aux succès d'un carme déchaussé, le Père de Jésus-Maria, auprès des dévotes de Paris (2). Plus intéressantes pour nous que ces allusions, les peintures de la vie princière, dont le roman est plein, sont aujourd'hui encore un très précieux et très curieux document. Mais elles ne doivent pas nous empêcher de reconnaître que le *Romant satyrique* reste empêtré dans les traditions du roman d'aventures et que Jean de Lannel est incapable de se dégager des procédés de l'*Amadis*.

La Chrysolite *de Mareschal* [1]

En 1627, parut la *Chrysolite ou le secret des romans* par André Mareschal. L'auteur, avec moins d'éclat que Sorel, mais plus de ferme résolution, veut rapprocher le roman de la vie quotidienne, et le sous-titre de son livre prétend exprimer sa volonté de peindre la réalité sans lui mettre ce masque que lui imposent les auteurs de romans. « Tous ceux qui se sont picquez en ce genre d'escrire, déclare-t-il, nous ont vendu le fard pour le vrai teint ». Leurs livres plaisent, mais c'est qu'ils sont pleins

---

(2) D'Artigny, *Mémoires*, VI, p. 44 sqq.

(1) Sur la *Chrysolite*, voir Kœrting, *op. cit.*, II, p. 132 sqq, et Reynier, *op. cit.*, p. 239 sqq. — On ne sait à peu près rien d'André Mareschal. On admet qu'il était originaire de Lorraine et qu'il fut avocat à Paris. Peut-être fut-il bibliothécaire de Gaston d'Orléans (Carrington Lancaster, *op. cit.*, I, p. 326). Il a publié, outre la *Chrysolite*, un deuxième roman, *Portrait de la jeune Alcidiane* et quatre pièces de théâtre dont on reparlera. En 1627, il a fourni dix-sept pièces au *Recueil*, ce qui prouve qu'il avait pris rang parmi les disciples de Malherbe. La *Chrysolite* est, comme le roman de Jean de Lannel, dédiée à Louis de Lorraine, et l'on peut conclure de là qu'il appartenait au même groupe d'hommes de lettres. Voir L. Ch. Durel, *L'œuvre d'André Mareschal*, Baltimore, 1932.

de « piperies, de mensonges et d'impossibilitez ». Ils se sont emportés « dans des imaginations esloignées du sens commun, et encore bien plus de la raison ». André Mareschal se vante au contraire d'avoir fait œuvre vraisemblable : « Je n'ay rien mis qu'un homme ne peust faire, je me suis tenu dans les termes d'une vie privée ».

Son œuvre n'est pas seulement vraisemblable. Elles est vraie. Une clef ancienne fournit à ce sujet toutes les précisions désirables, et nous n'ignorons pas que Chrysolite était Mlle Hotman, la fille du trésorier de l'Epargne, et que Clytiman s'appelait M. du Tronchet. Cette vérité matérielle du fait divers ne se confond pas avec les allusions qui ajoutaient à l'*Euphormio* ou au *Romant satyrique* un intérêt piquant. Elle éveille autre chose qu'un sentiment de curiosité. Elle se loge au centre même de l'œuvre, elle la définit. Ce roman prétend, et a raison de prétendre qu'il n'est pas un roman, mais seulement le récit exact d'un événement vrai.

Pour la première fois, nous sommes donc en présence d'un roman réaliste, au sens parfait et moderne du mot. La *Chrysolite* n'est ni comique, ni satirique. Elle ne contient aucune grossièreté. Elle est sans rapport avec le roman picaresque. Elle transporte dans le genre romanesque les préoccupations des *Caquets de l'accouchée*. Elle en a les précieuses qualités.

Comme il est naturel, comme les *Caquets* en avaient donné l'exemple, la *Chrysolite* est une peinture de mœurs. Une peinture forte et sévère. André Mareschal s'intéresse moins aux détails pittoresques qu'aux réalités de la vie sociale. Il sait par exemple le rôle qu'y jouent les Jésuites, et en bon gallican il les dénonce avec âpreté : leurs talents, qu'il ne nie pas, et leur intelligence, leur ambition, leur collusion avec l'Espagne détestée. Ailleurs, il s'élève contre la tyrannie des pères qui contraignent leurs filles à s'enfermer dans un couvent. Il le fait avec une hauteur de vues et une fermeté de style admirables : « Quel artifice et quelle impiété d'offrir d'une main sacrilège des victimes innocentes ? » et que dire de « l'avare dévotion des parents qui pensent obliger les Dieux de leur donner ce qui leur pèse et qu'ils ne veulent point ? ». Ce roman est l'œuvre d'un moraliste.

Il est aussi, et peut-être surtout, l'œuvre d'un psychologue. Un historien s'est efforcé de démontrer que la *Chrysolite* était, sur ce point, sans véritable intérêt. Il est difficile de partager cet avis. Si l'on compare le personnage de Francion à celui de Clytiman par exemple, on devra reconnaître que le premier vaut par la puissance et la largeur du trait, mais qu'il reste sommaire, tandis que le second est tout en nuances, en repentirs, d'une peinture beaucoup plus minutieuse et délicate. A quoi l'on objectera que la puissance et la largeur sont, dans un tableau, d'un tout autre prix qu'une exactitude minutieuse et nuancée. Il est vrai, et la preuve en est qu'on lit encore *Francion* et qu'on n'ouvre plus guère la *Chrysolite*. Mais enfin, ces qualités moyennes n'en sont pas moins d'un haut prix, et si l'on songe que la *Chrysolite* était la première œuvre romanesque qui s'attachât à l'étude fouillée de deux caractères, on ne refusera pas à André Mareschal le mérite d'avoir écrit une œuvre qui fait date. Cette jeune fille, vaniteuse, coquette, incapable d'aimer simplement, soucieuse seulement de s'entourer d'hommages, ce jeune homme très épris, mais qui se rebelle contre un amour douloureux et lutte pour retrouver sa liberté, cette fin mélancolique d'une passion qui meurt, d'une beauté qui peu à peu se flétrit, ce n'est pas là, dans l'histoire de notre littérature, une manifestation insignifiante.

Le Berger extravagant [1]

La préoccupation réaliste qui apparaît dans les *Caquets de l'accouchée,* dans la *Chrysolite* et dans certaines parties de *Francion* ne doit pas faire illusion. La vogue était alors aux romans

---

[1] Voir H. Kœrting, *op. cit.,* 2, p. 70 sqq et G. Reynier, *op. cit.,* p. 165.

romanesques : c'est le moment où le roman d'Honoré d'Urfé connaît son plus grand succès, où la tragi-comédie romanesque accapare la scène française. On a fait justement observer qu'entre 1623 et 1627 la mode des œuvres pastorales, romans et comédies, avait atteint son point extrême. Ce succès d'un genre si opposé à ses goûts exaspéra Sorel et lui inspira son *Berger extravagant.*

Sorel avait lu *Don Quichotte,* et l'on ne peut douter, hélas, qu'il ait prétendu donner à la France l'équivalent du chef-d'œuvre espagnol. Il a échoué. Son roman est sans vie. Il est même sans vérité. Sorel se révèle incapable de nous donner une image juste du village de Brie où se passe l'action, et des paysans qui l'habitent. On sent trop que l'histoire n'a d'autre intérêt pour lui que de soutenir sa critique violente, prolongée, obsédante, de l'esprit romanesque. Ce livre, qui veut défendre la cause de la littérature réaliste, n'est pas un roman réaliste, ni même un roman vrai, mais un pamphlet. Un énorme pamphlet de deux mille pages, un pamphlet où les grossièretés et les bouffonneries abondent et accablent.

Nul ne parlerait plus du *Berger extravagant,* si ce livre ne contenait une sorte de doctrine littéraire. Critique du roman traditionnel d'abord, depuis Héliodore jusqu'à l'*Astrée,* jusqu'à Barclay, jusqu'aux productions récentes d'Audiguier et de Molière d'Essertine. Critique de l'illusion poétique, et Sorel ne voit que mensonges dans la poésie rustique et dans la poésie moderne imitée des Anciens. Il n'épargne pas plus Homère et Virgile que Ronsard. Critique de la mythologie. Le troisième livre du *Berger extravagant* prélude à la littérature burlesque dans l'immense bouffonnerie du *Banquet des dieux* (2). Critique enfin du style métaphorique, du style Nervèze. Sorel se livre à des parodies de quelques œuvres anciennes, et plus généralement des formes ampoulées du style galant.

---

(2) G. Reynier a judicieusement rapproché ce *Banquet des dieux* du *Scherno degli Dei* de Bracciolini (*op. cit.,* p. 190). L'œuvre italienne date de 1618-1626.

Molière d'Essertines [1]

Les noms d'Honoré d'Urfé et de Sorel ne doivent pas faire oublier complètement des écrivains de second ordre qui eurent leur heure de célébrité. L'un des plus notables est Molière d'Essertine. Il publia en 1620 la première journée de la *Semaine Amoureuse,* qui était un recueil de nouvelles. Il annonçait une seconde journée qui ne parut pas. Puis, en 1623, il fit paraître le roman de *Polyxène.* Ce fut un des beaux succès de l'époque.

François-Hugues Molière d'Essertine était né vers 1600-1601. Ses parents s'étaient mariés le 31 mai 1599. A Paris, il appartint, vers 1620, au cercle qui se réunissait chez Piat Maucors. Sa mère, devenue veuve, l'avait recommandé à Camus. Au témoignage de celui-ci, il composa à cette époque les *Affections d'Hercule,* dédiées à la Reine. Camus l'en blâma, et lui fit promettre de ne pas continuer la *Semaine Amoureuse.* Mais le jeune homme se sentait attiré vers les cercles libertins. Il a parlé des « traverses cruelles » et des amères déceptions qui l'amenèrent, après cinq ou six années données à l'ambition, à rechercher la solitude et l'obscurité. Il est à peu près certain qu'il approcha alors Théophile, et qu'il le prit pour maître. Il fut l'ami de Saint-Amant. Il se mit au service du marquis de Vauvert, neveu de Montmorency, et Vauvert semble avoir été, lui aussi, de tendances libertines. Il n'en fallait pas plus pour que Garasse attaquât Molière avec fureur, le dénonçât comme impie, l'appelât « un vrai diable incarné, tant il avançoit de propositions contre la sacrée humanité de Jésus-Christ ». Mais Camus prend la défense du jeune homme et se porte garant de ses bons senti-

---

[1] Voir Lachèvre, I, p. 255, que l'on complétera par les très précieux renseignements de A. Bayer, *Camus, sein Leben und seine Romane,* 1906.
Le vrai nom est François Forget, seigneur de Molière et d'Essertine, qui sont deux hameaux d'une même commune dans la Loire. Le *Bulletin du Bibliophile,* 1857-1858, p. 227, signale *Le Mépris de la cour de Guévara,* traduit par Molière en 1621. Il contient un beau portrait de celui-ci, et des vers de Saint-Amant et de Baudoin.

ments, sans qu'on puisse décider si le Jésuite est aveuglé par le fanatisme ou si le bon Camus est naïf. Des lettres de Molière, qui parurent dans le recueil de Faret, sont d'un vif intérêt. Elles prouvent à n'en point douter qu'il était libertin. Mais dans le sens très général que le mot présente à cette époque, et qui n'a rien de commun avec l'impiété : amour de la solitude, culte de l'amitié, mépris de la richesse et des honneurs, refus d'accepter les préjugés sociaux. Il mourut assassiné en 1624 par un ami, et Saint-Amant écrivit des vers pour déplorer sa mort.

L'œuvre qui dominait alors le genre romanesque était l'*Astrée*. La *Polyxène* développe l'épisode de Daphnide, comme Charles Sorel l'a bien vu. Mais Molière n'oublie pas non plus la tradition des romans grecs, et Sorel range l'ouvrage parmi « les Romans à l'antique ». Les contemporains célébrèrent à l'envi « la belle Polyxène ». Pourtant l'œuvre était d'un débutant : banalité des épisodes, insuffisance de l'observation morale. L'auteur, observe Sorel, « ne dit rien des Costumes des pays dont il parle, parce qu'il ne les sçait pas ». Quelques années plus tard, Gomberville allait satisfaire à cette exigence du public par l'exactitude alors nouvelle de ses descriptions.

Chapitre III

LE THÉÂTRE

L'Hôtel de Bourgogne [1]

Un fait domine la vie théâtrale à Paris au début du XVII° siècle. Une société de propriétaires possède, en vertu d'un privilège accordé en 1548, le monopole des représentations dramatiques à Paris, dans ses faubourgs et dans sa banlieue. Cette société porte le nom édifiant de *Confrérie de la Passion et Résurrection de nostre Sauveur et Rédempteur Jésus-Christ* (2). Elle a fait construire en 1548 une salle de théâtre sur un terrain de dix-sept toises sur quinze, à l'angle de la rue Mauconseil et de la rue Neuve Saint-François (3). Au temps de la Ligue, la réac-

---

(1) Sur l'histoire du théâtre français de 1600 à 1627, nous disposons d'un travail d'une ampleur exceptionnelle, l'*History of french dramatic Literature in the XVIIth Century*, de H. Carrington Lancaster, Baltimore, 1929, volumes I. 1 et 2. On continuera d'ailleurs de lire avec le plus grand profit G. Lanson, *Esquisse d'une histoire de la tragédie*, 1920, et E. Rigal, *Le théâtre français avant la période classique*, 1901.

Sur l'histoire particulière de l'Hôtel de Bourgogne, les documents ont d'abord été réunis par E. Soulié, *Recherches sur Molière*, 1863, p. 150. D'autres pièces d'une extrême importance ont été mises à jour et réunies par Fransen, *Comédiens français en Hollande*, 1925, et surtout dans son article de la *R. H. L.*, 1927. D'autres viennent d'être révélés par Mme S. W. Deierkauf-Holsboer, *R. H. L.*, oct. 1947.

(2) La confrérie a été fondée par Charles VI, en décembre 1402. Son siège est en l'église et hôpital de la Sainte-Trinité, sis rue Saint-Denis.

(3) Ce terrain a été acquis, le 30 août 1548, au lieudit l'Hôtel de Bourgogne.

tion catholique avait obtenu la **fermeture** de la salle (4). Avec le retour de la paix, les Confrères en ont repris l'exploitation (5).

Ils ne jouaient plus guère depuis qu'il leur était interdit de représenter des *mistères*. Maintenant, ils ne jouent plus du tout. Mais ils louent leur salle aux troupes qui désirent paraître devant le public parisien. Ils la louent même fort cher, entre deux mille et deux mille quatre cents livres par an ; pas assez cher pourtant, puisqu'ils se plaignent sans cesse d'être pauvres, et qu'ils s'endettent.

C'est que cette société de bons bourgeois — tapissiers, merciers, épiciers, notables — se débat dans les formes archaïques des confréries du moyen âge. Ses revenus, assurés par la location de la salle et celle de quatre magasins, sont absorbés par des rentes anciennes, des charges très lourdes au bénéfice de l'église et de l'hôpital de la Trinité : prières, processions, pain bénit, fleurs, messes de requiem, flambeaux pour processions, décorations d'une chapelle (6). L'histoire de l'Hôtel est l'histoire

(4) Les *Mémoires de Nevers*, t. II, p. 82, éd. in-fº, donnent la raison de cette mesure. Les confrères auraient joué le duc de Mayenne en la personne d'un roi Mabriani, qu'ils avaient installé sur un siège royal avec des cérémonies ridicules. Du coup, selon l'expression de la *Satyre Ménippée*, « il défendit les jeux de Bourgogne ».

(5) Le 17 novembre 1548, donc trois mois après l'acquisition du terrain, le Parlement rendit un arrêt qui autorisait les maîtres — car voilà le vrai terme qui les désigne, et non pas confrères — à représenter jeux profanes, honnêtes et licites. L'arrêt, en même temps qu'il leur interdisait les représentations sacrées, leur assurait le monopole des autres, et ce monopole leur fut confirmé et renouvelé par Henri II en 1554, François II en 1559, Charles IX en 1563, Henri III en 1575 et Henri IV en 1597.

(6) Un mémoire établi par la Confrérie en 1640 énumère ses charges. Elle possède une maison rue Mondétour, qui ne lui rapporte rien, mais pour la reconstruire il a fallu dépenser une somme dont les intérêts s'élèvent à 52 livres. Le budget de la Confrérie comporte 386 livres de rente à payer, sans compter 200 livres remontant à l'acquisition de l'Hôtel. L'entretien coûte de 600 à 700 livres, et le concierge touche 40 livres tournois pour ses gages. Les dépenses de cire — sans doute l'éclairage de la salle — se montent à 230 livres. La séance annuelle où sont élus les nouveaux maîtres coûte à

des embarras de la confrérie. Toute l'activité artistique des maîtres se réduit à passer des baux, à poursuivre en justice les locataires qui paient mal et les comédiens qui ont la prétention d'éluder leur exorbitant privilège. Ils se plaignent même que tant de procès leur coûtent en moyenne deux cents à trois cents livres par an, sans parler des cadeaux à messieurs de la Justice : vin muscat et d'Espagne, citrons et oranges, brochets et poissons fins, le tout montant à presque trois cents autres livres chaque année (7).

La salle qu'ils mettent à la disposition des comédiens est misérablement installée et fort incommode (8). Des documents récemment mis à jour permettent de se représenter cet ensemble de « théâtres », de loges et de « magasins ». La porte principale donnait sur une grande montée, rue Neuve Saint-François ; une seconde entrée, dite la porte du parterre, s'ouvrait rue Mauconseil. Au-dessus de cette porte se trouvait la chambre où les comédiens s'habillaient. Les quatre magasins

elle seule de 48 à 50 livres. Les impôts n'entrent que pour une faible part dans les dépenses de la Confrérie : 13 livres tournois au domaine du roi et 52 sols pour la taxe des pauvres.

(7) Il ne faut pas se représenter la Confrérie comme un groupement d'artisans ignares. Les maîtres sont des commerçants. On connaît un tapissier ordinaire du roi, un marchand maître-tireur d'or et d'argent, un marchand épicier, un marchand mercier. Gageons que ce sont des commerçants importants. L'un des maîtres est poète et écrivain : c'est Jacques de Fonteny, qui appartint au cercle de la reine Marguerite. Il avait publié, en 1587, *Le beau Pasteur,* dialogue compliqué d'un combat entre bergers et satyres (Simone Ratel, *Article cité).* On trouvera une note sur lui dans les *Variétés* de Fournier, t. V., p. 59-62. Il est le J. D. F. P. qui a signé la traduction des *Bravacheries du capitaine Spavento,* 1608.

(8) Sur les incommodités de l'Hôtel, voir Rigal, *op. cit.,* p. 201. Certaines formules contenues dans les baux demeurent obscures. On parle de théâtres, au pluriel. On parle du « petit théâtre de la grande salle ». Ces expressions ont exercé l'ingéniosité des historiens. Voir les textes et le commentaire de Fransen, *R. H. L.* 1927, p. 341. Mlle Holsboer est revenue sur ces problèmes et y a apporté d'excellentes suggestions dans l'*Histoire de la mise en scène dans le théâtre français de 1600 à 1657,* Paris, 1933.

dont il a été parlé se trouvaient sous l'hôtel. Ils n'étaient pas inclus dans les baux des acteurs (9).

Il arrive que les Maîtres se montrent conciliants et qu'ils accordent à une troupe l'autorisation de jouer dans un des nombreux jeux de paume de la ville, mais les comédiens, dans ce cas, se voient obligés de payer aux Maîtres « les droits accoutumés » (10).

Le Théâtre en Province

Le résultat de cette situation, c'est que la vie théâtrale se développe bien plus en province qu'à Paris. De patientes recherches ont dressé le tableau des représentations attestées à la fin du XVIᵉ siècle et dans les premières années du XVIIᵉ (1). Il prouve que partout et jusque dans les plus petites villes, l'activité dramatique est intense. Il prouve aussi, ce qui est plus important, que ces représentations de province ne se cantonnent nullement dans le répertoire du moyen âge. Tantôt des drames sacrés font connaître au public l'histoire de Jacob, d'Elie, ou des Gabaonites, ou, par exemple, la vie de saint Etienne et de Jeanne d'Arc. Tantôt, plus franchement encore, on joue des tragédies profanes, une *Sophonisbe* à Bordeaux en 1607, un *Soliman* à Reims en 1608, pour ne prendre que ces deux exemples.

Ces représentations sont le plus souvent données, non par des professionnels, mais par des amateurs locaux, et sur ce point, le théâtre reste, pour quelque temps encore, fidèle aux traditions du moyen âge. Les Jésuites, dans les collèges, multiplient les représentations où sont invités les notables, l'aristocratie et la bourgeoisie cultivée, et si l'on songe que leur ensei-

(9) Voir l'étude de J. Lemoine, *La première du Cid*, s. d.

(10) Sur la disposition de ces jeux de paume, voir de très intéressantes précisions dans Holsboer, *op. cit.*

(1) G. Lanson, dans *R. H. L.*, 1903.

gnement s'identifiait, pour les formes, à la culture humaniste, on ne s'étonnera pas que ce soit chez eux, plus tôt même qu'à Paris, que la tragédie s'est substituée aux moralités et aux *mistères* des siècles précédents.

A Paris du moins, échappant aux prétentions des Maîtres, il y avait la Cour. Mais en l'état actuel de nos connaissances, il semble certain qu'à partir de 1575, la Cour cesse de s'intéresser à la tragédie. Brantôme nous apprend que Catherine de Médicis, après la *Sofonisba* de M. de Saint-Gelays « eut opinion qu'elle avoit porté malheur aux affaires du royaume », et n'en voulut plus faire jouer (2). On ne voit pas qu'Henri IV, ni Marie de Médicis aient repris la tradition interrompue.

Les Troupes ambulantes

Mais, à partir des dernières années du siècle, les troupes de professionnels ambulants se multiplient. On les voit qui parcourent le pays dans tous les sens. En 1592, nous savons le passage à Bordeaux d'une troupe excellente. Les documents signalent, en 1600, celle de Robert Guérin, en 1604 celle de Thomas Poirier, dit La Vallée (1). Il leur arrivait de passer la frontière. On voit par exemple, en 1595, la troupe de Charles Chautron jouer à Francfort. En 1604, celle de David Florice joue à Bâle, celle de Jean Florian à Strasbourg en 1615 (2). Inversement, des troupes étrangères venaient jouer en France et poussaient jusqu'à Paris. En 1598, une troupe anglaise loue l'Hôtel de Bourgogne. En 1599, une troupe italienne y paraît encore. En 1603, les

(2) Cité *ib.*, p. 419.

(1) Ce Thomas Poirier, en 1603, est signalé à Orléans. Il loue en 1604 l'Hôtel de Bourgogne.

(2) K. Trutmann, *Französische Schauspieler am bayrischen Hofe*, dans *Jahrbuch f. Münchener Geschichte*, Munich, 1888.

comédiens de Francesco Andréini (3), en 1612, ceux d'Alfiéri jouent à l'Hôtel. Une troupe espagnole, conduite par Francisco Lopez, a donné des représentations aux Pays-Bas en 1618, et à Paris en 1625. Il est clair d'ailleurs que toutes ces indications sont incomplètes et qu'un grand nombre de troupes reste inconnu.

La Troupe des Comédiens du Roi

Parmi elles cependant, il en est une qui se place assez vite au-dessus des autres. C'est celle qui donne à ses membres le droit de prendre le titre de « comédiens français ordinaires du Roi ». Son chef s'appelait Valleran le Conte (1). Tallemant nous apprend que c'était un grand homme de bonne mine. Il était picard, et très probablement de Montdidier (2). Nous le rencontrons pour la première fois à Bordeaux en 1592. Il n'est pas encore le chef de sa troupe, mais un témoin nous dit qu'il en était dès lors « l'âme et le meneur » (3). L'année suivante, il est chef de troupe et joue à Francfort. Il vient de donner des représentations à Rouen et à Strasbourg. Dans un acte de

(3) Un curieux document, retrouvé par R. Lebègue, nous apprend qu'Andréini jouait à l'Hôtel, en janvier 1604, le *Calyfe d'Egypte*. Nous n'en avons que le titre, mais le canevas de la *Forsennata Principessa* donne une idée de ce théâtre : il comporte un combat naval, deux suicides, sept morts violentes. On y exhibait une tête coupée et le cœur d'un page amoureux de sa maîtresse. Le tout parmi des chants et des danses moresques (*R. H. L.*, 1933, p. 77-79).

(1) Depuis que M. Fransen a mis à jour des documents portant la signature de l'artiste, nous savons que la seule orthographe exacte de son nom est *Valleran le Conte*.

(2) Le scribe de Francfort qui rédige pour lui l'autorisation de jouer l'appelle « Vallerant le Conte von Mondidier in Picardey » (Fransen, *op. cit.*, p. 51).

(3) Voir ce très précieux récit dans Carrington Lancaster, I, 1, p. 16. Le chef de la troupe était bourguignon. Il avait épousé la fille d'un avocat de Paris, et Valleran était fort amoureux de la femme de son chef.

1599, il porte déjà le titre de comédien ordinaire du Roi. Il est alors à Paris.

A partir de 1605, les documents permettent de le suivre de plus près. Il loue régulièrement, aux environs de septembre, la salle de l'Hôtel de Bourgogne pour toute la saison d'hiver. Le plus souvent, des baux secondaires viennent prolonger sa location au printemps (4). Il en est ainsi jusqu'à l'été de 1612. Nous le retrouvons en Hollande au mois de mai 1613. Il disparaît ensuite sans laisser de traces. Pierre le Messier, qui sera célèbre sous le nom de Bellerose, prend après lui la direction de la troupe. (5).

Plusieurs des compagnons de Valleran se rangeront parmi les artistes les plus en vue de ce début du siècle. C'est par exemple François Vautrel, dont Tallemant parle avec éloge. Montdory, écrit-il, l'avait vu et il en faisait grand cas (6). C'est encore, à partir de 1609, Hugues Guéru qui ne porte peut-être pas encore le nom de Gaultier-Garguille. C'est enfin Robert Guérin, qui s'appelle pour le moment La Fleur, en attendant d'atteindre à la gloire sous le nom de Gros-Guillaume (7).

Avec Valleran le Conte collabore souvent le comédien La

(4) Des membres de la troupe profitaient sans doute de la fin des représentations à Paris pour aller jouer en province. C'est ainsi qu'en juillet 1607, trois d'entre eux se trouvent à Bordeaux (Fransen, *op. cit.*, p. 48-49). Inversement, les Maîtres louent leur salle pour de courtes périodes pendant les mois d'été. Par exemple pour quinze jours, en juillet 1609, à la troupe des Loyaux Bravelestes.

(5) M. Rigal avait prétendu qu'un bail de 1628 nommait encore Valleran. M. Fransen, ayant retrouvé ce document, a constaté que c'était une erreur.

(6) Ce Vautrel, qui signe ainsi son nom, mais que tout le monde, au XVIIᵉ siècle, appelle Vautret, apparaît dans la troupe de Valleran, en 1607. On le retrouve, en 1615, parmi les « comédiens ordinaires de Sa Majesté ». En 1620, il cessa de jouer et se fit réhabiliter (Fransen, *op. cit.*, p. 49, n. 2), mais il continua de s'occuper des choses du théâtre, et en 1622, les comédiens du Prince d'Orange signent une procuration à François de Vautrel. Un texte de 1620 prouve qu'il avait joué des rôles de bouffon. Il est le Vautrey des *Contre-Véritez de la Cour* (Fournier, *Variétés* IV, 337).

(7) Robert Guérin joue à l'Hôtel de Bourgogne en 1600 déjà, et passe contrat avec les Maîtres, le 30 octobre de cette année. Il semble évident

Porte. Il s'appelait de son vrai nom Mathieu Le Febvre. Il fut comme Valleran, chef de troupe. La Porte apparaît un moment aux côtés de Valleran en 1607. Il se sépare de lui pour jouer avec Robert Guérin, revient à Valleran en 1610 ; il renonce bientôt à la carrière et pour toujours (8).

Autre chef de troupe encore, Claude Husson, dit Longueval, Il avait commencé par travailler pour Valleran. Il figure à ses côtés, pour la première fois en 1609, et de nouveau en 1611. Mais en 1610, il avait dirigé une troupe, et donné des représentations au faubourg Saint-Germain. En 1614, on le retrouve à la tête d'une compagnie qui porte le titre de Comédiens de M. le Prince. Il loua l'Hôtel de Bourgogne en juillet, et partit sans payer le 22 novembre. En 1616, il reparaît, et cette fois il s'est associé aux comédiens du Roi, il joue avec Hugues Guéru et Robert Guérin. Mais cette association n'est que provisoire et en 1624 il signe un contrat avec Montdory.

Ces détails peuvent paraître fastidieux. Ils sont nécessaires. Ils condamnent absolument une double erreur qui a été commise longtemps. Ils prouvent que, malgré le monopole, des troupes de comédiens persistaient à jouer ailleurs qu'à l'Hôtel de Bourgogne, prêtes seulement à payer les droits accoutumés si les

qu'il est chef de la troupe, puisqu'il est le seul nommé. Il ne figure à côté de son futur compère Hugues Guéru, ni en 1607, ni en 1608. Il apparaît pour la première fois en 1608 aux côtés de La Porte. Puis on le trouve avec Valleran en 1610-1611. Il partage la direction de la troupe avec Vautrel et Ruffin après 1613, et à partir de 1615, son nom devient inséparable de celui d'Hugues Guéru. M. Carrington Lancaster tire des documents la conclusion que de 1622 à sa mort, il a dirigé les Comédiens du Roi (*op. cit.* 1, 2, p. 732-733).

(8) La Porte a pris, en février 1608, la tête des comédiens qui ont abandonné Valleran. Vautrel et Guérin sont à ses côtés. Le 28 janvier 1610, les deux troupes se réconcilient devant notaire. Il n'est pas vrai que La Porte ait continué à jouer jusqu'en 1619. Cette année-là, il demande au Parlement sa réhabilitation.

Confrères avaient connaissance de leurs représentations et leur intentaient un procès. Ils prouvent aussi que les Comédiens du Roi, seule troupe stable, n'étaient pourtant pas les seuls à exercer leur art, et que des associations se formaient aisément pour une durée plus ou moins longue.

Sur le premier point, les jeux de paume offraient aux troupes des salles toutes prêtes. Si l'on se fie à une déclaration de 1627, Valleran le Conte, avant de jouer à l'Hôtel de Bourgogne, avait utilisé la salle du *Sabot d'or,* rue Saint-Antoine (9). En 1609, La Porte, un moment séparé des Comédiens du Roi, avait joué à l'*Hôtel d'Argent* (10). En 1622, une troupe de comédiens y joue encore et, comme La Porte, elle est l'objet d'une plainte déposée par les Maîtres. Elle est, comme lui, condamnée à une amende (11). En 1621, le maître du jeu de paume du *Moutardier,* rue du Bourg-l'Abbé, a reçu défense de louer sa salle aux comédiens. En 1622, la même défense est signifiée à tous les « paumiers » de Paris (12). Ce qui n'empêche pas d'ailleurs le lieutenant civil de Paris de tolérer les représentations « au carreau de la rue Saint-Antoine », en 1625, réserve faite, naturellement, des « droits accoutumés ».

Sur les troupes mêmes, les documents ne permettent pas de déterminer, pour chaque année, leur nombre et leur composition. Sans parler de la saison d'été, où les locations ne pouvaient être qu'irrégulières, les saisons d'hiver présentent, dans le tableau des représentations, des lacunes importantes. On ne sait rien des saisons 1619-1620, 1620-1621, 1621-1622. S'il est certain qu'en 1622 les Comédiens du Roi s'éloignèrent un moment de Paris (13), on ne saurait affirmer qu'ils en furent ab-

(9) Rigal, *op. cit.,* p. 51, n.
(10) Sauval parle de l'*Hôtel d'Argent* dans ses *Antiquités de Paris* (II, p. 149). D'après les frères Parfaict, il était situé au coin de la rue de la Poterie, près de la Grève. D'après d'autres, il se trouvait au coin des rues de la Poterie et de la Verrerie.
(11) Rigal, *op. cit.,* p. 58.
(12) *Ib.,* p. 65-68.
(13) Ils y sont en février 1622, mais non pas à l'Hôtel de Bourgogne. Ils jouent à l'*Hôtel d'Argent* et se font condamner de ce chef.

sents les hivers précédents. Du moins ressort-il des textes connus qu'à partir de 1612, le fonds permanent de la troupe est formé de Robert Guérin, Estienne de Ruffin (14), Hugues Guéru et Henri Legrand. Valleran le Conte a disparu, Vautrel disparaît après 1616. Les autres acteurs que nomment les documents n'y figurent que pour une ou deux saisons. On relève seulement, à partir de 1622, Philibert Robin (15), qui restera fidèlement attaché à la troupe, et y jouera, semble-t-il, un rôle important.

C'est une des surprises de l'érudition récente d'avoir découvert que des femmes étaient attachées à la troupe des Comédiens du Roi. On n'en connaissait qu'une jusqu'ici, Marie Venier, la femme de La Porte, et l'on n'avait pas oublié avec quelle chaleur d'admiration l'abbé de Marolles rappelait son souvenir dans ses *Mémoires*. Elle ne figure plus sur les documents après 1610. Mais en revanche d'autres noms de femmes y apparaissent : Colombe Venier, sœur de Marie, qui appartient à la troupe jusqu'à la fin de 1616 au moins, Rachel Trépeau, dont le nom figure sur des actes de 1607, 1610 et 1616, Jehanne Crevée enfin, que nomme un contrat de 1612.

Mais ce qui est d'une tout autre importance, et qui éclaire les développements ultérieurs de la scène française, c'est qu'en 1622 et en 1624 font leur apparition à Paris deux nouvelles troupes. La première portait le nom de *Troupe de M. le Prince d'Orange*. On la signale en Bretagne en 1618, à Lille en 1620, mais son port d'attache était naturellement aux Pays-Bas. Son

(14) Son nom d'artiste est La Fontaine. Il apparaît dans plusieurs actes de l'Hôtel, de 1607 à 1624. Il a un procès à Toulouse, en 1611, avec Fleury Jacob, et il épouse Colombe Venier, en 1615 au plus tard. Bruscambille célèbre ses talents : ils ne sont pas de ceux qu'on puisse honnêtement rapporter.

(15) Son nom d'artiste est Le Gaulcher. Il est membre de la troupe à partir de 1623.

chef est alors Charles le Noir (16). En 1622, elle comprend, avec Le Noir, six acteurs moins connus et un septième qui sera un des plus grands interprètes de la tragédie classique, Guillaume Montdory (17). Ils ne jouent qu'un mois à l'Hôtel de Bourgogne, pendant la saison d'été en 1622, mais ils reviendront. En 1624, les voici en effet de nouveau à Paris, pour un séjour de quatre semaines. Leur chef est toujours Charles Le Noir, mais Montdory n'est plus là. Ils s'éloignent. Puis en 1625, le Prince d'Orange meurt. Privés de leur protecteur, ils n'ont plus de raison de s'attarder en pays étranger. Ils reviennent à Paris, et cette fois, n'en doutons pas, avec l'intention de s'y maintenir.

Ils arrivèrent à Paris au mois d'août 1625 et, le 3 août, ils louèrent l'Hôtel de Bourgogne. A partir de ce moment, il y a, au moins le plus souvent, à Paris deux troupes à peu près fixes, qui se disputent la scène de l'Hôtel de Bourgogne et la faveur du public (18). Cette rivalité prit à certains moments une allure violente. Les Comédiens du Roi, menacés dans leur situation privilégiée, troublèrent les représentations de leurs concurrents. Ils prétendirent s'installer à proximité de l'Hôtel pour attirer à eux les spectateurs. Les procès succédaient aux procès. En même temps, il semble que les deux troupes se disputaient la location de la salle. En 1626, nous y trouvons les Comédiens du Roi, mais en 1627 leurs adversaires y sont installés. Quelques mois plus tard, les Comédiens du Roi sont de nouveau dans l'Hôtel, mais cette fois encore la troupe adverse y pénètre un moment.

(16) L. Lefèbvre, *Histoire du théâtre à Lille*, I, p. 141. — Nous ne savons rien de Charles le Noir avant cette date de 1620. Il dirige la troupe de 1622 à 1626, disparaît de 1626 à 1630, dirige de 1630 à 1634 la troupe qui sera dite du Marais, et sur l'ordre du Roi, passe à l'Hôtel de Bourgogne en 1634.

(17) Un acte tout récemment découvert le montre, en 1612, jeune acteur à demi-part dans la troupe de Valleran (*R. H. L.*, 1947, *art. cité*).

(18) Le bail est signé le 3 août 1625, et dès le 13, exploit est fait à la requête des Comédiens du Roi aux Maîtres de l'Hôtel, pour se faire reconnaître le droit de louer telle salle qu'ils voudraient.

Il serait vain, avec les documents incomplets que l'on possède, d'espérer suivre jour par jour cette mêlée confuse.

D'autre part, en 1624, une autre association s'est formée entre un certain nombre de comédiens. Le 10 avril, Claude Husson et Guillaume Montdory, avec un certain nombre d'artistes de moindre importance, s'étaient unis pour une durée de deux ans. Il est vraisemblable qu'aussitôt formée, la troupe quitta Paris, car on n'entend plus parler d'elle. Elle devait un jour y revenir et l'on sait que les noms de Corneille et de Montdory allaient bientôt devenir inséparables.

Les Représentations

De toute cette histoire il se dégage une conclusion nette. C'est que le public parisien, entre 1606 et 1625, a surtout connu, pour ne rien dire des Italiens, la troupe des Comédiens du Roi. Elle jouit d'une très grande popularité. Non pas seulement parce qu'elle est stable et présente des figures bien connues. Mais parce qu'elle s'est appliquée à rester en contact très étroit avec son public. Elle est en effet populaire à l'extrême, et reste au niveau du bon peuple de Paris. L'aristocratie ne fréquente pas l'Hôtel, et aucun mari raisonnable n'y mènerait sa femme. L'abbé d'Aubignac, comme Tallemant, est formel. Une honnête femme, avant 1630, n'allait pas au théâtre. Des dames pourtant s'y risquaient, que Bruscambille interpelle dans ses *Prologues*. Croyons qu'alors elles portaient un masque, et pouvaient ainsi rougir à leur aise des plaisanteries incongrues qu'il débitait. Le parterre était occupé par des clercs de la basoche, des pages, des laquais, des militaires, pour ne rien dire des filous qui s'y introduisaient pour y exercer leurs talents. N'oublions pas pourtant les loges. De jeunes nobles, d'humeur libertine, les fréquentaient et le bon Père Garasse appelle Théophile et ses amis « des amphibies de la taverne et de l'hôtel de Bourgogne, vivant partie en l'un et partie en l'autre ». Le droit d'entrée est minime : cinq sous au parterre, et dix sous aux loges, et fait du théâtre une distraction éminemment populaire (1). On ne joue que deux fois par semaine en 1610, trois fois à partir d'une date qui n'est pas connue. L'heure fixée est 2 heures en 1609. Mais en 1625, les Maîtres ont l'autorisation d'ouvrir leur salle quand il leur plaît, excepté les dimanches et jours de fête, où 3 heures reste l'heure imposée.

La troupe des Comédiens du Roi se rend un compte exact des exigences de ce public, et elle y satisfait. Ses programmes sont ordinairement composés d'abord d'un prologue comique, débité depuis 1609 par un acteur dont le nom de guerre est Bruscambille. Il a beaucoup trop le goût de la plaisanterie obscène, et réjouit un public qui lit les *Parnasses Satyriques*. Mais il est savant aussi, et l'on a démontré tout ce qu'il doit à la poésie bernesque (2). Après le prologue, la tragédie commence, ou la tragi-comédie. Les acteurs de la troupe royale la jouent avec conscience et talent. Ils resteront célèbres longtemps encore, et l'abbé d'Aubignac regrettera le temps des Valleran et des Vautrel (3). Si la clef du *Page disgracié* de Tristan ne nous égare pas, Vautrel excellait « pour l'expression des mouvements

(1) Ce tarif est fixé par une ordonnance de police de 1609. Il est encore en vigueur vers 1620. Le prix a ensuite augmenté. En 1634, il est, semble-t-il, de neuf ou dix sous pour le parterre, et d'un teston, c'est-à-dire dix-neuf ou vingt sous pour les loges. La *Comédie des Comédiens* parle de huit sous pour une place du parterre. En 1652, la même place coûtera quinze sous. (Rigal, *op. cit.*, p. 156-157.)

(2) Il a un autre nom, Deslauriers, mais qui est probablement, lui aussi, un pseudonyme. En 1610, il publie 33 de ses prologues. Il a désavoué les 16 prologues publiés en 1609. La bibliographie des *Prologues* a été établie dans le *Bulletin du Bibliophile*, 1926. J. Vianey (*R. H. L.*, 1901) a démontré que Bruscambille avait loué la pauvreté comme Mateo Franzesi, la colère comme G. della Casa, la poltronnerie comme Mauro, le mensonge comme Vincenzo Martelli. Il a vanté les galeux et les puces, comme Bronzino avait célébré les goutteux et les moustiques. Il fit l'éloge des naveaux et des choux comme Domenichi et Varchi celui de la soupe et du fenouil. Dolce avait glorifié les longs nez et défendu le droit de cracher, Bruscambille a célébré les gros nez et plaidé pour certaine incongruité qu'on devine.

(3) Il écrit : « ...encore que nous n'ayons plus de Vallerans, de Vautreys, ni de Mondorys pour acteurs. »

tristes et furieux ». Il était le Roscius de l'époque, et l'on trouvait
« un charme secret en son récit ». Valleran, selon le même témoignage, était peut-être inférieur à Vautrel pour la majesté du
visage et pour l'intelligence, mais excellent « par sa belle taille,
sa bonne mine et sa forte voix ». Un témoin qui le vit jouer à
Bordeaux, dit qu'il était admirable quand il s'agissait d'exprimer
la passion.

Le Trio des Farceurs

A la tragédie succédait régulièrement une farce, et c'est là
que la troupe des comédiens du Roi triomphait. Trois d'entre
eux sont passés à l'histoire, sous leurs pseudonymes de Gros-
Guillaume, Gaultier-Garguille et Turlupin.

Le premier, énorme, le visage enfariné, excellait dans les
rôles de valet et d'ivrogne. Il disait peu de choses, mais avec
une naïveté qui faisait rire (1). Le second, au contraire, très
maigre, avec des jambes longues et un gros visage bourgeonné,
jouait avec grand succès les vieillards de farce (2). Le troisième,

---

(1) Robert Guérin, dit La Fleur, dit Gros-Guillaume, ne quitte plus
la troupe à partir de 1610. Le *Testament de Gaultier-Garguille* dit de lui :
« Pour le bon gros Guillaume, il gardera toujours sa naïveté risible, et
son inimitable galimatias », et Tallemant : « Il ne disoit quasi rien,
mais il disoit les choses naïvement, et avoit une figure si plaisante qu'on ne
pouvoit s'empêcher de rire en le voyant ». Par contre, Sauval est sévère :
« Ce fut toujours un gros ivrogne, avec les honnêtes gens une âme basse
et rampante. Son entretien étoit grossier, et pour être de bonne humeur, il
falloit qu'il grenouillât » (*Antiquités,* III, p. 38).

(2) Hugues Guéru, dit Fléchelles, dit Gaultier-Garguille. M. Rigal ne
possédait aucun texte antérieur à 1615 qui prouvât sa présence parmi
les Comédiens du Roi. Grâce à M. Fransen, elle est maintenant attestée
à partir de 1609. Sauval nous a laissé sur lui des indications précieuses. Il
avait le corps maigre, des jambes « longues, droites et menues », un
gros visage bourgeonné. Aussi ne jouait-il jamais sans masque. Il représentait
les vieillards de la farce, et son accoutrement était une calotte noire et
plate, des escarpins noirs, des manches de frise rouge, un pourpoint et des
chausses de frise noire. Il portait une longue barbe pointue. « Dans un si

moins grossièrement bouffon, remplissait les rôles de valet, de fourbe et d'escroc. Il excellait surtout par ses « rencontres ». Elles étaient, nous dit-on, « pleines d'esprit, de feu et de jugement » (3).

La représentation se terminait le plus souvent par une chanson, lancée d'ordinaire par Gaultier-Garguille.

Si l'on songe que Valleran le Conte jouait, lui aussi, dans la farce (4), on se rend compte que les Comédiens du Roi ont été surtout une troupe de farceurs, et que la farce a été le genre le plus brillamment pratiqué pendant les vingt années où ont exercé à Paris une sorte de monopole.

Conditions des Comédiens

Ces farceurs n'étaient pourtant ni des ignorants, ni des gens grossiers. Leurs plaisanteries sont souvent ordurières. Elles ne sont pas pour autant populaires. Elles seraient au contraire volontiers pédantes, et ressembleraient plutôt à des plaisanteries de carabins. Il fallait connaître plusieurs langues, et savoir son

plaisant équipage, plusieurs ne le pouvoient regarder sans rire ». Il jouait aussi dans les pièces sérieuses. Il tenait les rôles de roi avec beaucoup de gravité et de majesté. Il portait même, dans ce cas, le masque. Son costume était celui des rois de comédie : une longue robe de chambre couvrait sa taille et ses jambes maigres, une médaille dorée, suspendue à une chaîne, étincelait sur sa poitrine (*Antiquités*, III, p. 37). Le *Testament* de 1634 parle aussi de la belle robe, de la chaîne et de la médaille. M. Emile Magne a consacré un volume à Gaultier-Garguille et à ses chansons.

(3) Henri Legrand, dit Belleville, dit Turlupin. On le rencontre pour la première fois, non pas, comme le croyait E. Rigal, en 1622, mais dès 1616. Il jouait dans les pièces sérieuses, et Sauval dit de lui qu'il était « bon comédien » mais qu'en ce genre-là, il y en avait qui le passaient. Il obtint ses gros succès dans la farce. « Chacun, dit Sauval, assure que jamais il n'a eu son pareil ». Il présentait le même aspect que Briguelle, le farceur italien : même costume, même taille. même masque.

(4) Tallemant, VII, p. 170.

Aristote pour en comprendre tout le sens. On ne s'en étonnera pas si l'on songe que les Comédiens du Roi appartenaient plutôt à la bourgeoisie qu'aux classes populaires ; Gros-Guillaume semble avoir fait exception, mais précisément nous avons vu que son comique résidait davantage dans sa mimique que dans ses mots.

Autour de lui, nous ne trouvons guère que des bourgeois, parfois même des comédiens qui prétendent porter la particule. Nous avons rencontré Etienne *de* Ruffin, et François *de* Vautrel. La Porte s'est fait appeler Noble homme Mathieu Le Febvre. Turlupin était « honnête homme ». Il était l'ami de l'abbé de Marolles, et celui-ci se plaît, dans ses *Mémoires,* à vanter la délicatesse de son esprit. Valleran le Conte avait, lui aussi, une excellente tenue ; un mémorialiste, qui l'a vu à Bordeaux en 1592, parle de lui dans les termes de la plus haute estime.

L'immoralité des comédiens a été exagérée. Tallemant a écrit : « C'estoient presque tous filous, et leurs femmes vivoient dans la plus grande licence du monde : c'estoient des femmes communes, et mesme aux comédiens de la troupe dont elles n'estoient pas ». Mais, en face de cette affirmation tardive et trop générale, nous avons des témoignages contemporains, précis et concordants. En 1592, une troupe vient à Bordeaux, dans laquelle figure Valleran le Conte. La femme du chef de la troupe est elle-même comédienne. Cette femme était, nous dit-on, « de mœurs et conversation honnestes ». Le bruit courut à Bordeaux qu'elle était la fille d'un avocat parisien. Elle n'admettait que « les entretiens honnestes et sérieux ». Elle était cultivée, et s'intéressait surtout à l'histoire. Elle fut bien reçue « dans les plus honnestes maisons de Bourdeaux ». Des jeunes gens lui firent la cour. Elle les tint à distance.

On dira que c'était une exception. Mais en 1618, Henriette de Rohan écrit à la duchesse de la Trémouille, à propos des comédiens du Prince d'Orange : « Ils sont très honnestes, ne dizant aucune vilaine parole, non seulement devant nous, mès encore dans la ville, à ce que l'on m'a dit » (1), et Scudéry, en 1635, prenait avec flamme la défense des artistes contre les préjugés des bourgeois. « Ils pensent que la farce est l'image de notre vie... Ils croient que la femme de l'un de nous autres l'est indubitablement de toute la troupe ».

Les comédiens n'étaient donc pas des aventuriers grossiers et débauchés. Ils étaient pauvres, ce qui est tout différent. Ils travaillaient dans des conditions lamentables. La salle était délabrée et mal éclairée ; la recette se faisait avec peine, car quantité de spectateurs prétendaient ne rien payer. Il arriva plus d'une fois à Valleran et à La Porte de faire eux-mêmes le service de l'entrée. Il arriva même que le portier fût grièvement blessé par des militaires décidés à pénétrer de force dans la salle. Valleran, dit Tallemant des Réaux, « ne savoit que donner à chacun de ses acteurs ».

Le roi ne soutenait pas ses comédiens, et jusqu'aux environs de 1630, leur titre de Comédiens du Roi ne leur apporta aucun avantage réel. Les propriétaires de l'Hôtel les exploitaient cruellement. Le clergé les vouait aux flammes de l'enfer. A Paris, l'aristocratie les boudait. En province, les municipalités leur imposaient des tarifs qui les ruinaient. Un homme qui s'engageait dans cette carrière prouvait qu'il avait du cœur, l'amour de la gloire, le sens de la beauté, et peu de vertus bourgeoises.

Mais comme le grand nombre des Français, ces comédiens, sortis de la bourgeoisie, aspiraient à y rentrer. La Porte et Vautrel se firent réhabiliter et moururent en bourgeois (2). Ce furent

(1) Cité par Fransen, *op. cit.*, p. 53.

(2) Vautrel a été étudié plus haut.
La Porte est un Breton. Il est né autour de 1584. Son nom est Mathieu le Febvre. A seize ans, il a abandonné ses études pour servir sous Henri IV. Après la guerre, il entre dans une troupe de comédiens et compose des pièces pour elle. Sa présence est signalée à Bourges, en 1607. Il apparaît aux côtés de Valleran, en 1607, aux côtés de Robert Guérin, en 1609. Il est alors vraiment séparé de Valleran puisqu'il doit lui céder la place à la fin du mois (Fransen, *R. H. L. 1927*, p. 333). Mais au début de 1610, ils sont de

deux insignes farceurs qui commencèrent, au dire de Tallemant, à mener un train de vie réglé. « Le premier, écrit-il, qui commença à vivre un peu règlément, ce fut Gaultier-Garguille » et « Turlupin, renchérissant sur la modestie de Gaultier-Garguille, meubla une chambre proprement... Il ne voulut point que sa femme jouât, et lui fit visiter le voisinage ; enfin il vivoit en bourgeois » (3). Un auteur de 1634 fait dire à l'ombre de Gaultier-Garguille : « J'ai vécu en franc bourgeois ». Telle est la vérité, moins pittoresque, mais plus émouvante que la légende.

Tabarin (1)

Le public de l'époque gardait un goût très vif des farces et des déclamations comiques, des « prologues », comme l'on disait alors. Des farceurs dressaient en plein air leurs tréteaux, et le peuple aimait à s'assembler autour d'eux pour écouter leurs boniments. En 1618 un certain Herpinot avait son échafaud aux halles. Un discours qu'il adresse « aux dames de Paris », entremêlé de vers, donne une idée de son genre d'éloquence (2).

L'année suivante, deux frères établirent leurs tréteaux place

nouveau réunis. En 1619, il demande sa réhabilitation, et déclare qu'il s'est retiré de sa profession « depuis dix ans en ça » Il s'appelle désormais noble homme Mathieu le Febvre. Il a fixé sa demeure à Sens.

(3) Tallemant, VII, p. 170-171.

(1) Notre connaissance de Tabarin a été renouvelée par les découvertes d'E. Magne, qui les a consignées dans une note substantielle de son volume sur *Le plaisant abbé de Boisrobert*, p. 50-51. Philippe de Montdor et Antoine Girard, dit Tabarin, reçoivent une somme de 300 livres qui leur est accordée par Marie de Médicis, le 12 février 1619. Leur arrivée à Paris a dû suivre immédiatement, car au milieu de 1622, Antoine Girard dit qu'il est à Paris depuis trois ans et demi. Il est mort le 29 novembre 1626, à Paris. Il est faux par conséquent qu'il ait été assassiné à la campagne où il se serait retiré. Sa femme, que M. Magne appelle Victoire-Blanche, est morte le 16 août 1633. Ils avaient eu un fils qui mourut le 31 juillet 1629.

(2) *Les Estrennes de Herpinot* ont été rééditées par E. Fournier, *Variétés*, VI, p. 41 sqq.

Dauphine. Ils s'appelaient Philippe et Antoine Girard, mais ils prirent le nom de Philippe de Montdor, docteur médecin, et de Tabarin. Antoine Girard avait épousé une Italienne, Vittoria Bianca. Elle joua avec lui et avec Philippe sous le nom de Francisquine. Ils arrivaient de Blois où ils avaient joué plusieurs comédies devant Marie de Médicis.

La vogue de Tabarin allait durer de 1619 à 1625. Deux volumes permettent de connaître très exactement son répertoire (3). Ce sont des « fantaisies tabariniques », monologues pleins de verve, d'une érudition folle, où le grec ne craint pas de se mêler aux langues modernes, sur l'étymologie du nom de Tabarin, par exemple, ou sur l'antiquité de son chapeau. Ou bien des dialogues entre Montdor et Tabarin. Celui-ci, naïf, pose des questions, et Montdor leur apporte des réponses plaisantes. Parfois, c'est une vraie farce à plusieurs personnages qui se joue sur les tréteaux de Tabarin. Le canevas en est simple à l'extrême. Il annonce les farces de Molière, et même la scène du sac dans les *Fourberies de Scapin*.

On peut être assuré que les farces de l'Hôtel de Bourgogne ressemblaient fort aux farces tabariniques. Les plaisanteries étaient sans doute identiques. Les farceurs s'empruntaient les uns aux autres leurs procédés, Gaultier-Garguille et Gros-Guillaume avaient donné les modèles du genre, et l'éditeur du *Recueil Général* feint que ces « docteurs régents de l'Hôtel de

(3) M. Mongrédien a donné au *Bulletin du Bibliophile* de 1928 une bibliographie des publications tabariniques. On distinguera avec soin le *Recueil général des rencontres et questions tabariniques avec leurs réponses* et l'*Inventaire universel des œuvres de Tabarin*. Le second seul est authentique. Son *Epistre dédicatoire* est signée A. G. qui sont les initiales d'Antoine Girard, et de toute façon le texte de l'épître et du privilège, daté du 20 avril 1622, prouve que ce recueil est l'œuvre de Tabarin et a été publié pour s'opposer au *Recueil Général*. L'auteur de celui-ci est inconnu. Ses initiales sont H. I. B. Il était âgé. Sorel parle de lui dans son *Francion*, et l'appelle un cuistre qui avait servi chez les Jésuites.

Bourgogne » donnent leur approbation à son volume et n'y ont rien trouvé « qui soit contraire aux règles ordinaires en nostre Escolle ». Mais ils profitèrent à leur tour des inventions plaisantes de Tabarin, et *l'Entrée de Gaultier-Garguille en l'autre monde* fait du farceur de l'Hôtel de Bourgogne un admirateur du « beau livre » de Tabarin (4).

La Tragédie [(1)]

N'imaginons pas, à voir cette vogue de la farce, que le public fût, en 1600, incapable de goûter d'autres spectacles. La tragédie est au contraire très vivante. Les auteurs tragiques du XVIe siècle conservent l'admiration de la bourgeoisie lettrée, et l'on a compté quarante éditions de Garnier en moins de trente ans. De belles études l'ont démontré, beaucoup plus que les tragiques grecs et que Sénèque le Tragique, il est la source où puisent les écrivains du début du siècle (2).

Ceux-ci sont plus nombreux qu'on ne serait tenté de le croire. Il y a là Pierre Mathieu, Laudun d'Aigaliers, Chrestien des Croix, Nicolas de Montreux, Claude Billard, et le plus doué de tous, Montchrestien. Cinquante tragédies ont été écrites de 1594 à 1610, qui sont encore aujourd'hui connues.

Dans son ensemble, la tragédie, telle que la comprennent les écrivains de l'époque d'Henri IV, ne se distingue pas de la tragédie de la Renaissance, et comment s'en étonner puisque leur maître reconnu est Robert Garnier ? Les sujets sont le plus

(4) E. Fournier, *Variétés*, IV, p. 225.

(1) On consultera H. Carrington Lancaster, I, 1, p. 19-23, et G. Lanson *Esquisse*, p. 11-35. On lira aussi avec fruit l'importante préface que J. Haraszti a donnée à son édition du *Tyr et Sidon* de Jean de Schélandre, *Textes Français Modernes*, 1908.

(2) R. Lebègue, dans *R. C. C.*, XXXIII, 2e série.

souvent empruntés, tantôt à la légende ou à l'histoire de l'Antiquité, tantôt à la Bible. On joue *Clytemnestre, les Horaces, Pyrrhe, Annibal* ou *Cyrus*. Ou bien l'on met sur la scène les *Gabéonites* et le *Saül* de Jean de la Taille et des tragédies bibliques plus récentes. Les tragédies tirées de l'histoire moderne sont rares, mais elles existent : Montchrestien compose l'*Ecossaise* (1601) et Bounyn la *Sultane* (1561).

Mais si la tragédie continue de vivre, c'est en se transformant, et la distance va s'élargissant entre la *Cléopâtre* de Jodelle et les tragédies de l'époque d'Henri IV. Les écrivains ont maintenant ce goût de l'horrible et de l'extrême violence qui apparaît dans la peinture du temps. Il leur faut des rapts, des vengeances atroces, des scènes de viol. Ils ne sont satisfaits, ils n'espèrent donner satisfaction à leur public que dans une atmosphère d'adultères et d'incestes. Claude Billard a un mot qui éclaire sa conception de la tragédie, celle de toute son époque : « Où il y a effusion de sang, mort, et marque de grandeur, c'est vraie matière tragique ».

Ce qui est étrange, c'est que cette tragédie nouvelle, toute d'action, ne se dégage qu'avec peine des formes de la tragédie antérieure, essentiellement gnomique et oratoire. Alors qu'elle cherche à mettre les événements sous les yeux des spectateurs, elle continue à faire usage des messagers. Elle persiste à introduire des chœurs dans une action qui n'en a que faire. Les tirades restent interminables : on en trouve de deux cents vers dans Claude Billard, et il arrive qu'un acte consiste en un seul monologue. Le style surtout n'est pas un style d'action. A travers Garnier, c'est toujours Sénèque qui impose au dialogue tragique son allure, ses sentences morales, ses antithèses, son étalage d'érudition.

Ce qui enfin est à un haut degré paradoxal, c'est que cette tragédie, qui cherche de plus en plus l'intérêt dans la violence et la variété de l'action, reste pourtant attachée, le plus longtemps qu'elle le peut, à ce que l'on appellera plus tard les unités. Au prix d'invraisemblances criantes, l'action de ces tragédies est comprimée dans une durée de vingt-quatre heures, et elle ne se déplace guère qu'à l'intérieur d'un lieu unique, qui est le plus souvent une ville.

Mais il était inévitable que sous la pression d'un sens nouveau du tragique, les formes anciennes fussent obligées de céder. Des batailles se déroulent maintenant sur la scène. On voit des soldats qui traversent le plateau en courant, poursuivis par l'ennemi vainqueur. On voit des femmes se percer le sein sur le cadavre de leur mari. On voit dans les *Portugais infortunés* de Chrestien de Croix, en 1608, des Européens et des Européennes naufragés, essayant d'obtenir des indigènes un peu de nourriture, dépouillés de leurs vêtements et mourant de misère sur la plage déserte : et ce thème mélodramatique est traité dans une pièce à qui il ne manque aucune des formes traditionnelles, le prologue, le chœur, et les longs monologues.

Peu à peu, l'on renonce à observer les unités. Le principe reste vivant, mais l'on se montre de plus en plus large dans l'application. On renonce même parfois à la division en cinq actes, et l'on voit une tragédie qui n'a que quatre actes — l'*Hercule* de Mainfray — pendant qu'une autre en a jusqu'à sept, la tragédie de *Cammate* de Jean de Hays. Les chœurs disparaissent peu à peu et les tirades oratoires tendent à s'abréger, au profit d'un dialogue plus rapide.

Enfin, de nouveaux sujets viennent disputer leur place aux anciens. Les auteurs puisent dans l'Arioste et dans le Tasse, ils empruntent leur matière aux *Histoires tragiques*. Ainsi se forme une tragédie romanesque, qui n'observe plus les lois traditionnelles du genre que par la catastrophe qui la termine. Elle est, dès l'époque d'Henry IV, en plein essor, si bien qu'un tiers environ des tragédies de ces seize années emprunte ses sujets à la littérature romanesque.

La Tragi-comédie

Il suffisait donc d'un seul trait pour que la tragédie irrégulière de 1600 cessât tout à fait d'être une tragédie : il suffisait que le dénouement fût heureux.

Le terme de tragi-comédie était connu. Il avait d'abord désigné une pièce où les dieux et les rois se trouvaient mêlés à une aventure comique : *Amphitryon* était une tragi-comédie. Mais au XVIe siècle, et en Italie, le mot avait revêtu un autre sens. Pour les théoriciens italiens, la tragi-comédie est une tragédie qui finit bien, ou encore une tragédie où le comique se mêle au tragique : deux notions qui, à coup sûr, ne se confondent pas, mais qui, en fait, sont associées dans l'esprit des contemporains (1). Les discussions des critiques, les tragi-comédies composées par les auteurs dramatiques furent connues en France, et Robert Garnier écrivit la tragi-comédie de *Bradamante* (2). Les lois du genre sont désormais fixées : un sujet romanesque et sentimental, une fin heureuse, le mélange du tragique et du familier.

On croirait que la tragi-comédie, si conforme aux tendances de l'époque, supplanta rapidement la tragédie. Tout au contraire, le règne d'Henri IV ne peut opposer aux cinquante tragédies

---

(1) Cette confusion apparaît dans l'*Art Poétique* de Vauquelin de la Fresnaye (III, 165-168) :

> *Quand il y a du meurtre et qu'on voit toutefois*
> *Qu'à la fin sont contens les plus grands et les Rois,*
> *Quand du grave et du bas le parler on mendie,*
> *On abuse du nom de Tragicomédie.*

(2) *Bradamante* paraît en 1582. Garnier l'appelle une « tragecomédie ». On avait eu auparavant les tragi-comédies de *Daniel* (1561), de *Genièvre* (1564) et de *Lucelle* (1576).

que quatre tragi-comédies nouvelles (3). Il semble que les auteurs préfèrent transformer un genre ancien qu'aborder franchement une nouvelle forme dramatique.

La Pastorale [1]

Lorsqu'ils veulent faire du neuf, c'est plutôt vers la pastorale qu'ils se tournent. L'*Aminta* avait été traduit en français en 1584. Dès l'année suivante, Nicolas de Montreux publiait son *Athlette,* et en 1587, Jacques de Fonteny, que nous avons rencontré parmi les Maîtres de la Confrérie de la Passion, donnait au public le *Beau Pasteur*. Le nouveau genre connut aussitôt un vif succès, et vingt pastorales ont été publiées pendant le règne d'Henri IV.

Elles puisent naturellement aux sources italiennes et espagnoles. Chez les Italiens, les auteurs français pillent de préférence l'*Aminta* du Tasse, le *Pastor fido* de Guarini et le *Pentimento amoroso* de Luigi Groto. La littérature espagnole ne possédait pas de pastorales dramatiques. Mais ses romans pastoraux offraient une mine inépuisable de thèmes qu'il était aisé de transporter sur la scène.

Les écrivains français ne se bornèrent pas à emprunter aux littératures étrangères l'idée de la pastorale. Ils acceptèrent d'emblée tous les éléments dont le genre s'était d'abord formé. Ils

(3) Ce sont quatre pièces d'écrivains obscurs : la *Polyxène* de Behourt (1597), l'*Ethiopique* de Génétay (1609), la *Marfilie* d'Auvray (1609) et la *Genèvre* de Claude Billard (1610).

La pièce de Génétay met sur la scène le roman d'Héliodore, et celle de Claude Billard un épisode de l'*Orlando furioso*.

(1) Voir J. Marsan, *La Pastorale dramatique en France*, Paris, 1905, dont les résultats sont d'ailleurs repris, précisés, et, s'il le faut, dépassés dans le grand ouvrage d'H. Carrington Lancaster déjà cité.

les introduisirent en bloc dans leurs propres créations. C'est ainsi que dès l'origine, on put voir mêlés aux bergers et aux bergères des magiciens et des satyres. C'est ainsi que ce genre, essentiellement constitué par l'importance qu'il donne aux analyses sentimentales, s'encombra pourtant d'épisodes romanesques, de péripéties mélodramatiques, de travestissements et de reconnaissances. Si bien que la pastorale n'est guère qu'une forme particulière de la tragi-comédie, avec ses thèmes romanesques et son mélange du tragique et du comique, ou tout au moins du familier.

Claude Billard [1]

Parmi les auteurs dramatiques de l'époque, Claude Billard occupe un rang estimable. Il a publié en 1610 sept tragédies et une tragi-comédie. Il reconnaît pour ses maîtres Jodelle et Robert Garnier, et, au-dessus d'eux, Ronsard. N'attendons pas de lui par conséquent un effort vigoureux pour se libérer des servitudes de la tragédie régulière. On retrouve chez lui tout l'héritage de Sénèque : les monologues, les mouvements oratoires, et tout l'appareil d'une indigeste érudition. Mais on y remarque aussi une recherche du pathétique qui est bien de son temps : recherche parfois heureuse, et qui fait le mérite de certains de ses dénouements. De même, il tend à faire voir ce que les écrivains antérieurs se bornaient à raconter. L'on meurt sur la scène dans ses tragédies, et certains jeux de scène rompent nettement avec la tradition de la tragédie régulière.

(1) Voir une note sur lui, *supra*, p. 20. L'étude citée de Lancaster E. Dabney est tout particulièrement consacrée à l'œuvre dramatique de Billard.

Jean de Schélandre [1]

Si l'on veut se faire une juste idée de ce qu'est devenue la tragédie au début du XVII⁰ siècle, il n'est que de lire le *Tyr et Sidon* de Jean de Schélandre. Le sujet n'est pas emprunté à l'histoire. Il est romanesque. C'est un roman d'amour, avec toutes les péripéties qui sont de tradition depuis qu'il existe des romans. Sous la pression des tendances nouvelles, Jean de Schélandre mêle au tragique de sa pièce des éléments nettement comiques, et marque un beau mépris pour les plus élémentaires convenances. Mais en même temps, cet auteur persiste à observer les règles traditionnelles. La pièce se joue à Tyr : une seule scène se déroule dans une autre ville. L'action ne dure qu'une journée au prix d'invraisemblances d'ailleurs criantes. Les tirades de cent cinquante, ou de cent quatre-vingts vers rappellent le caractère oratoire de la tragédie régulière. Trois chœurs, une quinzaine de monologues, plus d'une demi-douzaine de récits prouvent à quel point Schélandre reste prisonnier du passé. Le style, souvent savoureux, reste lui aussi fidèle à la tradition de Robert Garnier.

Montchrestien [1]

Le mieux doué des écrivains dramatiques de cette époque est sans doute Antoine Montchrestien. Il était né probablement

(1) Jean de Schélandre est né le 10 février 1584, et meurt le 18 octobre 1635. Sa personnalité, qui a prêté aux plus extraordinaires confusions, est maintenant bien connue, grâce aux découvertes de J. Haraszti complétées par Samaran (*R. H. L.*, 1926), et par G. Cohen dans sa thèse sur les *Ecrivains français en Hollande*, 1920, et dans des articles de la *R. H. L.*, en 1921 et 1928. La tragédie de *Tyr et Sidon*, dans son texte de 1608, a été rééditée par J. Haraszti dans les *Textes Français Modernes*, 1908.
(1) Sur Montchrestien, voir la notice biographique et la réédition de ses *Tragédies* par L. Petit de Julleville, Paris, 1891. En 1605, après un duel

en 1575, et il aurait pu, par conséquent, emplir de son activité le premier tiers du XVIIᵉ siècle. Mais cet esprit original ne consacra au théâtre que quelques années de sa vie. Il publia une tragédie, *Sophonisbe*, en 1596 ; il donna, en 1601, un recueil où figuraient, avec sa *Sophonisbe* remaniée, quatre nouvelles tragédies. En 1604, une nouvelle édition ajoutait au recueil une sixième tragédie. Puis il se tourna vers l'économie politique, où il allait révéler une vigueur exceptionnelle de pensée.

Il est, plus que Jean de Schélandre, tout plein de la leçon de Robert Garnier, et l'un de ses amis, Brinon, a pu dire que, s'il pouvait croire à la métempsychose, il verrait en Montchrestien l'âme de Garnier. Du moins Montchrestien reste-t-il étranger à l'évolution des mœurs et des goûts. Il veut, dans ses tragédies, réagir contre une littérature frivole et lascive qui ne connaît que les mollesses de l'amour. Il s'enferme dans les grands thèmes tragiques et, comme dit son ami Bosquet :

> *Il a voulu monter sur la Tragique Scène,*
> *Et chanter l'incertain de la grandeur humaine,*
> *Monstrer qu'il n'y a point en ce monde d'appuy,*
> *Enseigner le bonheur par le malheur d'autruy,*
> *Représenter des grands les peines et les fautes,*
> *Et le malheur fatal des puissances plus hautes...*

Noble ambition, et d'un ordre bien différent de celle des tragédies irrégulières de l'époque, de leurs sujets romanesques, et de leur recherche d'un pathétique horrible.

Mais en s'attachant étroitement à la tradition de Garnier, Montchrestien, malgré son grand talent, renonçait à profiter de tout ce qu'offraient de nécessaire les tendances nouvelles.

qui ressemblait à un assassinat, Montchrestien a dû passer à l'étranger. Il visite l'Angleterre et la Hollande. Il revient en France, publie son *Traité de l'économie politique* et crée des industries. Lorsqu'en 1621 les protestants du Midi se soulèvent, Montchrestien croit de son devoir de les aider. Mais la Normandie ne bouge pas. Montchrestien, seul avec quelques hommes, est attaqué à vingt kilomètres de Domfront. Il est tué et son cadavre brûlé.

Son œuvre retarde. On la concevrait mieux en 1580 qu'en 1600. Ses tragédies, comme on l'a fait justement observer, ne sont guère qu'une succession de scènes, très peu liées entre elles. « C'est l'étalage d'une situation pathétique, regardée de divers points de vue ». Au moment où les auteurs parisiens découvrent les exigences de l'action dramatique moderne, Montchrestien ignore profondément que le drame est action.

Peut-être son rôle dans l'histoire de notre théâtre a-t-il consisté surtout à introduire dans la langue tragique la réforme malherbienne. On savait, depuis l'édition de L. Petit de Julleville, que Montchrestien avait entièrement recomposé, corrigé vers par vers sa tragédie de *Sophonisbe,* entre 1596 et 1601, et que le texte des autres tragédies avait subi la même refonte entre 1601 et 1604. Il est maintenant démontré que cette refonte a eu pour objet de conformer la langue de la tragédie aux lois de Malherbe. Il est établi d'autre part que Malherbe et Montchrestien se sont connus, et que Montchrestien vint voir plusieurs fois Malherbe, qui alors séjournait à Caen, pour l'entretenir de ses tragédies. On en conclura donc de façon légitime que la langue de Montchrestien, si différente de celle de ses contemporains Billard ou Schélandre par exemple, doit sa fermeté et sa pureté aux leçons directes de Malherbe (2).

Alexandre Hardy [1]

Aucun des écrivains jusqu'ici étudiés ne peut se comparer à Alexandre Hardy pour le nombre des œuvres, pour la durée de l'influence, pour la force de la personnalité littéraire.

(2) Ces faits importants ont été éclairés par une étude de R. Lebègue, *Malherbe correcteur de tragédie, R. H. L.,* 1934.
(1) L'étude d'E. Rigal, *Alexandre Hardy et le théâtre français à la fin du XVIᵉ siècle et au commencement du XVIIᵉ siècle,* Paris, 1889, est excellente, mais a vieilli. Elle a été, pour la biographie, remplacée par l'étude récente de Mme Deierkauf-Holsboer. L'œuvre de Hardy a été rééditée par E. Stengel, Marbourg, 1883.

Il était parisien. Mais on ne sait rien, ni de sa famille, ni de la date de sa naissance, ni du temps où il commença de travailler à Paris. Certains indices font penser qu'il accompagna une troupe de comédiens à partir de 1595, et qu'il avait alors entre vingt et vingt-cinq ans. Le premier témoignage sérieux que nous ayons sur lui date des environs de 1605. Il est alors à Fontenay-le-Comte où il vient rendre visite à Nicolas Rapin. Il compose pour la circonstance une élégie et y parle brièvement de sa vie. Il y a alors dix ans qu'il accompagne une troupe de comédiens ambulants (2). On peut admettre comme probable que depuis cette date jusqu'en 1620 il a collaboré de façon à peu près continuelle avec les Comédiens du roi. De 1620 à 1626, des documents plus nombreux nous permettent des certitudes. En 1620, il signe un accord avec les Comédiens pendant un séjour à Marseille. En 1623, il est nommé dans un contrat, aux côtés de Robert Guérin, d'Henri Legrand et de Philibert Robin, et ce document éclaire le titre de « poète de Sa Majesté » qu'Hardy avait arboré l'année précédente. Il figure de nouveau, avec le titre de « poète ordinaire du roy », en tête des signataires d'un bail de 1625, puis d'un autre de 1626. Enfin, dans un contrat du 11 décembre 1626, les Comédiens déclarent élire domicile au logis « où est demeurant le sieur Hardy, rue de Bretagne, aux Marais du Temple » (3).

En 1627, il rompt pourtant avec les Comédiens du roi et passe au service d'une autre troupe, dite des Vieux Comédiens, que dirige Claude Deschamps, sieur de Villiers.

Au service des uns et des autres, Alexandre Hardy a composé une masse énorme de pièces. En 1623, il se vantait d'en avoir écrit cinq cents. En 1628, il en déclarait six cents. Les contemporains admiraient cette prodigieuse fécondité, et Théophile, son admirateur et son ami, le comparait à un torrent

(2) Voir le texte reproduit dans H. Carrington Lancaster, *op. cit.*, p. 34.
(3) Fransen, *op. cit.*, p. 61-62.

débordé. Il restait stupéfait en présence d'une facilité qui permettait à l'écrivain de composer trois mille vers « tout d'une haleine ». Hardy lui-même était fier de pouvoir affirmer à ses lecteurs qu'il avait mis quinze jours seulement pour composer une de ses pastorales, « sans que la moindre douleur ait précédé son enfantement ».

Les témoignages contemporains insistent sur les rigueurs de son sort. Il trouva pourtant quelques hauts patronages, et l'on aime à penser qu'ils adoucirent ses dernières années. Les protecteurs de Hardy furent les mêmes qui, à la même date, défendaient Théophile contre ses ennemis : c'était le duc de Montmorency, c'était Liancourt et son beau-frère, le duc d'Halluin. Qui sait si le vieil écrivain ne dut pas à Théophile ces tardives protections ?

La fin de sa vie fut attristée par des polémiques dont il faudra reparler. La nouvelle génération lui était hostile. Celle des auteurs, comme celle du public. Le goût moderne, la mode, comme on disait alors, trouvait ridicules des œuvres déjà anciennes, écrites pour une autre génération. Les mondains surtout, les gens de Cour dédaignaient le vieux poète, et Joyel met dans sa bouche ces mots où l'amertume se mêle à la confiance de son génie :

> *Mes œuvres voleront vers la voûte lunaire*
> *Malgré les courtisans.*

Le poète mourut presque certainement en 1632 (4).

De ses cinq ou six cents pièces, Hardy n'en a fait imprimer que trente-quatre. Si l'on y ajoute onze pièces dont nous n'avons

---

(4) Il vivait encore en septembre 1631, car il donne à cette date une pièce liminaire au *Ligdamon* de Georges de Scudéry. Mais la *Comédie des Comédiens* de Scudéry, jouée en 1632 et publiée en 1633, parle de « feu M. Hardy ». En 1633 encore, Joyel publie, avec approbation du 20 juin, un volume où se lisent trois pièces sur la mort de Hardy. L'une d'elles nous apprend qu'il mourut d'une épidémie.

plus que les titres, voilà tout ce qui a passé jusqu'à nous de cette immense production (5).

Les douze tragédies de Hardy s'inspirent avant tout de la tragédie régulière, telle que la Pléiade l'avait comprise, et dont Robert Garnier avait fixé le type. Mais elles tiennent compte de la tragédie irrégulière qui s'est développée dans les dernières années du XVIᵉ siècle. Elles constituent entre ces deux formules une sorte de compromis.

Compromis dans le choix des sujets. Onze de ces tragédies ont un sujet antique. Ce sont le plus souvent des infortunes princières, tirées des historiens de l'Antiquité. Plutarque est le grand fournisseur de Hardy et, après lui, Xénophon, Quinte-Curce et Josèphe. Mais Hardy n'hésite pas à puiser dans Plutarque des histoires qui ne sont pas royales, l'horrible fait divers de deux pauvres filles violées par les hôtes de leur père, ou même à emprunter à un recueil d'*Histoires tragiques* le sujet de *Lucrèce,* une histoire d'adultère et de sang.

Compromis aussi dans la technique. Tantôt Hardy resserre l'action en quelques heures, c'est le cas de *Marianne,* ou en une journée, comme il le fait dans trois de ses tragédies. Tantôt il ne se fait pas scrupule d'étaler l'action sur un mois et davantage. De même, on le sent désireux de fixer l'action en un seul lieu. Mais ce désir reste vague, et il lui arrive de disperser sa pièce en divers lieux éloignés les uns des autres. Même attitude

(5) H. Carrington Lancaster s'est appliqué à fixer les dates des pièces de Hardy. Il aboutit aux résultats suivants. Aucune pièce ne doit être antérieure à 1605. Dix-sept ont pu être écrites entre 1605 et 1615, huit entre 1610 et 1620, sept entre 1615 et 1625, trois entre 1620 et 1625. Les dix pièces dont les titres nous sont connus par le Mémoire de Mahelot doivent dater de 1625-1631. R. Lebègue a prouvé que *Didon* est antérieure à 1608 *(R. H. L.,* 1932, p. 380). Dans la même étude, il présume quelques dates limites des pièces de Hardy : *Cornélie* ne peut être antérieure à 1613, la *Force du sang, Dorise* et *Corine* à 1615, 1619 et 1612, *Frégonde* à 1621, *Elmire* à 1610, et la *Belle Egyptienne* à 1615. Pour *Corine,* il donne une date plus précise : 1612-1613.

pour ce qu'on appellera l'unité d'action. Elle n'apparaît qu'à l'état de tendance. Il l'observe dans quatre de ses tragédies, mais dans d'autres il ne craint pas de mener de front deux et même trois intrigues différentes.

Compromis enfin dans le respect des « bienséances ». Hardy ne rompt pas avec la tradition de la Renaissance, et la tragédie vaut bien plus à ses yeux par les développements littéraires de son texte que par des artifices de mise en scène. Mais ces artifices, il ne se les interdit pas non plus. On se bat et l'on se tue sur le plateau. A lire la scène du viol dans *Scédase,* il paraît évident, si étrange que la chose puisse nous paraître, qu'elle se déroulait sous les yeux des spectateurs. Dans la trilogie d'*Alexandre* surtout, Hardy a fait une place importante à la mise en scène.

Au total, la tragédie de Hardy garde beaucoup plus de traditions du XVIᵉ siècle qu'elle n'en sacrifie. Elle conserve la division en cinq actes, elle conserve le messager hérité de la tragédie grecque. Le fantôme traditionnel apparaît fréquemment. Hardy continue d'avoir recours aux songes et aux présages, chaque acte, à l'exception du dernier, se termine par un chœur lyrique. Dans d'autres, le chœur s'exprime uniquement en alexandrins. D'autres enfin n'ont de chœur d'aucune sorte.

Si l'on veut apprécier exactement ce qu'il y a de conservateur dans l'attitude de Hardy, on se reportera à l'*Art poétique* que Laudun d'Aigaliers publia en 1598. Sur des points essentiels, ce traité rompt avec les règles de la tragédie, telle que Robert Garnier l'avait constituée. Le sujet de la tragédie doit être la vie d'un héros, décrite dans son étendue. Laudun rejette par conséquent la règle des vingt-quatre heures, parce que toute une existence ne peut être condensée en une si courte période, et parce que les Anciens ne l'ont pas toujours observée. Il rejette également la règle qui limite à trois le nombre des interlocuteurs. Il interdit aux auteurs de faire apparaître des divinités ou des personnages allégoriques. Il ne tolère les fantômes qu'au commencement de la pièce. Il est évidemment favorable aux novateurs, et beaucoup plus que Hardy.

Pourtant, l'œuvre de celui-ci ne se confond pas avec les tragédies de la Renaissance. Ce qu'elle apporte de différent, et qui du reste apparaissait déjà chez Billard et Jean de Schélandre, c'est qu'elle tend à mettre l'intérêt dans l'action. Le héros d'une pièce de Hardy n'est pas, comme l'était par exemple la Cléopâtre de Jodelle, un être passif qui subit sans lutter les persécutions du destin, et se borne à exprimer, sous une forme lyrique ou oratoire, ses sentiments de révolte ou de désespoir. C'est un homme d'action, et qui accepte de lutter. La lutte de la volonté humaine contre les obstacles qu'elle rencontre devient le vrai ressort de la tragédie nouvelle.

Transformation profonde. Les hommes de la Pléiade avaient défini la tragédie la peinture d'une illustre infortune. Elle restait par conséquent marquée d'une sorte de caractère sacré. Avec Hardy, mais aussi avec l'ensemble des contemporains, la tragédie perd ce caractère. Elle descend sur la terre. Elle jette les uns contre les autres des hommes aux volontés exaspérées. De toutes les tragédies de Hardy, *Didon* est la seule d'où les dieux ne soient pas exclus.

Cette lutte se déroule presque toujours entre deux volontés adverses, très rarement à l'intérieur d'une âme. C'est seulement dans *Didon* et dans *Marianne* qu'un conflit intime joue un rôle important, et ce sont, d'après un bon juge, deux des pièces les plus anciennes de Hardy. D'autres écrivains, à la même époque, avaient vu la valeur dramatique d'une conscience déchirée. Hardy y reste indifférent. Pourtant, l'amour joue un rôle important dans son théâtre, le plus important peut-être. Il manque dans deux de ses tragédies, dans *Daire* et dans

Coriolan, mais il apparaît dans toutes les autres, depuis le désir brutal dans *Timoclée* jusqu'à ses aspects les plus nobles dans *Panthée.* Il domine, mais il n'est pas la seule passion que connaissent les héros de Hardy. La vengeance, le patriotisme, l'admiration, la peur inspirent leurs actions. Ce ne sont jamais, au reste, que des passions sommaires, et l'écrivain prête plus d'attention aux gestes qui en résultent qu'à l'analyse de leurs mouvements intérieurs.

Hardy a écrit des tragi-comédies. Aux vingt-six pièces qui portent ce titre, il convient d'ajouter trois « poèmes dramatiques », dont l'un, *Théagène et Chariclée,* raconte en quarante actes et huit journées le roman d'Héliodore. Lorsqu'il composait des tragédies, Hardy restait fidèle à une tradition. C'est quand il compose des tragi-comédies qu'il répond vraiment au goût de son public. Il est notable que ses pièces les plus récentes sont des tragi-comédies. Le premier trait qui définit ce genre, c'est qu'il puise, non plus dans l'histoire, mais dans la littérature romanesque. A vrai dire, il traite en tragi-comédie les sujets mythologiques d'*Alceste* et d'*Ariadne.* Mais il demande le plus grand nombre de ses sujets à Ovide, à Lucien, à Héliodore et aux contes milésiens. Il emprunte trois sujets à Cervantès, un à Montemayor, un autre à Diego d'Agreda. Il en demande à Boccace, aux *Histoires tragiques* de Rosset et à des recueils de nouvelles. Les sujets sont proprement romanesques, et rappellent les épisodes du même genre qu'Honoré d'Urfé avait insérés dans son roman pastoral. Une jeune fille habillée en homme se met à la poursuite de son amant infidèle. Elle le suit jusqu'en Allemagne, devient son page, et le reconquiert. C'est le sujet de la *Félismène* de Hardy, après l'avoir été d'un épisode du roman de Montemayor. Le nom même de l'héroïne n'a pas été modifié. Ou bien encore, nous assistons aux épreuves d'une fille-mère, ou à l'infortune d'une fille qui a été violée et se voit mariée, sept ans plus tard, à l'homme qui lui a fait violence.

Si les unités n'étaient qu'imparfaitement observées dans les tragédies, Hardy prend bien plus de liberté encore dans les tragi-comédies. La *Force du sang* s'étend sur sept années. Dans *Elmire*, l'action se déplace d'Egypte en Italie, et d'Italie en Allemagne. L'action seule conserve un certain caractère de concentration, inférieur certes à ce que le goût réclamera bientôt, mais beaucoup plus marqué que dans le théâtre étranger de la même époque. L'idéal dramatique de la Renaissance est de plus en plus abandonné.

Contemporains de Hardy

Hardy est le plus important des auteurs dramatiques. Il n'est pas le seul. Pour la période de 1610 à 1618, nous ne connaissons pas moins de seize auteurs, et plus de quarante pièces n'ont pas été écrites par lui. Le plus grand nombre de ces pièces ont été, à vrai dire, imprimées en province. C'est en province sans doute qu'elles ont été jouées, et leurs auteurs sont des provinciaux. Mais elles sont toutes pareilles aux pièces contemporaines de Hardy, elles ne représentent nullement une formule d'art périmée. Le retard que l'on observe à la même date dans la production lyrique des auteurs provinciaux ne se retrouve pas dans leurs œuvres dramatiques. Hardy ne se distingue des auteurs de province que par sa fécondité, par la puissance de sa verve, non par sa conception du théâtre et de ses règles.

De toutes les provinces de France, celle dont l'activité dramatique est la plus grande est la Normandie, et Rouen est la ville où il s'imprime le plus de pièces de théâtre : deux fois plus environ qu'à Paris. Le fait mérite d'être signalé, car à cette époque est en train de grandir, dans la capitale normande, un enfant qui, dans une dizaine d'années, au sortir de son adolescence, se rangera au premier rang des auteurs dramatiques de son temps, Pierre Corneille (1).

A Paris même, les troupes de comédiens utilisaient, avec les œuvres du répertoire et celles que des amateurs leur apportaient, les pièces écrites spécialement pour elles par un poète attaché à la troupe. La Porte écrivait lui-même des pièces pour ses compagnons, puisqu'avant 1609 il avait composé « quelques tragédies, comédies, pastorales et autres poèmes tant graves que facétieux » (2). Théophile de Viau, à un moment donné, fut également attaché à une troupe de comédiens, et composa pour elle des tragédies (3).

La situation de poète lié à des acteurs était misérable. Charles Sorel en a parlé. L'auteur d'une pièce ne comptait pas aux yeux du public : le nom seul des interprètes était capable de l'attirer au spectacle. Si bien, nous dit Sorel, que sur les affiches, on ne prenait même pas la peine d'indiquer, avec le titre de la pièce, le nom de son auteur. « On y mettoit seulement que leur Auteur leur donnoit une Comédie d'un tel nom » (4). Il faudra attendre les œuvres de Théophile, de Racan et de Mairet pour donner à l'écrivain sa vraie place.

---

(1) H. Carrington Lancaster a relevé dix-neuf pièces éditées à Rouen, dix à Paris, six à Poitiers, six à Lyon, et trois à Troyes (op. cit., I, 1, p. 70 n. 1). L'avance de la province sur Paris se maintient donc jusqu'en 1620.

(2) Texte cité par H. Carrington Lancaster, I, 1, p. 64, n. 2.

(3) Il n'est pas impossible que l'une de celles-ci ait subsisté, la *Pasiphaé*, qui fut éditée en 1627 par Hulpeau sous le nom de Théophile. L'érudition la plus récente pencherait à croire que Théophile travailla pour les Comédiens du Roi. On n'en saurait donner aucune preuve, mais il est exact qu'en 1634 et en 1637, des textes parlent de « plusieurs pièces » de Théophile qui seraient entre les mains des Comédiens du Roi.

(4) *Bibliothèque françoise*, p. 185.

Le Goût nouveau

Il était inévitable que ce théâtre, si profondément engagé dans la tradition humaniste, parût démodé aux cercles lettrés, à mesure que les exigences du goût mondain s'imposaient à tout le public cultivé. Ce fut aux environs de 1620 qu'une nouvelle génération apparut, dont les œuvres allaient tenir compte de cette évolution des esprits. Mairet nous dit que sa *Sylvie* parut lorsque le *Pyrame et Thisbé* de Théophile, et les *Bergeries* de Racan « conservoient encore dans les meilleurs Esprits cette puissante impression qu'elles avoient justement donnée de leur beauté » (1). Sorel a exprimé, avec une netteté remarquable, l'espèce de révolution qui s'opère alors dans notre littérature dramatique : « Il s'estoit passé un long temps, écrit-il, qu'ils *(c'est-à-dire* les Comédiens) n'avoient eu autre poète que le vieux Hardy, qui, à ce que l'on dit, avait fait cinq ou six cents Pièces ; mais depuis que Théophile eut fait jouer sa *Thisbé,* et Mairet sa *Sylvie,* M. de Racan ses *Bergeries,* et M. de Gombauld son *Amarante,* le Théâtre fut célèbre et plusieurs s'efforcèrent d'y donner un nouvel entretien ». L'abbé de Marolles confirme pleinement ces deux témoignages : « Hardy avoit composé plus de huit cens pièces de théâtre, dont les vers estoient si durs qu'elles le rendirent désagréable, au même temps qu'on vit paroistre les *Bergeries* de Racan, la *Thisbé* de Théophile et la *Sylvie* de Mairet ».

---

(1) *Epître familière sur la tragi-comédie du Cid,* dans Gasté, p. 236.

Pyrame et Thisbé [1]

Théophile avait un moment travaillé pour le théâtre. Il avait quitté aussitôt que possible une situation qui pesait à son désir de liberté. Mais, dans les premiers mois de 1621, à un moment où il était considéré comme l'un des tout premiers poètes de France, il composa une tragédie, *Pyrame et Thisbé* (2). Il l'avait écrite pour le roi, pour la Cour, pour les milieux aristocratiques. Elle fut jouée devant le roi. Elle le fut aussi, en 1627, à Rambouillet, devant la marquise et ses familiers. Sa fille Julie tenait le rôle de Pyrame. L'Hôtel de Bourgogne accueillit la pièce dans son répertoire, et Scudéry, en 1635, disait à son sujet : « Excepté ceux qui n'ont point de mémoire, il n'est personne qui ne (la) sçache par cœur ».

La technique dramatique, dans cette œuvre alors si admirée, reste étonnamment primitive. Les scènes ne sont pas liées. Les personnages viennent sur le plateau sans autre raison que de débiter leurs tirades. Ils se retirent ensuite pour laisser la place à d'autres. Le cinquième acte est entièrement formé de deux monologues successifs.

Mais ces défauts trop visibles ne doivent pas faire méconnaître le caractère déjà classique de l'œuvre, et le mot *classique* doit être pris ici dans son sens le plus précis. Théophile resserre son action en vingt-quatre heures. Il observe la règle de l'unité de lieu dans le sens un peu large qu'on lui donnait alors, et que

---

(2) *Pyrame et Thisbé* a été rééditée par J. Hankiss, Strasbourg, 1933. Après bien des erreurs, voici les conclusions auxquelles, semble-t-il, on peut se tenir sans excès d'imprudence. *Pyrame* a été publiée pour la première fois au début de 1623. On a dit qu'elle avait été jouée devant le Roi en 1625, mais depuis que l'on sait qu'elle parut en 1623, pareille affirmation est invraisemblable. On n'imprimait une pièce que lorsqu'elle avait épuisé son intérêt pour le public et pour les comédiens. A en juger par des rapprochements nombreux et précis avec les œuvres lyriques de Théophile, la pièce a été composée au début de 1621. Elle a été jouée aussitôt, et la lettre du poète où il raconte la représentation à la Cour date des environs du mardi gras de 1621.

Corneille lui donnera encore à l'époque du *Cid* : la chambre de Pyrame, celle de Thisbé, et un lieu indéterminé, un terrain proche de Babylone. Il donne à sa tragédie un ton constamment noble. Thisbé, il est vrai, plaisante un instant avec sa nourrice, mais la scène est plutôt familière que comique et ne tombe pas dans le bas. Enfin Théophile observe les convenances de la façon la plus stricte. Nul geste violent ne vient troubler l'élégante harmonie du drame.

Parmi tant de mérites, celui qui sans doute fut le plus sensible au goût des contemporains, ce fut la force audacieuse des pensées ; ce fut aussi la beauté du style. A vrai dire, le théâtre de Hardy était plein, lui aussi, de belles et nobles « sentences ». Mais c'étaient sentences de l'autre siècle. Il fallait, pour les goûter, penser en disciple de la Pléiade. Théophile pense en moderne, et ce sont les libertés d'un esprit moderne qu'il ose exprimer dans ses tragédies. Il ose dire que vivre, c'est aimer, et qu'il est vain de lutter contre la passion. Il ose dire que l'immortalité de l'âme est un conte, et que nul n'est jamais revenu des enfers. Il se permet même d'avancer, sur le caractère du pouvoir royal, d'inquiétantes maximes.

Pensées audacieuses. Mais qui ne sont pas vulgaires. L'amour, dans *Pyrame,* n'est pas le brutal désir. Il est une flamme qui brûle et purifie, qui élève l'âme au-dessus d'elle-même et la fait participer au divin. Il est, comme dans *Francion,* union avec la vie universelle.

> Les oyseaux dans les bois ont toute la journée
> A chanter la fureur qu'amour leur a donnée ;
> Les eaux et les zéphirs, quand ils se font l'amour,
> Leur rire et leurs soupirs font durer tout le jour.

Cette force, cette richesse des idées s'expriment dans une langue qui nous gêne aujourd'hui par ses gaucheries et ses subtilités excessives. Mais aucun poète vivant — Malherbe compris — n'eût été capable de rivaliser pour la beauté du verbe avec certaines des meilleures scènes. Une beauté déjà très romantique. Une beauté qui parfois fait penser à Shakespeare. Qu'on imagine la cour de Louis XIII écoutant le monologue de Thisbé !

> *Déesse de la Nuit, Lune, mère de l'ombre...*

Et cette expression raffinée de la passion dans l'ardente apostrophe de Pyrame :

> *Mais je me sens jaloux de tout ce qui te touche,*
> *De l'air qui si souvent entre et sort par ta bouche...*
> *Si je pouvais complaire à mon jaloux dessein,*
> *J'empescherois tes yeux de regarder ton sein ;*
> *Ton ombre suit ton corps de trop près, ce me semble...*

De tels mouvements expliquent le succès de la pièce de Théophile. La jeune génération, la sienne, celle qui, en 1620, a de vingt à trente ans, ne peut plus tolérer les pièces de Hardy, ni celles de Robert Garnier. Lorsqu'elle y assiste, elle a l'impression d'assister à un exercice scolaire, où plus rien n'est vivant. Des tirades sur le destin ne l'intéressent plus, et l'abus de la mythologie lui semble pur pédantisme. Ce qu'il lui faut, ce que Théophile lui offre, ce sont des sentiments modernes, c'est la galanterie raffinée, c'est la passion qui s'affirme comme la valeur suprême de la vie. Les spectateurs ne lui en ont pas demandé davantage, et n'ont même pas soupçonné le caractère primitif de sa technique, sa pauvreté, ses maladresses (3).

---

(3) Sur les vers trop fameux du poignard : « il en rougit, le traître ! », on lira avec intérêt le commentaire d'H. Carrington Lancaster, *op. cit.*, I, p. 170-171. De nombreuses imitations prouvent à quel point le trait fut admiré. Vion d'Alibray fut le premier, en 1632, qui se permit de déplorer cet excès d'ingéniosité.

Les Bergeries *de Racan* [1]

Presque en même temps que *Pyrame* paraissaient les *Bergeries* de Racan. Avec la première tragédie de haut style, la première pastorale française qui fût œuvre littéraire. On avait joué jusque là bien des pastorales. Depuis l'*Athlette* de Nicolas de Montreux et le *Beau pasteur* de Fonteny, la vogue du genre ne s'était pas démentie.

Il se chargea dès le début d'un certain nombre de conventions, les mêmes en France qu'en Italie. On eut des bergères et des bergers amoureux, des bergers rivaux, des bergères coquettes, et quelques-unes indifférentes à l'amour. On eut des satyres qui guettaient les bergères et des magiciens qui lisaient l'avenir dans des miroirs. On eut des plaintes harmonieuses, des jalousies et des suicides ; mais grâce à Dieu la plupart de ces désespérés ne mouraient pas. Des thèmes lyriques s'imposèrent : l'innocente douceur de la vie pastorale, le retour du printemps. La vie libre des chasseurs s'opposa aux servitudes amoureuses des bergers, et par-dessus tout les auteurs de pastorales célébrèrent l'âge d'or, le temps heureux où l'honneur était inconnu, où seul comptait l'amour, où c'était même titre que d'être l'amant et l'époux.

Hardy écrivit, lui aussi, des pastorales, et cinq d'entre elles nous ont été conservées. Il se borna à suivre les traditions du genre. Tantôt il démarquait l'intrigue très simple de l'*Aminta,* tantôt il utilisait les thèmes beaucoup plus riches de Guarini et de Groto. Il puisait aussi dans Montemayor et dans les pastorales françaises. Son originalité se bornait à mettre en scène deux satyres au lieu d'un, ou encore de multiplier les mariages,

---

(1) Les *Bergeries* ont été rééditées par L. Arnould dans les *Textes Français Modernes,* 1937. Elles ont paru en 1625. Aucun texte, aucun indice ne permet de découvrir la date de composition. 1620 semble la date la plus probable. L'indication la plus ferme est celle que l'on peut tirer d'une lettre de Malherbe (*éd. cit.,* IV, p. 94).

heureuses conclusions de ses pièces. Son *Alphée* en a jusqu'à trois.

La pastorale, chez lui, ne respecte pas ce qu'on appellera un jour les trois unités. Une seule de ses pièces se renferme dans les vingt-quatre heures. L'action se déplace dans l'intérieur d'une forêt, et même au-delà. L'intérêt se disperse sur plusieurs intrigues. Les convenances ne sont pas davantage observées. On se bat sur la scène dans trois pastorales, on y prend un bain dans une autre. Le mélange du comique était de tradition, puisqu'il était entendu, depuis le *Pastor fido,* que la pastorale comportait un satyre, et que le satyre jouait un rôle de farce. Un historien, lorsqu'il s'applique à définir le rôle de Hardy dans le développement de la pastorale, le réduit à ces quelques traits : la division en cinq actes, l'usage du décasyllabe, et l'élimination du chœur.

A ne considérer que la technique, les *Bergeries* de Racan ne se distinguent guère des pastorales antérieures. L'intrigue offre mêmes caractères. Un amour réciproque et contrarié. Des quantités d'amours qui, eux, ne sont pas réciproques, et qui viennent brouiller le cours du premier. Un méchant traître, Lucidas, et un magicien, son compère. Un satyre ridicule. Avec cela, d'insignes maladresses. A la fin du troisième acte, la pièce est finie, ou devrait l'être. La ruse de Lucidas a échoué. Alcidor, après un suicide manqué, tombe dans les bras d'Arthénice, qui était entrée dans un couvent, et se hâte d'en sortir. Racan repart alors, et trouve la matière d'un quatrième acte. Quand il y parvient, il reste à inventer une dernière péripétie, un dernier obstacle, qui sépare Alcidor et Arthénice. Son V\ue acte aboutit à une reconnaissance, inspirée par les traditions les plus pures de la littérature romanesque.

Les *Bergeries* n'en sont pas moins une œuvre exquise, et méritent de faire date dans l'histoire de notre théâtre. Elles conservent, de nos jours encore, une merveilleuse fraîcheur. A vrai dire, elles n'ont rien de l'éblouissant lyrisme de l'*Aminta.*

Elles se placent très près de la réalité familière. Mais c'est à ce titre qu'elles nous charment. Qu'on lise par exemple la scène où le bon Silène surprend Arthénice, sa fille, levée de trop bonne heure. C'est une scène de comédie du meilleur ton. Il lui demande pour quelle raison elle est sortie si tôt de la ferme. Elle lui explique qu'elle a l'impression qu'un loup, « un véritable loup », tourne autour de la bergerie. Mais le vieux Silène connaît ce loup-là. Il l'a rencontré la veille, qui rebroussa chemin dès qu'il l'aperçut. La jeune Arthénice rougit et sourit. Nous sourions aussi de ce dialogue, merveilleux de familiarité gentille, de fine observation et d'un sentiment si délicat.

Toute la pièce abonde en beautés de ce genre. Pas un instant, nous ne nous croyons transportés dans une Arcadie artificielle. Nous savons fort bien que nous sommes aux environs de Paris, près des bords de la Marne ou de la Seine. Nous savons que la maison des prétendues Vestales est un couvent de religieuses, et nous goûtons le plus délicat plaisir à la conversation de la jeune novice Arthénice et de la vieille nonne Philothée sur les chagrins d'amour et les vocations religieuses qu'ils inspirent. Si l'histoire littéraire attachait moins de prix aux questions de forme et de technique, elle ferait des *Bergeries* la première en date de nos comédies de mœurs, la plus certaine origine des comédies de Corneille.

A ces qualités éminentes, ajoutons les grâces du style. Il n'a certes pas les périlleuses audaces de Théophile. Mais il est exquis, souple, harmonieux. Il n'est pas fade. Racan connaît la vie des champs, et la décrit avec un sain réalisme. Il ne garde des exigences de Malherbe que les préceptes légitimes. Mais il écrira par exemple :

L'un escaloit des noix, l'autre teilloit du chanvre.

Il se doute que ces deux verbes ne sont pas familiers aux salons de Paris. Mais il ne se croit pas obligé de n'écrire plus que pour eux.

Son style a d'autres vertus encore, et les fortes beautés y abondent, les images grandes, les vers harmonieux et pleins. Hardy commençait à lasser par la rudesse de sa langue. Quelle joie durent éprouver les Courtisans, quand il leur fut donné d'entendre une pastorale tout entière écrite en une langue musicale et limpide, sans archaïsme, sans hiatus, une langue qui réalisait à plein la « douceur » des modernes !

L'influence des *Bergeries* sur la pastorale contemporaine fut considérable. On s'en rendra compte si l'on compare à l'œuvre de Racan la *Pasithée* de Pierre Troterel, parue à Rouen en 1624. Les situations ne sont pas seulement les mêmes. On retrouve chez Troterel le couvent de religieuses, la même atmosphère de vie réelle, française, contemporaine, le même réalisme de bon ton, le même modernisme de la langue. Si Pierre Corneille a lu la pièce de son compatriote Troterel — et qui en douterait ? — il a pu y goûter les qualités qu'il donnera bientôt à ses propres comédies de mœurs. Ces qualités dont Racan avait donné le merveilleux modèle.

La Sylvie *de* Mairet [1]

L'on ne saurait mettre en un assez fort relief le rôle de Théophile et de Racan dans la renaissance du théâtre qui

---

(1) Sur Mairet, le livre de G. Bizos, *Etudes sur la vie et les œuvres de Jean de Mairet*, 1877, reste utile, à condition d'être corrigé par les ouvrages qui l'ont suivi, et notamment par E. Dannheisser, *Studien zu Jean de Mairet's Leben und Wirken*, Ludwigshafen, 1888. L'état actuel de nos connaissances est résumé par H. Carrington Lancaster, *op. cit.*, I, 1, p. 234-235. La vie de Mairet a longtemps présenté des difficultés considérables aux historiens, parce qu'il les avait trompés sur la date de sa naissance. La découverte de son acte de baptême prouva l'imposture. Mais elle entraîna à de nouvelles erreurs sur la date de composition de ses pièces. La question est maintenant éclaircie de façon sûre. Sa première pièce, *Chryséide*, date de 1625, *Sylvie* de 1626, *Silvanire* de 1630, les *Galanteries du duc d'Ossonne* de 1632, *Virginie* de 1633, *Sophonisbe* de 1634.

s'amorce à partir de 1620. Mais ces deux poètes n'avaient été dramaturges que par occasion. Il leur a manqué, pour marquer profondément l'art dramatique, à la fois la persévérance, qui accumule les œuvres fortes jusqu'à créer un public qui les comprenne, et l'habileté technique, sans laquelle tout effort littéraire demeure incomplet. Ce fut un jeune écrivain qui recueillit leur leçon, qui lui donna sa forme, qui l'imposa.

Jean Mairet était né à Besançon en 1604. Fils d'un père mi-Allemand, mi-Français, orphelin de bonne heure, il vint à Paris et y acheva ses études. En 1625, il vit dans l'entourage de Montmorency, et devient l'ami de Théophile lorsque celui-ci sort de prison. Il compose alors sa première pièce, *Chryséide et Arimant.* Cette tragi-comédie, qui transporte sur la scène un épisode de l'*Astrée,* s'inspire de *Pirame* pour la structure et pour les pensées. La pièce obtint un notable succès, et Mairet, encouragé, donna en 1626, une « tragi-comédie pastorale », *Sylvie* (2). Elle le classa d'emblée au premier rang des écrivains dramatiques.

Elle est, en effet, charmante, fraîche et poétique à souhait. Mais elle accentue le trait que Racan avait donné à la pastorale dans ses *Bergeries.* Nous sommes maintenant très loin de l'*Aminta,* et de ses effusions lyriques. Plus de chœurs, plus de satyres grotesques. Très peu de magie. Et beaucoup moins de bergers qu'on ne s'y attendrait dans une pastorale. Pas de berger du tout, pourrait-on dire, car Sylvie est une jeune paysanne, et ses parents sont des fermiers de l'Ile-de-France, qui doivent beaucoup plus aux dons d'observation de l'écrivain qu'à la lecture de l'*Astrée.* En face de ces paysans authentiques apparaissent des personnages qui ne sont pas familiers à la pastorale, un roi, son fils et sa fille, son chancelier et un prince étranger.

En réalité, *Sylvie* est une sorte de comédie de mœurs et vaut par l'observation de la vie familière, par la finesse discrète des

(2) *Sylvie* a été rééditée par J. Marsan dans les *Textes Français Modernes,* 1905.

sentiments, par une sorte de réalisme d'excellent aloi. On y reconnaît l'influence des *Bergeries*, et elle marque un pas de plus vers ce qui constitue le but, sans doute inconnu, de notre théâtre à cette époque : la comédie de mœurs.

L'œuvre de Mairet donnait donc à l'art dramatique une impulsion nouvelle, lui imprimait un élan nouveau dans une direction riche de possibilités. Son influence devait être d'autant plus grande que le jeune écrivain apportait des dons de véritable dramaturge. Il avait, à vingt-deux ans, un sens du mouvement que Théophile ni Racan ne possédaient. Comparée à *Pyrame* et aux *Bergeries*, sa pièce marque à ce point de vue un immense progrès. Certes les scènes ne sont pas régulièrement liées, et il arrive encore que des personnages apparaissent sur la scène sans autre raison que de débiter quelques vers et se retirer ensuite. Mais l'action est sérieusement nouée, l'intérêt est vif et concentré, l'action progresse de façon régulière. L'art des péripéties peut paraître enfantin, mais il existe du moins, et prouve, chez ce jeune homme, un sens étonnant de l'art dramatique.

Polémiques autour de Hardy

Théophile et Mairet n'étaient pas, pour Hardy, des ennemis et des rivaux. Ils avaient les mêmes protecteurs, et Montmorency, qui entretenait Théophile et Mairet, donna son patronage à Hardy ; Liancourt et son beau-frère, le duc d'Halluin, figurent également parmi les protecteurs du vieux poète. Deslandes-Payen, à qui il a dédié un volume de ses *Œuvres*, était l'ami de Théophile. Celui-ci avait écrit une ode à Hardy, pleine de chaleur, et qu'inspirait une admiration véhémente.

Mais il était inévitable que les progrès de la réforme malherbienne vinssent frapper de discrédit l'œuvre du vieux dramaturge. Il trouvait ses admirateurs sur la montagne Sainte-Geneviève, et ce n'est pas un hasard si la plupart des écrivains qui fournirent des pièces liminaires aux éditions de ses œuvres, se trouvent être des professeurs de l'Université (1). Les Malherbiens étaient ses adversaires-nés.

La première manifestation d'hostilité que l'on connaisse, remonte à 1620. La *Satire du temps* de Besançon rapporte certaines critiques : le vers de Hardy est inégal, le poète a plus le souci de la quantité que de la qualité. « Il est capricieux en diable. » Hardy sentait l'opposition grandissante. En 1626, il parle de Malherbe, avec des formules de respect, mais en des termes qui ne laissent aucun doute sur leur hostilité réciproque. Malherbe est à ses yeux un ignorant, sans force, sans génie, et qui appauvrit la langue au nom d'un faux idéal de pureté. Puis, en 1628, dans sa préface à Liancourt, il attaque, sans les nommer, mais en termes très vifs, certains poètes de cour et certains avocats qui se permettent d'aborder l'art dramatique.

Ces adversaires ont été identifiés. Il s'agissait de Pierre du Ryer et d'un certain Auvray, tous deux jeunes avocats et auteurs, chacun, d'une tragi-comédie (2). L'*Arétaphile* de Du Ryer, la *Madonte* d'Auvray étaient tout le bagage de ces jeunes gens, au moment où ils affrontaient le vieil auteur, fier de ses six cents œuvres. Mais ils avaient pour eux un groupe de jeunes écrivains (3). Ils avaient, pour les appuyer, un acteur de l'Hôtel de

(1) Ce sont Pierre Bertrand Mérigon, d'Aix-les-Thermes, prêtre, professeur de grec à Toulouse, puis professeur dans divers collèges de Paris, de 1618 à 1634 environ, Antoine Dubreton, professeur de Sorbonne en 1639 et Claude de la Place, qui sera le professeur de Boileau (E. Roy, dans *R. H. L.*, 1915, p. 501, n. 1).

(2) Les pièces de cette polémique ont été retrouvées par E. Roy. Il les a publiées dans la *Revue d'histoire littéraire* en 1915. Il avait commis, dans l'attribution des pamphlets, une erreur qui fut rectifiée par H. Carrington Lancaster (*R. H. L.*, 1917, p. 414 sqq). On admet maintenant que Damon est du Ryer et que Poliarque est Auvray. H. Carrington Lancaster avait publié sur du Ryer un article dans la *R. H. L.*, 1913. Sur Pierre du Ryer, cf. *infra*, p. 563.

(3) L'identification de l'un de ceux-ci, Alcidon, avec Rayssiguier a été proposée avec de sérieuses raisons par H. Carrington Lancaster, *R. H. L.*, 1922, p. 261.

Bourgogne, car dès 1626, Hardy avait parlé « des louanges que leur donne la langue charlatane de quelque écervelé d'Histrion », et son pamphlet de 1628 s'intitule la *Berne des deux rimeurs de l'Hostel de Bourgogne*. Enfin et surtout, les jeunes auteurs représentaient la génération nouvelle, et pouvaient compter sur l'avenir. Hardy n'était plus qu'un vieux poète, enfermé dans les formules du siècle précédent, incapable d'atteindre à la pureté du nouveau style et de corriger sa langue dure et archaïque. La violence du pamphlet de Hardy ne pouvait dissimuler qu'il était vaincu.

DEUXIÈME PARTIE

L'ÉPOQUE
DE
RICHELIEU
(1628-1642)

Chapitre I
L'ACADÉMIE
ET LES SALONS

Richelieu

L'année 1628 marque, dans l'histoire de notre littérature, un point de départ commode pour une nouvelle période. Malherbe meurt cette année-là. Théophile a disparu deux ans plus tôt, et ce double vide crée pour notre poésie des possibilités nouvelles. Le *Recueil des lettres* de Faret, en 1627, signifie que la réforme malherbienne s'étend maintenant à la prose, et le *Recueil des plus beaux vers* atteste son triomphe dans le domaine de la poésie. En 1628 encore, Hardy publie le dernier volume de son *Théâtre ;* il se sent dès lors dépassé par la nouvelle génération. Enfin, Richelieu, arrivé au pouvoir en 1624, commence à faire sentir son emprise sur la vie des lettres françaises.

Car il faut parler de Richelieu dans une histoire de notre littérature. Il aimait les belles-lettres, et respectait les écrivains. Il les traitait fort civilement, nous dit Tallemant, et dans une conversation qu'il eut avec Gombauld, il ne voulut jamais se couvrir parce que Gombauld s'entêta à lui parler nu-tête. Il s'intéressait aux œuvres de la façon la plus directe et la plus minutieuse. Il a lu la *Pucelle* et il en a noté en marge les défauts. Lorsque Chapelain eut composé une ode en son honneur, il voulut la lire en manuscrit, il proposa des corrections et les discuta avec l'auteur : le tout par écrit d'ailleurs. Il ne fit donc rien qui lui parût extraordinaire lorsqu'il lut et annota les réflexions de l'Académie sur le *Cid*.

Il avait l'amour de notre langue. Il la voulait nette et pure, exprimant avec une parfaite dignité des pensées raisonnables. Lorsqu'il apprit que des gens de lettres se réunissaient pour discuter leurs œuvres, il s'intéressa vivement à un travail qui répondait si parfaitement à ses vues.

Mais surtout il aimait le théâtre. Il l'aimait, nous dit Pellisson, avec passion. Il assistait avec plaisir à toutes les comédies nouvelles, il en conférait avec les écrivains, il leur fournissait même des sujets. Il fit bâtir dans son palais la plus belle salle de spectacle de Paris. Il y donna des représentations d'un luxe alors inouï. L'une d'elles coûta, seule, deux ou trois cent mille écus. Il lui arriva de rimer lui-même et l'on assure que, dans la *Grande Pastorale,* il y avait cinq cents vers de sa façon.

Mais quel que fût son amour désintéressé des belles-lettres, on risque de ne rien comprendre à l'attitude de Richelieu si l'on ne voit pas qu'il a considéré les écrivains comme les propagandistes de sa politique, et qu'il a prétendu les discipliner et les obliger à servir, comme il avait discipliné les autres forces du Royaume.

Le premier effort qu'il ait fait en ce sens remonte à 1627. Cette année-là, Nicolas Faret publie un *Recueil de lettres* (1).

---

(1) Nicolas Faret est né à Bourg-en-Bresse, probablement en 1596. Il donne en 1618 des vers liminaires à son ami J.-J. Chifflet. On le trouve à Paris, en 1620, dans un groupe qui réunit Brun, Chifflet, venus de Franche-Comté, et les Parisiens Colletet, Frenicle et Malleville. Il est alors l'ami de Vaugelas et le protégé de Nicolas Coeffeteau. Il se donne à des travaux de traduction. Nous savons par Colletet qu'il a traduit, avant 1622, l'*Harmonie funèbre* de Marino et l'*Arcadie* de Sannazar. Il traduit également et publie l'*Histoire romaine* d'Eutrope. Il fait paraître une brève histoire des quatre derniers sultans. Coeffeteau le considère comme son meilleur disciple et lui confie en mourant le soin d'achever son *Histoire romaine.* Après la mort de Coeffeteau, il vit dans l'entourage de Malherbe et appartient au petit

On y trouve entre autres des lettres de Malherbe, de Boisrobert et de Balzac, de Silhon et de Colomby. Comment a-t-on pu voir dans ce volume une collection de lieux communs sans intérêt ? Silhon réfute le déisme, opinion dangereuse et dont il importe d'arrêter les progrès. D'autres célèbrent le génie de Richelieu et son œuvre, à une époque où la position du ministre est très menacée. Et surtout, l'ensemble du volume, à l'exception des lettres de Molière d'Essertine, recommande le sacrifice de l'individu à l'Etat, s'efforce de fonder, si l'on peut dire, une mystique de la Raison d'Etat. Il faut que chacun pense avec l'Etat, agisse pour l'Etat, que les énergies se concentrent au service de l'Etat. Colomby écrira par exemple : « Vous souvenez-vous point qu'il n'est pas permis de juger sinistrement de la fortune de l'Estat. » L'inquiétude même et le doute deviennent des crimes. L'heure n'est pas aux affirmations de l'individualisme.

Autour de lui, Richelieu avait réuni quelques hommes de

groupe de ceux qui avec Balzac, veulent étendre à notre prose les bienfaits de la réforme malherbienne. En 1623, Faret est au service du comte d'Harcourt. Il rendra à son maître les plus précieux services parce qu'il peut atteindre Richelieu à travers son ami Boisrobert. Il fera si bien que Richelieu confiera une flotte, une armée au prince lorrain. Faret profita de ces succès. Il devint un personnage important, fut chargé de missions, devint conseiller secrétaire du roi et intendant de la maison du comte d'Harcourt. Saint-Amant, son ami, a trop souvent fait rimer le nom de Faret avec le mot de cabaret. Ce n'était qu'une plaisanterie, et Faret était sobre. Mais il allait pourtant au cabaret plus souvent que ses démentis voudraient le faire croire. Dans une lettre intime, il décrit lui-même au cabaret avec Saint-Amant, buvant à la santé de leur ami Brun (*R. H. L.*, 1906, p. 87 sqq). Le principal ouvrage de Faret est l'*Honnête homme ou l'art de plaire à la Cour*, publié en 1630, étudié longuement par M. Magendie, *La politesse mondaine et les théories de l'honnêteté en France au XVIIᵉ siècle*, 1925. La conclusion de M. Magendie est que Faret, les yeux fixés sur les trattatistes italiens, Castiglione et Guazzo, n'a pas compris le mouvement d'idées issu de Montaigne. Ses préoccupations s'arrêtent à la réussite du courtisan. S'il recommande la modération, c'est à l'occasion de questions de détail, de costume, d'attitude. Il ne fait pas de la raison, de l'idée de juste milieu, des principes qui dirigent la vie intellectuelle et morale. Sur le caractère et la vie de Faret, on prendra pour point de départ une étude de N.-M. Bernardin, *Hommes et mœurs au XVIIᵉ siècle*, Paris, 1900, malheureusement très incomplète.

confiance, qui assuraient ses rapports avec les gens de lettres. On nommera parmi eux le comte de Bautru, un homme d'esprit qui, tout diplomate qu'il fût, n'était pas capable de retenir une épigramme ou un bon mot. Chez les historiens qui ont le goût de la caricature, il s'est fait un nom par ses boutades et par les coups de bâton qu'elles lui auraient valus. Mais Chapelain, qui le connaissait bien, a dit de lui : « Ceux qui ont part à son secret disent que les Relations de ses ambassades ne peuvent être mieux écrites. Il a l'âme noble et bienfaisante, surtout aux savants qu'il apprend être incommodés. » (2).

Le comte de Bautru était, sans que le doute soit possible, étranger à toute croyance religieuse. L'autre confident du Cardinal ne l'était pas moins. C'était Boisrobert, devenu catholique, et maintenant possesseur de bénéfices ecclésiastiques (3). En 1626, il avait offert à Marie de Médicis sa *Paraphrase des sept psaumes de la pénitence,* mais à partir de cette année, il s'était de plus en plus nettement tourné vers la fortune grandissante de Richelieu. Ses poésies, qui paraissent en 1627, célèbrent les beautés de Limours et s'adressent au Cardinal pour lui demander la bienveillance du Roi. Un peu plus tard, il appartint entièrement au premier ministre, et sa faveur fit de lui, en 1633-1634, un très important personnage. A cette époque, Balzac parle de la cour qui se forme autour de son ami.

(2) Voir sur lui une courte note de Pellisson, *Histoire de l'Académie,* I, p. 276, une bonne notice dans Fleuret et Perceau, *op. cit.,* I, p. 94, et Pintard, *Le libertinage érudit,* 1943. Il était né en 1588. Richelieu le nomme introducteur des ambassadeurs le 28 juillet 1631, puis conseiller d'Etat. Il mourut en 1665. On a de lui une satire, l'*Onozandre ou le Grossier,* écrite contre le duc de Montbazon, et une autre, l'*Ambigu,* dirigée contre Jean du Perron. L'*Onozandre* est reproduit dans le recueil cité de Fleuret et Perceau, I, p. 95.

(3) Déjà titulaire de bénéfices, Boisrobert fit, en 1630, le voyage de Rome, et le déplacement lui valut le prieuré de Saint-Saturnin-de-Nozay, en Bretagne. Puis il devint chanoine de Rouen. En 1638, il devint abbé de Châtillon-sur-Seine. A cette époque, les bénéfices qu'il cumulait lui valaient 10.000 livres de revenu. Voir pour le détail E. Magne, *op. cit.,* p. 201.

Boisrobert tira profit de cette situation. Pour lui, mais aussi pour les autres. Car il était toujours prêt à rendre service, et les gens de lettres profitèrent de cette très réelle vertu d'un homme qui en avait si peu. Il devint, comme dit Gombauld, « l'ardent solliciteur des Muses incommodées » (4). Il intervint pour Godeau, pour Baudoin, pour Porchères d'Arbaud, pour Silhon, pour tous ceux qui attendaient du pouvoir une faveur, un emploi, une pension.

Si Boisrobert avait réussi à gagner à ce point les bonnes grâces du ministre, c'est qu'il l'amusait de ses bons mots et qu'il lui rendait toute sorte de services. Richelieu, passionné de théâtre, s'en remettait à Boisrobert du soin de faire exécuter ses ordres en ce domaine. Par obéissance ou par goût, Boisrobert y consacra tous ses soins. Ses ennemis l'appelaient l'abbé Montdory, et lui-même, dit-on, se nommait un Trivelin de longue robe.

Le soin de divertir un maître impérieux et irritable n'était pas chose facile. Plusieurs fois, Boisrobert connut de courtes disgrâces. Il retrouvait bientôt sa faveur, car Richelieu s'ennuyait de son absence. Mais le 23 janvier 1641, il eut l'ordre de quitter Paris et de résider à Rouen, auprès de ses confrères les chanoines. Le motif était d'une futilité ridicule : on lui reprochait d'avoir introduit à la représentation de *Mirame* la petite Saint-Amour, une jeune comédienne de faible vertu. Mais la disgrâce venait du Roi, et Richelieu même n'y put rien. Boisrobert ne fut rappelé à la Cour que le 16 novembre 1642. Il retrouva Richelieu moribond (5).

(4) Le ms. 4123 de l'Arsenal contient une pièce de vers de Boisrobert à Bautru qui rappelle cette période de sa vie :

> *Toy qui m'as veu jadis avec tant de bonté*
> *Du Parnasse françois bannir la pauvreté,*
> *Lorsque solliciteur des Muses affligées,*
> *J'appliquois tous mes soins à les voir soulagées...*
>   (fol. 443).

(5) Ceux qui n'aimaient pas Boisrobert lui reprochaient, outre ses vices et son impiété, deux défauts d'esprit : son « inquiétude », c'est-à-dire son

En 1626, Bautru avait présenté à Richelieu un autre bel esprit, Jean Des Marests (6) et celui-ci était, à la suite de cette démarche, entré dans la familiarité du Cardinal. Il était né à Paris en 1595. Très cultivé, sachant bien le latin, capable de composer un air de musique, de peindre un portrait, de dresser le plan d'un palais, il avait, entre tant de talents, celui de la poésie. Chez cet homme qui donnera plus tard des marques de folie, il y avait, dans les belles années de sa maturité, quelque chose de génial. Il avait, dit Tallemant, « un esprit universel et plein d'invention ». Dans un ouvrage où il a raconté sa vie sous la forme d'une allégorie, il a parlé des heures qu'il passait avec Richelieu en joutes d'esprit. Le Cardinal, raconte-t-il, avait observé en lui « quelque peu de fertilité à produire sur-le-champ des pensées » et se plaisait à rivaliser avec lui de subtilité et d'invention. Richelieu le traitait de façon moins cavalière que Boisrobert, et prenait au sérieux cet homme très intelligent. Il le faisait asseoir près de lui dans un fauteuil et le dispensait du Monseigneur. Est-il besoin de dire que ces faveurs exorbi-tantes avaient suscité d'implacables jalousies ? On cite parmi les ennemis de Des Marests l'intendant Desnoyers et, naturellement, Boisrobert.

Des Marests, à cette époque, ne donnait pas encore dans la dévotion. Il s'est accusé plus tard d'avoir pratiqué le métier de séducteur et de s'être adonné aux plaisirs faciles. Peut-être eut-il

agitation, et son « extravagance ». C'est ainsi qu'en 1634, Peiresc écrit aux Dupuy : « Vous avez raison de trouver estranges les vers de ce Boysrobert, mais il semble pourtant qu'il n'y ait rien d'incompatible à l'extravagance de son humeur, qui paroît assez en plusieurs autres de ses œuvres » (III, p. 35).

(6) Des Marests de Saint-Sorlin a été l'objet d'un ouvrage ancien de R. Kerviler, 1879, et d'une thèse de A. Reibetanz, Leipzig, 1910, qui est d'une insigne faiblesse. H. Bremond lui a consacré un chapitre de son *Histoire du sentiment religieux,* VI, p. 445-518. La seule partie de l'œuvre de Des Marests qui soit bien étudiée est son œuvre dramatique, définitivement éclairée par H. Carrington Lancaster. L'orthographe du nom est Des Marests (Cauchie, *op. cit.,* p. 113).

un moment quelque complaisance pour les audaces de l'irréligion. Puis il se rangea, se maria, se donna tout à l'ambition et à l'orgueil de l'esprit. Il devint conseiller du roi, contrôleur général de l'extraordinaire des guerres et de la marine du Levant. C'était un personnage, bienvenu dans les salons. Il a collaboré à la Guirlande de Julie.

Ses activités littéraires étaient multiples. En 1632, il composa un roman historique, *Ariane,* dans la formule que Gomberville venait de mettre à la mode : mélange d'éléments historiques, de connaissances géographiques et d'aventures romanesques. Néron est l'un des personnages du roman, mais en même temps tous les lieux communs de la littérature romanesque, projets d'enlèvement, emprisonnements, reconnaissances viennent se mêler à la trame historique. Sorel a défini et loué l'œuvre : « L'*Ariane*, dit-il, est un roman où les mœurs des premiers empereurs sont bien dépeintes, avec beaucoup d'aventures agréables. »

D'autre part, Des Marests composait des pièces de vers qu'il a plus tard réunies dans ses *Œuvres poétiques* (1643). Il a écrit notamment un *Discours de la poésie* qui est une œuvre importante, malgré sa brièveté. Il s'occupait même de ballets, et il a fait le dessin de celui qui fut dansé en février 1641, au mariage du duc d'Enghien. Enfin, il avait entrepris une grande épopée. Le 4 novembre 1637, Chapelain signale à l'un de ses correspondants que le poète vient d'entamer la *Conversion de Clovis*. Le poème ne paraîtra que vingt ans plus tard, en 1657.

Mais surtout, Des Marests dut, entre 1636 et 1642, se consacrer au théâtre. Qu'il le fît par ordre et non sans répugnance, on n'en saurait douter, car lorsque Richelieu mourut, son poète cessa du même coup et pour toujours de composer tragédies et comédies. En sept ans, il avait pourtant fait jouer sept pièces (7), et l'une d'elles, les *Visionnaires,* est une des comédies

_____

(7) Ces pièces sont *Aspasie,* jouée en 1636, les *Visionnaires* de 1637, *Scipion* qui, au dire de Chapelain, fut une des œuvres importantes de 1639, *Roxane* représentée la même année, *Mirame* donnée en 1641, *Erigone*

les plus importantes, la plus importante peut-être qui ait été jouée avant le *Menteur*.

On ne saura sans doute jamais la part exacte que prenait Richelieu à ces pièces. Il semble bien qu'elles appartiennent à Des Marests, non seulement pour les vers, mais pour le canevas. Mais Richelieu, avec son génie minutieux, intervenait sans doute jusque dans le détail de la disposition et de la rédaction, imposait un détail, corrigeait un vers, et peut-être introduisait dans l'œuvre de Des Marests quelque partie de sa composition. Ce qui est sûr, c'est qu'il était imprudent de médire des pièces de Des Marests. L'abbé d'Aubignac allait bientôt s'en apercevoir.

L'Académie Française [1]

C'est Boisrobert qui informa Richelieu qu'un groupe de gens de lettres se réunissait régulièrement chez Valentin Conrart. Cette nouvelle, ou cette dénonciation, allait fournir au Cardinal le moyen de réaliser un projet qui, soyons-en sûrs, avait déjà sollicité son attention.

L'idée de fonder une Académie n'était pas nouvelle. Sans parler de l'Académie des Valois, et pour ne pas sortir de la période de 1620-1630, plusieurs groupes s'étaient formés, qui prenaient, ou qui auraient mérité de prendre le nom d'Académie. Mlle de Gournay tenait chez elle des réunions périodiques de gens de lettres. Nous avons eu l'occasion de rencontrer l'espèce de société qui se réunissait vers 1620 chez Piat Maucors. Nous verrons dans la suite qu'autour de Colletet, un groupe considérable s'était constitué vers 1625. On nous dit que Chauveau, le

---

de la même année, et *Europe* de la fin de 1642. D'après Pellisson. Des Marests avait commencé deux autres pièces, *Annibal* et le *Charmeur charmé*.

[1] P. Mesnard, *Histoire de l'Académie française*, 1857.

graveur, tenait chez lui des assemblées régulières. Ces renseignements n'ont rien qui puisse nous étonner, si nous songeons qu'à cette époque, chaque ville italienne a son académie, et que l'influence de l'Italie est alors extrêmement forte dans les milieux cultivés de notre pays.

Mais aucune de ces sociétés ne réussit à s'imposer fortement, et l'on se demande de qui veut parler Camus lorsque, dans un livre de 1625, il nous entretient de « cette grande et fameuse Académie qui se commence à Paris ». Car il est clair qu'à ses yeux, elle n'est pas un groupement entre plusieurs autres, qu'elle a une importance unique, et qu'il en attend des fruits merveilleux. Puissance de l'illusion ! Cette grande Académie disparaît sans qu'il soit même possible de l'identifier (2).

Vers 1629, un nouveau groupe se forme. Ils sont neuf (3). Ils se réunissent chez un secrétaire du Roi, Valentin Conrart. A l'exception de Gombauld, qui a cinquante-neuf ans, ils sont jeunes. Chapelain a trente-quatre ans et Conrart en a vingt-six, Godeau n'a que vingt-quatre ans, et Malleville fait figure d'ancien avec ses trente-deux ans. Ils ont à peu près tous une situation de fortune confortable. Conrart est riche, Godeau dispose de trente mille écus, Giry est avocat, Serizay est intendant du duc

---

(2) Ce témoignage a été mis au jour par Ferdinand Brunot, *Histoire de la langue française*, II, p. 32. On le trouve dans l'*Issue aux Censeurs*, à la suite d'*Alcime*, 1625. Chose infiniment curieuse, cette Académie de 1625 devait, dans l'esprit de Camus, réagir contre les excès du purisme. « Ces assemblées, écrit-il, contiendroient dans leur devoir ces esprits amoureux de la nouveauté, tempèreroient cette arrogante tyrannie qu'ils exercent, et donneroient un grand poids à leurs préceptes et décisions, de sorte qu'elles passeroient pour des règles inviolables ». C'est dire que l'Académie que Camus a en vue n'a rien à voir avec le groupe puriste de Conrart. Ce n'est pas tellement la différence des dates qui interdit de les confondre, 1625 pour l'une, 1629 pour l'autre, et Pellisson pouvait à la rigueur se tromper. Mais les préoccupations sont toutes différentes et contraires.

(3) Ce sont : Conrart, Chapelain, Godeau, Gombauld, Giry, Philippe Habert et son frère l'abbé de Cerisy, Malleville et Serisay.

de La Rochefoucauld, et Malleville est secrétaire du maréchal de Bassompierre.

Ce sont de beaux esprits et de fort honnêtes gens. Ils ont commencé de se réunir un jour, sur une invitation de Valentin Conrart (4). Ils y ont trouvé de l'agrément et se rassemblent depuis lors chaque semaine. Ils ne sont certes pas empressés à flatter les tyrans. Conrart et Gombauld sont protestants. Malleville restera fidèle à Bassompierre quand il sera embastillé, et Cerisay, au service des La Rochefoucauld, ne doit guère aimer Richelieu. Mais ce ne sont pas non plus des conspirateurs et la présence de Chapelain suffirait à rassurer l'esprit le plus prompt à s'inquiéter.

Ils ne se réunissent donc que pour le motif le plus innocent. « Ils s'entretenoient familièrement, nous dit leur historien, comme ils eussent fait en une visite ordinaire, et de toute sorte de choses, d'affaires, de nouvelles, de belles lettres ». Si l'un d'eux avait fait un ouvrage, il le soumettait en toute simplicité à ses amis. Puis ils allaient bourgeoisement se promener, ou restaient à prendre une collation. Plus tard, quand l'Académie sera devenue une compagnie couverte d'honneurs et de privilèges, ses premiers membres parleront de leurs anciennes et libres réunions comme de l'âge d'or : l'âge de l'innocence, de la liberté, de l'amitié.

Une pensée pourtant donne à ce groupe une physionomie fortement marquée. Ce sont des « puristes », et ces adversaires des néologismes acceptent celui-là sans honte. Ils ont à un très haut degré le sens de la pureté de la langue, de la nécessité qui

---

(4) A en croire l'abbé d'Olivet, l'objet de cette première réunion aurait été, pour Conrart, de présenter à ses amis et voisins son jeune parent, Godeau, qui arrivait de province les poches pleines de poésies. Mais il paraît certain que Godeau est déjà très mêlé au mouvement littéraire parisien en 1625. Conrart n'a pas eu à le présenter en 1629. Par contre, ce qui semble exact, à en juger par la correspondance de Chapelain, c'est que Godeau a joué un grand rôle dans le groupement naissant.

s'impose à tous les bons Français de lui donner une plus grande perfection en la dégageant de tout ce qui est barbare, ou périmé, ou indigne des honnêtes gens. En 1629, Camus parle « de cette Académie de *Puristes* dont les arc-boutans font profession de reprendre tout le monde, ne faisant presque rien de peur d'estre sujets aux censures de ceux qui ne manqueroient pas de leur rendre leur change, s'ils produisoient leurs Lettres » (5).

Les Académiciens ne conspiraient donc pas. Mais ils gardaient le secret. Il fut trahi. Malleville parla de leurs réunions à Faret, et Faret répéta la confidence à Boisrobert. Celui-ci demanda la faveur d'assister à des réunions si agréables. On ne put la lui refuser. Il fut charmé de ce qu'il vit. Il en parla à son maître. Richelieu vit aussitôt le parti qu'il pouvait tirer d'une association de ce genre. Il chargea Boisrobert de transmettre ses propositions. Elles furent accueillies avec le plus profond respect et les répugnances les plus vives. Mais il fallut s'incliner ou disparaître. Chapelain, tout fier de la protection du Cardinal,

---

(5) Camus, *Conférence académique*, 1630, privilège du 23 octobre 1629. Dans ces conditions, il devient probable que Nectare, secrétaire du roi, qui figure à cette conférence, désigne Conrart, lui aussi secrétaire du roi. Camus écrit de lui : « C'estoit un esprit délicat, et qui faisant parfaitement bien des vers, faisoit estat de raffiner sa prose » (p. 25). Ferdinand Brunot a cité un texte important de Chapelain, tiré de l'*Avis au lecteur* de la traduction de *Guzman d'Alfarache,* et l'a daté de 1630. Chapelain y parle « d'une vertueuse assemblée de gens doctes » et ajoute « On me les a nommez Puristes, comme gens qui recherchent la pureté de la langue françoise ». F. Brunot croit que ce texte « bien probablement se rapporte aussi à la Compagnie ». Mais ce texte date de 1619. Il se trouve dans la seconde partie de *Guzman* parue en 1620 avec achevé du 25 décembre 1619. Il est donc tout à fait impossible de le rapporter aux réunions de chez Conrart. Une phrase aurait dû attirer l'attention. Chapelain parle là d'un groupe auquel il n'est pas admis : « Je n'ay, dit-il, qu'un desplaisir en cela, qu'il n'en a rien paru encore, car le moyen m'est osté de suyvre leurs règles et leurs décisions ». Il ne pouvait donc s'agir de Conrart. En fait, Chapelain a presque certainement en vue Malherbe et son groupe. Il ne les fréquente pas en 1619. Mais sa préface attire l'attention. Malherbe l'appelle à lui, et c'est ce qui explique que le poète mette le jeune critique en relations avec Marino en 1623.

fit comprendre à ses collègues qu'ils n'avaient pas d'autre choix. On était aux premiers mois de 1634.

L'Académie accepta donc de devenir une société officiellement reconnue, patronnée, chargée de privilèges. Elle s'organisa. Elle se donna un nom, à la fois fier et discret (6). Elle se donna un Directeur et un chancelier, tirés au sort, et un secrétaire élu. Elle rédigea ses statuts. Richelieu, très habilement, la laissa faire. Il tint seulement à devenir le *protecteur* de la nouvelle Académie. Boisrobert avait cru bien faire en proposant de confier ce titre et cette charge au garde des Sceaux, Séguier. Richelieu se fâcha violemment.

Aux Académiciens de 1629, il fallait maintenant en joindre d'autres. L'Académie accueillit de puissants personnages : trois conseillers d'Etat et le garde des sceaux. Boisrobert et Des Marests devinrent, comme bien l'on pense, Académiciens. Le 13 mars 1634, l'on commença à tenir registre.

Lorsque le public apprit la formation de l'Académie, lorsqu'il sut que des gens de lettres se constituaient en un groupement reconnu et patronné par l'Etat, les réactions hostiles furent nombreuses. On pensa, non sans apparence de raison, que cette Académie allait être un instrument de despotisme. On prévit que les plus médiocres allaient s'y précipiter et s'y montreraient les plus complaisants. Le Parlement retarda le plus longtemps qu'il put l'enregistrement des lettres patentes. Elles avaient été signées le 25 janvier 1635. Elles ne furent vérifiées que le 9 juillet 1637. Encore l'arrêt de vérification contenait-il cette clause :

(6) D'autres noms circulèrent, *Académie des beaux esprits*, *Académie éminente*, *Académie de l'éloquence*. Mais le nom qui eut un moment le plus de chance de s'imposer à l'opinion, fut, semble-t-il, l'*Académie des Polis*. C'est le nom que prononce La Boderie dans une lettre du 21 mars 1635 (Lettres de Feuquières, I, p. 92), et dans le ms. Bibl. Nle, f. fr. 25.556 on trouve la harangue de Bardin « à l'illustre Académie des Polis, faite par Mgr le Cardinal de Richelieu, et confirmée par arrest de la Cour avec quantité de beaux privilèges » (fol. 149).

« Que l'Académie ne pourra connoître que de la langue françoise, et des livres qu'elle aura faits, ou qu'on exposera à son jugement. » Le Parlement craignait la tyrannie. Les écrivains raillaient ou se méfiaient.

Balzac commença par railler et se méfier tout ensemble. L'idée que des gens de lettres vinssent à s'ériger en juges de leurs confrères lui sembla bouffonne, et le choix des nouveaux Académiciens absurde : « Ils peuvent estre de l'Académie, écrivait-il, mais en qualité de ses bedeaux ». En même temps, l'institution lui semblait dangereuse : « On me mande que c'est une tyrannie, qui se va établir sur les esprits. » (7). Les ennemis du Cardinal dénonçaient cette politique d'oppression, et maltraitaient les Académiciens, « cette canaille qui combat la vérité pour du pain », comme disait Mathieu de Morgues.

Ils n'avaient pas tout à fait tort. Richelieu attendait de l'Académie une docilité absolue. Il contrôla toutes les candidatures, bien décidé, nous dit Chapelain, à « ne souffrir dans son assemblée que des gens qu'il connaisse ses serviteurs ». Il attendait même des Académiciens mieux qu'une obéissance passive, et autre chose qu'une grammaire ou qu'un dictionnaire. Ils devaient travailler sous ses ordres, aux besognes qu'il leur destinait. Godeau, Gombauld, Chapelain étaient employés à revoir ses discours, Bourzeys et Des Marests ses écrits théologiques (8).

(7) Bientôt Balzac se rassura. Il pensa que cette société, semblable aux Académies d'Italie, ferait honneur à la France devant toute l'Europe, et donnerait de la jalousie à nos voisins d'outre-monts. — Mainard envoya à Silhon des vers contre l'Académie (éd. Garrisson, III, p. 74).

(8) L'abbé de Bourzeys est né en 1606. Il est parent du fameux jésuite Arnould, confesseur du roi. Il sait le latin, le grec et les langues orientales. Il est titulaire d'une abbaye de 12.000 livres de rente. Il parut entrer dans les ordres et s'appliqua à la controverse. Il y déploya un talent qui décida Richelieu à lui confier le soin de préparer ses propres ouvrages de théologie. En 1635, il rédigea un mémoire sur le mariage clandestin de Gaston d'Orléans et de la princesse de Phalsbourg, afin d'en établir la nullité devant l'opinion (Chapelain, I, p. 100). Il prêchait. Ses succès lui valurent

L'Académie reçut l'ordre de célébrer les succès des armées royales, et en 1635 parut le *Parnasse royal* à la gloire des « immortelles actions du très-chrestien et très-victorieux monarque Louis XIII ». La même année, du reste, le *Sacrifice des Muses* réunissait les mêmes écrivains pour un éloge collectif « du grand Cardinal de Richelieu » (9).

Mais surtout l'Académie avait à fournir les polémistes dont le Cardinal avait besoin pour répondre aux libelles des publicistes ennemis installés à Bruxelles ou à Besançon. Hay du Chastelet est un ancien avocat général au Parlement de Rennes, et il est conseiller d'Etat. Richelieu l'appelle son lévrier. Il a écrit un *Recueil de pièces servant à l'histoire*, pour la justification de la politique royale. Il a composé une pièce latine contre les Marillacs, et se disposait à engager une polémique avec Mathieu de Morgues lorsqu'il mourut (10).

Jean Silhon, lui aussi conseiller d'Etat, publie en 1638 le *Parfait capitaine* de Rohan avec une importante préface. Il compose les deux volumes du *Ministre d'Etat,* qui est une apologie du régime. Il avait commencé par une polémique contre les déistes que le *Recueil* de Faret avait accueillie en 1627. Son excuse était d'être pauvre et de lutter contre la mauvaise fortune. Richelieu, après le *Ministre d'Etat*, l'utilisa et lui fit écrire ses lettres aux alliés, aux ambassadeurs, à tous les ordres de l'Etat, au point que « cet excessif et violent travail » le rendit malade (11).

des envieux. En 1638, une cabale de prédicateurs démontra qu'il n'avait pas le droit de monter en chaire parce qu'il n'avait pas reçu les ordres sacrés (Chapelain, *ib*, p. 275 et 341).

(9) Ces deux volumes ont paru chez Cramoisy, le mieux pensant et le plus considérable des éditeurs parisiens. Boisrobert a signé les épîtres dédicatoires dans les deux ouvrages. Ils sont décrits dans Lachèvre, *op. cit.*, I, p. 88-89. A noter que le privilège du *Parnasse royal* comme du *Sacrifice des Muses* remonte au 23 avril 1633.

(10) Voir sur lui Pellisson, I, p. 167-174, et une bonne notice de Fleuret et Perceau, *op. cit.*, I, p. 225, avec une satire de Hay de Chastelet.

(11) Voir sur lui Pellisson, I, p. 279-283.

Mais parmi les Académiciens, l'exemple le plus pur du polémiste à gages est Jean Sirmond, neveu du P. Sirmond, confesseur du Roi. Sous divers pseudonymes, il composa des libelles contre le parti espagnol. Il s'attira de la sorte les foudres de Mathieu de Morgues, et engagea avec lui une longue polémique. C'était, n'en doutons pas, un honnête homme. Mais les contemporains parlaient de lui sans grande bienveillance. « M. Sirmond est rempli et ne chante plus », écrivait benoîtement Chapelain. Il venait en effet de recevoir, en récompense de ses bons et loyaux services, le titre d'historiographe de France, à 1.200 écus d'appointement (12).

On comprend donc que l'Académie ait eu contre elle les ennemis du Cardinal, et ils étaient nombreux. Pourtant, il serait d'une extrême injustice de ne voir en elle qu'un instrument de la tyrannie. Injustice envers les Académiciens, dont un grand nombre, à commencer par Chapelain, avait un vif et fier sentiment de la liberté de l'esprit. Injustice envers Richelieu même. Le Cardinal s'intéressait à la nouvelle compagnie pour les motifs les plus élevés. Il désirait porter à la perfection cette langue française dont il sentait très vivement les ressources, et il attendait de l'Académie qu'elle travaillât à faire de notre langue et de notre littérature les premières de l'Europe. Projet où il entrait, à coup sûr, trop de considérations de prestige et de vaine grandeur. Mais qui n'est pas d'une âme vulgaire. Qui dépasse en tout cas l'intérêt personnel du premier ministre.

Voilà le principal et plus direct objectif qu'ont dans l'esprit les fondateurs de l'Académie. Il s'agit pour eux « de tirer du nombre des langues barbares cette langue que nous parlons, et que tous nos voisins parleroient bientost si nos conquestes continuoient encore comme elles avoient commencé ». Pour cet effet,

---

(12) Voir sur lui Pellisson, I, p. 222-226. Sur sa pauvreté, voir une lettre de Chapelain, du 7 mars 1633, *Lettres*, I, p. 208. La phrase citée de Chapelain est tirée d'une lettre du 5 septembre 1640, *ib.*, I, p. 290.

ils décident, selon les termes d'un discours de Chapelain, « d'en régler les termes et les phrases par un ample Dictionnaire et une Grammaire fort exacte ». La deuxième étape de l'entreprise devait être d'établir « une Rhétorique et une Poétique que l'on composeroit pour servir de règle à ceux qui voudroient écrire en vers et en prose » (13).

L'Académie avait, dès l'origine, considéré comme l'une de ses tâches l'examen de certaines œuvres modernes. Elle avait d'ailleurs tenu à préciser, pour apaiser d'avance certaines inquiétudes, qu'elle ne le ferait jamais que les auteurs ne fussent d'accord pour lui soumettre leurs travaux. Elle examina donc des pièces de Gombauld, de l'Estoille, de Racan et de Des Marests, des pages en prose de La Chambre, de Balzac, de Silhon et de Sirmond. Elle le fit avec une minutie qui nous étonne. A tort pourtant. Les premiers Académiciens sont tous disciples de Malherbe. Ils comprennent la critique littéraire comme lui. C'est dans le même esprit qu'en 1637, ils rédigeront les *Observations* de l'Académie sur le *Cid*.

Enfin, les Académiciens devaient fournir des modèles de la belle prose française. Chaque semaine ils devaient se réunir et l'un d'eux prononcer un discours (14). On possède la liste de ces premières conférences. Elles portent sur des sujets qui ne sont pas tous littéraires. Chapelain parla *Contre l'amour* (15) et Gombauld sur le *Je ne sais quoi*, Racan *Contre les sciences* et Porchères d'Arbaud sur *l'Amour et l'Amitié*. Des Marests glorifia l'amour spirituel, et Boissat prit la défense de *l'Amour des corps*. Mais d'autres avaient parlé de *l'Eloquence*, du *Théâtre*, de la *Poésie*, du *Style philosophique* et de la *Traduction*. La

(13) Voir des détails sur les projets de dictionnaire, Pellisson, I, p. 101, sqq.

(14) Les réunions eurent d'abord lieu le lundi.

(15) Voir une analyse et une appréciation de son discours dans Collas *Jean Chapelain*, p. 127-129.

conférence ne devait pas durer plus de trois quarts d'heure (16) :
une demi-heure était la durée normale. On attendait beaucoup
de ces jeux d'éloquence, et Faret écrit à Antoine Brun, en mars
1635 : « On s'assemble toutes les semaines, et à toutes les entrées,
chacun fait une harangue de demy-heure sur tel sujet que l'on
veut choisir. De ces harangues, on fera un volume du bout de
l'an, qui sera la plus belle chose qui se soit vue depuis les
Anciens » (17). C'était se faire bien des illusions, et qui ne tar-
dèrent pas à se dissiper.

Pourquoi faut-il que tant d'activité et tant de beaux discours n'aient pas suffi à éveiller chez les Académiciens un intérêt durable ? La correspondance de Chapelain n'est que plaintes
et que reproches. Le 21 août 1634, moins de six mois après la
constitution du groupe, Chapelain écrit : « Il lui faudra changer
de nom et l'appeler l'Académie des fainéants. » En septembre
encore, il déplore tant de négligence. Il y eut telle réunion où
un seul Académicien s'était dérangé. Il semble qu'en 1635 et
1636, les Académiciens aient montré plus de zèle. Mais en 1637,
les plaintes recommencent. L'Académie languit, les séances sont
mal suivies. Mêmes récriminations en 1638 ; en 1640, la situation
est si mauvaise que Richelieu se fâche. Un ordre arrive de Rueil.
Les Académiciens ont à choisir. Ou bien ils assisteront aux séances hebdomadaires, ou bien ils devront se démettre. Le ministre ne leur laissait que trois jours pour faire leur choix. Faut-il
dire qu'ils préférèrent à nouveau se réunir ? (18).

Si l'on met à part les *Observations* de 1637 sur le *Cid*, l'Aca-

---

(16) Cette indication est donnée par le ms. f. fr. 25556 qui contient
la harangue de Bardin sur le style philosophique — Pellisson a
donné une liste de ces conférences. M. Emile Magne en a reproduit une
autre tirée des *Cinq Cents Colbert*, IV, folio 346 (*Le Plaisant abbé de
Boisrobert*, p. 229). Elle diffère fort de celle de Pellisson, et pose des
problèmes qui ne sont pas résolus sur la composition de l'Académie en
1635.

(17) Jules Gauthier, dans le *Bulletin historique et philosophique*, 1903,
p. 250.

(18) Chapelain, *Lettres*, I, p. 74 n. 1, p. 78, 154, 342 et 613.

démie faisait surtout parler d'elle par les pièces qu'elle suscitait. En 1638, on lut dans les cercles la *Comédie des Académistes*. Deux noms furent prononcés, ceux du comte d'Etelan et de Saint-Evremond. La plaisanterie était excellente. Les Académiciens la goûtèrent mal. Le chancelier, raillé comme les autres, prit la chose à cœur. On fit savoir que l'imprudent qui s'en avouerait l'auteur irait faire « un voyage en Bastille ». Du coup, la pièce disparut, c'est-à-dire qu'elle circula désormais en manuscrit (19).

A peu près à la même date courut le *Rôle des présentations*. Malgré ses dénégations, Sorel était probablement le coupable. La pièce est d'ailleurs plus plaisante que satirique, et si elle prétend tourner en ridicule l'Académie naissante, ses traits sont sans vertu et la raillerie reste trop enveloppée pour être efficace (20).

(19) La *Comédie des Académistes* a été rééditée avec des variantes par Ch. L. Livet dans son édition de l'*Histoire de l'Académie française* de Pellisson, 1858, I, p. 405 sqq, et plus récemment par Van Roosbroeck, New York, 1931. On a longtemps ignoré la date exacte de composition. Chapelain en parle pour la première fois le 28 avril 1638 et donne des détails sur les sanctions prises dans une lettre du 28 juin 1638 (I., p. 257-258) Il ne semble pas en avoir connu l'auteur. Sans doute y en eut-il plusieurs. Une lettre de Bayle à la Monnoye, du 16 décembre 1698, rapporte une déclaration de Saint-Evremond : il est vrai qu'il a travaillé à cette pièce, mais il n'y a pas travaillé seul, et le comte d'Etelan y a travaillé plus que lui. D'autres encore y ont contribué. Il jugeait la pièce fort mauvaise. Il y a dix-huit ou vingt ans, on la lui envoya. Il la retoucha et la refit. — Sur le comte d'Etelan, voir Lachèvre, III, p. 251. Le ms. 4124 de l'Arsenal contient f° 299 une lettre qui lui est adressée et qui n'est point aimable :

« L'extravagance dont vous faites une si heureuse profession... » lui écrit son correspondant. Le même manuscrit contient, f°s 1069-1086, des pièces de lui. Trois d'entre elles se retrouvent dans le ms. 4129, f°s 727, 741 et 742. Le ms 4124 f° 1089 donne une pièce qui est peut-être de lui et qui est une attaque extrêmement violente et très intéressante contre la famille de La Rochefoucauld.

(20) On trouvera deux textes très différents du *Rôle des présentations* dans Ch. L. Livet, *op. cit.*, I, p. 455 sqq et dans les *Variétés* de Fournier, I, p. 127 sqq. La pièce a été attribuée à Sorel par Pellisson, et Sorel, selon son habitude, s'en est défendu dans son *Discours sur l'Académie française*, 1654. Le texte de Fournier porte la date du 13 mars 1634 qui est celle où l'on

Huit ans plus tard, un troisième factum allait provoquer quelque effervescence dans les cercles lettrés. Vers 1636, Ménage avait composé, pour railler l'Académie, la *Requête des Dictionnaires* (21). C'était, s'il faut l'en croire, la première fois qu'il rimait. Seuls ses intimes eurent connaissance alors de cette plaisante fantaisie. Mais en 1646 l'abbé de Montreuil lui déroba sa pièce et trahit son secret. L'œuvre était bénigne. Le plus touché des Académiciens, le seul à se fâcher fut Boisrobert. Le plaisant abbé trouva désagréable une allusion à son amour « pour le genre masculin ». Lorsqu'en 1649 la pièce de Ménage parut imprimée, il y répondit. Il fallut réconcilier les deux adversaires.

Outre les privilèges attachés à la qualité d'Académicien, Richelieu disposait des moyens les plus efficaces pour s'assurer le zèle des gens de lettres. La plupart étaient pauvres, et le

commença à tenir registre et ne peut rien nous apprendre sur la composition du pamphlet. Celle du 13 mars 1646, dans le texte de Livet, n'est pas moins fausse. Le fond de l'œuvre doit dater de la fin de 1637 : allusions à la controverse du *Car*, qui date d'octobre 1637, à la querelle du *Cid*, et à l'*Ambassadeur chimérique* de Mathieu de Morgues, de 1637 également.

(21) Voir le texte de la *Requête* dans Ch. L. Livet, *op. cit.*, I, p. 477 sqq, et dans les manuscrits Ars. 4127 f⁰ 235 et 4129 f⁰ 907 et B. Nle f. fr. 19142, f⁰ 58 avec notes marginales. Il y eut des additions. La harangue de Patru, dont il est parlé, date du 3 septembre 1640. Balzac parle des copies qui circulent en mars 1646. On trouvera le récit de l'épisode, avec une bibliographie très complète, dans E. Magne, le *Plaisant abbé de Boisrobert*, p. 320-321. — A ces écrits satiriques dirigés contre l'Académie, et qui sont plus plaisants que méchants, il faut ajouter un pamphlet anonyme d'une grande violence intitulé *Aux autheurs de l'Académie qui se meslent de reformer la langue, excepté Gomberville* (Ars. ms. 5414, f⁰ 1035). Il se termine par ces mots, qui donnent une idée du ton adopté : « Car suivre le génie de Théophile, imiter les descriptions de Saint-Amant, chercher l'art de Malherbe ou l'égalité de Racan, c'est une chose à mon avis très indigne d'un honnête homme, puisque vous effacez par les louanges que vous méritez toute la gloire que ces Messieurs-là ont acquise. Mais pour ne parler plus couvertement, je suis, de vos sottises et de vos lâchetés le très grand ennemy ». Il est difficile de croire que ce pamphlet soit de Saint-Evremond, comme on l'a prétendu. Voir également B. Nle, ms. f. fr. 25533, f⁰ 34, un rondeau contre les Académiciens.

ministre pouvait plonger sans compter dans le Trésor public.
Des écrivains comme Gombauld, « le pauvre Gombauld » dont
parle Chapelain, comme le polygraphe Baudoin (22), comme
Colletet (23), comme Silhon (24), comme Porchères d'Arbaud (25)
dépendaient, pour le pain quotidien, de la générosité du Cardinal. Le biographe ancien de Richelieu cite vingt-six noms
d'écrivains qu'il pensionna, et l'on assure qu'il dépensait
40.000 livres annuelles en pensions et en gratifications (26). Si
l'on songe qu'Henri IV avait constamment refusé de s'intéresser
au sort des gens de lettres et que l'anarchie financière, de 1611
à 1624, n'avait pas permis les gratifications régulières, on com-
prendra que les écrivains aient célébré en Richelieu le restaurateur des Muses françaises, et admiré une politique de générosité dont ils avaient perdu l'habitude depuis la fin du règne
d'Henri III.

Chapelain [1]

Entre les gens de lettres et le Cardinal, Boisrobert était l'intermédiaire direct. Mais on ne saurait oublier le rôle de Cha-

(22) Sur Jean Baudoin, voir Lachèvre, I, p. 98.
(23) Chapelain écrit à Boisrobert pour « le pauvre Coltet » dont l'incom-
modité lui est connue comme le mérite (*Lettres*, I, p. 56). Il le
prie, **avec** une insistance particulière, de le recommander au garde des
sceaux.
(24) Il est certainement, comme l'a conjecturé Tamizey de Larroque, le
M. de Ly,... dont parle Chapelain (*ib.*, p. 56). En décembre 1636, Richelieu
lui accorda une gratification (*ib.*, p. 130).
(25) Sur lui, voir Goujet, XVI, p. 162, et Pellisson, I, p. 181. Voir aussi
les *Lettres* de Chapelain, I, p. 56 et 130. Grâce à Boisrobert, il obtint une
pension de 600 livres. Il avait été élevé par Malherbe qui lui légua la
moitié de sa bibliothèque. Il acheva sa vie en Bourgogne et mourut en
1640.
(26) Aubery, *Histoire du cardinal duc de Richelieu*, 1660, p. 611, et Segrais
dans ses *Mémoires*, I, p. 114.
(1) Voir sur lui l'excellent ouvrage de G. Collas, *Jean Chapelain*, Paris,
1911.

232

pelain. Il fut, à partir de 1633, l'une des personnalités les plus en vue, les mieux en cour, les plus en situation de transmettre aux écrivains les intentions du ministre, et de faire connaître à celui-ci les besoins ou les espoirs des gens de lettres.

Il était né à Paris le 4 décembre 1595. Fils de notaire, il fit de bonnes études, mais à la mort de son père, il lui fallut gagner sa vie. Il entra au service de M. de la Trousse, grand prévôt de France et, bien qu'il ait été chargé de l'éducation des enfants du grand prévôt, il semble qu'il lui fallut endosser « le rouge justaucorps » et ceindre l'épée des gens de la maréchaussée. Quarante ans plus tard, Furetière et Chapelle auront la cruauté de lui rappeler ce déplaisant souvenir.

Il savait l'italien et l'espagnol. Il commença donc par traduire *Don Guzman d'Alfarache* et par écrire une préface pour l'*Adone* que Marino éditait à Paris en 1623. Cette préface fit du bruit, et Chapelain devint ce que nous appellerions aujourd'hui un critique en vue. Il était entré dans le parti des Malherbiens et se posa en sévère défenseur de notre langue, de sa pureté et du bon goût.

Cette gloire ne lui suffit pas. Assez tôt, il prétendit rimer. Le malheur voulut que son maître de poésie fût Arnauld d'Andilly dont les théories sur le vers français retardaient de quelques décades. Chapelain ne se libérera jamais de cette influence qui, poétiquement, le perdit (2). Ce fut le même Arnauld d'Andilly qui le présenta au duc de Longueville, et cette démarche décida de la vie de Chapelain. Il s'attacha à une grande entreprise poétique, la plus grande, dans son esprit, du siècle entier. Pensionné du duc de Longueville, il décida d'écrire un poème épique sur la *Pucelle,* parce que ce sujet lui permettait de célébrer

(2) Cette vue sur l'œuvre poétique de Chapelain, d'une extrême importance pour l'intelligence de sa poésie, nous est fournie par Girault, l'auteur de la *Vie de Costar,* rééditée à la suite des *Historiettes* de Tallemant, IX, p. 52-53.

longuement Dunois, l'ancêtre de la maison de Longueville (3).
Mais il laissera passer trente ans avant de se décider à publier
la première moitié du chef-d'œuvre, et les mauvaises langues diront que la *Pucelle* est un prétexte, et qu'il s'agit pour Chapelain de conserver le plus longtemps possible la pension du duc
de Longueville.

Car le siècle n'a pas attendu Boileau pour rire de Chapelain.
Il manquait décidément d'allure. Il était petit et noir, avec des
gestes nerveux et saccadés, et une habitude de crachoter qui
faisait dire à d'Ablancourt que ce Chapelain bavait comme
une vieille putain. Il était malpropre, et sa perruque miteuse
était célèbre longtemps avant le *Chapelain décoiffé*. Panciatichi dira, en 1670, qu'il l'a vu « con quella parrucca che fu fatta
pel ré Carlo il Calvo e con un collare che fu uno scampolo di
quella tovaglia che apparecchiò la Tavola rotonda » (4). On a
essayé en vain de nier le ridicule de sa mine sordide. C'est
qu'il était avare. Peut-être gardait-il un pénible souvenir des
années de pauvreté qu'il avait connues et qu'il ne voulait plus
revoir. Ce qui est certain, c'est qu'il mourut fort riche (5).

De même, on ne peut guère le défendre contre ceux qui
l'ont accusé d'être « grand cabaleur ». Il flatte les gens de
lettres, même lorsqu'il ne les aime pas, parce qu'un seul intérêt
compte à ses yeux : s'assurer des partisans, constituer une
clientèle. Plus un écrivain lui semblait malveillant et capable
de nuire, plus Chapelain multipliait les gestes d'amitié. Vers
1657, Tallemant notera qu'il caresse « les pestes » qu'il redoute
le plus, les Scarron, les Gilles Boileau, les Furetière.

Il a l'air d'un sage. Ne nous y fions pas. Patru disait qu'il

(3) Sur la date où Chapelain commença de travailler à la *Pucelle,* voir
Collas, p. 36.
(4) Voir les lettres de Panciatichi publiées dans la *R. H. L.* 1936,
p. 243.
(5) D'après le *Valesiana,* il laissa à sa mort 150.000 francs (*Valesiana,* 1694,
p. 29).

débordé. Il restait stupéfait en présence d'une facilité qui permettait à l'écrivain de composer trois mille vers « tout d'une haleine ». Hardy lui-même était fier de pouvoir affirmer à ses lecteurs qu'il avait mis quinze jours seulement pour composer une de ses pastorales, « sans que la moindre douleur ait précédé son enfantement ».

Les témoignages contemporains insistent sur les rigueurs de son sort. Il trouva pourtant quelques hauts patronages, et l'on aime à penser qu'ils adoucirent ses dernières années. Les protecteurs de Hardy furent les mêmes qui, à la même date, défendaient Théophile contre ses ennemis : c'était le duc de Montmorency, c'était Liancourt et son beau-frère, le duc d'Halluin. Qui sait si le vieil écrivain ne dut pas à Théophile ces tardives protections ?

La fin de sa vie fut attristée par des polémiques dont il faudra reparler. La nouvelle génération lui était hostile. Celle des auteurs, comme celle du public. Le goût moderne, la mode, comme on disait alors, trouvait ridicules des œuvres déjà anciennes, écrites pour une autre génération. Les mondains surtout, les gens de Cour dédaignaient le vieux poète, et Joyel met dans sa bouche ces mots où l'amertume se mêle à la confiance de son génie :

> *Mes œuvres voleront vers la voûte lunaire*
> *Malgré les courtisans.*

Le poète mourut presque certainement en 1632 (4).

De ses cinq ou six cents pièces, Hardy n'en a fait imprimer que trente-quatre. Si l'on y ajoute onze pièces dont nous n'avons

_____

(4) Il vivait encore en septembre 1631, car il donne à cette date une pièce liminaire au *Ligdamon* de Georges de Scudéry. Mais la *Comédie des Comédiens* de Scudéry, jouée en 1632 et publiée en 1633, parle de « feu M. Hardy ». En 1633 encore, Joyel publie, avec approbation du 20 juin, un volume où se lisent trois pièces sur la mort de Hardy. L'une d'elles nous apprend qu'il mourut d'une épidémie.

plus que les titres, voilà tout ce qui a passé jusqu'à nous de cette immense production (5).

Les douze tragédies de Hardy s'inspirent avant tout de la tragédie régulière, telle que la Pléiade l'avait comprise, et dont Robert Garnier avait fixé le type. Mais elles tiennent compte de la tragédie irrégulière qui s'est développée dans les dernières années du XVIᵉ siècle. Elles constituent entre ces deux formules une sorte de compromis.

Compromis dans le choix des sujets. Onze de ces tragédies ont un sujet antique. Ce sont le plus souvent des infortunes princières, tirées des historiens de l'Antiquité. Plutarque est le grand fournisseur de Hardy et, après lui, Xénophon, Quinte-Curce et Josèphe. Mais Hardy n'hésite pas à puiser dans Plutarque des histoires qui ne sont pas royales, l'horrible fait divers de deux pauvres filles violées par les hôtes de leur père, ou même à emprunter à un recueil d'*Histoires tragiques* le sujet de *Lucrèce*, une histoire d'adultère et de sang.

Compromis aussi dans la technique. Tantôt Hardy resserre l'action en quelques heures, c'est le cas de *Marianne*, ou en une journée, comme il le fait dans trois de ses tragédies. Tantôt il ne se fait pas scrupule d'étaler l'action sur un mois et davantage. De même, on le sent désireux de fixer l'action en un seul lieu. Mais ce désir reste vague, et il lui arrive de disperser sa pièce en divers lieux éloignés les uns des autres. Même attitude

(5) H. Carrington Lancaster s'est appliqué à fixer les dates des pièces de Hardy. Il aboutit aux résultats suivants. Aucune pièce ne doit être antérieure à 1605. Dix-sept ont pu être écrites entre 1605 et 1615, huit entre 1610 et 1620, sept entre 1615 et 1625, trois entre 1620 et 1625. Les dix pièces dont les titres nous sont connus par le Mémoire de Mahelot doivent dater de 1625-1631. R. Lebègue a prouvé que *Didon* est antérieure à 1608 (*R. H. L.*, 1932, p. 380). Dans la même étude, il présume quelques dates limites des pièces de Hardy : *Cornélie* ne peut être antérieure à 1613, la *Force du sang, Dorise* et *Corine* à 1615, 1619 et 1612, *Frégonde* à 1621, *Elmire* à 1610, et la *Belle Egyptienne* à 1615. Pour *Corine*, il donne une date plus précise : 1612-1613.

pour ce qu'on appellera l'unité d'action. Elle n'apparaît qu'à l'état de tendance. Il l'observe dans quatre de ses tragédies, mais dans d'autres il ne craint pas de mener de front deux et même trois intrigues différentes.

Compromis enfin dans le respect des « bienséances ». Hardy ne rompt pas avec la tradition de la Renaissance, et la tragédie vaut bien plus à ses yeux par les développements littéraires de son texte que par des artifices de mise en scène. Mais ces artifices, il ne se les interdit pas non plus. On se bat et l'on se tue sur le plateau. A lire la scène du viol dans *Scédase,* il paraît évident, si étrange que la chose puisse nous paraître, qu'elle se déroulait sous les yeux des spectateurs. Dans la trilogie d'*Alexandre* surtout, Hardy a fait une place importante à la mise en scène.

Au total, la tragédie de Hardy garde beaucoup plus de traditions du XVI° siècle qu'elle n'en sacrifie. Elle conserve la division en cinq actes, elle conserve le messager hérité de la tragédie grecque. Le fantôme traditionnel apparaît fréquemment. Hardy continue d'avoir recours aux songes et aux présages, chaque acte, à l'exception du dernier, se termine par un chœur lyrique. Dans d'autres, le chœur s'exprime uniquement en alexandrins. D'autres enfin n'ont de chœur d'aucune sorte.

Si l'on veut apprécier exactement ce qu'il y a de conservateur dans l'attitude de Hardy, on se reportera à l'*Art poétique* que Laudun d'Aigaliers publia en 1598. Sur des points essentiels, ce traité rompt avec les règles de la tragédie, telle que Robert Garnier l'avait constituée. Le sujet de la tragédie doit être la vie d'un héros, décrite dans son étendue. Laudun rejette par conséquent la règle des vingt-quatre heures, parce que toute une existence ne peut être condensée en une si courte période, et parce que les Anciens ne l'ont pas toujours observée. Il rejette également la règle qui limite à trois le nombre des interlocuteurs. Il interdit aux auteurs de faire apparaître des divinités ou des personnages allégoriques. Il ne tolère les fantômes qu'au commencement de la pièce. Il est évidemment favorable aux novateurs, et beaucoup plus que Hardy.

Pourtant, l'œuvre de celui-ci ne se confond pas avec les tragédies de la Renaissance. Ce qu'elle apporte de différent, et qui du reste apparaissait déjà chez Billard et Jean de Schélandre, c'est qu'elle tend à mettre l'intérêt dans l'action. Le héros d'une pièce de Hardy n'est pas, comme l'était par exemple la Cléopâtre de Jodelle, un être passif qui subit sans lutter les persécutions du destin, et se borne à exprimer, sous une forme lyrique ou oratoire, ses sentiments de révolte ou de désespoir. C'est un homme d'action, et qui accepte de lutter. La lutte de la volonté humaine contre les obstacles qu'elle rencontre devient le vrai ressort de la tragédie nouvelle.

Transformation profonde. Les hommes de la Pléiade avaient défini la tragédie la peinture d'une illustre infortune. Elle restait par conséquent marquée d'une sorte de caractère sacré. Avec Hardy, mais aussi avec l'ensemble des contemporains, la tragédie perd ce caractère. Elle descend sur la terre. Elle jette les uns contre les autres des hommes aux volontés exaspérées. De toutes les tragédies de Hardy, *Didon* est la seule d'où les dieux ne soient pas exclus.

Cette lutte se déroule presque toujours entre deux volontés adverses, très rarement à l'intérieur d'une âme. C'est seulement dans *Didon* et dans *Marianne* qu'un conflit intime joue un rôle important, et ce sont, d'après un bon juge, deux des pièces les plus anciennes de Hardy. D'autres écrivains, à la même époque, avaient vu la valeur dramatique d'une conscience déchirée. Hardy y reste indifférent. Pourtant, l'amour joue un rôle important dans son théâtre, le plus important peut-être. Il manque dans deux de ses tragédies, dans *Daire* et dans

Jean de Schélandre [1]

Si l'on veut se faire une juste idée de ce qu'est devenue la tragédie au début du XVII' siècle, il n'est que de lire le *Tyr et Sidon* de Jean de Schélandre. Le sujet n'est pas emprunté à l'histoire. Il est romanesque. C'est un roman d'amour, avec toutes les péripéties qui sont de tradition depuis qu'il existe des romans. Sous la pression des tendances nouvelles, Jean de Schélandre mêle au tragique de sa pièce des éléments nettement comiques, et marque un beau mépris pour les plus élémentaires convenances. Mais en même temps, cet auteur persiste à observer les règles traditionnelles. La pièce se joue à Tyr : une seule scène se déroule dans une autre ville. L'action ne dure qu'une journée au prix d'invraisemblances d'ailleurs criantes. Les tirades de cent cinquante, ou de cent quatre-vingts vers rappellent le caractère oratoire de la tragédie régulière. Trois chœurs, une quinzaine de monologues, plus d'une demi-douzaine de récits prouvent à quel point Schélandre reste prisonnier du passé. Le style, souvent savoureux, reste lui aussi fidèle à la tradition de Robert Garnier.

Montchrestien [1]

Le mieux doué des écrivains dramatiques de cette époque est sans doute Antoine Montchrestien. Il était né probablement

---

(1) Jean de Schélandre est né le 10 février 1584, et meurt le 18 octobre 1635. Sa personnalité, qui a prêté aux plus extraordinaires confusions, est maintenant bien connue, grâce aux découvertes de J. Haraszti complétées par Samaran (*R. H. L.*, 1926), et par G. Cohen dans sa thèse sur les *Ecrivains français en Hollande*, 1920, et dans des articles de la *R. H. L.*, en 1921 et 1928. La tragédie de *Tyr et Sidon*, dans son texte de 1608, a été rééditée par J. Haraszti dans les *Textes Français Modernes*, 1908.

(1) Sur Montchrestien, voir la notice biographique et la réédition de ses *Tragédies* par L. Petit de Julleville, Paris, 1891. En 1605, après un duel

en 1575, et il aurait pu, par conséquent, emplir de son activité le premier tiers du XVIIe siècle. Mais cet esprit original ne consacra au théâtre que quelques années de sa vie. Il publia une tragédie, *Sophonisbe*, en 1596 ; il donna, en 1601. un recueil où figuraient, avec sa *Sophonisbe* remaniée, quatre nouvelles tragédies. En 1604, une nouvelle édition ajoutait au recueil une sixième tragédie. Puis il se tourna vers l'économie politique, où il allait révéler une vigueur exceptionnelle de pensée.

Il est, plus que Jean de Schélandre, tout plein de la leçon de Robert Garnier, et l'un de ses amis, Brinon, a pu dire que, s'il pouvait croire à la métempsychose, il verrait en Montchrestien l'âme de Garnier. Du moins Montchrestien reste-t-il étranger à l'évolution des mœurs et des goûts. Il veut, dans ses tragédies, réagir contre une littérature frivole et lascive qui ne connaît que les mollesses de l'amour. Il s'enferme dans les grands thèmes tragiques et, comme dit son ami Bosquet :

> *Il a voulu monter sur la Tragique Scène,*
> *Et chanter l'incertain de la grandeur humaine,*
> *Monstrer qu'il n'y a point en ce monde d'appuy,*
> *Enseigner le bonheur par le malheur d'autruy,*
> *Représenter des grands les peines et les fautes,*
> *Et le malheur fatal des puissances plus hautes...*

Noble ambition, et d'un ordre bien différent de celle des tragédies irrégulières de l'époque, de leurs sujets romanesques, et de leur recherche d'un pathétique horrible.

Mais en s'attachant étroitement à la tradition de Garnier, Montchrestien, malgré son grand talent, renonçait à profiter de tout ce qu'offraient de nécessaire les tendances nouvelles.

---

qui ressemblait à un assassinat, Montchrestien a dû passer à l'étranger. Il visite l'Angleterre et la Hollande. Il revient en France, publie son *Traité de l'économie politique* et crée des industries. Lorsqu'en 1621 les protestants du Midi se soulèvent, Montchrestien croit de son devoir de les aider. Mais la Normandie ne bouge pas. Montchrestien, seul avec quelques hommes, est attaqué à vingt kilomètres de Domfront. Il est tué et son cadavre brûlé.

Son œuvre retarde. On la concevrait mieux en 1580 qu'en 1600. Ses tragédies, comme on l'a fait justement observer, ne sont guère qu'une succession de scènes, très peu liées entre elles. « C'est l'étalage d'une situation pathétique, regardée de divers points de vue ». Au moment où les auteurs parisiens découvrent les exigences de l'action dramatique moderne, Montchrestien ignore profondément que le drame est action.

Peut-être son rôle dans l'histoire de notre théâtre a-t-il consisté surtout à introduire dans la langue tragique la réforme malherbienne. On savait, depuis l'édition de L. Petit de Julleville, que Montchrestien avait entièrement recomposé, corrigé vers par vers sa tragédie de *Sophonisbe,* entre 1596 et 1601, et que le texte des autres tragédies avait subi la même refonte entre 1601 et 1604. Il est maintenant démontré que cette refonte a eu pour objet de conformer la langue de la tragédie aux lois de Malherbe. Il est établi d'autre part que Malherbe et Montchrestien se sont connus, et que Montchrestien vint voir plusieurs fois Malherbe, qui alors séjournait à Caen, pour l'entretenir de ses tragédies. On en conclura donc de façon légitime que la langue de Montchrestien, si différente de celle de ses contemporains Billard ou Schélandre par exemple, doit sa fermeté et sa pureté aux leçons directes de Malherbe (2).

Alexandre Hardy [1]

Aucun des écrivains jusqu'ici étudiés ne peut se comparer à Alexandre Hardy pour le nombre des œuvres, pour la durée de l'influence, pour la force de la personnalité littéraire.

(2) Ces faits importants ont été éclairés par une étude de R. Lebègue, *Malherbe correcteur de tragédie, R. H. L.,* 1934.
(1) L'étude d'E. Rigal, *Alexandre Hardy et le théâtre français à la fin du XVIᵉ siècle et au commencement du XVIIᵉ siècle,* Paris, 1889, est excellente, mais a vieilli. Elle a été, pour la biographie, remplacée par l'étude récente de Mme Deierkauf-Holsboer. L'œuvre de Hardy a été rééditée par E. Stengel, Marbourg, 1883.

Il était parisien. Mais on ne sait rien, ni de sa famille, ni de la date de sa naissance, ni du temps où il commença de travailler à Paris. Certains indices font penser qu'il accompagna une troupe de comédiens à partir de 1595, et qu'il avait alors entre vingt et vingt-cinq ans. Le premier témoignage sérieux que nous ayons sur lui date des environs de 1605. Il est alors à Fontenay-le-Comte où il vient rendre visite à Nicolas Rapin. Il compose pour la circonstance une élégie et y parle brièvement de sa vie. Il y a alors dix ans qu'il accompagne une troupe de comédiens ambulants (2). On peut admettre comme probable que depuis cette date jusqu'en 1620 il a collaboré de façon à peu près continuelle avec les Comédiens du roi. De 1620 à 1626, des documents plus nombreux nous permettent des certitudes. En 1620, il signe un accord avec les Comédiens pendant un séjour à Marseille. En 1623, il est nommé dans un contrat, aux côtés de Robert Guérin, d'Henri Legrand et de Philibert Robin, et ce document éclaire le titre de « poète de Sa Majesté » qu'Hardy avait arboré l'année précédente. Il figure de nouveau, avec le titre de « poète ordinaire du roy », en tête des signataires d'un bail de 1625, puis d'un autre de 1626. Enfin, dans un contrat du 11 décembre 1626, les Comédiens déclarent élire domicile au logis « où est demeurant le sieur Hardy, rue de Bretaigne, aux Marais du Temple » (3).

En 1627, il rompt pourtant avec les Comédiens du roi et passe au service d'une autre troupe, dite des Vieux Comédiens, que dirige Claude Deschamps, sieur de Villiers.

Au service des uns et des autres, Alexandre Hardy a composé une masse énorme de pièces. En 1623, il se vantait d'en avoir écrit cinq cents. En 1628, il en déclarait six cents. Les contemporains admiraient cette prodigieuse fécondité, et Théophile, son admirateur et son ami, le comparaît à un torrent

(2) Voir le texte reproduit dans H. Carrington Lancaster, *op. cit.*, p. 34.

(3) Fransen, *op. cit.*, p. 61-62.

Pyrame et Thisbé [1]

Théophile avait un moment travaillé pour le théâtre. Il avait quitté aussitôt que possible une situation qui pesait à son désir de liberté. Mais, dans les premiers mois de 1621, à un moment où il était considéré comme l'un des tout premiers poètes de France, il composa une tragédie, *Pyrame et Thisbé* (2). Il l'avait écrite pour le roi, pour la Cour, pour les milieux aristocratiques. Elle fut jouée devant le roi. Elle le fut aussi, en 1627, à Rambouillet, devant la marquise et ses familiers. Sa fille Julie tenait le rôle de Pyrame. L'Hôtel de Bourgogne accueillit la pièce dans son répertoire, et Scudéry, en 1635, disait à son sujet : « Excepté ceux qui n'ont point de mémoire, il n'est personne qui ne (la) sçache par cœur ».

La technique dramatique, dans cette œuvre alors si admirée, reste étonnamment primitive. Les scènes ne sont pas liées. Les personnages viennent sur le plateau sans autre raison que de débiter leurs tirades. Ils se retirent ensuite pour laisser la place à d'autres. Le cinquième acte est entièrement formé de deux monologues successifs.

Mais ces défauts trop visibles ne doivent pas faire méconnaître le caractère déjà classique de l'œuvre, et le mot *classique* doit être pris ici dans son sens le plus précis. Théophile resserre son action en vingt-quatre heures. Il observe la règle de l'unité de lieu dans le sens un peu large qu'on lui donnait alors, et que

---

(2) *Pyrame et Thisbé* a été rééditée par J. Hankiss, Strasbourg, 1933. Après bien des erreurs, voici les conclusions auxquelles, semble-t-il, on peut se tenir sans excès d'imprudence. *Pyrame* a été publiée pour la première fois au début de 1623. On a dit qu'elle avait été jouée devant le Roi en 1625, mais depuis que l'on sait qu'elle parut en 1623, pareille affirmation est invraisemblable. On n'imprimait une pièce que lorsqu'elle avait épuisé son intérêt pour le public et pour les comédiens. A en juger par des rapprochements nombreux et précis avec les œuvres lyriques de Théophile, la pièce a été composée au début de 1621. Elle a été jouée aussitôt, et la lettre du poète où il raconte la représentation à la Cour date des environs du mardi gras de 1621.

Corneille lui donnera encore à l'époque du *Cid* : la chambre de Pyrame, celle de Thisbé, et un lieu indéterminé, un terrain proche de Babylone. Il donne à sa tragédie un ton constamment noble. Thisbé, il est vrai, plaisante un instant avec sa nourrice, mais la scène est plutôt familière que comique et ne tombe pas dans le bas. Enfin Théophile observe les convenances de la façon la plus stricte. Nul geste violent ne vient troubler l'élégante harmonie du drame.

Parmi tant de mérites, celui qui sans doute fut le plus sensible au goût des contemporains, ce fut la force audacieuse des pensées ; ce fut aussi la beauté du style. A vrai dire, le théâtre de Hardy était plein, lui aussi, de belles et nobles « sentences ». Mais c'étaient sentences de l'autre siècle. Il fallait, pour les goûter, penser en disciple de la Pléiade. Théophile pense en moderne, et ce sont les libertés d'un esprit moderne qu'il ose exprimer dans ses tragédies. Il ose dire que vivre, c'est aimer, et qu'il est vain de lutter contre la passion. Il ose dire que l'immortalité de l'âme est un conte, et que nul n'est jamais revenu des enfers. Il se permet même d'avancer, sur le caractère du pouvoir royal, d'inquiétantes maximes.

Pensées audacieuses. Mais qui ne sont pas vulgaires. L'amour, dans *Pyrame*, n'est pas le brutal désir. Il est une flamme qui brûle et purifie, qui élève l'âme au-dessus d'elle-même et la fait participer au divin. Il est, comme dans *Francion*, union avec la vie universelle.

> *Les oyseaux dans les bois ont toute la journée*
> *A chanter la fureur qu'amour leur a donnée ;*
> *Les eaux et les zéphirs, quand ils se font l'amour,*
> *Leur rire et leurs soupirs font durer tout le jour.*

Cette force, cette richesse des idées s'expriment dans une langue qui nous gêne aujourd'hui par ses gaucheries et ses subtilités excessives. Mais aucun poète vivant — Malherbe compris — n'eût été capable de rivaliser pour la beauté du verbe avec certaines des meilleures scènes. Une beauté déjà très romantique. Une beauté qui parfois fait penser à Shakespeare. Qu'on imagine la cour de Louis XIII écoutant le monologue de Thisbé !

> *Déesse de la Nuit, Lune, mère de l'ombre...*

Et cette expression raffinée de la passion dans l'ardente apostrophe de Pyrame :

> *Mais je me sens jaloux de tout ce qui te touche,*
> *De l'air qui si souvent entre et sort par ta bouche...*
> *Si je pouvais complaire à mon jaloux dessein,*
> *J'empescherois tes yeux de regarder ton sein ;*
> *Ton ombre suit ton corps de trop près, ce me semble...*

De tels mouvements expliquent le succès de la pièce de Théophile. La jeune génération, la sienne, celle qui, en 1620, a de vingt à trente ans, ne peut plus tolérer les pièces de Hardy, ni celles de Robert Garnier. Lorsqu'elle y assiste, elle a l'impression d'assister à un exercice scolaire, où plus rien n'est vivant. Des tirades sur le destin ne l'intéressent plus, et l'abus de la mythologie lui semble pur pédantisme. Ce qu'il lui faut, ce que Théophile lui offre, ce sont des sentiments modernes, c'est la galanterie raffinée, c'est la passion qui s'affirme comme la valeur suprême de la vie. Les spectateurs ne lui en ont pas demandé davantage, et n'ont même pas soupçonné le caractère primitif de sa technique, sa pauvreté, ses maladresses (3).

---

(3) Sur les vers trop fameux du poignard : « il en rougit, le traître ! », on lira avec intérêt le commentaire d'H. Carrington Lancaster, *op. cit.*, I, p. 170-171. De nombreuses imitations prouvent à quel point le trait fut admiré. Vion d'Alibray fut le premier, en 1632, qui se permit de déplorer cet excès d'ingéniosité.

Les Bergeries *de Racan* [1]

Presque en même temps que *Pyrame* paraissaient les *Bergeries* de Racan. Avec la première tragédie de haut style, la première pastorale française qui fût œuvre littéraire. On avait joué jusque là bien des pastorales. Depuis l'*Athlette* de Nicolas de Montreux et le *Beau pasteur* de Fonteny, la vogue du genre ne s'était pas démentie.

Il se chargea dès le début d'un certain nombre de conventions, les mêmes en France qu'en Italie. On eut des bergères et des bergers amoureux, des bergers rivaux, des bergères coquettes, et quelques-unes indifférentes à l'amour. On eut des satyres qui guettaient les bergères et des magiciens qui lisaient l'avenir dans des miroirs. On eut des plaintes harmonieuses, des jalousies et des suicides ; mais grâce à Dieu la plupart de ces désespérés ne mouraient pas. Des thèmes lyriques s'imposèrent : l'innocente douceur de la vie pastorale, le retour du printemps. La vie libre des chasseurs s'opposa aux servitudes amoureuses des bergers, et par-dessus tout les auteurs de pastorales célébrèrent l'âge d'or, le temps heureux où l'honneur était inconnu, où seul comptait l'amour, où c'était même titre que d'être l'amant et l'époux.

Hardy écrivit, lui aussi, des pastorales, et cinq d'entre elles nous ont été conservées. Il se borna à suivre les traditions du genre. Tantôt il démarquait l'intrigue très simple de l'*Aminta,* tantôt il utilisait les thèmes beaucoup plus riches de Guarini et de Groto. Il puisait aussi dans Montemayor et dans les pastorales françaises. Son originalité se bornait à mettre en scène deux satyres au lieu d'un, ou encore de multiplier les mariages,

(1) Les *Bergeries* ont été rééditées par L. Arnould dans les *Textes Français Modernes,* 1937. Elles ont paru en 1625. Aucun texte, aucun indice ne permet de découvrir la date de composition. 1620 semble la date la plus probable. L'indication la plus ferme est celle que l'on peut tirer d'une lettre de Malherbe (*éd. cit.,* IV, p. 94).

Coriolan, mais il apparaît dans toutes les autres, depuis le désir brutal dans *Timoclée* jusqu'à ses aspects les plus nobles dans *Panthée.* Il domine, mais il n'est pas la seule passion que connaissent les héros de Hardy. La vengeance, le patriotisme, l'admiration, la peur inspirent leurs actions. Ce ne sont jamais, au reste, que des passions sommaires, et l'écrivain prête plus d'attention aux gestes qui en résultent qu'à l'analyse de leurs mouvements intérieurs.

Hardy a écrit des tragi-comédies. Aux vingt-six pièces qui portent ce titre, il convient d'ajouter trois « poèmes dramatiques », dont l'un, *Théagène et Chariclée,* raconte en quarante actes et huit journées le roman d'Héliodore. Lorsqu'il composait des tragédies, Hardy restait fidèle à une tradition. C'est quand il compose des tragi-comédies qu'il répond vraiment au goût de son public. Il est notable que ses pièces les plus récentes sont des tragi-comédies. Le premier trait qui définit ce genre, c'est qu'il puise, non plus dans l'histoire, mais dans la littérature romanesque. A vrai dire, il traite en tragi-comédie les sujets mythologiques d'*Alceste* et d'*Ariadne.* Mais il demande le plus grand nombre de ses sujets à Ovide, à Lucien, à Héliodore et aux contes milésiens. Il emprunte trois sujets à Cervantès, un à Montemayor, un autre à Diego d'Agreda. Il en demande à Boccace, aux *Histoires tragiques* de Rosset et à des recueils de nouvelles. Les sujets sont proprement romanesques, et rappellent les épisodes du même genre qu'Honoré d'Urfé avait insérés dans son roman pastoral. Une jeune fille habillée en homme se met à la poursuite de son amant infidèle. Elle le suit jusqu'en Allemagne, devient son page, et le reconquiert. C'est le sujet de la *Félismène* de Hardy, après l'avoir été d'un épisode du roman de Montemayor. Le nom même de l'héroïne n'a pas été modifié. Ou bien encore, nous assistons aux épreuves d'une fille-mère, ou à l'infortune d'une fille qui a été violée et se voit mariée, sept ans plus tard, à l'homme qui lui a fait violence.

Si les unités n'étaient qu'imparfaitement observées dans les tragédies, Hardy prend bien plus de liberté encore dans les tragi-comédies. La *Force du sang* s'étend sur sept années. Dans *Elmire*, l'action se déplace d'Egypte en Italie, et d'Italie en Allemagne. L'action seule conserve un certain caractère de concentration, inférieur certes à ce que le goût réclamera bientôt, mais beaucoup plus marqué que dans le théâtre étranger de la même époque. L'idéal dramatique de la Renaissance est de plus en plus abandonné.

Contemporains de Hardy

Hardy est le plus important des auteurs dramatiques. Il n'est pas le seul. Pour la période de 1610 à 1618, nous ne connaissons pas moins de seize auteurs, et plus de quarante pièces n'ont pas été écrites par lui. Le plus grand nombre de ces pièces ont été, à vrai dire, imprimées en province. C'est en province sans doute qu'elles ont été jouées, et leurs auteurs sont des provinciaux. Mais elles sont toutes pareilles aux pièces contemporaines de Hardy, elles ne représentent nullement une formule d'art périmée. Le retard que l'on observe à la même date dans la production lyrique des auteurs provinciaux ne se retrouve pas dans leurs œuvres dramatiques. Hardy ne se distingue des auteurs de province que par sa fécondité, par la puissance de sa verve, non par sa conception du théâtre et de ses règles.

De toutes les provinces de France, celle dont l'activité dramatique est la plus grande est la Normandie, et Rouen est la ville où il s'imprime le plus de pièces de théâtre : deux fois plus environ qu'à Paris. Le fait mérite d'être signalé, car à cette époque est en train de grandir, dans la capitale normande, un enfant qui, dans une dizaine d'années, au sortir de son adolescence, se rangera au premier rang des auteurs dramatiques de son temps, Pierre Corneille (1).

A Paris même, les troupes de comédiens utilisaient, avec les œuvres du répertoire et celles que des amateurs leur apportaient, les pièces écrites spécialement pour elles par un poète attaché à la troupe. La Porte écrivait lui-même des pièces pour ses compagnons, puisqu'avant 1609 il avait composé « quelques tragédies, comédies, pastorales et autres poèmes tant graves que facétieux » (2). Théophile de Viau, à un moment donné, fut également attaché à une troupe de comédiens, et composa pour elle des tragédies (3).

La situation de poète lié à des acteurs était misérable. Charles Sorel en a parlé. L'auteur d'une pièce ne comptait pas aux yeux du public : le nom seul des interprètes était capable de l'attirer au spectacle. Si bien, nous dit Sorel, que sur les affiches, on ne prenait même pas la peine d'indiquer, avec le titre de la pièce, le nom de son auteur. « On y mettoit seulement que leur Auteur leur donnoit une Comédie d'un tel nom » (4). Il faudra attendre les œuvres de Théophile, de Racan et de Mairet pour donner à l'écrivain sa vraie place.

---

(1) H. Carrington Lancaster a relevé dix-neuf pièces éditées à Rouen, dix à Paris, six à Poitiers, six à Lyon, et trois à Troyes (*op. cit.*, I, 1, p. 70 n. 1). L'avance de la province sur Paris se maintient donc jusqu'en 1620.

(2) Texte cité par H. Carrington Lancaster, I, 1, p. 64, n. 2.

(3) Il n'est pas impossible que l'une de celles-ci ait subsisté, la *Pasiphaé*, qui fut éditée en 1627 par Hulpeau sous le nom de Théophile. L'érudition la plus récente pencherait à croire que Théophile travailla pour les Comédiens du Roi. On n'en saurait donner aucune preuve, mais il est exact qu'en 1634 et en 1637, des textes parlent de « plusieurs pièces » de Théophile qui seraient entre les mains des Comédiens du Roi.

(4) *Bibliothèque françoise*, p. 185.

Le Goût nouveau

Il était inévitable que ce théâtre, si profondément engagé dans la tradition humaniste, parût démodé aux cercles lettrés, à mesure que les exigences du goût mondain s'imposaient à tout le public cultivé. Ce fut aux environs de 1620 qu'une nouvelle génération apparut, dont les œuvres allaient tenir compte de cette évolution des esprits. Mairet nous dit que sa *Sylvie* parut lorsque le *Pyrame et Thisbé* de Théophile, et les *Bergeries* de Racan « conservoient encore dans les meilleurs Esprits cette puissante impression qu'elles avoient justement donnée de leur beauté » (1). Sorel a exprimé, avec une netteté remarquable, l'espèce de révolution qui s'opère alors dans notre littérature dramatique : « Il s'estoit passé un long temps, écrit-il, qu'ils *(c'est-à-dire* les Comédiens) n'avoient eu autre poète que le vieux Hardy, qui, à ce que l'on dit, avait fait cinq ou six cents Pièces ; mais depuis que Théophile eut fait jouer sa *Thisbé*, et Mairet sa *Sylvie,* M. de Racan ses *Bergeries,* et M. de Gombauld son *Amarante,* le Théâtre fut célèbre et plusieurs s'efforcèrent d'y donner un nouvel entretien ». L'abbé de Marolles confirme pleinement ces deux témoignages : « Hardy avoit composé plus de huit cens pièces de théâtre, dont les vers estoient si durs qu'elles le rendirent désagréable, au même temps qu'on vit paroistre les *Bergeries* de Racan, la *Thisbé* de Théophile et la *Sylvie* de Mairet ».

---

(1) *Epître familière sur la tragi-comédie du Cid,* dans Gasté, p. 286.

l'Antiquité outragée, de l'Humanisme menacé. Il adjurait la jeunesse de ne pas se laisser séduire par un mauvais maître.

Presque en même temps, Balzac se vit attaqué dans une direction très différente. Un jeune avocat originaire de Cognac, Bernard de Javerzac, composa un *Discours d'Aristarque à Nicandre,* qui était, au vrai, bien plutôt dirigé contre Goulu que contre Balzac (21). Ce Javerzac était en effet un jeune libertin, très lié aux milieux où se conservait le souvenir de Théophile, et par conséquent moderniste. Mais il ne put s'empêcher de lancer quelques pointes du côté de Balzac. Celui-ci avait eu connaissance du projet de Javerzac, il avait demandé à le voir et à lire son manuscrit. Javerzac refusa, en alléguant que le livre ne concernait pas Balzac, et que de toute façon il était achevé.

Retardé par des intrigues qui restent obscures (22), le *Discours* parut. Balzac, au lieu de laisser ce nouveau champion attaquer Goulu, se piqua de quelques lignes qui lui étaient destinées. Il fit éclater sa fureur. Des silhouettes inquiétantes tournaient autour de Javerzac. Il habitait une pension dans l'Ile du Palais. Des hommes armés vinrent dans le cabaret au-dessus duquel il avait sa chambre, et demandèrent où il se trouvait.

(21) Ce Bernard de Javerzac a vingt-cinq ans (*Discours d'Aristarque à Calidoxe,* p. 10). Son père joua un rôle parmi les Religionnaires, mais il mourut, et le fils, qui avait pris ses degrés, se laissa aller à l'aventure. « Ma liberté, écrit-il ingénument, entreprit le gouvernement de ma vie, et me tira de l'estude pour me mettre à la campagne » (*Ib.,* p. 23). Il veut dire par là qu'il suivit les armées « avec tant de désastre qu'à tout jamais il maudira l'heure qui lui fit changer de résolution », ajoute le secrétaire de Goulu qui signe Achates. Il est curieux qu'il ait possédé le texte de la lettre de Théophile à Balzac et qu'il ait eu sur les aventures de Théophile et de Balzac en Hollande des renseignements qu'il est seul à nous avoir conservés.

(22) On trouvera les thèses adverses développées dans une réédition rouennaise du *Discours d'Aristarque à Nicandre* et dans une *Lettre de Monsieur Bergeron* qui s'y trouve jointe. Cette lettre est datée du 1er septembre 1628, postérieure par conséquent à la bastonnade. La réponse de ce M. Bergeron « conseiller du roy et référendaire en sa Chancellerie », élude la plupart des accusations de Javerzac plutôt qu'elle ne les réfute. La manœuvre semble certaine, mais le récit de Javerzac ne suffit pas à en donner une idée claire et sûre.

Balzac, de son côté, logeait au Pré-aux-Clercs et s'y tenait en état de siège. Il se faisait fort de la protection de Gaston d'Orléans pour réduire au silence un jeune fou. Le tout se termina le 2 août 1628 à neuf heures du matin. Ce jour-là, des hommes de main pénétrèrent dans la chambre du malheureux Javerzac, et lui administrèrent une correction. Le deuxième pamphlet du jeune avocat, le *Discours d'Aristarque à Calidoxe sur ce qui s'est passé entre lui et Balzac* donne une idée vive et plaisante de ces déshonorantes querelles (23).

Aux pamphlets de Javerzac, Goulu n'avait répondu, à peu près, que par le dédain. Il s'était borné à inspirer la réponse de son secrétaire, la lettre d'*Achates à Palémon pour la défense de Phyllarque*. Par contre, le général des Feuillants fit paraître en 1628, un deuxième volume de *Lettres* contre Balzac. La polémique, de ce côté, continua donc quelque temps encore. Dans le camp de Balzac, on vit paraître d'obscurs pamphlets, notamment une *Lettre de Polydocque* et une *Lettre de Phygarque à Ménipe*. Le secrétaire du comte de Cramail, qui signe De Vaulx, écrivit un *Tombeau de l'Orateur françois* qui laisse Goulu hors de la controverse, et dirige contre Balzac une argumentation pleine d'intérêt (24). L'année suivante, le sieur du Peschier fit imprimer

(23) Un récit bouffon de l'aventure, venu du camp de Balzac, circula sous le titre de *La défaite du paladin Javersac par les amis, alliés et confédérés du Prince des feuilles*, 1628. Le titre indique la manœuvre. Balzac veut faire croire que les auteurs de la bastonnade étaient les amis de Goulu. Personne ne s'y trompa, et un ecclésiastique, d'intentions excellentes mais de style maladroit, écrivit le *Non-Passionné* pour menacer Balzac de la justice de Dieu, et, en attendant, de la Grève.

(24) La personnalité de ce De Vaulx apparaît plusieurs fois dans l'histoire littéraire du temps, mais toujours de façon obscure. A en juger par une phrase du *Tombeau*, il aurait été peintre autrefois (p. 139). On a souvent parlé de lui comme d'un fou. Son *Tombeau* est une des meilleures pièces inspirées par la querelle. Le *Tombeau* contient sur les sentiments de Sorel une indication curieuse. Balzac aurait fait des avances pour se concilier l'auteur de *Francion*, et ses démarches n'auraient pas été inutiles : « Mais cependant que M. de Balzac se met dans le soin de luy plaire, et que ce jeune esprit travaille à démentir son *Hortensius* et son premier jugement... » (p. 254).

la *Comédie des Comédies,* qui est une parodie du style de Balzac (25). Puis le calme revint.

Cette polémique, où s'affrontaient les partisans du modernisme et les fidèles attardés de la tradition humaniste, ne doit pas distraire l'attention de l'effort continu par où Balzac et ses amis parisiens travaillaient à élaborer une doctrine littéraire et une théorie de la langue. Car il avait des amis. Il avait vécu à Paris de la fin de 1624 au mois d'août 1625, puis du début de 1626 jusqu'à 1628. Il a parlé de la « divine compagnie » dans laquelle il vécut pendant le premier de ces deux séjours. Il garda surtout le souvenir des heures passées chez Deslandes-Payen, dans la magnifique propriété que cet ami possédait à Rueil (26). Il s'attacha particulièrement à Racan, et en octobre 1625, il songea à passer quelques jours au château de Racan, en Touraine. Il se lia aussi avec Vaugelas et avec Faret.

Tous ces noms nous ramènent à Malherbe. Balzac le connaissait avant d'avoir publié ses *Lettres,* et dès lors Malherbe fut son maître (27). « Bien que je l'appelasse mon Père...» a-t-il écrit. La formule est émouvante. Elle éclaire l'œuvre qui s'accomplit entre 1620 et 1630. Le vieux Malherbe trouve dans le jeune Balzac le véritable continuateur de son effort. Il « m'avoit fait

(25) Ce Du Peschier est entièrement inconnu, et ce n'est peut-être qu'un pseudonyme (H. Carrington Lancaster, *op. cit.,* I, 1, p. 365-367). Sa pièce provoqua une réplique, le *Théâtre renversé,* 1629. Elle fut faite en trois jours et l'on s'en aperçoit. L'anagramme qui dissimule l'auteur de la réponse est *J'espère du renom.*

(26) Il l'avait héritée du financier Moisset. Richelieu la confisqua à son profit et y fit des séjours nombreux et prolongés, à partir de 1633. C'est-à-dire que jusqu'à cette date, les poésies qui célèbrent les beautés de Rueil ont en vue leur propriétaire Deslandes, et non, comme on le croit parfois, Richelieu.

(27) On a voulu soutenir que Balzac connaissait Malherbe depuis 1605. Mais le seul argument qu'on puisse fournir est sans solidité. Balzac raconte qu'il osa dire à Malherbe qu'il n'était pas de son avis, bien qu'il fût « un tout petit garçon ». Mais l'expression signifie seulement qu'il était alors un mince personnage.

jurer sur ses Dogmes et sur ses Maximes... », écrit ailleurs
Balzac. Quelques plaisanteries sur le « vieux grammairien » ne
doivent pas tromper. Malherbe reste pour lui « l'incomparable »,
et la doctrine de Balzac est d'abord sortie des « mille conférences » qu'il avait eues avec le vieux poète.

Mais elle n'en est pas sortie tout entière, et d'autres influences ont joué. Celle d'abord des lettres antiques. Car Balzac a beau
rompre avec certaines routines de la tradition humaniste, il n'en
est pas moins convaincu que les Romains sont nos maîtres.
Nicolas Bourbon, qui fut son ami jusqu'à une éclatante rupture (28), lui avait appris à comprendre la grandeur romaine,
en dépit du dégoût que lui avaient inspiré les pédants. C'est
lui, écrit-il, qui « m'annonça le premier la grandeur et la majesté
de Rome, que je ne connaissois point, et m'en emplit l'imagination ». Le voyage de Rome acheva de fixer ses idées et l'emplit
d'une admiration définitive pour les Romains.

Ce sens de la grandeur majestueuse et sobre, de la grandeur
classique, qui se dégage avec tant de force des monuments et des
œuvres de Rome ont sans doute inspiré à Balzac sa doctrine de
la beauté. Il la voit dans l'unité, dans la concentration, dans la
subordination du détail à l'ensemble. Il faut croire que cette
idée lui tenait à cœur, car c'est elle qui revient le plus volontiers
derrière les discussions de l'*Apologie,* et lorsque son ami Descartes, dans une lettre latine, nous donne une définition de la
beauté, c'est encore à celle-là qu'il revient (29).

(28) La brouille avec Nicolas Bourbon est antérieure à 1628, car Javerzac
y fait allusion dans son *Discours d'Aristarque à Calidoxe.* C'est en
effet Bourbon qu'il a dans l'esprit lorsqu'il écrit : « Un certain Docteur,
qui tient encore de l'habit et des mœurs des anciens Philosophes, qui
rend sa probité égale à sa science, après l'avoir longtemps fréquenté, le
fuit comme la mort, et comme le poison qui l'a voulu perdre » (p. 17).

(29) Descartes, *Censura quarumdam Epistularum D. Balzacii* (Corr., I,
p. 7 sqq). La phrase capitale est celle-ci : la beauté « non in hac aut illa re,
sed in omnium tali consensu et temperamento consistit ut nulla designari
possit ejus pars inter caeteras eminentior, ne simul aliarum male servata
proportio imperfectionis arguatur ».

Ce critique novateur est donc un esprit classique. Mais l'étude des Anciens le persuada qu'il fallait choisir parmi eux, que Rome avait eu, à un certain et bref moment, une littérature souveraine. Avant cet instant privilégié, la langue latine était barbare. Elle fut, ensuite, corrompue. Toute la théorie de Balzac sur la langue française n'est qu'une application de cette doctrine, qu'il avait peut-être découverte à Rome, auprès des Bentivoglio et des Strada (30). Il s'agira pour lui de mener le français jusqu'à cette pureté qui est la perfection d'une langue.

Cet effort pour rivaliser avec les littératures antiques donne sa vraie signification au modernisme de Balzac. En dépit de Frère André et de Goulu, Balzac n'est pas un iconoclaste, et ne réclame pas la rupture avec l'Antiquité. Il se borne à concevoir autrement que les humanistes les rapports du monde ancien et du nouveau. Ce qu'il préconise, c'est, au vrai, un Humanisme rajeuni et conquérant, qui trouve dans les modèles du passé, non des formules, mais de vivantes leçons. Il ne s'agit pas, à ses yeux, de reprendre les procédés des Anciens. Il s'agit de comprendre ce que fut leur élégance, et d'y atteindre.

Enfin, il est une troisième influence qu'on n'a pas encore étudiée, mais qui sans doute, se révélerait importante. L'Italie avait ses recueils de lettres, et l'on peut se demander si Balzac n'a pas trouvé, pendant son séjour à Rome, les modèles très directs de l'ouvrage que deux ans plus tard il allait faire paraître. C'est de cette manière que l'on s'expliquerait le mieux tout ce que, dans les *Lettres,* nous découvrons de traits emphatiques, d'alliances de mots inattendues, et cette recherche constante de l'effet qui s'appela longtemps le « parler Balzac ». Il y a quelque chose des prosateurs italiens dans une phrase comme celle-ci : « Je suis plus flétri que les roses de l'année passée et... il faudroit tous les ingénieurs d'une armée pour me remuer », et l'écrivain

(30) C'est du moins la thèse de G. Guillaumie, *J.-L. Guez de Balzac et la prose française,* Paris, 1927.

n'a pas prévu Molière lorsqu'il a reproché à la fièvre du duc d'Epernon de ne lui avoir pas porté « le respect qui est deu à une personne de sa qualité ». Mais Balzac ne croyait pas qu'il fût possible de s'exprimer autrement. Il n'essaie pas, explique-t-il, d'être naturel et de parler « comme il faut que parle une honneste femme », car il prétend travailler « pour l'Eternité ».

Après la controverse avec Goulu, Balzac se fixa de façon à peu près définitive en Charente. Mais il ne cessa pas pour autant d'intervenir dans la vie littéraire de Paris par ses livres et par ses lettres. Il avait depuis longtemps en chantier un grand ouvrage de politique. Silhon en parle dans sa préface de 1627. Javerzac mentionne en 1628 des fragments du *Prince de Galles* qui circulent. Goulu avait connaissance d'une *Institution du Prince* dont quelques cahiers se passaient déjà de main en main. Plusieurs fois, l'ouvrage changea de titre, et l'un des ennemis de Balzac a dit, dans une phrase amusante, que l'imagination de l'écrivain fut sept ans grosse du *Prince de Galles,* puis avorta du *Duc de Guise* et finit par accoucher heureusement « de nostre Roy ». L'ouvrage définitif prétend être en effet un portrait de Louis XIII (31).

Le livre parut en 1631. Balzac était revenu à Paris à la fin de 1630. Le moins qu'il attendît du succès de son *Prince* était un évêché. Mais le livre déplut au Cardinal. Il déclara que son auteur était un étourdi, et qu'il criait sur les toits ce qu'il devait taire. Le *Prince,* qui devait assurer la fortune de Balzac, mit une pierre sur ses espérances. Le 6 septembre 1631, il repartit pour la Charente, découragé (32).

L'accueil du public fut bien différent de celui qu'avait trouvé

(31) Silhon, lettre à Richelieu, en tête de la 6ᵉ édition des *Lettres,* (Bibas et Butler, II, p. 9). *Discours d'Aristarque à Calidoxe,* p. 17, Goulu, *Lettres,* I, p. 364, *Lettre écrite à un des amis de M. de Balzac,* p. 22.
(32) Voir surtout Tallemant, IV, p. 89 sqq. Richelieu aurait aussi trouvé intolérables certaines familiarités de Balzac, Joly, *Remarques critiques* citées dans Bibas et Butler, I, p. 286.

le premier volume des *Lettres*. On releva le désordre du *Prince* et l'on commença de dire — ce qui était exact et que les *Lettres* avaient dissimulé — que Balzac n'était capable que d'écrire des fragments. On nota des erreurs de fait. On signala que l'écrivain ignorait des faits politiques déjà anciens de plusieurs années et par conséquent bien connus. On se moqua surtout de ses digressions, qui faisaient du livre une sorte de pot-pourri. Certains traits, mis en relief avec une emphase excessive, choquèrent. Le roi, assuraient les malveillants, n'avait pas eu pour agréables les développements de Balzac sur son impeccabilité. Il trouvait ridicule de lire dans le *Prince* qu'il n'avait pas besoin du sacrement de Pénitence, et qu'il ne se confessait « que pour se rafraischir, non pour se nettoyer ».

Malgré ces taches, le livre n'est pas sans importance et sans beauté. L'idée maîtresse se dégage sans peine. Balzac préconise une monarchie autoritaire, qui trouve dans la volonté divine les fondements de sa légitimité, mais aussi sa règle et la limite de ses droits. Une monarchie nationale, très différente par conséquent de la monarchie espagnole, qui est tyrannie. Balzac se livre à une attaque très vive contre le Conseil d'Espagne, contre l'Inquisition, ses mystères, ses arrestations arbitraires. Nous dirions aujourd'hui : son mépris de la personne humaine. Et par ricochet, Balzac atteint les Jésuites, leur politique, leur casuistique. La critique, contre eux, est masquée. Mais violente dans le fond. A cette incarnation de tout ce qu'il déteste, Balzac oppose son idéal. On y discerne un mélange, peut-être mal cohérent, de tradition romaine et de tradition chrétienne. Il veut trop plaire à Richelieu, il est lui-même trop rempli de l'histoire de Rome pour ne pas exalter l'Etat. Mais en même temps, il insiste sur les exigences morales du christianisme. A noter d'ailleurs chez lui un souci curieux d'humilier l'intelligence devant la morale et la pensée devant l'action. Il admire chez les vieux Romains leur pragmatisme. Il le retrouve dans la tradition chrétienne. Son livre, en dépit de son échec, exercera une influence profonde à travers tout le siècle, et jusqu'à Fleury et à Fénelon.

Maintenant confiné en Charente, dans la plus confortable des retraites, où même les plaisirs de la table n'étaient pas négligés, Balzac va devenir de plus en plus un critique littéraire. Dans le secret, il aiguise des épigrammes contre Richelieu, qu'il appelle maintenant Tibère. Dans ses lettres confidentielles, il laisse percer ses rancunes et ne peut s'empêcher de dire son mot sur les choses de la politique, mais dans ses lettres publiques, il se consacre surtout aux questions de la littérature. C'est là qu'il a donné sa véritable mesure et joué son grand rôle.

Ses lettres sont en effet des articles de critique, et de la critique la meilleure. Il reste fidèle aux principes qu'il avait affirmés dans ses œuvres de début. Il n'est pas un pédant. Il ne connaît d'autre règle que la raison, et la raison se confond, pour lui, avec les exigences de l'homme qui lit. Celui-là a raison qui donne du plaisir.

Dans la grande controverse qui, en France et en Italie, oppose les partisans des règles et ceux d'une conception hédoniste de l'art, Balzac prend parti, avec force et netteté, pour les seconds. On s'en apercevra au moment de la querelle du *Cid*. Dans cette mêlée où si peu d'écrivains s'élèvent au-dessus des injures personnelles et des chicanes de mots, Balzac est à peu près le seul qui voit ce qui est en question. Au milieu d'une meute de pédants, il eut le courage de dire « que c'est quelque chose de plus d'avoir satisfait tout un Royaume que d'avoir fait une pièce régulière » et que « sçavoir l'art de plaire ne vaut pas tant que sçavoir plaire sans art ». Il aboutissait ainsi à définir la valeur de l'œuvre par le succès. Il le savait, et ne reculait pas devant cette conséquence : « La satisfaction des spectateurs est la fin que se proposent les spectacles. » Molière dans la *Critique de l'Ecole des femmes*, et Racine dans la préface de *Bérénice* ne feront pas autre chose que de reprendre les affirmations du plus grand critique de leur siècle.

Les Progrès de la Prose Française

L'œuvre collective de Chapelain, de Conrart et de Balzac a été de porter à sa perfection la prose française. Elle couronne un effort qui avait commencé à la fin du siècle précédent. Le président Du Vair en avait été le premier champion, le premier qui réagît contre les excès des prédicateurs et des avocats, contre les excès pires des auteurs de romans. Du Perron avait exercé une influence considérable dans le même sens, et la prose d'Honoré d'Urfé avait été considérée comme le modèle de la nouvelle langue.

A partir de 1615, un ami de Malherbe, Nicolas Coeffeteau devint le maître du bien-dire pour les prosateurs français (1). Sa traduction de Florus en 1615, et surtout son *Histoire Romaine* en 1621 servirent de modèles aux écrivains et firent autorité.

D'après Balzac, Coeffeteau avait été surtout l'élève de Du Perron, et c'est à Bagnolet qu'il aurait appris les secrets de la belle langue. Vaugelas, juge peut-être plus attentif, voit au contraire dans les traductions d'Amyot le vrai modèle de Coeffeteau. Mais c'est bien plutôt la Cour qui fournit à Coeffeteau les règles du bon usage. Il était, nous dit Mlle de Gournay, « courtisan d'humeur et d'habitude », et Vaugelas confirme son témoignage : Coeffeteau, dit-il, est « celui de tous nos écrivains qui a écrit le plus purement, et qui s'est montré le plus religieux à ne jamais user d'un mot ni d'une façon de parler qui ne fût reçue à la Cour ». En fait, pris entre son goût pour Amyot et son souci de

---

(1) Voir Ch. Urbain, *Nicolas Coeffeteau*, 1893. Il est né à Paris en 1574. Il se fait dominicain. Il manifeste des sentiments hostiles au parti espagnol. Il devient aumônier de la Reine Marguerite. Prédicateur ordinaire du roi en 1608, promu évêque coadjuteur de Metz en 1617, il est nommé au siège de Marseille en 1621. Mais il montre peu d'empressement à rejoindre son poste, et il est encore à Paris en 1623, lorsqu'il meurt. Il était depuis longtemps l'ami personnel de Du Vair, de Peiresc et de Malherbe Il le fut même de Théophile.

plaire aux Courtisans, Coeffeteau adopta un style moyen. Il accepta, comme Mlle de Gournay en fait la remarque, bien des dictions et manières de parler qu'interdisaient « les nouveaux discoureurs », et sa phrase garda cette douceur un peu molle et nonchalante qui caractérise la prose de l'*Astrée*. Dans trente ans, on avouera « que son style avoit toujours été diffus et qu'il avoit quelque mollesse ».

Sur le moment, on l'admira fort et on l'imita. Marolles et Faret furent ses disciples. Un jour qu'il recevait chez lui Malherbe et Vaugelas, Coeffeteau leur annonça que Faret serait son continuateur. Balzac se vanta d'avoir fait son cours en langue française sous Messire Nicolas Coeffeteau, jusqu'au jour où il se retourna contre lui. Vaugelas enfin se forma à sa lecture.

Malherbe, maintenant, s'intéressait aux exercices de prose, et par conséquent à la traduction. Il a mis en français le XXXIII° livre de Tite-Live, le *De Beneficiis*, les *Lettres à Lucilius*, et le traité *De naturalibus quaestionibus* de Sénèque. De tout ce travail, il ne publia que la traduction de Tite-Live, mais le *De naturalibus quaestionibus*, publié à une date récente, prouve combien son travail était lent et minutieux (2).

De tous les gens de lettres qui se consacrèrent, durant la période qui nous occupe, à l'élaboration de la prose française, le plus célèbre est Vaugelas. Il s'appelait Claude Favre, seigneur de Vaugelas et baron de Pérouges. Son père était Antoine Favre, sénateur de Savoie, président du sénat de Chambéry en 1610, et gouverneur de la Savoie en 1617. Né en 1585, il était venu à Paris de bonne heure, et on le voit, à partir de 1625, dans l'entourage de Malherbe, aux côtés de Racan, de Balzac et de Faret.

Ses amis sont unanimes à célébrer sa douceur et sa probité : « S'il y a un meilleur cœur que le sien, une plus grande douceur

---

(2) Malherbe a publié les dix-sept premiers chapitres de sa traduction de Tite-Live en 1616 et le tout en 1621. R. Lebègue a publié la traduction de *De naturalibus quaestionibus* dans la *R. H. L.*, 1918.

que celle qui accompagne toutes les parties de sa vie, si sa probité n'est une des rares choses de ce siècle... », écrit La Motte-Aigron. Malheureusement, il était pauvre, plus encore que le grand nombre des gens de lettres. Il se tua de travailler à des besognes mercenaires. « Il n'est point mort, quoyqu'il n'ait pas de quoy vivre », écrivait Chapelain. Il menait une vie de solliciteur. Hélas, il s'abaissa davantage. Il gagna son pain à poursuivre, à dénoncer les ennemis du ministère. Il tira sa subsistance de sa part des confiscations. Ses amis assistèrent navrés à cette déchéance d'un homme qui avait été l'honnêteté même, et qui restait brave homme au fond (3).

Il avait d'autres moyens, plus innocents, de faire fortune. Chapelain écrit en souriant : « M. de Vaugelas qui, jusqu'à présent, voulait faire sa fortune par les femmes... ». Il est exact qu'il était, selon la formule du temps, grand abatteur de bois. Balzac, alors très lié avec lui, s'en amusait. « Son mérite est généralement reconnu », écrivait-il, et si nous hésitions encore à comprendre, il tient à préciser : « Il n'est guère moins vaillant que cet ancien Héros qui dompta les monstres, et qui, en une seule nuit, fut cinquante fois le gendre d'un de ses hostes » (4).

Cet homme bon, maladroit, un peu simple, était reçu dans le plus grand monde, où sa candeur plaisait. Il observait

(3) En 1628, un scandale éclata en pleine Académie. Vaugelas poursuivait à mort un particulier dont la confiscation devait être considérable — il devait en recevoir le quart. L'homme ne voulait pas être pendu. Il était normand. Il intéressa Boisrobert à sa cause. Boisrobert interpella Vaugelas dans une séance à l'Académie. Vaugelas ne céda pas et s'entêta à soutenir que l'homme était coupable (Chapelain, *Lettres*, I, p. 298). Il avait pour excuse que cette confiscation devait lui permettre d'épouser une femme qu'il prenait sans dot (*Ib.*, p. 297).

Sur la jeunesse de Vaugelas, on se reportera à un important article de G. Daumas, *Revue des sciences humaines*, 1951.

(4) Bibas et Butler, II, p. 87. Les éditeurs, en face de l'initiale M. de F..., ont hésité entre Faret et Vaugelas. Mais, rapproché de la lettre de Chapelain, le texte de Balzac ne souffre pas l'hésitation. Ce M. de F... est Favre de Vaugelas. A noter que plus tard, Balzac se refroidira. Il dira : « Le grammairien Vaugelas — l'adorateur de Coeffeteau... Le jugement de M. Vaugelas est tantost droit, tantost tortu ».

l'usage de la langue, et rédigeait ses *Remarques*. Elles n'ont paru qu'en 1647, en dehors donc de la période étudiée. Mais elles ont été écrites du vivant de Richelieu, et c'est ici qu'il est le plus opportun d'en parler (5).

On reconnaît chez Vaugelas l'influence de Coeffeteau. Lui aussi, il croit que l'usage est maître de la langue, et que la Cour possède cet usage. « Il n'y a qu'un maistre des langues qui en est le roy et le tyrant, c'est l'usage » écrit-il. Et ceci : la Cour est « comme le magasin de la langue ». Il est fier, en 1647, d'avoir vécu « depuis trente-cinq ans et plus à la Cour », et c'est sur cette connaissance intime de la Cour qu'il fonde son autorité.

Jamais il ne s'appuie sur un raisonnement pour condamner une manière usuelle de dire, et plus d'une fois il déclare que tel usage doit être considéré comme seul légitime, après qu'il en a reconnu le caractère déraisonnable. Entre les deux tendances philosophiques de son temps, celle qui prétend soumettre le réel à une Raison souveraine, et celle qui cherche modestement à ordonner et à codifier les données de l'expérience, Vaugelas s'est très évidemment attaché à la seconde.

On discerne de même chez lui un autre des caractères fondamentaux de son époque. La société française est en train de se fermer. Elle devient de plus en plus aristocratique. Vaugelas oppose, avec une netteté qui est nouvelle, le bon et le mauvais usage ; et ce qu'il appelle le mauvais usage est celui de la masse du peuple. « Le mauvais usage, dit-il, se forme du plus grand nombre de personnes, qui presque en toutes choses n'est pas le meilleur. Le bon, au contraire, est composé de l'élite des voix. » La théorie classique de la langue revêt chez lui sa forme définitive : libérée des attaches grecques et latines, détachée du fond ancien de la langue nationale, coupée de tout contact vivant avec les sources profondes de l'esprit français, elle devient l'expression parfaitement pure d'une élite à la fois

(5) Voir le vigoureux résumé de la doctrine de Vaugelas dans F. Brunot, *Histoire de la langue française*, III, p. 46-56.

intellectuelle et mondaine. Elle en a la limpidité, la netteté, les très étroites limites.

L'Hôtel de Rambouillet [1]

L'effort de Chapelain, de Conrart et de Balzac s'appuyait sur le cercle mondain le plus considérable de Paris, l'Hôtel de Rambouillet, et c'est à l'Hôtel de Rambouillet que Vaugelas observait, bien plus qu'au Louvre, le bon usage de la Cour. On ne possède aucune preuve de son influence avant 1620, mais à partir de cette date elles se multiplient, et vers 1630, il exerce une action très forte sur le mouvement littéraire.

Le marquis de Rambouillet avait été l'un des appuis de Concini. Il avait été, sous le régime du favori, ambassadeur extraordinaire en Espagne (1614). Mais, depuis la chute de son protecteur, il vivait dans une sorte de demi-disgrâce. Il ne cachait pas son hostilité à Richelieu et se posait en successeur éventuel du Cardinal. Opposition toute verbale, qui n'avait d'autre résultat que de le cloîtrer en son hôtel.

Il avait épousé en 1600 Catherine de Vivonne-Savella, une Romaine naturalisée par lettres royales en 1594. Le ménage était resté sept ans stérile, mais à partir de 1607, sept maternités successives étaient venues ébranler la santé de la marquise. Incapable de supporter désormais les fatigues de la vie mondaine, incapable aussi de s'en passer, la marquise résolut d'attirer chez elle le monde où elle ne pouvait plus elle-même se rendre.

En 1599, elle avait acheté, étant encore mineure, l'hôtel du Halde, rue Saint-Thomas-du-Louvre. Elle n'entra en possession qu'en 1604, et le fit aussitôt démolir. Elle reconstruisit sur son

(1) E. Magne, *Voiture et l'Hôtel de Rambouillet,* 2 vol. 1929-1930.

emplacement un nouvel hôtel, dont elle avait fourni les plans. Ce fut l'hôtel de Rambouillet.

Elle était belle. Tous les contemporains en tombent d'accord. Elle en garda de grands restes jusqu'à un âge avancé. Mais la maladie l'avait prématurément vieillie. En 1640, elle ne voulait pas que l'on parlât de sa beauté : « Elle est ensevelie depuis longtemps, ajoutait-elle, si j'en ai eu jadis quelque partie. »

Tous ceux qui l'ont connue ont célébré ses qualités d'esprit et de cœur. « Elle est bonne, douce, bienveillante et accueillante », dit Segrais. Si Tallemant ajoute qu'elle est « un peu trop complimenteuse », nous voyons là une preuve de l'excès de sa délicatesse. Elle sait l'italien, qui est sa langue, et l'espagnol. Elle se tient au courant des livres nouveaux et ne craint pas de relire les anciens.

Elle est vertueuse. Elle l'est à ce point que la malveillance renonce à médire d'elle. Malherbe s'est risqué à lui faire la cour. Tout l'avantage qu'il a gagné, c'est d'imaginer l'anagramme d'Arthénice, puis de lui adresser, sous de nom de Rodanthe, des vers où s'exprime une passion malheureuse. Mais n'imaginons pas qu'elle soit prude ou pédante. A vrai dire, elle était peut-être, comme le raconte Tallemant, « un peu trop délicate ». Il est bien possible que le mot de *teigneux*, dans une satire ou une épigramme, lui donnait « une vilaine idée ». Mais elle riait aux vers de Voiture, et l'on avouera qu'assez souvent ils ne manquent pas d'une certaine vivacité d'expression. En vérité, elle n'était pas prude. Elle n'était pas pédante non plus. Si elle réunissait autour d'elle gens du monde et gens de lettres, c'était pour se distraire. Malade, confinée dans son hôtel, elle sentait avec force le besoin de joie. Chapelain a, dans ses *Lettres*, une phrase qui fixe très exactement les sentiments et les intentions de Mme de Rambouillet. « Elle n'a de santé que de l'esprit, écrit-il, vivant au reste une vie fort languissante... Les galanteries de l'Hôtel de Rambouillet ne se font toujours que pour divertir Arthénice qui en a toujours grand besoin ».

L'Hôtel est donc d'abord un monde où l'on s'amuse. Parfois la bande des familiers se rend en promenade à Rambouillet, où le marquis possède un château entouré de bois. Un jour, se rendant en excursion aux rochers de Rambouillet, ils aperçoivent des nymphes qui les attendent. Ce sont les demoiselles de la maison et, parmi elles, Julie, l'aînée des filles de la marquise, avec l'arc et le visage de Diane. Trois ans plus tard, en 1630, une autre fête met en joie les amis des Rambouillet. Tout le monde se rend au château de la Barre, où Mme du Vigean devait donner collation à Mme la Princesse. Vingt-quatre violons accompagnent les invités dans les bois. Anne de Bourbon, qui a onze ans, apparaît vêtue en Diane. Le tout se termine par un bal. D'autres fois ce sont des promenades aux environs de Paris, des retours au clair de lune, et parfois des farces que l'on se joue et qui défraient longtemps la conversation des familiers.

Il arrive même qu'on joue la comédie. On représente *Pyrame et Thisbé* en 1627. Dans l'hiver de 1636, après la dure campagne de Corbie, on improvise une représentation de la *Sophonisbe* de Mairet. Julie, Mlle de Clermont, les Arnauld se sont réparti les rôles, et Mlle Paulet chante dans les entractes. En 1638, quand on sut que Brisach allait capituler, on se disposa à célébrer cette victoire par une comédie.

La *Guirlande de Julie* doit être rangée parmi ces jeux d'une société qui trouvait son plaisir dans ce genre de bagatelles. Ce fut en septembre 1633 qu'un habitué de l'Hôtel prit dessein de former « une couronne de fleurs » dont chacune parlerait à la louange de Julie d'Angennes (2). C'était une mode italienne, et Chapelain, pour le madrigal qu'il écrivit

(2) Julie d'Angennes a été baptisée le 2 mai 1607. Elle est orgueilleuse et frivole. Chavaroche, Voiture et Chaudebonne sont amoureux d'elle et, comme dit un vaudeville, « elle volte pour plusieurs ensemble », jusqu'au jour où elle épouse Montauzier. Elle finira couverte d'honneurs, mais parfaitement déconsidérée. Même lorsqu'ils sont éblouis par la jeune gloire de Louis XIV, les contemporains sont sans indulgence pour celle qui a bien voulu se faire son entremetteuse.

alors, s'inspire de la *Ghirlanda della Contessa Angela Bianca Beccaria, contesta di madrigali di diversi autori* (Gênes, 1595). Les divers poètes qui fréquentaient l'Hôtel, ou qui, plus simplement, avaient des attaches avec les maîtres, fournirent leur contribution, et le 1er janvier 1634, Julie trouva ce présent sur sa toilette (3).

L'Hôtel de Rambouillet pratique encore d'autres jeux. Le rondeau en est un. Voiture lance la mode. Elle fait fureur. A ce moment, il n'est poète qui n'ait rimé quelque rondeau. Puis, la mode passe, et les énigmes triomphent. C'est un nouveau venu, l'abbé Cotin, qui, un moment, éclipse Voiture. Chapelain, gravement, annonce la nouvelle à Godeau : « Les rondeaux ont esté desconfits par les énigmes qui tiennent à cette heure le dé, et divertissent la belle Cour. Cotin a mille sectateurs... » (4). Puis, en mars 1640, ce sont les Métamorphoses qui l'emportent. Voiture, Malleville, Saint-Amant composent des métamorphoses, celle de Julie en diamant, par exemple, ou celle d'Angélique Paulet en lionne, et celle d'Arnauld en perroquet (5).

(3) La *Guirlande de Julie* se trouve dans le ms. B. Nle f. fr. 19142, f° 1-22, et dans le Recueil Sercy, 2e partie, 1653, p. 237. Elle a été éditée au XIXe siècle par Livet, *Précieux et Précieuses,* 1865, et par Octave Uzanne, 1875, au XXe siècle par Van Bever. Chapelain parle du projet le 9 septembre 1633 et Scudéry a publié en 1635 les pièces qu'il avait composées pour la Couronne. Huet a été très près de la vérité lorsqu'il dit « que Julie trouva le présent sur sa toilette le 1er janvier de 1633 ou 1634, et non en 1641 comme on le dit dans le recueil de ces vers, à la suite de la vie de Montausier ». Il semble pourtant que la Guirlande ait été reprise en 1641. Un beau manuscrit fut illustré par Jarry. Voir à son sujet une note de l'édition de Tallemant, II, p. 543, et sur le dernier état de nos connaissances sur la Guirlande les notes de E. Magne, *Voiture et l'Hôtel de Rambouillet,* II, p. 218-220.

(4) La lettre de Chapelain est du 12 février 1638 (*Lettres,* I, p. 198). *Le Recueil de divers rondeaux,* qui paraît en 1639, paraît donc quand la mode est passée. On trouvera un recueil des rondeaux composés à l'Hôtel de Rambouillet dans le ms. Ars. 4123. Il y en a de Julie et de Montauzier. Dans le même manuscrit on trouvera une énorme collection d'énigmes, du folio 643 au folio 825.

(5) Sur les métamorphoses, voir Magne, *Voiture et l'Hôtel de Rambouillet,* II, p. 183-184. Le ms. Ars. 4115 f°s 593-605 contient les métamorphoses composées à l'Hôtel. Sur ce point, il semble bien que Voiture et l'Hôtel ne créèrent pas

La fortune du rondeau ne doit pas étonner. L'Hôtel aime Marot, le romanesque des *Amadis,* les vieux romans et la vieille langue. Il les aime depuis que Malherbe est mort et que l'influence de Voiture devient prépondérante. Arnauld le mestre de camp compose un poème en prose, écrit en vieux langage, la *Mijoréade* (6). Les habitués prennent des noms romanesques (7). On multiplie les pièces en vers marotiques.

Il y a là toute une activité qui mérite d'être relevée. Elle ne prouve pas seulement à quel point les habitués de l'Hôtel sont éloignés d'un certain pédantisme. Mais elle met en lumière la persistance de l'inspiration romanesque. Jusqu'en 1630, l'*Astrée* avait fourni à l'esprit romanesque ses bergers, ses bergères, leurs dissertations sur l'amour, leur idéal de vie innocente. A partir de cette date, les formes changent. Le romanesque demeure. En plein développement du rationalisme classique, il reste aussi vivant que jamais.

Pourtant ceux-là ne se trompent pas qui voient dans l'Hôtel de Rambouillet le centre mondain où la tradition classique a

la mode, mais la suivirent. On trouve en effet d'autres métamorphoses dans le ms. Ars. 4123 f° 826 qui ont été composées dans un autre cercle, celui de Mme la maréchale de Thémines. Or l'une d'elles porte la date du 23 juin 1638 (f° 838) deux ans par conséquent avant la vogue des métamorphoses à l'Hôtel. Cotin a composé un discours sur les métamorphoses, *Œuvres galantes,* II, p. 312 sqq.

(6) Elle se trouve dans le ms. Ars 4115 f° 617 sqq. Arnauld y est le sage Icas, Pisani, fils de la marquise, s'appelle le duc de Zinapy, Voiture est le fort marquis de Tuvoire. On y voit encore l'inconstant chevalier Dranaul (Arnauld le carabin), Dongoin, prince des Pygmées, le pieux Crap, et les princesses Aubille, Pallerte et Mannorde, ainsi que Doña Toninde.

(7) Julie d'Angennes s'appelle la Princesse Julie, et Chaudebonne devient son frère Claude l'Héroïque. Icas est Arnauld le mestre de camp. Il savait tourner une certaine pirouette. On le mit donc comme magicien « dans un certain roman qu'on mettoit sous le nom du sage Icas ». (Note de Tallemant aux œuvres de Voiture, éd. Ubicini, I, p. 285). Sur le ton Amadis de l'Hôtel de Rambouillet, voir par exemple les vers de Montauzier à Julie, à Angélique, à Mlle de Clermont et Mlle de Mézières, et la réponse que fit Chapelain, au nom de ces jeunes personnes, *Au chevalier morne et plaintif* (Ars. 4115 f° 1033 sqq).

trouvé son point d'appui. Chapelain, Conrart et Balzac, derrière eux toute l'Académie, n'ont pu agir si puissamment sur le goût que grâce à l'Hôtel et parce que l'Hôtel leur assurait l'audience de la bonne société. Déjà Malherbe avait donné à l'Hôtel de Rambouillet son caractère. La marquise avait adopté ses doctrines, ses sympathies, ses dédains. Le chevalier de Méré nous apprend qu'elle eût renvoyé un homme qui eût autant estimé Théophile que Voiture. Après sa mort, elle accueillit ceux qui continuaient l'œuvre du réformateur.

Chapelain est un des familiers de son salon. Il est de toutes les fêtes. Il lit en avril 1637 le premier chant de la *Pucelle* et, quelque temps après, le second. Sa correspondance s'adresse aux amis de la marquise, et ne parle guère que de ce qu'il a vu, entendu, appris chez elle. Ce qu'il y aime surtout, c'est que l'Hôtel n'est pas « une conférence réglée », mais un abord de la Cour et du grand monde : une Cour choisie, un grand monde purifié. « On n'y parle point sçavamment, écrivait-il à Balzac, mais on y parle raisonnablement, et il n'y a lieu au monde où il y ait plus de bon sens, et moins de pédanterie ».

Si l'on en croyait Tallemant, la marquise, ni son aînée, n'aurait eu beaucoup de sympathie pour Conrart. On veut bien l'admettre. Mais Conrart n'en occupait pas moins, parmi les habitués, un rang considérable. Il recevait de Mme de Rambouillet des missions de confiance, et qui prouvent assez qu'il était de ses familiers (8).

Tallemant prétend aussi que Balzac ne parut jamais à l'Hôtel. La vérité, c'est qu'il y alla assez tard, en avril 1638. Il ne le connaissait pas encore en mars 1637, lorsque Chapelain essayait de l'y attirer. Mais, l'année suivante, il vint à Paris et Chapelain le conduisit chez les Rambouillet. Deux fois, Balzac a parlé des conversations qu'il eut avec la marquise (9). Mais,

(8) Bourgoin, *op. cit.*, p. 233-234.
(9) Tallemant, IV, p. 94, Chapelain, *Lettres*, I, p. 215 et 230. Balzac, *Œuvres*, 1665, II, p. 428 et 444.

de toute façon, l'échange des pensées était continuel entre la rue Saint-Thomas-du-Louvre et la Charente. Par Chapelain, Balzac était tenu au courant de tout ce qui se disait « en cette belle partie du monde », et l'Hôtel recevait avec révérence les oracles de l'ermite.

Chapelain, Conrart, Balzac : ces trois hommes se tenaient la main. Ils pensaient que l'Hôtel était leur royaume, et qu'ils pouvaient y faire régner leurs vues, imposer leurs jugements. Mais aux environs de 1640, une partie des habitués se révolta contre eux. Plus exactement, ils furent enveloppés dans des querelles où deux parts de l'Hôtel s'affrontaient. D'un côté le fils des Rambouillet, le marquis de Pisani et ses amis, le comte de Guiche et le comte de Vaillac (10). Et surtout Voiture. De l'autre Montauzier, Arnauld de Corbeville et Chapelain. Le corps contre l'anticorps.

Ne prenons pas au tragique ces querelles entre habitués d'un même salon. Mais comprenons aussi qu'elles révèlent des inimitiés tenaces et profondes. Elles ne s'expliquent pas seulement, ni même principalement, par des oppositions d'ordre littéraire. Arnauld, par exemple, semblerait mieux à sa place avec Guiche et Pisani, car il est, comme eux, assoiffé de plaisir. Mais il est brouillé avec Pisani, et cette brouille le jette dans l'anticorps. Entre Voiture et Montauzier, il n'y a pas seulement l'antipathie d'un esprit léger et galant et d'un esprit tout bardé de pédantisme. Voiture déteste surtout, chez Montauzier, l'homme qui épousera Julie d'Angennes.

Cette crise fit apparaître au grand jour toutes sortes de passions que les bonnes manières de l'Hôtel avaient jusque-là

(10) Le « corps » apparaît pour la première fois en 1637 dans une lettre de Voiture à Pisani (éd. Ubicini, I, p. 293) mais Chapelain n'en parle qu'en 1640. On en conclura que probablement le corps n'avait d'abord été qu'un jeu et qu'il ne prit son caractère d'hostilité à Chapelain qu'en 1640. C'est d'ailleurs l'explication qu'en donne Tallemant.

dissimulées. On découvrit que Voiture faisait une cour pressante à des femmes qui entouraient la Marquise. Il avait voulu débaucher l'une d'elles, qui le raconta. Il manqua de respect à Julie d'Angennes et se permit de lui baiser le bras. Pendant quinze jours, ils furent brouillés. Mais les officieux, mais les bonnes amies du Marais et du faubourg Saint-Germain s'entremirent, et Chapelain, qui annonce leurs démarches, prévoit qu'elles ne réussiront que trop bien. Car, dit-il méchamment, Voiture est le faible de Mlle de Rambouillet.

Ce qui donne à ces querelles leur importance, c'est qu'elles opposent, à partir de 1640, le triumvirat Chapelain-Conrart-Balzac, à Voiture et à ses partisans. Ce sera l'origine de certaines controverses qui éclateront bien plus tard, après 1650, où l'on se jettera à la tête des amas de citations latines ou grecques, alors qu'il s'agit bien plus simplement de vieilles rancunes, et de passions partisanes. Les trois critiques, dont toute l'œuvre semblait un effort contre le pédantisme, finiront par paraître des pédants à une génération qui avait appris de Voiture à ne les pas aimer.

Pour le moment, ces oppositions éclatent à propos de bagatelles. A la fin de 1637, on s'agite beaucoup pour savoir s'il faut dire *muscadins* ou *muscardins*. Voiture écrit quelques vers charmants pour railler la seconde de ces formes. Chapelain consulte Balzac, et celui-ci, dans une lettre, prend gravement la défense de *muscardin*. En 1639, nouvelle controverse. Chapelain admire les *Suppositi* de l'Arioste, et Voiture leur reproche obscénités et fautes de goût. Aussitôt, Conrart, Arnauld, Chavaroche prennent le parti de Chapelain et, naturellement, Julie et Pisani défendent l'opinion de Voiture. Ces hostilités larvées, cette division en deux clans menaceraient la vie du salon des Rambouillet, si, dans quelques années, une turbulente et magnifique jeunesse n'était sur le point de le ranimer et de lui donner un visage tout nouveau.

Les Amies de Mme de Rambouillet, Mme de Sablé

Aucun autre salon ne saurait rivaliser avec celui de la rue Saint-Thomas-du-Louvre. Mais, parmi les amies de Mme de Rambouillet, il en est plusieurs qui prennent rang dans la société raffinée où gens du monde et poètes se rencontrent. Elles diffusent dans l'aristocratie les goûts nouveaux qui s'élaborent autour de l'incomparable Arthénice.

Mme du Vigean (1) est née en 1600. Elle est une des bonnes amies de la marquise, et Voiture a chanté l'éclat de ses trente ans. Elle reçoit les familiers de l'Hôtel dans son château de la Barre, à Deuil, entourée de ses deux fillettes, Anne et Marthe, qui feront parler d'elles à des titres divers dans la société élégante, et que tant de poètes chanteront (2). Mal mariée, elle a des aventures. D'une nature un peu spéciale, si les contemporains ont raison de dire que Mme de Puisieux d'abord, puis Mme de Combalet ont été les grandes passions de la baronne. Qu'elle soit, malgré tout, reçue à l'Hôtel de Rambouillet est une preuve de plus que la marquise n'est pas prude et qu'elle ne demande que de la tenue. Pour tout dire, il est fort utile d'avoir pour amie l'intime de Mme de Combalet, car celle-ci est la nièce très aimée et toute puissante du cardinal de Richelieu.

Grâce à Mme du Vigean et à Mme de Combalet, grâce aussi

(1) Voir sur elle une étude de G. Mongrédien, dans *Libertins et Amoureuses*, p. 225-262.

(2) Anne du Vigean est née en 1622, et Marthe en 1623. Le château de la Barre, près de Montmorency, est loué par Mme du Vigean à Vincent Cenami, qui est un peu son parent par sa femme, Geneviève Drouart. A Paris, Mme du Vigean habite rue Saint-Antoine, un hôtel qu'elle vend en 1634, et qui deviendra l'hôtel de Sully. Elle va loger alors rue Saint-Thomas du Louvre, à deux pas de l'hôtel de Rambouillet.

au cardinal de la Valette, l'Hôtel de Rambouillet entretient les relations les plus étroites avec la maison de Condé. Mme la Princesse qui est, au su de tout le monde, la maîtresse du cardinal de la Valette, est assidue à visiter la marquise. Le résultat, dont l'importance apparaîtra vers 1645, c'est que les écrivains que l'Hôtel de Rambouillet a d'abord attirés, prennent l'habitude de pousser jusqu'à l'Hôtel de Condé. C'est chez Mme la Princesse, devant sa fille Geneviève de Bourbon, devant Mme du Vigean et Mme de Sablé, que Chapelain a lu un chant de la *Pucelle*. Voiture, et bientôt Sarasin, trouveront à l'Hôtel de Condé le même accueil que rue Saint-Thomas-du-Louvre (3).

Parmi les amies de la marquise, il faut encore nommer Mme de Clermont d'Entragues, et ses deux filles, Françoise-Louise et Marie (4). Elles avaient, dans leur château de Mézières près de Dreux, reçu le jeune Godeau et sans doute avaient-elles avec lui essayé de vivre à la façon des bergers astréens, car Balzac parlait en riant du temps où Godeau était druide, et Chapelain appelait la marquise et ses filles « les belles druides ». Il composait des fadeurs pour les « aymables Bergères Druydes, Célidée, Diane et Philis ».

Elles avaient présenté de bonne heure et fait agréer à la marquise de Rambouillet la plus célèbre et la plus compromise des chanteuses de l'époque, Angélique Paulet. Elle fréquente l'Hôtel au plus tard en 1625. Elle est maintenant revenue à la décence, et sera, dans la bouche des initiés, la belle Lionne, pour sa chevelure rousse, son impétueuse vigueur et l'éclat de ses rugissements.

Mais, de toutes les figures de femmes qui font cercle autour de Mme de Rambouillet, la plus marquante, la seule qui mérite

(3) Julie d'Angennes est, semble-t-il, celle qui s'est liée le plus étroitement à Mme la Princesse et à sa fille.

(4) La marquise Louise de Clermont d'Entragues a deux filles, Françoise-Louise qui épousera le marquis d'Avaugour, et Marie qui sera comtesse de Marsin. Lorsque les documents parlent de Mlle de Mézières, c'est de la seconde qu'il s'agit.

de tenir une place dans l'histoire littéraire, est la marquise de Sablé (5). C'est plus tard qu'elle jouera un rôle auprès de La Rochefoucauld et de Pascal. Mais, déjà, elle attire l'attention par la force de son esprit, et par l'agrément de sa conversation. Elle était née en 1599. Ses débuts dans la vie mondaine donnent à penser qu'elle fut très vite en relations avec les Rambouillet. Elle s'était mariée en 1614, et son mari se compromit à fond dans le parti de Marie de Médicis, comme le marquis de Rambouillet, et fut frappé, comme lui encore, d'une disgrâce définitive. Mais, tandis que les Rambouillet retrouvaient leur rang à force de dignité et de bonne entente réciproque, le marquis de Sablé eut vingt liaisons successives et ruina sa femme par ses folies. Ils se séparèrent. La marquise, de son côté, se compromit. Avec Montmorency, avec Longueville. Avec Voiture même, dit-on, et enfin avec Armentières, dont elle eut une fille (6).

Ne la jugeons pas sur ces faiblesses, suites d'un mauvais départ dans la vie. Ne la jugeons pas non plus sur sa gourmandise et sur les manies auxquelles elle s'abandonna vers la fin de sa vie. Elle a l'âme naturellement grande, et l'intelligence vigoureuse. Elle a même quelque chose de viril. La politique est, chez elle, une vraie passion. En 1630, elle travaille pour Marie de Médicis, elle est liée avec les Marillac. On la retrouvera, en 1649, et dans les années suivantes, engagée à fond dans les complots contre Mazarin. Elle est l'amie des Condé, l'amie des Arnauld, et ces noms éclairent ses relations avec l'Hôtel de Rambouillet.

Elle s'intéressait à la littérature. Au moment de la querelle entre Balzac et Goulu, elle prit parti pour l'auteur des *Lettres*. Elle resta fidèle à cette première admiration. Par contre, elle n'entra en relations avec Chapelain qu'assez tard, en mai 1639.

---

(5) Elle a été l'objet d'une bonne étude de M. Ivanoff, *La marquise de Sablé et son salon*, 1927.

(6) A l'époque qui nous occupe, il semble qu'elle ait un *flirt* avec La Rochefoucauld, le père de l'écrivain. Ils sont toujours ensemble et se disent des douceurs. Ménage les a surpris et l'a colporté.

L'écrivain s'enthousiasma aussitôt : « C'est une Vittoria Colonna, et au delà », écrivait-il. Il n'y avait pas, à l'en croire, de dame en France qui eût tant d'esprit et de belles connaissances.

Elle lui prêta un jour un trésor de lettres d'amour. C'était là, en effet, si l'on peut le dire sans ironie, sa spécialité. Elle raffinait sur le sentiment, elle était docteur en la matière. « Jamais, écrit Mlle de Scudéry, personne n'a si parfaitement connu toutes les différences de l'amour. » Elle s'était fait un idéal de la galanterie espagnole. Elle la faisait remonter aux Mores, ce qui prouve qu'elle avait pris pour argent comptant les *Guerres civiles de Grenade* de Perez de Hita. Elle croyait à l'amitié tendre, elle faisait de l'amour la source des vertus chevaleresques. Mais cet amour devait être une adoration, un service humble et sans exigence.

Son influence a été grande. Le grand Arnauld, par exemple, ne se croyait pas ridicule lorsqu'il lui disait, en tête de sa *Logique :* « Ce ne sont que des personnes comme vous que nous en voulons avoir pour juges. » Inspiratrice des écrivains, faisant autorité dans les cercles lettrés, elle a agi en plusieurs sens. Elle a donné le goût des analyses très fines de sentiments. Le goût des portraits, celui des maximes viennent d'elle tous deux. Elle a poussé les Français à s'occuper de la littérature espagnole. Elle professait pour l'Espagne une admiration presque fanatique et dont ses amis la plaisantaient parfois. Enfin, elle a répondu et imposé l'idée de la « belle galanterie », elle a affirmé avec force qu'il est possible à l'homme et à la femme de créer entre soi une amitié à la fois très tendre, très intellectuelle et très pure. Cette idée, d'où sortira la préciosité de 1653, a été d'abord affirmée et soutenue par Mme de Sablé, et c'est d'elle que les Précieuses l'ont apprise.

Par son amour de la littérature espagnole, par son goût du romanesque, par la prédilection qu'elle avait pour le livre de Perez de Hita, elle se trouve toute proche de Voiture. Elle eut, en effet, pour le charmant écrivain, une admiration qui parut à certains excessive. Mais il importe assez peu, et ce qui compte aux yeux de l'histoire, c'est l'action convergente que l'écrivain et la grande dame ont exercée dans le domaine des idées morales et dans celui du goût littéraire.

Mme des Loges

Pendant quelques années, on put croire qu'à côté de l'Hôtel de Rambouillet, le salon de Mme des Loges rassemblerait les plus beaux esprits de Paris. Gaston d'Orléans, alors tout jeune, venait fréquemment chez elle, et Malherbe était de ses familiers. Les qualités que les contemporains louent en elle donnent à penser qu'elle eût exercé une influence analogue à celle de l'Hôtel de Rambouillet. Elle redoutait l'affectation, et jusqu'aux apparences du pédantisme. C'est ainsi que, dans son salon, on composa quantité de pièces en vers, mais qu'elle ne voulut jamais permettre qu'aucune pièce de sa façon fût exposée au public. Mais, compromise dans les conspirations, elle jugea prudent de quitter Paris. En 1629, elle se retira en Limousin. Elle ne revint dans la capitale qu'en 1636. On lui fit fête, mais son heure était passée, et la nouvelle génération ne pouvait songer à prendre des leçons auprès d'elle. Elle était d'ailleurs malade. Elle retourna dans son Limousin et y mourut bientôt après, le 1er juin 1641 (1).

(1) Sur Mme des Loges, on possède une excellente notice du ms. Ars. 5419 fo 113 sqq, qui a été reproduite intégralement dans l'édition des *Historiettes* de Tallemant, III, p. 377 sqq. Les éditeurs ont joint à l'*historiette* de très précieuses lettres de Mme des Loges. Une lettre à M. de Gaillard, dans le ms. Ars. 4124, fo 286, donne des renseignements sur la santé de Mme des Loges en 1637. Le même manuscrit contient fo 293 sqq une lettre de Mme d'Auchy à Mme des Loges et la réponse, et fo 305 une lettre de Mme des Loges à Bardin. On peut penser que d'autres lettres, fos 297, 299, 300 et 302 sont d'elle également. L'un des meilleurs amis de Mme des Loges semble avoir été Pierre d'Hozier. Elle était née à Sedan mais d'une famille d'origine champenoise. Son père, Sébastien Bruneau, était écuyer, et son mari, Charles de Rechignevoisin, seigneur des Loges, était gentilhomme

Le Salon de la Vicomtesse d'Auchy [1]

Parler de Mme d'Auchy après avoir étudié l'Hôtel de Rambouillet et le salon de Mme des Loges, ce n'est pas énumérer les cercles mondains de la capitale, c'est passer de la société galante où s'élabore l'idéal classique à un cercle pédant où s'agitent des préoccupations surannées. Cette ancienne maîtresse de Malherbe fonda, chez elle, en 1638, une sorte d'académie. Veuve de bonne heure d'un mari qui la cloîtrait, elle avait commencé par la coquetterie, et finissait par la philosophie. Elle voulait connaître tout ce qui s'écrivait, les livres de controverse aussi bien que les vers. Elle prêta sa maison pour des conférences. Puis elle fonda une académie. Au dire de Tallemant qui y fut, c'était une vraie cohue. On vit chez elle Campanella, le philosophe l'Esclache, le moine Saint-Ange, que Pascal dénoncera pour crime d'hérésie. On y vit l'abbé d'Aubignac, qui y fit un discours le 26 janvier 1638 (2).

Les réunions se tenaient tous les mercredis (3). Chapelain refusa d'en être, et ce refus le brouilla avec plus d'un ami. Lui aussi, il prononce le mot cohue. Quelques-uns des académiciens et des gens de lettres de la seconde classe allaient lire leurs pièces devant ce « sénat féminin ». L'académie féminine, comme disait Chapelain, était « l'antipathe » de l'Hôtel de Rambouillet. Les dames y régnaient, de vieilles dames surtout, des fées qui, la plupart, avaient beaucoup d'âge et peu de sens.

ordinaire de la chambre du Roi. A noter que Chapelain, quand il était sincère, trouvait le style de Mme des Loges ambitieux et insupportable.

(1) On a vu plus haut, p. 36, qu'il serait plus exact de l'appeler vicomtesse d'Oulchy. Mais le XVIIᵉ siècle n'emploie jamais cette forme et hésite entre Auchy et Ochy, celui-ci du reste plus fréquent.

(2) Voir des fragments intéressants de cette conférence dans une note des *Historiettes* de Tallemant, I, p. 337.

(3) C'est l'indication de Sauval, *op. cit.*, II, p. 495. La copie des lettres de Chapelain dit : tous les mardis, mais l'original portait : tous les mercredis, comme le prouve la réponse de Balzac.

Gilles Ménage [1]

L'importance prise dans le mouvement littéraire par Chapelain, Conrart et Balzac, devait normalement susciter, dans la nouvelle génération, des vocations de critiques littéraires. Dans les dernières années du règne, de nouvelles figures, en effet, apparaissent : Ménage, d'Aubignac et La Ménardière [2].

Gilles Ménage était né le 15 août 1613 à Angers. Doué d'une mémoire exceptionnelle, il apprit sans peine le latin, le grec et, plus tard, l'hébreu. Il fit ses études de droit, et commença par exercer la profession d'avocat à Angers. En 1632, il vint à Paris, se fit agréer du Parlement, et plaida jusqu'en 1640. Cette année-là, le bruit commença à courir qu'il se disposait à devenir prêtre. Mais la nouvelle fit beaucoup d'incrédules, car chaque jour on continuait de le voir au Palais. Elle était pourtant exacte. L'abbé Ménage, d'abord simple tonsuré, entra dans la maison de Mgr le Coadjuteur de Paris. Il commença à cumuler les bénéfices ecclésiastiques. Jusque-là pauvre avocat, il mena désormais une vie non pas certes opulente, mais confortable. Une vie qui lui permettait de consacrer toutes ses journées et une partie de ses nuits à ses chères études. Et comme il avait fait jadis, en 1630, vœu de chasteté entre les mains d'Amarante, il jugea qu'il pouvait sans dommage renouveler sa promesse entre les mains de son évêque. Il reçut donc le sous-diaconat le 29 novembre 1648.

Parce qu'il savait plusieurs langues et qu'il donna des leçons à de jolies femmes, on l'a souvent tourné en ridicule. On a eu

---

(1) Samfiresco, *Ménage polémiste, philologue, poète*, Paris, 1902.
(2) On a dit souvent que Ménage avait collaboré à la *Couronne de Julie*. Mais l'édition Van Bever, de beaucoup la plus complète, ne contient aucune pièce de Ménage. D'autre part, la correspondance de Chapelain ne parle de Ménage qu'en 1639, et elle en parle comme d'un nouveau venu. Si l'on songe que la *Couronne de Julie* date, non de 1641, mais de 1633, les deux observations s'éclairent l'une par l'autre.

tort. Il était beau garçon, nous dit Tallemant. Il avait l'esprit prompt, l'imagination fleurie, les mœurs douces. Chapelain, qui ne l'aimait pas, a reconnu qu'il était fort galant homme, qu'il avait beaucoup de savoir, et que le feu de son esprit était capable d'en allumer d'autres.

A Paris, son parent, M. Hullon, l'introduisit dans les cercles lettrés. Il fut reçu, sans doute vers 1639, à l'Hôtel de Rambouillet. Il a raconté qu'il rendait visite au marquis et à la marquise chaque année, le jour du mardi gras. On le vit également chez les frères Dupuy à une date inconnue, mais antérieure à 1640.

En réalité, il ne fait parler de lui qu'à partir de 1636. C'est à cette date qu'il compose la *Requête des Dictionnaires*. Le premier de ses écrits, la première querelle qu'il s'attire. Il en composera, il s'en attirera beaucoup d'autres.

Quatre ans plus tard, il engagea une polémique avec l'abbé d'Aubignac. Le sujet peut en paraître à la fois pédantesque et frivole. Il s'agit de savoir si l'*Heautontimoroumenos* de Térence suppose une durée de dix heures, comme le voulait d'Aubignac, ou dépassait les douze heures, comme l'avait prétendu Ménage. Mais ce qui était en question, c'était de décider qui, de Ménage ou de d'Aubignac, possédait la doctrine la plus exquise, connaissait le mieux les recoins les plus secrets des littératures anciennes. Chapelain espérait que ce choc de deux rares éruditions produirait « de belles lumières ». Ménage fut désormais rangé parmi nos meilleurs érudits.

Les critiques de la génération plus ancienne ne l'accueillirent pas sans arrière-pensée. Balzac seul lui montre, un moment, de la sympathie. Les deux hommes de lettres échangent compliments, épîtres, vers latins. En 1640, Ménage compose des hendécasyllabes en l'honneur de Balzac, et celui-ci lui dédie son *De hypercritico Galeso*. Mais, ou bien il venait de changer d'avis, ou bien il n'était pas tout à fait sincère, car il venait d'écrire, à la fin de 1639, dans une lettre à Chapelain, qu'il trouvait en Ménage un gentil garçon sans doute, et même un galant homme, mais qu'il était décidé à le ranger au nombre des charlatans, violons, parfumeurs, et autres artisans de volupté, dont il est dit : *Delectant, non amantur* (3).

Chez Chapelain, l'hostilité et la méfiance s'exprimaient avec plus de force. Il trouvait Ménage mordant et médisant. Il n'est pas, à ses yeux, un homme sur qui l'on puisse fonder une amitié solide et permanente et si, une seule fois dans sa correspondance, il lui arrive de dire du bien de Ménage, c'est que le bon apôtre, qui sait son point faible, vient de lui dire du mal de Costar.

L'Abbé d'Aubignac [1]

A peu près dans le même temps que Ménage, un nouveau critique commença à faire parler de lui. Il s'appelait François Hédelin. Il était né à Paris le 4 août 1604. Son père était un avocat parisien qui, en 1610, devint lieutenant-général à Nemours. Détail simplement curieux, François Hédelin était, par sa mère, petit-fils d'Ambroise Paré. Il commença par apprendre le latin. Puis, sans maître, il apprit le grec, l'italien, la rhétorique, la poésie, la cosmographie, la géographie, l'histoire, le droit et la théologie. Cette énumération est de lui et donne une juste idée de sa modestie naturelle. Il devint avocat avant 1627, il plaida à Nemours et fit paraître un livre sur les *Satyres, brutes, monstres et démons*. Puis il vint à Paris.

Il entra dans les ordres, on ne sait à quelle date. Il devint le précepteur de Jean-Armand de Maillé-Brézé, neveu de Richelieu. En 1636, pendant la campagne de Corbie, il accompagna son jeune maître. En 1637, on le voit qui prêche un carême devant les religieuses du Calvaire. Il avoue modestement

---

(3) Lettre faussement datée du 15 mars 1640, cf. Samfiresco, *op. cit.*, p. 58, n. 1.

(1) C. Arnaud, *Etude sur la vie et les œuvres de l'abbé d'Aubignac*, 1887.

que ses sermons sont « des coups d'essai ». Preuve qu'il ne remplissait que depuis peu de temps les fonctions ecclésiastiques. Il portait maintenant le titre d'abbé d'Aubignac, d'un médiocre bénéfice du diocèse de Bourges.

Ce fut un abbé vertueux. Mais aussi un abbé galant, tout aussi galant que son ennemi Ménage. Il a écrit plus tard que sa conversation était agréable, qu'il avait l'esprit vif et l'humeur enjouée. On ne sait s'il plaisait aux femmes, mais à coup sûr les femmes lui plaisaient. Il surmonta, s'il faut l'en croire, l'attrait qu'il éprouva pour d'innombrables belles, pour l'incomparable Laodamie, pour l'illustre Clitie, l'aimable Dorise et la belle Alminde. Il souffrit de leur être cruel, mais il sut conserver sa vertu sans décourager le cercle de ses admiratrices.

La première fois que l'on parle de lui dans la correspondance de Chapelain, en 1639, on apprend qu'il a bâti le plan de la tragi-comédie de *Palène,* et que Boisrobert l'a ensuite rédigée (2). Il assiste, en 1641, à la lecture d'*Horace* chez Boisrobert. Richelieu lui confie le soin de refaire le IVᵉ acte et le dénouement de la *Panthée* de Tristan et le prie d'assister à une répétition de *Mirame*. Dès cette époque, l'ambition de l'abbé d'Aubignac est tournée vers le théâtre. Il voulait en devenir le législateur. Au début de 1640, on apprit qu'il composait une *Pratique du théâtre,* et l'on croit comprendre qu'il espérait, du succès de cet ouvrage, une sorte de situation officielle : la charge de haut-commissaire du théâtre ne lui aurait certainement pas déplu.

Sa polémique avec Ménage, éclatant dans la même année, acheva d'attirer l'attention sur lui. Elle lui valut la sympathie de tous ceux qui n'aimaient pas Ménage. Il avait tout lieu de penser que l'Académie lui était ouverte. Mais il eut tort de composer un libelle, nous dirions bien plus simplement

---

(2) Les relations de l'abbé d'Aubignac et de Chapelain remontent à 1637. Une lettre de Chapelain nous apprend qu'il avait assuré à d'Aubignac, cette année-là, qu'il l'honorait. On ne sait à quel propos (*Lettres,* I, p. 651).

aujourd'hui un article, sur la *Roxane* de Des Marests. Le jugement était sévère, et Richelieu, dit-on, avait de bonnes raisons de s'intéresser à *Roxane*. Une fois pour toutes, l'abbé d'Aubignac fut exclu de l'Académie. Fut-il alors découragé ? La *Pratique du théâtre* ne parut pas. Elle ne sera éditée qu'en 1657, près de vingt ans plus tard.

Costar

Ménage et l'abbé d'Aubignac entretiennent avec Chapelain des rapports corrects. Costar et La Ménardière cachent à peine leur hostilité. Pierre Costar était né à Paris en 1603 (1). C'était un bel homme, qui ne manquait pas d'élégance. Il avait fait de fortes études, soutenu ses *paranymphes* avec éclat, et savait à la perfection le latin et le grec, l'italien et l'espagnol. Sa brillante soutenance attira sur lui l'attention d'un prélat, Claude de Rueil. Il le suivit dans son évêché de Bayonne, puis à Angers. Il devint chanoine en cette dernière ville (1630). C'est probablement à cette époque qu'il se fit agréer par la marquise de Sablé. On a parlé de la « grande habitude » qu'il eut chez elle, et qui finit en 1639. Après quelques années, il s'attacha à l'abbé de Lavardin. Il consacra cinq ans à la formation de cet ecclésiastique promis aux hautes charges, et quand Lavardin en 1648, devint évêque du Mans, il l'y suivit. Il logeait dans l'évêché même. Il y mourra en 1660, le corps déformé par les rhumatismes mais l'esprit agile jusqu'au dernier jour.

C'était un homme étrange, et peut-être inquiétant. Saint Vincent de Paul prétendit qu'il était athée et sodomite, et qu'il avait communiqué son athéisme à son jeune maître. Le saint homme fut incapable de prouver ses accusations. Ce

---

(1) On possède une excellente *Vie de Costar*, écrite par Jean Girault, et qui a été reproduite au tome IX des *Historiettes* de Tallemant.

n'est pas une preuve qu'elles fussent fausses. Costar était à coup sûr un très bel esprit. Mais il commença par écrire contre Chapelain. Il fit circuler une censure sévère de l'ode à Richelieu (2). On dit que Chapelain le dénonça au Cardinal, et voulut faire passer cette critique purement littéraire pour un attentat dirigé contre la personne du ministre. Costar allait être arrêté. Hay du Chastelet, chargé de l'arrestation, aurait heureusement déjoué cette vilaine manœuvre.

Désormais, Costar fut l'objet, de la part de Chapelain, d'une haine qui ne désarma jamais. Balzac, qui avait jusque-là entretenu des relations amicales avec Costar, fut contraint de le renier. Il le fit d'ailleurs de mauvais gré et ne se crut pas obligé de rompre définitivement avec lui. En 1638, Costar vint passer quinze jours chez lui. Il en informa Chapelain et l'assura que Costar regrettait le passé et désirait l'amitié du critique offensé. En 1640 encore, il avait le courage de dire que le cœur de Costar était « un des plus nobles et des plus fermes » qu'il connût.

Costar souhaitait, en effet, la paix. En juin 1638, il obtint de Chapelain une sorte de pardon contraint, dans une scène ridicule que Tallemant a racontée. Mais cette réconciliation feinte n'empêcha pas Chapelain d'écrire un impromptu contre ce qu'il appelait « le triumvirat de Niort », Lavardin, Costar et leur ami Pauquet. Il obtint surtout que la marquise de Rambouillet refusât sa porte à Costar. Jamais celui-ci n'est entré à l'Hôtel.

Maintenant Costar affectait de s'attacher à Voiture, et celui-ci, de plus en plus hostile à Chapelain, multipliait les avances à Costar. Chapelain s'indignait d'une alliance que sa maladresse avait provoquée. « M. de Voiture, écrivait-il, en a fait son ami particulier et en parle toujours comme d'un homme rare ».

(2) Ces observations de Costar sur l'ode de Chapelain à Richelieu se trouvent dans le ms 2944 de l'Arsenal. Le ms. 2945 contient les remarques de Costar sur l'ode de Godeau à Louis XIII.

Une lettre de réconciliation, écrite par Chapelain sur les instances de Balzac, n'a pas plus de signification que la scène de 1638.

Costar avait des ambitions, et il avait des amis pour les appuyer. Voiture et La Thibaudière demandèrent pour lui à M. de Chavigny la charge de gouverneur de ses enfants. Cette situation de confiance auprès d'un homme très influent devait, dans son esprit, le mener un jour à l'épiscopat. C'est miracle que des démarches aussi bien calculées n'aient pas abouti.

Ces haines personnelles ne doivent d'ailleurs pas nous empêcher de voir que, sur les choses de la littérature, on ne découvre aucun désaccord entre Chapelain et Costar. Celui-ci savait toutes les poésies de Malherbe par cœur. Il concevait la poésie comme le faisait Chapelain. Il y voyait une langue supérieure et d'origine proprement divine. Les poètes, à ses yeux, avaient pénétré plus avant que les orateurs dans la science du langage, et toutes les inventions qui forment la beauté des lettres coulaient des sources qu'ils avaient ouvertes.

La Ménardière [1]

La Ménardière était le médecin domestique de Mme de Sablé. Il était le fils d'un apothicaire du Maine. C'était, au dire de Tallemant, « une espèce de fou », mais qui n'était pas ignorant. Grâce à sa situation auprès de Mme de Sablé, il fut reçu à l'Hôtel de Rambouillet, et il a écrit des vers à la

(1) Ne pas écrire La Mesnardière. Il est né non à Loudun, mais au Loroux - Bottereau, près de Nantes, en 1610. Son nom est Hippolyte-Jules Pilet de la Ménardière. Il a fait ses études de médecine à Nantes. En 1635, il est intervenu dans l'affaire des possédées de Loudun, et il a soutenu la thèse qu'appuyaient conjointement l'orthodoxie et la police. Aussi a-t-il la bienveillance de Richelieu. Il vient à Paris et devient médecin ordinaire de Gaston d'Orléans. A ce titre, il publie en 1638 les *Raisonnemens sur la nature des esprits qui servent aux sentimens*. Il sera de l'Académie en 1655. Voir sur lui Helen Reese, *La Mesnardière's Poétique*, 1937.

gloire de la marquise, de Julie d'Angennes et de Montauzier. En 1638, il fit imprimer deux volumes, et se trouva promu à la dignité d'homme de lettres. En 1639 il entreprit une *Poétique* et composa un *Discours préliminaire* où il encensait Chapelain. Il soumit le manuscrit du *Discours* à Chapelain, et celui-ci se confondit en remerciements. La *Poétique* parut à la fin de l'année.

Dès lors, La Ménardière eut figure de critique. On vit en lui le rival de l'abbé d'Aubignac et de l'abbé Ménage. Lorsque d'Aubignac soutint, en 1640, une polémique avec Ménage, on annonça que La Ménardière prendrait parti contre l'un et contre l'autre. Chapelain assistait à ces querelles avec un sourire. Il se moquait de La Ménardière « vain et fanfaron ». Mais nous ne saurions entièrement mépriser un critique qui eut l'originalité de célébrer, en plein XVII° siècle, le « grand » Ronsard, et de reprocher à ses contemporains d'avoir fait perdre à la poésie le « sérieux » pour l'abaisser à la galanterie et au badinage (2).

(2) Sorbière, très hostile à La Ménardière, écrit : « Cependant (chose étrange) ce personnage méprise les sentiments de l'école et fait profession de netteté, de politesse et de bon sens » (*Sorberiana*, 1695, p. 173).

Chapitre II

ÉRUDITS
ET PHILOSOPHES

Persistance de l'Humanisme [1]

L'histoire de la littérature n'est pas l'histoire des sciences ni celle de la philosophie. Mais, dans la mesure où les cercles littéraires et les cercles savants se pénètrent, dans la mesure où les échanges intellectuels sont actifs entre les uns et les autres, il est nécessaire d'étudier le mouvement des doctrines philosophiques et scientifiques pour comprendre pleinement celui des lettres.

La science, en 1630, c'est avant tout, et pour quelques années encore, la science de l'homme. C'est l'humanisme, dans son sens le plus large, c'est-à-dire une enquête de l'homme sur l'homme. C'est aussi l'humanisme dans son sens le plus étroit et le plus précis, c'est-à-dire une tradition intellectuelle issue d'Erasme, et qui n'a cessé de se développer à travers le siècle précédent.

L'humanisme, dans chacun de ces deux sens, est encore très vivant. Alors que la majorité des gens de lettres a rompu avec la tradition du XVIᵉ siècle, les érudits ont gardé le contact. En pleine époque de Richelieu, des hommes vivent, qui ont

---

(1) Sur la plupart des questions traitées dans ce chapitre, l'ouvrage fondamental est celui de R. Pintard, *Le libertinage érudit*, 1943, qui a renouvelé notre connaissance de cet aspect si important du mouvement intellectuel.

connu Scaliger et Juste Lipse et Pithou, qui restent en relations avec l'humanisme hollandais, celui des Grotius et des Vossius, des hommes qui ne sont pas pour autant des pédants, et qui prétendent poursuivre un effort de haute et vivante culture.

Les de Mesmes

Ils trouvent à Paris plusieurs centres pour les accueillir et les grouper. Le Président de Mesmes les reçoit dans sa maison de la rue de Jouy, dans ces *Aedes memmianae* dont les humanistes célèbrent à l'envi l'hospitalité. C'est un homme qui a montré une belle indépendance en face du pouvoir. Prévôt des marchands, il a protégé les protestants, menacés par le fanatisme de la plèbe catholique. En 1623, il a accueilli Grotius à Paris, et lui a offert l'hospitalité dans son château de Balagny-sur-Thérain.

L'humanisme est de tradition dans la famille. Henri de Mesmes (1532-1596) avait été l'ami de Turnèbe et de Lambin. Le Président de Mesmes, et son frère Claude, qui sera l'un des grands diplomates du siècle, prétendent s'entourer d'érudits. Ils ont réuni rue de Jouy l'une des plus belles bibliothèques de Paris, et pendant plusieurs années, ils en confient la garde à un jeune étudiant de médecine, érudit passionné, Gabriel Naudé. Ils ont pour secrétaire un excellent humaniste, l'avocat Charles Ogier, frère du prieur Ogier. La principale figure parmi les lettrés qui fréquentent leur Hôtel, est celle du Père Nicolas Bourbon, un savant qui a enseigné le grec à toute la jeunesse studieuse des débuts du siècle, et qui reste pour ses anciens élèves un maître très écouté. Cet ancien régent du collège des Grassins, chanoine de Langres, professeur au Collège Royal, continue de réunir un cercle de lettrés dans sa petite cellule de la maison de l'Oratoire, rue Saint-Honoré.

Le Cercle des Frères Dupuy [1]

Plus encore que chez les de Mesmes, les lettrés se réunissent à l'ancien Hôtel du président de Thou, où les accueillent Pierre et Jacques Dupuy. Ils sont les fils de Claude Dupuy, qui fut le disciple de Turnèbe et de Dorat, l'ami de Scaliger et de Juste-Lipse. Ils sont de Thou par leur mère, et à la mort de Claude Dupuy, le président de Thou les accueille chez lui. Quand il meurt, il leur lègue ses amis et leur confie la garde de sa bibliothèque, qui est peut-être la plus riche de son temps.

Des deux frères, Jacques (1586-1656) a la figure la plus effacée. Il a seulement publié un *Index* des noms latins contenus dans l'*Histoire* de son cousin de Thou (Genève, 1614) et laissé quelques travaux d'érudition. L'aîné, Pierre (1582-1651) est, au contraire, une puissante figure. Il a le visage allongé et anguleux, la parole lente et appuyée [2]. C'est un homme grave, passionné pour la science, un esprit sévère. Depuis 1615, il dresse l'inventaire du trésor des chartes. En 1623, il est chargé de rassembler les pièces qui établissent les droits de la couronne de France. Richelieu lui confie plusieurs missions officielles ou officieuses. C'est sur l'indication et avec l'aide du Cardinal qu'il publie en 1638 les deux tomes des *Droits et libertez de l'Eglise Gallicane*.

Chaque jour, vers la fin de l'après-midi, les deux frères reçoivent leurs amis, et *l'académie putéane,* comme l'on dit, groupe tout ce que Paris a d'érudits et de lettrés. On y discute des auteurs de l'Antiquité, mais beaucoup plus des ouvrages récents de l'érudition et peut-être des belles lettres. On échange des nouvelles. De la république des lettres surtout. Mais aussi

---

(1) Outre l'ouvrage de R. Pintard, déjà cité, on trouvera d'utiles indications dans Uri, *Un cercle savant au XVIIe siècle*, F. Guyet, 1886.

(2) R. Pintard, *op. cit.*, p. 93.

de la politique européenne et l'on ne néglige aucune information sur la vie des peuples étrangers (3).

Le cercle des Dupuy ne s'enferme pas dans ces curiosités, déjà suffisamment vastes. Il ne se cantonne pas, comme faisait l'ancien humanisme, dans la science de l'homme. Il s'ouvre à la science nouvelle, à la science de la nature, et à la philosophie dont elle détermine l'éclosion. En 1628, Gassendi est venu à Paris, recommandé aux Dupuy par leur ami Peiresc. Il a été accueilli à bras ouverts. Chez eux, il a renoué connaissance avec l'avocat Diodati, et s'est lié avec deux membres du cercle, Naudé et La Mothe le Vayer. Amitié symbolique, où se joignent la science de l'homme, qui passionnait Naudé et La Mothe le Vayer, et la science de la nature, qui occupe Gassendi et Diodati. Ce dernier, à Grenoble, avait révélé à Gassendi l'œuvre de Galilée (4).

Les Gens de Lettres et les Cercles

Il n'y aurait pas lieu de parler ici de ces mouvements, s'ils étaient restés ignorés des gens de lettres. Mais l'Hôtel de Mesmes, aussi bien que celui des Dupuy, accueillaient volontiers les écrivains. Nicolas Bourbon était l'ami, par exemple, de Vauquelin des Yveteaux. Il fut l'ami de Balzac avant de se brouiller avec lui, en attendant une réconciliation qui réjouit

---

(3) Voici comment une lettre d'un témoin décrit les réunions du cercle : « Ibi de libris antiquis, sed praecipue de recentioribus a viris doctis judicium accuratissime fertur, ibi quid novi cudatur, quid quisque eruditorum in literis cogitet refertur... Post decisa vero negotia literaria, etiam de iis quae ad remp. nostram pertinent, et quae scire magis interest apud vos agitur : nec vero nostra solum renuntiantur, sed etiam

        ... Quid toto fiat in orbe,
        Quid Seres, quid Thraces agant. »

(4) R. Pintard, *op. cit.*, p. 151.

les lettrés (1). Il fut accueilli à l'Académie Française, parce qu'on savait l'influence dont il disposait dans « le pays latin ». A l'Hôtel de Mesmes, il rencontrait, en même temps que Charles Ogier, son frère le prieur, ami et familier de Balzac. Henri de Mesmes patronnait le prieur, et bientôt le fit entrer au service de son frère le comte d'Avaux en qualité d'aumônier.

Chez les Dupuy, les gens de lettres étaient également accueillis. D'Ablancourt, La Mothe le Vayer, Ménage étaient parmi leurs familiers. Chapelain y fréquentait, et surtout il se tenait au courant de tout ce qui s'y disait, grâce à son excellent ami François Luillier. Il avait des relations suivies avec La Mothe le Vayer, qu'il appelle « un personnage de grande vertu et de beaucoup de savoir ».

Ces hommes, les Balzac, les Chapelain, les Ménage, que nous considérons de façon trop exclusive comme des gens de lettres, sont tout autant des érudits et des humanistes. Balzac écrit des vers latins aussi volontiers que des lettres françaises. Il lui arrive de corriger des manuscrits de Térence, il se tient au courant des publications érudites. Chapelain, que nous avons vu à l'Hôtel de Rambouillet, est en réalité bien plus capable de suivre chez les Dupuy une discussion savante que de goûter, à l'Hôtel, les finesses d'une chanson de Voiture. Un jour, à l'académie putéane, on s'indigne d'une correction trop audacieuse qu'Heinsius prétend apporter à un vers des *Métamorphoses*. Chapelain prend part à la discussion et démontre que cette correction est parfaitement justifiée. Il dit son mot sur

---

(1) La réconciliation est postérieure au mois de juin 1636. A cette date, Bourbon parle des nouvelles lettres de Balzac « qui more suo multos offendere studet, meque in primis olim amicum, nunc vero sibi non justis de causis invisum, opere iniquorum et factiosorum hominum, et nefaria impudentia quorumdam nebulonum... » (*Epistulae*, p. 467). Mais en 1637, les deux hommes se rapprochèrent. Bourbon fut élu de l'Académie. Il y fit l'éloge de Balzac, de ses lettres latines et françaises. Il compara les lettres latines à celles de Cicéron. Il informa le comte d'Avaux, en Allemagne, de la réconciliation survenue.

les qualités relatives du latin de Saumaise et du latin d'Heinsius. Il tient son ami Balzac au courant de ce qui se dit et de ce qui se fait à l'académie putéane. Lorsque Balzac envoie à Paris sa lettre sur les *Suppositi,* d'Ablancourt la lit dans le cercle et Chapelain informe l'ermite de la Charente de l'accueil que son travail a reçu chez les Dupuy.

De même, et plus nettement encore, Ménage se tient en rapports étroits avec les Dupuy, et trouve chez eux d'importantes inspirations. C'est à eux qu'il doit l'idée de son *Dictionnaire étymologique.* Ces philologues l'ont poussé à ce travail, qui fonde la philologie française. Il leur écrit dans la préface de son *Dictionnaire :* « Depuis vingt ans que vous m'honorez de votre amitié, je vous ay tousjours eu pour guide dans mes estudes, pour conseil dans mes affaires. Vous m'avez communiqué les livres de vostre bibliothèque, qui est une des plus curieuses de l'Europe. Vous m'avez ouvert vostre cabinet, qui est un trésor de nostre histoire (2) ».

Ce rayonnement de l'académie putéane durera jusqu'à la mort des deux frères, après 1650. On y verra le poète Sarasin. On y verra le jeune abbé Bossuet. Il y sera accueilli parce qu'il est parent de l'illustre Saumaise. A la même date, Huet s'y fera également recevoir.

Le monde des lettres a donc les yeux fixés sur ce cercle redoutable. Il est, en effet, plus redouté qu'aimé. Les érudits qui le fréquentent n'ont pas les complaisances des cercles mondains. Ils jugent de ce qui s'écrit aujourd'hui à la lumière de ce qui s'écrivait jadis, au temps d'Auguste, ou plus simplement au temps de Dorat, et c'est une lumière cruelle qui ne laisse dans l'ombre aucune tache.

Parmi les membres les plus sévères de cet aréopage, on nomme surtout François Guyet. Il était né à Angers en 1575. Il

---

(2) Lire une lettre intéressante de Ménage aux Dupuy, citée par Uri, *op. cit.,* p. 27, n. 2, tirée de la collection Dupuy, vol. 803, folio 350.

était donc le compatriote de Ménage et, malgré la différence d'âge, son ami. Il le resta jusqu'au jour où il s'aperçut que Ménage le pillait sans le dire. Il avait connu Balzac à Metz où ils appartenaient tous deux à la maison du duc d'Epernon. Il avait été le précepteur du futur cardinal de La Valette, et Balzac a dit qu'il avait aidé à la carrière de Guyet, et que Guyet, sans lui, serait mort de faim. Ils ne s'aimaient guère, mais Guyet, devenu un de nos meilleurs philologues, faisait autorité chez les Dupuy. Balzac le redoutait et le flattait. Il lui adressait, dans ses lettres, des louanges excessives. Il en attendait d'égales en retour.

Mais Guyet, prompt à la critique la plus dure, était discret dans l'éloge. En 1640, Balzac envoya à l'académie putéane le *De hypercritico Galeso,* qui contenait des vers flatteurs pour Guyet. Chapelain se fit un plaisir d'annoncer à son ami que la pièce avait été lue *magnis comitiis,* tous les confrères assemblés, qu'elle avait été applaudie, et que Guyet lui-même l'avait approuvée. Balzac feignit d'être surpris, flatté, charmé : « Croiray-je, écrivait-il, que mes lettres ont reçu des applaudissements d'une compagnie qui s'assemble deux fois le jour pour siffler toute la France ? ». Mais le ton même de cette phrase indique assez où en étaient les relations entre l'académie putéane et l'ermite de la Charente. Balzac savait que Guyet se moquait de son latin. Bientôt il l'appellera le Capanée grammairien, la bête féroce, l'ennemi commun de tous les hommes.

La conséquence de ce désaccord sera considérable. Depuis le début du siècle, le divorce allait grandissant entre la littérature mondaine et la tradition humaniste. Nous avons vu que, déjà en 1624, les *Lettres* de Balzac marquaient une opposition entre l'Université et la littérature vivante, et que l'humanisme de l'écrivain se posait en humanisme rajeuni, plus indépendant des formes anciennes, allégé de toute une routine d'admiration servile. C'est maintenant, non plus avec l'Université, mais avec les cercles érudits que Balzac se sent mal accordé, et sur le pied d'une antipathie à peine masquée. La génération suivante, pour qui Balzac est un maître, s'éloignera plus encore de ce qu'elle appellera le pédantisme, et qui n'était autre chose que la vénérable tradition de l'humanisme.

La Liberté de Pensée

Pour le moment, le contact n'est pas encore perdu, et les écrivains continuent de recevoir, à travers les cercles érudits, les grandes leçons du siècle précédent. Ils reçoivent d'eux, d'abord, une leçon de pensée libre.

Les hommes de cette génération se considèrent comme les continuateurs des Erasme et des Scaliger, et ce n'est pas un hasard si Guy Patin place les portraits des deux humanistes dans sa chambre, avec ceux de son père et de sa mère. C'est que son maître et son ami, Nicolas Bourbon, lui a inspiré un culte pour ces hommes divins. Scaliger est pour lui « le grand lion » contre lequel se sont acharnés « les petits barbets loyolitiques ». Il déteste au contraire Juste Lipse, l'humaniste qui a trahi, le clerc qui s'est jeté dans la bigoterie pour obtenir les faveurs des grands et l'appui des Jésuites.

Toute cette génération croit à la liberté de pensée. Elle applaudirait à cette phrase, dans les *Lettres* de Gombauld : « Les Muses qui, de leur nature, sont généreuses et libres... » Elle gémit de la servitude qui, de plus en plus lourdement, pèse sur les esprits. Elle porte ses regards vers Venise et vers la Hollande, qui sont, comme l'écrit Saumaise, « les deux seuls lieux de l'Europe où il y a encore quelque reste de liberté ». Et comme Saumaise, elle ajouterait : « Car, par tout hors de là, ce n'est que tyrannie et moinerie » (1).

Lorsque les gens de lettres affirment de la sorte leur attachement à la liberté de pensée, ils se font les échos de l'académie putéane. Les frères Dupuy ont un mot qui désigne l'écrivain indépendant : c'est un philosophe. Il faut être philosophe. Un philosophe ne doit briguer aucun honneur, pas même

(1) Cité par R. Pintard, *op. cit.*, p. 104.

l'Académie Française. Lorsque La Mothe le Vayer s'y fait recevoir, ils ne lui pardonnent que parce qu'il est pauvre, et que, comme dit Chapelain, l'excuse de la pauvreté passe par-dessus toutes choses. S'ils n'éprouvent qu'horreur pour Jean-Jacques Bouchard, qui est vicieux et athée, ce n'est ni pour ses vices, ni pour son athéisme, c'est parce qu'il est prêt à tout pour devenir évêque.

Balzac parle comme eux. Il emploie le mot *philosophe* dans le même sens qu'eux. Il n'est pas, dit-il, un « fanfaron de philosophie » mais il est philosophe, et sa conduite le prouve assez, car il a refusé les faveurs qui s'offraient. Dans une lettre qu'il adresse à Descartes, il parle d'un de leurs amis communs, Silhon probablement, qui « fait le coyon avec une répugnance d'esprit qui ne se sauroit imaginer. Il a l'âme d'un Rebelle, et rend les soumissions d'un Esclave. » Descartes est homme à comprendre ce langage. Il a parlé de la « liberté généreuse », *generosa quaedam libertas*.

Chapelain, plus engagé dans les affaires politiques, ne pense pas autrement. Il a, lui aussi, un vif sentiment de l'indépendance de l'esprit. Il croit qu'un homme de lettres doit vivre loin du pouvoir. S'il s'emploie à obtenir pour ses collègues des grati-fications dont ils ont besoin pour vivre, il n'ignore pas que ces générosités de la Cour se paient trop cher, et qu'elles coûtent à l'écrivain son indépendance. Il méprise ceux qui, comme Sirmond, cessent de chanter parce qu'ils sont pleins. Il y a loin de cette fière génération à la génération domestiquée de 1660.

Un excellent exemple de cet attachement à la liberté, nous le trouvons chez un ami de Nicolas Bourbon et de Gassendi, chez Guy Patin. Le plus grand éloge qu'il puisse faire d'un livre, c'est qu'il est propre aux hommes lettrés et aux esprits libres. Il déteste le régime de Richelieu, et se réjouit à la mort du Cardinal. Il espère qu'enfin la France sera libre. Mais lorsqu'il voit que la Régente continue la politique de celui qu'elle avait tant haï, lorsqu'à Richelieu succède Mazarin, il se désespère :

Uno avulso, non déficit alter
Ferreus, et simili mulctatur Gallia monstro.

Il a le césarisme en horreur. Il se souvient de ce que son père et ses maîtres lui ont dit de la tyrannie des Guises, de la réaction triomphante, de l'Etat tombé au pouvoir des moines, des Ligueurs, du parti espagnol. Il applaudit à l'assassinat des Lorrains avec une ardeur toute neuve, comme si l'événement était de la veille. Il est, comme il dit, « du parti de Pompée », et, s'il avait vécu au temps de Brutus, il aurait de bon cœur enfoncé son couteau dans la poitrine de César (2). Il met très haut la *Pharsale*, pour les beaux vers qu'il y trouve sur la tyrannie et sur la liberté. Mais il n'est pas seul à les lire. Son grand ami Grotius porte sur lui le poème de Lucain, et le baise plusieurs fois le jour, comme un prêtre baise le livre sacré.

En un temps d'oppression, cette liberté ne peut être qu'intérieure, et elle ne se défend contre la tyrannie que par le secret. Lorsque Descartes nous dit qu'il va avec un masque sur le visage, *larvatus prodeo*, il ne dit rien d'autre que tous les esprits libres de son temps. Théophile avait déjà parlé de ceux qui sont contraints de dissimuler, pour échapper aux persécutions d'une foule aveugle. L'une des devises les plus chères à ces sages, c'est le dicton latin *Bene vixit qui bene latuit*, et Gassendi ne cédait pas à un mouvement de lâcheté, mais il obéissait aux maximes des philosophes lorsqu'il écrivait, en 1630, à Schickard : « Quare saluti consulo, dum et servire tempori studeo ».

Les Leçons de l'Antiquité

En second lieu, les cercles humanistes prolongent au cœur du XVII⁰ siècle l'effort de recherches et d'études du siècle

_____

(2) Il a dit cela en 1645, et l'on devine à quel César il pense alors. Il n'a jamais oublié cette conversation. Il en reparle dix-neuf ans plus tard, le 14 novembre 1664.

précédent sur les littératures anciennes. Ces hommes sont des philologues. Ils se passionnent pour la découverte d'un manuscrit, pour la valeur d'une conjecture, pour le sens d'une expression obscure. Samuel Boulliau, l'un des meilleurs amis des Dupuy, veut aller à Constantinople, et accepterait d'en revenir « sans chapeau et barette » s'il en pouvait rapporter une comédie entière de Ménandre ou les quatre livres d'Apollonius Pergaeus qui nous manquent (1). Il écrit cela en 1646, à un moment où les recherches physiques sont en train de renouveler notre connaissance de la nature. Il est pourtant lui-même astronome. La découverte d'un texte antique lui semble d'aussi grande importance que celle des lois de la nature.

Voilà l'esprit philologique, sinon dans ses excès, du moins dans son extrême minutie. Mais nos humanistes, très souvent, ont, de l'Antiquité, une vue plus large. Dans les littératures anciennes, ils voient plus que matière à conjectures ingénieuses et dissertations érudites. Ils savent y discerner des leçons de pensée. Des leçons qui sont parfois d'une étrange audace. Grotius et Guy Patin, nous venons de le voir, ont aimé dans Lucain le poète de la liberté, et vu dans la *Pharsale* le poème de la lutte contre le césarisme. Ils aiment aussi, d'une dilection particulière, Lucrèce et Sénèque le Tragique. D'autres, autour d'eux, partagent leur admiration et vont peut-être plus loin, dans les conclusions qu'ils en tirent. Comme Guy Patin, ils reconnaissent en Lucrèce « le plus savant de tous les poètes latins », et comme il fera plus tard, en 1659, ils s'attachent à ce vers qui contredit si fortement la théodicée catholique :

Nec bene promeritis capitur, nec tangitur ira.

Chez Sénèque le Tragique, ils relisent le chœur de la *Troade* où s'exprime une négation formelle de l'immortalité de l'âme. Les uns, les plus audacieux, y voient l'expression de leur propre pensée. Les autres, attachés aux principes chrétiens, décou-

(1) Cité dans Uri, *op. cit.*, p. 40.

vrent dans la doctrine impie du poète latin les principes sur lesquels se règlent les princes, les grands, les chefs de religion, tous ceux qu'ils enveloppent dans la même réprobation, les Machiavélistes.

Leçons de pensée, mais aussi leçons de beauté, et que les humanistes transmettent aux poètes de langue vulgaire. L'idée de pureté dans le style, avant d'inspirer le mouvement littéraire en langue française, s'est élaborée chez les érudits et pour le latin. C'est à la prose latine qu'elle a été appliquée, avant de l'être à la prose et à la poésie françaises. Balzac est cicéronien, c'est-à-dire qu'il croit que la langue latine, barbare avant Cicéron, entre en décadence après lui. Il défend l'orateur latin contre Schioppius. Il se méfie de la latinité de Stace. De même de celle de Tacite. Il n'y trouve pas la pureté dont il rêve. Il s'oppose au parti des Lucanistes. C'est le parti de l'emphase et des pointes, le parti de l'expression forte et efficace. Balzac est du parti contraire, qui s'attache avant tout à la pureté, à l'élégance discrète. Ceux qu'on pourrait appeler les Atticistes. Les gens de Leyde sont des Lucanistes. Balzac est pour Virgile contre Lucain.

Chapelain est de même goût que lui. Il condamne « les vicieux modelles de nos modernes Hollandois et François ». Ils suivent, dit-il, « les mauvais faiseurs de pointes, et pensent cacher leurs défauts dans leur obscurité ». Pour lui, la vraie Antiquité est une sorte de « mezzair » entre Horace et Ovide, moins familier que le premier, moins affecté que le second, égal en pureté à l'un et à l'autre. Les cercles érudits, à travers Balzac et Chapelain, ont déterminé le goût classique.

Ils ont même porté intérêt à l'élaboration du *Dictionnaire* de l'Académie. Ils avaient fourni des indications sur la méthode à suivre. Ils durent constater qu'on négligeait leurs avis. Une phrase de Chapelain laisse entrevoir ces interventions de l'académie putéane : « Je m'assure, écrivait-il à Bouchard, que vous jugerez, avec le cabinet de MM. du Puy, que si nous avions suivi cette méthode, nostre vocabulaire auroit quelque avantage par-dessus les Grecs, Latins et Italiens. »

Le Gassendisme de l'Académie Putéane

Liée au passé par son attachement à la tradition humaniste, l'académie des frères Dupuy se tourne avec résolution vers l'avenir, par l'intérêt qu'elle porte aux sciences de la nature. Tandis que certains cercles se cantonnent dans l'étude des vieux textes, tandis qu'à l'autre extrémité se forme, en 1635, l'académie « toute mathématique » de Mersenne, avec le Président Pascal, Mydorge, Desargues et Roberval (1), celle des Dupuy mène de front les deux études et les enveloppe d'une même curiosité.

Elle est naturellement hostile à la philosophie officielle. On chercherait en vain, chez les écrivains de l'époque, un homme qui reste attaché à la scolastique telle qu'on l'enseigne dans les Universités. Mais elle est aussi fermée à Descartes. Celui-ci n'était pas cependant sans relations avec les milieux littéraires. Il était, dès avant 1628, fort ami de Balzac, et il resta en relations avec lui (2). Ils avaient un ami commun, Silhon (3). Descartes avait correspondu avec les frères Dupuy. A l'Académie putéane, on l'avait d'abord admiré pour son audace et sa vigueur. La correspondance de Chapelain se fait, au début, l'écho de cette admiration. Mais, lorsque l'on comprit où il allait, et que son effort tendait à restaurer l'illusion rationaliste sur de nouveaux fondements, les sympathies firent place à une hostilité déclarée. Chapelain, nous l'avons vu, est, à partir de 1640 au plus tard, un anti-cartésien résolu. Guy Patin l'est aussi. Il blâme en Bourdelot l'attachement à la philosophie de Descartes, et vers la fin de sa vie, Patin, en face des progrès du

---

(1) C'est en 1635 que Mersenne annonce à Peiresc la formation de « la plus noble académie du monde ». Après les noms qui viennent d'être cités, on verra paraître ceux de Le Pailleur, Dalibray, Carcavy, et M. Pascal le fils.

(2) On a une lettre de Balzac à Descartes, datée du 30 mars 1628, familière de ton, et qui parle des envois de beurre d'une certaine marquise. Descartes écrit à Balzac en 1631 et 1637.

(3) Silhon est presque certainement l'ami commun dont Balzac parle dans sa lettre, éd. Tannery, p. 200.

cartésianisme, restera intraitable. « Descartes et les chimistes ignorants tâchent de tout gâter, tant en philosophie qu'en bonne médecine. » Huet, qui a connu les dernières années du cercle, restera toute sa vie anti-cartésien. Descartes, de son côté, n'aime pas le cercle des Dupuy, et l'on a les plus fortes raisons de croire que, lorsqu'il parle avec tant d'hostilité du « livre des 30 exemplaires », ce sont les dialogues de La Mothe le Vayer qu'il a en vue, c'est-à-dire le plus parfait manuel des doctrines de l'académie putéane.

Ce gassendisme des écrivains du règne de Louis XIII éclaire le développement de notre littérature en ce deuxième quart du siècle. Il explique notamment qu'elle s'oriente vers une connaissance de plus en plus exacte de l'homme. Car le gassendisme, héritier de la tradition humaniste, et tout plein de la leçon de Montaigne, prétend substituer à une notion métaphysique de l'homme, une connaissance positive des hommes, dans l'infinie variété de leurs croyances, de leurs mœurs et de leurs types. D'où cette enquête inlassable, que mènent les érudits, à la fois dans le passé, par l'histoire et par les textes littéraires, et dans l'espace, par les voyages et les récits de voyageurs.

Autour des frères Dupuy, il n'est presque personne qui n'ait visité les pays étrangers. Guyet, en 1609, avait visité l'Italie (4), l'Autriche et la Bavière. Un habitué du groupe, Gremonville, est représentant du roi auprès du pape, et informe ses amis de tout ce qu'il apprend. Naudé séjourne en Italie, d'abord en 1627, puis de 1630 à 1640. Boulliau rêve longtemps d'aller à Constantinople et d'étudier les mœurs des Turcs. Il finit par réaliser son rêve et en rapporte sa *Relation du voyage d'Orient*. Peiresc a fait des études à Padoue, Saumaise à Heidelberg, d'Ablancourt à Leyde. La Mothe le Vayer a fait avec Bautru le voyage d'Espagne. Gassendi et Mersenne vont en Flandre. A Leyde enseignent Rivet et Saumaise. Le jeune De Thou a visité

(4) On lira les lettres intéressantes qu'il écrit alors dans Uri, *op. cit.*, p. 71-75.

l'Angleterre, l'Italie, Candie, Constantinople, la Palestine en un voyage de trois ans.

En même temps, l'académie putéane porte l'intérêt le plus attentif aux récits des voyageurs (5). Ils sont nombreux et font connaître les mœurs des peuples les plus divers, depuis la Chine et la Tartarie jusqu'aux pays de la Nouvelle France, du Canada et des Hurons. Dans ces récits, les érudits découvrent les éléments d'une connaissance positive de l'homme. L'infinie variété des types de civilisation leur apparaît en pleine évidence, et du même coup l'illusion rationaliste se dissipe, qui prétendait expliquer le comportement des hommes par la présence en eux d'un élément commun, d'ordre intellectuel, d'une âme créée à l'image de Dieu. Le rationalisme vivait sur la chimère d'un homme idéal, doué de raison, identique à lui-même dans tous les temps et dans tous les lieux. Le gassendisme a pénétré la génération de 1630 de cette certitude que l'homme est au contraire un être essentiellement divers. Il a détourné les esprits de la recherche des principes et les a orientés décidément vers l'observation du multiple.

L'influence de cette philosophie explique encore, dans cette génération, la faiblesse du lyrisme. Elle se fait de l'homme une idée trop modeste. Elle ignore les forces jaillissantes de l'esprit qui inspireront le romantisme allemand, pour le meilleur et pour le pire. Elle ignore le collectif, le spontané, le mystérieux. Si le lyrisme se développe si mal en cette époque d'une vie intellectuelle pourtant si intense, ce n'est pas seulement parce que Malherbe lui a imposé une trop stricte discipline. C'est parce que l'état général des esprits est aussi peu favorable que possible à la grande poésie. C'est que cette génération est toute tournée vers l'observation patiente et minutieuse, c'est qu'elle se méfie des explosions du sentiment, c'est qu'elle ne propose à l'esprit

(5) Voir une bibliographie de ces récits de voyageurs et de missionnaires à la fin du livre de G. Atkinson, *Les relations de voyage au XVII⁰ siècle*, 1924.

aucune de ces idées, nobles et un peu vagues, qui, cent cinquante ans plus tard, inspireront le lyrisme romantique. On attribue couramment au cartésianisme la décadence de l'esprit lyrique au XVIIe siècle. C'est en réalité le gassendisme qui doit être tenu pour le principal responsable. On ne fait pas des lyriques avec des pyrrhoniens (6). Des hommes comme Chapelain et Costar peuvent bien affirmer la primauté du langage poétique sur le discours. En fait, tout le poids du mouvement intellectuel tend à étouffer l'élan poétique.

Par contre, ces pyrrhoniens ont une confiance sans limite dans les techniques. Ils croient que l'homme peut réussir en tout ce qu'il entreprend, pourvu qu'il soit patient, avisé, méthodique. De même qu'une enquête peut toujours être bien faite, et qu'il suffit d'y respecter certaines règles pratiques, de même un homme de lettres pourra toujours réussir une tragédie s'il applique les règles que l'expérience prescrit, car remarquons-le, ces théoriciens ne fondent jamais les règles sur une raison à priori. C'est à l'expérience qu'ils font appel. C'est sur elle qu'ils prétendent fonder les recettes infaillibles de la technique littéraire. L'illusion de Chapelain et de l'abbé d'Aubignac est là.

Le Problème Religieux

Cet amour de la liberté, ce sens de la variété des types humains, cette ambition d'en faire l'étude par l'histoire et par l'observation des mœurs, cette absence d'ambitions métaphysiques, cette confiance dans les techniques, sont des traits communs à toute la génération qui accède à la vie de l'esprit entre 1630 et 1640. Mais cet accord sur quelques directions

(6) Guy Patin, avec sa verve paradoxale, finit par faire du titre de poète une injure. Il met les poètes en bien mauvaise compagnie, avec les Jésuites, les moines et les ministres : « Per poetas intellego concionatores omnes, cujuscumque generis fuerint, ministros, loyolitas, monachos... »

fondamentales ne doit pas détourner l'attention de certaines divergences profondes, par où les lettrés de l'époque se distinguent ou s'opposent.

La question religieuse d'abord. Tous les écrivains de l'époque, en dehors de quelques plumitifs asservis, s'inquiètent des reculs de la liberté de pensée devant les progrès de ceux qu'ils appellent les moines. Mais, lorsqu'il s'agit de fixer leur attitude en face de l'orthodoxie catholique et des principes chrétiens, la plus grande diversité apparaît.

Certains, comme Jean-Jacques Bouchard, vont jusqu'à l'athéisme le plus décidé. D'autres, comme François Guyet, sont pour le moins détachés des dogmes du christianisme positif. Les mots de lui que nous ont transmis Tallemant et le *Menagiana* pourraient, à la rigueur, s'expliquer simplement par l'indévotion. Mais Balzac l'accuse expressément d'athéisme, et son élève, le cardinal de La Valette, avait une réputation bien établie d'incrédulité. Sa fin chrétienne surprit Chapelain autant qu'elle l'édifia.

D'autres, au contraire, sont bons catholiques. Nicolas Bourbon est le type de ces humanistes chrétiens, à la fois respectueux du dogme, attachés à la hiérarchie, et hostiles au catholicisme romain, à ses moines, à son Inquisition, à son *Index*. Il a été l'ami de Du Perron. Il a écrit un prélude au *De Statu, Majestate et Magnitudine Jesu* de Bérulle. Il compose des vers en l'honneur de Notre-Dame de Chartres. Il compte parmi ses amis un Jésuite, le Père Lancel, et le très réactionnaire Molé. Ce qui ne l'empêche pas d'écrire un *Phœnix exauthoratus* lorsque Des Yveteaux est chassé de sa charge, et de dénoncer dans sa disgrâce les manœuvres des dévôts (1).

_____

(1) La profession de foi religieuse qu'il met dans la bouche de Vauquelin des Yveteaux mérite d'être citée :

Composito fecere reum quia liber aperto
Tramite decurrens, antiquis moribus utor,
Ex animoque colo Superos et displicet omnis
In vultu, in quœstum pietas quœ retia tendit.
(Poematia, 1630, p. 60).

Entre ces deux extrémités, on distingue toutes les nuances possibles de l'attitude religieuse. Celle de Guy Patin, qui est croyant, mais qui, dans les croyances orthodoxes, fait son choix et rejette tout ce qui lui paraît superstition (2). Celle que nous avons déjà rencontrée, de Chapelain et de Racan, croyants sincères, mais qui fondent leur foi sur une acceptation aveugle de la religion nationale. Celle de Grotius, qui espère réconcilier catholiques et protestants dans un christianisme purifié. Celle enfin des apologistes.

Car il existe, en face des négations de quelques-uns, en face des doutes d'un très grand nombre, des écrivains qui prétendent démontrer la vérité de la Religion (3). Balzac, comme son ami Silhon, est un apologiste.

En cet homme si averti des raisons de douter, aucun effort pour revenir aux démonstrations traditionnelles de la scolastique. Il en parle avec dédain, avec une sorte de répulsion : il

(2) Guy Patin n'a pas gardé toute sa vie une attitude constante en face du dogme catholique. A l'époque qui nous occupe, c'est-à-dire avant 1642, il est à la fois très hostile aux Jésuites et aux moines et très sincèrement chrétien. Ce qui est, sans aucun doute, le cas du très grand nombre des lettrés de l'époque. En 1631, il écrit : « En notre religion chrétienne, je crois, comme nous devons croire, beaucoup de choses que nous ne voyons point. » La foi nous y oblige, et il ne la discute pas. En 1642, il distingue avec vigueur ce qui est de foi et ce qui est superstition. « Je ne crois, ni ne croirai ni en possession, ni en sorciers, ni en miracles, que je ne les voie et ne les discerne. Je crois tout ce qui est dans le Nouveau Testament comme article de foi, mais je ne donnerai pas telle autorité à toute la légende des moines ». Il termine par cette vigoureuse formule : *Credo in Deum Christum crucifixum* etc... *de minimis non curat prætor*. Mais quinze ans plus tard, son credo se sera considérablement allégé. En 1656, il ne croit plus à l'Enfer, en 1657 il se moque du Purgatoire, en 1658 il serait assez disposé à croire, comme les Epicuriens, que Dieu est aveugle et sourd. Il parle maintenant avec une hostilité amère de « notre Sainte-Mère l'Eglise ». Il est vrai que d'autres textes semblent contredire ce scepticisme croissant. On en vient à se demander dans quelle mesure ils expriment la pensée vraie de Patin.

(3) Outre le livre de H. Busson, *La Pensée religieuse française de Charron à Pascal*, 1933, on consultera la thèse de Sabrié, *Les idées religieuses de J.-L. Guez de Balzac*, 1913.

sait que cette attitude lui vaudra une audience plus facile des sceptiques. Il se méfie de la spéculation abstraite, de la logique pure. A travers la grandiloquence de ses formules, on sent chez lui un effort pour intégrer l'homme dans un ensemble, pour obliger l'esprit à envisager les problèmes, non pas du point de vue de l'individu, mais à la lumière d'un ordre universel. Il en vient à soutenir ce paradoxe que le christianisme remonte aux origines mêmes de l'humanité. Un christianisme avant le Christ, par conséquent. Un christianisme qui fut la religion de Platon et de Cicéron, avant d'être celle de la France moderne. Effort curieux, et qui va directement contre les idées chères à l'académie putéane. Car cet ordre que Balzac prétend retrouver, auquel il veut subordonner la raison de l'individu, c'est, de façon précise, le contrepied de cette multiplicité irréductible où les Gassendistes s'étaient établis et qu'ils se donnaient pour objet de leur enquête.

Ces nuances de la psychologie religieuse, ces conflits de doctrines théologiques ne touchent qu'indirectement à l'histoire littéraire. Ce qui, au contraire, se révèle capital, c'est l'opposition qui se forme alors, à l'intérieur des cercles humanistes, entre une conception chrétienne et une conception païenne de la vie. Car, quelles que soient les nuances qui les distinguent, Chapelain, Balzac, Gassendi sont d'accord pour proclamer leur fidélité à ce qu'ils appellent « une philosophie chrétienne ». C'est d'elle que Balzac parle avec émotion dans une lettre à l'abbé de la Victoire, en 1641. « Nous en professons une, écrit-il, qui a été découverte pour la ruine de toutes les autres. Sauvons les maximes et la science de l'Evangile, et nous aurons compassion de toutes les sectes, et de tous les sectaires. » Gassendi aime, lui aussi, ce mot de philosophie chrétienne, et il félicite son protecteur, Louis de Valois, de tirer, dans ses malheurs, un réconfort de cette philosophie : *tuae illius christianae philosophiae fructus.*

Ces hommes voient, dans la religion chrétienne, moins

le dogme qu'une tradition morale, moins les décrets du Concile de Trente que les maximes de l'Evangile. Le christianisme, c'est pour eux une philosophie morale. C'est dans son sens le plus haut, une philosophie politique. Car ce respect de l'homme qu'ils trouvent dans l'Evangile, signifie que le pouvoir civil a des limites, et qu'il doit s'incliner devant le droit. Cette affirmation de la moralité prend tout son sens lorsqu'elle s'oppose à l'immoralisme politique représenté par Machiavel. Entre l'auteur du *Prince* et celui de la *Querela pacis,* les humanistes du XVII' siècle, dans leur ensemble, n'hésitent pas. Ils sont le parti du divin Erasme.

Mais il existe, même dans l'entourage des Dupuy, des hommes qui ont rompu avec cette tradition. Voilà ce que signifient certaines formules, à première vue étonnantes, sur le Péripatétisme de certains esprits affranchis. Il ne s'agit nullement pour eux de s'immobiliser dans l'aristotélisme bâtard de l'enseignement officiel, mais de défendre, contre un certain idéalisme, les thèses de l'aristotélisme authentique. S'ils s'attachent à Aristote, ils ne voient pas en lui un précurseur de la philosophie chrétienne, mais bien au contraire l'adversaire de l'idéalisme platonicien, le penseur qui nie la providence et la création, qui, sans doute, ne croit pas à l'immortalité de l'âme, le moraliste qui réduit la vertu à n'être qu'une sagesse prudente, et qui subordonne la morale à la politique. Aristote, *parcus Deorum cultor et infrequens...*

Voilà, parmi les lettrés de l'époque de Louis XIII, les seuls qui soient pleinement détachés du christianisme. Des hommes comme Gassendi et comme Patin peuvent hésiter sur la certitude de tel ou tel dogme. Ils se sentent, ils se veulent chrétiens. Un homme comme Naudé ne se borne pas à rester sceptique sur les affirmations de la foi catholique. Il est, dans sa manière de juger, dans sa conception de la moralité et de la politique, un païen et, comme l'on dit alors, un Machiavéliste.

La Mothe le Vayer [1]

Deux hommes du cercle des Dupuy ont, par leurs ouvrages, mérité d'occuper une place dans notre histoire littéraire, La Mothe le Vayer et Naudé.

François de La Mothe le Vayer est né sans doute en 1588 [2]. Il est le fils d'un substitut au Procureur du Roi à Paris, et, en 1625, il lui succède dans cette charge. Il a donc fait ses études de droit. Mais il les a faites malgré lui, et n'a qu'horreur pour la chicane. Tout son esprit est tendu vers la connaissance de l'homme, et vers cette étude de la connaissance qu'est la philosophie sceptique. Il a été le disciple de Baranzani, et a connu par lui la révélation copernicienne. Il en a tiré de nouvelles raisons de douter de la philosophie officielle. De bonne heure, il est devenu l'un des membres les plus assidus de l'académie putéane. Il s'est lié avec Gassendi, Diodati et Naudé. Il a formé avec eux, à l'intérieur de l'académie, un groupe d'amis plus intimes, la Tétrade.

Un premier ouvrage est sorti de leurs entretiens. C'est, en 1630, les *Quatre dialogues faits à l'imitation des Anciens*. Ce livre est un manuel de pensée sceptique. Il s'en prend avec force à l'illusion des rationalistes. Notre pensée n'est pas une sorte d'irradiation de la raison divine. Elle n'est que fantaisie, prévention, contradiction. Pas de consentement universel, et si, par hasard, on découvrait une affirmation commune à tous les peuples, on peut être assuré qu'elle serait fausse. Pas d'évidence non plus, cette évidence sur laquelle Descartes, à la même date, prétend reconstruire la philosophie. Nos certitudes les plus

---

(1) L'étude de F.L. Wickelgren, *La Mothe le Vayer, sa vie, son œuvre*, 1934, est dépassée par l'ouvrage cité de R. Pintard.

(2) Et non en 1583 comme le dit Jal, à la suite sans doute d'une erreur de lecture.

fortes sont des contes. Ce qui nous semble naturel n'est, comme l'a bien vu Sextus Empiricus, que le fruit de l'habitude.

Ce petit livre, qui détruit avec tant d'allègre impertinence les affirmations du rationalisme, qui ruine nos certitudes, qui raille les principes de la morale naturelle, n'est pas pour autant une invitation à la folie ou au désespoir. Il reste au sage un abri. L'ἐποχή, qui assure l'équilibre de son esprit, l'ataraxie qui sauvegarde son équilibre moral. Séparé du vulgaire, observateur ironique de nos préjugés, il trouve sa joie dans le sentiment qu'il a de voir clair parmi l'erreur universelle.

Les *Quatre Dialogues* offensaient, à n'en pas douter, le rationalisme chrétien. Ils ne touchaient pas pourtant à une certaine conception de la foi, où le domaine de la raison et celui de la croyance étaient soigneusement distingués. On comprend sans peine, par exemple, que Chapelain ait pu en être charmé. Son fidéisme s'accordait fort bien avec le scepticisme de son ami le Vayer. Pour prendre un autre exemple, on peut imaginer que Saint-Cyran ait lu sans scandale un livre qui humiliait la raison, qui dénonçait l'inconsistance d'un *ordo naturae* qui ne laissait à l'esprit d'autre issue que l'acte de foi.

Mais, l'année suivante, cinq nouveaux *Dialogues* parurent qui poussaient bien plus loin le scepticisme. Cette fois, La Mothe le Vayer faisait éclater les antinomies de la raison. Entre la liberté de l'homme et la prescience divine, il y a contradiction. Il faut choisir, et il est impossible de choisir. De même, si l'on admet l'immortalité de l'âme humaine, il faut accepter celle des bêtes. Pour se conformer à l'orthodoxie sur la première, il faut la trahir sur la seconde. En face de l'idée de Dieu, La Mothe le Vayer n'hésite pas à dire qu'il est impossible d'y voir clair, et la seule chose qui lui semble évidente, c'est que la preuve par le consentement universel est la plus vaine des preuves.

Cette philosophie sceptique, qui s'interdit de prendre parti, qui se borne à mettre en lumière l'inconsistance du dogmatisme, on voudrait savoir ce qu'elle cache, et où l'auteur veut nous mener. La Mothe le Vayer prétend nous faire admettre que l'aboutissement de son enquête, c'est la *sceptique chrétienne*, un pyrrhonisme qui aboutit à un acte de foi. Il insiste sur cette conclusion de ses doutes, dans une nouvelle édition des *Dialogues* en 1632 ou 1633.

Il semble en réalité qu'il ait entrevu à cette date une solution audacieuse et très positive du problème de la foi. Dans une page remarquable, où se devine l'impression faite sur son esprit par les découvertes de Copernic, il met en parallèle le développement des sciences de la nature et celui des sciences religieuses. Reprenant la vieille formule grecque, il leur assigne à toutes cette tâche commune et cette limite pareille, de « sauver les apparences », σώζειν τά φαινόμενα. Le système de Ptolémée a longtemps « sauvé » ce qui tombait sous nos sens du mouvement des astres. Le système de Copernic le « sauve » aujourd'hui avec plus d'élégance. De même, ce que nous apprenons des Dieux et des religions « n'est rien que ce que les plus habiles hommes ont conçu de plus raisonnable... pour expliquer les phénomènes des mœurs, des actions et des pensées des pauvres mortels, afin de leur donner de certaines Règles de vivre exemptes, autant que faire se peut, de toute absurdité (3) ».

Cette théorie, si elle avait reçu tous les développements qu'elle comportait, aurait déterminé une philosophie religieuse d'une extrême fécondité. Elle pose les principes d'une symbolique religieuse, et fait penser de façon précise à la philosophie de Lessing. Mais, ni La Mothe le Vayer n'était disposé à l'approfondir, ni ses contemporains n'étaient prêts à l'accueillir. A cette heure d'ailleurs, La Mothe le Vayer entrait au service de Richelieu. Pendant dix ans, il allait publier des ouvrages d'une parfaite orthodoxie, et prendre le contre-pied des thèses qu'il

(3) Cité par R. Pintard, *op. cit.*, p. 514.

avait soutenues d'abord, et auxquelles il restait secrètement attaché.

Il affirme maintenant que le consentement universel est la plus solide des preuves, que toutes les philosophies sont d'accord sur les vérités fondamentales et que leurs contradictions ne portent que sur les mots. Il enseigne que la piété est le premier devoir des Rois. Il compose en 1637, un *Petit discours chrétien de l'immortalité de l'âme* et, en 1641, sur l'ordre de Richelieu, un livre sur la *Vertu des payens,* contre le Jansénisme. Il a, en réalité, si peu changé d'opinion qu'aussitôt la mort de Richelieu, il revient à sa chère Sceptique, et publie, en 1643, des *Opuscules* d'inspiration pyrrhonienne.

On devine la faiblesse de ce philosophe. Le caractère, chez lui, n'est pas à la hauteur de l'intelligence. Académicien, écrivain presque officiel, bienvenu chez les Dupuy, La Mothe le Vayer ne réussit pas à forcer l'estime de ses contemporains. Il a des faiblesses étranges. En 1640, lorsqu'il est question de donner un précepteur au Dauphin, il publie un traité *De l'instruction de M. le Dauphin,* qui ne peut être qu'un acte de candidature. Guy Patin n'est pas trop sévère lorsqu'il trace de lui ce portrait cruel : « Autant stoïque qu'homme du monde, homme qui veut être loué et ne loue jamais personne, fantasque, capricieux... ». Lorsque Patin ajoute : « ...soupçonné d'un vice d'esprit dont étaient atteints Diagoras et Protagoras », l'hypocrisie certaine du personnage autorise ces soupçons.

Habitué de l'académie putéane, La Mothe le Vayer s'intéressait vivement aux problèmes de la langue. Parce qu'il avait gardé des relations avec la littérature du siècle précédent, il s'inquiétait des excès du purisme. En 1637, il publia des *Considérations sur l'Eloquence françoise de ce temps* (4). Il y prenait à parti Vaugelas et certaines de ses *Remarques* qui, sans doute, circulaient déjà dans le public. Mais surtout il marquait son

---

(4) Voir Brunot, *Histoire de la langue française,* III, p. 43 sqq.

opposition à l'influence excessive des milieux mondains. Il avouait « qu'une infinité de dames et de cavaliers parloient excellemment », mais il revendiquait pour les érudits, pour ceux qui savent le latin et le grec, une autorité plus grande lorsqu'il s'agit de décider de la valeur d'un tour controversé. « Nous ne sçavons bien les choses, faisait-il observer, que quand nous les connaissons par leurs causes. » Vue remarquable, car, de même que La Mothe le Vayer aboutissait, dans le domaine de la critique religieuse, à l'idée d'un développement des dogmes, de même, en face des problèmes de langue, il faisait appel à ce qui devait un jour s'appeler la grammaire historique.

Mais La Mothe le Vayer n'avait ni le goût ni peut-être la force de pousser à fond les plus fécondes de ses vues. Il tenait avant tout à la paix. Il y gagna d'être de l'Académie. Son livre des *Considérations* aurait pu la blesser. Il eut l'art d'entourer sa thèse de tant de précautions que les Académiciens ne lui en tinrent pas rigueur. Ils l'accueillirent en 1639. Gomberville fut le seul qui ne lui pardonna pas.

Gabriel Naudé

Gabriel Naudé était né à Paris, le 3 février 1600. Sa famille était modeste. Il fit pourtant d'excellentes études au collège du Cardinal-Lemoine, puis au collège de Navarre. Ils les prolongea en suivant successivement les cours du collège d'Harcourt, puis ceux de Montaigu, puis ceux de Clermont, et c'est alors seulement — il avait vingt ans — qu'il entreprit ses études de médecine. Il ne devait les terminer que huit ans plus tard.

Parmi ses maîtres, il en est deux qui allaient marquer de façon définitive son esprit : Claude Bélurgey et Jean-Cécile Frey. Le premier lui communiqua, non pas certes dans ses cours, mais dans ses conversations confidentielles, sa haine secrète et son mépris des confessions chrétiennes. Cet humaniste disait que les deux plus sots livres du monde étaient la *Genèse* et la *Vie des Saints*. Il se moquait de Moyse et des prophètes. Il n'admettait « aucun miracle, prophétie, vision ni révélation ». Par contre, il avait le culte de l'Antiquité. A l'église, il apportait Homère au lieu de son livre d'heures. Il se vantait d'appartenir à la religion des grands hommes de l'Antiquité, Homère, Aristote, Cicéron, Pline et Sénèque. Le grand événement de sa vie avait été un pèlerinage aux lieux sacrés de la Grèce.

A Montaigu, Naudé suivit le cours de philosophie de l'Allemand Frey. C'est ce maître qui le fixa, et pour toujours, dans le camp d'Aristote. Trait étonnant, mais qui s'explique. Si l'aristotélisme pouvait paraître une philosophie rétrograde, il pouvait aussi constituer une méthode positive de pensée, une sorte d'antidote aux rêveries des mystiques, à la poussée du platonisme, aux spéculations aventureuses, une barrière contre les incursions de la morale dans la science des faits. On peut imaginer que c'était là l'aristotélisme de Frey. Ce fut, en tout cas, celui de son élève.

En 1626, Naudé interrompit ses études médicales et se rendit à Padoue. Il n'y resta qu'un an et suivit les cours de Crémonini. Comme il avait été le confident de Bélurgey, il fut le confident du philosophe italien. Crémonini lui avoua qu'il ne croyait *ni Dieu, ni diable, ni l'immortalité de l'âme,* mais qu'il jouait la comédie, parce qu'il était impossible de ne la pas jouer. En même temps, Naudé, auprès de Crémonini, se confirma dans son attachement à la philosophie d'Aristote. Il vit, par l'exemple de ce maître, que la pensée aristotélicienne, « pure et dépouillée de la crasse des Scolastiques », pouvait encore inspirer des hommes libres.

A Paris, Naudé s'était fait connaître très vite des cercles érudits. Il était entré à l'hôtel de Mesmes en qualité de bibliothécaire, et un petit livre, publié par lui en 1625, était dédié au Président de Mesmes. Il est encore à son service en 1627. Puis, on le vit chez les Dupuy et, lorsque Gassendi y parut, en 1628, Naudé fut de ses meilleurs amis. Deux ans plus tard, les Dupuy le firent connaître au cardinal de Bagny (1). Le cardinal, nonce du pape en France, allait retourner à Rome. Il emmena Naudé.

Celui-ci ne rentra en France qu'en 1640. Les dix années passées à Rome, à Cervia, à Rieti, furent matériellement difficiles et moralement pénibles. Mais, pendant dix ans, Naudé tint l'Académie putéane au courant de tout ce qui s'imprimait à Rome, des écrivains qui y séjournaient, de toutes les nouvelles de la République des Lettres En même temps, il étudiait sur place le catholicisme romain. Il revint en France, plus « déniaisé » que jamais.

On retrouve chez lui le plus précieux des idées de La Mothe le Vayer. Il a, comme son ami, un sentiment très vif des folies et des contradictions de l'esprit humain. Il sait, comme lui, que les passions et les préjugés nous imposent nos croyances. Il ne croit pas à la Raison universelle. Il est vrai qu'il fait appel à cette même raison, *uni tantum evidentissimae ac constantissimae Rationi*. Mais ce qu'il nomme de la sorte, ce n'est pas la faculté d'atteindre les essences, comme Descartes, c'est la science positive, la connaissance méthodique des faits. Naudé éprouve, à l'endroit du consentement universel, la même méfiance que La Mothe le Vayer.

Mais, plus nettement peut-être que La Mothe le Vayer, il a confiance dans une certaine méthode, dans une discipline de la recherche. Il a confiance dans la méthode historique. Autour de lui, on discute sans fin sur l'explication d'un prodige. Au lieu de s'attarder à cette recherche stérile, il vaudrait mieux s'informer d'abord de l'exactitude du fait. Naudé est convaincu que presque toujours, disons mieux, toujours, on découvrirait que ce prétendu prodige est une invention du vulgaire, ou un fait défiguré. De même, il pense que le plus grand nombre des difficultés s'évanouirait pour les savants si, au lieu de « faire de l'universel et du polygraphe », ils s'appliquaient à « la connais-

(1) L'on écrit d'ordinaire son nom *de Bagni*. En réalité, il signait *di Bagno*, ou, lorsqu'il voulait franciser son nom, *de Bagny*.

sance des choses particulières », de laquelle dépendent « la vérité et l'établissement des universelles ».

Cette méthode exclut implicitement toute métaphysique rationaliste, toute science a priori de l'univers. Elle n'interdit pas à l'esprit de s'élever jusqu'à « des spéculations plus éminentes et relevées ». Naudé, historien, s'est donné une philosophie de l'histoire. Il a le sentiment de l'écoulement des choses, de la ruine des Etats, des religions, des systèmes et, sur ce point encore, il rappelle de près La Mothe le Vayer.

Mais ce devenir, il ne le conçoit pas comme feront les romantiques. Son maître est Machiavel. C'est dire que le ressort de l'histoire est toujours l'utilité, et une utilité clairement connue par le législateur. Si Pythagore interdisait les fèves, c'était là, de sa part, simple conseil d'hygiène. La philosophie de l'histoire, chez Naudé, ne se borne pas à exclure le surnaturel. Elle ignore le collectif, l'inconscient, le sacré.

Elle les bannit même des origines de la société humaine. Naudé ne veut y voir que calcul, imposture ou violence. Sociétés politiques et sociétés religieuses vont de pair. Les monarchies ont « commencé par quelques-unes de ces inventions et supercheries, en faisant marcher la Religion et les miracles en teste d'une longue suite de barbaries et de cruautez ». Son commentaire de la conversion d'Henri IV exclut de ce geste historique toute considération religieuse.

Pierre Gassendi

Si importants que soient La Mothe le Vayer et Gabriel Naudé, celui qui a, dans le cercle des Dupuy, fait figure de philosophe, et qui a donné l'expression la plus complète de leurs tendances, c'est, beaucoup plus qu'eux, Pierre Gassendi.

Il était fils de cultivateurs de la paroisse de Champtercier, à une lieue de Digne. Il était né le 22 janvier 1592. Il étudia à Aix la philosophie et la théologie (1609-1612), et ses études achevées, il revint à Digne où il fut nommé régent principal du collège, avec la charge de la classe de rhétorique. Il se destinait au clergé, reçut le sous-diaconat en 1614, le diaconat et la prêtrise l'année suivante. En 1614 encore, il devint chanoine théologal de Digne. Après un premier enseignement à Digne, il passa à Aix, où il remplit les mêmes fonctions pendant six ans, probablement de 1616 à 1623. Il était l'ami de Peiresc et de quelques esprits curieux, ouverts aux progrès récents de la science.

Il avait lu à peu près tout ce qu'il était possible de lire, les Anciens d'abord, mais aussi parmi les modernes, les plus audacieux, les moins dociles aux routines orthodoxes. Il nommait, parmi ses maîtres, Plutarque et Cicéron, Sénèque et Juste Lipse, Montaigne et, par-dessus tous, son cher Charron. Parfois, de ces lectures austères, il passait aux poètes, à Lucrèce, Horace et Juvénal, ou trouvait le plus fin plaisir à lire Lucien ou Erasme. Il enseignait maintenant la philosophie, et cet esprit loyal se heurtait chaque jour à la fausseté évidente de l'enseignement qu'il était contraint de donner. Il eut le courage de le dire et publia en 1624, à Grenoble, des *Exercitationes paradoxicae adversus Aristoteleos*. Ne croyons pas qu'il n'y fallut pas grand courage et que le gouvernement royal laissait dire. Ce serait ne rien comprendre aux conditions réelles de la vie sous l'ancien régime et ne pas voir qu'une tolérance de fait pouvait à tout instant faire place à des sanctions très dures.

Le livre était audacieux. Il enseignait un pyrrhonisme radical. Ce n'était pas seulement l'aristotélisme bâtard des Universités qu'il combattait, ni même l'aristotélisme d'Aristote. Il niait toute métaphysique, toute certitude intellectuelle, toute justification rationnelle de la morale. Gassendi se plaçait dans la ligne de Montaigne et de Charron. Il reprenait leurs démonstrations. Il prouvait que le consentement universel est un argument chimérique, qu'il n'existe pas une vérité sur laquelle les hommes se soient mis d'accord, pas un principe moral qu'ils aient en commun.

Cette critique peut sembler banale. Elle touchait au cœur même de la philosophie orthodoxe et officielle. Celle-ci reposait sur l'illusion d'une Raison universelle, fondée en Dieu, identique à Dieu même, et qui se retrouvait en chaque homme comme une étincelle jaillie d'un commun foyer. C'est ce dogme essentiel que Gassendi mettait en cause, après Montaigne et Charron, puisque l'habitude, l'éducation, le *consensus* social devenaient chez lui, comme chez eux, les sources de notre pensée et les fondements de notre morale.

Il y avait là un effort tout pareil à celui qui se développait à la même date chez les Dupuy à Paris. En mai 1628, Gassendi se rendit dans la capitale. Son ami Peiresc l'avait recommandé aux Dupuy. Il fut reçu à bras ouverts. François Luillier l'installa dans une maison qui lui appartenait. Le théologal de Digne se lia d'étroite amitié avec La Mothe le Vayer, Naudé et Diodati. Il forma avec eux la « Tétrade ». Parmi eux, Diodati était son ami depuis quelques années déjà et, au cours d'un séjour à Grenoble, en 1625, l'avait conquis au système de Galilée.

En 1629, Gassendi écrivit l'*Epistolica exercatio* contre Fludd. C'est qu'il ne rompait pas seulement avec le dogmatisme aristotélicien. Il était hostile à tout système assez téméraire pour prétendre apporter une explication du monde. Les partisans de Fludd, les Rose-Croix, les chimistes comme Gerzan et Villebressieu lui semblaient aussi dangereux que les Aristotéliciens, parce que tous croyaient à des « qualités occultes », à des essences métaphysiques, au lieu d'admettre que l'esprit humain est tout juste capable de faire « des suppositions sur des ombres ».

En avril 1634, nouvelle polémique. Lord Herbert de Cherbury avait tenté, dans son *De Veritate,* de donner une base nouvelle au dogmatisme. Il admettait les limites et les incertitudes du raisonnement logique. Mais il affirmait l'existence d'un sens interne, d'un instinct naturel commun à tous les hommes, et qui leur fournissait un trésor de notions communes. Ce rationalisme de forme moderne provoqua chez Gassendi la même protestation que, dix ans plus tôt, le rationalisme des Universités. Il refusa de recourir, pour son compte, « à l'instinct naturel et à la faculté testifiante intérieure » qu'avait imaginée l'auteur du *De Veritate*, et lui opposa « la grande contrariété de jugements qui se rencontrent presque sur chaque subject ». Il rappela, contre le consentement universel, l'athéisme de certains philosophes anciens, les relations des voyageurs sur les peuples du Nouveau Monde, les polémiques sur le mouvement de la terre. Il pouvait conclure de ces faits « qu'il n'est en physique aucune opinion, ni en morale aucune loi qui ne soit repoussée par plusieurs philosophes ou par plusieurs nations ». Il en tira cette conclusion, essentielle à son système, que nos opinions ne naissent pas, comme le pensait Lord Herbert, d' « instinct », mais qu'elles se formaient « selon la préoccupation des lois, coustumes, conversation, éducation, etc... ».

Le conflit avec Descartes était inévitable. Il appartient aux historiens de la philosophie d'étudier le détail des discussions que Gassendi soutint avec lui en 1641 (*Dubitationes)* et en 1642 (*Instantiae* aux *Responsa* de Descartes). Aussi bien est-il évident que les deux hommes ne pouvaient pas s'entendre. Gassendi s'était établi dans le domaine du multiple, des apparences, des probabilités. Descartes voulait reconstruire le système de l'univers à partir d'un principe unitaire, prétendait atteindre jusqu'aux essences cachées, et jusqu'à des certitudes absolues. Lorsque Gassendi rappelait le caractère relatif de toutes les opinions, Descartes écartait l'objection avec dédain et la traitait de lieu commun. En revanche, lorsque Descartes prétendait prouver l'existence de Dieu par l'argument ontologique, Gassendi lui opposait que les notions d'infinité, d'éternité, de toute puissance divines s'expliquent sans peine par les leçons de nos parents et de nos maîtres, par les discours des sages, par les propos de ceux qui nous entourent. Et nos maîtres, et les sages, et la foule ont construit ces notions en partant de faits observés, en les élargissant à l'infini.

La position de Gassendi est donc nette. Ou plutôt elle le serait si d'autres textes ne venaient contredire les précédents. Dès 1626, Gassendi avait été conquis par la philosophie d'Epicure. En 1628, il entreprit une apologie de l'ancien philosophe. A partir de 1630, il s'attacha à construire une philosophie qui fût une sorte d'épicurisme moderne et chrétien. Elle a trouvé son expression dans le *Syntagma philosophicum,* publié après la mort de Gassendi, mais qui traduit, on l'a récemment démontré, des positions déjà prises en 1634, à coup sûr, et peut-être en 1630 déjà.

Que cet épicurisme contredise le pyrrhonisme des œuvres polémiques, il n'est pas malaisé de le démontrer. Pour faire accepter son Epicure à des lecteurs orthodoxes, pour se convaincre de sa propre orthodoxie, Gassendi est obligé d'accepter des principes directement opposés à ceux qu'il avait soutenus et, chose plus étrange, à ceux qu'il allait soutenir encore contre Descartes. Par le seul fait qu'il construit un système, il admet donc que l'homme peut grouper les apparences, les interpréter, et donc les dépasser. Lui qui rejette les idées innées, il accepte les *anticipations* ou *prénotions* qu'admettait l'épicurisme. Il lui arrive même de ne plus isoler rigoureusement, comme il avait toujours eu soin de le faire, le domaine de la foi et celui des connaissances naturelles. Il va jusqu'à se relâcher du sensualisme rigoureux de ses premiers écrits, qui semblait essentiel à sa pensée et paraissait définir sa position en face du rationalisme cartésien. L'accord des philosophes lui semble maintenant un argument considérable, et il oublie les coups que longtemps il lui avait portés.

Ces contradictions sont certaines. Elles n'ont peut-être pas l'importance que le plus récent interprète de Gassendi a cru devoir leur donner. La pensée de Gassendi est, pour prendre un terme moderne, un existentialisme, et lorsque ses formules semblent se rapprocher des principes du rationalisme jusqu'à se confondre avec elles, l'opposition foncière demeure. Il sauve, il prétend sauver les conclusions de la philosophie naturelle en leur donnant un fondement nouveau. Il ne les découvre plus au terme d'une déduction logique. Il les saisit concrètement, dans leur réalité vivante, par une vue synthétique et immédiate, par l'observation de la vie de l'âme et de la vie des peuples. C'est ainsi, par exemple, qu'il semble accepter l'idée du consentement universel après l'avoir condamnée. Mais cet argument reposait, dans l'esprit de ses adversaires, sur l'illusion d'une raison universelle et abstraite, présente en chacun de nous, tandis que, dans le sien, il traduisait le développement naturel, le jeu réel et concret, l'élan vital de la pensée.

De même, ses *anticipations* n'avaient rien de commun que l'apparence avec les idées innées de Descartes. Celles-ci étaient le fondement d'une certitude absolue et purement intellectuelle. Les Grecs auraient dit qu'elles fondaient la pure connaissance, l'ἐπιστήμη. *L'anticipation* de Gassendi est au contraire du domaine de la δόξα, de l'opinion. Elle aboutit, non pas à une certitude rationnelle, mais à une vraisemblance, à une probabilité. Une vraisemblance qui naît de la vie, qui atteint à une certitude d'un ordre moins intellectuel que vital. Qui repose, non sur un système d'essences, mais sur une vue synthétique, sur une sorte d'étreinte des existences. La philosophie de Gassendi n'est pas une doctrine abstraite. Elle est, elle veut être une philosophie chrétienne et française, et qui prétend sauver les valeurs sur lesquelles repose la vie de l'élite française.

Gassendi aboutissait donc à des conclusions conservatrices. Il crut très sincèrement, soyons-en sûrs, que sa critique du rationalisme libérait la vraie philosophie et la vraie religion d'une servitude pesante et de compromissions dangereuses. Il pensa qu'une religion se trouve plus assurée de reposer sur une expérience directe que sur une construction métaphysique. Reste à savoir quelle était exactement cette religion à laquelle le théologal de Digne donnait son adhésion. Il ne l'a dit nulle part et nous a laissé le soin de le deviner.

Il vivait comme un sage, modeste et souriant, objet d'une

véritable vénération de la part de ceux qui l'approchaient. Il était de santé délicate. Il ne buvait que de l'eau, et croyait, disait-il, que son corps brûlerait s'il prenait du vin. Il observait avec une minutie scrupuleuse et une révérence intime les lois du royaume et de l'Eglise. Mais il est bien probable que sa religion s'était épurée des « superstitions », et qu'il était, comme disait Guy Patin, illuminé. Une fois, en 1648, il passa la journée avec Naudé et Patin. Celui-ci annonce en ces termes à un ami la réunion projetée : il y aura débauche philosophique et peut-être quelque chose de plus. « Tous trois, guéris du loup-garou et délivrés du mal des scrupules, qui est le tyran des consciences, nous irons peut-être fort près du sanctuaire ».

Sera-t-il permis ici de dépasser les dates qui fixent les limites de ce travail, et de parler de la mort de ce sage chrétien ? Il s'apprêta sans crainte à pénétrer dans cet au-delà que la raison était impuissante à connaître et que la foi affirmait. Il dit à Patin : « Je ne crains rien de tout ce que me doit et me peut arriver ». Le dogme de l'enfer et la croyance au purgatoire répugnaient sans doute à son esprit, mais le laissaient indifférent, car il avait conscience d'avoir vécu en bon citoyen et en bon chrétien. Il mettait sa confiance en la justice d'un Dieu dont il ne doutait pas. Un jour, au cours de sa dernière maladie, Patin lui dit qu'il n'en reviendrait pas. Il leva gaiement la tête et dit à l'oreille de son ami ce vers d'un poète :

Omnia praecepi atque animo mecum ante peregi.

Il reçut donc les derniers sacrements, donna à la piété les dernières heures de sa vie, et attendit la mort avec la patience d'un sage.

Cette application à remplir les devoirs d'un chrétien, cette adhésion profonde à l'essentiel de la foi chrétienne, unies à un scepticisme décidé à l'endroit des « superstitions », au rang desquelles figuraient certains dogmes, ne sauraient étonner ceux qui savent combien les meilleurs esprits étaient à cette époque éloignés à la fois du libertinage et du catholicisme ultramontain.

Descartes [1]

Si l'on compare le portrait de Gassendi gravé par Claude Mellan à ceux qui nous ont conservé le visage de Descartes, la différence des deux hommes éclate. Gassendi est toute finesse, toute douceur souriante, toute soumission aux données de l'expérience. Le masque de Descartes, ses traits durs, le menton puissant, la bouche large et droite, trahissent l'esprit impérieux, qui veut embrasser le réel et, dans toute la mesure du possible, et jusqu'à l'impossible, le dominer.

Il était né le 31 août 1596 à La Haye en Touraine, mais ses origines le rattachent au Poitou. Son père était conseiller au Parlement de Bretagne, et la famille était de petite noblesse. Descartes se considéra toujours comme un gentilhomme, un peu comme un cavalier, et pas du tout comme un philosophe de métier.

Il fit ses études au collège de La Flèche, et y demeura huit ans, probablement de 1606 à 1614. Il conquit le grade de licencié en droit à Poitiers en 1616. Dans les années qui suivirent, il parcourut une partie de l'Europe, les Pays-Bas, le Danemark, l'Allemagne, la Bohême, l'Italie, tantôt en soldat, tantôt en pèlerin, toujours en curieux. Il revint en France en 1626, passa quelque temps en Poitou, puis se fixa à Paris. Il allait y rester trois ans. A la fin de 1628, il gagna la Hollande. Peut-être revint-il en France dans les mois suivants, mais ce qui est sûr, c'est qu'en avril 1629, il est de nouveau aux Pays-Bas, et qu'il n'en bougera plus de longtemps. En 1644, il se reprend à voyager. Il se rend alors en Poitou. En 1647 et de nouveau en 1648, il est

---

(1) Les œuvres de Descartes ont été éditées par Ch. Adam et P. Tannery, 12 vol. 1897-1913. Dans l'immense production d'études consacrées à Descartes, on ne signalera ici que la *Pensée religieuse de Descartes* de H. Gouhier et le livre récent de J. Laporte sur *Le Rationalisme de Descartes*, Paris, 1945.

à Paris. En 1649, il cède aux instances de Christine de Suède. Il accepte d'aller en Suède. Il devait y mourir l'année suivante.

A n'observer que les dates, Descartes semblerait se relier à peine au mouvement de la pensée et des lettres françaises, puisqu'il n'a guère séjourné en France que de 1626 à 1628. Mais ce solitaire, qui fuit la société et qui se fait gloire de lire le moins de livres possible, a le secret de capter tous les mouvements importants de la vie intellectuelle. Il est d'ailleurs en relations avec Balzac, Silhon, Gerzan, Cerisay, avec des savants comme Mersenne, avec les milieux religieux qui gravitent autour de Bérulle et de l'Oratoire. S'il est un solitaire, c'est dans la recherche et la méditation. Mais les problèmes qu'il prétend résoudre sont ceux-là mêmes qui se posent à la conscience de sa génération. Sa pensée ne travaille pas dans le vide, mais sur une matière qui lui est fournie et comme imposée.

Il est aussi pénétré qu'aucun de ses contemporains de la certitude que l'aristotélisme de l'Université a fait son temps et que la scolastique est une forme de pensée entièrement périmée. Des historiens ont dépensé beaucoup d'érudition pour retrouver chez Descartes ce qu'il doit à la philosophie des siècles précédents. Mais ces rapprochements, même lorsqu'ils sont exacts, risquent de masquer le véritable sens de la pensée cartésienne. Elle a voulu rompre avec le passé, marquer un départ, inaugurer une façon de philosopher nouvelle. L'histoire littéraire apporte ici une précieuse lumière à l'histoire de la philosophie. Le modernisme de la génération de 1620 a fourni l'atmosphère où Descartes a vécu les années décisives de sa formation. Ce n'est pas un hasard si son poète favori est Théophile, et si son meilleur ami, parmi les gens de lettres, est le maître du modernisme, Balzac.

Il partage encore avec le groupe des écrivains modernistes quelques convictions essentielles. D'abord son dédain de l'histoire, de l'érudition, ses répugnances pour l'étude des langues anciennes. On a vu, plus haut, les déclarations si fortes, si nettes, de Théophile, de Saint-Amant, de Gomberville. Qu'il est vain de consacrer sa vie à l'étude de ces langues, puisque le grec n'était pour Homère que le parler de sa nourrice. Que l'histoire des siècles passés est douteuse, encombrée de légendes, et qu'on n'y saurait atteindre la certitude. Descartes et toute l'école cartésienne affirmeront la même hostilité à l'endroit d'études qui paraissent à leurs contemporains la plus noble occupation de l'esprit.

D'autre part, nous avons rencontré chez ces mêmes écrivains une idée hautement affirmée : qu'il existe, commune à tous les hommes, dans tous les temps, et sous tous les climats, une raison identique, une faculté semblable d'atteindre à la certitude. Que Chrétiens, Mahométans et Païens possèdent un trésor commun d'évidences, un instrument commun de connaissances certaines. Cette affirmation essentielle à la thèse moderniste, et fondement de sa foi dans les progrès de l'esprit humain, se retrouve identique chez Descartes.

Ne disons surtout pas que ces thèses communes à l'école moderniste et à Descartes n'ont rien qui les distingue de leurs contemporains, et que toute leur époque partageait les mêmes convictions. Ne disons même pas que tous les esprits progressistes, que tous les penseurs détachés des disciplines traditionnelles pensent comme eux. Nous connaissons, en effet, un cercle littéraire très important et très progressiste qui, sur tous ces points, s'oppose au rationalisme des modernes : le cercle des Dupuy.

Les historiens du Cartésianisme ne parlent guère de l'académie putéane. La pensée de Descartes, à partir de 1626 surtout, prend pourtant une clarté toute nouvelle si l'on y voit un effort, très probablement conscient, pour résoudre les problèmes que l'entourage des Dupuy avait posés, et déclarés insolubles.

Descartes n'est d'accord que sur un point avec l'académie putéane. Comme elle, il a rompu avec la scolastique. Mais sur le reste, l'opposition est totale. Les Dupuy et leurs amis sont des érudits. Ils attendent de l'érudition, non pas la satisfaction d'une vaine curiosité, mais une réponse aux questions les plus urgentes. Ils pensent que l'histoire et la géographie, que l'archéologie même et la numismatique leur apportent des lumières sur l'homme. Ils sont des philologues, et attendent de la philologie ce que Renan en attendra deux siècles plus tard. Descartes, lui, n'espère rien d'elle. Il n'est pas disposé à se contenter des vraisemblances et des probabilités de l'histoire. Il lui faut des certitudes absolues.

De même, les familiers des Dupuy sont dans la tradition antirationaliste de Montaigne et de Charron. Ils ne croient pas à la raison. Ils en relèvent les contradictions et les incohérences. Ils s'attachent à démontrer qu'elle est incapable de guider notre conduite. Tout l'effort de Descartes sera au contraire de surmonter ces contradictions, de prouver que ces incohérences sont superficielles et que l'homme possède en soi un principe directeur, identique chez tous les individus, immuable à travers les temps et les climats.

Voilà sans doute le vrai sens du rationalisme de Descartes : un effort puissant, violent même, pour empêcher la pensée de s'éparpiller dans l'érudition et d'abdiquer entre les mains du pyrrhonisme, pour lui rendre confiance en elle, pour la convaincre qu'elle peut toujours prétendre à découvrir la vérité et à diriger notre conduite.

Ce qu'il n'est pas, à coup sûr, c'est une philosophie des clartés superficielles et faciles, des prudences excessives, des démarches tâtonnantes et timides. Plus qu'aucun autre philosophe, Descartes croit à l'intuition, aux imaginations fulgurantes, à l'enthousiasme poétique. Il se demandait selon la belle formule d'un de ses interprètes, si tout ce qui arrive aux yeux de la pensée avec les obscurités de la passion, ne cache pas une vérité suprême sous des enveloppes symboliques. Il admettait volontiers « que les profondes pensées se trouvent plutôt dans les écrits des poètes que dans ceux des philosophes », parce que les poètes écrivent « inspirés par l'enthousiasme et la force de l'imagination ». Il croyait, selon le mot rapporté par Baillet, que celle-ci « fait sortir les semences de la sagesse qui se trouvent dans l'esprit de tous les hommes comme des étincelles de feu dans les cailloux ».

Dès le premier moment où il nous est possible de connaître la vie intellectuelle de Descartes, nous le trouvons obsédé par cette recherche d'une clef de l'univers, d'un secret central jusqu'où il lui faudrait pénétrer. Il a vingt-trois ans alors. Dans ses lettres à Beeckman, il revient plusieurs fois sur l'*Ars brevis* de Raymond Lulle. Il s'inquiète des « clefs » qui pourraient en ouvrir les secrets, il se demande si elles existent. Il veut d'ailleurs réaliser tout autre chose que Lulle et, comme il dit, fonder un science entièrement nouvelle, qui permettrait de résoudre toutes les questions qui peuvent être posées en n'importe quel genre de quantité continue ou discontinue. Pour le moment, c'est par la mécanique et la géométrie qu'il prétend pénétrer au cœur des choses. L'illumination qui fait de la nuit du 10 novembre 1619 une date dans l'histoire de Descartes et dans celle de la philosophie, lui met entre les mains cette triple certitude : que la science est une ; qu'elle est l'œuvre d'un seul ; qu'elle est intuition à la façon des poètes.

Pour Descartes, comme bientôt pour Gassendi, le problème de la connaissance se pose dans les mêmes termes que jadis, au temps de la sophistique et de Platon : science ou opinion, certitude ou vraisemblance. Mais, tandis que Gassendi se fixera dans l'opinion et dans le vraisemblable, l'exigence de certitude, chez Descartes, reste entière. En 1623, il fit dans cette recherche un progrès décisif. Il abandonne alors l'étude de la géométrie et de l'arithmétique pour se donner, comme dit son ancien biographe, à la recherche de cette science générale, mais vraie et infaillible, que les Grecs ont nommée *mathésis*. Il reconnut que, pour mériter le nom de mathématiques, la science devait avoir « des rapports, des proportions et des mesures pour objets ». Et Baillet continue : « Il jugea de là qu'il y avait une science générale destinée à expliquer toutes les questions que l'on pouvait faire touchant les rapports, les proportions et les mesures, en les considérant comme détachés de toute matière » (2).

Il est curieux de toutes les sciences. Il a étudié l'optique. En 1630, on le trouve enfoncé dans les mystères de la chimie et de l'anatomie. Il a même des préoccupations d'ingénieur et rêve des machines les plus diverses. L'un de ses meilleurs amis est l'ingénieur Villebressieu. Il veut, comme il dit, « bâtir une Physique claire, certaine, démontrée, et plus utile que celle qui s'enseigne d'ordinaire ». Il se méfierait de toute science qui resterait inutile et n'aboutirait pas à des résultats concrets. Il rêve même d'une physiologie qui permettrait de prolonger la vie humaine. Ambition curieuse, qu'il emprunte sans doute aux Rose-Croix et que l'on retrouve chez son ami Gerzan. Elle traduit l'un des traits essentiels de sa physionomie : la certitude que l'homme, par la science, doit un jour dompter la nature.

A partir de 1626, il porte un intérêt puissant à la métaphysique et à la philosophie religieuse. On a souvent présenté la métaphysique cartésienne comme une sorte d'annexe de sa physique, ou du moins comme une construction dressée au sommet de sa physique et mal reliée à l'ensemble du système. Trop de textes formels condamnent cette interprétation de sa pensée.

De 1626 à 1628, pendant son séjour à Paris, Descartes a pu mesurer les progrès d'un pyrrhonisme qui restait chrétien

---

(2) Il est probable que cette conception d'une science générale fondée sur des rapports explique l'attitude de Descartes dans la conférence qui se tint, à l'automne de 1627, devant Bérulle et le cardinal de Bagny. Un chimiste, Chandoux, parla contre l'aristotélisme. Descartes fut le seul à ne pas applaudir. Ses sympathies pour les chimistes étaient cependant certaines. Mais après avoir approuvé la critique que Chandoux avait faite de la scolastique il fit remarquer que le conférencier ne s'appuyait, pour construire son propre système, que sur des vraisemblances. Il démontra, de façon concrète, qu'avec des arguments vraisemblables, on peut prouver n'importe quoi, et le contraire de n'importe quoi. On lui demanda s'il connaissait une méthode sûre. Il répondit qu'il en avait une, tirée des mathématiques.

chez le grand nombre, mais qui aboutissait, chez certains, à des négations décidées et qui, de toute façon, enlevait aux thèses spiritualistes tout fondement solide. Il a voulu, sur ce point comme sur les autres, restaurer des certitudes. A la fin de son séjour à Paris, il commença un traité de la divinité. Il y consacra, en Frise, une grande partie de l'année 1629. En 1630, il avait la satisfaction d'écrire à Mersenne : « Au moins pensé-je avoir trouvé comment on peut démontrer les vérités métaphysiques d'une façon qui est plus évidente que les démonstrations de la Géométrie ».

Ce qu'était cette « façon », le *Discours de la Méthode* et les *Méditations métaphysiques* nous l'ont appris. Il s'agit pour Descartes, bien moins de démontrer Dieu que de le saisir. Une lettre de 1637 est, à ce sujet, singulièrement suggestive : « Même, en s'arrêtant assez longtemps sur cette méditation, écrit-il, on acquiert peu à peu une connaissance très claire et, si j'ose ainsi parler, intuitive, de la nature intellectuelle en général, l'idée de laquelle étant considérée sans limitation est celle qui nous représente Dieu et, limitée, est celle d'un Ange ou d'une âme humaine ». Il n'est pas exagéré de dire que, pour Descartes, la démonstration de l'existence de Dieu est déjà toute dans le *Cogito*.

Etrange audace et, en fin de compte, prétention inadmissible. S'il est, depuis Kant, une certitude en philosophie, c'est précisément que l'homme n'atteint pas par l'intuition les « natures intellectuelles ». Mais on voit bien sous l'empire de quelle préoccupation Descartes a construit son système. Il s'agit pour lui de trancher à la racine les difficultés que les pyrrhoniens de son temps opposent à la certitude naturelle de l'existence de Dieu. Il refuse de les suivre sur leur terrain. Il n'est plus question, avec lui, de discuter si tel ou tel peuple de l'Amérique croit ou non en un Etre suprême, si l'argument par le consentement universel est valable ou non. Discussions stériles d'où l'on ne saurait tirer que des vraisemblances. D'autre part, Descartes ne veut pas revenir aux preuves de la scolastique, aux « cinq voies » de saint Thomas d'Aquin. Il sait trop bien qu'aucun syllogisme ne peut démontrer l'infini. Il ne peut donc y avoir pour lui de certitude que dans une intuition, dans une saisie directe de la « nature intellectuelle » grâce à laquelle il *voit* que l'être est esprit, et parce qu'il découvre en lui l'idée d'une nature intellectuelle sans limitation, il passe, non pas par un raisonnement, mais par un élargissement de sa vision, à la certitude absolue que Dieu est.

Qu'on ne dise pas à Descartes, comme le soutient toute la lignée de philosophes issue de Montaigne, que l'idée de Dieu est une idée acquise, qu'elle nous est fournie par la tradition, inculquée par nos parents et nos maîtres, que l'idée d'infini est formée à partir de données finies. Il répondrait superbement « que nos idées, ne pouvant recevoir leurs formes ni leur être que de quelques objets extérieurs ou de nous-mêmes, ne peuvent représenter aucune réalité ou perfection qui ne soit en ces objets, ou bien en nous, et semblables ».

Descartes a cru sincèrement qu'il avait placé l'existence de Dieu et la spiritualité de l'âme hors des atteintes des sceptiques. Il l'a pu croire d'autant plus aisément que son effort se développait parallèlement à celui de ses amis de l'Oratoire, le P. Gibieuf, Condren et Bérulle. Il existe, en effet, entre la théodicée de Descartes et celle de Bérulle une affinité évidente (3). Pour Descartes comme pour Bérulle, il s'agit de revenir à une notion authentique de Dieu, de rappeler qu'il n'est pas un être mais qu'il est l'Etre. Descartes revient sans cesse sur cette idée qu'il ne faut pas parler de Dieu comme d'un Jupiter ou d'un Saturne, qu'il ne faut pas l'imaginer, à la façon du vulgaire, comme un être fini, que les vérités mathématiques elles-mêmes ont été établies par lui et dépendent entièrement de lui. Le théo-

---

(3) S'il était permis de définir le rationalisme de Descartes par une formule nullement scientifique, mais peut-être suggestive, on dirait que le Dieu de Descartes, c'est celui de Bérulle, et non pas l'Axiome éternel de Taine. Descartes échappe entièrement au panlogisme qu'on reprochera justement à Taine.

centrisme bérullien est merveilleusement accordé à ce souci du philosophe de replacer la notion de Dieu à sa vraie hauteur. Descartes avait conscience de cet accord, et prenait à son compte la théodicée que le P. Gibieuf avait exposée dans son traité *De la liberté de Dieu et de la créature* (1630).

C'est dans ce sens qu'il est légitime de parler des intentions apologétiques de Descartes (4). Bien loin d'être « le philosophe au masque » qu'on a prétendu, bien loin de dissimuler sous des phrases d'une prudence orthodoxe les audaces d'un libre-penseur, il a voulu travailler à la restauration des dogmes spiritualistes, et il a collaboré avec les ouvriers de la Réformation catholique. Tous ses coups sont dirigés contre les pyrrhoniens qui, dans la tradition des *Essais,* sont occupés à ruiner l'illusion rationaliste, fondement du spiritualisme d'abord, du catholicisme ensuite.

Ceux-là pourtant ne se trompent pas qui discernent dans la doctrine de Descartes un message d'émancipation. Non pas seulement parce que sa méthode est la plus saine des disciplines, la plus sûre défense contre les prestiges du sentiment et du mystère. Mais parce que la philosophie cartésienne ruinait le système qu'elle prétendait défendre. Quoi que pût faire Descartes, son Dieu ne pouvait pas être le Dieu de la Bible, le Dieu jaloux, le Dieu d'Abraham, d'Isaac et de Jacob, comme dira Pascal. Il n'est certes pas l'abstraction suprême à laquelle aboutissent certaines philosophies. Mais ce Dieu auquel Descartes atteint par une démarche en vérité trop rapide, ce Dieu, qui en fait, n'est pas démontré, n'échappera aux critiques des adversaires, pyrrho-

(4) Cette intention apologétique a été mise en lumière par Espinas dans des articles de la *Revue Bleue* en 1906-1907 et dans une étude du milieu philosophique de 1620, parue dans la *Revue des Deux-Mondes* en 1906. Mais certaines vues de ces publications sont contestables. Bérulle représenterait la renaissance platonicienne. Or deux amis de Descartes, Balzac et Silhon, sont hostiles à cette renaissance. Balzac voit dans les Platoniciens des fous qui ont des intervalles de raison (Busson, *op. cit.,* p. 133) et Silhon préfère les preuves morales de l'existence de Dieu aux rêveries des Platoniciens.

niens et gassendistes, qu'en devenant ce que Descartes ne voulait pas qu'il fût, la pure Raison abstraite et sans volonté placée à l'origine des choses. Le Dieu du cartésianisme ne sera pas le Dieu de Descartes.

De même, la foi du philosophe dans la raison humaine le fixait dans une conception non-chrétienne, non-religieuse de l'homme. Le tragique des dogmes chrétiens, la folie de la croix, le scandale du Christ, ne lui échappent pas seulement dans sa vie personnelle. Sa philosophie y demeure imperméable. Il a foi dans la raison, foi dans l'homme, foi dans les progrès de l'esprit et du bonheur humains. Le cartésianisme est, par essence, une philosophie de l'unité. Le contraire exactement de l'existentialisme moderne. Nulle place n'y est faite aux contradictions et aux conflits d'où jaillit le sentiment religieux chez un Pascal ou un Kierkegaard.

Mais pourquoi parler du sentiment religieux, quand c'est l'adhésion aux dogmes qui devient dans la philosophie cartésienne un acte déraisonnable ? Descartes a enseigné le mépris du vraisemblable, et il a rangé dans ce domaine méprisé de la vraisemblance les sciences historiques. Mais sur quoi repose donc le christianisme sinon sur une histoire ? Qu'est-il qu'une « histoire sainte », histoire du peuple élu, histoire du Christ, histoire de son Eglise ? Les fondements de la croyance sont les prophéties de l'Ancien Testament, les miracles du Christ, c'est-à-dire de l'histoire encore. Plus qu'aucune autre religion, le christianisme se présente comme une histoire, et Descartes ne voit pas dans l'histoire de certitude possible.

On comprend bien comment Descartes a, pour son compte, résolu le problème. On se rappelle cetre phrase qu'il écrivait en 1638 : « Il faut être résolu en ses actions, lors même qu'on demeure irrésolu en ses jugements ». Il y a des actions de la vie qui ne souffrent aucun délai, et sans aucun doute, l'attitude religieuse est de celles qui réclament le plus impérieusement une prise de position immédiate.

Mais les principes généraux de la philosophie cartésienne

n'allaient pas moins jouer contre la foi chrétienne. Le Cartésianisme ne pouvait que travailler au profit d'une religion toute métaphysique, placée hors de portée des controverses et des incertitudes de l'histoire. Lorsque la philosophie des lumières ramènera le message de l'Evangile à quelques vérités essentielles et à un petit nombre de maximes morales, elle ne trahira pas, elle poussera au contraire à leur légitime et nécessaire conclusion les principes posés par Descartes.

C'est que sa philosophie n'était pas en réalité chrétienne. Elle était catholique, si ce mot signifie une préoccupation du social plus que de l'individuel. Elle ne prenait pas son point de départ dans la conscience de l'individu. La Raison cartésienne n'était pas la faculté critique par où chacun juge les affirmations du corps social. Elle était la conscience de l'humanité. Le gassendisme était, lui, une philosophie chrétienne. Il se plaçait dans le prolongement de l'individualisme du siècle précédent. C'est le salut de l'individu qu'il avait pour objet. Sur ce point comme sur les autres, Descartes avait pris le contre-pied de Gassendi. Sa philosophie avait pour objet l'unité : celle de la science, mais aussi celle de l'organisation du monde. Et c'est pourquoi, de nos jours, ceux-là peuvent à bon droit se réclamer de lui qui mettent au point de départ comme au terme de leurs méditations, non pas l'individu, ses problèmes critiques et son salut moral, mais l'humanité, dans son effort pour dominer la nature et pour s'élever à sa suprême dignité.

Chapitre III

LA POÉSIE

Persistance de la poésie

Si les sujets de Louis XIII avaient obéi à la logique des idées régnantes, peut-être n'auraient-ils pas écrit de vers, tout au moins de vers lyriques. Ils auraient publié des études de mœurs et de caractères, des romans, des pièces de théâtre, rimées ou non. Par bonheur, ils acceptèrent d'être déraisonnables, et les poètes, les bons poètes, sont nombreux à cette époque.

C'est que l'homme se règle plus volontiers sur des modèles que sur des principes, et l'exemple de Malherbe, ni celui de Théophile ne sont oubliés. Malherbe a montré ce que peut être l'ode, quelle force, quel éclat cette forme est capable de donner à la pensée. Théophile a orienté ses admirateurs vers une poésie où la passion se raconte, s'analyse, se cherche une expression pathétique. Les stances et les sonnets de Bertaut et de Malherbe fournissent, eux aussi, au sentiment des formes séduisantes.

Comment d'ailleurs cesserait-on d'écrire des vers, dans une société où la jeunesse reçoit une formation presque uniquement littéraire ? Dans les collèges, le plus clair de l'enseignement consiste à traduire et à commenter des vers latins. C'est sur des textes de Virgile et d'Ovide que les jeunes gens apprennent à penser. Dans les salons, rien ne peut assurer un succès plus certain qu'un sonnet ou une élégie récemment composés. Le gouvernement même semble avouer l'importance de la poésie puisque lui qui paie si mal, il accorde volontiers des gratifications à ceux qui mettent en vers les vertus et les victoires de Sa Majesté, les mérites de son ministre.

Si bien que, dans cette société d'hommes raisonnables, on admet l'existence du poète. A vrai dire, on méprise, plus qu'on ne les admire, les rimeurs du type ancien, les Maillet, les Porchères, les poètes de la montagne Sainte-Geneviève. On rit de leurs allures étranges, de leurs vêtements peu soignés. On les méprise d'être pauvres. Mais on fait fête au poète de la nouvelle génération, au poète de cour, et plus encore au poète de salon. Le passage de l'un de ces types à l'autre est rapide. Théophile qui a représenté, en 1623, le poète courtisan de façon si brillante, paraît déjà, aux yeux de la génération de 1635, un poète de la « vieille cour ». Celui qui incarne à la perfection le goût nouveau, c'est Voiture. Et si l'époque de Louis XIII, surtout dans ses dernières années, accueille le poète et lui fait fête, c'est dans la mesure où il ressemble au charmant rimeur de l'Hôtel de Rambouillet.

Puisque la société admet qu'il y ait des poètes, il reste aux philosophes et aux critiques à justifier la poésie. Ils le font sans peine, parce qu'ils ont conservé, beaucoup plus qu'on ne le croit, les doctrines esthétiques de la Renaissance. Celles-ci apportent un correctif, ou tout au moins une limite aux théories plus modernes. Elles font de l'activité poétique quelque chose d'unique, qui échappe à la raison et aux techniques. « S'il y a chose au monde qui demande du génie, écrit La Ménardière, ce sont les vers. Tous les autres ouvrages de l'esprit se peuvent à la fin rendre excellents par le travail. Cette seule espèce ne s'acquiert point par lui seul » (1).

(1) *Poésies,* 1656, non paginé.

Toute cette génération croit que le vers est supérieur à la prose. Elle s'appuie volontiers sur ce texte de Montaigne : « Et ainsi que la voix contraincte dans l'estroit canal d'une trompette sort plus aigre et plus forte, ainsy me semble-t-il que la sentence pressée aux pieds nombreux de la poésie s'eslance bien plus brusquement et me fiert d'une plus vifve secousse ». C'est de la même façon que Costar conçoit la langue poétique et explique sa grandeur. Il était persuadé, nous dit son biographe, « que c'estoit chez les excellents poètes que se rencontroit la sublime, la douce, la vive éloquence..., que les lumières estoient plus pures et plus surprenantes ». L'éloge se continue longtemps encore et se termine par cette formule « que les beaux vers, la noble et grande poésie luy sembloient autant au-dessus de la bonne et belle prose que le langage des Dieux est au-dessus de celuy des hommes » (2).

La poésie apparaît donc comme une langue d'essence supérieure, plus dense, plus éclatante que l'autre. Le frère Jean-François qui, dans son couvent de Marseille, s'efforçait de devenir poète à la façon de Malherbe, écrivait à son ami Mersenne : « Je ne tends et n'ai d'autre visée que celle du sens et de l'énergie, embrassant autant qu'il m'est possible de signification en peu de paroles, et escrivant non tant pour le commun comme pour des esprits grands et capables » (3). Si l'on ajoute à cette ambition celle de parler le pur langage français, on aura dans cette formule la définition même de l'œuvre poétique, telle que la comprennent les contemporains.

(2) Reproduit à la suite des *Historiettes* de Tallemant, IX, p. 128.

(3) Pour le Père Jean-François, le don poétique se rattache au tempérament sanguin, aussi bien que les dons de musicien et de philosophe (*Corr. de Mersenne*, I, p. 368). Malherbe est d'après lui un sanguin mélancolique (ib., p. 442). Il distingue le sanguin mélancolique, grave et triste, et le sanguin bilieux qui aime la musique soudaine et aiguë.

Les Recueils [1]

Il est pourtant à observer que les recueils poétiques, si importants, si nombreux avant 1627, et qui le redeviendront, se font rares entre 1627 et 1642. On avait eu, en 1627, le *Recueil des plus beaux vers* où s'était rassemblée toute la chapelle malherbienne. Toussaint du Bray le réédita en 1630. Mais dans ce volume de plus de neuf cents pages, les éléments nouveaux sont de faible importance. Trois auteurs seulement y figurent qui n'avaient pas été reçus dans le recueil de 1627, et ils sont insignifiants. Parmi ceux mêmes qui avaient déjà été imprimés, il n'en est que quatre qui donnent des pièces nouvelles : Boisrobert, L'Estoille, Mainard et Racan (2). Ce volume de 1630 sera réédité en 1638. Mais cette fois sans pièce nouvelle, sans aucun auteur nouveau.

En 1633, l'équipe des Malherbiens publia un volume collectif, les *Nouvelles Muses*. On y voit figurer aux côtés de Mainard et de Racan, les jeunes poètes qui reconnaissent les lois de Malherbe : L'Estoille, Malleville, Baro, Jean Habert, Godeau et Des Marests. Chapelain y publie son ode à Richelieu. Mais ni par le nombre des pièces qu'il contient, ni par les sujets qu'il traite, ce recueil ne saurait se comparer au précédent. Dans ses cent vingt pages, il n'y a plus de place que pour Dieu un peu, et beaucoup pour le cardinal de Richelieu. Ode de Chapelain, odes de Mainard, ode de Racan, ode de L'Estoille, toutes à la gloire du Ministre, *Discours* en vers de Des Marets, au cardinal encore.

Dans tout ce fatras de louanges, une seule page peut-être mérite d'arrêter l'attention. Des Marests, dans son *Discours*, s'en prend à une secte poétique. Il ne nomme par les écrivains qu'il vise. Il leur reproche de pousser trop loin le souci de la sim-

(1) Voir la description de ces recueils dans Lachèvre, I et II.

(2) Sur les 518 pièces que contient le volume, il n'y en a que 85 de nouvelles.

plicité, de faire fi de l'inspiration, de rester timides et guindés. Ce témoignage d'un Malherbien prouve que le groupe avait conscience des périls que recélaient les tendances modernes pour la poésie lyrique (3).

Mais ce péril se manifestait déjà dans la disparition des recueils poétiques. Si l'on omet deux minces volumes de vers consacrés, en 1633 et 1635, à la gloire de Louis XIII et de Richelieu, aucun recueil ne paraît plus après les *Nouvelles Muses*. Car on ne saurait guère accorder d'importance au *Recueil des divers rondeaux* de 1639 et aux *Métamorphoses* de 1641. Ce ne sont plus là que des jeux, et la frivolité de ces volumes permet de mesurer l'affaissement de l'élan poétique à partir de 1630. Il existe encore, grâce à Dieu, de bons poètes. Ils sont maintenant des isolés. L'idée ne leur vient plus de se grouper. La plupart d'entre eux, même, attendront longtemps avant de publier une partie seulement de leurs œuvres.

Certaines forces subsistent pourtant. Et d'abord la tradition malherbienne. Elle est représentée par deux hommes qui jouissent d'une considération hors pair, Mainard et Racan.

Mainard (1)

Mainard s'était, en 1628, démis de sa charge de président au présidial d'Aurillac. On n'en continuait pas moins à l'appe-

---

(3) Quelques vers de cette pièce méritent d'être cités. Des Marests dénonce l'erreur de ces nouveaux critiques :

> Qui retranchent le champ de nos Muses antiques,
> Qui veulent qu'on les suive et qu'adorant leurs pas,
> On évite les lieux qu'ils ne cognoissent pas.
> Leur Muse cependant, de foiblesse et de crainte
> Pensant se soustenir affecte la contrainte,
> N'ose aller à l'escart de peur de s'esgarer,
> Et parlant simplement croit se faire admirer.
> Elle a peur d'eschauffer le fard qui la rend vaine,
> Et la moindre fureur la mettroit hors d'haleine.
>
> (*Nouvelles Muses*, p. 82).

ler le Président Mainard. Il avait choisi pour ses protecteurs le duc de Montmorency et Bassompierre. C'était mal débuter. On sait la mort de Montmorency, et que Bassompierre, enfermé à la Bastille, n'en sortit qu'à la mort du Cardinal. Mainard essaya de réparer cette erreur. En décembre 1632, il débarqua à Paris, et par l'entremise de Bautru, il offrit au Cardinal une ode qu'il venait de composer en son honneur.

Le poète attendait, de cette démarche, des résultats substantiels. Vingt mois plus tard, il les attendait encore. Il finit par s'impatienter. A la fin de 1634, il composa une seconde ode et une épigramme (1). Celle-ci se terminait par ces vers :

> *Mais s'il demande à quel employ*
> *Tu m'as occupé dans le monde,*
> *Et quels biens j'ay reçus de toy,*
> *Que veux-tu que je luy réponde ?*

« Rien », répondit le Cardinal à celui qui s'était chargé de lui lire la pièce. Ce « rien » laconique mit un terme aux espérances de Mainard et à son zèle pour Richelieu.

Il lui restait d'aller chercher fortune ailleurs. Son protecteur, François de Noailles, était ambassadeur à Rome. C'était un grand seigneur qui aimait à jouer au Mécène. Sur la route d'Italie, il s'était arrêté à Aix et avait vu Peiresc et Gassendi. A Rome il protégea Galilée et Campanella. Lorsqu'il était parti pour son ambassade, en 1634, il avait désiré Chapelain, et celui-ci avait manifesté un vif enthousiasme pour un poste qui fut « le premier degré de la fortune du cardinal d'Ossat ». Balzac, de son côté, avait applaudi à ce projet, car il espérait bien que Chapelain lui obtiendrait à Rome « quelque bon Evesché ». Mais Noailles avait cherché ailleurs, du côté de Silhon et de La Mothe le Vayer. Ils avaient refusé. Lorsqu'en octobre 1634, l'un des deux secrétaires de l'ambassade donna sa démission, Noailles insista

(1) Ed. Garrisson, III, p. 192 et 145.

de nouveau auprès de La Mothe le Vayer, et sur son nouveau refus, agréa Mainard. Celui-ci arriva à Rome en août 1635.

Il y resta avec son ambassadeur jusqu'au mois d'octobre 1636. Il en revint brouillé à mort avec lui. Les deux hommes, à Gênes, se séparèrent. Noailles, dix-huit mois plus tard, parlait encore de tuer son ancien secrétaire. Ce que l'on sait ne permet pas d'expliquer une haine aussi violente.

Le poète s'enferma dans sa maison d'Auvergne. Il n'allait plus guère en sortir. Il avait resserré son amitié avec un autre exilé, un autre ambitieux déçu, Balzac. Ils s'écrivaient. Ils s'encourageaient à mépriser les grandeurs humaines. Dans la mesure où le courrier leur semblait sûr, ils médisaient du tyran.

En 1643, Mainard alla visiter Balzac en Charente. A cette date, Richelieu était mort, et l'on pouvait de nouveau espérer. Mainard apprit que Séguier lui avait expédié un brevet de conseiller d'Etat. Il vint à Paris en mars 1645. Il donna à l'imprimeur le recueil de ses *Œuvres*. Le volume parut en juin 1646. Il obtint un succès d'estime, sans plus. Mainard comprit que son heure était passée. Il n'était pas venu dans la capitale depuis douze ans. Il ignorait les modes nouvelles. On le lui fit sentir (2). Il retourna dans sa province pour y mourir. Il fut enterré à Saint-Céré le 28 décembre 1646.

Ce n'était pas une belle figure. Il avait, s'il faut en croire Balzac, un visage de Romain :

> *Consule Fabricio dignusque numismate vultus.*

Mais l'âme n'était pas romaine. Il avait lâchement trahi Théophile, son ami. Il avait, en 1634, multiplié les démarches pour être de l'Académie, avec une humilité qui étonne chez ce prétendu philosophe. Chapelain écrivait ironiquement : « Je ne l'estimois pas capable d'une telle humilité, ni d'une si grande

_____

(2) *Menagiana*, 1715, II, p. 314-315.

déférence » (3). Il ne se faisait pas d'illusions sur le Président, et ne croyait ni à son désintéressement, ni à sa dignité affectée. Il avait lu de lui des lettres qui n'étaient pas « du style d'un homme bien détaché ». Il ne craignait pas d'employer le mot de bassesse.

Ce qui sauvait Mainard, c'étaient quelques belles pièces qu'il avait composées dans ses dernières années, une longue épître à Flotte (1638), l'ode morale à Alcipe (1642), la fameuse élégie à la *Belle Vieille* (1644). Surtout, il restait l'héritier par excellence de Malherbe. Aux yeux des écrivains de 1640, Mainard incarnait encore la pure tradition malherbienne, et c'est à ce titre que Chapelain lui écrivait : « Vous estes nostre maistre, et le serès tousjours. »

Racan

Racan, richement marié, s'était retiré dans son domaine de Saint-Paterne. En 1631, la duchesse de Bellegarde, sa cousine, mourut et cette mort lui valut un opulent héritage et de longs procès. Il ne vint plus que rarement à Paris. Mais il ne renonçait pas aux lettres. Il restait en correspondance avec Mainard et avec Balzac. Il lisait non pas seulement Malherbe, mais Théophile. De temps à autre, il se remettait à rimer. De 1628 à 1631, après la mort de Malherbe, il avait composé une ode au marquis d'Effiat et une paraphrase des *Psaumes de la Pénitence*. En 1633, il célébra Richelieu dans une ode.

Il fut de l'Académie dès 1634, et lorsqu'il vint à Paris au mois d'août de cette année il en suivit régulièrement les séances. Il voyait avec inquiétude la confiance toujours plus grande que ses contemporains mettaient dans la technique. Il leur opposait les dons naturels, les connaissances instinctives. Il

(3) *Lettres*, I, p. 74. Voir aussi p. 219.

raillait « l'insolence de ces docteurs qui, pour avoir inventé trois ou quatre mots barbares, se vantent d'avoir trouvé autant de sciences, et ont fait une grammaire, une logique et une rhétorique des choses les plus communes que nous avons pratiquées dès le berceau, dix ans auparavant que d'en sçavoir le nom ». Il s'inquiétait de cette tyrannie. Si l'on ne résiste pas à ces docteurs, disait-il, « ils réduiront encore en art le pleurer et le rire ; ils le diviseront en plusieurs parties, comme ils ont fait de notre langage, et l'on ne pourra plus rire à propos, à leur gré, que par règles et par figures ».

Cette protestation contre un excès trop visible, Racan l'éleva en pleine Académie, dans son discours du 9 juillet 1635, et si l'on songe à l'autorité dont il jouissait dans les cercles lettrés, on peut croire que ces fortes paroles ne passèrent pas inaperçues, et encouragèrent dans leur résistance ceux qui refusaient de céder à l'engouement général. Racan, légitime héritier de Malherbe, devint le symbole du génie poétique.

Groupes Littéraires de 1620 à 1630

Les Malherbiens forment, dans le mouvement littéraire, une chapelle, un clan fermé. Mais ce serait une erreur de croire que toute notre poésie, à cette époque, se résume en l'opposition d'un parti de Malherbe et d'un parti formé de ses adversaires. Pas un texte, pas une indication d'aucune sorte ne justifient ce schématisme. Les groupes sont nombreux, et leurs aspects sont plutôt divers qu'opposés.

Ce qui, plutôt que de prétendus conflits de doctrine, éclaire le développement de notre poésie, c'est l'apparition successive et la coexistence de plusieurs générations de poètes. Après celle de Mainard et de Gombauld est apparue celle de Théophile, Saint-Amant et Boisrobert. C'est elle qui, autour de 1620, a donné le ton. Mais dès cette date, une troisième génération commence à publier ses œuvres. Ce sont des jeunes gens nés entre 1595 et 1605. Il y a là L'Estoille, né en 1597, Colletet, né en 1598, Frenicle, né en 1600. Philippe Habert et Godeau, les plus jeunes, sont nés en 1605 (1).

En marge, d'autres groupes se formaient autour d'un programme ou d'un ami, et qui se dispersèrent rapidement : le cercle qui se réunit chez Piat Maucors, et dont l'existence a été déjà signalée ; le cercle qui entoure Antoine Brun en 1620 ; le cercle qui de bonne heure trouve en Guillaume Colletet, non pas un maître sans doute, mais un animateur. Enfin, plus durable, plus largement établi que les autres, le cercle dont l'existence vient de nous être révélée et auquel l'excellent érudit qui l'a découvert a restitué son nom, le groupe des *Illustres Bergers*.

L'Académie de Piat Maucors

Chez Piat Maucors, dans la rue Saint-Etienne-des-Greis, près de Sainte-Geneviève, se réunissent autour de 1620 Louis de Revol, Molière d'Essertine, d'Audiguier le jeune, Marcassus, Marbeuf, Crosilles et l'abbé de Marolles. Grâce aux *Mémoires* de ce dernier, nous pouvons assister aux séances de cette « académie ». On y travaille en commun. On se livre à une critique minutieuse de pièces poétiques. « Outre les mots et les façons de parler, écrit le mémorialiste, nous examinions encore l'œconomie des pièces, et chacun de nous essayoit d'en faire quelqu'une sur les sujets proposés » (1).

---

(1) Cette vue du mouvement poétique n'est pas une construction arbitraire et récente. Charles Sorel, qui fut le contemporain de cette évolution, l'a décrite de cette manière dans sa *Bibliothèque françoise* (p. 182). D'abord Théophile et Saint-Amant. Puis l'Estoille, Malleville, les deux Habert, Colletet. Il joint Gombauld au second groupe, ce qui est peut-être chronologiquement moins exact, mais qui se justifie assez bien par la nature de l'œuvre.

(1) Marolles, *Mémoires*, I, p. 78.

Ce groupe est d'inspiration ultramontaine. Marcassus est professeur d'éloquence au collège de la Marche, qui est un fief des Jésuites. Revol deviendra évêque. Marolles est fils de ligueur et son père est grand ami du P. Cotton. Marbeuf, dans ses *Epigrammata* de 1620, fait parler les neuf Muses du collège de Clermont (2).

Ces jeunes gens sont attachés, autant que personne, à la « pureté de la langue », et Marolles a résumé leurs préoccupations en une phrase curieuse. « Il n'y en avoit pas un de nous, écrit-il, qui ne fût persuadé que, pour la perfection des Sciences, il ne faut rien négliger, et particulièrement en l'éloquence et en la pureté du langage, si nécessaire pour s'exprimer nettement, et qui ne se peut apprendre que par un long usage et par un soin tout particulier, dont un esprit judicieux peut seulement faire le discernement » (3). Le résultat fut que ces jeunes gens s'enfermèrent dans des besognes de traduction ou d'imitation : une version de Lucain par Marolles, une traduction par Colletet d'un poème latin moderne, l'*Alexiade* du P. François de Rémond, les *Héroïdes* de l'abbé de Crosilles.

Ils sont modernes avec intransigeance, ils célèbrent les « lois nouvelles » d'Apollon, ils raillent les « vieux Romans », ces « beuveurs » ces « resveurs » qui défendent la vieille indiscipline des Français (4). Ils ne sont pourtant pas Malherbiens. Pas un d'eux ne figure dans le *Recueil* de 1627, et Malherbe, avec Racan, se raillait « souvent des escrits qui sortoient de cette société » (5).

(2) L'un des membres du groupe, Molière d'Essertine fait plutôt figure de libertin, et l'on a vu plus haut que Garasse l'accuse d'athéisme. Mais Molière a parlé des cinq années où il fut ambitieux et partagea les préjugés mondains.

(3) *Epigrammatum liber*, 1620, p. 10-12.

(4) *Recueil des vers de M. de Marbeuf*, 1628. *Au lecteur* (non paginé).

(5) Goujet, *Bibliothèque*, XVI, p. 145.

Le Groupe d'Antoine Brun

En 1620, il existe un autre groupe dont l'existence sera éphémère, mais dont les membres se feront un nom dans l'histoire littéraire. La plupart d'entre eux viennent des provinces du Sud-Est, quelques-uns même de la Franche-Comté alors espagnole. L'aîné est Méziriac, qui est de Bourg-en-Bresse, où il est né en 1581. Tous les autres sont des jeunes gens. Philippe Chifflet, de Besançon, est né en 1597. Antoine Brun, Frenicle et Faret sont nés en 1600, Pierre de Boissat en 1603. Brun est originaire de Dôle, Faret de Bourg-en-Bresse, et Boissat de Valence en Dauphiné. Les trois Parisiens du groupe sont Gomberville, Colletet et Frenicle. On imagine très bien des jeunes gens venus de leur lointaine province et qui se lient d'amitié avec trois étudiants de leur âge, rencontrés sur la montagne de Sainte-Geneviève.

Le caractère provincial de ce petit groupe apparaît dans les vers qu'il publie en 1620 (1). Méziriac, cette année-là, fait imprimer les *Amours de Rosine* dont l'archaïsme est extrême. De même, les vers d'Antoine Brun sont écrits dans une langue entièrement démodée (2). Seuls, les Parisiens se conforment aux règles de la poésie nouvelle.

Les Amis de Guillaume Colletet

S'il existe, entre 1620 et 1625, un homme qui se refuse à prendre parti pour ou contre la réforme malherbienne, c'est Guillaume Colletet. On le trouve dans tous les cercles littéraires,

---

(1) Les *Délices* de 1620 contiennent des vers de Méziriac, Brun, Chifflet, Faret et Guillaume Colletet. La même année, le groupe publie *Les Muses en deuil en faveur du sieur Brun.*
(2) Les *Amours de Rosine* paraissent dans les *Délices*. On aura un exemple de la langue archaïque de Brun dans une pièce des *Délices*, p. 1125-1129.

et lié aux poètes les plus divers. L'abbé de Marolles l'a introduit dans la « petite académie » de Piat Maucors. Il est également lié avec Antoine Brun et ses amis. Il adresse deux sonnets
à Malherbe et à Racan. « Mon Racan », dit-il à la façon des
poètes de la Pléiade. Mais en même temps, il est l'ami de Théophile. Il a des relations suivies avec les Ronsardisants, avec
Claude Garnier, qui est son voisin, avec Jean de Schélandre et
Hodey (1). Comment s'en étonner ? Il fut l'élève de Jean Gal-
land, chez qui habita Ronsard. Il est l'ami de Nicolas Richelet
et de Frédéric Morel, deux des humanistes les plus en vue de
l'époque.

Parmi les jeunes écrivains de son âge, il fréquente surtout,
avec Ogier et Marolles, Hélie Poirier et Cotignon de la Charnaye
(2) et tous les deux sont hostiles au purisme. C'est Colletet qui,
en 1625, présenta au public les *Amours de Mélisse,* et voici en
quels termes il s'adressa au lecteur : « Ne t'arreste point aux
scrupules du temps en cette lecture. Car l'autheur, s'estant
acquis la cognoissance de l'un et de l'autre stile, mesprisant de
propos délibéré l'inepte composition qui est aujourd'huy en crédit, tient le party des Anciens et fait profession de Poésie. » En
plein accord avec lui, Cotignon de la Charnaye (3) écrit, dans
l'*Advertissement au Lecteur,* en tête de la *Muse Champêtre :*
« Je n'ignore pas que ces ouvrages ne sont pas travaillez selon
les Loix de la Poésie moderne qui règne à la Cour. Je sçay que
ceux qui se sont créez par leurs propres suffrages Juges souve-

---

(1) Quand la femme de Jean de Schélandre se convertit au catholicisme
le mari attribua cette conversion aux manœuvres de Colletet, ami du ménage
(Haraszti, préf. de *Tyr et Sidon,* p. XV). Hodey est l'ami de Jean de Schélandre
(*ib.,* p. 11). Voir sur lui Lachèvre, I, p. 206.
(2) Hélie Poirier a été l'objet d'une étude de Fr. Lachèvre dans le *Bulletin
du Bibliophile,* 1926. Il a été prieur d'Argenteuil et a publié des ouvrages pieux.
En 1634, il est curé de Chenevières-sur-Marne. Plus tard il passa au protestan-
tisme et se réfugia en Hollande. Dans ses *Amours de Mélisse* il porte le nom
romanesque d'Alcidon.
(3) Cotignon de la Charnaye a été l'objet de quelques pages d'une érudition
remarquable d'E. Roy dans la *R. H. L.,* 1915, p. 509-516.

rains en ceste cause condamnent tout à fait ce genre d'escrire. »
De telles citations fixent la physionomie du groupe. Elles permettent d'apprécier la force des résistances qui s'opposaient aux
excès du purisme, et qui, sans hostilité à l'égard de Malherbe,
cherchaient leur voie dans une direction moyenne, dans un
modernisme modéré.

Les Illustres Bergers [1]

A partir de 1625 apparaît un autre groupe où se retrouve
presque toute la jeune génération. Il y a là, à côté de noms
déjà connus, Colletet, Cotignon de la Charnaye, François Ogier,
Frenicle, des nouveaux venus, Malleville, Mauduit, J.-C. de Villeneuve, Godeau, Philippe Habert. Ils forment une équipe très
unie. Plusieurs d'entre eux, lorsqu'ils s'écrivent, se tutoient. Ils
se sont donné des surnoms romanesques. Colletet est Cérilas, et
Frenicle est Aminte. Louis Mauduit s'appelle Mélinte, et Tarcis
est le pseudonyme de J.-C. de Villeneuve. Godeau s'appelle Ergaste, et Malleville Damon. Le prieur Ogier chante ses amours
sous le nom d'Arcas. Ces « Illustres Bergers », comme ils se nomment, se réunissent sur les bords de la Seine, près de Saint-
Germain, ou à Villepreux, où Colletet possédait une maison de
campagne. Ils essaient de vivre à la façon des bergers de l'*Astrée*.

Dans ce groupe si sympathique d'ailleurs, un premier trait
qui frappe, c'est le progrès des convictions catholiques dans les
cercles lettrés. L'influence de la contre-réforme commence à se
faire sentir, et l'on s'aperçoit maintenant que les Jésuites sont
les maîtres de l'enseignement. Les écrivains nés vers 1590 sont

---

(1) C'est à Maurice Cauchie que revient l'honneur d'avoir mis au jour
l'existence de ce groupe et d'avoir résolu une bonne partie des problèmes
d'identification, dans *Les églogues de Nicolas Frenicle et le groupe littéraire
des Illustres Bergers* (*Revue d'histoire de la philosophie*, 1942, p. 115 sqq).

protestants et libertins. Il suffit de rappeler les noms de Théophile, Saint-Amant et Boisrobert. Ceux qui naissent vers 1600 sont catholiques et deviendraient aisément dévots. Mauduit sera prieur, Godeau finira évêque, Philippe Habert appartiendra à la Compagnie du St-Sacrement, Ogier est prieur et Frenicle, en 1635, tombera dans la poésie religieuse. On serait tenté de mettre le bon Colletet à part. Mais nous avons vu qu'il avait joué un rôle dans la conversion de la femme de Jean de Schélandre.

Ces jeunes gens ne sont pourtant pas fanatiques, ou ne le sont pas encore. Ogier a écrit contre Garasse, et Frenicle admire assez Théophile pour l'imiter de fort près dans ses *Premières Œuvres Poétiques* et dans ses *Elégies*. Mais surtout, ce qui est plaisant, c'est que ces pieux auteurs aient un goût prononcé pour les gauloiseries et les équivoques au moins gaillardes. Ils ont écrit en 1626 un *Balet des Balets* qui ne laisse aucun doute sur les libertés qu'ils prenaient avec la plus élémentaire décence (2).

En poésie, ce sont des éclectiques. Ils restent très attachés à Ronsard. Ils accueillent parmi eux Nicolas Richelet et Frédéric Morel. Chaque année, ils donnent une fête en l'honneur de Ronsard, le jour anniversaire de sa naissance, avec un discours, des récitations et des prix. Ils affirment un certain nombre de principes qui vont directement contre les excès des modernes et Nicolas Richelet leur rappelle que si le poète ne saurait donner trop de soin à l'élocution, il ne doit pas pour autant oublier que la poésie a besoin « de belles sentences et de conceptions relevées, et que pour bien écrire, il étoit besoin d'avoir beaucoup de science ».

Mais par ailleurs, les Illustres Bergers admirent Malherbe, et le vieux poète fait même une brève apparition parmi eux sous

(2) Le *Balet des Balets* a été reproduit par Lacroix, *Ballets et mascarades*, t. III. Le groupe a également publié le *Banquet d'Apollon et des Muses* en 1626. Voir A. Adam, *Théophile de Viau*, p. 403.

le nom de Silvan. Apollon, dans les *Elégies* de Frenicle, prend la forme de Malherbe pour juger un concours de poésie. Théophile, déjà, avait associé dans un de ses vers

> *La douceur de Malherbe et l'ardeur de Ronsard.*

Colletet reprend l'expression :

> *Malherbe avec douceur nous flatte et nous attire,*
> *Mais Ronsard nous transporte et nous charme les sens.* (3)

(3) Un certain nombre des Illustres Bergers ne devant plus reparaître au cours de cette histoire, il convient de leur consacrer ici quelques lignes. — Nicolas Frenicle est né à Paris en 1600 et y est mort en 1662 au plus tôt. Il fut conseiller général à la Cour des monnaies le 28 juin 1627. On trouvera une notice sur lui dans Goujet, XVII, p. 23, et dans Lachèvre, I, p. 193. Il a figuré dès 1620 dans les *Muses en deuil,* parmi les amis d'Antoine Brun. Il a été compromis avec Colletet dans l'affaire du *Parnasse satyrique,* mais les documents du procès l'appellent Frenide, ce qui donne une haute idée de la façon dont l'enquête a été menée. Cet orage une fois dissipé, Frenicle épousa la fille de Jacques Cartays, qu'il avait chantée sous le nom d'Iris. — Louis Mauduit a été l'objet d'une étude de Maurice Cauchie dans la *Revue d'histoire de la philosophie,* 1942. On sait maintenant qu'il était le fils de Jacques Mauduit, le musicien. On a toujours dit que Louis Mauduit était prêtre. M. Cauchie a découvert qu'il était seulement prieur de Saint-Martin de Brétencourt, et qu'il n'avait reçu, au plus, que les ordres mineurs, puisqu'en 1633, on le retrouve avocat au Parlement de Paris et secrétaire de la Reine. Son *Isabelle,* en 1631, contient des vers à Louis de Creil, J. C. de Villeneuve, G. Colletet, Ch. Morin, Jacques Deslandes, Pierre Hodey et Antoine Godeau. Colletet, de son côté, lui adresse quatre pièces dans ses *Divertissements* en 1631, dont un sonnet pour ses *Amours d'Izabelle* et un madrigal pour son poème de *Narcisse.* — Jean César de Villeneuve est l'un des moins connus parmi les poètes du groupe. On ne sait rien de lui, sinon qu'il était d'une famille provençale, et qu'il fut sans doute au service de Gaston d'Orléans. Il a composé une pièce liminaire pour le livre de Mersenne contre les déistes. Il est l'ami de Frenicle depuis 1625 au plus tard. Parmi les Illustres Bergers, il est Tarcis, et aime une bergère nommée Mélis. Il « faisoit paroistre une certaine naïveté en ses écrits, qui surpassoit l'artifice de plusieurs autres ».

Gombauld [1]

L'un des plus âgés parmi les écrivains de l'époque est Jean-Oger Gombauld [2]. Il était originaire de Saintonge, né à Saint-Just de Lussac, près de Brouage [3]. Il n'était pas riche, et d'après Conrart qui l'a bien connu, il avait coutume de dire, pour s'en excuser, qu'il était le cadet d'un quatrième mariage. Il fit à Bordeaux des études très complètes et sous les meilleurs maîtres. Puis il vint à Paris, vers la fin du règne de Henri IV. Quand le roi fut tué, Gombauld publia des vers sur sa mort. Ils attirèrent l'attention sur lui.

L'époque de la Régence fut la période la plus brillante de sa vie. Il avait plu à la Reine, au point qu'on en jasa. Le vertueux Conrart se borne à écrire : « Il fut des plus considérés de cette grande et magnifique Princesse, et il n'y avoit point d'homme de sa condition qui eust l'entrée plus libre chez elle, ni qui fust veu de meilleur œil. » Marie de Médicis était libérale. Elle accorda à Gombauld une pension de douze cents écus qui lui donna le moyen de paraître en fort bon équipage à la Cour. Il était des voyages que la Régente fit hors de Paris.

Richelieu ne s'occupa guère de lui. Sa pension fut réduite d'abord à huit cents écus, puis à quatre cents. Après la Fronde, il en eût été entièrement privé sans la protection de Montauzier

---

[1] Tallemant lui a consacré une historiette, III, p. 237, et Niceron a dressé sa bibliographie, t. XXXIV. Conrart lui a consacré, en vue de l'édition posthume de ses *Discours de Religion,* une notice dont on peut lire le texte avec corrections ms. 5418 de l'Arsenal, f° 329 sqq.

[2] Tel est son véritable nom, et non pas Jean Ogier de Gombaud, ni de Gombaut.

[3] Conrart observe que si une date inscrite dans un de ses livres est celle de sa naissance, comme il l'a dit à un ami, il est mort presque centenaire. Il serait né, dans ce cas, peu après 1566, mais puisqu'il était jeune en 1610, il semble difficile d'accepter une date si lointaine.

et de sa femme. Dans ses dernières années, il bénéficia d'une pension supplémentaire accordée par Séguier. Dans les moments difficiles, il vécut sur les économies qu'il avait faites au temps heureux de l'abondance.

Il était grand et bien fait, de bonne mine et sentant son homme de qualité. C'était un protestant de la vieille génération, d'une piété sincère, d'une probité à toute épreuve, de mœurs sages et bien réglées, très soucieux, malgré son peu de fortune, de préserver son indépendance. Il écrivit un jour à Mme des Loges que, s'il avait vécu dans l'antiquité, la liberté eût été sa déesse (4). Il fut de ceux qui regrettèrent le plus l'intervention forcée de l'Académie dans l'affaire du *Cid*, et il rappela à cette occasion que les Muses « de leur nature sont généreuses et libres ». Les malveillants disaient qu'il était « partisan secret de toute république ». Ce qui est sûr, c'est que le grand nombre de ses relations se situait dans le camp des ennemis du Cardinal : Bassompierre et Ornano, Mme des Loges et Mme de Beringhen.

Il n'a que peu publié : un roman, *Endymion*, deux pièces de théâtre : *Amaranthe* et les *Danaïdes*, un recueil de ses *Poésies* en 1646 et un volume d'*Epigrammes* en 1657 (5). Sa collaboration

(4) *Lettres*, p. 11.
(5) Camus attribue à Gombauld les *Nouvelles françoises* que tout le monde donne à Sorel. Camus est très au courant des choses littéraires. Mais le silence de Conrart sur cette attribution est un fort argument contre l'affirmation de Camus. — D'après Conrart, Gombauld a laissé à sa mort une tragi-comédie de *Cydippe* et de quoi faire un nouveau recueil de vers, et particulièrement des sonnets et des épigrammes « qui pour être dans les mains de personnes peu intelligentes n'ont pas encore vu le jour. » En outre, Gombauld avait composé des œuvres religieuses dont Conrart procura l'édition. Il fit ses *Considérations sur la religion chrétienne* quand il était encore dans la vigueur de l'âge. Puis un traité de l'Eucharistie et un traité adressé à l'un de ses amis sous le nom d'Aristandre. Au dire de Conrart, ses *Discours de religion* étaient, de ses ouvrages, ceux que Gombauld estimait le plus. Il déplorait que les apologistes fissent de trop gros livres et crussent que la doctrine et l'élégance étaient incompatibles.

aux recueils poétiques est à peu près nulle. Dans les conditions où elles ont été publiées, il est impossible de discerner les pièces qui ont été composées sous la Régence ou du temps de Louis XIII. Il semble d'ailleurs qu'il n'ait guère changé de manière. Il représente assez exactement la tradition de Bertaut. Il parle une langue moderne et pure. Le sentiment, comme chez Bertaut, s'exprime, non par des élans passionnés, ni par des jeux de métaphores et d'images, mais d'une façon abstraite et tout intellectuelle. Ces pensées sont nobles, ingénieuses, mais sans excès de subtilité, sans hyperbole. Si l'on compare la manière de Gombauld à celle des poètes de sa génération, à celle de Laugier de Porchères, par exemple, on comprend qu'il ait été reconnu par les modernes comme l'un des leurs.

Plus que par ses œuvres, Gombauld semble avoir séduit ses contemporains par la dignité et l'agrément de ses manières. Il était bienvenu chez la princesse de Conti, chez les Condé, chez les Rohan, et par-dessus tout à l'Hôtel de Rambouillet. Dès 1629, il était des amis de Conrart et appartint à l'Académie dès le moment de sa fondation. Il était d'avance gagné aux règles, et lorsque celle des vingt-quatre heures commença à s'imposer, il proposa de resserrer l'action davantage encore et de l'enfermer dans les douze heures.

Boisrobert

En 1627, le *Recueil des plus beaux vers* avait fait connaître au public quatre-vingt-quatorze pièces de Boisrobert : cent cinquante pages, presque un juste volume. Ces pièces sont parmi les plus agréables, certaines parmi les plus charmantes du recueil. Boisrobert est bien dans la même ligne où Théophile avait commencé de s'engager. Aux développements abstraits et généraux, au lyrisme oratoire, il substitue une poésie faite de confidences et d'observations personnelles. Dans son ode à Balzac, il raconte son séjour en Charente, et les heures délicieuses qu'il passait à rêver, près d'une fontaine, avec, près de lui, une bouteille de vin délicat et frais. Ou bien il décrit l'hiver de Paris, les dames qui passent en carrosse, « la lèvre pâle et le nez bleu », le courtisan qui gèle dans son satin brodé, les pauvres gens qui se couchent tôt « parce que le bois est trop cher ».

On dira que ce n'est pas là de la grande poésie. A coup sûr. Mais cette poésie, si elle n'est pas grande, est du moins vivante. Elle est alerte, spirituelle. Elle s'exprime dans une langue extrêmement moderne. Elle devance son temps. Elle annonce les Pellisson et les Sarasin.

Malheureusement, la situation officielle que Boisrobert occupe maintenant auprès de Richelieu va tarir cette veine si curieuse de poésie personnelle. En 1630, les nouvelles pièces qu'il publie sont presque uniquement consacrées à l'éloge du Roi et du Cardinal. Puis, en 1633, il passe son temps à former deux recueils, *Le sacrifice des Muses au grand Cardinal de Richelieu* et le *Parnasse royal où les immortelles actions du très chrestien et très victorieux monarque Louis XIII sont publiées par les plus célèbres Esprits de ce temps*. Ces volumes parurent en 1635. Ils permettent de comprendre que, sous les apparences de l'ordre et d'une fausse grandeur, le régime de Richelieu aboutissait à domestiquer les talents et à rendre stériles les écrivains les plus heureusement doués.

Guillaume Colletet

Parmi les poètes de la jeune génération, le plus actif a été, pendant dix ans, Guillaume Colletet. Il était né à Paris le 12 mars 1598 et avait préparé la carrière d'avocat. La pauvreté de ses dernières années ne doit pas tromper sur sa situation de fortune aux environs de 1630. Il avait maison de ville et maison des champs. Celle-ci se trouvait au hameau de Val-Joyeux, paroisse de Villepreux, à courte distance de St-Germain. Frenicle nous en a laissé une charmante description. Elle interdit absolument de voir en Colletet un pauvre diable qui cherche dans le vin l'oubli de ses déboires. Son petit domaine, avec ses beaux arbres, ses allées bien tracées, sa grande salle ornée de fresques, donne l'impression d'une simplicité confortable.

Guillaume Colletet était le plus liant des hommes, et tous les gens de lettres étaient ses amis. A partir de 1620, il collabora activement aux divers recueils de l'époque. Son nom ne figure pas pourtant dans le *Recueil* de 1627. C'est qu'il avait beau louer Malherbe, le vieux maître ne l'avouait pas pour son écolier. Mais il fut de tous les autres recueils. En 1620, il accepta même de constituer les *Délices satyriques* et, en 1622, il forma le *Parnasse satyrique,* en collaboration avec Frenicle, son ami. Ce travail de librairie leur valut d'être enveloppés dans la persécution qui frappa Théophile. Ils furent poursuivis, décrétés de prise de corps. Colletet fut banni pour neuf années du royaume, « à peine d'estre pendu et estranglé ». Frenicle, moins compromis, fut l'objet d'un supplément d'information (1).

L'orage passa. Colletet bientôt revint à Paris, sans être pour cela pendu, ni étranglé. Il fut l'animateur du groupe des *Illustres Bergers*. Il portait, parmi eux, le nom de Cérilas. Il avait longtemps chanté ses amours pour une Cloris. Il aime maintenant une bergère, qu'il appelle Nérée. Premiers épisodes d'une histoire qui devait en compter un grand nombre.

La place de Guillaume Colletet dans le développement de notre poésie est nettement marquée. Il est un poète de synthèse. Il accepte, pour ce qui est de la langue et de la prosodie, la réforme de Malherbe, mais il prétend garder la vigueur, la verdeur aussi de l'ancienne poésie. Il se refuse à débiter éloquem-

(1) En fait, Colletet se réfugia à l'abbaye de Saint-Denis, auprès de son oncle, Dom Colletet (J. de Boer, dans *Modern Language Notes*, 1932, p. 159 sqq).

ment des banalités. Il n'a pas non plus, comme Boisrobert, le tour de la fine galanterie. Plus jeune que lui de huit ans, il reste, plus que son aîné, engagé dans les voies de l'ancienne poésie.

Cette différence, à première vue paradoxale, s'explique par l'instruction reçue et par les milieux sociaux fréquentés. On devine que Boisrobert s'est formé à la Cour et dans les salons. Colletet, avocat, reste attaché à la tradition du XVI⁰ siècle, comme on l'était dans l'Université et au Palais.

De là, chez lui, l'absence des qualités qui nous amusent chez Boisrobert. Mais aussi une vigueur souvent remarquable, une verve, une franchise de ton que la poésie énervée des puristes ne connaissait plus. Ce n'est pas à Colletet qu'on pourrait reprocher d'écrire dans une langue abstraite et oratoire. Pour ne prendre qu'un exemple, son *Trébuchement de l'ivrogne,* en 1627, est une pièce de premier ordre, et digne des meilleures compositions de Saint-Amant sur le même thème (2). Sans grossièreté, mais dans une langue vigoureuse et saine, très française, à la fois moderne et traditionnelle, elle donne la meilleure idée de ce que notre poésie pouvait devenir si le purisme des théoriciens et les délicatesses anémiques des salons ne venaient en compromettre le développement.

C'est que Colletet avait toujours quelque chose à dire. Autre chose que des éloges pour le Roi, ou des compliments à une femme. Il a connu l'amitié, et l'a exprimée en termes forts et délicats. Il a connu la science. En 1644, il adresse des vers à ses doctes amis, Gassendi, La Mothe le Vayer, Diodati et Naudé. Il en a adressé à Gilles Naudé, le frère de Gabriel : « Frère d'un homme que j'honore... », lui écrit-il (3). Il s'est intéressé aux

(2) V. Fournier a réédité dans les *Variétés,* t. III, p. 125 sqq. le texte de 1627. Ce que l'on sait maintenant des Illustres Bergers permet d'éclairer certains détails de cette pièce. L'amoureux d'Isabelle est J. C. de Villeneuve, le cher Aminte et son Isis sont Frenicle et sa femme, Jeanne Cartays. Par contre, on ne voit pas qui est Arcandre. Faut-il penser à Saint-Amant ? Lorsque Colletet écrit cette pièce, il est encore amoureux de Cloris. Il l'a donc composée avant que ses amis aient parlé de son amour pour Nérée.

(3) *Epigrammes,* 1653, p. 25 et 89.

controverses religieuses et, bon catholique, il a détesté de tout son cœur le P. Garasse. L'on retrouve sans peine les lettres de François Garasse dans l'anagramme injurieuse : *gros âne si cafar.* Il a pris part aux dîners de la *Croix de fer,* entre libres esprits, et sans doute s'y trouvait-il plus à l'aise que dans un salon (4).

Toujours il a gardé un culte pour Ronsard. Il a écrit plusieurs pièces à la gloire du poète et contre ceux qui blasphémaient son nom. Mais en même temps il n'a cessé de défendre l'Académie. En 1638, il a écrit une pièce pour la défendre :

> *Tenez-vous bien, petits esprits,*
> *Dont les rondeaux ont entrepris*
> *De blasphémer l'Académie.*

et, contre « un censeur de l'Académie françoise », il a composé encore une autre pièce :

> *Cesse de nous reprendre ou cesse de nous lire ;*
> *Ou respecte nos vers, ou fais-en de meilleurs.*

Colletet est, à cette époque, un poète officiel, bien vu du pouvoir, utilisé par lui. Il est d'ailleurs sincèrement attaché à Richelieu. Il est un des rares écrivains qui diront du bien du ministre après sa mort, il prendra sa défense contre ceux qui le dénigrent (5). Il a fait partie de la société des Cinq Auteurs, et collaboré à la *Comédie des Tuileries* et à *l'Aveugle de Smyrne* (6).

---

(4) Le morceau est joli et d'allure impertinente :

> *De quinze ou seize au moins que nous sommes icy,*
> *Papistes, Huguenots, de différent mérite,*
> *L'un fait le libertin, l'autre fait l'hypocrite.*

(5) *Ib.* p 11, p. 18 et 44.

(6) Pour de fortes raisons, M. Carrington Lancaster attribue à Colletet, dans la *Comédie des Tuileries,* le monologue qui précède le 1er acte, et le 5e ; et, dans *l'Aveugle de Smyrne,* le 4e (*op. cit.,* II, 1, p. 99 et 206).

Antoine Godeau [1]

Chez les Illustres Bergers, Ergaste était le nom romanesque d'Antoine Godeau. Il était né à Dreux en 1605, sensiblement plus jeune, par conséquent, que Guillaume Colletet. Sa famille était riche et considérée, et Conrart était vaguement son cousin. Au physique, il était, nous dit Tallemant, extraordinairement petit et extraordinairement laid. Mais il était gai et débordant de vie. Fort enclin aussi à l'amour, fougueux, et naturellement volage. Très romanesque, il rêvait de l'*Astrée,* et il avait formé amitié, à Dreux, avec Mme de Clermont et ses filles ou, comme il disait, avec les Bergères Druides Célidée, Diane et Philis. Il vint à Paris plus tôt qu'une phrase de l'abbé d'Olivet ne le ferait croire, car dès 1626 il est lié aux Illustres Bergers. En 1627, il est l'ami de Frenicle qui lui adresse une de ses élégies. Vers la même date, il est sur le pied de la plus cordiale intimité avec les Habert. En même temps, il fréquente le cercle qui se réunit chez Conrart, et s'il faut en croire une lettre de Chapelain, il en est l'animateur.

Tallemant a cru que Godeau, devenu évêque, avait détruit les vers galants de sa jeunesse. On vient pourtant d'en retrouver un grand nombre, dissimulés jusqu'ici sous l'anonymat, dans les manuscrits de Conrart. Ils font revivre tout le groupe des Illustres Bergers, ceux que nous connaissons déjà, Aminte, Damon et Mélinte, et les deux Habert, qui sont Lyris et Lizidor, et Philadonte, qui jusqu'ici reste caché sous le masque. Conrart y apparaît souvent sous le nom de Philandre.

Ces pièces ont encore un autre intérêt. Elles commentent

---

(1) Godeau a été l'objet d'une étude de G. Doublet, *Godeau, évêque de Vence et de Grasse,* 1900. Maintenant que l'on sait qu'il est Ergaste chez les Illustres Bergers, il y aura lieu de reprendre l'étude de sa vie grâce aux pièces nombreuses qu'il est possible d'identifier dans les manuscrits.

le mot de Tallemant sur le naturel volage du futur prélat. Il aime Bellinde, qui est une femme mariée. Mais il a aimé aussi Doris, et il la quitte. Il hésite entre Bellinde et une autre bergère non moins charmante. Il se plaint que Cléonice l'ait trahi, et l'on ne sait trop s'il n'a pas brûlé aussi pour l'aimable Cynthie. On comprend que l'austère Conrart se soit inquiété pour la vertu de son jeune parent, Tallemant nous dit qu'il fit son possible pour le retirer de ses amourettes et qu'il y parvint avec le temps (2). Il l'introduisit à l'Hôtel de Rambouillet qui était tout ouvert d'avance à l'ami de Mme de Clermont.

Il y devint un personnage. On l'appelait, il s'appelait lui-même « le petit nain de la princesse Julie ». Il collabora à la *Guirlande*. Il adressait des vers à la divine Arthénice, à la baronne du Vigean. Il faillit, à force d'esprit et de gaieté, prendre la place que Voiture avait occupée et qu'il laissait vacante depuis qu'il était en Espagne.

Il était, au dire de Tallemant, « un des hommes du monde le plus diverty, et qui pense le moins aux choses ». Tout distrait qu'il fût, il pensa pourtant à gagner les faveurs de Richelieu. Il publia en 1633 des *Œuvres chrestiennes*. Elles contenaient un *Benedicite* qui fut fort admiré. Il écrivit alors une ode à la gloire du Cardinal. Costar composa un factum contre elle, en même temps qu'il déchirait l'ode de Chapelain (3). Mais qu'importait Costar ? L'évêché de Grasse vint à vaquer. Richelieu le proposa

---

(2) L'excellent Godeau pourrait peut-être se défendre de nos médisances en faisant valoir que ses amours s'étendirent sur bien des années, et qu'elles se succédèrent à un rythme moins précipité que nous ne pensons. Sa liaison avec Doris aurait commencé, d'après deux vers des *Eglogues*, quand il n'avait vu encore que quatorze moissons. — H. Chardon pense que Bellinde est le pseudonyme d'Anne Coulon, fille de Raoul Coulon, écuyer, lieutenant-général de Dreux. Elle est, en 1639, femme de Charles Fourgeu, maréchal général des camps et armées du roi. (*La Vie de Rotrou mieux connue*). Cette identification est extrêmement douteuse. Ce que l'on sait de sûr, qu'est que le mari de Bellinde mourut vers la fin d'août 1625 (ms 4110 de l'Arsenal, f° 347).

(3) Arsenal, ms 2945.

à Godeau, qui accepta. Il eut aussi l'évêché de Vence. Ces deux diocèses lui rapportaient en tout dix mille livres. A peine de quoi soutenir sa nouvelle dignité. Il reçut le sous-diaconat en mai 1635, fut ordonné prêtre au cours de l'année suivante, et consacré le 24 décembre 1636.

Le poète galant devint un prélat fort soucieux de ses devoirs, et qui observa la résidence pour la plus grande édification de ses amis. Il se méfiait des moines et n'avait aucune sympathie pour les Jésuites. Il était bien disposé pour le jansénisme et n'oubliait pas ses liaisons avec la famille Arnauld, au temps qu'il fréquentait l'Hôtel de Rambouillet.

Cette carrière poétique, si rapidement interrompue, ne permet guère d'assigner à Godeau une place dans le mouvement littéraire. Les gens de XVII' siècle n'ont connu de lui que ses œuvres religieuses. Ils ont noté fort justement la mollesse de la langue, la banalité des images, l'insuffisance de la verve. Auraient-ils été plus indulgents pour ses œuvres galantes ? Elles ont du moins le mérite, non pas d'être plus sincères, mais d'être plus spontanées et plus libres.

Dans le groupe des *Illustres Bergers,* Godeau représentait le parti moderne. Frenicle, dans son *Entretien,* reproduit une discussion entre Mauduit, qui défend la cause des vieux mots, et le moderniste Godeau. « Ergaste, rapporte-t-il, disoit au contraire que c'étoit une loy de la nature que toute chose devoit prendre fin... et qu'encore que l'antiquité luy fust vénérable, il avoit toutesfois estimé qu'il luy estoit plus honorable de rechercher quelque nouvelle perfection que de s'arrester, par un respect trop scrupuleux, à ce que les anciens avoient commencé d'ébaucher. »

Godeau portait aux principes généraux de la littérature l'attention la plus éveillée. Dans une lettre malheureusement perdue, il provoqua une dissertation de Chapelain, qui est sans doute le document capital sur le problème de l'art dramatique en 1630. Lui-même, il a publié, en cette même année, un très important *Discours sur les œuvres de M. de Malherbe* (4). Il y affirme avec force le principe moderniste. Ne croyons pas, écrit-il, que la nature est une marâtre, qui n'a donné qu'aux anciens les dispositions nécessaires pour arriver à la perfection des sciences. Malherbe lui semble supérieur aux Anciens, à Horace lui-même, qui est le plus grand d'entre eux. Ce qui d'ailleurs ne veut pas dire qu'il faille se révolter contre eux. Pour être capable de les surpasser, il faut être amoureux de leurs exemples.

Pour appuyer ces affirmations, Godeau est amené à développer sa théorie de l'acte poétique. Comme Saint-Amant, il définit la poésie « une peinture parlante » et il interprète dans ce sens la théorie aristotélicienne de l'imitation. Le poète est celui qui imite, et qui fait voir, et qui crée l'illusion. A cette œuvre, il existe des règles, celles-là mêmes que Malherbe a posées. Godeau y donne une pleine adhésion. Les poètes auraient tort de se regimber contre elles. « Cette nouvelle prison leur est plus avantageuse que leur ancienne liberté. » Cet exposé de la doctrine malherbienne, écrit deux ans après la mort du maître, fournit l'idée la plus juste de l'interprétation que les jeunes écrivains donnaient à son message

Claude Malleville [1]

Claude Malleville était né à Paris, à une date inconnue, mais antérieure à 1597. Son père appartenait au duc de Retz et l'avait accompagné en Pologne en 1573. Pour lui, il se mit au service du maréchal de Bassompierre qui, en ces années de paix relative, était employé à des négociations diplomatiques. Il accompagna son maître en Suisse et en Lorraine (décembre 1625-mars 1626). Il le suivit encore en Angleterre (septembre-décembre 1626). Il

(4) Lalanne l'a reproduit au t. I de son édition de Malherbe.
(1) Claude Malleville a été l'objet d'une bonne étude de Maurice Cauchie, recueillie dans ses *Documents pour servir à l'histoire littéraire du XVIIᵉ siècle*, 1924.

eut alors la fâcheuse idée de le quitter pour se mettre au service du cardinal de Bérulle, mais les intrigues dévotes lui firent horreur. Au bout de trois semaines, s'il faut en croire Tallemant, il revint à son ancien maître. Il disait plus tard qu'en ces trois semaines, il avait appris plus de fourberies qu'en tout le reste de sa vie.

Attaché de nouveau à Bassompierre, il le suivit au siège de La Rochelle (1628), en Piémont (hiver 1628-1629) et dans la campagne de Languedoc (mai-août 1629). L'arrestation du maréchal, le 25 février 1631, interrompit sa carrière. Il resta fidèle à son maître, alla le visiter à la Bastille, s'adressa à Richelieu pour obtenir sa liberté et resta jusqu'à la fin à son service.

Ce n'était pas un homme séduisant. Il était petit, très brun, très maigre. Ses yeux étaient faibles et souvent malades. Mais il avait de l'esprit, du talent, et bientôt il fut l'un des hommes de lettres les plus en vue de sa génération.

En 1620, il est l'ami de Colletet. Il compose alors une imitation des *Héroïdes*. Sa lettre de Clytie au Soleil circule dans les cercles et fait sensation (2). En 1624, le volume parut. Il obtint un vif succès. On compara ces *Héroïdes* nouvelles à celles que l'abbé de Crosilles avait fait paraître en 1619. Elles furent jugées supérieures « et en jugement pour l'invention et en politesse pour l'élocution » (3). Colletet, en 1625, put citer Malleville parmi les poètes qui brillaient à la Cour. Il écrivait en effet pour les ballets de Cour, pour celui des *Bacchanales* en 1623 (4), pour celui des *Voleurs* et celui de la *Reine d'Angleterre* en 1624.

Il fréquentait les cercles les plus divers. Il était reçu chez

(2) La lettre de Clytie circule déjà en 1622 puisque Besançon en parle dans la *Satyre du temps*. L'édition des *Lettres Amoureuses*, de 1624, est de la plus grande rareté. Maurice Cauchie en a retrouvé un exemplaire à la Bibliothèque de l'Institut.
(3) Ces illisibles *Lettres Amoureuses* s'éclairent et leur succès s'explique si l'on se rappelle que le cercle de Piat Maucors a mis à la mode, vers 1620, traductions et paraphrases, où l'originalité des pensées étant nulle, tout l'intérêt s'attache à la délicatesse de l'expression.
(4) Ms. Ars. 4115, f° 57.

Mlle de Gournay, où il retrouvait ses amis Colletet, Cerisay, les deux frères Ogier, les Habert, l'Estoille et Boisrobert. Il appartenait au cercle des Illustres Bergers, et y tenait une place importante sous le nom d'Aminte. Enfin et surtout, Conrart l'accueillit, à partir de 1629, dans ses réunions. Ils étaient voisins, car Malleville habitait rue de l'Arbre-Sec, non loin de la rue Saint-Martin.

Grâce à Conrart, Malleville fut de l'Académie lorsque la compagnie fut créée. Grâce à lui aussi, il pénétra à l'Hôtel de Rambouillet. Sans doute avait-il promis à Richelieu d'être sage et dissimulait-il, lorsqu'il était en présence de la divine marquise, le fond de libertinage que nous devinons chez lui. Il fit sa part lorsque les habitués de l'Hôtel tressèrent la *Guirlande de Julie,* et il pleura la mort de Pisani. Au moment où les rondeaux furent à la mode, il en composa de très nombreux, dont une partie seulement a été imprimée (5). Il était maintenant un poète académique et mondain.

Il publiait peu. Il avait désavoué ses *Héroïdes* (6). Il traduisit deux romans italiens, *Stratonice* (1641) et *Almerinde* (1646). En 1641, il donna un volume de *Lettres d'amour*. Il aurait, dit-on, corrigé l'*Orasie* de Mlle de Senneterre (1646). Ses *Poésies* étaient encore inédites lorsqu'il mourut en 1647. Elles parurent deux ans plus tard, mais en partie seulement. Le reste, et qui comprend les vers les plus curieux, les plus piquants, reste enseveli dans les manuscrits de l'époque (7).

_____

(5) On en trouve un grand nombre, publiés et inédits, dans le ms. Ars. 4123, f⁰ 877 sqq.

(6) C'est en effet à elles que pense Tallemant lorsqu'il nous dit que Malleville avait désavoué ses *Amours de déesses* (VI, p. 353).

(7) Le ms. Ars. 4115 contient un ensemble considérable de pièces de Malleville (f⁰ˢ 1 à 153), dont un bon nombre sont inédites. Le ms. Ars. 4123 en contient également un grand nombre, et le ms. 4127 f⁰ˢ 631-687 contient les trois cycles de poésies amoureuses de Malleville, à Angélique, Philis et Olympe. On trouvera ms. f. fr. 25556 une lettre importante de Malleville pour le duc de Guise. Son étude éclaire d'un jour nouveau la situation de Malleville avant l'époque où il s'attacha à Bassompierre. Le ms. Ars. 4110 contient de précieuses lettres de et à Malleville, à l'époque de son voyage d'Angleterre.

Académicien, reçu chez Mme de Rambouillet, Malleville représente de façon excellente les goûts et les tendances de la poésie mondaine à l'époque de Louis XIII. Son œuvre permet de mesurer le chemin parcouru depuis l'époque de Bertaut et de Du Perron.

On s'aperçoit d'abord qu'il garde beaucoup de ces deux poètes, qui étaient les maîtres du Parnasse à l'époque où il se forma. Sa poésie reste essentiellement oratoire et abstraite. Il a écrit, comme Bertaut aurait pu faire, des *Stances sur la vanité du monde* et une *Plainte sur la crainte d'une seconde absence,* des vers *Sur un éloignement* et d'autres *Sur l'espérance d'un retour.* Lorsqu'il écrit des vers d'amour, l'expression reste tout intellectuelle. Ce sont des idées qu'il manie, et non la réalité toute vive du sentiment.

Mais sur ce fond de poésie abstraite se détachent un certain nombre de pièces d'une inspiration différente. Malleville connaît et goûte les modernes italiens. Il donne des imitations de Marino et d'Ongaro (8). Il est au reste l'ami de Rampalle, qui se consacre à la traduction de Marino. Cette influence apparaît dans de nombreuses pièces. Le thème mariniste de la *Belle Gueuse* lui inspire une longue pièce de stances. Ses élégies, et en particulier l'*Impatience amoureuse* ont une *lascivia,* une chaleur de ton très mariniste. Comme plusieurs poètes de son temps, comme Tristan en particulier, Malleville a composé un sonnet sur le thème de la *Bella Vedova.* On peut penser que sur ce point Malleville ne fait que suivre l'exemple de Saint-Amant ou de Tristan. Du moins est-il notable que, poète académique, il n'ait pas cru déchoir en imitant les Italiens.

Il a été également un excellent auteur d'épigrammes. Colletet, lorsqu'il en écrira, dira qu'il a pris pour ses maîtres Mainard et Malleville. Il a raison, et si les épigrammes de Malleville sont un jour l'objet d'une édition enfin complète, il est probable que ce dernier paraîtra supérieur à son rival par la vivacité spi-

(8) *Œuvres,* p. 194-195.

rituelle, par l'aisance du tour, par un ton de vivacité goguenarde qui est excellent, qui prend toute sa valeur quand on le compare aux froides plaisanteries, aux fausses finesses de Mainard (9).

Claude de l'Estoille [1]

Claude de l'Estoille est le fils du célèbre mémorialiste. Sa famille, originaire d'Orléans mais fixée à Paris, appartenait à la noblesse de robe depuis plusieurs générations, et avait donné aux rois de France tout un nombre d'importants fonctionnaires. Il naquit en 1597 et fut baptisé le 13 septembre de cette année. Chose étonnante pour le fils d'un homme passionnément curieux de belles-lettres, il reçut une instruction inférieure à celle des jeunes gens de sa condition. Il semble pourtant que son père le destinait à une belle carrière, car il avait obtenu pour lui un emploi de page auprès de Mlle de Montpensier. Un accident mit fin aux espérances qu'il pouvait former. Horriblement brûlé au visage, il resta défiguré pour la vie. « C'estoit un visage extravagant et difforme tout ensemble », écrit Tallemant.

Il fut de bonne heure l'ami de Colletet et de Malleville. En

(9) Voir notamment le manuscrit f. fr. 19145 de la Bibliothèque Nationale, fo 44, une excellente pièce sur l'Eglise militante, et fo 45 une cruelle satire de Bullion.

(1) Claude de l'Estoille a été l'objet d'une bonne étude de R. A. Parker, *Cl. de l'Estoille poet and dramatist*, Baltimore, 1930. Il est sieur de Saussay et de la Boissinère. Son père, Pierre de l'Estoille, a épousé en 1569 Anne de Baillon et en 1582 Colombe Marteau. L'un des frères de Claude, François de l'Estoille, devint secrétaire d'Alphonse du Plessis de Richelieu, frère du ministre et archevêque de Lyon. Il apparaît plusieurs fois dans la correspondance de Peiresc. Celui-ci écrit à Gassendi de transmettre son souvenir à « Mr Marchier, à Mr son frère, à Mr de l'Estoille, à Mr l'Advocat et à tous ces aultres Messieurs de la Cour de son Eminence » (IV, p. 261). Le 6 février 1635, Peiresc annonce à D. Guillemin : « M. de l'Estoille est cependant party avec toutes ses hardes par le Rosne, pour aller jusqu'en Arles et de là à Toulon où les galères l'attendent ». (V. p. 172).

En 1622, il donna des vers aux *Désespoirs amoureux* du premier
En 1624, il écrivit une pièce de vers enthousiaste sur les *Lettres
amoureuses* du second. Il ne figure pas parmi les personnages
identifiés du groupe des *Illustres Bergers*. Il est pourtant infiniment probable qu'il s'y trouve, sous un pseudonyme qui est
demeuré jusqu'ici indéchiffré.

Il n'avait pas vingt-cinq ans qu'il jouissait déjà d'une réputation considérable dans les cercles parisiens, et comptait parmi
les jeunes poètes en vue. La *Satyre du temps,* en 1622 au plus
tard, rapporte les critiques qu'on lui adressait. Mais le seul fait
d'avoir des détracteurs est la preuve la plus certaine de l'importance qu'il avait acquise.

Quelques années plus tard, il collabora à un certain nombre
de ballets. C'est ainsi qu'en 1626, il composa un tiers environ
des vers du *Grand ballet de la douairière de Billebahaut,* qui fut
l'un des plus célèbres de l'époque. Il mit la main également au
Ballet du Naufrage heureux.

D'après ce que l'on peut savoir de sa vie, c'était un homme
timide, ombrageux, amer, satirique. En dépit des cicatrices qui
le défiguraient, il fit des folies pour les femmes et se ruina pour
la fille d'un procureur qui n'était, semble-t-il, qu'une gourgan-
dine. Il finit par épouser la fille d'un autre procureur. Il fut
jaloux. Elle mourut du chagrin que lui donnèrent les bizarreries
de son mari.

Il était en effet bizarre, et poète autant qu'homme au monde.
« Jamais, écrit Tallemant, jamais homme n'eut plus l'air et l'esprit d'un poète que celui-là. » On devine une âme très romantique derrière ce visage disgracié, et il faut croire que ce romantisme éclatait dans ses premières poésies (2).

(2) Voici en effet ce que rapporte la *Satyre du temps :* on dit que
l'Estoille

> *Prend un peu trop de vent, qu'il enfle trop sa voile,*
> *Qu'il se hasarde trop, et que, mauvais nocher,*
> *Il ne connoist en mer ny coste, ny rocher.*

C'est pourtant comme un strict Malherbien qu'il apparaît dans l'histoire de la poésie. Il avait appris de Gombauld l'art de versifier, et c'est ce qui sans doute explique le paradoxe de cette âme tourmentée et de cette facture académique. Il est probable qu'avant 1626, il s'était rallié à Malherbe, car il obtint alors un honneur qui ne fut accordé ni à Colletet, ni à Malleville. Quarante-six pièces de sa composition furent accueillies dans le *Recueil des plus beaux vers,* anthologie de l'école malherbienne. C'était là une véritable consécration. L'Estoille fut considéré désormais comme un représentant de l'école orthodoxe. Il collabora aux recueils académiques et officieux, à la réédition du *Recueil* en 1630, aux *Nouvelles Muses* en 1633, au *Sacrifice des Muses* et au *Parnasse Royal* de 1635. Il était tout naturellement ami de Conrart et appartint de très bonne heure à l'Académie. Il fit également partie de la société des Cinq Auteurs. Le second acte de la *Comédie des Tuileries* est de lui, et il collabora à l'*Aveugle de Smyrne* dont il composa sans doute le 5ᵉ acte (3). Le théâtre l'intéressa quelque temps. Il donna une tragi-comédie, la *Belle esclave,* et une curieuse comédie, l'*Intrigue des filous.* A la fin de sa vie il travailla à une comédie, le *Secrétaire de St-Innocent.*

Il vivait maintenant hors de Paris, sans doute parce que la vie coûtait cher dans la capitale et qu'il était pauvre. Le 4 février 1652, il mourut. Il laissait le souvenir d'un écrivain laborieux, observateur scrupuleux des règles, ayant plus de génie que de savoir, mais qui compensait par ses soins et sa conscience les insuffisances de sa formation première (4).

(3) Voir H. Carrington Lancaster, II, 1, p. 99 et 206.
(4) On trouvera un ensemble de pièces de l'Estoille au ms. 4129 de l'Arsenal, fᵒˢ 671-682. L'une d'elles est adressée à Malleville. Plusieurs sont consacrées à chanter une Silvie.

Les Habert [1]

Si l'on eût demandé aux contemporains de nommer les meilleurs poètes du temps, il auraient tous été d'accord pour citer Germain et Philippe Habert. La *Métamorphose des yeux de Philis en astres* composée par le premier, le *Temple de la Mort* du second, ont été rangés parmi les meilleures œuvres de l'époque, et ont passé pour des exemples parfaits de la nouvelle poésie.

Ils appartenaient à une importante et riche famille bourgeoise. Leur père était receveur et payeur de la gendarmerie légère de France. Un de leurs cousins est Habert de Montmort, dont Tallemant nous apprend la fortune considérable. Philippe, né en 1605, se lia avec Malleville. Il entra avec lui dans le groupe des *Illustres Bergers,* où il reçut le surnom poétique de Lizidor [2]. Comme beaucoup d'autres jeunes gens du même groupe,

---

(1) Sur les relations de parenté qui existent entre eux, M. M. Cauchie a consacré une étude très érudite. *(Documents pour servir l'histoire littéraire du XVIIe siècle,* p. 86 sqq). Elle nous apprend que Philippe Habert le père a eu cinq fils : Nicolas, Philippe, Germain, Pierre et René. Nicolas fut avocat. Philippe devint commissaire de l'artillerie, et Germain aumônier du Roi et abbé de Cerisy, au diocèse de Bayeux. Mais toutes les difficultés ne sont pas pour autant levées. Car l'histoire a gardé le souvenir d'un Pierre Habert qui fut abbé de Cerisy, et M. Cauchie dit qu'il ne faut pas le confondre avec le Pierre Habert qui fut frère de Philippe et de Germain. Or le manuscrit 4115 de l'Arsenal contient une lettre à l'un des Habert « pour la mort de l'abbé de Cerisy, son frère ». Cette lettre date de décembre 1637, et l'abbé de Cerisy, académicien, est mort vers 1655. On est donc extrêmement tenté de revenir à une affirmation de Paulin Paris sur « Pierre, abbé de Cerisy avant son frère, de plus aumônier du duc d'Orléans, et conseiller clerc au Parlement en 1628 ». *(Historiettes,* VI, p. 350). Tout s'éclaircirait en effet si l'on admettait que Pierre Habert fut d'abord abbé de Cerisy, puis renonça à son bénéfice au profit de son frère, et qu'il mourut en décembre 1637. Le jeune mort dont parle la lettre citée, avait déjà prêché avec distinction, au dire de son auteur.

(2) Déjà M. Maurice Cauchie avait abouti à cette conclusion dans son étude sur les Illustres Bergers (*Revue d'histoire de la philosophie,* 1942,

il était catholique fervent, et son nom figure parmi les membres de la compagnie du Saint-Sacrement qui se forma quelques années plus tard. Avec Malleville et Godeau, il fut des premiers membres de l'Académie. Il fut reçu également à l'Hôtel de Rambouillet et collabora à la *Guirlande* (3). On ne possède de lui que quelques pièces dans les Recueils collectifs, et son *Temple de la Mort* qui aurait été composé en 1633 pour la mort de la maréchale de la Meilleraye. Sa carrière poétique qui promettait d'être considérable fut interrompue brutalement. Au cours des opérations en Hainaut, il fut tué par l'explosion d'un dépôt de munitions. Il n'avait, dit-on, que trente-deux ans (4).

Germain Habert embrassa la carrière ecclésiastique. Il devint aumônier du roi et abbé de Cerisy. Il fut, lui aussi, de l'Académie française à ses débuts et collabora, comme Philippe Habert, à la *Guirlande de Julie*. Il s'attacha à la personne de Séguier quand celui-ci n'était pas encore garde des sceaux, et devint l'un de ses familiers. Il habitait chez lui avec Cureau de la Chambre et Ballesdens. Il était extrêmement galant et fut le rival de Tallemant des Réaux dans ses amours. L'auteur des *Historiettes* a raconté longuement cette histoire où le ridicule abonde. Il est d'ailleurs exact que les Habert affichaient dans les ruelles une gaillardise qui se concilie mal avec la dévotion dont ils faisaient

p. 127). Elle est confirmée par les lettres du manuscrit 4110 de l'Arsenal, fº 287 sqq., qui prouvent que Liris et Lizidor sont deux frères (fºs 382 et 384) et que Lyris est un des Habert (fº 315). Or des deux, Lizidor est un soldat, car la pièce d'Ergaste, c'est-à-dire de Godeau, reproduite au ms 4127 fº 699, dit à Lizidor :

Je te cède au combat des chansons et des armes.

Au surplus, la pièce du ms. 4115 fº 471 qui est l'œuvre de Lyris est attribuée à Habert (Lachèvre, *Recueils*, III, p. 359).

(3) Philippe Habert étant mort avant 1641, on a là une preuve de plus que la Couronne est bien antérieure à cette date.
(4) Le *Temple de la Mort* se trouve dans le ms. 4127 de l'Arsenal, fº 957. On est tenté de penser que l'ensemble des pièces, (fº 933 à 977) serait l'œuvre de Philippe Habert. L'élégie du fº 934 s'adresse à Amarante, comme le *Temple de la Mort*.

étalage (5). Quand Chapelain parle de Cerisy, il est clair qu'il ne le prend pas au sérieux. C'est, dit-il, « un certain petit invisible qui est partout et qu'on ne trouve en aucun lieu ».

En 1638, il composa une *Métamorphose des yeux de Philis en astres* (6). Cette pièce aurait été écrite pour Mme Séguin, femme du premier médecin d'Anne d'Autriche. Les recueils collectifs contiennent des pièces nombreuses qui donnent l'image la plus exacte de la poésie mondaine aux environs de 1640 (7).

Georges de Scudéry [1]

La famille de Georges de Scudéry était d'Apt en Provence. Son père avait servi dans les troupes de la Ligue et défendu un fort de Rouen contre Henri IV. Il avait attaché sa fortune à celle de l'amiral de Villars, et l'avait suivi à Lyon, à Rouen et au

(5) Cinq rondeaux amusants, dans le ms. 4123 de l'Arsenal, f⁰ˢ 1118-1123), donnent une idée de cette gaillardise, et représentent les « quatre Habert » comme des ennemis redoutables de l'honneur des maris. On ne sait pas avec certitude qui sont les quatre Habert, mais il est vraisemblable qu'il s'agit de Philippe et de Germain, de leur aîné l'avocat Nicolas, et d'Henri-Louis Habert de Montmort, leur cousin issu de germain, qui taquine la Muse en attendant de se consacrer aux sciences.

(6) La *Métamorphose* a paru en 1639. Le 24 décembre 1638, Chapelain écrit : M. l'abbé de Cerisy fait bien sa cour et travaille à une métamorphose.

(7) Il est probable que le berger Lyris, qui est certainement un frère de Philippe Habert, doit être identifié avec son frère Germain, et non pas avec Pierre. Celui-ci était trop jeune sans doute pour composer des vers aux environs de 1627 comme le fait Lyris. Si cette identification était acceptée, l'œuvre de Germain Habert se trouverait singulièrement enrichie. Le manuscrit de l'Arsenal 4115 contient un ensemble considérable de pièces de Lyris. Les plus intéressantes d'entre elles sont consacrées à chanter la passion de Lyris pour la cruelle Alphise. D'autres s'adressent à Malleville, à Frenicle, à Giry, à Mlle de Cenamy. Leur publication jettera un jour précieux sur les cercles poétiques entre 1625 et 1630.

(1) Sur Georges de Scudéry, voir Rathery et Boutron, *Mademoiselle de Scudéry*. Ch. Clerc a publié un livre sur Scudéry en 1929.

Havre. Il devint capitaine du port du Havre, à une date antérieure à 1605.

Georges fut baptisé le 22 août 1601. Il était encore enfant que de rudes coups frappèrent sa famille. Son père, qui était un peu corsaire, pilla et coula un navire hollandais. Il fut jeté en prison et n'en sortit, ruiné, qu'en 1610. Il mourut en 1613 et, si la tradition ne nous trompe pas, la mère serait morte six mois plus tard. Georges et sa sœur Madeleine furent élevés par un oncle, probablement à Rouen.

On ne saurait actuellement retrouver la trace de Georges de Scudéry durant les années qui suivirent. Il vécut un temps considérable à Rome, probablement avant d'entrer dans l'armée. Il prit part aux campagnes de Piémont sous les ordres du duc de Longueville et du duc de Carignan. Il fit, au Pas de Suse, une retraite qu'il considéra toute sa vie comme un des exploits les plus remarquables de l'histoire militaire de tous les temps. A prendre dans leur sens le plus simple les quelques phrases où Scudéry a parlé de ses campagnes, il semble que le métier de soldat le retint de 1623 à 1630.

A cette date, et pour des raisons inconnues, il renonça aux armes, vint à Paris et se fit homme de lettres. Sa vocation remontait déjà à plusieurs années. Pendant la captivité de Théophile, il avait composé une ode chaleureuse pour la défense du « dieu des vers » emprisonné (2). Il y dénonçait les Jésuites, leur influence, leurs attaches avec l'Espagne. Il avait soin, au reste, d'ajouter que le poète croyait sans aucun doute à la divinité, et qu'il était trop éclairé pour en douter.

Au début de 1630, Scudéry fit jouer sa première pièce, *Lig-*

(2) Voir le texte de cette ode dans Lachèvre, *Procès de Théophile*, I, p. 342. Scudéry, lorsqu'il écrit cette pièce, est confiné dans une morne solitude. Il est curieux d'observer que les thèmes de son ode ont été exactement repris dans une élégie de 1625, reproduite *ib.*, p. 512. En 1632, Scudéry a procuré une édition de Théophile, et l'a fait précéder d'une préface où il portait aux nues « ce grand et divin Théophile » (*ib.*, II, p. 59).

damon et Lidias. Il en fera jouer quinze depuis cette date jusqu'à la fin de 1643. Il ne bornait pourtant pas son activité au
théâtre. Son édition de *Ligdamon et Lidias,* en 1631, se termine,
comme il était d'usage alors, par des poésies lyriques. Il ne
cessera plus dès lors d'en composer.

Il fut reçu assez tôt à l'Hôtel de Rambouillet et collabora à
la *Guirlande de Julie.* C'est pourtant en 1637 seulement qu'il
apparaît dans la correspondance de Chapelain, et l'on peut
admettre que la querelle du *Cid,* loin de le déconsidérer, décida
les doctes à le prendre au sérieux. Il habitait maintenant au
quartier du Marais avec sa sœur Madeleine, et Chapelain était
fier d'annoncer que l'Apollon et la Calliope du Marais l'avaient
célébré sur leur lyre. Balzac parlait du frère et de la sœur dans
une lettre de cette époque. A l'Hôtel de Rambouillet, Scudéry
était devenu un familier, et dans ce milieu où le romanesque
était roi, il s'appelait « le généreux Astolphe ». Il composait des
vers pour Mlle de Rambouillet, pour Mlle de Clermont et sur
la mort de Pisani. Il célébrait la voix d'Angélique Paulet. En
1642, Mme de Rambouillet et Cospeau lui obtinrent la charge
de gouverneur de N.-D.-de-la-Garde.

Il a laissé un renom d'extravagant, et il a fait ce qu'il fallait pour le mériter. Mais on peut se demander s'il prenait lui-
même au sérieux ses fanfaronnades, et peut-être son extravagance était-elle volontaire. Comme il le dit lui-même dans l'avertissement de son volume de 1631, il voulut « faire le sot par compagnie », et crut que ce rôle était bon à tenir, puisqu' « aujour-
d'huy tous nos Escrivains sont des Espagnols françois en rodomontades ». Ce qui, du moins, n'est pas douteux, c'est que ce
matamore était un brave homme, et qu'il avait du caractère. En
un temps où les amis de Théophile le reniaient, il se déclara
l'admirateur du poète, qu'il n'avait pourtant jamais vu. Certaines
anecdotes prouvent que son mépris des honneurs et de la fortune n'était pas seulement verbal, et qu'il n'était pas un faux
« philosophe ».

Lorsqu'il publia ses Œuvres poétiques en 1631, les influences

essentielles qui déterminèrent le développement de son talent
y apparaissent déjà. Parmi les modernes Français, il s'inspire
surtout de Théophile. Son *Ode de la Tempeste* est à rapprocher
des pièces descriptives de Théophile, qui a écrit, lui aussi, une
ode *Sur une tempeste*. Comme Théophile, Scudéry est un des-
criptif, et comme lui, il décrit des paysages romantiques et
des mélancolies solitaires (*l'Hermitage*).

Mais d'autre part Scudéry, avant même 1631, se révèle l'imitateur de Marino. La *Belle affligée* ne ressemble à rien que Malherbe ou Théophile aient écrit, mais répond exactement aux
pièces marinistes qui abondent dans l'œuvre de Tristan et de
Malleville. Dans l'état actuel de nos connaissances, on ne saurait décider si Georges de Scudéry avait appris à connaître
l'œuvre de Marino pendant son séjour en Italie, ou s'il se con-
tentait de suivre une mode déjà établie parmi les gens de lettres
de Paris.

Avec le temps, cette influence du marinisme devint de plus
en plus importante. Dans le recueil de poésies publié en 1649,
les pièces inspirées du poète italien sont nombreuses. Les titres
mêmes suffisent à le prouver, la *Belle pêcheuse*, la *Nymphe endormie*, *Philis au bain*, la *Belle Egyptienne*, la *Belle Aveugle*. Il
ne s'agit pas là d'influence vague, d'imitations lointaines. Scudéry cueille dans Marino des beautés qu'il veut faire passer en français. S'il célèbre la voix d'Angélique Paulet, c'est en exploitant
une pièce de la *Lira*. Sa *Philis dans une calège* imite, et, dans
sa partie centrale, traduit littéralement la *Madonna in carozza*
de Marino. L'on pourrait multiplier les rapprochements les plus
précis (3).

A cette recherche d'une poésie des formes plastiques répondait, chez Scudéry, un goût décidé pour les beaux arts. Il s'était
constitué, malgré les difficultés où il se débattait, une importante galerie de portraits, qui allait du père de Marot jusqu'à

(3) A. Adam, *Le Prince desguisé 'e Scudéry et l'Adone de Marino*, *Revue
d'histoire de la philosophie*, 15 janvier 1937.

Guillaume Colletet, et lorsqu'un livre parut qui attaquait le plus grand peintre de l'époque, Scudéry écrivit une pièce de vers pour défendre « le grand et fameux Rubens ».

Tristan L'Hermite [1]

L'étude des œuvres de Malleville et de Scudéry nous a permis de découvrir, chez ces poètes dociles aux leçons de l'Académie et de l'Hôtel de Rambouillet, une tendance que ne sauraient expliquer ni l'Académie, ni l'Hôtel, un effort vers une poésie plus concrète, plus sensible à la beauté des formes, et que l'on appellera, d'un terme d'ailleurs approximatif, une poésie descriptive.

Il y avait là un courant d'apparition récente, et qui s'opposait fortement à celui de la littérature sentimentale antérieure, si rigoureusement abstraite chez Bertaut et Malherbe, et toute psychologique avec Théophile. En plein XVIIᵉ siècle, durant les quinze ans qui ont suivi la mort de Malherbe, il s'est trouvé des poètes pour écrire des vers sur les reflets d'or d'une chevelure, sur les tons contrastés d'une robe de veuve et d'un teint éclatant, sur les sombres beautés d'une Moresque. Poésie qui n'est plus oratoire, qui ne met pas davantage l'essentiel dans l'expression pathétique d'un sentiment, mais le place dans une harmonie de lignes et de tons évoqués.

Dans le développement de cette esthétique moderne, Scudéry et Malleville ont joué un rôle secondaire, Tristan l'Hermite et Saint-Amant ont été les guides de leurs contemporains.

François Tristan l'Hermite était né au château du Solier,

(1) La vie de Tristan a été étudiée surtout par N.-M. Bernardin (1895). Le *Page disgracié* y est utilisé comme un document d'histoire, malgré les invraisemblances qui résultent de cette supposition. M. Cohen a signalé la présence d'un certain Tristan à Amsterdam en 1613, sans qu'on puisse affirmer que ce Tristan soit notre poète. M. Amédée Carriat a donné une excellente *Bibliographie de Tristan l'Hermite*, Rougerie, 1955.

dans la Marche. Aucun document ne nous fait connaître la date de sa naissance, mais une tradition ancienne la fixe en 1601. Il nous a raconté son enfance dans un curieux roman, *Le Page disgracié*, mais c'est se risquer fort que de prétendre tirer de cette œuvre romanesque une histoire exacte de ses premières années. On ne saurait jurer que le jeune Tristan ait eu tant de duels, tant d'amours, tant d'aventures, et s'il est probable qu'il a beaucoup voyagé, rien ne prouve qu'il soit allé si jeune en Angleterre et en Norvège.

Ce qui, par contre, semble certain, c'est que Tristan a commencé, comme Balzac, comme Théophile, par mener la vie des *picaros*. Il va de ville en ville, sans métier, sans autres ressources que celles d'un emploi momentané, tantôt donnant des leçons de français, tantôt lecteur auprès du vieux Scévole de Sainte-Marthe (2), tantôt secrétaire d'un grand seigneur, comme le marquis de Villars. Ce qu'il gagne, il le dépense au jeu d'abord, puis, un peu plus tard, dans la boisson. Il ne se corrigera jamais complètement des habitudes ainsi prises.

Vers 1621, son destin se fixa (3). Il entra au service de Gaston d'Orléans. Il allait y rester plus de vingt ans. Il suivit son nouveau maître en Lorraine et à Bruxelles. Il revint en France avec lui, vers la fin de 1634, et resta près de lui jusqu'en 1646. C'est à cette date seulement que désespérant d'obtenir de Gaston une situation décente, il passa au service d'un autre maître, le duc de Guise.

En 1627, il avait publié une pièce de vers, *la Mer*, dédiée à Gaston. Son premier recueil parut en 1633, à Anvers. C'étaient les *Plaintes d'Acante*, dont une précieuse étude a révélé récem-

(2) Tristan s'est souvenu de ses rapports avec Scévole de Sainte-Marthe et a collaboré à son Tombeau. Dans le groupe des Illustres Bergers, Philinte est un jeune poète qui a beaucoup profité de la conversation de Sainte-Marthe. Maurice Cauchie, dans un travail non publié, penche à identifier ce Philinte avec Tristan.

(3) Dans une pièce à Gaston, *faisant l'état de sa maison à Blois en l'an 1636*, Tristan dit : mon cœur depuis quinze années vous adore inutilement.

ment le véritable sens (4). Elles suffisaient à mettre Tristan parmi les meilleurs lyriques de l'époque. Il confirma son rang en publiant, dans les années suivantes, deux autres recueils, les *Amours* en 1638, et *la Lyre*, en 1641.

C'était un solitaire. Il n'apparaît dans aucune des coteries de l'époque. Il avait été pourtant l'ami de Théophile, et il restait en correspondance avec Mainard. Son autorité morale était grande. Cyrano a écrit son éloge en une phrase remarquable : « Je ne puis rien ajouter, dit-il, à l'honneur de ce grand homme, si ce n'est que c'est le seul Poète, le seul Philosophe et le seul Homme libre que vous ayez » (5). Les lettres que Mainard lui adresse confirment ce témoignage. Celles de Tristan ont disparu, mais nous avons celles de Mainard. Il remercie Tristan de ses conseils et de ses encouragements. En ce temps de servitude, Tristan lui a donné le goût de la vie solitaire et repliée, celle des sages. Mainard lui promet le secret sur ses précieuses lettres et souhaite avec lui la mort de « ce détestable Moine » qui fait peser sur le royaume sa tyrannie.

Son œuvre lyrique, la plus considérable du règne de Louis XIII, permet de discerner les forces diverses dont la conjonction détermine les formes de notre poésie à cette époque. D'abord la tradition sentimentale de la fin du XVI⁰ siècle, si profondément marquée par les raffinements du pétrarquisme. On l'observe surtout dans les sonnets. C'est là que Tristan parle des pleurs où il se noie, des feux qui le consument. Comme Desportes, il a écrit son « sonnet d'Icare », et parlé de l'honorable mort qui a puni sa belle audace.

Mais cette tradition déjà ancienne est toute recouverte par

(4) N.-M. Bernardin avait identifié la Silvie à qui s'adressent les *Plaintes d'Acante* avec Mlle d'Aerschot, fille du prince de Ligne. Mlle E. Droz a révélé qu'il s'agissait en réalité d'une nièce du prince d'Orange, Elisabeth, comtesse de Bergh, et que sous le nom d'Acante se dissimulait Frédéric Maurice de la Tour, duc de Bouillon. Elle a en même temps éclairé les allusions nombreuses que Tristan avait semées à travers son poème (*Le manuscrit des Plaintes d'Acante*, Paris, 1937).

(5) Cyrano, *Etats et Empire de la Lune*, p. 36.

une autre plus récente. Tristan est l'admirateur de Marino. On le lui reprochera. Urbain Chevreau écrira un jour : « Notre Tristan qui admiroit toutes les visions du Marin... ». Il est, avec Saint-Amant, l'un de ceux qui ont fait connaître et goûter en France le maître des modernes Italiens. C'est à Marino que Tristan a emprunté ce qu'il y a de chaleureuse sensualité dans son œuvre. C'est à lui qu'il doit son sens de la beauté plastique. La différence entre cette poésie nouvelle et l'ancienne est nette. La tradition pétrarquiste, pour ne rien dire du lyrisme de Bertaut, est abstraite. Elle est toute d'idées, et ses raffinements sont des subtilités de concepts. La poésie mariniste chante les ondes d'une chevelure blonde tombant sur de blanches épaules, les perles et les rubis d'une jolie bouche. C'est aussi ce que chante Tristan.

Tel de ses sonnets, les *Cheveux blonds*, n'est qu'un centon de vers marinistes, à moins qu'il ne soit la traduction d'un poème non encore identifié. Tel autre, la *Belle en deuil*, n'est qu'un abrégé de la *Bella vedova* qui avait paru dans la *Lira* de Marino en 1614, et la *Belle esclave more* traduit à peu près littéralement le *Nera si, ma se' bella* du même recueil.

Même l'œuvre la plus célèbre de Tristan, les *Plaintes d'Acante*, révèle l'imitation de Marino. Elle répond, par le titre même et la conception générale, aux *Sospiri d'Ergasto*, et quelques imitations très précises prouvent que Tristan écrivit ses *Plaintes* avec, sur sa table ou dans sa mémoire, les vers du poète italien (6).

(6) Cette influence de Marino avait été niée dans une thèse de Cabeen, 1904. Elle a été établie dans A. Adam, *Théophile de Viau*, p. 443-454. Elle était bien connue au XVIIᵉ siècle, d'Urbain Chevreau par exemple, qui fut un si remarquable comparatiste. Il a signalé notamment une imitation littérale de Tristan. Le poème :
Aux rayons du Soleil le Paon audacieux
reproduit celui de Marino :
Tanti non ha l'ambitioso Augello
qui lui-même reprenait et outrait un thème que Chevreau retrouve dans Achilles Tatius, Georges de Pisidie et Fulvio Testi (*Billets critiques*, p. 248-249). Une très intéressante étude de Cecilia Rizza, *L'Orphée di Tristan e l'Orfeo del cavaliere Marino*, dans *Convivium*, juillet 1954, a confirmé l'influence de la poésie italienne sur l'inspiration de Tristan.

Cette influence de Marino ne s'est pas seulement exprimée par un sens nouveau de la beauté physique. Elle a encore inspiré à Tristan le goût des extrêmes raffinements de pensée. Des raffinements très différents de ceux que l'on trouvait chez Desportes et ses modèles italiens. Ceux-ci raffinaient sur le sentiment, avec des images banales et peu nombreuses. Marino raffine au contraire sur l'image même, et c'est par elle qu'il prétend faire naître l'étonnement. A sa suite, Tristan appellera une veuve une belle nuit animée. Il peindra Acante devenu rocher comme le rocher sur lequel il s'était assis.

C'est dire que Tristan a poussé très loin le « concettisme », et seuls le lui reprocheront ceux qui ne comprennent pas que le poète lyrique parle une langue nécessairement artificielle, que la langue des poètes grecs était au plus haut point artificielle, que Baudelaire, Mallarmé, Valéry n'ont pas parlé autrement, et qu'il n'est pas de plus ridicule éloge à faire d'un poète que d'admirer en lui le naturel de l'expression.

Ce « concettisme », qui aboutit souvent chez Tristan à d'heureuses et belles trouvailles, lui a valu, même lorsqu'il était moins heureux, d'être fort admiré et imité de son temps. Lorsque les Précieuses ridicules parleront du conseiller des grâces, elles ne feront que transposer en vile prose une expression de Tristan :

> *Amarille en se regardant*
> *Pour se conseiller de sa grâce*
> *Met aujourd'huy des feux dans cette glace*
> *Et d'un Christal commun fait un miroir ardent.*

et les vers fameux et contestables du début de *Cinna* ne sont pas différents de celui-ci :

> *Despit, altier enfant d'un desdain rigoureux.*

Ce jour-là Corneille, consciemment ou non, adopta un tour qui répondait au goût de son public pour le concettisme.

Un autre maître a inspiré Tristan. Il avait connu Théophile, et celui-ci lui avait promis qu'il serait un bon poète. Tristan est resté profondément marqué par les leçons de son aîné. Il l'a imité de la façon la plus précise dans le *Promenoir des deux amants,* et son influence se discerne, diffuse, à travers l'œuvre.

Elle s'exerce dans un double sens. Théophile a révélé à Tristan le prix d'une poésie amoureuse qui exprime, non pas des lieux communs de la tradition sentimentale, mais les moments de la passion, ses exaltations et ses découragements, ses timidités et ses audaces. Théophile, par exemple, avait décrit, dans une scène charmante, son trouble auprès du lit où sa maîtresse était couchée. Tristan reprend le même thème. Sa Clorinde est au lit. Il s'est introduit auprès d'elle. Confuse, elle retire ses bras sous les draps. Il se plaint de cette cruelle pudeur. Cette manière de chanter les scènes familières d'une passion est aussi éloignée que possible des conceptions de Malherbe. On ne la retrouvera plus guère dans la poésie galante de l'époque suivante. Elle est un des traits caractéristiques de la poésie amoureuse sous le règne de Louis XIII. C'est Tristan surtout qui en a donné les modèles. Il continuait, sur ce point, l'œuvre de Théophile.

Celui-ci a exercé une influence dans une autre direction encore. Il ne serait pas exagéré de prétendre que l'on découvre chez lui le goût de la rêverie et des méditations solitaires, qui seront un des thèmes du romantisme. Non pas certes avec tous les développements tragiques que Sénancour lui donnait, ni avec ces envolées vers l'infini que Lamartine a cultivées avec tant de succès. Mais Théophile aimait « les lieux secrets » pour y méditer, y rêver à son aise. Heures de flânerie, où l'on s'attarde auprès d'une source, où l'on écoute le chant d'un ruisseau. Ces vers de Théophile ont fourni à Tristan un de ses thèmes préférés. Il se plaît à rester étendu sur l'herbe, à l'ombre d'un arbre, « en une resveuse posture ». Beaucoup plus qu'on ne croit, plus même que Théophile, il goûte la beauté des spectacles que la nature lui offre. Dans une histoire du sentiment de la nature au

XVIIe siècle, il n'existe aucune raison d'accorder moins de place à Tristan qu'à La Fontaine.

L'œuvre lyrique de Tristan aurait dû lui assurer, dans notre histoire littéraire, une place importante. S'il ne l'a pas obtenue, la raison en apparaît sans peine. Ce solitaire était sans relations avec la chapelle malherbienne. Il n'était l'ami, ni de Chapelain, ni de Balzac. Dans la correspondance de ces deux hommes figurent des écrivains du dernier ordre, qu'ils blâment ou qu'ils louent, mais que du moins ils connaissent. Tristan est pour eux comme s'il n'existait pas, ou comme s'il vivait sur une autre planète. Il ne fréquentait pas non plus l'Hôtel de Rambouillet. Il resta donc en dehors du cercle où se fixèrent définitivement les réputations. Parce que Chapelain et Balzac l'avaient ignoré, Gilles Boileau et Furetière l'ignorèrent à leur tour, puis Despréaux ; et le silence sur lui du législateur du Parnasse scella définitivement la ruine de sa réputation.

Saint-Amant

Bien qu'il ait été de l'Académie, bien qu'il ait eu accès à l'Hôtel de Rambouillet, et qu'il ait entretenu de bons rapports avec Chapelain, Saint-Amant est, comme Tristan, un solitaire, et son œuvre se développe en marge de la poésie académique et officielle.

Il fut d'ailleurs, pendant la période de 1627 à 1642, absent de Paris pour des séjours prolongés hors de France. De 1631 à 1633, il fut à Londres, puis à Rome avec le maréchal de Créqui. En 1637, il prit part aux opérations de la flotte royale conduite par le comte d'Harcourt. En 1639, il était à l'armée de Piémont. L'année suivante il assistait aux opérations autour de Casal et, en 1641, il assistait à la bataille d'Ivrée.

Pourtant il gardait des rapports avec Paris. Il y avait de fidèles amitiés, et restait ce qu'on aurait appelé, à la fin du

XIX° siècle, une figure très parisienne. Il demeurait attaché à la famille de Retz, et lorsque commença à s'affirmer la forte personnalité du jeune abbé de Retz, Saint-Amant fut de ses familiers. Il le fut même assez pour être son rival en amour. Comme l'abbé de Retz, il fut amoureux fou de Mlle de Roche, et la chanta sous le nom d'Amarante. Quelques-unes de ses plus belles pièces furent écrites, vers 1634-1636, à la louange de cette jeune fille qui allait bientôt épouser Pierre de La Lane (1).

Tout en restant fidèle aux Retz, Saint-Amant appartenait à la petite coterie du comte d'Harcourt. A la confrérie, faudrait-il dire plutôt. Ces joyeux vivants avaient formé ce qu'ils appelaient la confrérie des monosyllabes. Si le comte d'Harcourt y était le Rond, et Faret le Vieux, Saint-Amant s'y nommait le Gros. Les érudits romantiques, tout surpris de rencontrer, au XVII° siècle, des gens qui ne fussent pas guindés, ont donné à ces amusements innocents des proportions démesurées. Il s'agit là, en fait, de plaisanteries toutes banales comme on en trouve dans n'importe quelle coterie. Il y en avait, exactement du même ordre, « du côté de Guermantes ».

Il serait de même fort ridicule d'attacher plus d'importance qu'il ne convient aux séances bachiques où Saint-Amant s'amusait avec quelques amis. Dans le *Palais de la Volupté*, il parlait déjà des « honnêtes ivrognes », des « débauchés vertueux ». A partir de 1627, les pièces se multiplient dans son œuvre, qui rappellent les « goinfres » et les « biberons », leurs rites, leurs agapes. Plusieurs d'entre elles ont été écrites pour être lues ou chantées dans ces libres réunions chez la Coiffier, au *Cormier*, ou à la *Pomme de pin* (2).

(1) N.N. Condéescou, *Madame de la Lane*, dans *R. H. L.*, 1939.

(2) Les deux pièces les plus précieuses pour la connaissance des amis de Saint-Amant sont la *Vigne* et *Chanson à boire*. Saint-Amant nomme ses compagnons. Beaucoup sont inconnus et n'appartenaient pas au monde des lettres. Mais il cite aussi Faret, Antoine Brun et Bardin qui sera de l'Académie. On a pensé que le De Latre dont il parle était le même qu'un De Latre compromis dans l'affaire du *Parnasse satyrique*.

Mais l'on se tromperait si l'on croyait que Saint-Amant se définit tout entier par ses rapports avec le comte d'Harcourt et avec les « goinfres ». Il est le poète attitré de l'Hôtel de Liancourt. Sans doute ses relations avec le marquis remontaient-elles au temps où celui-ci était l'ami et le protecteur de Théophile. Mais depuis lors, sous l'influence de sa femme, Jeanne de Schomberg, Liancourt s'était converti (3). Le libertin s'était fait dévot, et bientôt il allait devenir l'un des piliers du parti janséniste. L'Hôtel de Liancourt, soyons-en sûrs, n'aurait pas accueilli Saint-Amant s'il avait été le personnage débraillé de la légende.

Dans l'œuvre de Saint-Amant, 1627 marque le commencement d'une nouvelle manière. C'est à ce moment qu'il commence d'écrire la *Débauche* (4), les *Cabarets,* et quantité de pièces bachiques. Quoi qu'en aient dit des critiques trop délicats, ces œuvres sont excellentes. Saint-Amant, très au courant de ce qui se faisait dans le domaine de la peinture, a certainement voulu rivaliser avec les peintres flamands. Qu'on lise par exemple le très curieux sonnet du fumeur. Le poète est assis sur un fagot, appuyé contre la cheminée. Il a la pipe en bouche et il rêve. Le tabac lui fait oublier sa misère. Un moment il se prend même pour un empereur romain. Mais voilà que la fumée se dissipe, l'illusion s'évanouit, et le rêveur redescend en son premier état. Ou bien, moins émouvant mais plus pittoresque, le sonnet où Saint-Amant décrit le cabaret de la Plante, son ami Bilot, pâle, morne et transi, qui renvoie la fumée de sa pipe par les narines,

(3) On est bien renseigné sur l'Hôtel de Liancourt par les *Mémoires* du P. Rapin. Liancourt a été converti par le P. Jean d'Haraucourt. Il est au surplus gouverné par sa femme. Ils s'entourent de beaux esprits, Gomberville, l'abbé de Crosilles, Bourzeys l'académicien, l'abbé Esprit. Avant 1642, l'Hôtel de Liancourt n'a pas eu à choisir entre les Jésuites et le jansénisme. Il lui suffit d'être dévot.

(4) Voir un texte très différent de ce poème dans les *Variétés* de Fournier, VI, p. 343. Dans la *Débauche,* les amis de Saint-Amant sont Boissat et Faret. Dans le *Mépris des Muses,* le poète nomme à leur place Revol et Fayet.

pendant que Jallard chatouille la servante « qui rit du bout du nez ».

Ces pièces ont encore un autre mérite : la vigueur, la richesse, la santé de la langue. Saint-Amant résiste au mouvement qui entraîne le français vers une pureté toujours plus grande, c'est-à-dire vers un appauvrissement croissant du vocabulaire. Il recherche au contraire l'expression curieuse, pittoresque, concrète. Il ne craint même pas qu'elle soit crue, car il sait combien certaines crudités peuvent être savoureuses.

Il y a beaucoup moins de naïveté et beaucoup plus d'étude et de science qu'on ne croirait dans ces curieux poèmes. Lorsqu'il écrit une pièce de vers sur le Fromage ou sur la Vigne, il pense aux poésies bernesques qui avaient été composées sur des sujets du même ordre. Saint-Amant est un poète savant. On a relevé chez lui des imitations très précises de Gongora (5). Il connaissait donc ce poète le plus obscur de la littérature espagnole, de même qu'il connaissait les poètes italiens. Mais il n'étalait pas son érudition et détestait le pédantisme.

Les commentateurs qui se sont arrêtés à l'extérieur de son œuvre ont pris au sérieux ses chansons à boire et ses poèmes de goinfrerie. Il suffit pourtant d'y regarder d'un peu près pour s'apercevoir que ce n'est là que jeu. Il a dit et redit qu'il préférait le jambon et la bouteille à la « donzelle ». Simple lieu commun de la littérature bachique. Il s'explique par le fait que les femmes étaient exclues, de tradition, des agapes fraternelles de ces « cabales ». Mais il ne répond à rien de réel dans la vie de Saint-Amant. Les poésies galantes sont nombreuses dans son œuvre, et des figures de femmes, Bellinde, Pasithée, forment un cercle autour de l'image centrale, celle d'Amarante, c'est-à-dire de Mlle de Roche.

Il a, dans la préface du *Passage de Gibraltar* en 1640, exposé d'une façon remarquable sa doctrine poétique. Puisque le prin-

(5) Elles ont été relevées par G. Lanson dans la *R. H. L.*, 1896, p. 327-328.

cipal but de la poésie est de plaire (6), les productions les plus gaies doivent être les plus recherchées et les plus chéries de tout le monde. Cette maxime ne signifie pas qu'il soit loisible d'amuser par des bouffonneries plates et ridicules. Il faut que la poésie soit assaisonnée de gentillesse et de pointes d'esprit. Berni même n'a écrit que d'élégantes fadaises, et Saint-Amant veut quelque chose de plus, quelque chose de vif, de noble et de fort. Tassoni lui semble l'authentique modèle de ce savant mélange d'héroïque et de « bourlesque ».

On ne peut réussir en ce genre difficile « si l'on n'est maître absolu de la langue, si l'on n'en sçait toutes les galanteries, toutes les propriétez, toutes les finesses, voire même jusqu'aux moindres vétilles ». Voilà pourquoi Saint-Amant s'est attaché « de tout temps » à cette étude. Sachant bien que la poésie héroïque n'embrasse qu'une faible partie du vocabulaire national, il a voulu le premier en France, exploiter ce vocabulaire dans toute son étendue, tous ses termes et tous ses tours.

Eclairée par ces déclarations, toute l'œuvre de Saint-Amant, de 1627 à 1642, révèle l'unité de son inspiration. Qu'il écrive le *Cidre,* ou le *Melon,* ou le *Poète crotté,* qu'il célèbre le fromage de Cantal ou décrive « le mauvais logement », il s'agit toujours pour lui de plaire, d'amuser, mais d'amuser avec quelque chose de vif, de naïf et de fort, et de déployer son extraordinaire virtuosité dans le maniement de la langue.

On peut penser que c'est à l'Hôtel de Liancourt que Saint-Amant trouva l'idée d'écrire son *Moyse sauvé.* Cette « idylle » sacrée ne devait paraître qu'en 1653. Mais déjà, en 1638, Saint-Amant en lut trois ou quatre cents vers à Chapelain. Le critique vit très bien à la fois les qualités et les faiblesses de

---

(6) On comprend, par tout ce qui précède, la portée d'une telle déclaration. En Italie, les *moderni* et Marino à leur tête font du principe hédoniste la maxime première de leur doctrine, contre les *antiquari* qui assignent à l'art la double tâche d'instruire et de plaire. Saint-Amant prend position pour les premiers contre les seconds.

l'œuvre. Saint-Amant, écrit-il après cette lecture, « m'a semblé grand peintre des choses qui tombent sous les sens ». Mais il jugea, avec raison, que cette poésie purement descriptive était incapable de peindre le sentiment et, par conséquent, de toucher. « Il entretient l'imagination et ne remue point les entrailles », écrivait-il quelque temps plus tard. Mais l'Hôtel de Liancourt applaudissait, et malgré le respect qu'il portait au marquis et à sa femme, Chapelain note dans une lettre : le *Moyse sauvé* « a les beautez qu'on y admire le plus et ses défauts sont d'une nature qu'ils n'y sont pas mesme connus de nom ».

D'autre part Saint-Amant s'était lié avec le Pailleur et Vion d'Alibray. Il faisait auprès d'eux figure de maître, et d'Alibray est fier de nous apprendre qu'il rencontrait Saint-Amant tous les jours. Ce petit groupe de bons vivants, esprits libres, instruits, profondément sérieux, capables de lire Galilée et de passer, l'instant d'après, à des chansons bachiques, donne la plus exacte image du véritable Saint-Amant.

Son influence fut considérable. On la retrouve partout à cette époque. Il a écrit les *Visions,* et Tristan l'a imité dans les *Terreurs nocturnes.* Il a composé le *Palais de la Volupté,* et Tristan a célébré la *Maison d'Astrée.* Sa *Gazette du Pont-Neuf* est le prototype des gazettes rimées qui abonderont à partir de 1648. Boissat a écrit une *Solitude* comme lui. Il a imposé à la poésie le vocabulaire burlesque et Scarron ne fera que le suivre. Il est presque certainement le premier qui ait montré le parti que notre poésie pouvait tirer de Marino, et il est très possible que, sans lui, ni Tristan, ni Malleville, ni Scudéry ne seraient allés chercher tant d'inspirations chez le poète italien. C'est lui aussi qui a enseigné sans se lasser que la poésie était une peinture vivante, qu'elle avait pour objet, moins de manier des idées générales et abstraites que de charmer l'imagination. Tout le courant de poésie descriptive qu'on observe à cette époque est venu de lui.

Vion d'Alibray

Charles Vion d'Alibray, l'intime ami de Saint-Amant, était né vers 1600. Il était fils d'un auditeur de la chambre des comptes. La maîtresse de Voiture, Mme de Saintot, était sa sœur. Il avait embrassé la carrière des armes, et tel de ses sonnets fut écrit alors qu'il partait pour la guerre. Mais il n'y trouva que dégoûts. Il revint à Paris et vécut modestement de son revenu. Il aimait voyager de temps à autre, et l'on a conservé le souvenir d'un séjour qu'il fit dans la région de la Garonne. A Paris, il habitait près de l'Hôtel de Condé, et le duc d'Enghien fit construire un jour un cabinet qui obscurcissait le sien. Il est le type le plus parfait du libertin, au sens que l'époque donne à ce mot. C'est un homme mélancolique et doux, un solitaire. Il fait fi de la gloire militaire, des charges publiques. Il lui est parfaitement indifférent que le roi et le cardinal l'ignorent. Il a mis son idéal, un peu dans l'amour, et beaucoup plus dans l'amitié, la bonne chère et l'étude.

Il était instruit. Il savait l'espagnol et l'italien. Il se tenait au courant des découvertes de la science. De l'italien il a traduit l'*Aminta* et le *Torrismondo* du Tasse, le *Soliman* de Bonarelli et son *Amour divisé,* le *Tarquin* de Malvezzi. Il a traduit une pastorale écrite par Cesare Cremonini, philosophe dont la réputation d'athéisme était fortement établie et non moins justifiée. Ce qui ferait croire que Vion avait un certain goût pour les malpensants, c'est qu'il a également traduit l'*Examen de ingenios* du médecin Huarte.

Ses amis lui font honneur. C'est Grotius, chez qui il était reçu. C'est Saint-Amant, qu'il appelait son maître. C'est Blaise Pascal, et l'on peut lire dans les œuvres de Vion d'Alibray un sonnet sur la machine à calculer et un autre sur le vide. Peut-être était-il aussi l'ami de Corneille. En tout cas, il a adressé des vers à l'auteur de *Polyeucte* pour lui dire l'admiration que lui inspire son chef-d'œuvre. On n'en sera pas étonné si l'on se souvient de l'amitié qui existe entre Corneille et Saint-Amant.

Vion d'Alibray a d'autres amis encore. Il est lié avec Le Pailleur, avec d'Aubignac, Bensserade et Montreuil. Il a des relations dans les milieux d'artistes. Il est l'ami de Lambert le chanteur, du sculpteur Cocher. Il a écrit des vers pour un peintre qu'il nomme Tirsis (1).

Dans l'œuvre de Vion d'Alibray, on retrouve surtout l'influence de Saint-Amant. Il a écrit la *Métamorphose de Morille* et celle de *Champignon,* et il a échangé avec son ami des vers sur l'excellence du fromage de Cantal. Il s'est, comme lui, intéressé à la poésie italienne, et s'est efforcé, comme lui, d'en tirer d'utiles suggestions pour notre littérature. Il a écrit des vers sur une *Belle Egyptienne,* et dans une conférence, il a traduit toute une série de sonnets italiens.

Cette conférence, tenue devant une académie de dames, offre pour l'étude des théories littéraires à cette époque un vif intérêt. Comme Saint-Amant, d'Alibray croit que la poésie a pour objet de récréer. Elle ne doit pas « travailler l'esprit ». Elle s'appliquera donc à éviter la trop grande recherche et la trop grande diversité. Mais l'unité, la force, la densité sont par ailleurs de précieuses vertus, qui satisfont et qui ravissent. D'Alibray est

(1) L'abbé d'Aubignac apparaît dans des vers de Le Pailleur, ms. Ars. 4127, f⁰ˢ 347 et 373. Dans cette dernière pièce, d'Alibray est nommé comme leur commun ami. Les relations de Le Pailleur et de Montreuil ressortent de deux pièces de vers échangées, ms. Ars. 4125, f⁰ 351. On s'explique bien les rapports de Bensserade avec ce groupe. Bensserade est au service de Brézé et Le Pailleur a écrit une pièce de vers à De la Vergne, gouverneur du marquis de Brézé, Ars. 4127, f⁰ 307.

Parmi les relations de Vion d'Alibray, il en est deux dont les pseudonymes se laissent aisément déchiffrer. Cléon est prévôt des marchands et Alcandre est mort subitement. Cléon est donc Henri de Mesmes et Alcandre est l'avocat général Servin, mort subitement en 1626. Une autre identification serait d'un haut intérêt. Vion est amoureux de Silvie, la sœur de son ami Damon. Chez les Illustres Bergers, Damon désigne Malleville, qui avait en effet une sœur, Madeleine.

donc bien loin de nier qu'il existe des règles. Mais ces règles, qui ne sont qu'un art de plaire, ne contredisent pas à la liberté du poète. Au contraire, et d'Alibray se réjouit, au cours de cette conférence, que notre poésie soit en train de se libérer. « Cette liberté, écrit-il, s'estend tous les jours davantage dans la Poésie et nous fait espérer que moins nous serons retenus par l'art, et plus les choses que nous produirons s'en trouveront belles et naturelles » (2).

On pourrait croire que ces déclarations en faveur de la liberté classent Vion d'Alibray parmi les adversaires du classicisme. C'est le contraire qui est vrai. Sur un point où l'esprit classique se montrait particulièrement exigeant, il a pris parti de bonne heure, et avec une netteté rare. A un moment où les partisans des unités dramatiques étaient encore timides et peu nombreux, en 1630, il a présenté l'unité de l'œuvre d'art comme une condition essentielle de sa beauté. Dans un texte qui rappelle de façon étonnante la lettre latine de Descartes sur Balzac, il a loué, dans l'*Aminta* du Tasse, l'art avec lequel chaque partie « se rapporte à son Tout, comme font les membres à leur corps ». Il a blâmé les dramaturges contemporains qui faisaient de la « variété » une des sources du plaisir dramatique. « On voit, dit-il, une telle confusion dans la plupart des ouvrages de ce temps, que de deux ou trois subjets qui y sont traitez à la fois, à peine discerne-t-on celuy qui est le principal, et ce qui semble estrange, faute d'invention on se donne trop de matière. »

Ces formules, d'une résonance classique vraiment remarquable, éclairent les intentions de Vion d'Alibray lorsqu'il vante la liberté et souhaite que les règles de l'art restreignent de moins en moins le libre jeu de l'écrivain. Dans son esprit, l'œuvre

(2) Il serait important de connaître avec certitude l'académie devant laquelle D'Alibray fit cette conférence. L'Académie de la vicomtesse d'Auchy se présente naturellement à l'esprit. D'Alibray annonce que la prochaine conférence sera faite par M. de M., qui est probablement Malleville. Un des beaux esprits de l'Académie a composé une ingénieuse métamorphose d'un Peintre en un miroir.

d'art doit trouver sa discipline, non dans des formules, non dans les préceptes des théoriciens, mais dans une nécessité intérieure, dans une sorte de loi essentielle. Il tend à rapprocher et à fondre les principes de l'esthétique moderniste et l'exigence d'ordre et d'unité qui se fait sentir dans les cercles lettrés de Paris. Tentative d'un très haut intérêt, car elle n'exprime pas seulement un effort personnel de Vion d'Alibray, mais une tendance de son temps vers un art classique dégagé des servitudes du pédantisme.

Vion d'Alibray s'intéressait aussi aux problèmes de la philosophie et de la science. Il a composé toute une série de pièces sur le système de Copernic, et l'on sent bien, en dépit de certaines formules prudentes, qu'il ne doute pas de sa vérité. Mais surtout, avec Le Pailleur, il s'est fait, parmi ses contemporains, le champion de la docte ignorance. Il l'a célébrée dans ses œuvres imprimées et Le Pailleur lui répondit avec le même enthousiasme. Leur ennemie, c'est l'orgueilleuse scolastique, et tous les deux se livrent, contre le dogmatisme, à des critiques très violentes (3).

Le Pailleur [1]

Le gros, gras et grave Le Pailleur est à peine un écrivain. Il n'a pas voulu devenir homme de lettres et s'est contenté d'être homme d'esprit. Il était instruit, savait la musique et faisait des vers avec aisance. Il entretenait des relations d'amitié avec Con-

(3) Sur le groupe d'Alibray-Le Pailleur on trouvera des renseignements précieux dans les ms. Ars. 4127 et 4129 et f. fr. 19145. Dans le premier, on lit des pièces de D'Alibray (fos 175-181) et de Le Pailleur (fos 307-351). Une épître de Montreuil, à Le Pailleur (fo 351 avec la réponse) une pièce adressée à Le Pailleur (fo 363) une épître de celui-ci à l'abbé d'Aubignac (fo 373). Le second contient des pièces de D'Alibray (fos 267 à 281). Le ms. f. fr. 19145 renferme des vers de Pascal (fos 182 et 185), de Mlle Pascal, de Bensserade, des vers de Le Pailleur à D'Alibray sur Galilée (fo 47) et une pièce qui renseigne sur les relations du groupe, fo 61 sqq.

(1) Tallemant lui a consacré une historiette (IV, p. 212-215). Il était fils d'un lieutenant de l'élection de Meulan. Petit commis de l'Epargne, il quitta ce poste par dégoût des malversations dont il fut témoin. Il entra au service

rart, avec d'Aubignac. On a conservé de lui quelques pièces agréables. Elles complètent utilement nos connaissances sur ce groupe de gens d'esprit d'allures libres, mais si réellement sérieux, cultivé, ouvert aux problèmes les plus divers, si sympathique par son application à éviter l'apparence même du pédantisme. Si important aussi, pour cette raison que le jeune Pascal a vécu dans son atmosphère et qu'il y a respiré l'amour des sciences modernes et la haine du dogmatisme.

Voiture [1]

Vincent Voiture fut baptisé à Amiens, le 24 février 1597, et il fut d'une belle précocité s'il est vrai qu'il publia en 1612 un *Hymnus Virginis seu Astraeae,* adressé à Nicolas de Verdun, et en 1614 un *Mars,* dédié à Monsieur, frère unique du roi. Affirmations douteuses, car la date de l'*Hymnus* est en réalité inconnue, et l'on remarque qu'un Noël Voiture appartenait en 1615 à la maison de Monsieur (2).

Son père était un marchand de vin venu d'Amiens, et fournisseur attitré de la Cour (3). Il fit faire à son fils de bonnes

---

d'un cousin germain du duc de Retz, le comte de Saint-Brisse, qu'il faut certainement rapprocher du « brave baron de Sainct-Brice » dont Saint-Amant parle dans la *Vigne* (I, p. 169). Puis il occupa, auprès de la maréchale de Thémines, une situation mal définie d'intendant et d'ami. Il chantait, dansait, amusait, toujours de bonne humeur. Il s'était adonné aux mathématiques dès son enfance, et les avait apprises tout seul. Tallemant ajoute : « Il avoit écrit assez de choses, mais il n'a daigné rien donner ».

(1) On possède sur Voiture une étude d'une érudition exceptionnelle : Emile Magne, *Voiture et l'Hôtel de Rambouillet,* 2 vol. 1929-1930. Les œuvres de Voiture ont été éditées par Ubicini. Les inédits restent nombreux.

(2) E. Magne, *op. cit.,* I, p. 15-17, n.

(3) Il est « l'un des douze marchands de vin privilégiés suivant la Cour », au terme d'un acte de 1609 cité par E. Magne. Vincent Voiture a quatre sœurs, toutes sensiblement plus âgées que lui, Barbe, Jeanne, Marguerite et Marie, celle-ci née en 1590. Il a un frère, Florent, né en 1605.

études au collège de Boncour, et l'envoya faire son droit à l'Université d'Orléans. Mais le jeune homme avait d'autres ambitions. Il se poussait dans le monde. Il fréquenta le salon de Mme des Loges, il se lia avec Balzac qui le conduisit à Malherbe. Il écrivait familièrement au cardinal de la Valette et au duc de Bellegarde. Il restait l'ami de son ancien condisciple, le comte d'Avaux, frère du président de Mesmes, et d'Avaux poussa l'amitié jusqu'à permettre à Voiture de lui prendre sa maîtresse, Mme de Saintot (4). Enfin et surtout, un ami commun, Chaudebonne, le présenta à Mme de Rambouillet (5). L'événement, car c'en est un dans notre histoire littéraire, eut lieu probablement en 1625.

Ces précieuses relations permirent à Voiture d'obtenir assez vite une situation confortable. Avant 1626, il est déjà Conseiller du Roi. Vers la fin de 1627, il devint introducteur des ambassadeurs dans la maison de Monsieur, avec 2.000 livres de gages. Son bonheur eût été parfait si les sottises de Gaston n'avaient obligé son officier à le suivre sur les routes de France et de l'étranger. Il avait laissé son maître partir sans lui en Lorraine (hiver 1631-1632). Mais il le rejoignit à Bruxelles, et l'accompagna dans son équipée à travers la France. Il accepta d'aller à Madrid pour le compte de Gaston (juillet 1632) et ne revint en France que vers le mois d'octobre 1634, après de longs détours par Londres et Bruxelles (6).

Richelieu aurait pu garder rancune à l'officier de Gaston.

(4) Mme de Saintot est, comme on l'a dit plus haut, sœur de Vion D'Alibray. Elle a été l'objet d'une étude dans la *R. H. L.*, 1894, p. 359 sqq. On possède un groupe de lettres d'elle ms. Ars. 4115. Elle appelait Voiture « son déloyal ».

(5) Chaudebonne était l'ami de Balzac. C'était un homme mélancolique, grave, et longtemps il fut plus philosophe que chrétien. Le P. de Condren le convertit, non du libertinage à la foi, mais de la philosophie à la dévotion. Il est maintenant, écrivait Balzac en 1638, un sage chrétien, et la vertu n'est plus rien à ses yeux si elle n'est chrétienne. Il unit ses efforts à ceux de Condren pour convertir Conrart.

(6) Son retour est salué par Balzac dans une lettre datée du 4 novembre 1634.

Voiture sut faire tomber les préventions du Cardinal. Dès son retour, il fut de l'Académie. En 1636, aux heures difficiles de Corbie, cet homme que l'on croirait futile fit circuler une lettre où les raisons et les résultats de la politique de Richelieu étaient développés avec une force et une hauteur de vues remarquables. Il s'était attaché à la nièce du Cardinal, Mme de Combalet et, par elle, il s'était assuré la bienveillance du ministre.

En 1634, il avait reçu, grâce à Mme de Combalet, le brevet de gentilhomme ordinaire et de maître d'hôtel de Madame. Il cumula cette charge nouvelle avec l'ancienne, et quelqu'un a dit à Chapelain qu'elles assuraient à Voiture un revenu de 4.000 francs. Quatre ans plus tard, il fut chargé de mission à Florence et à Rome. Au retour, en 1639, il devint maître d'hôtel du Roi. A ce titre, il suivit Sa Majesté dans ses voyages de Grenoble et d'Amiens en 1640, de Roussillon en 1642.

Il était riche, malgré d'importantes pertes au jeu (7). En 1643, il eut de la reine une pension de mille écus sur l'abbaye de Conches. Son ami d'Avaux, devenu surintendant des finances, le nomma son premier commis, avec quatre mille livres d'appointements. Son revenu montait, bon an mal an, à dix-huit mille livres. Aucun écrivain de l'époque ne jouissait d'une fortune comparable.

Il mourut le 26 mai 1648. Il avait été joueur et amoureux jusqu'à la fin. Mme de Saintot, qu'il avait si cruellement bafouée, et une autre de ses anciennes maîtresses, la fille de Théophraste Renaudot, adoucirent de leur présence ses derniers moments. Ce qui permit à Angélique Paulet, pécheresse convertie, de dire partout qu'il était mort, comme le grand seigneur, entre les bras de ses sultanes.

---

(7) Une curieuse affaire, en 1640, jette un jour sur les manœuvres de Voiture pour assurer ses revenus. Il avait 28.000 francs en rentes sur le Roi qu'il désespérait de recouvrer. Il les céda à Particelli d'Emery, en échange de 28.000 francs en numéraire. Emery, intendant des finances, était certain de se faire rembourser sa créance. Mais Mme de Sablé ébruita l'affaire. Bullion, le surintendant, intervint pour l'interdire.

Il était petit, et l'Hôtel de Rambouillet l'appelait *El rey chiquito* ; Godeau seul avait trouvé le moyen d'être encore plus petit que lui. Il était chétif et buveur d'eau. Une pièce de vers, en 1628, dit de lui :

> *Il est de bien faible nature,*
> *Il prend fort peu de nourriture,*
> *Le sucre et lait sont sa pâture...*

Il avait, nous dit-il, les sourcils joints, « qui est la marque d'un très méchant homme ». Volontiers on l'imaginerait boute-en-train, et le visage pétillant d'esprit. Il avait au contraire, s'il faut l'en croire, la mine « entre douce et niaise ». Il était extrêmement paresseux et nonchalant. On devine qu'il ne faisait qu'à bon escient l'effort nécessaire pour amuser son entourage. Mais il savait être charmant. Au point que lorsqu'il parut à l'Hôtel de Rambouillet, il réussit, lui, fils du marchand de vin d'Amiens, sans titre, sans autorité, à s'y assurer une situation hors pair, et que l'esprit de l'Hôtel, à partir de cette date, ce fut l'esprit de Voiture.

Etait-il d'ailleurs aussi frivole qu'il le paraît ? Il était plutôt un grand et éternel enfant. Si ses passions étaient brèves, il semble bien en revanche qu'elles étaient d'une vivacité extrême, et qu'elles le faisaient réellement souffrir. Il ne pouvait voir un jeune visage sans s'émouvoir, et il lui arriva de conter fleurette à une enfant de douze ans. Mais ce n'était que jeu. Il avait des passions plus profondes. A cinquante ans, il se battit en duel pour l'amour d'Angélique-Clarice d'Angennes, et cet esclandre le couvrit de ridicule, mais il prouva, ce jour, ou plutôt cette nuit-là, car il se battit aux flambeaux, que derrière les apparences d'un amuseur, il dissimulait une sensibilité impossible à maîtriser.

A en juger par le volume restreint et par les prétentions fort limitées de ses pièces de vers, on serait tenté de croire que Voiture n'occupe qu'une place secondaire dans notre littérature. Même à s'en tenir à ses lettres, comme on le fait souvent, il ne saurait soutenir la comparaison avec Balzac. Il disait lui-même à Mme de Rambouillet : « Vous verrez qu'il y aura quelque jour d'assez sottes gens pour aller chercher çà et là ce que j'ai fait, et après le faire imprimer » (8). Il sentait bien que sa véritable importance n'était pas là.

Il a appris aux gens de lettres la véritable galanterie. La formule est peut-être un peu simple, et l'on sent bien que Voiture a reçu de l'Hôtel de Rambouillet les leçons d'un art où il passa maître dans la suite. Il écrit un jour : « Cela m'a fait voir que depuis que M. de Chaudebonne m'a réengendré avec Mme et Mlle de Rambouillet, j'ai pris d'eux un autre esprit, et que j'étois un sot garçon en ce temps où Mlle du Plessis disoit que j'étois si joli. » Mais ce qui n'avait été jusque-là qu'élégance mondaine, prit avec lui une forme littéraire. Qu'on lise les pièces amoureuses de Théophile, ou de Tristan, ou de Malleville. Ou bien elles ont le charme d'un sentiment très simple, et ce n'est pas là de la galanterie. Ou bien elles prétendent s'élever au haut ton, et dans ce cas elles se guindent et se raidissent. C'est Voiture qui a libéré la poésie sentimentale de la rhétorique qui lui donnait cette raideur, qui lui a appris à sourire, qui lui a révélé qu'elle n'avait tout son charme qu'à la condition de ne pas se prendre tout à fait au sérieux. C'est lui qui a fait connaître le prix d'un compliment enveloppé d'une allusion ingénieuse, le prix de la discrétion dans l'hommage.

On s'est indigné de certains vers à Mlle de Marolles, et la pièce à vrai dire n'est pas d'un goût parfait dans tous ses traits. Mais tout pédantisme mis bas, pourquoi ne pas reconnaître que plusieurs strophes sont charmantes ? Voiture sait l'art difficile de frôler le grivois sans y tomber. Ses *Stances du garçon* offrent un mélange d'esprit et de sensualité tout à fait remarquable, tout à fait neuf surtout, et ceux-là seuls seront incapables de l'apprécier qui ne connaissent pas les recueils de poésie libre des environs de 1620. Les stances à Anne d'Autriche sont hardies.

(8) Tallemant, III, p. 51.

Mais il faut beaucoup de finesse et de sûreté pour avoir cette audace auprès d'une femme et d'une reine. On chercherait en vain, dans toute la poésie antérieure et dans celle de l'époque, une pièce qui vaille, pour la fine galanterie, les derniers vers de celle-ci. La fantaisie sur le soulier noir et bleu reste, pour nous encore, charmante. Dire que l'œuvre de Voiture est sans importance, c'est avouer qu'on est incapable de sentir la différence entre la poésie sentimentale avant Voiture et la poésie sentimentale après lui, d'apprécier la distance qui sépare Théophile ou Tristan de Bensserade, Charleval ou Marigny.

On dira que ce prétendu progrès est un recul, et que Théophile ou Tristan avaient traité la passion avec une force d'émotion, avec un sérieux qu'on ne trouve pas chez Voiture. Mais il s'agit ici d'apprécier la puissance de son action, et non de porter un jugement sur l'évolution de notre poésie à cette époque. La question n'est pas de savoir si elle gagnait à n'être plus qu'un jeu mondain. Mais puisqu'elle n'était plus guère que ce jeu, il faut reconnaître que Voiture sut lui donner une élégance, un charme qu'elle n'avait pas encore atteints. Il eut le très grand mérite de dégager définitivement la poésie sentimentale du poids mort de la tradition pétrarquiste. La femme cessa, avec lui, d'être une idole. Elle ne fut plus qu'elle-même, avec sa grâce et son esprit, dans un salon. Voiture sut montrer qu'elle ne perdait rien à cette métamorphose.

Dans cette recherche de la plus fine galanterie, Voiture s'inspirait surtout des modèles espagnols (9). Il avait lu Cervantès, Gongora, Cristobal de Castillejo. Le rondeau d'Ysabeau vient de Hurtado de Mendoza. Dans le sonnet de la *Belle Matineuse*, G. Lanson a prouvé par une analyse minutieuse que Voiture s'éloigne parfois d'Annibal Caro pour s'inspirer de Gongora. La pièce exquise :

Je me meurs tous les jours en adorant Sylvie,

(9) G. Lanson dans la *R. H. L.*, 1897, p. 180 sqq.

est toute faite de traits que l'on retrouve dans la poésie espagnole du temps. La chanson *Sur une belle voix* est une adaptation de Gongora.

Voiture, au grand scandale de Balzac, mettait la littérature espagnole au-dessus de l'italienne. Mais il n'ignorait pas celle-ci. On a vu qu'il avait imité le sonnet fameux d'Annibal Caro. Il connaissait également Mauro, et dès le XVIIe siècle, un comparatiste averti avait rapproché le sonnet qui finit par ce vers :

Et l'on crut que Philis était l'astre du jour

du madrigal de Mauro.

Alba che spunti del sereno e chiaro Oriente (10).

En même temps, Voiture ne craignait pas d'emprunter les formes de la chanson populaire. Au temps de la vogue des *Ponts bretons,* en 1624, il ne rougit pas d'en écrire (11). Il composa de même, en 1630, des *Curés de Môle.* Puis ce furent des *Branles de Metz,* des *Lanturlus* et, en 1641, des *Landriris.* Il ne se croyait pas déshonoré pour si peu, et l'essentiel était pour lui d'amuser Mme de Rambouillet. Lorsqu'en 1638 il se mit à composer des rondeaux (12), il n'agissait pas en homme de lettres qui prétend imposer une forme poétique nouvelle ou rajeunie. Il était plus modestement un homme d'esprit qui s'amuse (13).

C'est encore pour se distraire et distraire ses amis de l'Hôtel qu'il mit à la mode le vieux langage et les *Amadis.* Il avait

(10) Urbain Chevreau, *Œuvres meslées,* La Haye, 1697.

(11) La vogue des *Ponts Bretons* atteignit son point culminant en 1624. Il suffira de citer le *Passe-partout des Ponts Bretons* et le *Pont Breton des Procureurs* qui sont tous deux de cette année. Ils furent remplacés par les *Petits doigts* (Fournier, *Variétés,* VI, p. 253).

(12) Une lettre à M. de Jonquière, le 8 janvier 1638, permet de fixer la date avec une grande précision : « J'en ai fait depuis peu trois ou quatre, qui ont mis les beaux esprits en fantaisie d'en faire ».

(13) Pour amuser la marquise, Voiture accepta, non pas seulement de faire des rondeaux, mais de se laisser berner. On connaît la lettre de la Berne. Une phrase de Balzac à Chapelain, dans une lettre du 8 juin 1639, ne laisse aucun doute sur cet épisode très réel de la vie de Voiture.

toujours eu une passion pour le romanesque, Roger et Renaud étaient ses héros favoris. Il avait, dans sa bibliothèque, le *Roman de Perceforest* en lettres gothiques. Il rassemblait les vieilles éditions. Un contemporain a dit : « Voiture lisait les vieux bouquins... Il y trouvait une simplicité qui le charmait. Il ne pouvait lire nos fadaises » (14). D'autre part, il avait trouvé dans la littérature espagnole un livre bien fait pour satisfaire et développer son goût du romanesque, les *Guerres civiles de Grenade* de Perez de Hita. Il en était nourri, et lorsque les familiers de l'Hôtel l'appelaient *El rey Chiquito,* ils ne le plaisantaient pas seulement sur sa petite taille. Ils lui rappelaient son livre favori.

Le résultat fut qu'à l'Hôtel de Rambouillet on s'affubla de noms romanesques, tirés des vieux romans. La mode commença à sévir de bonne heure, puisqu'en 1630 déjà nous apprenons que Mlle Aubry s'appelait la Pucelle Priande. On aurait pu croire qu'elle passerait vite, comme toutes les modes. Mais Julie d'Angennes y tenait, et elle dura. « La princesse Julie » était l'élève de Voiture, et le poète pouvait dire, en parlant d'elle : « Une personne à qui j'ai donné une si grande partie de mon esprit... » Il avait également gagné à son amour des vieux romans et de notre vieille langue le comte de Saint-Aignan, et avec lui l'ensemble des habitués de l'Hôtel. C'est ainsi qu'en 1633, Mlle de Rambouillet s'appelait l'Infante Fortune et écrivait à Messire Lac, qui était Boissat l'Esprit. C'est ainsi encore qu'en 1640, les habitués de l'Hôtel échangeaient des épîtres rimées en vieux langage. Arnaldus écrivait alors au comte Guicheus (15).

Ce romanesque dans les divertissements avait plus de sens qu'on ne croirait. Il répondait à une conception romanesque de la vie. Des hommes comme Bellegarde et Saint-Aignan, comme Montauzier le damoisel, pensaient et vivaient en héros du temps

(14) Cité par E. Magne, *op. cit.*, I, p. 8, n. 1.
(15) On observera que le XVII⁰ siècle a été sollicité par trois styles romanesques, celui de l'*Astrée,* celui des romans de chevalerie, dont le modèle était l'édition gothique de *Perceforest* et le style marotique. L'Hôtel a ignoré le premier.

jadis, en paladins, comme ils aimaient à dire. Guerriers et amoureux, grands preneurs de villes et de femmes, occupés six mois de l'année par la guerre, et les six autres mois par les plaisirs de Paris, ils avaient le sentiment de faire revivre le royaume de Logres, le monde des chevaliers errants. Au milieu d'un monde de bourgeois, ils restaient les derniers féodaux, et Voiture leur apportait la littérature et les divertissements qu'ils attendaient.

On croirait que ce charmant poète était l'ami de tout le monde. Ses succès, et peut-être ses défauts, lui valurent de nombreuses et tenaces inimitiés. Pendant qu'il était en Espagne, Godeau faillit prendre sa place à l'Hôtel, et l'exilé s'inquiéta sérieusement des succès du petit homme de Dreux. Il put craindre que Julie ne l'oubliât. Le métier d'amuseur est difficile, et Voiture risquait de fâcher au lieu de faire rire. Une lettre écrite à La Valette fut divulguée par l'indiscrétion de Mme de Sablé, et faillit le brouiller avec le Cardinal. Il pouvait du moins s'assurer de l'amitié des familiers de l'Hôtel jusqu'en 1640. Chapelain parlait de lui avec une sympathie amusée. Mais à cette époque les querelles du *corps* et de l'*anticorps* brouillèrent, et pour toujours, Voiture et Chapelain. Il faillit même alors s'attirer une disgrâce définitive. Julie, un moment blessée de ses libertés, lui avait pardonné, mais Mme de Rambouillet se plaignit de lui, « de ses suffisances et négligences », comme disait Chapelain.

Désormais, Chapelain ne manqua plus une occasion de médire de Voiture. Ordre était venu aux Académiciens d'assister aux séances ou de se démettre. Voiture, qui n'y venait jamais, s'y montra, pour la première fois, assidu. Chapelain s'en moqua. Il eut soin aussi d'apprendre à Balzac que lorsque Voiture avait porté aux nues la *Roxane* de Des Marests, il ne pensait pas un mot de tout ce qu'il avait dit, et qu'il avait seulement voulu plaire à Richelieu. Voiture n'était à ses yeux qu'un homme frivole, ambitieux, toujours prêt à nouer des intrigues. Cette hostilité de Chapelain pour le poète aura des répercussions lointaines et retentira dans les discussions et les polémiques littéraires des vingt années qui suivront.

Bensserade [1]

La nouvelle galanterie trouva un autre poète en **Bensserade**. Isaac Bensserade a été baptisé dans la religion catholique à Paris, le 5 novembre 1613. Mais quoique l'érudition récente ait tendance à rejeter la tradition du XVIIe siècle, on peut se demander s'il n'était pas né à Lyons, dans le Vexin Normand, l'année précédente, et dans la religion protestante. Les bruits les plus divers ont couru sur sa famille, mais d'après son acte de baptême, il était fils de noble homme Henry de Bensserade, gentilhomme, seigneur de la Garenne. De la petite noblesse par conséquent.

Il fit ses études au collège de Navarre, mais il profita peu. Il eut toute sa vie la réputation d'être « de peu de savoir », et l'on disait que lorsqu'il étudiait en Sorbonne, il quittait les cours avec le marquis d'Armentières, pour aller assister aux représentations de l'Hôtel de Bourgogne. Il se passionnait dès lors pour la comédie, et surtout pour une comédienne, la Bellerose.

Orphelin de bonne heure, il se trouvait dans une situation fort embarrassée. Richelieu, semble-t-il, s'intéressait à lui, et l'aurait poussé dans la carrière ecclésiastique, s'il s'y était prêté. Mais le jeune Bensserade aimait trop le théâtre pour faire un abbé possible.

En 1634, il fut reçu à l'Hôtel de Rambouillet et s'y fit assez remarquer pour que Voiture en fût informé à Bruxelles et s'inquiétât des succès de cet « Abencérage ». Y demeura-t-il ? On ne saurait l'affirmer, et s'il continua d'y être reçu, il n'y tint à coup sûr qu'une place fort modeste, car sa présence n'a

---

(1) On consultera sur lui les notices de Lachèvre, de Goujet, XVII, p. 287, et de Jal. Niceron a donné la bibliographie de ses œuvres, XIV, p. 314. — Bensserade a varié dans la manière d'écrire son nom. Il signe Bensseradde en 1636. Le plus souvent il signe Bensserade. A la fin de sa vie, il simplifie encore, et signe Benserade (*R. H. L.*, 1899, p. 167).

laissé aucune trace, ni dans la correspondance de Chapelain, ni dans aucun témoignage que nous possédions sur la vie de l'Hôtel. Gageons qu'en réalité Voiture, revenu de Bruxelles, sut se débarrasser de l'importun.

Il a fait lui-même son portrait. Il ne témoigne pas d'un excès de modestie. S'il faut l'en croire, il était « gay, blanc, délicat et blond ». Pour tout dire, il était plutôt rousseau, et il le savait bien. Un jour, en envoyant son portrait à une dame, il lui écrivait, non sans esprit :

Et jusques à son poil, tout vous montre son feu.

Il était beau d'ailleurs, et dans le cercle de ses amis, on l'appelait « le beau Bensserade » (2). Un pli qui lui barrait le front, un visage expressif, une large carrure, la vue basse complètent le portrait.

Au moral, il était audacieux, entreprenant, trop fortement décidé à réussir pour être vraiment délicat. Il n'avait pas la finesse de Voiture : « Sa familiarité même avait quelque chose d'impérieux », écrit l'abbé Tallemant. Il n'admettait aucune critique, et se laissait aller à d'étranges emportements contre ceux qui se permettaient de le reprendre. Il réussissait pourtant à la Cour parce qu'il était diseur de bons mots. Ceux qu'on rapporte de lui étonnent d'ailleurs par leur brutalité. Mais on lui pardonnait parce qu'il avait attrapé le ton de la nouvelle galanterie. Il savait dans ses vers introduire une allusion plaisante, et lorsqu'il s'adressait à une femme, il savait la flatter avec esprit.

Il réussit à se faire une coquette fortune et, comme on disait alors, il était fort accommodé. Mais il n'oubliait pas ses débuts difficiles, au temps où une dame qui s'intéressait à lui, lui envoyait, pour qu'il se chauffât, « une voie de bois ».

On est tenté de ne voir en lui qu'un amuseur, et l'impression n'est pas entièrement fausse. Encore faut-il la préciser

(2) f. fr. 19145, fº 85.

et y apporter des nuances. Il est lié, surtout à l'époque qui nous occupe, avec des gens fort sérieux. Il est en relation avec Chapelain, d'Aubignac, Patru et d'Ablancourt. Il appartient, avec eux, à un groupe d'amis qui s'appellent la Brigade (3). Il est l'ami de Mme de Saintot, qui est la sœur de Vion d'Alibray et l'appui de la famille Pascal. Il se montre plein d'attentions pour les deux fillettes de Mme de Saintot et pour leur compagne, Jacqueline Pascal. On le voit qui s'intéresse aux débuts poétiques de ces enfants charmantes et précoces. En 1638, Jacqueline avait treize ans. Elle composait déjà des vers pour une dame amoureuse de Tircis. Bensserade lui répondit. Vers la même époque, il écrivit une pièce de vers à « la petite Saintot » pour la prier de composer un rondeau. La fillette, aussitôt, satisfit à sa requête.

En même temps qu'il s'amusait à ces bagatelles, il était le compagnon de d'Alibray, de Le Pailleur, de Saint-Amant, c'est-à-dire d'une société moins aristocratique sans doute, mais certainement plus ouverte, plus savante, plus réellement sérieuse que celle de l'Hôtel de Rambouillet. Comme eux tous, il fréquente le musicien Lambert, et comme la plupart des poètes de cette génération, il s'intéresse aux rapports de la littérature et des beaux-arts.

On voudrait étudier l'œuvre poétique de Bensserade à l'époque qui nous occupe. Mais si même on réussissait à dater avec certitude les pièces qu'il composa alors, la matière serait insuffisante. Car de toute évidence, c'est le théâtre qui l'occupait. Coup sur coup, il fit jouer cinq pièces de théâtre, et cette activité l'absorbait trop pour qu'il pût se donner franchement à la poésie galante. Ce qu'il compose alors n'est que le prélude de ce qu'il donnera plus tard au temps de Mazarin et pendant les trente premières années du règne de Louis XIV.

(3) Elle comprend avec Montreuil l'aîné et Le Pailleur, Patru, d'Ablancourt, Bensserade, D'Aubignac, Chapelain et d'autres qui ne sont pas nommés (ms. f. fr. 19145, f° 85).

Chapitre IV

LE ROMAN

Si l'histoire littéraire se bornait, comme il serait naturel, aux œuvres demeurées vivantes, il n'y aurait pas lieu de parler ici du roman français entre 1627 et 1642. Aucune des œuvres écrites durant cette période ne se lit plus, ni sans doute ne mérite d'être lue. On devra donc passer vite. Encore faudra-t-il dire quelques mots des œuvres les plus notables, du genre, de son évolution, des directions diverses dans lesquelles il se développe. Car s'il ne s'est pas trouvé, dans cette période de quinze ans, d'écrivain supérieur, ni d'œuvre qui s'impose encore à nous, il n'en faut pas conclure que le genre reste sans histoire, et qu'il ne se transforme pas sous l'action des goûts et des conditions du temps (1).

Les Influences

Plusieurs influences se révèlent actives. Certaines sont anciennes, et ne font que continuer l'époque précédente. C'est ainsi que la tradition du roman de chevalerie inspire encore les auteurs. On compose encore, après 1627, des histoires de géants et de monstres fantastiques. Il s'en trouve jusque dans les ro-

(1) Voir H. Körting, *Geschichte des französischen Romans im XVII* Jahrhundert*, 2 vol., 1885, et M. Magendie, *Le roman français au XVII* siècle de l'Astrée au Grand Cyrus*, 1932. On possèd¹ un excellent répertoire des romans parus à cette époque, R.-C. Williams, *A bibliography of the seventeenth century novel in France*, New-York, 1932.

mans d'allure moderne, où elles détonnent étrangement. Les lecteurs anciens, habitués à en trouver de semblables dans la littérature antérieure, n'éprouvaient pas le même étonnement que nous.

L'antiquité reste une source essentielle du genre romanesque. Les romanciers exploitent les *Moralia* de Plutarque et la *Cyropédie*. Mais surtout les *Ethiopiques* d'Héliodore continuent d'être à leurs yeux le modèle parfait et définitif du roman. Ils se rendaient compte de cette influence acceptée, et Balzac, en 1629, écrivait en tête de l'*Histoire indienne* de son ami Boisrobert : « Pour les autres romans, ce ne sont la pluspart que des Héliodores desguisez, ou, comme disoit feu M. l'évesque d'Aire, des enfants qui sont venus du mariage de Théagène et Chariclée, et qui ressemblent si fort à leur père et à leur mère qu'il n'y a pas un cheveu de différence. »

Les romans italiens sont également connus, traduits, exploités. On publie des traductions de l'*Eromène* de Biondi, de la *Stratonice* et de l'*Almerinde* de Luca Assarino, du *Crétillée* de Manzini, de la *Dianée* de Loredan (1). On leur reproche à vrai dire « l'ennuyeuse répétition de mots », les puériles antithèses, la métaphore poussée jusqu'au galimatias. Mais le public les lit, et nos écrivains les imitent. Ils ne font d'ailleurs que reprendre leur bien, s'il est vrai, comme le pensent les historiens italiens, que la *Caritée* de Gomberville ait été à l'origine de leurs romans héroïques et galants.

La littérature espagnole (2) agit dans un sens double et à première vue contradictoire. Elle a donné les exemples les plus parfaits du romanesque : aventures invraisemblables, sentiments quintessenciés, atmosphère d'amour, de galanterie, d'hé-

---

(1) Manzini écrit : « La Francia traduce tutti i miei scritti nella sua lingua ». Voici les dates des romans cités et de leurs traductions : L'*Eromène*, 1631 et 1635, la *Stratonice*, 1637 et 1643, l'*Almerinde*, 1640 et 1646, le *Crétidée*, 1637 et 1643, la *Dianée* 1637 et 1642.

(2) Voir G. Hainsworth, *Les Novelas exemplares de Cervantes en France au XVIIᵉ siècle*, Paris, 1933.

roïsme chevaleresque. La *Bibliothèque des Romans,* en 1776, écrit très justement : « Cet amour délicat, circonspect, qui chemine si lentement qu'il n'arrive à ses fins que par une longue suite d'événements extraordinaires, ces jalousies raffinées, ces tracasseries sans fondement, tout cela nous est venu des Espagnols. » L'œuvre où s'exprime de la façon la plus nette cette conception de la vie et de l'art, les *Guerres civiles de Grenade,* de Perez de Hita, a été traduite en 1608. On en retrouve l'influence directe dans le *Polexandre* de Gomberville.

Mais en même temps, et dans un sens tout contraire, les romanciers et les novellistes espagnols nous ont fait connaître des œuvres romanesques où l'intérêt jaillissait de l'observation des mœurs. Le roman picaresque d'une part, certaines nouvelles réalistes d'autre part, répondaient trop bien aux tendances naturelles de l'esprit français vers l'étude morale, pour ne pas provoquer chez nous un mouvement en ce sens. Sorel, dans sa *Bibliothèque françoise,* rappelle l'influence que les nouvelles anciennes de Boccace et de l'*Heptaméron,* puis celles de Bandello, avaient exercée sur les premiers développements de la littérature « vraisemblable ». Puis il ajoute : « Mais les Espagnols nous en donnèrent de plus naturelles et de plus circonstanciées. » Les deux écrivains qu'il nomme sont Cervantes et Montalvan.

Il semblerait qu'en France, après le succès de l'*Astrée*, le roman pastoral dût connaître une vogue exceptionnelle. Ce fut le contraire qui se produisit. A partir de 1627, le roman d'Honoré d'Urfé n'inspire plus guère les romanciers. Faut-il penser que son triomphe avait été trop complet, et qu'il avait épuisé les ressources du genre pastoral ? Faut-il croire plutôt que le *Berger extravagant* a suffi pour ruiner l'influence du chef-d'œuvre ? Ces deux causes ont pu jouer. On admettra de même qu'entre 1627 et 1632 les écrivains se sont tournés plus volontiers vers la pastorale dramatique que vers la pastorale romanesque, par un phénomène semblable à celui qu'on avait observé en Italie au XVIe siècle.

Mais la cause sans doute la plus efficace doit être cherchée dans les développements politiques et sociaux de l'époque. La France, après 1630, vit dans une atmosphère où les lentes analyses sentimentales ne suffisent plus à éveiller l'intérêt. Le goût de l'action, l'héroïsme, l'esprit d'aventure et l'esprit guerrier sollicitent la nouvelle génération. Lorsque la guerre sera déclarée, il n'y aura plus guère de place pour une littérature de bergeries.

Le Roman de Chevalerie

Ces diverses influences déterminent l'existence, dans le genre romanesque, de plusieurs espèces nettement distinctes. L'une d'elles ne mérite guère d'être notée que pour le témoignage qu'elle apporte sur la persistance des goûts anciens. On continuait à imprimer des livres de chevalerie. En 1615, on avait publié le XXIIe livre d'*Amadis de Gaule*. On trouva un public pour un XXIIIe et un XXIVe livres. En 1629, Marcassus publia l'*Amadis de Gaule* dédié à Gaston d'Orléans. On réimprima en 1626 *Huon de Bordeaux* et en 1632 *Gérard d'Ephèse*. Ces rééditions sont d'ailleurs adaptées au goût moderne. C'est ainsi que dans l'*Amadis,* le rôle de Dariolette, jugé immoral, disparaît. Il est remplacé par celui d'une gouvernante anonyme et insignifiante. A partir de 1626, un obscur et fécond écrivain, Du Verdier, devint le grand fournisseur de romans de chevalerie.

Le Roman Pastoral

Si le public se détourne du roman pastoral, le genre ne disparaît pas entièrement. Quelques œuvres paraissent encore : en 1624, la *Diane* de Du Verdier et la *Mélante* de Videl, en 1628 la *Diane des bois* de Préfontaine, et en 1631 la *Solitude amou-*

reuse de Beaulieu. On signale encore les romans de G. du Broquart, *La Bellaure triomphante* (1630-1633) et le *Jugement d'Archidiane* (1642). *L'Arcadie françoise de la nymphe Amarylle* n'est qu'un démarquage des *Bergeries de Juliette*. Le titre indique l'intention d'exploiter le succès de l'*Arcadie* anglaise de Philip Sidney (1).

Le Roman d'Aventures

Lorsque Sorel, dans sa *Bibliothèque françoise*, trace le tableau de la littérature romanesque à l'époque moderne, il ne connaît guère que deux catégories de romans. Le *roman héroïque*, chez lui, enveloppe toutes les œuvres qui ne se consacrent pas à la peinture des mœurs contemporaines. Un historien allemand a repris la même division, avec une formule légèrement différente, et il groupe sous le nom de romans héroïques et galants les œuvres d'inspiration romanesque. Mais l'érudition plus récente a été amenée à distinguer de façon nette, dans ce genre héroïque, deux sortes d'ouvrages très différents, les romans d'aventures et les romans épiques.

Le roman d'aventures a été extrêmement vivace à l'époque de Louis XIII. Il satisfaisait les goûts du public par sa combinaison d'esprit chevaleresque et de galanterie moderne. Ses héros avaient les mêmes aventures, accomplissaient les mêmes prouesses, déployaient les mêmes vertus que les chevaliers d'autrefois. Mais à ces vertus anciennes, ils joignaient les élégances et les raffinements du gentilhomme et du courtisan. Le roman d'aventures répond exactement à la tragi-comédie.

(1) La traduction a paru en 1624-1625. Elle est l'œuvre de Baudoin. Dans le même temps, un éditeur en préparait une autre. M. Magendie a soutenu que l'*Arcadie* n'avait trouvé en France qu'un accueil médiocre. Mais un texte de Camus prouve qu'à la Cour au moins, le succès fut très vif.

On ne s'étonnera donc pas de la vogue de ces romans. Il en parut trente-cinq entre 1620 et 1642. Encore faut-il préciser. C'est surtout de 1620 à 1630 qu'ils sont nombreux. On en compte vingt-quatre de 1620 à 1629, et onze seulement de 1630 à 1642. Parmi les causes diverses de ce recul, il faut citer en première ligne les succès croissants du théâtre. En 1634, Corneille fait dire, à l'un de ses personnages, dans la *Galerie du Palais* :

> *Mais on ne parle plus qu'on fasse des Romans,*
> *La mode est à présent aux pièces de théâtre.*

Un érudit a prétendu montrer que Corneille se trompait. Une vue d'ensemble de la production romanesque prouve au contraire que le fait était exact.

Mais peut-être faut-il tenir compte de causes diverses. La décadence du roman d'aventures correspond approximativement aux progrès de la tragédie et de la comédie de mœurs, à un recul relatif de la tragi-comédie. De 1625 à 1634, celle-ci avait dominé seule la scène française. A partir de 1634, les deux autres genres ressuscitent et reprennent leur place dans le goût du public. De la même manière, le roman d'aventures voit se développer des formules romanesques différentes, et notamment ce que l'on a appelé le roman épique.

Le Roman Epique

Il se distingue de l'autre par des traits essentiels. Il prétend s'appuyer sur l'histoire et mettre en scène des héros comme Alexandre, Mithridate, Titus et Soliman. Il leur prête des aventures romanesques, mais l'aventure prend son point d'appui dans l'histoire. L'écrivain tire sa matière des historiens anciens. Puis il imagine ce qu'il est vraisemblable que les héros aient pensé, les paroles qu'ils ont dû prononcer, les exploits qu'ils ont dû raisonnablement accomplir. Des développements vraisemblables, sur une trame fournie par l'histoire, voilà la définition du roman épique (1).

Pour la forme, il prétend constituer une sorte d'épopée en prose. Les épopées modernes, si nombreuses dans la littérature italienne des XVIᵉ et XVIIᵉ siècles, fournissent aux romanciers les modèles du roman épique, l'emploi du vers mis à part. Même ampleur des tableaux, même surabondance des épisodes, même richesse confuse de l'action. Même mélange d'éléments merveilleux et d'histoires « vraisemblables ».

Cette nouvelle formule répondait très exactement à l'évolution politique et sociale. De 1630 à 1640, l'esprit aristocratique et l'esprit guerrier, tous deux solidaires, se développent de façon visible, sous l'action de la politique gouvernementale et de la guerre étrangère. La grande vie, ce n'est plus l'aventure, ce ne sont plus les enlèvements, et les duels, et les coups d'épée échangés avec des bandits sur les routes. C'est la guerre. La guerre des chefs d'armée, telle que la comprennent Montauzier ou Saint-Aignan par exemple, telle que va la comprendre et la faire bientôt le grand Condé. Comme on l'a dit justement, au sommet du roman épique, il y a le héros, qu'il s'appelle Mithridate ou Alexandre. Au-dessous de lui, les roitelets de Grèce ou d'Asie, les princes et les dignitaires de leurs états. Plus bas, à une distance infinie, le peuple, comparse « collectif, anonyme et méprisé ». Il fournit les armées nécessaires au magnanime amant pour reconquérir une maîtresse adorée, et se juge fort honoré de mourir pour une cause si belle.

Cette littérature guerrière et aristocratique affiche naturel-

---

(1) On ne peut imaginer meilleure formule que celle de Luca Assarino en tête de l'*Armelinda* (1640) : « Io, no alterando parte alcuna del testo di Giustino, sono andato sovra di esso fabbricando la serie di quegli avvenimenti ai quali é verosimile che potessero incontrar Astiage e Mandane » et ceci encore : « Emmi paruto meglio il favoleggiare sulle istorie che l'istoriare sulle favole ». (Cité par Belloni, *Il Seicento*).

lement les sentiments les plus sublimes. Ces conquérants ont des sentiments dignes de leur grandeur. Le roman d'aventures ne craignait pas une certaine brutalité. On n'a rien à redouter de pareil de la part des romans épiques. La vraisemblance est fort maltraitée chez eux, mais l'élévation des sentiments y est au-dessus de tout éloge.

Si étonnant que ce rapprochement puisse paraître, la vogue du roman épique répond à celle de la tragédie. Même caractère aristocratique, même dédain de tout ce qui ne porte pas le titre de roi, ou de prince, ou de chef d'armée. Même souci et même prétention de s'appuyer sur l'histoire. Même combinaison d' « intérêts d'Etat » et d'intrigues romanesques. Même effort pour dépasser et enrichir l'histoire en faisant appel au « vraisemblable ». Le roman d'aventures répondait à la tragi-comédie. Le roman épique s'est substitué à lui dans le même temps, et pour les mêmes raisons que la tragédie prenait place aux côtés de la tragi-comédie, par une évolution orientée dans le même sens.

Le relevé des romans épiques, entre 1627 et 1642, prouve les progrès du genre. En 1627 parut l'*Histoire africaine* de Gerzan en trois volumes (2). Quelques œuvres d'importance moin-

(2) François de Gerzan a publié l'*Histoire africaine* en 1627 et l'*Histoire asiatique* en 1634. Ses romans offrent un double intérêt. Ils manifestent la naissance du roman historique, un premier effort pour détourner le roman des chemins de la fantasmagorie et l'appuyer, comme dit Gerzan, sur « la géographie, l'histoire et la chronologie ». Une histoire singulièrement conçue d'ailleurs, et l'on a dit que les anachronismes de l'*Histoire africaine* faisaient dresser les cheveux sur la tête du lecteur averti. Gerzan ne se fait pas scrupule de développer, sur les canevas fournis par l'histoire, des récits romanesques tirés ou imités de l'*Amadis* ou des romans grecs. On a relevé chez lui des imitations d'Héliodore, de Jamblique et de Xénophon d'Ephèse. L'historien trouve dans les romans de Gerzan une autre source d'intérêt. Il était alchimiste, et Sorel, dans *Polyandre*, l'a peint sous les traits de l'alchimiste Théophraste. Il était l'ami de Descartes et a assisté, à côté de lui, à la fameuse conférence chez Bérulle. Il a dans ses livres développé certaines de ses vues. Comme Descartes, il prétendait allonger la vie humaine et trouver le moyen de conserver aux hommes une éternelle jeunesse. En attendant, il enseignait aux femmes l'art de garder leur beauté par le moyen de l'huile de talc.

dre parurent encore dans le cours des années suivantes. Mais en 1641, Scudéry publia son *Ibrahim* en quatre volumes, et en 1642 La Calprenède commença de publier son roman de *Cassandre*, vaste épopée en dix volumes (1642-1645). A partir de ce moment, le roman épique connut sa plus grande vogue. Il sera étudié dans un prochain volume.

Le Roman de mœurs modernes

On serait tenté d'opposer au roman héroïque le roman réaliste, et le terme serait exact si André Mareschal avait eu des imitateurs et si la *Chrysolite* avait inspiré des œuvres du même ordre. Mais l'effort de Mareschal resta isolé. Charles Sorel a donné des faits une description bien plus juste. Les romans héroïques, dit-il, racontent des aventures anciennes. Mais beaucoup de lecteurs préfèrent des histoires qui se passent de notre temps. Il cite alors, entre autres œuvres, l'histoire de *Lysandre et Caliste,* le *Palais d'Angélie* et l'*Exil de Polexandre*. Or, ces œuvres contiennent des éléments romanesques caractérisés. Mais elles se distinguent en ceci que l'action et les personnages sont modernes et français. L'histoire de *Lysandre et Caliste* est un bon exemple de cette combinaison d'éléments réels et de romanesque. L'auteur, Rosset, y décrit des combats de femmes qui se déroulent sur la Place Royale au temps d'Henri IV. Ce qui, observe justement Sorel, « ne pourroit estre arrivé sans qu'on le sceust ». Beaucoup de romans de Camus placent des aventures romanesques dans un cadre de mœurs françaises et modernes.

Si donc on renonce au terme impropre de réalisme, on s'aperçoit qu'il a existé au temps de Louis XIII toute une tradition de romans qui répondent à la préoccupation observée par Sorel. Une étude sur le roman de cette époque en compte vingt-cinq entre 1623 et 1642, et si l'on analyse le détail de cette statistique, on s'aperçoit que cette catégorie n'a pas subi le même recul que le roman d'aventures, et que sa vogue a duré de façon constante à travers cette période de vingt ans.

Plusieurs auteurs ont même poussé le souci de la crédibilité jusqu'à joindre à leurs histoires une clef avec les noms des personnages réels dont ils ont conté les aventures. Nous avons, par leurs auteurs, ou par des notes de lecteurs anciens, la clef de la *Chrysolite* (1627), du *Roman de la Cour de Bruxelles* (1628), de *Floridor et Dorise* (1633) et de *Céfalie* (1637).

Le Roman comique [1]

Tout à fait différent de ces œuvres sérieuses, le roman comique produit quelques livres, très peu nombreux d'ailleurs. En 1632, Du Verdier publia le *Chevalier hypocondriaque* qui prétend imiter *Don Quichotte*. En 1637, Du Bail publia le *Gascon extravagant, histoire comique*. L'imitation des romans picaresques y est visible, mais n'enlève rien au très vif intérêt de l'œuvre, surtout en sa partie centrale. Cette vie d'un authentique *picaro* français, ses aventures, la description d'une prison, la peinture des mœurs d'une troupe de comédiens ambulants, ne réussirent pas cependant à éveiller l'intérêt du public français, et Du Bail ne donna pas à son livre la suite qu'il avait projetée et promise.

La Nouvelle

La nouvelle se présentait à cette époque sous une double forme. D'une part, la tradition de Boccace et de Bandello, au

[1] Voir dans G. Reynier, *Le Roman réaliste*, déjà cité, une très intéressante analyse du *Gascon extravagant*, p. 253-265.

dessin net et sec. De l'autre, la nouvelle espagnole, avec ses thèmes romanesques, ses formes amples, l'excessif raffinement de
son style. En Italie même, la manière des Espagnols avait pénétré au début du siècle, et Celio Malespini, dans son recueil de
1609, avait pratiqué les deux manières. Un peu plus tard, Bru-
soni et Loredan avaient suivi son exemple.

Un genre particulier se développait en même temps, celui
de la nouvelle mauresque. Elle pénétra en France dès la fin du
XVI⁰ siècle. En 1592, la nouvelle d'*Abindarraez y Xarifa* figure
dans la traduction française de la *Diana*. Celle d'*Ozmin y Da-
raja* est traduite avec *Guzman d'Alfarache*. Lorsque les *Novelas
exemplares* de Cervantes furent traduites en 1615, l'éditeur y
joignit une imitation française de la nouvelle mauresque, l'*Histoire de Dias et Quixaire* (1). Vers 1630, Voiture composa, lui
aussi, une nouvelle mauresque, l'*Histoire d'Alcidalis et Zélide,*
qu'il ne publia pas, mais qui fut très lue et admirée dans les
cercles galants (2). L'*Eugène* de Camus s'inspire également de
la nouvelle mauresque.

D'autres nouvelles espagnoles pénétraient en France. Outre
celles de Cervantes, traduites en 1615, le public français put
connaître les *Novelas morales* de Diego Agreda y Vargas, traduites en 1621 par Baudoin, un an après leur publication en
Espagne. En 1628, Nicolas Lancelot publia un recueil de *Nou-*

(1) L'auteur de cette nouvelle est Louis Gedoin, sieur de Bellan. Voir sur
lui Hainsworth, *op. cit.*, p. 113 sqq., Bellan est consul de France à Alep en
1623. Il est en 1629 à Corfou et à Venise. En 1615 les *Délices de la poésie
françoise* avaient publié huit pièces de lui. L'une d'elles est la traduction
d'une chanson espagnole (Lachèvre, I, p. 102-103).

(2) On trouvera l'analyse du roman de Voiture dans E. Magne, *Voiture
et l'Hôtel de Rambouillet*, I, p. 104, avec l'histoire du texte. L'intrigue serait
de l'invention de Julie d'Angennes, et Voiture se serait borné à écrire sur le
canevas que Julie lui aurait fourni. C'est également Julie qui aurait fourni
le modèle de Zélide. Le roman resta inachevé, et Julie en conserva le
manuscrit jusqu'en 1658. C'est à cette date seulement qu'elle accepta de le
communiquer à Pinchesne, pour l'édition des œuvres de son oncle Voiture.

velles tirées de la littérature espagnole. L'ouvrage de Montalvan, *Sucesos y Prodigios de Amor*, paru en 1624, ne fut traduit qu'en 1644 par Rampalle. Mais il fut, dans le texte espagnol, goûté de nombreux lecteurs, et comme il poussait à l'extrême l'inspiration romanesque, c'est dans ce sens qu'il agit.

On aurait pu croire que dans ces conditions, les recueils de nouvelles se multiplieraient. Le genre fut au contraire abandonné. Entre les *Nouvelles françoises* de Sorel en 1623, et celles de Segrais en 1656, le public se contenta de lire des traductions de nouvelles étrangères.

Gomberville

Parmi les écrivains qui se consacrèrent alors au genre romanesque, les personnalités un peu vigoureuses sont rares. La plus forte fut, sans aucun doute, Marin Le Roy de Gomberville. Il a été question de lui dans le chapitre consacré à la poésie. Si l'on met à part un éloge de la vieillesse qu'il publia lorsqu'il avait quinze ans (1), il avait fait ses débuts dans les *Délices* de 1620. On a dit plus haut ses attaches avec le parti religieux et les ressemblances qui éclatent entre ses poésies et certaines pièces de Théophile. Ces deux traits s'accordent mal, mais ne sont peut-être pas sans explication (2).

Sa vie est peu connue. Il était devenu, à une date que nous ignorons, le familier du marquis de Liancourt et de sa femme. Le P. Rapin nous apprend que l'abbé de Bourzeys pénétra à

(1) Ce livret de cent dix quatrains et de huit sonnets a paru en 1614 sous ce titre : *Tableau du bonheur de la vieillesse opposé au malheur de la jeunesse, composé en quatrains par Marin Le Roy.*

(2) Cette influence de Théophile apparaît à la fois dans les poésies de Gomberville, dans ses théories historiques et dans son curieux éloge du désordre dans l'art. Elle s'expliquerait à merveille si ses relations avec l'hôtel de Liancourt ont commencé en 1620. Aucun texte ne vient confirmer, ni infirmer cette supposition.

l'hôtel de Liancourt « par l'intrigue de Gomberville qui y avait de l'accès et même du crédit en qualité de bel esprit ». C'est ce qui explique qu'il ait fini par s'orienter de plus en plus nettement vers le jansénisme.

L'image d'un Gomberville vieilli et dévot nous masque le Gomberville des premières années, alors que l'influence de Théophile gardait encore toute sa force. Sa vocation, semble-t-il, était de publier de savants ouvrages d'histoire. Elle fut contrariée par son impatience, par son refus de tout effort méthodique et prolongé. Il pensait et travaillait par inspiration, et se détachait d'un projet dès qu'il en avait tracé les grandes lignes. Il s'est expliqué avec désinvolture dans une page curieuse, qui rappelle de très près un développement semblable de Théophile. « Un grand dessin ne me desplaist pas, déclare-t-il, pour ce qu'il est bientost imaginé : mais l'exécution m'en est insupportable, pour ce qu'il y faut beaucoup de temps, beaucoup d'attention, beaucoup de servitude et beaucoup d'ordre. » Il avoue qu'une certaine négligence n'est pas pour le rebuter : « Je n'ay jamais eu d'aversion pour les belles femmes. Cependant j'aime si fort la négligence et l'inégalité que je trouve à redire en toutes celles qui sont tousjours si concertées, si régulières et si exactes en leurs ajustemens qu'on les prend pour des peintures du Pont Nostre Dame plustost que pour des beautez vivantes. » Il termine par cette déclaration cavalière : « L'irrégularité de mon esprit ne peut souffrir ces importunes et perpétuelles justesses. Il se plaist au désordre. Il aime les déreiglements » (3). L'influence de Théophile est ici visible, et révèle ce qu'elle pouvait avoir de dangereux lorsqu'un esprit naturellement confus comme Gomberville prétendait s'en inspirer.

Chose curieuse, ce partisan du désordre fut de l'Académie.

---

(3) On a reconnu ici les déclarations de Théophile dans l'*Elégie à une dame* :

> *La règle me desplait, j'escris confusément,*
> *Jamais un bon esprit ne fait rien qu'aisément.*

et l'un des plus exigeants défenseurs du purisme. Il s'associa à la proscription des vieux mots. Il se rendit célèbre, en 1637, par ses diatribes contre la conjonction *car*. On se moqua de lui. Lorsque La Mothe le Vayer s'en prit aux excès du purisme, Gomberville se fâcha, et Chapelain parle dans sa correspondance d'une sorte de guerre qui se préparait contre l'imprudent auteur des *Considérations sur l'Eloquence françoise* (4).

Gomberville se consacra très tôt au genre romanesque. En 1619, il publia l'*Exil de Polexandre et d'Ericlée*, première forme de ce qui allait devenir son œuvre principale. En 1621, il fit paraître la *Carithée,* un gros volume de 735 pages. Le livre est dédié « aux belles et vertueuses Bergères ». Il offre, aux dires des érudits qui l'ont étudié, le plus extraordinaire mélange d'éléments pastoraux, historiques et chevaleresques. C'était déjà l'impression de Sorel. « Tout ce que j'en puis mettre icy, écrivait-il dans les *Remarques* du *Berger extravagant,* c'est qu'au commencement, l'on voit l'histoire de la mort du grand Pan, tirée de Plutarque, et après, les Amours de Germanicus et d'Agrippine, et au reste quelques amours des bergers de l'Isle heureuse. »

L'incohérence est plus grande encore que cette phrase de Sorel ne le ferait penser, car parmi les bergers de l'Ile heureuse, nous reconnaissons en même temps, Charles IX sous le nom de Cérinthe, Louis XIII sous l'anagramme du prince Sivol, avec, à ses côtés, son écuyer Sunīle, qui est Luynes. Mais Charles IX et Louis XIII, tout étonnés sans doute de se découvrir contemporains, ont la surprise plus grande de vivre à l'époque romaine, au temps de Germanicus, et qui mieux est, en Egypte.

Cette confusion ne doit pourtant pas tromper sur les intentions de Gomberville. Il voulut utiliser les riches connaissances qu'il avait acquises sur l'histoire du siècle précédent. S'il a parlé de Charles IX et de ses amours pour deux femmes que

(4) Lettre du 6 février 1639, I, p. 382.

Ronsard a célébrées, Astrée et Calirée (5), c'est qu'il avait spécialement étudié cette époque « qui est, disait-il, comme un abrégé et un renouvèlement de tout ce qui s'est passé dans les dix premiers siècles de cette monarchie. » De même sa connaissance des mœurs et des rites de l'ancienne Egypte est sérieuse et marque une véritable érudition.

Malheureusement, au milieu de traits exacts et pittoresques, les invraisemblances et les anachronismes abondent. Un berger amoureux grave ses plaintes sur l'écorce d'un arbre et il faut neuf pages d'imprimerie pour les reproduire. Germanicus provoque Gracchus en duel avec les formes en usage au temps de Louis XIII.

Après la *Carithée*, Gomberville revint à ses études historiques. Il voulait écrire une histoire des guerres civiles. Mais la duchesse de Lorraine, qui le patronnait, le pressa de refaire son *Polexandre*. En 1629, déférant à son désir, Gomberville publia une deuxième édition de l'*Exil de Polexandre* (6).

Il s'agissait d'un ouvrage nouveau. Le volume de 1619 était presque entièrement consacré à l'amour d'Aligénor et d'Eolinde. En 1629, Eolinde n'apparaît même plus. L'histoire de l'Inca Zelmatide et d'Izatide remplit la plus grande partie du livre. Izatide meurt à la page 454, et le reste du roman est consacré aux aventures de Polexandre qui finit par tomber grièvement blessé dans un duel sur la grand place de Copenhague.

On aurait pu croire que Gomberville en resterait là. Il ne

---

(5) Voir sur ces allusions l'article de G. Charlier, *Un amour de Ronsard*, *Revue du XVIe siècle* 1920, p. 123.

(6) Sur la date et le contenu des éditions successives du roman, voir l'article très important et très neuf de A. Constans et G. Van Roosbroek, *The early editions of Gomberville's Polexandre*, dans *Modern Language Review*, 1923, p. 302-308. Cette étude a révélé que la première forme du roman datait, non de 1629 mais de 1619 quand Gomberville, sous le pseudonyme d'Orile, anagramme de Le Roy, publia l'*Exil de Polexandre et d'Ericlée*. Gomberville avait raconté ses projets d'historien et les instances de la duchesse de Lorraine dans la préface des *Mémoires du duc de Nevers*.

Voir Ph. A. Wadsworth, *The Novels of Gomberville, a critical study of* Polexandre *and* Cythérée, New-Haven, 1942.

cessa au contraire de remanier son roman. En 1637, *Polexandre* comportait vingt-deux livres, en cinq gros in-octavos de 4.409 pages, et les éditions qui suivirent témoignent, dit-on, de l'effort toujours recommencé de l'auteur (7). « M. de Gomberville rhabille son romant pour la vingtiesme fois et fait toujours un ouvrage nouveau d'une mesme matière », écrivait alors Chapelain, et en janvier 1639, il annonçait à l'un de ses correspondants : « On m'a dit de M. de Gomberville qu'il pourroit bien encore rhabiller son romant, et lui donner une nouvelle scène. »

Les rares historiens qui ont pénétré dans ce monde romanesque ont insisté sur la difficulté d'en rendre compte. Gomberville n'a pas su, comme Honoré d'Urfé, ordonner la vaste matière de son œuvre. Les épisodes sont innombrables et souvent sans aucun rapport avec l'intrigue principale. Le centre de gravité de l'œuvre se déplace. Après avoir mis au cœur de son roman l'amour d'Aligénor et d'Eolinde, Gomberville prétend nous intéresser à un couple mexicain, Zelmatide et Izatide, au point de nous donner l'impression d'un roman nouveau artificiellement rattaché à une première histoire. Dans l'œuvre définitive, le centre du roman est formé par l'amour du héros Polexandre pour la princesse Alcidiane. D'autres raisons d'obscurité et de confusion viennent s'ajouter à celles qu'on vient de dire. Tantôt l'écrivain donne plusieurs noms à un même personnage, tantôt au contraire plusieurs rôles sont confondus sous un seul nom, et d'autres n'en portent aucun. Au total, il n'est pas certain que le romancier ait vu clair dans cette œuvre immense, plusieurs fois reprise et modifiée.

Cette confusion aggrave les effets d'une incohérence foncière. Gomberville n'a pas su choisir entre les différentes conceptions possibles de l'œuvre romanesque. Il les accueille toutes.

---

(7) Les cinq livres de *Polexandre* sont dédiés au Roi, à Richelieu, à Séguier, à Schomberg et à Liancourt. A en croire une tradition ancienne, Gomberville aurait peint Schomberg sous les traits de Bajazet, et Liancourt sous ceux de Zelmatide.

Son roman est d'abord roman d'aventures, au sens que ce mot peut avoir lorsqu'on l'applique à des œuvres de cette époque. Il abonde en pérégrinations, en récits de batailles et de tempêtes. Il transporte parfois le lecteur en plein merveilleux. Alcidiane habite une île enchantée. Ses innombrables amants portent des chaînes d'or, insignes de leur esclavage. Ils ont le privilège de pouvoir accéder à l'Ile inaccessible sur une embarcation tirée par un cygne, et de participer aux rites mystérieux du culte solaire.

Tandis qu'à certains moments l'auteur nous emporte dans un monde fantastique, d'autres parties du roman évoquent au contraire, avec une exactitude appliquée, des naufrages et des combats. On le sent fier alors de ses connaissances militaires et nautiques. De même il décrit le monde des corsaires et des frères de la côte, ou bien les mœurs des populations américaines. Gomberville, dans ces parties de son œuvre, prétend intéresser, chez le lecteur, une curiosité essentiellement différente des rêveries et des élans d'imagination qu'il entretenait dans d'autres chapitres du livre.

Toutes les traditions de la littérature romanesque se retrouvent dans cet ouvrage étrange. Celle de l'*Amadis de Gaule* est la plus visible. C'est aux romans du XVIᵉ siècle que Gomberville emprunte ses géants, ses monstres, les exploits de ses chevaliers. On le sent pourtant soucieux de réduire la part du merveilleux et de lui donner, quand il le rencontre, une explication naturaliste. Mais il ne parvient pas à se dégager de la tradition adoptée. De même il est incapable de voir le monde tel qu'il est et ne l'aperçoit que sous les oripeaux et les armures du Moyen Age chevaleresque.

L'influence des romans grecs a été également considérable. Gomberville, est-il besoin de le dire, a lu Héliodore, et il ne craint pas de lui emprunter plusieurs épisodes. Surtout la structure du roman rappelle les *Ethiopiques*. C'est le même entassement de péripéties, ce sont les mêmes naufrages, les mêmes pirates qui enlèvent les mêmes jeunes filles, les mêmes tempêtes qui jettent les héros sur des îlots déserts.

Malgré ces défauts et ces emprunts, l'œuvre de Gomberville a obtenu un très vaste et durable succès. Elle a joué un rôle important dans l'histoire du roman français. Elle a été le plus lu des romans d'aventures, et l'on peut dire sans exagération qu'elle a représenté le goût général du public français de 1630 à 1640 aussi pleinement que l'*Astrée* avait exprimé celui des dix années précédentes. Balzac a écrit : « *Le Polexandre* est à mon avis un ouvrage parfait en son genre. » Charles Sorel lui donne la première place parmi les romans héroïques. A l'en croire, *Polexandre* fut le premier roman français qui ait donné à notre littérature la supériorité sur les œuvres italiennes et espagnoles du même genre. Il loue dans cet ouvrage les inventions magnifiques, le langage fort, le savoir et l'art qu'on y remarque partout.

La génération des grands classiques a lu *Polexandre*. Boileau avoue, à sa confusion, qu'il a lu le roman de Gomberville et ceux qui lui ressemblaient : « Je les lus, ainsi que les lisait tout le monde, avec beaucoup d'admiration, et je regardais ces romans comme des chefs-d'œuvre de notre langue. » Il rougit de ces sentiments de son enfance. Mais La Fontaine ne désavouait pas les siens :

> *J'ai lu vingt et vingt fois celui de* Polexandre.

C'est que le roman de Gomberville, en dépit de son désordre et de son incohérence, offrait aux contemporains une matière pleine d'intérêt. Ils y trouvaient d'abord une ample et neuve peinture de l'état d'âme qui, vers 1655, recevra le nom de Préciosité. L'héroïne du roman, Alcidiane, est la première en date des Précieuses, et le modèle sur lequel les romanciers postérieurs ont composé le caractère de leurs personnages féminins, le modèle aussi que d'innombrables femmes ont prétendu réaliser dans leur propre vie.

Non pas qu'il soit impossible de trouver, dans la littérature antérieure, les traits dont est formée la physionomie d'Alcidiane. Sa sévérité, sa froideur rappellent celles d'Astrée. Mais ce sont, si l'on peut dire, les dimensions qui ne sont plus les mêmes. Astrée était une bergère, ou la fille d'un gentilhomme du Forez. Alcidiane est une princesse, une « grande reine », et les moindres mouvements de son esprit ont des proportions royales. Elle doit à sa dignité de les étaler sur des centaines de pages, d'affirmer son refus d'aimer dans les termes d'un orgueil olympien, et de céder finalement à l'amour avec la dignité d'une souveraine assiégée qui capitule entre les mains d'un prince rebelle et victorieux. Elle a toutes les complications d'âme des futures Précieuses. Elle est déchirée entre le sentiment de sa « gloire » et le tendre sentiment qui la porte vers Polexandre. Conflit qui nous paraît insensé, puisque cette gloire est pure chimère, exigence d'impossible pureté, refus d'accepter les conditions normales de la vie.

Il s'est trouvé pourtant d'innombrables femmes, et sans doute bien des hommes sensibles pour s'enchanter de ce vain héroïsme et de ces raffinements de conscience. Influence de la galanterie espagnole sans doute, et de ses subtilités, et de ses exigences romanesques. Mais aussi, et plus profondément, prise de conscience nouvelle, chez beaucoup de femmes, des servitudes de la vie conjugale. Avec le développement de la vie mondaine, la femme du monde voit dans le mariage un esclavage, et dans l'amour tel qu'elle l'observe, un principe d'asservissement. Alcidiane, vierge, et longtemps décidée à refuser le joug de l'homme, a exprimé l'idéal, les révoltes, les regrets et les rêves des premières Précieuses.

Elles trouvaient autre chose encore dans l'héroïne de Gomberville. Elle leur donnait l'exemple d'une âme tout occupée à s'observer et à se connaître. Alcidiane tient ce qu'on appellera à l'époque romantique son journal intime. Elle note ses inquiétudes, ses dépits, et jusqu'à ses rêves. Elle attache la plus grande importance aux fluctuations de sa vie intérieure, et ne croit pas perdre son temps à les étudier et à en fixer l'image dans ses carnets.

Polexandre avait, lui aussi, de quoi charmer. Il est le pur héros chevaleresque, avec les raffinements de la galanterie mondaine. Il est d'un courage sans limite, mais d'une humilité à l'endroit de la femme aimée, d'une soumission également illimitées. Il accepte de disparaître de la vue d'Alcidiane, comme Céladon de la vue d'Astrée. Sa sensibilité est extrême, et il lui suffit d'apercevoir des gens qui approchent Alcidiane pour s'évanouir d'émotion. Qui donc a pu croire que le XVIIIᵉ siècle avait inventé l'homme sensible ?

Ne rions pas de ces excès. On l'a dit très justement, Polexandre doit son importance au fait qu'il unit les caractères du héros de la tradition chevaleresque à ceux du gentilhomme, ou plus généralement de l'honnête homme, tel que les contemporains l'avaient compris. Il y avait là, s'il est permis d'employer un terme barbare, une « modernisation » du type ancien. Les lecteurs ne s'y trompèrent pas et applaudirent (8).

Ils prirent sans doute aussi un vif intérêt aux parties du livre qui décrivaient les mœurs des corsaires et celles des peuples de l'Amérique du Sud (9). Gomberville avait lu Gomara, Garcilaso de la Vega, le jésuite Acosta et peut-être Las Casas, toujours réédité à cette date. Ses lectures et sans doute des récits recueillis de la bouche de Saint-Amant permirent à Gom-

(8) Gomberville a parlé, dans la préface des *Mémoires du duc de Nevers,* du succès de son volume de 1629. Il lui valut, nous dit-il, de flatteuses amitiés, dans la noblesse. Mais il ressort de son récit que dans la Journée des dupes, le 11 novembre 1630, plusieurs de ses amis et de ses protecteurs perdirent leur crédit.

(9) Cette partie du roman a été étudiée par G. Chinard, *L'Amérique et le rêve exotique dans la littérature des XVIIᵉ et XVIIIᵉ siècles,* 1913. Aux sources écrites qui ont été citées, il est permis de se demander s'il ne faut pas joindre les relations personnelles qui s'étaient dès lors établies entre Gomberville et le grand voyageur que fut Saint-Amant. Celui-ci était le protégé de Liancourt, et Gomberville était l'hôte du marquis à cette date, puisque l'on prétend qu'il l'a peint sous les traits de Zelmatide. Gomberville a donc pu profiter des récits de voyage de Saint-Amant.

berville d'introduire dans son roman des éléments très neufs, bien faits pour piquer les curiosités et mettre en branle les imaginations. Son Polexandre est un marin, et Gomberville s'attarde volontiers à la description d'une tempête ou d'un combat naval. Ses corsaires ne sont pas d'honnêtes gens, mais de rudes aventuriers, braves et paillards. Le corsaire Bajazet est d'un caractère plus complexe, car le romancier prétend lui donner les vertus d'Henri de Schomberg, beau-père de son protecteur. Mais il n'est pas non plus une vague figure romanesque. Il domine aux Iles Canaries et guette de là les galions espagnols qui reviennent d'Amérique chargés d'or. Ou bien il traverse l'océan et se jette sur les peuplades pacifiques qui habitent les rivages du continent occidental. Polexandre, son prisonnier, l'accompagne dans ses expéditions (10).

Il est curieux d'observer, chez Gomberville, l'effort très sérieux vers la vérité locale, et la timidité pourtant de cet effort, une sorte d'impuissance à écarter de sa vision les images routinières du romanesque. Lorsqu'il décrit l'équipement de Zelmatide, fils du grand Inca, il note le bouclier en coton piqué, et le détail est infiniment curieux. Mais sur ce bouclier, il dessine un volcan en feu, avec une galante devise : « *Mon cœur conserve tout le sien.* » De même Izatide porte des brodequins de coquillage comme les femmes caraïbes, et les broderies de plumes qui avaient fait l'étonnement et l'admiration des voyageurs. Mais le reste de la description fait plutôt penser à une jeune beauté de la cour du Louvre.

(10) Chinard signale deux autres romans qui se déroulent en Amérique. Le plus curieux est l'œuvre d'Antoine du Périer, gentilhomme bordelais, et s'intitule les *Amours de Pistion* (1601). L'action se passe au Canada. A. du Périer y était allé. Malheureusement son livre est un mélange mal fait de souvenirs exotiques et d'une aventure romanesque traditionnelle. Il avait paru avec des pièces liminaires de Frédéric Morel et de Garnier. Des Escuteaux a écrit un roman exotique, les *Amours de Clidamant et de Marilinde.* Les amants font naufrage dans une île déserte, sèment du blé, construisent une demeure et des palissades comme le fera Robinson Crusoë.

Le succès de *Polexandre* encouragea Gomberville. A la fin de 1639 parurent les deux premiers volumes de son nouveau roman, la *Cythérée* (11).

Cette œuvre étrange prouve que le goût des lecteurs se tournait de plus en plus vers le romanesque et le merveilleux. Il y a là un phénomène, non pas français, mais européen. Les historiens italiens observent que les romans de Biondi, Loredan et G.A. Marini présentent des caractères d'invraisemblance croissante. Dans l'*Eromène* de Biondi en 1624, l'effort de vérité est sensible. Chez Loredan, il est moindre et les héros disposent de baumes miraculeux. Chez Marini, ils se battent avec des géants et des monstres. De même, en Espagne, les *Sucesos y Prodigios de Amor* de Montalvan traduisent un romanesque beaucoup plus marqué que les romans et nouvelles antérieurs.

La même évolution s'observe dans les romans de Gomberville. Le début de la *Cythérée* est à ce sujet caractéristique. Cythérée s'avance sur les flots, dans un grand coquillage que tirent des amours. Elle devait épouser malgré elle le roi Antiochus. Mais Vénus Uranie est intervenue, le temple s'est écroulé à l'heure de la cérémonie nuptiale, et Cythérée a pu s'échapper. Les aventures d'Araxes, le héros qu'elle aime, ne sont pas moins merveilleuses. Ce sont des histoires de monstres fabuleux, de malédictions divines qui pèsent sur des êtres innocents. Cythérée, vierge pure, terrasse le dragon qui tient Araxes prisonnier. Mais elle est enfin emmenée par des pirates. Le roman d'aventures, en 1640, reste dans la ligne de la tradition hellénique, mais développe de plus en plus fortement les éléments de merveilleux qu'elle contenait. Ce sont peut-être ces excès qui ont provoqué le succès du roman historique à partir de 1640.

(11) Le privilège est du 10 mai 1639. On a proposé des dates très différentes pour la publication du roman. Une lettre de Chapelain le 4 décembre 1639 nous apprend que les deux premiers volumes viennent de paraître (I, p. 535, n. 1). Le roman est dédié à la duchesse de Lorraine, comme l'avait été l'*Exil de Polexandre* en 1629.

Camus [1]

Jean-Pierre Camus est peut-être le plus fécond romancier de l'époque. Il était né à Paris le 3 novembre 1584, mais sa mère, Marie de Contes, était normande, originaire des environs de Rouen [2]. Son père, Jean Camus de Saint-Bonnet, avait, durant la Ligue, commandé pour le roi une petite place forte de Normandie. C'est dans un château normand, sur les bords de la Seine, qu'il passa une partie de sa jeunesse [3]. Il fut ensuite page de la chambre du Roi, et confié au duc Roger de Bellegarde, le même qui entretiendra Malherbe et se chargera de l'éducation du jeune Racan. Camus suivit les cours de l'Université de Paris, puis ceux d'Orléans. Il était alors amoureux d'une jeune fille de la Cour, qu'il appelle Saincte et qui avait été confiée aux soins de Mme de Guercheville, mère du marquis de Liancourt [4].

Le mariage, pourtant, ne se fit pas, et Camus se tourna vers la carrière ecclésiastique. Il faut croire qu'il disposait à la Cour des plus efficaces protections, car en 1608, à 24 ans, il fut nommé évêque de Belley. François de Sales le consacra l'année suivante, le 30 août 1609.

Il assura pendant vingt ans l'administration de son diocèse.

---

(1) Voir A. Bayer, *J.-P. Camus, sein Leben und seine Romane*, Leipzig, 1906, que l'on complétera pour les années de jeunesse par F. Rousseau, *L'autobiographie laïque de J.-P. Camus*, Paris, 1925. L. Lafuma, *Les histoires dévotes de J.-P. Camus*, 1940, contient de très précieuses informations.

(2) Les origines de Camus ont été étudiées dans un très savant article de Ch. Urbain, *Généalogie de J.-P. Camus, évêque de Belley*, R. H. L., 1917, p. 467 sqq.

(3) Ces renseignements sont tirés de l'*Alexis* de Camus. On n'a pas encore réussi à identifier le magnifique château de Poléritre qui appartient à Polygrane. Cette grande dame est veuve d'un homme qui a péri au service de la maison d'Albret, et qui en descendait. Une fille de Polygrane a été recherchée en mariage par André de Villars-Brancas.

(4) Camus raconte qu'il allait souvent voir Saincte à Saint-Germain.

Il revenait pourtant de temps à autre à Paris, et son pied-à-terre était l'hôtel de Liancourt, auprès du marquis et de sa mère, Mme de Guercheville. C'est pour cette raison sans doute que Camus a eu des relations personnelles avec les poètes du temps ; avec Théophile, par exemple, et avec Molière d'Essertine. C'est pour cette raison aussi qu'il prit parti dans la querelle de Goulu et de Balzac. Les Feuillants étaient la congrégation favorite de la marquise de Liancourt.

En 1629, Camus résigna son évêché. Le roi lui donna l'abbaye d'Aunay en Normandie. Il revenait donc dans ce pays qu'il pouvait considérer comme sa province natale. Un jour, l'archevêque de Rouen tomba malade. Camus accepta de rentrer dans l'administration active, et devint vicaire général d'un prélat dont le fâcheux caractère et l'esprit brouillon étaient connus. Louis XIV, en 1650, le nomma évêque d'Arras. Il mourut deux ans plus tard, le 25 avril 1652.

Camus est une des figures sympathiques de cette époque. On a conservé le jugement que son aîné François de Sales portait sur lui. Beaucoup de science et d'esprit, une mémoire immense, une modestie parfaite, un mélange de naïveté et de finesse, une piété solide, de la gaîté, de l'à-propos ; mais pas de mesure, pas de goût, il ne lui manquait que le jugement. Le portrait est charmant, complet, définitif. Né dans une famille qui, depuis des générations, avait compté tant de hauts fonctionnaires, Camus est d'abord le serviteur dévoué de l'Eglise de France et du royaume. Il remplit avec un zèle admirable les devoirs de sa charge. Mais par ailleurs, il ne songe qu'à apaiser et à réconcilier. Tout ce qui menace de diviser les sujets fidèles du Roi et de les jeter les uns contre les autres, tout ce qui sent le fanatisme lui est odieux. Il a pris la défense de Théophile et s'est porté garant de ses bons sentiments. Il a plaidé pour Molière d'Essertine. Il ne détestait que les trublions et les sectaires, les moines, comme il disait, et ce mot désignait, dans son esprit, non pas les bons Pères Feuillants, ni même tous les Jésuites, (il en avait un parmi ses frères), mais les gens du parti ultramontain.

Pour lutter contre l'influence pernicieuse des romans d'amour, Camus décida d'écrire des romans édifiants. Il écrivait avec une facilité merveilleuse et déplorable. Occupé tout l'hiver par les travaux de l'administration et de la prédication, tout le printemps par la visite de son diocèse, il consacrait à ses romans les semaines chaudes de l'été, et dans ce peu de temps, il trouvait le moyen, chaque année, d'écrire trois ou quatre romans. Il ne lui fallait guère qu'une nuit pour écrire une nouvelle, et quinze jours pour composer un volume de huit cents à mille pages. Ne croyons pas d'ailleurs qu'il fût alors aux travaux forcés. Bien au contraire, cette production plus que rapide l'amusait. J'entreprenais, a-t-il dit, cette besogne, « plutôt pour récréation ».

Sa mémoire, ses immenses lectures lui fournissaient une matière inépuisable d'histoires émouvantes et tragiques. Il avait lu et retenu Boccace, Bandello, Straparole, Cervantes. Il connaissait les poètes, les Italiens comme Pétrarque, toute notre Pléiade, et les contemporains. Dans un seul de ses romans, on a relevé jusqu'à cent trente citations, dont douze sonnets. Nulle pudibonderie dans ses lectures, aucun souci scrupuleux de l'orthodoxie. Il ne craignait pas de citer « l'agréable Montaigne ». Par contre, très soucieux de l'efficacité morale de ses livres, il ne se faisait pas faute de tronquer les citations des poètes qu'il avait lus, et Théophile, lorsqu'il figurait dans les romans du bon prélat, devenait un écrivain fort décent.

Mais plus qu'à ses lectures, il empruntait à sa riche expérience les histoires et les personnages de son œuvre. Il a beaucoup utilisé ses propres souvenirs, et lorsqu'il décrit la vie des étudiants, il n'est pas malaisé de discerner tout ce qu'il met dans ces pages d'expérience personnelle. Ou bien il raconte une histoire qu'un ami lui a confiée. Tel épisode de ses romans se retrouve dans la vie de saint François de Sales (5).

Il ne semble pas qu'il ait exercé la moindre influence sur le développement du genre romanesque. Il se développe sans lui et l'œuvre de La Calprenède et de Madeleine de Scudéry, qui serait inconcevable sans les étapes marquées par D'Urfé et Gomberville, serait au contraire exactement ce qu'elle est, même si Camus n'avait pas existé.

Pourtant cette œuvre n'est pas insignifiante. Elle marque un essai de réalisme intéressant. Camus peint ses contemporains, des aventures contemporaines, des caractères contemporains. Il est, dans ce sens, plus près de nous qu'Honoré d'Urfé ou Gomberville. Il prend pour sujet une anecdote très souvent réelle, un drame de famille, un crime particulièrement horrible. C'était là, chez lui, un parti pris, la conclusion ferme de ses réflexions sur l'art du roman. Il a condamné, dans son *Cléoreste,* les romanciers qui « desguisent à l'antique ce qui est moderne, habillent à l'estranger ce qui est domestique, mauvais tailleurs et cuisiniers ». Il observe que l'esprit est plus fortement intéressé par ce qui se passe près de lui, et croit que cette loi s'applique au roman. Il ne peut comprendre « des esprits je ne sçay comment faicts qui ne se peuvent contenter que par le récit des histoires anciennes ». Il parle de celles-ci sans révérence. Ce sont « choux cuits et recuits à tant de fois qu'ils excitent plustost un dégoust qu'ils ne donnent de l'appétit ». Pour la même raison, il est hostile aux essais de roman exotique qui apparaissent alors, et blâme les écrivains qui, choisissant des histoires modernes, « les veulent de païs si éloignez de leur connoissance qu'on n'en puisse avoir de certitude asseurée ». Il pousse le souci de la crédibilité au point de chercher ses sujets dans les événements réels, dans ceux de préférence dont il a été témoin. Il n'a que dédain

(5) Fr. Rousseau a mis à jour les faits vrais qui ont fourni la trame de deux œuvres de Camus, la *Pieuse Julie* (*Revue des Questions historiques,* 1er juillet 1923) et *Hermiante ou les deux Hermites Contraires* (R. H. L., 1924, p. 46 sqq.).

pour « ces Livres d'amour, ces Romans, ces Chevaleries, et semblables fadaises ».

L'œuvre de Camus répond beaucoup plus qu'on ne croirait à ce programme. Si l'on y trouve la matière romanesque traditionnelle, les pérégrinations à travers mers et pays, les vols et les substitutions d'enfants, les parentés ignorées qui se découvrent dans des « reconnaissances » inattendues, l'ensemble n'en est pas moins très différent des romans contemporains. Le premier ouvrage important de Camus, la *Mémoire de Darie,* décrit les mœurs d'une famille noble, les vertus d'un gentilhomme campagnard et de sa femme, leur amitié avec un ecclésiastique qui ressemble fort à saint François de Sales ou à Camus lui-même. L'action est d'une extrême simplicité. Le père meurt. La mère fonde un monastère et s'y retire. La jeune fille fait un heureux mariage. Mais son mari est appelé à l'armée, tombe malade et meurt. La jeune femme s'incline sous l'épreuve. Son corps, lui, est incapable de la supporter. Elle était enceinte. L'enfant vient avant terme. Elle languit et meurt.

Tout n'est pas, chez Camus, ni si simple, ni si édifiant. Mais son attention reste attachée à l'étude morale. *Aristandre,* en 1624, décrit une petite cour allemande, que domine la forte personnalité d'une femme impudique, les passions qui se déchaînent, les intrigues qui se croisent, les crimes qui en résultent. La complexité naît ici, non d'une imagination débridée, mais d'une situation donnée au début du livre. De même, *Palombe,* en 1624, est une pure étude de caractères. Un mari peu à peu détourné de son devoir, les soupçons, le désespoir de l'épouse qui finit par s'enfuir. Cette histoire minutieusement racontée présente encore un autre intérêt. L'amitié d'un Français et d'un Espagnol offre à Camus la possibilité d'étudier le caractère de deux nations qui, alors, se détestent. On mesure à de tels faits quel prix Camus aurait pu donner à son œuvre s'il avait eu davantage le souci du style, si les intentions du moraliste n'avaient pas si complètement étouffé chez lui les légitimes préoccupations de l'artiste.

Chapitre V

LE THÉATRE [1]

Développement de la tragi-comédie

Les polémiques qui avaient troublé en 1627 la vieillesse de Hardy annonçaient l'apparition d'une doctrine dramatique nouvelle. La victoire des modernes dans le lyrique, le succès de *Pyrame*, des *Bergeries* et de la *Sylvie* rendaient inévitables, dans le domaine du théâtre, la ruine des formes anciennes et la naissance d'un goût nouveau.

Mais qu'on ne s'y trompe pas. Ce goût nouveau n'est pas le goût classique, et la forme qui maintenant triomphe n'est pas la tragédie. L'exemple de *Pyrame* est sans efficacité immédiate. L'équipe des jeunes auteurs s'attache de façon exclusive à la tragi-comédie et, avec une préférence marquée, à la tragi-comédie pastorale.

De l'enquête menée par H. Carrington Lancaster se dégagent en effet des résultats étonnants. De 1627 à 1630, il ne s'imprime que cinq tragédies. Quatre d'entre elles sont d'un obscur imitateur d'Hardy nommé Borée. La cinquième, *Pasiphaé*, est attribuée à Théophile. Mais que cette attribution soit exacte ou non, le style de cette pièce monstrueuse témoigne assez qu'elle avait été écrite longtemps avant d'être publiée. En fait, la tragédie est morte.

---

(1) Comme pour le chapitre 3 de la 1re partie, il faut renvoyer, pour l'ensemble de ce chapitre, au monumental ouvrage d'H. Carrington Lancaster, déjà cité.

La comédie en est au même point. De 1625 à 1627, il n'en paraît qu'une, la grossière *Supercherie d'amour*. De 1627 à 1630, il en paraît deux seulement. L'une d'elles, la *Célinde* de Baro, est en réalité un mélange de tous les genres. La deuxième, la *Bague de l'Oubli*, est une adaptation de l'espagnol, œuvre d'un jeune auteur encore inconnu, Rotrou. Elle annonce la résurrection du genre. Mais elle ne fait que l'annoncer.

Pendant que la tragédie et la comédie sont ainsi délaissées du public et des auteurs, la tragi-comédie connaît une vogue inouïe. Il y a là une situation toute nouvelle, car de 1619 à 1624, en face de tant de tragédies, l'on n'avait compté qu'une seule tragi-comédie. A partir de 1627, les proportions sont renversées. Le passage de la tragédie classique au drame romantique ne marquera pas une évolution plus profonde et plus rapide.

La tragi-comédie est avant tout une pièce irrégulière et qui revendique tous les droits. Le droit de déplacer l'action à son gré. Le droit de durer quelques heures ou dix ans. Le droit de mêler le sérieux et le bouffon, le tragique et le plaisant. Elle prend son sujet dans la littérature romanesque, dans le roman grec, dans l'*Astrée*, dans les *Histoires tragiques* de l'époque. C'est à peine si elle s'impose une règle unique : celle de finir par une conclusion heureuse.

La tragi-comédie s'adresse à un public que les règles laissent indifférent, qui aime au contraire la variété des coups de théâtre et des intrigues surchargées, qui vient au théâtre pour son plaisir, et qui exige des auteurs qu'ils se mettent au service de ses goûts. La tragi-comédie met en scène des histoires aux péripéties multiples. Ce serait une gageure de prétendre les resserrer en une durée et en un espace fixés. La *Sœur valeureuse* de Mareschal, pour ne citer que cet exemple, met sur la scène cinq duels et deux tentatives d'assassinat. La plupart des personnages principaux sont blessés, et cinq autres sont tués sous nos yeux. Deux femmes, cuirassées et casquées, se battent comme d'authentiques bretteurs. A un moment, l'héroïne et son page sont assaillis par quatre spadassins. Ils les tuent tous les quatre, mais le page est tué et l'héroïne blessée. Comment pourrait-on contraindre la tragi-comédie à respecter les règles ?

A lire certains historiens, on pourrait croire que la tragi-comédie n'attirait qu'un public populaire. Nous pouvons être assurés qu'en réalité le public de la tragi-comédie fut le même qui avait goûté l'*Astrée* et qui allait, à partir de 1630, prendre un si vif plaisir au *Polexandre* de Gomberville. Un public cultivé, sensible, capable de goûter les sentiments raffinés et de vibrer aux élans de l'héroïsme chevaleresque. Un public jeune, moderne, qui peut-être savait moins de latin que la génération précédente, mais qui n'avait pas moins ses exigences d'art. Ceux qui ont eu le privilège d'être les premiers spectateurs du *Cid* avaient, depuis dix ans, applaudi aux œuvres vivantes, curieuses, pittoresques, de Du Ryer, de Mairet et de leurs émules.

La mise en scène [1]

L'un des éléments importants du succès de la tragi-comédie était la mise en scène. En dépit de textes nombreux, et bien que nous ayons conservé le mémoire du décorateur de l'Hôtel de Bourgogne pour l'année 1634, il reste difficile de se la figurer exactement. Ce qui semble établi, c'est que les acteurs déclamaient et se déplaçaient dans la partie antérieure de la scène, et que les côtés et le fond étaient divisés en compartiments chargés d'évoquer par des peintures et des accessoires appropriés les divers lieux où se déroulait l'action. Deux phrases de La Ménardière sont sans doute ce que nous avons de plus précis sur ce point : « Si l'aventure, écrit-il, s'est passée moitié dans le palais

---

(1) Le dernier ouvrage sur cette difficile question est l'excellente étude de S.-W. Holsboer, l'*Histoire de la mise en scène dans le théâtre français de 1600 à 1657*, Paris, 1933. Le Mémoire de Mahelot a été réédité par H. Carrington Lancaster, Paris, 1920, avec une reproduction des décors.

d'un roi en plusieurs appartements, moitié hors de la maison en beaucoup d'endroits différents, il faut que le grand théâtre, je veux dire cette largeur que limite le parterre, serve pour tous les dehors où ces choses ont été faites, et que les renfondrements soient divisés en plusieurs chambres par les divers frontispices, poteaux, colonnes ou arcades ». Il dit encore : « Si la chose a été faite à la côte de la mer, il faut nécessairement que la scène soit maritime en quelqu'une de ses façades, de peur que s'il ne paroissoit pas quelque trace du voisinage de la mer, le spectateur ne conçût au désavantage du poète et contre son intention, que la mer est fort loin de là, puisqu'on ne voit point le rivage ». A ces textes curieux, on ajoutera une phrase de Sarasin, dans son discours sur l'*Amour tyrannique* de Scudéry : « Il n'y a pas encore fort longtemps que la fable étoit ce qui faisoit le moins de peine à nos poètes... et pourvu qu'ils eussent mêlé confusément les amours, les jalousies, les duels, les déguisements, les prisons et les naufrages sur une scène divisée en plusieurs régions, ils croyaient avoir fait un excellent poème dramatique ».

Les dessins du Mémoire de Mahelot permettent de se faire une idée assez exacte de ces régions dont parle Sarasin, de ces chambres dans les renfondrements, comme dit La Ménardière. On en voit le plus souvent cinq, parfois trois, parfois sept. Ce dernier cas se trouve dans la *Prise de Marcilly* d'Auvray. Le décor comporte la forteresse, une tente, une tour avec pont-levis, un bois, une grotte, une case de bergère et la mer. Une telle énumération éclaire le texte de La Ménardière et prouve qu'on ne demande alors au décor qu'un effet de suggestion.

Jusqu'ici, tout est donc clair. Voici qui l'est moins. Les représentations comportaient souvent des « changements de face ». On imagine sans peine qu'ils étaient obtenus par un jeu de rideaux, mais on ne peut actuellement décider comment cette formule était en fait associée à celle des compartiments, attestée à la fois par La Ménardière, Sarasin et le mémoire de Mahelot (2).

Ce qui du moins n'est pas douteux, c'est l'importance de ces changements de décors, et le plaisir que le public y trouvait. Des textes nombreux et concordants le prouvent. Rayssiguier en 1632, dans la préface de l'*Aminte,* écrit : « La plus grande part de ceux qui portent le teston à l'Hostel de Bourgogne veulent que l'on contente leurs yeux par la diversité et le changement de face du Théâtre ». En 1635, Scudéry écrivait de même, en tête du *Prince Desguisé :* « Le superbe appareil de la scène... la face du théâtre qui change cinq ou six fois entièrement à la représentation de ce poème... tout cela est capable d'esblouir par cet éclat les yeux des plus clairvoyants. » Du Ryer, dans sa préface de *Lysandre et Caliste,* emploie les mêmes termes que Rayssiguier : le public veut qu'on charme ses yeux « par la diversité et le changement de la scène. » Les *Galanteries du duc d'Ossone* contiennent des indications de mise en scène : « La toile se tire qui représente une façade de maison, et le dedans du cabinet paroist. » Ou encore : « La seconde toile se tire et Flavie paroist sur son lict », et : « Les deux toiles se ferment, et Emilie paroist dans la rue ». Des indications minutieuses, dans la *Généreuse Allemande* de Mareschal par exemple, permettent d'apprécier l'importance croissante de la mise en scène.

Les Auteurs de tragi-comédies

A partir de 1628 apparaît une équipe de jeunes auteurs dramatiques, pleins de talent, unis par l'amitié, fortifiés par le sen-

(2) Dans l'état actuel de la question, il serait imprudent de risquer une supposition. Voici du moins un texte de Scudéry qui suggère une solution : il écrit en 1631, en tête de *Ligdamon et Lidias :* « J'ay voulu me dispenser de ces bornes trop étroites, faisant changer aussi souvent de face à mon Théâtre que les Acteurs y changent de lieu ; chose qui selon mon sentiment a plus d'esclat que la vieille Comédie ».

timent d'entreprendre en commun une grande œuvre. Celui qui, parmi eux, a la personnalité la plus forte, et qui sans aucun doute joue le rôle de chef d'école, c'est un jeune avocat, Pierre du Ryer. On reparlera plus loin de lui (1). Il est entouré de quatre jeunes gens comme lui, Auvray, Rayssiguier, André Mareschal et Pichou.

Le premier d'entre eux ne saurait certainement être identifié avec Jean Auvray, l'auteur du *Banquet des Muses,* et rien ne prouve qu'il faille le confondre avec un Guillaume Auvray connu par ailleurs. C'était un jeune avocat parisien. On sait qu'il était camard. Son ennemi Hardy, et un vers d'Antoine Gaillard nous l'apprennent. Sa carrière fut brève, il donna en 1628 et en 1631 deux tragi-comédies, *Madonte* et *Dorinde.* Toutes les deux étaient tirées de l'*Astrée,* et toutes les deux très romanesques, se donnaient toutes les libertés de la tragi-comédie (2).

(1) Sur Pierre du Ryer, voir *infra,* p. 564.

(2) Sur la question des divers Auvray, voir le dernier état des recherches dans H. Carrington Lancaster, I, p. 294. — Outre *Madonte* et *Dorinde,* Auvray a publié un livre de piété, un panégyrique de Louis le Juste, et surtout, en 1630, un volume de lettres. En dépit des pseudonymes qui rendent les recherches difficiles, une étude de ces lettres éclaire les relations d'Auvray, et, rapprochées des poésies de Du Ryer, elles permettraient d'importantes découvertes. Les noms poétiques sont en effet, dans les deux volumes, appliqués aux mêmes personnes. Auvray apparaît uni d'étroite amitié avec Javerzac. Il écrit : « Ne vous mettez pas en peine d'Aristarque ; il est ici plus sûrement que dans l'île du Palais » (p. 362). Mais il ne partage pas l'hostilité de Javerzac pour Balzac. Au contraire il admire fort Narcisse (p. 133), et déplore la querelle qui s'est produite. Dans une lettre à Poliarque (serait-il Du Ryer ?), Auvray pleure leur ami Tyrsis, assassiné en Angleterre. Si Tyrsis était Pichou, on aurait là un renseignement précieux sur la mort de celui-ci (Lettres VIII et X). Dans une lettre à ce Tyrsis qui est en Angleterre, il lui demande si l'on pleure toujours sur la mort « de ce grand génie dont vous chérissez tant la plume et la mémoire » (Lettre XX), et l'on donnerait beaucoup pour savoir le nom de cet écrivain anglais qu'un groupe d'auteurs français, en 1630, entourait de cette admiration. Dans tout le volume, Auvray se révèle royaliste zélé, catholique fervent, qui lit saint Augustin et M. de Sales, ami de la liberté chère aux Français et fort décidé contre l'Inquisition. Le moins qu'on puisse dire de ses idées littéraires est qu'elles manquent de précision, de chaleur. Il est surtout un esprit de juste milieu.

André Mareschal, après avoir publié en 1626 la *Chrysolite*, dont on a vu plus haut l'intérêt, se tourna vers le théâtre et fit jouer successivement la *Généreuse Allemande*, l'*Inconstance d'Hylas*, la *Sœur valeureuse*, et, quelques années plus tard, le *Railleur* (3).

Rayssiguier était originaire de Languedoc. Il fut le protégé du maréchal de Retz, après la mort duquel il vint à Paris (1623). Pourtant, on ne le voit mêlé aux autres auteurs qu'à partir de 1630. Il donna cette année-là un *Astrée et Céladon*, et fit jouer, au cours des années suivantes, cinq autres pièces de théâtre (4).

Un cinquième écrivain, Pichou, avait associé son effort à celui de cette jeune équipe, mais avait bientôt disparu. Pichou était né à Dijon. Il avait été d'abord le protégé d'Henri de Condé. Il s'était tourné vers Gaston d'Orléans. On le considérait comme un écrivain plein de promesses lorsqu'il fut assassiné vers la fin de 1630 ou au début de 1631. Il avait eu le temps de faire jouer quatre tragi-comédies. L'une d'elles, *Cardenio*, est tirée de Cervantes, et une autre, la *Filis de Scire*, est une adaptation de la pastorale fameuse de Bonarelli (5).

(3) Sur Mareschal, voir H. Carrington Lancaster, I, p. 326. Les dates de ses pièces sont les suivantes : la *Généreuse Allemande*, achevé d'imprimer du 8 novembre 1630, l'*Inconstance d'Hylas*, jouée en 1630, publiée en 1635, la *Sœur valeureuse*, publiée en 1634, le *Railleur*, joué vers 1635, publié en 1637.

(4) Sur Rayssiguier, voir H. Carrington Lancaster, I, p. 346 et un article de la *R. H. L.* 1922. On lit dans la comédie d'Antoine Gaillard :

> *Raziguier est Gascon, par conséquent il volle,*
> *Marcassus est sçavant, mais il sent trop l'escole.*

Mais le texte du premier vers est certainement corrompu. La correspondance de Patin nous apprend en effet que c'est Marcassus qui fut convaincu de vol, et ce serait déjà un fort indice contre le texte cité. Mais cet indice devient certitude lorsque l'on observe que Rayssiguier était de Toulouse, et que Marcassus était en effet gascon.

(5) On est renseigné sur Pichou par la préface que son ami Isnard mit en tête de ses *Œuvres*. Pichou semble avoir eu au moins des tendances libertines. Il affichait une « aversion invincible » pour le scolastique, « pour le fatras de cette fausse philosophie que l'on souffre aujourd'huy dans les escoles ». Il a écrit des vers à la gloire de Théophile, et a eu pour protecteurs le duc

Ces cinq auteurs ont véritablement formé une équipe. Ils échangent des vers de louange en tête de leurs œuvres où ils s'encouragent dans l'effort qu'ils ont entrepris (6). Leur amitié, formée aux environs de 1628, durera jusqu'aux environs de 1633. Puis Auvray cessera d'écrire, et les trois écrivains survivants s'orienteront dans des directions différentes. Mareschal fera jouer sa dernière pièce en 1635, Rayssiguier publiera la sienne en 1636. Seul Du Ryer persévérera sans défaillance, et continuera d'affronter un public que d'autres auteurs, Mairet, Rotrou, Scudéry et Corneille auront su conquérir.

Toute cette équipe de 1628 offre des traits communs. Ces jeunes auteurs sont modernes, et l'on a vu qu'Auvray et du Ryer avaient, en 1627, attaqué fort vivement le vieil Hardy. Mais ils n'ont aucunement l'envie de substituer à l'idolâtrie d'une forme dramatique surannée une idolâtrie nouvelle, celle des règles. Ils voient au contraire, dans le principe moderniste, un principe de liberté, et Mareschal, dans la préface qu'il met en tête de la *Généreuse Allemande,* en 1630, défend la liberté de l'art dramatique contre les théoriciens qui prétendent l'asservir.

Réclamer la liberté de l'art, à cette date, signifie que l'on prétend écrire des tragi-comédies. Du Ryer et son groupe, de

d'Halluin, beau-frère de Liancourt, et Saint-Simon, qui appartenait à la même cabale politique. Il a traduit une pièce de Marino. Une note de la *R. H. L.,* 1897, p. 12, n. 2, renvoie, à son sujet, à La Croix, *Art et poésie françoise,* Lyon, 1694.

(6) Du Ryer publie en 1630 *Argénis et Poliarque* avec des pièces liminaires de Pichou et d'Auvray, en 1631 *Argénis* avec des pièces d'Auvray et de Rayssiguier. En 1630, la *Généreuse Allemande* d'André Mareschal paraît avec des vers de Du Ryer, et l'*Astrée et Céladon* de Rayssiguier avec des vers du même Du Ryer. A prendre les choses à la rigueur, on pourrait penser que dès 1632, l'équipe s'est dispersée, car le *Lisandre et Caliste* de Du Ryer paraît cette année sans pièces liminaires de Rayssiguier ni d'Auvray. Les amis de Du Ryer sont alors Colletet, J.-C. de Villeneuve, Simon Basin et un certain J.-D. Mais on aurait tort de tirer de ces faits des conclusions trop catégoriques. C'est ainsi qu'en 1634, le nom de Du Ryer reparaît en tête de la *Sœur valeureuse* de Mareschal.

1628 à 1633, n'écrivent guère autre chose, et à cause d'eux la tragi-comédie accapare à peu près la scène française durant cette période. Beaucoup de ces pièces sont tirées de l'*Astrée* : l'*Inconstance d'Hylas* de Mareschal, par exemple ; *Astrée et Céladon,* la *Célidée* de Rayssiguier, la *Madonte* et *Dorinde* d'Auvray. Les autres sont empruntées aux *Moralia* de Plutarque, ou aux œuvres modernes, mais elles sont, dans tous les cas, romanesques. Telles l'*Arétaphile,* le *Clitophon,* le *Lysandre et Caliste* de Du Ryer.

Ces tragi-comédies ne tiennent aucun compte des règles. Sans doute y perçoit-on une tendance à resserrer l'action. Elle est particulièrement nette chez Auvray qui, dans ses deux pièces, s'applique à concentrer l'ample matière que lui offrait l'*Astrée*. Mais l'action dure souvent plus d'un mois. Elle se promène de lieu en lieu. On se bat sur la scène, et les moments comiques ou familiers se mêlent aux scènes tragiques.

La modernité ne signifie donc pas pour cette équipe l'observation des règles. Elle réside bien plutôt dans la qualité moderne des pensées et des sentiments. La différence entre Hardy et ces jeunes écrivains, ce n'est pas que l'un vante l'indiscipline, tandis que les autres seraient les défenseurs de l'ordre classique. C'est que les personnages du premier pensent, sentent et parlent dans les formes traditionnelles de l'humanisme, tandis que les héros de Du Ryer et de ses amis sont des hommes de 1630, et qu'ils pensent, sentent et parlent comme des modernes.

Autant qu'il est possible d'en juger, ils sont tous admirateurs du maître de l'école moderne, du champion de l'esthétique moderniste, Théophile. Pichou a écrit des stances sur la mort du poète. L'on a retrouvé des réminiscences précises de Théophile dans l'*Arétaphile* par exemple, et dans l'*Argénis et Poliarque* de Du Ryer. Le souffle de la poésie théophilienne est très nettement perceptible dans la *Madonte* d'Auvray. Il est permis aussi de penser que le goût des tirades politiques si curieusement marqué dans l'*Arétaphile* et l'*Argénis et Poliarque,* s'inspire des tirades semblables de *Pyrame et Thisbé*.

La modernité est aussi dans le style et dans la langue. Si nous voulons comprendre le rôle que ces auteurs ont joué dans l'histoire de notre théâtre, nous ne devons pas comparer leurs œuvres à celles de Corneille, mais à celles de Hardy. L'opposition éclate alors. Hardy ne connaît pas, ne veut pas connaître la réforme de Malherbe. Du Ryer au contraire et ses amis écrivent dans la langue et dans le style des modernes. Les *Bergeries* de Racan sont, sans aucun doute, pour eux, le modèle de la langue dramatique moderne, et après elles, la *Silvie* de Mairet. De Mairet, le disciple de Théophile, et qui a appris de Théophile les principes d'une littérature moderne.

Les auteurs de tragi-comédies avaient le sentiment de créer quelque chose de neuf, de mettre au point une forme dramatique parfaitement adaptée aux goûts de leur génération et de la nation française. En 1631, André Mareschal écrivait : le théâtre, (et dans son esprit il s'agissait de la tragi-comédie), le théâtre est devenu « le divertissement le plus beau des Français ». Le mélange du comique et du tragique, inventé par les Italiens, convenait mieux à la « délicatesse » des modernes que la terreur et la pitié des tragédies antiques. C'était « la perfection des anciens genres », c'est-à-dire que les genres traditionnels, la tragédie et la comédie, trouvaient dans ce genre nouveau leur couronnement. La liberté nouvelle lui paraissait féconde en possibilités toutes neuves pour former le nœud de l'œuvre dramatique. « Nous autres, disait-il, prenons du lieu, du temps et de l'action, ce qu'il nous en faut pour le faire curieusement et pour le dénouer avecque grâce, en surprenant les esprits par des accidents qui sont hors d'attente, et non point hors d'apparence : eux *(c'est-à-dire les anciens)* ne le démêlent point, ils le couppent. »

La tragi-comédie restait donc très vivante. En cinq ans, de 1630 à 1634, on compte trente-cinq pièces qui sont de pures tragi-comédies, et l'on serait en droit d'en compter davantage, car sur les vingt-six pastorales qui sont composées dans la même période, un grand nombre n'a de pastoral que quelque

433

détail champêtre ou quelque personnage de berger. A côté de Du Ryer, d'Auvray, de Mareschal, de Rayssiguier, apparaissent de nombreux et nouveaux auteurs, Gougenot, Du Rocher, Le Comte et, plus dignes d'êtres retenus, Durval et Beys (7).

Apparition de la Pastorale régulière

Parmi les différents aspects que pouvait revêtir la tragi-comédie, il en est un qui jouissait de la préférence du public. Car la pastorale pouvait bien s'intituler comédie pastorale, tragédie pastorale, ou tragi-comédie pastorale. C'était essentiellement une tragi-comédie qui mettait en scène des bergers. La *Sylvie* de Mairet avait fixé, non pas les lois du genre, car il n'en avait guère, mais son allure générale (1).

La tragi-comédie pastorale française était donc irrégulière, et différait par conséquent de la pastorale italienne. En 1628, il se trouva de beaux esprits, comme on disait alors, pour discerner cette différence et pour la déclarer intolérable. Le cardinal de La Valette et le comte de Cramail étaient extrêmement sensibles à la beauté de la pastorale italienne, à ces chefs-d'œuvre de la

(7) Charles Beys serait né vers 1610. En ce cas il ne saurait être question de lui attribuer trois pièces de vers parues dans un recueil de 1620. Il a écrit cinq pièces de théâtre, entre 1635 et 1653 et publié ses *Œuvres poétiques* en 1652. On ne sait comment prononcer son nom. Il est monosyllabique dans ce vers de Hay du Chastelet :

> *Les dessins de Hardy, de Beys ou de Pichou...*

mais dissyllabique dans ce vers de Tristan :

> *Beys, tu ne sçaurois tomber dans ma disgrâce.*

ou dans cette épitaphe des *Délices* de 1666 :

> *Cy-gist Beïs, qui sçavoit à merveille*
> *Faire des vers et vuider la bouteille.*

(1) En dépit de l'autorité que le succès confère à ce modèle, la pastorale reste un genre peu défini. Certaines pastorales méritent à peine ce titre, et mettent en scène, à côté d'un petit nombre de bergers, un nombre plus grand de rois et de princes. D'autres marquent une forte tendance au réalisme comique. C'est le cas, par exemple, de deux pièces de Troterel. Telle autre, comme la *Carite*, est au vrai une comédie déguisée en pastorale. Telle autre, au contraire, est une pastorale à peine marquée de traits comiques. C'est le cas du *Daphnis et Chloé* de Thullin.

littérature européenne que sont l'*Aminta,* le *Pastor fido* et la *Filli
di Sciro.* Ils remarquèrent que ces trois pièces observaient les
règles, alors que la scène française les négligeait obstinément.
Dans toutes trois, la durée de l'action ne dépassait pas vingt-
quatre heures, c'est-à-dire tout au plus la deuxième moitié d'une
journée, une nuit, et les premières heures de la journée suivante.
De même, le lieu de l'action se limitait à un espace restreint, les
divers coins d'une forêt, ou encore une île. Enfin l'intrigue se
déroulait autour d'un thème central qui en assurait l'unité.

En 1628, La Valette et Cramail pressèrent le jeune Mairet
d'introduire sur notre scène une pastorale où ces règles seraient
exactement observées. Il s'agissait dans leur esprit, non pas du
tout d'une réforme générale de notre théâtre ni d'une adhésion
à la *Poétique* d'Aristote. Ils voulaient voir simplement s'établir
en France un genre « agréable », un genre dans lequel trois ou
quatre Italiens avaient « divinement bien réussy ».

Mairet, on s'en souvient, avait composé en 1626 et publié en
1628 une pastorale de la plus fine qualité, mais elle n'observait
pas les règles, et le spectateur de *Sylvie* était transporté de
l'Orient en Sicile. La Valette et Cramail réclamaient au contraire une pastorale dont l'action se resserrerait en un seul lieu,
et dans les limites d'une courte durée. Mairet se mit au travail.

Il a décrit lui-même les démarches de son esprit. Il s'appliqua à l'examen des pastorales du Tasse, de Guarini et de Bonarelli. J'étudiai avec soin, écrit-il, « les ouvrages de ces grands
hommes, où, après une exacte recherche, à la fin je trouvay
qu'ils n'avoient point eu de plus grand secret que de prendre
leurs mesures sur celles des Anciens Grecs et Latins, dont ils
ont observé les règles plus religieusement que nous n'avons pas
fait jusqu'icy ».

On ne saurait trop insister sur l'importance de ce témoignage. Il fait éclater l'illusion où s'est longtemps égarée l'histoire
littéraire. Ce n'est ni directement d'Aristote, ni même des théoriciens italiens qu'est venue la première impulsion. Ce ne sont pas
des raisons de doctrine qui ont été d'abord alléguées. Ce n'est

même pas le mouvement général des esprits vers l'ordre et la discipline qui a imposé aux écrivains une formule nouvelle. Il s'agit d'abord d'une entreprise étroitement limitée, menée par un jeune auteur, sur les indications de deux amateurs éclairés, inspirés par l'exemple de la pastorale italienne, et qui s'appuie sur l'heureux succès de l'*Aminta* et du *Pastor fido*.

Un autre texte contemporain confirme celui de Mairet. En 1631, Isnard, en présentant au public la *Filis de Scire* adaptée par Pichou, explique les origines de cette traduction. Il y a quatre ans, dit-il, et cette indication nous fait remonter à 1627, un certain Lagneau montra à Isnard l'original italien de Bonarelli et une traduction en prose française. Isnard les communiqua à Pichou, son ami. Il lui suggéra « de l'accommoder à nostre mode pour convaincre d'erreur ceux qui réprouvent les règles qui s'y trouvent justement observées ». Pichou suivit son avis, et Richelieu fut ravi de l'œuvre réalisée. Il l'appela « la Pastorelle la plus juste et la mieux travaillée qu'on eust encore veue » (2).

Il ressort donc du témoignage d'Isnard que la pastorale italienne a bien réellement révélé aux Français, non pas certes l'existence des règles, mais leur fécondité. La tragédie antique, Aristote, les théoriciens de l'Italie moderne n'auraient pas réussi à les décider. C'est la pastorale italienne qui, par ses succès éclatants, justifia les règles contre les partisans de la tragédie irrégulière et de la tragi-comédie.

Mairet se mit au travail. Il vivait alors dans l'entourage immédiat de Montmorency, et travaillait souvent sous les ombrages de Chantilly que Théophile avait chantés. Il était, semble-t-il, sans relation personnelle avec Pierre Du Ryer et le groupe de ses amis. Il est notable, en tout cas, que jusqu'en 1632, il ne donne aucune pièce liminaire aux œuvres qui émanent

(2) Voici comment Isnard comprend les unités en 1631. L'action doit durer vingt-quatre heures. Elle s'enferme en un lieu qui n'est pas plus étendu que Constantinople. Elle comporte une intrigue principale à laquelle les autres se rapportent.

de ce cercle, et que ni Du Ryer, ni Mareschal, ni Auvray n'en donnent aux siennes. Il sera un précurseur, parce qu'il est un solitaire.

Le résultat de cet effort fut la tragi-comédie de *Silvanire*. Elle fut jouée pendant la saison de 1629-1630, et fut éditée au début de 1631 (3). Mairet avait emprunté son sujet à la *Silvanire* d'Honoré d'Urfé (4) mais il l'avait profondément modifié pour le rendre conforme à sa nouvelle conception. L'action se situe dans un paysage qui enveloppe le Lignon et divers « lieux » astréens, mais qui n'en est pas moins unique. Elle dure vingt-quatre heures, d'un matin jusqu'au matin suivant. L'unité d'action nous semble tout à fait insuffisante, mais elle se conforme à la formule alors admise : une intrigue principale, autour de laquelle se développent plusieurs intrigues secondaires.

La *Silvanire* obtint un succès éclatant. Mairet la publia et la fit précéder d'une préface qui était un manifeste. Si bien que le succès de sa pièce fut en même temps une victoire des règles. On l'imita, et les professions de foi se multiplièrent. La préface de *Silvanire* avait paru en mars 1631. Au cours du mois suivant, Isnard donna la sienne, en tête de la *Filis de Scire* de Pichou : Il vint ainsi appuyer la thèse de Mairet. En juillet, Gombauld publia son *Amaranthe* avec une préface. Il y défendait, non plus la règle des vingt-quatre heures, mais la règle des douze heures. L'année suivante en tête d'une adaptation de l'*Aminta*, Vion d'Alibray mit en relief l'unité profonde de cette pièce. Dans une phrase qui a été citée plus haut, il fit observer que

---

(3) Le privilège de *Silvanire* est du 3 février 1631, et l'achevé d'imprimer du 31 mars 1631. Dans sa préface, Mairet nous apprend que sa pièce avait été jouée plus d'un an auparavant.

(4) D'Urfé a fait paraître sa pastorale en 1625. Il la tira, selon l'opinion la plus vraisemblable, d'un épisode déjà écrit de son roman, mais qui n'allait paraître qu'en 1627. Il y ajouta les détails habituels à la pastorale italienne : le satyre notamment. Il composa sa pièce en une prose poétique qui répond aux *versi sciolti* des Italiens. L'œuvre est si longue qu'elle ne fut sans doute jamais jouée (cf. H. C. Lancaster, I, 1 p. 257 sqq).

chaque partie, dans l'*Aminta,* « se rapporte à son Tout comme font les membres à leurs corps ». Il en profita pour critiquer, sans la nommer, la tragi-comédie française. Chez nous, écrivait-il, « peu de personnes s'estudient à suivre le Tasse, car on void une telle confusion dans la plus part des ouvrages de ce temps que de deux ou trois subjets qui y sont traitez à la fois, à peine discerne-t-on celuy qui est le principal, et ce qui semble estrange, faute d'invention on se donne trop de matière ».

Le résultat de ce mouvement ne se fit pas attendre. A partir de 1631, les adaptations de pastorales italiennes se multiplient, et les pastorales nouvelles s'appliquent à observer les règles. Outre l'adaptation de la *Fili di Sciro* par Pichou, et celle de l'*Aminta* par d'Alibray, on eut, coup sur coup, une traduction de l'*Aminta* encore, par Rayssiguier (1632), une *Amarillis* de Du Ryer, et une *Eromène* de Marcassus, qui sont toutes deux des adaptations plus ou moins libres du *Pentimento amoroso* de Luigi Groto (5).

En même temps, les pastorales qui paraissent à partir de 1630 manifestent un effort d'ensemble vers les règles et leur observation. C'est le cas de l'*Amaranthe* de Gombauld, jouée probablement en 1630, de la *Clorise* de Baro, donnée à la même date. C'est même le cas d'un obscur auteur, de Baussays, qui en 1632, publie une *Cydippe* fort régulière. Frenicle, en 1634, donne la *Fidèle bergère* qui, elle aussi, respecte les unités.

L'impulsion donnée vers 1628 par La Valette et Cramail a donc porté ses fruits, et imposé un type de pastorale régulière. Mais ce succès ne doit pas faire illusion. La pastorale régulière est un genre maintenant très nettement défini. Hors de ses limites, l'irrégularité reste totale. Même après 1630, on continue de composer, de jouer et de publier des tragi-comédies pastorales qui ne tiennent aucun compte des règles. On joue même des comédies pastorales et une tragédie pastorale, œuvre d'un inconnu de Douai.

(5) L'*Amarillis* n'a paru qu'en 1650, mais figure aux premières pages du Mémoire de Mahelot. Elle a donc été jouée au plus tard en 1633. La pièce de Marcassus a été publiée en 1635.

Les auteurs de ces pièces irrégulières sont, pour la plupart, d'obscurs écrivains, sans contact avec les milieux lettrés de Paris. Mettons à part Mareschal, et son *Inconstance d'Hylas,* jouée en 1630, quand le mouvement vers les règles est à peine amorcé. Mettons à part Cotignon de la Charnaye qui se mêle parfois aux Illustres Bergers, mais reste plus qu'à moitié provincial. Les autres auteurs s'appellent Bridard, Cormeil, Le Hayer du Perron, de la Barre, Bénésin, Guérin de Bouscal. Ils appartiennent à peine, sauf peut-être le dernier, à l'histoire littéraire.

Ce qui est plus grave que ces résistances de provinciaux attardés, c'est que les auteurs connus, qui écrivent entre 1630 et 1634 des pastorales régulières, ne se croient pas pour autant obligés d'abandonner la tragi-comédie irrégulière et la comédie. Mairet lui-même, après avoir écrit *Silvanire,* ne se fait pas scrupule d'écrire les *Galanteries du duc d'Ossone.* L'action dure plusieurs jours, elle se déroule dans quatre maisons différentes, et l'intrigue manque de la plus élémentaire unité. De même Pierre du Ryer, après avoir donné en 1631 *Amarillis,* fera jouer des tragi-comédies irrégulières, comme son *Alcimédon* de 1634. Tant il est vrai que pour le moment la réforme n'a porté que sur un seul type de pièce, et ne vise à rien d'autre qu'à imiter les chefs-d'œuvre de la pastorale italienne.

Polémiques doctrinales [1]

C'est d'une autre direction qu'est venue la révolution d'où allait sortir la tragédie classique. Les signes avant-coureurs ap-

---

(1) La préface d'Ogier a été rééditée, en tête du *Tyr et Sidon* de Jean de Schélandre, dans l'*Ancien théâtre français,* collection elzévirienne, t. VIII, p. 9 sqq. La dissertation de Chapelain, conservée dans le ms. f. fr. 12647, a été publiée par Arnaud, *Etude sur la vie et les œuvres de l'abbé d'Aubignac,* 1887, et par A.-C. Hunter, *Opuscules critiques de Chapelain,* 1936. Sur les théories critiques de l'époque, voir R. Bray, *La formation de la doctrine classique,* 1927.

paraissent en 1628. Cette année-là, Balzac parle d'un bas-bleu qui « n'a point assez de patience pour souffrir une comédie qui n'est pas dans la loi des vingt-quatre heures, qu'elle s'en va faire publier par toute la France ». Il ne s'agit donc plus, cette fois, de la seule pastorale, et les règles ne se présentent plus seulement comme une heureuse formule. Il s'agit d'une réforme générale du théâtre, et la règle des vingt-quatre heures devient une loi contre laquelle il serait téméraire de se révolter.

La même année, certains cercles élevèrent contre la tragi-comédie des critiques si vives, firent appel aux règles avec un dogmatisme si intransigeant, qu'ils provoquèrent une réponse publique. Une polémique s'engagea alors, qui dura dix ans et se termina par le triomphe définitif des règles.

Jean de Schélandre avait publié, on l'a dit dans un précédent chapitre, une tragédie intitulée *Tyr et Sidon*. En 1628, il la transforma pour la mettre au goût du jour. Il en fit une tragi-comédie en deux journées (2), et son ami, le prieur Ogier, publia en tête de la pièce nouvelle un plaidoyer en faveur de la tragi-comédie irrégulière, un plaidoyer contre les partisans des règles.

Ogier, dont nous connaissons les relations avec Balzac, part de la conception hédoniste de l'art, qui est, on s'en souvient, celle de l'*unico eloquente*. « La poésie, et particulièrement celle qui est composée pour le théâtre, n'est faite que pour le plaisir et le divertissement ». Il est de plus moderniste, comme Balzac encore, c'est-à-dire qu'il respecte l'antiquité, mais n'admet pas que l'autorité des Anciens se substitue à notre plaisir pour décider du beau et du laid. Avec une intelligence remar-

(2) J. Haraszti, dans la préface de son édition du *Tyr et Sidon* de 1608, a étudié les transformations que la pièce a subies pour devenir en 1628 une tragi-comédie en deux journées. Le dénouement est heureux et l'héroïne échappe à temps à la mort. Les chœurs sont supprimés et mainte tirade abrégée. Les unités ne sont plus observées, et toute une partie comique et grossière est introduite dans la *Première journée*.

quable de l'histoire, il explique les formes dramatiques de l'Antiquité par les conditions sociales et politiques du monde ancien. Si le théâtre des Grecs était enfermé dans des règles si étroites, c'est que « leurs tragédies faisoient une partie de l'office des dieux et des cérémonies de la religion ». La tragédie grecque était une liturgie immuable comme les rites sacrés. Lors même que le caractère religieux de ce théâtre alla s'affaiblissant, la pratique du concours obligeait les auteurs à se soumettre aux formules traditionnelles.

Ce développement remarquable, qui rappelle de la façon la plus précise la doctrine moderniste de Théophile et de Saint-Amant, posait le problème du théâtre en termes d'une parfaite netteté. Puisque l'objet de l'art est le plaisir, les formes antiques de l'art dramatique sont-elles les plus aptes à nous donner ce plaisir ? L'abbé Ogier répondait : non. Il donnait de ce refus deux raisons. Les anciens, prisonniers de leurs formules, ont été obligés d'entasser en une durée trop brève une accumulation d'événements invraisemblables. Ils savaient que la « variété » est nécessaire pour le plaisir, mais cette variété, resserrée dans des limites si étroites, produit l'effet d'un entassement. Le spectateur judicieux voudrait une « distance » entre ces événements qui se suivent à un rythme impossible. En second lieu, la tragédie grecque a été contrainte de faire un emploi exagéré des messagers. Il lui fallait, en effet, raconter les événements qui s'étaient passés avant le début de l'action, raconter ceux qui se passaient au même moment dans un autre lieu. D'où l'obligation de multiplier les récits et les messagers. On n'est plus dans une tragédie, mais dans une hôtellerie où les courriers se succèdent.

D'autre part, Ogier prenait la défense du mélange des scènes comiques et tragiques. Le Tasse en avait donné l'exemple dans l'*Aminta,* et depuis lors la pastorale mêlait aux plaintes des amants les bouffonneries du satyre. La tragi-comédie avait généralisé ce procédé. Audace légitime, déclare Ogier. Le nier, « c'est ignorer la condition de la vie des hommes, de qui les jours et les heures sont bien souvent entrecoupés de ris et de larmes, de contentement et d'affliction, selon qu'ils sont agitez de la bonne ou de la mauvaise fortune ».

L'on voudrait savoir quels étaient les adversaires de la tragi-comédie en 1628, et quels critiques Ogier avait en vue lorsqu'il écrivait sa préface de *Tyr et Sidon*. On ne le sait pas, et le témoignage de Balzac, relevé plus haut, prouve que des femmes s'étaient mises de la partie. Il serait vain de prétendre par conséquent qu'un seul homme s'était fait le champion des règles contre les libertés de la tragi-comédie. Il n'en est pas moins vrai que parmi les partisans du théâtre régulier, Chapelain joua un rôle de premier plan. Balzac a écrit dans son *Discours sur le caractère et l'instruction de la comédie* : « S'il a été dit avec raison qu'Aristote était le génie de la nature, nous pouvons dire aussi justement qu'en cette matière, M. Chapelain est le génie d'Aristote ». Ce que l'on sait maintenant de l'activité de Chapelain aux environs de 1630 justifie cette phrase éloquente.

Le jeune Godeau avait envoyé à Chapelain trois pages d'objections contre les règles, trois pages par conséquent en faveur de la tragi-comédie moderne. Chapelain y répondit par une dissertation en forme, et cette lettre qui porte la date du 29 novembre 1630, constitue un document capital sur l'état de la question à cette époque.

Chapelain commence par écarter l'autorité d'Aristote. Ce n'est pas en effet l'autorité qui doit décider de la question des règles, et Chapelain ne veut pas savoir si Aristote et ses commentateurs l'ont traitée. Ce qu'il connaît, c'est l'usage des Grecs, des Latins et des Italiens. Il observe que ces trois peuples ont, dans leur théâtre, respecté les règles, et il va dire, de son chef, les raisons qui ont obligé les auteurs à se conformer à ces lois. Le problème des unités n'est donc pas, à ses yeux, un problème d'autorité, mais un problème de raison.

Il n'en est pas moins vrai qu'il part de la théorie poétique d'Aristote, et qu'il pose, au point de départ de ses déductions, la notion aristotélicienne d'imitation. La poésie est imitation. Dès lors il se croit en droit d'affirmer « que l'imitation en tous poèmes doit estre si parfaite qu'il ne paroisse aucune différence entre la chose imitée et celle qui imite ». Si Chapelain n'était pas si fidèlement attaché au vocabulaire de la *Poétique,* il dirait que la poésie est illusion, et que la valeur de l'œuvre littéraire se mesure à sa puissance d'illusion. Il faut, écrit-il, que la poésie propose à l'esprit les objets « comme vrays et présents ».

Voilà le principe général. Chapelain va en tirer une théorie de l'art dramatique. Tout sera bon qui aidera à l'illusion, et qui donnera au spectateur l'impression d'assister à un drame réel. Or il est impossible que le spectateur puisse avoir, en deux heures, l'impression d'avoir vécu dix ans. Impossible encore « que l'œil se pust disposer à croire que ce mesme théâtre qu'il ne perdoit point de vue, fust un autre lieu que celuy que le poète auroit voulu qu'il fust la première fois ». Si l'on prétendait lui faire croire le contraire, le spectateur « jugeroit la représentation faite de la sorte fausse et absurde en mesme temps ».

L'on ne possède pas le texte des objections que Godeau avait faites à la règle des unités. On les retrouve pourtant dans les réponses que Chapelain leur oppose. Godeau avait d'abord observé que cette règle constituait une exigence récente, et qui ne s'appuyait pas sur la tradition antique. Il avait, en reprenant la thèse du prieur Ogier, attaché le plus grand prix à la variété et à la richesse de l'action, source du plaisir dramatique. L'observation stricte des unités rendait cette richesse et cette variété impossibles. Avait-il prévu, ou connaissait-il d'avance les arguments de Chapelain ? En tout cas, il mettait en doute la possibilité de cet état d'illusion sur lequel le critique appuyait toute sa théorie. Le spectateur, disait Godeau, sait fort bien que l'action qui se déroule sous ses yeux est feinte, et il est vain de prétendre découvrir des règles pour faire naître cette impossible illusion. Admettons-la pourtant. Godeau, et c'était là sa quatrième objection, faisait observer que dans ce cas, ce n'est pas dans la limite de vingt-quatre heures qu'il faut enfermer la durée de l'action, mais bien dans les bornes de la représentation même.

Aux principes de Chapelain, il opposait encore deux objections considérables. Si l'imitation, qui est l'essence de la poésie, n'empêche pas le poème épique de s'étaler dans le temps, pourquoi refuser la même liberté au poème dramatique ? Et si l'imitation fait, à elle seule, la poésie, pourquoi l'enfermer dans les limites du vraisemblable ? Tout le réel est objet de poésie, si même ce réel n'est pas vraisemblable. Enfin Godeau opposait à Chapelain la théorie hédoniste. Le théâtre actuel a pour objet le plaisir. Au nom de ce principe, on a supprimé les chœurs, les messagers et les flûtes. Pourquoi, au nom de ce même principe, ne pourrait-on supprimer les unités ?

A ces objections, Chapelain répondit point par point. Il affirma que le principe des unités n'était pas une invention moderne, et qu'aucune pièce de l'antiquité n'y contredisait. Il rejeta avec force l'idée que le meilleur poème fût celui qui embrassait le plus d'action. Au contraire, le poème n'en doit contenir qu'une seule, et de médiocre étendue. Cette variété que Godeau, après Ogier, exaltait, embarrasserait la scène et la mémoire. Sans doute la loi des unités a entraîné l'existence des messagers, elle oblige à résumer sous forme de narration les événements antérieurs au drame. Mais ces récits très ornés de la tragédie grecque n'ont rien d'ennuyeux.

Que le principe de l'imitation dût entraîner les auteurs à réduire la durée de l'action jusqu'à deux ou trois heures, Chapelain ne voyait aucune difficulté à l'avouer. La règle de vingt-quatre heures fixait le maximum permis. Elle n'interdisait certes pas une durée plus courte.

A l'objection tirée de l'épopée, Chapelain opposait la différence de nature qui existe entre l'épique et le dramatique. L'épopée s'adresse à l'imagination. Le théâtre s'adresse à l'œil du spectateur. C'est dire que le champ de vision du théâtre est infiniment plus resserré que celui du poème épique.

Prétendre fonder la poésie sur l'imitation seule était, au dire de Chapelain, une erreur. L'imitation, sans le principe complémentaire de la vraisemblance, n'est rien. Le vrai, s'il n'est pas vraisemblable, est étranger à l'art.

Enfin, au principe hédoniste, Chapelain opposait la saine et traditionnelle doctrine de l'utilité morale, ou, comme il disait, du profit. S'il était vrai que le théâtre moderne s'éloignât de sa fonction originale, qui est d'être utile, pour s'abaisser à ne tendre qu'au plaisir, il faudrait faire les plus grands efforts pour le ramener à son institution ancienne. Car il ne saurait y avoir là que décadence. L'altération est toujours pernicieuse, lorsqu'on touche à un établissement qui a son fondement dans la nature.

Mais si même on admettait que cette conception nouvelle de l'art fût légitime, et que le théâtre n'eût d'autre objet que le plaisir, dans ce cas encore la règle des unités s'imposerait aux esprits éclairés. Car le spectateur éprouve le plus grand plaisir lorsque l'œuvre se présente avec le plus d'ordre et le plus de vraisemblance, où apparaît le moins de confusion, où l'esprit a le moins d'efforts à faire pour accepter le drame qu'on lui propose (3).

Il s'agit là, on s'en rend compte, d'une attitude fort différente de celle que Mairet allait adopter quelques mois plus tard dans la préface de la *Silvanire*. Dans l'esprit de Chapelain, la règle des unités ne s'impose pas seulement à la pastorale. Elle vaut pour tous les genres de la « poésie représentative », pour la tragédie et la comédie. Elle condamne la tragi-comédie, sans la nommer, mais par la seule logique de ses exigences. Surtout, ce n'est pas sur une raison de fait qu'il fonde ses principes. Il ne dit pas, comme Mairet le faisait entendre, qu'il est bon d'observer les règles parce qu'elles ont, en Italie, produit d'heu-

---

(3) Ce principe de l'imitation devait amener Chapelain à condamner l'emploi du vers. Il n'y manque pas et s'appuie du reste sur l'exemple des Italiens. Soixante-dix ou quatre-vingts ans avant Houdar de la Motte, il ose écrire que l'emploi du vers au théâtre est un reste de barbarie : « Nous seuls, les derniers des barbares... »

reux résultats. Il s'appuie, quoi qu'il en dise, sur Aristote. Il s'appuie en tout cas sur une théorie philosophique de l'acte poétique, sur des principes abstraits et universels, sur des principes qui ont leur fondement dans la nature.

La tragi-comédie et le progrès des règles

Maintenant qu'il existait un parti des règles, maintenant que les doctes s'en mêlaient et pesaient de toute leur autorité dans le sens de la régularité, on devait prévoir que l'un après l'autre, les genres dramatiques se soumettraient à la même discipline que la pastorale. On aurait même pu raisonnablement prévoir que la tragi-comédie allait disparaître, puisque la liberté lui était essentielle. La réalité fut différente : plutôt que de mourir, la tragi-comédie s'adapta.

La première tragi-comédie qui se soit conformée à la loi des unités fut le *Clitandre* de Corneille. En raison de la personnalité de son auteur, il faudra revenir sur cette pièce. Il suffira d'observer ici qu'elle fut jouée vraisemblablement au cours de la saison théâtrale 1630-1631 (1), et que l'action, pourtant si variée, se tient enfermée, de façon paradoxale, mais élégante, dans les limites des vingt-quatre heures. Le lieu est, comme dans la pastorale, une forêt qui contient un château, avec une prison, une caverne, un rocher. L'unité d'action est faible, comme dans la pastorale encore, mais réelle. Un certain mélange de tragique et de comique, quelques traits familiers rappellent les rapports qui unissent alors la tragi-comédie et la pastorale.

A peu près dans le même temps que Corneille, **Boisrobert,**

(1) C'est la conclusion à laquelle aboutit H. Carrington Lancaster. L'achevé est du 20 mars 1632. C'est dire qu'il n'est pas impossible que la pièce ait été jouée au début de la saison 1631-1632. Mais, même en ce cas moins probable, *Clitandre* reste antérieur à toute tragi-comédie régulière.

son compatriote et son ami, donnait également une tragi-comédie enfermée dans le cadre des vingt-quatre heures. La pièce, intitulée *Pyrandre et Lisimène,* était tirée d'un roman que Boisrobert lui-même avait publié en 1629 (2). Elle était au plus haut point romanesque, mais n'en observait pas moins les règles. Celle des vingt-quatre heures. Celle du lieu, puisqu'il est limité à deux maisons et à un jardin voisin. Celle de l'action aussi, en dépit de maladresses évidentes.

Mais ni Corneille, ni Boisrobert n'étaient capables, par leur exemple, d'entraîner les autres auteurs dramatiques et sans doute n'y songeaient-ils pas. L'impulsion, l'initiative décisive vint, une fois encore, de Mairet. On peut d'ailleurs se demander si les trois écrivains ne formaient pas à cette date un groupe uni à la fois par des relations d'amitié et par des vues communes. Il est notable en tout cas que tous les trois ils ont donné des vers au *Trompeur puni* de Scudéry en 1632, et que Mairet et Boisrobert composent des pièces liminaires pour la *Veuve* de Corneille en 1634.

Mairet, on l'a vu, avait, après la *Silvanire,* donné une comédie, les *Galanteries du duc d'Ossone,* qui ne respectait aucune des unités. Il l'avait fait sans avoir le sentiment de renier les principes qu'il avait exposés dans la préface de la *Silvanire,* puisqu'il n'avait, en 1631, légiféré que pour la pastorale. Mais voilà qu'en 1633, il écrit une tragi-comédie, *Virginie,* et cette pièce se conforme à toutes les exigences de Chapelain.

Les thèmes sont empruntés à la littérature romanesque et notamment à l'*Astrée* : enfant perdu et retrouvé, batailles, coups d'épée, noires intrigues qui annoncent, cent cinquante ans d'avance, les traîtres du mélodrame. Mais cette matière abondante et romanesque est enfermée en vingt-quatre heures. Mairet

(2) *Pyrandre et Lisimène* parut avec un privilège du 23 avril 1633. H. Carrington Lancaster pense que la pièce remonte à 1631 ou 1632. Elle a été jouée à l'Hôtel de Bourgogne, car elle figure dans le mémoire de Mahelot. Le roman de Boisrobert d'où elle est tirée s'intitule *L'Histoire indienne d'Anaxandre et d'Orazie.*

est même si fier de son exploit, si désireux d'attirer sur lui l'attention du public, qu'il juge bon de mettre dans la bouche de son héros cette phrase étonnée :

> *Dieux, en ce peu de temps qu'enferment deux soleils,*
> *Peut-il bien arriver des accidents pareils ?*

Les spectateurs se trouvaient donc dûment informés qu'ils avaient la bonne fortune d'assister à une tragi-comédie régulière.

L'unité de lieu était également observée, et comprise à la façon de la pastorale. Elle englobait, dans Byzance, un palais, un jardin, et le rivage du Bosphore (3).

Les règles s'imposaient donc peu à peu à la tragi-comédie. Dans le groupe de Pierre du Ryer et de ses amis, les résistances furent moins grandes qu'on aurait pu le prévoir. Elles furent surtout moins cohérentes, et certains indices feraient croire que le groupe se dissocia.

André Mareschal prit position très nettement contre la tyrannie nouvelle. Ce fut, à vrai dire, à la fin de 1630, à un moment où les partisans des règles n'avaient pas encore pleinement développé leurs thèses, quelques mois avant la préface de la *Silvanire*. En tête de la *Généreuse Allemande,* qui est une tragi-comédie fort irrégulière, Mareschal déclara tout net qu'il refusait de se tenir « à ces estroites bornes, ni du lieu, ni du temps, ni de l'action, qui sont les trois poincts principaux qui regardent les règles des Anciens ». Phrase remarquable par sa netteté, et qui mérite toute l'attention de l'historien, car elle est la formule la plus ancienne que nous sachions de la règle

---

(3) Mairet a mis un *Avis au Lecteur* en tête de l'édition de *Virginie*. Cet *Avis* prouve les progrès qu'avait faits en trois ans l'orthodoxie aristotélicienne : « Je pense, dit Mairet, avoir tout fait selon les principes d'Aristote : Je montre partout le vraisemblable et le merveilleux, le vice puni et la vertu récompensée et surtout les innocents sortant de péril et de confusion par les mêmes moyens que les méchants avoient inventés pour les perdre, de façon que la malice et le crime y retournent toujours à leurs auteurs ; ce qui fait chez Aristote la plus noble et la plus ingénieuse partie de l'invention ».

des trois unités sous son aspect définitif. A ces dispositions tyranniques, Mareschal opposait simplement son œuvre. Puisqu'elle manquait aux règles et qu'elle n'avait pas pour cela « plus mauvaise grâce », il laissait au lecteur le soin de conclure (4).

Un nouvel auteur dramatique, Georges de Scudéry, était venu, à partir de 1631, se joindre au groupe des écrivains parisiens. En septembre 1631, en tête de sa tragédie de *Ligdamon et Lidias,* il publia, lui aussi, un manifeste contre la tyrannie des règles. Avec le ton cavalier qui lui était familier, il se déclarait fort au courant des règles des Grecs et des Latins, des Italiens et des Espagnols modernes (5), mais en même temps bien décidé à n'en pas tenir compte. « J'ay voulu, disait-il, me dispenser de ces bornes trop estroites, faisant changer aussi souvent de face à mon Théâtre que les Acteurs y changent de lieu ; chose qui, selon mon sentiment, a plus d'esclat que la vieille Comédie ». Les pièces de Scudéry, jusqu'en 1635, allaient en effet promener les spectateurs d'Angleterre au Danemark, et du Forez à Rouen (6). En 1631, la *Dorinde* d'Auvray les menait de Lyon à

(4) Mareschal ne discute pas la théorie des partisans des règles. Mais il l'expose en termes intéressants. D'autant plus intéressants même qu'il écrit sa préface avant celle de *Silvanire,* avant tout manifeste imprimé en faveur des règles, et dans le même mois où Chapelain écrit sa note à Godeau. Le sujet du théâtre, disent les partisans des règles, doit être « un en l'action, c'est-à-dire estre simple en son événement ». La scène ne doit connaître qu'un lieu : « Pour faire quelque rapport du spectacle aux spectateurs qui ne remuent point, elle n'en peut sortir qu'en même temps elle ne sorte de la raison ». Enfin le sujet, pour être juste, « ne doit contenir d'actions qui s'étendent au delà d'un jour, et qui ne puissent avoir esté faites entre deux soleils ». L'unité de lieu est affirmée au nom de l'illusion dramatique. On croira difficilement que cette ressemblance rigoureuse de l'exposé de Mareschal et des théories de Chapelain soit fortuite.

(5) Faut-il dire que Scudéry aurait été bien embarrassé si on lui avait demandé les noms des auteurs espagnols où il avait trouvé la théorie des unités ?

(6) Ces pièces sont *Ligdamon et Lidias,* tiré de l'*Astrée* et imprimé en 1631, le *Trompeur puni,* tiré de la même source et publié en 1633, le *Vassal généreux* joué à la fin de 1632 et publié en 1635, *Orante,* joué en 1633 et publié

Marcilly, et son action durait plus d'un mois. La *Généreuse Allemande* de Mareschal, en 1630, passait de Bohême en Silésie, et s'étendait sur une durée indéterminée, mais considérable.

Pourtant ces manifestations persistantes de la tragi-comédie irrégulière ne donnent pas une juste idée de l'attitude de Pierre du Ryer et de son groupe. Du Ryer avait au contraire adopté, en face des deux formules adverses, une sorte de voie moyenne et éclectique. En 1632, il donna une tragi-comédie nouvelle, *Alcimédon*. Il y resserra l'action en vingt-quatre heures et les divers lieux n'étaient éloignés les uns des autres que de quelques centaines de mètres. Cette concession faite à l'esprit nouveau, il revint aux formes libres qui avaient régné avant 1630. Sa comédie des *Vendanges de Suresnes*, en 1633, s'étend sur plusieurs jours et se déroule en plusieurs lieux. Sa tragédie de *Cléomédon,* au carnaval de 1634, n'observe aucune des unités.

Son ami Rayssiguier avait adopté la même attitude libérale. Lorsqu'en 1632 il avait publié une adaptation de l'*Aminta,* il avait, dans la préface, déclaré qu'on était libre, à ses yeux, de suivre les règles ou de les négliger. « Je ne blasme personne, écrivait-il, et disant mon advis hardiment, je crois que l'une et l'autre façon d'écrire doit estre souferte sans blasme ». Il appliquait pour lui-même ces principes conciliants. En 1633, il semble qu'il observe la règle des vingt-quatre heures dans sa tragédie de *Palinice, Circeine et Florice,* mais il ne s'y conforme pas dans *Célidée* qu'il fait imprimer en 1635 (7).

---

en 1635. Dans cette dernière pièce, l'action dure plusieurs jours et se déplace de Naples à Pise. Le sujet est tiré de l'*Astrée.* Enfin, dans le *Prince Desguisé,* joué en 1634 et imprimé en 1636, l'action se déroule dans plusieurs lieux de Palerme et dure dix jours. A toutes ces pièces qui sont des tragi-comédies, on ajoutera la *Comédie des Comédiens.*

(7) S'il est intéressant de relever les déclarations d'écrivains notables comme Pierre de Ryer ou Rayssiguier sur le problème des règles, il importe assez peu de savoir ce que pensaient d'obscurs écrivains sans relations ni influence. On remarquera pourtant la préface d'une tragi-comédie anonyme, les *Trophées de la Fidélité,* imprimée en 1632. L'auteur ne veut rien savoir des

Cette souplesse, cette facilité d'adaptation à des conditions nouvelles ont eu des conséquences importantes, une conséquence surtout qu'aucun Français ne saurait observer avec indifférence. Normalement, l'exigence de régularité qui s'impose de plus en plus à partir de 1630, aurait dû entraîner à brève échéance la disparition de la tragi-comédie. S'adaptant, se pliant aux règles, elle a subsisté. Si bien qu'en 1637 il fut possible à Corneille de donner à notre pays son premier chef-d'œuvre classique, qui est aussi la plus belle des tragi-comédies, le *Cid*.

Renaissance de la tragédie

En face de la tragi-comédie triomphante, la tragédie avait à peu près disparu. En 1634, lorsque Mahelot dresse la liste des pièces qui figurent au répertoire de l'Hôtel de Bourgogne, il n'inscrit, sur soixante et onze pièces, que deux tragédies. Encore les tragédies qui se jouent ou se publient autour de 1630, sont-elles bien plus proches de la tragi-comédie contemporaine que de l'authentique tragédie. On voit mal pourquoi, dénouement tragique mis à part, le *Pandoste* de La Serre est plutôt une tragédie qu'une tragi-comédie, car il est romanesque à l'extrême, s'étend sur deux journées et ne respecte aucune des unités. En fait, plusieurs des tragédies de cette époque, bien loin d'annoncer un réveil du genre, se rattachent à la vieille tragédie du XVI° siècle, et sont l'œuvre d'auteurs provinciaux,

règles : « Je parle de celles qui ne sont pas nécessaires à la Poésie, et qu'une nouvelle cabale d'esprits trop réguliers, de la glose desquels on m'a voulu faire peur, a osé donner pour des loix prononcées de la bouche mesme des Muses ». On relèvera seulement pour mémoire les rodomontades de Richemon-Blanchereau, en tête des *Passions égarées* en 1632. « Ne t'arreste pas tant aux règles de la Tragi-comédie en lisant celle-cy, ny aux lois du théâtre François : Telle contrainte, qui n'est que bienséante aux mercenaires, me siéroit mal, à cause que je la hays ».

ignorants des formes nouvelles qui s'élaborent à Paris. Plusieurs d'entre elles sont des tragédies saintes.

C'est en 1634 qu'apparut enfin une tragédie qui méritait le nom de classique. Un jeune auteur, Rotrou, donna pour la clôture des jours gras, à l'Hôtel de Bourgogne, la tragédie d'*Hercule mourant*. Il se posait ainsi aux côtés de Mairet en champion du théâtre régulier.

Il revenait de loin. Il avait abordé le théâtre en 1628 et depuis lors il publiait à un rythme rapide comédies et tragicomédies. Il était en excellentes relations avec le groupe de Du Ryer. Il avait donné des vers à la *Filis de Scire* de Pichou en 1630. En 1631, il figurait, aux côtés de Du Ryer, parmi les amis de Scudéry, pour son *Ligdamon et Lidias*. En 1632, avec Du Ryer encore, il patronnait les *Bocages* de Cotignon de la Charnaye. Il travaillait pour l'Hôtel de Bourgogne, et il était devenu, semble-t-il, après le départ ou à la mort de Hardy, le poète attitré des Comédiens du Roi. C'est probablement à cette époque qu'il convient de faire remonter certaines tragi-comédies extrêmement irrégulières, *Cléagénor et Doristée* ainsi que l'*Heureuse Constance* (1).

Mais au mois d'octobre 1632, un événement important se produisit dans la vie de Rotrou. Le comte de Fiesque le mena chez Chapelain. Il était presque certainement accompagné du comte de Belin. La lettre que Chapelain écrivit à Godeau après

(1) H. Carrington Lancaster date la première de ces pièces de 1633, et la seconde des débuts de 1634. Mais ces dates ne constituent qu'un *terminus ad quem*, et l'on peut tout aussi bien remonter plusieurs années plus haut. En fait, H. Carrington Lancaster relève lui-même des indices qui invitent à le faire. Il observe que la présence d'une nourrice dans l'*Heureuse Constance* suggère que cette pièce est une des plus anciennes de Rotrou. Quant à *Cléagénor*, il avoue que c'est une des plus pauvres pièces de l'auteur. D'autre part, ces deux œuvres ne figurent, ni dans un contrat du 11 mars 1636 où Rotrou a vendu trois pièces de 1633-1634, ni dans un autre du 17 janvier 1637 où il a vendu des œuvres de 1634 et des années suivantes. Il n'y a pas là de preuve décisive, mais un indice défavorable aux dates proposées.

cette visite traduit dans toute leur vivacité les impressions du critique : « Je suis marri, dit-il, qu'un garçon d'un si beau naturel ait pris une servitude si honteuse, et il ne tiendra pas à moy que nous ne l'en affranchissions bientost ». Chapelain veut donc retirer Rotrou de l'emploi qu'il occupe à l'Hôtel de Bourgogne. Il veut assurer son indépendance. Mais il veut aussi le gagner au parti des règles.

Il n'est pas certain que le premier point de ce programme se réalisa aussitôt, car lorsque Gaillard écrivit sa *Comédie,* vers 1633-1634, semble-t-il, la servitude de Rotrou durait encore :

> *Rotrou fait bien les vers mais il est Poète à gages.*

Mais à coup sûr le jeune écrivain prit soin désormais de satisfaire ses protecteurs. Au cours de 1633, il donna une comédie, *Diane,* et la dédia au comte de Fiesque. C'est le comte, nous dit-il, qui lui a commandé cette pièce, et la comédie doit à ce protecteur éclairé « la cause première de sa naissance ». Rotrou a lu sa pièce chez Chapelain et devant les membres de la future Académie. Car on ne peut guère douter qu'il est « le grand homme » et que les Académiciens sont « les divins esprits » dont Rotrou parle avec tant de respectueuse reconnaissance.

Est-il besoin de dire que, cette fois, l'action se déroule « entre deux soleils », et que l'unité de lieu est observée ? C'est une rue, sur laquelle donnent cinq maisons. Désormais Rotrou se tiendra à peu près fidèlement aux règles, même dans les tragi-comédies qu'il composera encore.

On voit donc l'exacte signification du geste de Rotrou lorsqu'il écrit *Hercule mourant.* Il ne prétend pas renoncer à la tragi-comédie : il en fera jouer plusieurs dans la suite. Il n'a pas non plus attendu jusque-là pour adhérer au parti des règles. Il veut seulement rendre la vie à un genre délaissé depuis longtemps. Il n'est pas difficile de deviner d'où lui vint cette idée. Le comte de Fiesque et Chapelain ont joué, on peut en être certain, un rôle important dans la genèse de cette tragédie.

Pour être tout à fait exact, elle n'était pas notre première tragédie régulière moderne. Les contemporains n'avaient pas oublié le *Pyrame et Thisbé* de Théophile. Ils n'étaient pas, lorsqu'il avait été joué, à même de découvrir les insuffisances de sa technique. Ce qui les avait par contre frappés, c'était la haute tenue de l'œuvre, le ton constamment tragique, le refus des moyens faciles de la tragi-comédie. Dans la suite, une seule pièce avait été écrite dans le même esprit : la *Niobé* de Frenicle en 1629 (2). Au milieu de tant de pièces irrégulières qui paraissent à cette date, elle est la seule qui observe la règle des vingt-quatre heures. Si l'on se rappelle que Frenicle est un des plus fervents admirateurs de Théophile et qu'il l'imite dans ses œuvres lyriques, on croira volontiers que c'est *Pyrame* qui a inspiré *Niobé*. Dans le même esprit, Frenicle donna ensuite une pastorale, *Palémon*, qui obéit, elle encore, à la règle des unités (3).

Rotrou n'avait donc devant les yeux que deux tragédies régulières récentes. Mais que lui importait ? C'était à l'antiquité qu'il prétendait revenir. Il emprunta son sujet à Sénèque le Tragique. Il se fit un devoir d'observer les règles de la façon la plus rigoureuse, et modifia la pièce latine pour en resserrer le lieu en un espace étroit. Il s'interdit tout mélange de comique et de tragique, tout épisode romanesque, tout ce qui aurait pu rappeler la tragi-comédie.

Mais il ne faut pas s'y tromper. Cette tragédie qui veut

(2) Les Illustres Bergers, dont Frenicle faisait partie, ont eu des relations suivies avec Du Ryer et son groupe. Colletet a donné des vers à l'*Argénis et Poliarque* de Du Ryer, au *Lisandre et Caliste* du même. Lorsque Cotignon de la Charnaye donne ses *Bocages,* on y trouve des vers à la fois de Colletet et de Du Ryer. J.-C. de Villeneuve, en 1632, donne une pièce à *Lisandre et Caliste*. En 1634, le même Villeneuve et Louis Mauduit figureront parmi les gens de lettres qui présentent au public la *Veuve* de Corneille.

(3) *Palémon* n'a été publié qu'en 1632, mais avec un privilège du 29 janvier 1629. En 1634, Frenicle donnera une troisième pièce, la *Fidèle Bergère,* qui est également une pièce régulière, mais à cette date, le fait n'a plus guère de signification.

revenir à l'antique est une œuvre moderne, et Rotrou n'oublie pas si facilement les goûts du public pour lequel il avait composé ses tragi-comédies. Il sait bien que ses contemporains ne veulent plus des chœurs, des longs discours, et qu'il faut réduire la part des monologues et des stichomythies. Il refond la pièce de Sénèque pour obéir aux exigences modernes. La pièce devient plus dramatique. Ce qui était récit se joue maintenant sur le plateau. Les personnages, au lieu de déclamer devant la rampe, s'affrontent et se heurtent. Leur sort reste en suspens jusqu'à la dernière scène du dernier acte. Certaines scènes particulièrement dramatiques s'inspirent de situations analogues de la tragi-comédie contemporaine. Iole, par exemple, apprend que son amant périra si elle ne cède pas à Hercule. Beau thème d'un pathétique romanesque que Rotrou avait pu remarquer dans le *Pandoste* de La Serre. Il ne renonce même pas aux développements spectaculaires de la tragi-comédie. Il met sur la scène une cérémonie dans un temple et fait apparaître Hercule devenu dieu, qui descend du ciel ouvert sur une nue, parmi les signes du zodiaque, des étoiles ardentes et un soleil « en escarboucle transparente ».

Si remarquable que fût *Hercule mourant,* il ne détermina pourtant pas un retour à la tragédie. C'est seulement à la fin de l'année suivante, en décembre 1634, que Mairet, en faisant jouer *Sophonisbe,* rendit la vie à un genre depuis dix ans négligé.

Le sujet était emprunté à l'histoire romaine, à Tite-Live surtout et à Appien (4). Mais déjà l'Italie avait connu une *Sofonisba* de Trissino (1515), qui était une des œuvres classiques de la Renaissance, et Pétrarque avait traité le sujet dans son

(4) Alors que tant de tragédies, écrites après *Sophonisbe,* mettent en scène des épisodes de l'histoire de Rome, on n'en trouve que deux avant Mairet : *Coriolan* de Hardy et l'*Embryon romain* de Vernier de la Brousse.

poème de l'*Africa*. Mairet a connu l'un et l'autre. Il a peut-être connu aussi la *Carthaginoise* de Montchrestien (5).

Ce sujet, Mairet le resserra dans le cadre des unités. L'action se déroule dans deux chambres que sépare seulement une tapisserie, et sur une place toute proche. Elle dure une seule journée, et sans que cette concentration donne une impression d'artifice et de contrainte. Il est naturel que les Romains pénètrent sans retard dans une ville qui se rend, naturel que Massinisse épouse Sophonisbe sans attendre que les Romains fassent opposition à son mariage, naturel que Scipion brise sans retard une combinaison politique dangereuse pour Rome.

Mais *Sophonisbe* n'est pas seulement classique parce que les unités y sont observées. Elle l'est par le mouvement intérieur qui l'anime. Les premiers actes marquent les progrès d'une crise qui atteint son paroxysme au quatrième, pour descendre ensuite vers la catastrophe finale. Peu importe après cela que la liaison des scènes soit imparfaite, que le dialogue s'abaisse une fois ou l'autre au familier, qu'un baiser échangé ait plus tard offensé la pudeur des spectateurs du XVIIIᵉ siècle. Ce qui compte, c'est que Mairet avait, mieux encore que Rotrou, réalisé une œuvre où le tragique était tout entier dans le choc de volontés fortes et contraires, où des héros luttaient, et, vaincus, échappaient à la honte par la mort, où chaque scène était choisie, non plus pour ses possibilités lyriques, comme au temps de Jodelle et de Garnier, mais pour son efficacité tragique.

Il est aisé de voir que ces mérites, Mairet les devait, dans une large mesure, à la tragi-comédie qu'il avait longtemps pratiquée. C'est elle qui lui avait donné ce sens de la scène à faire, cet art de construire une action, de nouer et de dénouer une situation dramatique. C'est elle surtout qui lui avait appris à concevoir l'action tragique comme une lutte entre hommes

(5) Voir A. Andrae, *Sophonisbe in der französischen Tragödie, Zeitschrift für franz. Sprache und Literatur*, 1891, et Ch. Ricci, *Sophonisbe dans la tragédie classique italienne et française*, Grenoble, 1904.

456

héroïques, et non plus comme l'écrasement d'une vie sous le poids de son destin.

On pourrait même ajouter qu'il avait emprunté à la tragi-comédie certains traits plus contestables, que Sophonisbe, amoureuse et coquette plus encore que patriote, que Massinisse si prompt à épouser, font penser à des personnages de tragi-comédie. Mais ces défauts mêmes ne pouvaient que plaire à ses contemporains. Comme l'a bien vu Saint-Evremond, Mairet triompha « pour avoir rencontré le goût des Dames et le vrai esprit des gens de la Cour ».

Le retentissement de *Sophonisbe* fut profond. De 1630 à 1633, on n'avait joué que deux tragédies nouvelles, Mais en 1635 et 1636 il se donna autant de tragédies que de tragi-comédies et désormais les deux genres se développèrent côte à côte.

La pièce de Mairet n'assura pas seulement le succès du genre. Elle le définit et le fixa. Désormais la tragédie cherchera ses sujets, bien moins dans la mythologie que dans l'histoire ancienne, et plus volontiers encore dans l'histoire romaine. Elle mettra en scène de grandes passions, l'amour, la haine, l'ambition, se heurtant pour de « grands intérêts », mettant en question la destinée des empires. Elle s'interdira les moyens faciles qui avaient assuré depuis dix ans les succès de la tragi-comédie. Elle s'enfermera dans des conflits d'âme, sans violences matérielles, sans concession aucune au pittoresque. Elle gardera un ton constamment noble et tendu. Elle observera les règles. Elle sera le plaisir de l'élite et la fierté des doctes.

Les Acteurs

Un public se formait donc, prêt à comprendre et à goûter les plus hauts chefs-d'œuvre. Des acteurs se préparaient à les interpréter. Depuis 1627, des changements profonds étaient intervenus dans la composition des troupes. L'Hôtel de Bourgogne avait conservé son ancienne prééminence et sa troupe des Comédiens du Roi. Ceux-ci, à la fin de 1629, avaient passé un nouveau bail pour trois ans, et désormais le renouvelèrent de façon régulière (1). Mais la physionomie de la troupe se modifia. En décembre 1632, Gaultier Garguille mourut. Au carnaval de 1634, ce fut le tour de Gros Guillaume. Du trio des grands farceurs, il ne restait plus que Turlupin. Il allait, lui aussi, disparaître peu après le mois de mars 1637. Cette disparition progressive des artistes qui avaient assuré les triomphes de la farce, ne signifie pas que le genre mourut avec eux. Mais à coup sûr elle modifia l'allure des représentations de l'Hôtel.

Dans le même temps un acteur d'un genre tout différent prenait une importance croissante. Bellerose charmait un public que Gros Guillaume avait longtemps ravi. Il s'appelait de son vrai nom Pierre Le Messier. On a cru jusqu'à une époque récente qu'il n'était apparu sur la scène qu'en 1628. On vient de trouver son nom, auprès de Valleran, dans des actes de 1610 et 1612. Sa présence est signalée à Bourges en 1619. Après la

(1) Il ressort très clairement des analyses de pièces conservées par Soulié qu'en 1629 les Comédiens du Roi furent imposés aux propriétaires de l'Hôtel par un arrêt du Conseil. Ils avaient loué régulièrement la salle le 6 juin, mais le 9 juillet, les Confrères passèrent un autre bail avec les comédiens du prince d'Orange. Il semble que les Comédiens furieux mirent en cause les droits de propriété des Confrères, car ceux-ci, le 17 novembre, font savoir que pour satisfaire un arrêt du Conseil, ils ont déposé leurs titres au greffe du dit Conseil. Le 29 décembre, arrêt est rendu : les Comédiens jouiront de la salle pendant trois ans, à charge de fournir une caution. Les Confrères opposèrent toute la résistance possible. Le 4 janvier 1630, les Comédiens présentent requête de faire visiter les locaux, le 26 janvier ils signifient un acte qui exige la livraison des clefs. Le conflit se prolongea. En juillet 1630, il fut porté devant le roi. En juillet 1632, la première période de trois ans étant écoulée, les propriétaires essayèrent encore une fois d'obtenir l'expulsion de leurs locataires, mais le lieutenant civil de Paris, en vertu de l'arrêt du 29 décembre 1629, mit les Comédiens en possession de l'Hôtel pour une nouvelle période. A la suite de sa décision, un bail fut signé le 5 août. Les comédiens renonçaient à tout procès pendant, au conseil privé du Roi et ailleurs, pour la propriété de l'Hôtel.

disparition de Valleran, c'est lui qui devint le chef des Comédiens du roi.

Tous les témoignages anciens sont d'accord sur le jeu de Bellerose et permettent d'apprécier son rôle dans l'histoire de notre théâtre. Sans doute lui arriva-t-il de jouer la farce, mais son génie, ni son goût n'étaient là. Il affectait les sentiments tendres et les élégantes passions d'un héros de la tragi-comédie romanesque. L'*Apologie de Guillot Gorju* vante « ses douceurs amoureuses, ses délicatesses ». Il avait joué le principal rôle du *Berger fidèle* et on l'imagine en effet fort bien en héros de pastorale. Aux yeux de la génération suivante, il exagérait la délicatesse. Mme de Chevreuse lui trouvait « la mine du monde la plus fade », et Scarron le disait « trop affecté ». Tallemant le juge avec la même sévérité. « Bellerose, dit-il, était un comédien fardé, qui regardait où il jetterait son chapeau, de peur de gâter ses plumes. Ce n'est pas qu'il ne fît bien certains récits et certaines choses tendres, mais il n'entendoit pas ce qu'il disoit ».

Il avait épousé le 9 février 1630 une comédienne, Nicole Gassot, sœur et veuve de deux autres comédiens (2). C'était une belle rousse, et pour elle Bensserade, qui était roux aussi, renonça à la théologie et aux bénéfices ecclésiastiques. Elle devint l'actrice principale de l'Hôtel et la meilleure comédienne de Paris, au dire de Tallemant. Bellerose et sa femme représentent donc à la perfection ces dix années d'intense activité dramatique qui succèdent à la barbarie antérieure et précèdent la naissance de la tragédie. Leur succès correspond à la vogue de la pastorale et de la tragi-comédie.

On a vu, dans un des chapitres précédents, que la Troupe des Comédiens du Roi avait été obligée de lutter, à partir de 1625, contre celle des Comédiens du Prince d'Orange. Celle-ci,

(2) Nicole Gassot est veuve d'un autre comédien, Mathias Meslier, et sœur de Jehan Gassot, lui aussi comédien. Ils appartenaient tous les deux à la troupe du Prince d'Orange.

en 1627, avait pour chef Jean Valliot. En 1629, ces Comédiens du Prince d'Orange disparaissent.

Mais au mois de décembre, une nouvelle troupe fit son apparition à Paris et commença ses représentations (3). Elle comprenait entre autres membres deux acteurs d'importance, et dont les noms paraissent déjà dans l'histoire de la période précédente, Charles Le Noir et Montdory. Elle débuta au jeu de paume de Berthault, au quartier Saint-Martin. Puis elle passa au jeu de paume de la Sphère, rue Vieille-du-Temple. Au mois de mars 1632, elle loua le tripot de la Fontaine, rue Michel-le-Comte, et y resta deux ans. Elle trouva enfin un établissement définitif au jeu de paume du Marais. Elle commença ses représentations dans cette nouvelle salle à la fin du mois de mars 1634 (4).

L'apparition de cette nouvelle troupe, son installation définitive, les succès que très vite elle obtint, allaient modifier les conditions de la scène française. Ils n'ont pas eu pourtant les conséquences qu'on a parfois voulu leur attribuer. Il n'est pas exact que le Marais se soit consacré à la tragédie, tandis que l'Hôtel de Bourgogne se serait entêté dans la tragi-comédie irrégulière. En 1634, le répertoire de l'Hôtel comprend au moins cinq tragi-comédies et plusieurs pastorales qui respectent les unités. Pas exact non plus que la mise en scène du nouveau théâtre ait été différente de celle de l'ancien, et qu'elle se soit contentée du « palais à volonté » de la génération suivante. Faux également qu'elle ait dédaigné les succès de popularité

(3) L'histoire du Marais vient d'être renouvelée par S. Wilma Deierkauf-Holsboer, *Le Théâtre du Marais*, I *La Période de gloire et de fortune*, Paris, 1954. — La date d'ouverture du Marais a été souvent fixée au 1er janvier 1635, mais il s'agit en réalité de la réouverture du théâtre après la crise dont il est question plus loin.

(4) La salle du Marais, une fois la scène construite, laissait au public un espace de dix-huit mètres de long environ. La scène avait neuf mètres de profondeur, et il restait encore 4 m. 50 pour le fond du théâtre. Le bail a été retrouvé, publié et commenté par J. Lemoine, *La première du Cid*.

et d'argent que la farce était encore capable de lui assurer.
Dans la troupe que Le Noir et Montdory présentèrent en 1630
au public parisien, on comptait deux farceurs, Jodelet et son
frère L'Espy (5). Enfin la troupe du Marais eut son capitaine
espagnol, Bellemore ou Matamore, et l'opposa au capitaine Fra-
cassé de l'Hôtel de Bourgogne.

Ces réserves faites, il reste que la troupe de Le Noir et
Montdory présente des traits assez différents de ceux qu'offraient encore à la même époque les Comédiens du Roi. Et
d'abord l'importance des femmes. Pour ne rien dire de la Beaupré (6) et de Mlle de Beauchasteau (7), deux des principales

(5) Jodelet, de son vrai nom, Julien Bedeau, était né vers la fin du
XVIᵉ siècle. Il avait appartenu aux comédiens du Prince d'Orange avant d'entrer
dans la troupe de Montdory. Il joue avec la figure enfarinée, une moustache
noire, un nez de blaireau, d'épais sourcils. Il parle du nez, par une infirmité
d'où il tire un puissant effet comique. Il jouera dans la troupe de Molière. —
L'Espy est le frère de Jodelet. — Alizon joue les rôles de femme. Il paraît
dans *Lisandre et Caliste* vers 1630. — Jacquemin Jadot joue sous le nom de
Michau. Karl Mantzius a publié dans sa *Skuespilkunstens Historie*, Copenhague,
1897-1899, des gravures sur l'ancien théâtre français conservées dans la riche
collection de la Bibliothèque Royale. L'une de ces gravures représente Michau
en vieillard stupide, Boniface en docteur, Alizon en vieille femme et Philipin
en Arlequin. S.-W. Deierkauf-Holsboer a prouvé qu'Alizon et Jadot n'appartenaient pas à la troupe de Montdory.

(6) Elle s'appelait Madeleine Le Moyne et avait épousé Nicolas Lion, sieur
de Beaupré. En 1624 elle fut de l'association qui groupa Montdory, Villiers et
son mari. Elle était l'amie de Villiers et de sa femme. Elle fut la marraine de
leur enfant. En 1632, son mari mourut. Elle passa alors dans la troupe des
Comédiens du Roi, mais vers 1634 on la retrouve dans la troupe de Montdory.
Elle fut l'amie de Mme Boiste, qui était en relations avec le père de Tallemant.
La Calprenède fut aussi de ses amis.

(7) Mlle de Beauchasteau s'appelait Madeleine du Pouget. Elle épousa
François Chastelet dit Beauchasteau. Il était des Comédiens du Roi en 1626,
mais en 1634 on le trouve au Marais, et naturellement avec sa femme. Elle
joue au Marais en 1637. Elle créa le rôle de l'Infante dans le *Cid*. Son mari
joua le rôle de Cinna. En 1634 le *Testament de feu Gaultier Garguille* dit de

figures de la troupe sont des actrices, la Villiers (8) et la Le Noir (9). La première aura l'honneur de jouer dans *Virginie* de Mairet, et la gloire de créer le rôle de Chimène. La femme de Charles Le Noir était, elle aussi, fort admirée. On louait chez elle non seulement un physique particulièrement agréable, mais de « petites douceurs » et des « gaillardises », dont le mélange savoureux avait conquis le public. Elle avait un protecteur attitré, le comte de Belin, et toute la troupe remerciait le Ciel de cette faveur. On écrivait des rôles pour elle. Ce fut elle qui tint le principal rôle dans *Virginie* et *Sophonisbe*.

Mais surtout, les comédiens du Marais avaient à leur tête le plus grand comédien du temps, le premier grand comédien français, Montdory (10). Il avait été baptisé le 13 mars 1594. Son père était coutelier à Thiers, en Auvergne. Envoyé chez un procureur parisien pour y apprendre le droit, il se tourna dès seize ans vers le théâtre. En 1622 on le trouve parmi

---

lui : « Notre Beau Chasteau qui ne trouve point de chasteté capable de lui résister, qui n'est vu que pour estre aimé, qui jaloux de son métier, est exact au dernier point... »

(8) Marguerite Béguin est la deuxième femme de l'acteur Villiers. Elle fut la partenaire de Montdory. « On dit, rapporte Tallemant, que Montdory s'en esprit, mais qu'elle le haïssoit, et que la haine qui fut entre eux fut cause qu'à l'envy l'un de l'autre ils se firent deux si excellentes personnes dans leur mestier ». On dit aussi qu'elle fut aimée d'Henri de Lorraine, et qu'il fit bien des folies pour elle. Elle mourut en 1670.

(9) Elle s'appelait Isabelle Mestivier. Tallemant dit d'elle : « Cette Le Noir estoit une aussy jolie petite personne qu'on peust trouver. Le comte de Belin, qui avait Mairet à son commandement, faisoit faire des pièces à condition qu'elle eust le principal personnage ». De son côté, le *Testament de Gaultier Garguille* nous apprend : « Le Noir et sa femme sont assez judicieux en leur mestier pour n'avoir pas besoin d'avis ; toutefois, comme leur bon ami, je les avertirai, en passant, lui, de garder toujours sa gravité, et elle ces petites douceurs et ces gaillardises qui la rendent agréable à tout le monde ».

(10) Voir sur lui le livre de M. Elie Cottier, *Montdory*, Clermont-Ferrand, 1937. Montdory était fils de Guillaume des Gilberts et de Catherine Sandry. — On vient de découvrir sa présence dans la troupe de Valleran en 1612. Il est alors acteur à demi-part.

les comédiens du Prince d'Orange. En 1624, il fonde une association avec d'autres comédiens. Puis il disparaît. On ne le retrouve qu'en 1630, aux côtés de Le Noir. Il est d'une autre classe que tous les comédiens qui l'ont précédé. Il est lié avec les plus beaux esprits de Paris. Chapelain et Balzac l'admirent. Il appartient à deux cercles intellectuels qui se réunissent, l'un chez Pierre Du Ryer, l'autre chez l'académicien Giry. Corneille, Mairet, Scudéry travaillent à l'envi pour lui. Il triomphe dans *Sophonisbe*. Il sera Jason dans *Médée*, Brutus dans la *Mort de César* de Scudéry. Il sera surtout Rodrigue.

Il n'était pourtant ni grand, ni bien fait. Mais il avait le verbe et le geste naturellement nobles. « Il estoit, nous dit Tallemant, plus propre à faire un héros qu'un amoureux ». Voilà tout ce qui le sépare de Bellerose. Ce qui sépare aussi la tragédie classique de la tragi-comédie de 1630.

Si l'on veut se représenter exactement l'importance et la nouveauté du rôle qu'il assuma, il n'est que de lire le magnifique éloge qu'en 1639 Tristan a fait de lui : « Jamais homme ne parut avec plus d'honneur sur la Scène ; il s'y fait voir tout plein de la grandeur des passions qu'il représente. Et comme il en est préoccupé luy-même, il imprime fortement dans les esprits tous les sentiments qu'il exprime. Les changements de son visage semblent venir des mouvements de son cœur ; et les justes nuances de sa parole et la bienséance de ses actions forment un concert admirable qui ravist tous les spectateurs ». On aura reconnu là l'éloge d'un grand artiste classique, d'un maître dont l'art était tout de vérité, d'intelligence et de sobriété. Il paraissait à l'heure même où Corneille allait écrire ses premiers chefs-d'œuvre (11).

(11) Il faut mentionner dans la troupe du Marais, l'acteur Villiers. Claude Deschamps, sieur du Villiers, était né en 1600 ou 1601. Sa première femme, Françoise Olivier, lui donna un fils, baptisé le 22 janvier 1624. Cette année-là, il s'associa à Montdory et à Le Noir. Il était encore avec eux en 1630, car sa seconde femme appartient alors à leur troupe. Le mari et la femme ne

Montdory était assuré des plus efficaces protections. Non seulement Chapelain et Balzac se portaient caution pour lui dans les cercles des doctes, mais le marquis de Liancourt l'accueillait familièrement dans son Hôtel (12). Surtout, Richelieu le patronnait ouvertement, au grand dépit sans doute des Comédiens du Roi. Malgré cette protection qu'on aurait imaginée toute puissante, Montdory put croire un moment que sa troupe était ruinée. A la fin de 1634, un ordre du roi lui enleva Le Noir et sa femme, Jodelet et son frère l'Espy. S'il fallait en croire Tallemant, Louis XIII aurait voulu faire pièce à un ministre moins aimé que redouté, et lui rappeler qu'il était le maître. Un autre chef de troupe aurait succombé. Montdory reconstitua son équipe et, nous dit Tallemant, « dans peu sa troupe valut encore mieux que l'autre ; car luy seul valoit mieux que tout le reste ».

Protecteurs du théâtre

A mesure que l'art dramatique occupait une place plus élevée dans les esprits, les auteurs et les acteurs trouvaient parmi les grands seigneurs des protections plus zélées. César de Vendôme fut le patron de Baro qui lui dédia sa *Célinde* en 1629. Puis Du Ryer devint son secrétaire. Le maréchal de la Chastre protégea également Du Ryer et celui-ci, en 1630, lui dédia *Argénis et Poliarque*. Il lui adressa aussi plusieurs des

quittèrent le Marais pour rejoindre l'Hôtel de Bourgogne qu'après la paralysie de Montdory en 1637. Villiers a composé plusieurs pièces. Il jouait le rôle de Philipin. Tallemant dit qu'il jouait bien les rôles de valets, moins bien pourtant que Jodelet.

(12) P. Paris a publié, dans son édition des *Historiettes,* une lettre de Montdory qui apporte de très précieuses lumières sur les relations du comédien. Elle nous apprend que Montdory était, avec D'Hozier, un des familiers de Liancourt, de « messire Roger », comme il dit. Elle nous apprend surtout que Boisrobert détestait Liancourt et, par ricochet, Montdory, qu'il essaya même de mettre celui-ci mal avec Son Eminence (VII, p. 186).

poésies qu'il a publiées à la suite de cette pièce (1). Après sa mort, sa veuve continua apparemment de s'intéresser aux choses du théâtre puisque Corneille lui dédia, par une attention délicate, sa comédie de *La Veuve*.

On a vu plus haut le rôle joué par le comte de Fiesque auprès de Rotrou. Le marquis de Liancourt patronna à la fois Corneille et Montdory. Mais la famille qui se fit avec le plus de dévouement la protectrice des auteurs fut celle des Soissons et des Longueville. Corneille, Rotrou, Du Ryer, Scudéry ont trouvé auprès de ces grands seigneurs un patronage qu'ils se sont fait un honneur de proclamer dans la dédicace de leurs pièces (2).

Il faut mettre à part, parmi ces protecteurs du théâtre, le comte de Belin. François d'Averton, très riche, vivait en disgrâce depuis qu'il s'était compromis dans le parti de la Reine-Mère en 1620. Il partageait son temps entre ses domaines de Milly en Gâtinais, de Belin et d'Averton dans le Maine, et la maison qu'il possédait à Paris dans le quartier du Marais. Ses goûts littéraires allaient au romanesque et son livre favori était le *Roland Furieux* (3).

(1) Voir le recueil des œuvres de Du Ryer, coté à la B. Nle Yf., 6852-6854. Du Ryer y adresse à la Chastre des vers sur la mort du baron de Valencé, tué devant Privas, et une ode *De l'hiver*.

(2) Rotrou a dédié *Les Occasions perdues* à Anne de Montafié, qui a épousé en 1601 Charles de Bourbon, comte de Soissons et de Dreux. Il a dédié l'*Hypocondriaque* à son fils Louis de Bourbon, comte de Soissons. Du Ryer a dédié *Lysandre et Caliste* et Scudéry a dédié *Orante* à la fille de Charles de Bourbon, Louise de Bourbon, qui a épousé, en 1617, Henri d'Orléans, duc de Longueville et qui mourra bientôt, le 9 septembre 1637. Corneille a dédié *Clitandre* à son mari.

(3) Sur le comte de Belin, voir le livre de Dannheisser sur Mairet, p. 24 sqq et les lettres de Chapelain. Chardon a apporté sur lui bien des documents nouveaux dans *La troupe du Roman Comique*, 1876. Des actes concernant Belin sont énumérés dans E. Magne, *Scarron et son milieu*, p. 50 n. 1. Scarron a peint le comte dans son roman sous le nom de comte d'Orsé. — Les domaines du comte de Belin sont Milly, les terres de Belin et d'Averton et la forêt du Pail dans le Maine. Les poètes parlent de son palais d'Averton et du petit Orgery voisin.

On a vu plus haut que les charmes de la Le Noir ne furent pas pour peu de chose dans l'appui que ce grand seigneur prêta aux collaborateurs de Montdory. Mais il n'importe guère. Ce qui compte, au contraire, c'est que grâce au comte de Belin, ce fut le Marais et non l'Hôtel de Bourgogne qui joua *Sophonisbe*. Ce qui compte plus encore, c'est que le comte, par ses relations avec Mme de Rambouillet, avec le cardinal de la Valette, avec le comte de Fiesque, rapprocha les comédiens des cercles aristocratiques gagnés à la réforme du théâtre. En 1633 (4), il pria Mme de Rambouillet d'autoriser la troupe de Montdory à jouer *Virginie* à l'Hôtel. La représentation eut lieu, et le cardinal de la Valette en fut si charmé qu'il donna une pension à Montdory. On aurait d'ailleurs tort de penser que le comte de Belin était un ardent partisan des règles. Les deux pièces de théâtre qui lui sont dédiées, les *Heureuses Rencontres,* de Le Hayer du Perron (1633), et *Cléagénor et Doristée,* de Rotrou sont deux pièces irrégulières. Il reste du moins que les comédiens avaient le sentiment de servir désormais aux plaisirs délicats d'une élite. Quant aux écrivains, ils trouvaient auprès du comte, dans le Maine ou à Paris, un accueil d'une bienveillance rare. Mairet, Rotrou, Scarron ont été ses familiers (5).

Le rôle de Richelieu

Enfin et surtout, il y eut l'action personnelle de Richelieu. Le premier signe de l'intérêt qu'il porte au théâtre n'apparaît

(4) Et non en 1631 comme le dit Tallemant dans une note, VII, p. 172.
(5) Un détail de topographie mérite d'être relevé qui pourrait apporter de bien utiles suggestions pour éclairer les dessous de la querelle du *Cid* et de l'étrange attitude du comte de Belin. Non loin de Belin se trouve le château de Bonnétable. C'est là que réside une partie de l'année la

qu'en 1629. Cette année-là, il donne la comédie au Roi et à la Reine. Chose curieuse, Boisrobert, en 1633, hésitait encore à lui dédier son *Pyrandre,* comme si le grand homme était au-dessus de ce genre de bagatelles. Il n'en est pas moins vrai qu'en 1631, Richelieu portait un vif intérêt à la pastorale et se réjouissait de voir dans la *Filis de Scire* de Pichou une pièce enfin régulière.

A partir de ce moment, il devint évident que le Cardinal avait décidé de diriger lui-même les développements de l'art dramatique en France. Il fut le protecteur de Boisrobert et, à partir de 1632, de Rotrou. Il fit davantage encore pour Des Marests. Il le décida à écrire des pièces et lui fournit des sujets et peut-être des plans. Il patronna Montdory et la troupe du Marais put se glorifier d'avoir l'appui, non pas seulement du comte de Belin, mais du Cardinal ministre.

Il fit plus. Il réunit cinq auteurs, Rotrou, L'Estoille, Corneille, Boisrobert et Colletet. Il prétendit que cette équipe lui fournît des pièces sur commande. Chapelain, de son côté, devait construire les canevas ou les retoucher. Etonnante caporalisation du talent, sous la contrainte d'un génie impérieux !

Trois œuvres sont sorties de cette collaboration. Le 4 mars 1635, la *Comédie des Tuilleries* fut jouée devant la reine (1). En janvier 1637, les cinq donnèrent la *Grande Pastorale.* Elle fut représentée probablement à l'Hôtel de Richelieu le 8 janvier 1637 avec « changements variés et admirables de scènes ». S'il faut en croire Pellisson, Richelieu avait écrit cinq cents

comtesse de Soissons, Anne de Montafié, dame de Bonnétable et de Lucé. On a vu qu'elle s'intéressait aux auteurs dramatiques et que Rotrou lui a dédié une de ses pièces, que son fils, sa fille et son gendre s'occupaient aussi du théâtre. Qui sait si Corneille ne fut pas la victime de ce trop vif intérêt ?

(1) H. Carrington Lancaster (*op. cit.,* II, 1, p. 99) aboutit aux conclusions suivantes : Rotrou a écrit le 1er acte, L'Estoille le IIe, Corneille le IIIe, Boisrobert le IVe, Colletet le monologue qui précède le 1er acte, et le Ve. Chapelain avait travaillé à construire le plan de la comédie, de concert avec Boisrobert (Lettre du 24 janvier 1635).

vers de cette pièce. Mais Chapelain en fit une critique si sévère que le Cardinal, un moment irrité, interdit de publier l'œuvre manquée.

De même l'*Aveugle de Smyrne*, d'après Pellisson, est l'ouvrage des Cinq. Il fut joué le 22 février 1637, par les deux troupes réunies, au Palais Cardinal (2). L'association durait encore l'année suivante lorsqu'on mit en chantier une pièce nouvelle, *Mirame*. A ce moment, une première défection se produisit, celle de Corneille. On ne sait rien de ce qui se passa ensuite, mais lorsque *Mirame* fut jouée, en janvier 1641, son auteur était officiellement Des Marests. On ne parla plus de la société des Cinq auteurs.

L'année suivante, en novembre 1642, on joua dans les mêmes conditions *Europe*, comédie héroïque. Tout le monde savait que si Des Marests était l'auteur de la pièce, Son Eminence avait pour elle des tendresses particulières. C'était, au surplus, l'éloge de la politique du Cardinal. Il allait mourir moins de trois semaines plus tard.

Pour ces représentations, Richelieu avait fait construire dans son palais une salle de spectacle. Jusqu'en 1637, il s'était contenté d'une installation de fortune. Cette année-là, il ordonna à l'architecte Mercier de bâtir une salle conçue spécialement pour des représentations dramatiques. Ce fut la plus belle salle de Paris. Elle présentait, à vrai dire, un défaut grave : le terrain manquait. On ne put obtenir que neuf toises de largeur. Mais elle offrait des innovations considérables. Le parterre était formé de vingt-sept degrés de pierre sur lesquels étaient fixées des formes de bois servant de banquettes. Le fond de la salle était circulaire, et modifiait donc les formes rectangulaires héritées des jeux de paume. Le plafond, au lieu de la charpente traditionnelle, présentait une voûte très ornée. La scène était

---

(2) On peut admettre les attributions probables auxquelles aboutit H. Carrington Lancaster. Le 1er acte serait de Corneille, le IIe de Rotrou, le IIIe de Boisrobert. Colletet a sans doute écrit le IVe acte et L'Estoille le Ve (*op. cit.*, II, 1, p. 206).

construite en vue des jeux de machines les plus compliqués. L'inauguration eut lieu le 1er janvier 1641, à la première de *Mirame*.

Corneille [1]

Pierre Corneille est né à Rouen, le 6 juin 1606. Son père était maître particulier des eaux et forêts en la vicomté de Rouen. Il fit ses études au collège des Jésuites. Il devait garder toute sa vie la marque de cette éducation. Non seulement parce qu'il resta bon catholique et très attaché aux Révérends Pères, mais, lorsque les controverses théologiques opposèrent jansénistes et molinistes, il prit parti et trouva le moyen dans *Œdipe*, de soutenir, en une longue tirade, la cause de la liberté humaine. Ce qui, si l'on songe au sujet qu'il traitait, paraîtra sans doute une gageure.

Ses humanités terminées, il étudia le droit, passa sa licence et, le 18 juin 1624, se fit recevoir avocat. Quatre ans plus tard, il acquit la charge d'avocat du roi à la table de marbre du Palais, et celle de conseiller et premier avocat en l'amirauté de France au siège général de la table de marbre. Ces deux charges n'étaient pas, on l'a démontré, des sinécures.

Cependant, dans l'année qui suivit leur acquisition, en 1629 par conséquent, il composa sa première pièce. D'après une tradition tardive mais sérieuse, Montdory vint à Rouen avec sa troupe pendant l'été de 1629. Le jeune homme lui présenta son

(1) La meilleure édition des œuvres de Corneille reste celle de Marty-Laveaux, dans la collection des Grands Ecrivains, mais les notices qui précèdent chaque pièce ont vieilli, et on se reportera à l'ouvrage de H. Carrington Lancaster. *La Vie de Corneille* par Taschereau doit être complétée par F. Bouquet, *Points obscurs et nouveaux de la vie de P. Corneille*, 1888, par un article d'U. Meier dans *Zeitschrift f. franz Sprache u. Litteratur*, 1885, et par un ouvrage du même, *Beiträge zur Kenntnis P. Corneille's*, Bautzen, 1911.

essai. Montdory le lut et s'en montra charmé. Il emporta le manuscrit à Paris. Corneille, ravi, décida de se donner désormais aux lettres (2).

Il est, à cette époque, un jeune homme plein de feu et qui, dans ses vers au moins et dans ses propos, adopte volontiers un ton cavalier. Il est assez grand de taille. Il a le visage agréable, un grand nez, la bouche belle, les yeux pleins de feu, la physionomie vive, des traits fortement marqués. Il fréquente la jeunesse dorée de la capitale normande, les fils de grandes familles parlementaires et le menu fretin des jeunes avocats. Il n'est pas riche, et n'est pas sans souffrir de la médiocrité de son état, lorsqu'il le compare à l'opulence de certains de ses compagnons.

Il est un peu libertin, et ne craint pas de scandaliser les bourgeois. Il a eu, ou il a encore, selon son mot, « des Philis à la teste ». Il a même connu la grande passion. C'était une jeune fille cultivée. Elle aimait les vers. Il en fit pour elle : ses premiers vers. Elle chantait à ravir. Ils s'aimaient. Un malheur, on ne sait lequel, rompit l'idylle. Comme beaucoup de femmes, elle garda rancune à celui qu'elle n'avait pas eu le courage de garder. Mais lui, des années plus tard, ne pouvait entendre sans émotion le nom jadis tant aimé (3).

---

(2) Ce récit nous est rapporté par l'abbé Mervesin dans son *Histoire de la poésie française* en 1706. Mais, il coïncide de façon particulièrement heureuse avec le texte de Chappuzeau sur la troupe de Montdory. « Cette troupe, dit Chappuzeau, alloit quelquefois passer l'été à Rouen, étant bien aise de donner cette satisfaction à une des premières villes du royaume. De retour à Paris de cette petite course dans le voisinage, à la première affiche, le monde y couroit, et elle se voyoit visitée comme de coutume ».

(3) Ces renseignements, tirés de l'*Excuse à Ariste*, sont les seuls qui soient sûrs parmi tant de légendes et d'hypothèses mêlées qui prétendent nous introduire dans la vie sentimentale du poète. Sans présenter les mêmes garanties que l'*Excuse*, le témoignage de l'abbé Granet est important : « il avoit aimé très passionnément une dame de Rouen, nommée Mme du Pont, femme d'un maistre des comptes de la même ville (*en réalité correcteur en la chambre des comptes de Normandie*), parfaitement belle ». Il aurait fait pour elle plusieurs pièces de galanterie qu'il n'a jamais publiées, et

Il se consola pourtant. Avec des Philis d'abord. Il affecta d'être volage. De tous les personnages de l'*Astrée,* celui d'Hylas eut ses préférences. Il se vanta d'être « plus inconstant que la lune ». A d'autres moments, il se moqua de l'amour, il prit l'allure d'un poète de cabaret, résolu à ne plus adorer que Bacchus. Mais ce n'était qu'une attitude.

Qui sait même si ces allures cavalières ne dissimulaient pas une timidité foncière ? Ceux qui ont vu Corneille sont d'accord pour parler de ses manières gauches et de son débit embarrassé. Fontenelle, son neveu, si désireux pourtant d'exalter le grand homme de la famille, avoue qu'il avait « l'air fort simple et fort commun, toujours négligé et peu curieux de son extérieur ». De même Vigneul-Marville : « La première fois que je le vis, je le pris pour un marchand de Rouen. Son extérieur n'avoit rien qui parlât pour son esprit, et sa conversation étoit si pesante qu'elle devenoit à charge dès qu'elle duroit un peu ». Il parlait moins français que normand. Il ne sut jamais se défaire de cette habitude et ne se mit pas en peine d'y parvenir.

S'il faut tout dire, il avait des défauts plus graves. Il n'était pas modeste, ni désintéressé. Après le triomphe du *Cid,* il s'attira les pires ennuis par sa maladresse, et ameuta contre lui les auteurs qu'il dédaignait et les acteurs qui l'accusaient d'être avide. Lui qui avait l'esprit naturellement sublime, il prenait un étrange plaisir à détruire l'illusion que ses interlocuteurs pouvaient garder sur son désintéressement. Il osait dire qu'il jugeait de la valeur de ses pièces par l'argent qu'elles lui rap-

---

qu'il brûla deux ans avant sa mort. Il lui communiquait ses pièces avant de les mettre au jour. Elle avait beaucoup d'esprit et les critiquait fort judicieusement. Cette Mme du Pont a été d'abord identifiée à tort avec une demoiselle Marie Courant, puis, selon la plus forte probabilité, avec sa belle-fille, Catherine Hue, née en 1609. Le nom de Mlle Milet, avancé parfois, ne s'appuie pas sur une tradition sérieuse, comme c'est le cas pour Mme du Pont. Voir, sur ces questions, une très bonne étude de G. Couton, *Réalisme de Corneille,* 1953.

portaient, et l'on peut imaginer l'impression que de tels propos pouvaient faire sur ceux qui les entendaient.

Charpentier, Segrais, La Bruyère se sont faits les échos de
ces scandaleuses confidences. « Avec son patois normand »,
écrit le premier, Corneille « vous dit franchement qu'il ne se
soucie point des applaudissements qu'il obtient ordinairement
sur le théâtre, s'ils ne sont suivis de quelque chose de plus
solide. » Et Segrais : « Corneille ne sentoit pas la beauté de
ses vers. » « C'est un grand avare », disait de lui Tallemant, et
s'il faut en croire l'auteur des *Historiettes,* Corneille a soutenu
la troupe du Marais parce qu'il était de son intérêt qu'il y eût
deux troupes.

Les historiens, lorsqu'ils racontent la querelle du *Cid,* prê-
tent volontiers à Corneille le rôle de la victime et la figure d'un
martyr. On verra bientôt que dans cette honteuse bagarre,
Corneille prit au contraire l'initiative des injures graves et fit
dévier la polémique du plan de la discussion académique sur
celui de la diffamation. Il avait raison, comme le génie peut
avoir raison contre des talents simplement honnêtes. Mais il
eut une façon déplorable d'avoir raison. D'ailleurs, si même la
querelle du *Cid* était toute à l'honneur de Corneille, comment
pourrions-nous oublier une autre querelle, plus honteuse encore,
montée de toutes pièces par lui contre notre grand, notre cher
Molière ? Si Mairet et Scudéry ont essayé de briser le premier
élan de Corneille, de ruiner un rival qui les éclipsait, il faut
se souvenir que Corneille, couvert de gloire, reconnu par tous
comme le grand écrivain de son siècle, s'est efforcé, lui aussi,
de briser l'élan d'un nouveau venu, de ruiner un rival. Il
n'est pas possible de parler avec équité de la querelle du *Cid*
sans évoquer en contrepartie celle de l'*Ecole des Femmes*. Mais
Corneille ne tolérait pas qu'un nouveau génie ou qu'un nouveau talent vînt menacer sa gloire et ses profits. Racine, tout
le long de sa carrière, eut trop d'occasions de s'en apercevoir.

Lorsqu'il commença d'écrire, il n'était pas l'isolé que l'on
pourrait croire, et les relations qu'il entretient à cette époque

jettent un précieux jour sur certains aspects de sa vie et de son œuvre. Il est d'abord le protégé du duc de Liancourt, et c'est à lui qu'il va dédier sa première pièce. Or, Liancourt a été l'ami le plus fidèle de Théophile. Il a patronné le vieil Hardy qui lui dédia l'un de ses volumes. Saint-Amant et Gomberville sont ses familiers, et nous venons de voir qu'il accueillit également Montdory. Corneille a débuté dans la carrière des lettres entouré de ces amitiés et de cette protection. On n'est donc pas surpris que, vers 1630, il s'exprime parfois sur un ton qui rappelle Théophile et Saint-Amant. Ses vers à M. D.L.T. et sa mascarade des enfants gâtés sont, à cet égard, très caractéristiques (4).

Par-dessus Liancourt, Corneille a un autre protecteur, le duc de Vendôme. C'est pour lui qu'il compose un des rares sonnets que nous ayons de lui. Elisabeth Ranquet, pour qui il a écrit une épitaphe en 1654, appartient à une famille attachée aux Vendôme. Les amis du poète, Alexandre et Henri Campion sont parmi les plus actifs serviteurs de la maison de Vendôme. Dans une province où les Longueville... occupent une situation de premier plan, Corneille ne leur est dévoué que dans la mesure où les Vendôme s'entendent avec eux. Pendant la Fronde, il trouvera tout naturel de recevoir une charge enlevée à un partisan des Longueville, tandis que son dévouement aux Vendôme durera toute sa vie (5).

A Rouen, il est en rapport avec le couvent des Feuillants de la rue des Bons-Enfants, et ce n'est pas un hasard si l'on

(4) *Œuvres*, t. X, p. 25 et 43.

(5) Le duc de Longueville a été nommé gouverneur de Normandie par lettres de provision du 6 août 1619 (Floquet, *Histoire du Parlement de Normandie*, IV, p. 231). L'incident de la charge occupée et perdue eut lieu en 1650. Corneille fut nommé procureur des états de Normandie à la place d'un sieur Bauldry, cassé pour son attachement aux Longueville. *L'Apologie pour M. de Longueville* écrit au sujet de Corneille : « Il faut qu'il soit ennemi du peuple, puisqu'il est pensionnaire de M. de Mazarin ». Un an plus tard, Bauldry fut réintégré dans sa charge. Cet épisode ne doit pourtant pas faire oublier que Corneille a dédié *Clitandre* au duc de Longueville, et qu'il a écrit des vers pour le ballet du *Château de Bicêtre*

observe que ce couvent a pour protecteurs particuliers les Vendôme (6). Ariste, l'ami auquel il adressera l'*Excuse* fameuse, n'est autre que le P. André, que nous avons déjà rencontré dans la querelle avec Balzac, et Corneille composera une épitaphe pompeuse pour Goulu.

Ces faits ne sont pas sans importance pour l'intelligence de l'œuvre de Corneille. Ils nous éclairent sur les protections qui entourèrent ses débuts, sur son attitude en face du pouvoir royal et de la domination du Cardinal, sur ses relations avec les hommes de lettres, ses confrères. Les grands seigneurs qui protègent Corneille sont aussi les protecteurs des meilleurs écrivains du temps. Au duc de Vendôme, Baro a offert *Célinde*, Mareschal sa *Sœur valeureuse* et Du Ryer, le *Cléomédon*. Rotrou offrira les *Sosies* à Liancourt. Corneille a un autre ami encore, Scudéry. Quand celui-ci fait imprimer *Ligdamon et Lidias*, en 1631, le *Trompeur puni*, en 1633, Corneille écrit pour lui deux pièces liminaires.

Le nom qui paraît le moins associé au sien est celui de Mairet. Il l'est pourtant une fois, en tête de la *Veuve*, aux côtés des noms de Scudéry, de Rotrou et de Pierre Du Ryer. Mais ce jour-là, Corneille avait résolu d'être l'ami de tout le monde. Il avait obtenu des vers d'un autre Rouennais, Boisrobert, et de son frère d'Ouville, alors que, selon toute vraisemblance, Boisrobert ne l'aimait pas. Il en avait obtenu de Louis Mauduit et de J. C. de Villeneuve, Illustres Bergers, du Normand Marbeuf, et de l'avocat Claveret, qu'il n'accusait pas alors d'être « sommelier dans une médiocre maison ».

Mais surtout, les relations de Corneille avec l'Hôtel de Liancourt éclairent l'attitude qu'il adopte dans la grande querelle

dansé le 7 mars 1632, où figurent le marquis de Liancourt et le comte de Fiesque, et aussi le duc de Longueville. Ce ballet était même donné par le comte de Soissons, beau-frère du duc.

(6) Le tombeau de Goulu a été élevé par la munificence de M. et de Mme de Vendôme.

qui oppose alors partisans des règles et défenseurs de la liberté. Ami de Saint-Amant, vivant dans un cercle où la leçon de Théophile reste vivante, Corneille est résolument moderniste.

Si l'on veut apprécier avec vérité l'attitude de Corneille en cette première période de sa carrière, il ne faut surtout pas se référer aux *Examens* qu'il a donnés beaucoup plus tard de ses œuvres de début. Ce sont les *Avis au lecteur* des premières éditions qui peuvent seuls nous renseigner. Rapprochés des textes de la polémique contemporaine, ils ne laissent aucun doute sur les intentions du jeune écrivain.

Son ami Saint-Amant est à l'origine de ses idées sur l'Antiquité. Il est, comme Saint-Amant, fermement attaché à l'idée de progrès : « Puisque les sciences et les arts ne sont jamais à leur période, écrit-il dans la préface de *Clitandre* (1632), il m'est permis de croire qu'ils n'ont pas tout su, et que de leurs instructions on peut tirer des lumières qu'ils n'ont pas eues. Je leur porte du respect comme à des gens qui nous ont frayé le chemin et qui, après avoir défriché un pays fort rude, nous ont laissé à le cultiver. » Deux ans plus tard, alors que le parti des règles ne cesse de gagner du terrain, Corneille maintient son principe, en dépit de concessions que l'on pourrait qualifier de normandes : « Ce n'est pas, écrit-il alors, que je méprise l'Antiquité, mais comme on épouse malaisément des beautés si vieilles, j'ai cru lui rendre assez de respect de lui partager mes ouvrages, et de six pièces de théâtre qui me sont échappées, en ayant réduit trois dans la contrainte qu'elle nous a prescrite, je n'ai point fait de conscience d'allonger un peu les vingt et quatre heures aux trois autres. »

Lorsque nous avons étudié plus haut les théories littéraires de Saint-Amant, nous avons vu le prix qu'il attachait à l'originalité. La meilleure copie de Michel-Ange, disait-il, ne vaut pas le moindre Fréminet. Il poussait si loin ce sens de l'originalité que, s'il lisait les œuvres des autres, c'était, disait-il, pour s'empêcher de se rencontrer avec eux en ses conceptions. Corneille se montre tout aussi soucieux de ne ressembler à personne :

« Que si l'on remarque des concurrences dans mes vers, qu'on ne les prenne pas pour des larcins. Je n'y en ai point laissé que j'aye connues, et j'ay toujours cru que pour belle que fût une pensée, tomber en soupçon de la tenir d'un autre, c'est l'acheter plus qu'elle ne vaut ».

Dans la controverse qui oppose les partisans de la tragi-comédie et ceux du théâtre antique, il est, en 1632, du côté des premiers. Aussi bien chez Chapelain que chez Godeau et chez Ogier, on a vu plus haut l'importance qui s'attachait à l'emploi des messagers. Les modernes reprochaient à la tragédie de type classique l'abus des longs récits. Ils voulaient que l'action se déroulât sous les yeux des spectateurs. Corneille prend parti contre les Anciens. Il écrit à propos de *Clitandre* : « Au lieu des messagers qu'ils introduisent à chaque bout de champ pour raconter les choses merveilleuses qui arrivent à leurs personnages, j'ai mis les accidents mêmes sur la scène », et il célèbre « l'avantage que l'action a sur ces longs et ennuyeux récits ».

C'est dire qu'il a mis quelque temps à se plier aux règles et que, jusqu'à *Horace,* il fera figure d'indépendant. Son attitude, au début, est celle de Du Ryer. Ni adhésion, ni opposition de principe. Il ne lui déplaît pas de se conformer aux exigences des réguliers, mais à condition qu'il n'en soit pas l'esclave. Lorsqu'il avait écrit *Mélite,* il ignorait les discussions qui venaient de s'ouvrir. Il jugea bon d'enfermer *Clitandre* dans les vingt-quatre heures. Mais il s'en expliqua de façon cavalière : « Ce n'est pas que je me repente de n'y avoir point mis *Mélite,* ou que je me sois résolu à m'y attacher dorénavant. Aujourd'huy quelques-uns adorent cette règle, beaucoup la méprisent, pour moi j'ai voulu seulement montrer que si je m'en éloigne, ce n'est pas faute de la connaître ». Dans les deux ans qui suivirent, son attitude se modifia, il réfléchit très sérieusement aux problèmes du théâtre. Il comprit tout ce qu'avait d'étroit et de stérile le pédantisme des novateurs, mais aussi ce qu'offraient de dangereux pour l'artiste les trop faciles beautés de la tragi-comédie. Il sut discerner qu'il n'y a pas d'art sans contrainte, mais que certaines contraintes, au lieu de soutenir l'élan de l'écrivain, ne servent qu'à l'étouffer. En 1634, il était déjà en possession de ces certitudes. Il écrivait alors, en présentant sa *Veuve* au public : « Pour l'ordre de la pièce, je ne l'ai mis ni dans la sévérité des règles, ni dans la liberté qui n'est que trop ordinaire sur le théâtre français ; l'une est trop rarement capable de beaux effets, et on les trouve à trop bon marché dans l'autre qui prend quelquefois tout un siècle pour la durée de son action, et toute la terre habitable pour le lieu de la scène. Cela sent un peu trop son abandon, messéant à toute sorte de poème, et particulièrement aux dramatiques qui ont toujours été les plus réglés. »

Corneille, on le voit, n'abandonnait point les principes qu'il avait affirmés au début de sa carrière. Il les approfondissait plutôt. Il en voyait les limites, les rapports, la véritable portée. Mais il restait moderniste, et par conséquent attaché aux idées de liberté et d'originalité, hostile au pédantisme, convaincu que l'objet de l'art est de plaire, et que l'art suprême est de dissimuler les artifices :

Ars artem fugisse mihi est...

Cette formule, dans l'*Excusatio*, fixe sans ambiguïté la position du jeune écrivain.

Mélite [1]

Sa première pièce s'intitulait *Mélite ou les Fausses Lettres.* On a dit plus haut que Corneille la remit à Montdory au cours de l'été de 1629. Le comédien l'emporta à Paris. Elle fût jouée

---

[1] La première édition, chez Targa, porte un privilège du 31 janvier 1633 et un achevé d'imprimer du 12 février 1633. Le sous-titre a disparu en 1644. Le texte original de *Mélite* a été excellemment réédité par Mario Roques et Marion Lièvre, Droz, 1950.

pendant l'hiver de 1629-1630, très probablement au jeu de paume de Berthault, quartier Saint-Martin (2). Le succès des trois premières représentations n'eut rien d'éclatant. Il se décida à la quatrième et dura le reste de l'hiver. Les amateurs de spectacle cessèrent de se presser à la *Silvanire* de Mairet, que jouait l'Hôtel de Bourgogne, et vinrent applaudir la pièce du jeune avocat normand. Corneille était venu de Rouen observer le succès de sa pièce. Il eut d'utiles conversations avec les gens du métier. Il apprit qu'il existait une règle des vingt-quatre heures et que, dans son innocence de provincial, il l'avait transgressée. Il apprit aussi que le style de sa pièce était trop familier, et que l'intrigue était un peu vide.

On aimerait savoir les raisons qui dictèrent à Corneille le choix de son sujet. Une tradition qui semble bien établie veut qu'il y ait eu, à l'origine, une aventure personnelle. Non pas du tout un drame amoureux. Mais, de façon bien plus simple et bien plus vraisemblable, une « petite aventure de galanterie ». D'après Fontenelle, un ami de Corneille, épris d'une demoiselle de Rouen, le mena chez elle, et Corneille sut se rendre plus agréable à cette jeune personne que l'imprudent ami. Cette aventure l'amusa, et il en fit le sujet de sa première comédie. Il avait composé des vers galants pour la jeune fille. Il inséra l'une de ces pièces, un sonnet, dans sa *Mélite* (3).

Mais sur cet épisode de sa vie personnelle, Corneille a construit une pièce où abondent les thèmes les plus familiers au théâtre contemporain. Celui de la folie était courant, aussi

---

(2) La date n'est pas douteuse et l'on conçoit mal qu'elle ait pu être récemment remise en question. *Mélite*, d'après l'*Avertissement au Besançonnois*, « terrassa dès sa première représentation » la *Silvanire* de Mairet, et cette pièce a été jouée au cours de la saison 1629-1630. D'autre part, la troupe de Montdory s'établit à Paris au mois de décembre 1629. C'est à cette date, et très probablement le 15 de ce mois, qu'il faut placer la première de *Mélite*.

(3) La tradition est ancienne. Elle est attestée dès 1685 dans les *Nouvelles de la République des lettres*, reprise en 1708 par Thomas Corneille, en 1729 par Fontenelle Mais c'est seulement dans le *Moreri des Normands* qu'on nous apprend que Mélite est un anagramme et que l'héroïne de l'anecdote s'appelait Mlle Milet.

bien dans les tragi-comédies que dans les romans. L'*Astrée* avait décrit plus d'un amant rendu fou par les refus de sa cruelle. Il y avait également une scène de folie dans l'*Alcméon* de Hardy, il y en avait dans l'*Hypocondriaque* de Rotrou (1628), et Pichou avait donné, en 1629, les *Folies de Cardenio*. Le thème des lettres était également traditionnel. On le retrouvait, lui aussi, dans l'*Hypocondriaque*, et l'*Astrée* avait eu recours plus d'une fois à ce procédé romanesque d'une dangereuse facilité.

Mais si les thèmes n'offrent rien d'original, l'idée seule d'écrire une comédie était, en 1629-1630, une sorte d'originalité. La comédie avait alors à peu près complètement disparu. Rotrou venait, à vrai dire, de donner sa *Bague de l'oubli*. Mais cette pièce, imitée de l'espagnol, faisait appel au merveilleux et transportait les spectateurs dans un monde de fantaisie. Rien en elle, par conséquent, qui pût fournir quelque orientation pour une renaissance de la comédie de mœurs.

Par contre, les éléments du genre comique se trouvaient dispersés dans la pastorale et la tragi-comédie contemporaines. On l'a dit plus haut à propos des *Bergeries* de Racan et des pastorales de Troterel, on l'a dit à propos de la *Sylvie* de Mairet. Ces pièces et quantité d'autres à la même époque, abondaient en scènes familières ou franchement comiques. Elles avaient habitué le public à goûter les observations fines et justes, à sentir tout le comique délicat d'un trait de caractère. Elles lui avaient surtout appris à apprécier des personnages comiques qui ne fussent pas des capitans espagnols, des valets fripons et des entremetteuses. Elles avaient délivré le comique des types traditionnels où la comédie du XVI⁰ siècle s'était enfermée. Elles l'avaient, pour tout dire, délivré de Plaute.

L'œuvre du jeune auteur avait donc été, non pas précisément, comme il l'a cru, de créer un comique familier et délicat, mais de dégager ce comique de la tragi-comédie et de la pastorale où il restait engagé. Exploit remarquable. Plus remarquable encore si l'on songe que Corneille avait alors vingt-trois ans, et qu'il n'avait pas quitté sa province. L'originalité, même si elle était consciente et volontaire, jaillissait d'un esprit naturellement hardi et conquérant.

Ce qui apparaît également naturel chez lui, c'est le don de faire vivre ses personnages. Non pas que tous, dans sa première pièce, aient une physionomie bien marquée. La nourrice n'a guère d'existence, ni Lisis, ni Cliton. En un sens même Philandre, vaniteux et inconsistant, ne se dégage pas suffisamment du *miles gloriosus* traditionnel. Mais Eraste, et surtout Tircis et les deux jeunes filles sont admirables de vie.

On sent que Corneille les a tirés de son expérience. Le jeune avocat de Rouen a rencontré, n'en doutons pas, cette Cloris gentiment vaniteuse, très avertie, très maîtresse de soi, pleine de menus défauts et de qualités charmantes. Il a rencontré Mélite, et si le portrait qu'il en tire est moins net, c'est peut-être qu'il n'est pas certain de la bien comprendre. Que cache ce visage beau et fier ? cette froideur est-elle réelle ou feinte ? Feinte sans doute et Corneille décide qu'elle tombera amoureuse de Tircis.

Le personnage d'Eraste ne se résume pas d'un mot. Par la faute du thème adopté, Corneille est obligé de lui prêter certains mots, certains gestes d'un héros de tragi-comédie. Mais sous ces traits, il existe un autre Eraste, très vrai, très justement observé. Il est d'une des meilleures familles de Rouen. Il est beau et il est riche. Il n'a qu'une faiblesse. C'est qu'il s'est toqué d'une jeune personne qu'il est incapable d'émouvoir.

(4) On voit maintenant ce qu'il y a de juste et de faux dans le texte connu : « La nouveauté de ce genre de comédie, dont il n'y a point d'exemple en aucune langue, et le style naïf qui faisoit une peinture de la conversation des honnêtes gens, furent sans doute cause de ce bonheur surprenant qui fit alors tant de bruit. On n'avoit jamais vu jusque là que la comédie fît rire sans personnages ridicules, tels que les valets bouffons, les parasites, les capitans, les docteurs, etc. Celle-ci faisoit son effet par l'humeur enjouée de gens d'une condition au-dessus de ceux qu'on voit dans les comédies de Plaute et de Térence, qui n'étoient que des marchands ».

Il en souffre. Mais il ne se décourage pas. Car lorsqu'on est riche et beau comme lui, on réussit toujours à vaincre une résistance. On ne craint surtout pas un rival aussi peu dangereux que Tircis.

Voilà, dans la pièce, le personnage le mieux étudié, et dont la vérité éclate avec le plus de force. Avec tant de force même, avec des traits si justes, qu'on se prend à penser que Tircis, c'est Corneille même. Il n'est pas très beau, et il n'est pas riche. Il a mauvaise réputation, et les bourgeois de Rouen disent qu'il est un suborneur. Ce qui est vrai, c'est qu'il est poète, et non pas seulement parce qu'il lui arrive d'écrire des vers. Il vit en marge des gens rassis, et ne craint pas de scandaliser ses concitoyens par la fantaisie de son allure et la liberté de ses propos. Il déclare à qui veut l'entendre que le mariage n'a pas pour lui de charmes, que la fidélité lui pèserait et qu'il ne se sent pas la vocation d'élever des marmots. Il déclare sérieusement que s'il se marie un jour, ce sera pour les écus de la fille. Ce sont là propos ordinaires chez ceux qui vivent dans les nuages, et se prennent pour des esprits réalistes. Sa sœur ne s'y trompe pas, qui l'appelle « mon fou de frère ». Elle a raison. Qu'il se trouve un jour en face de la belle Mélite, il sera ébloui, il commencera par rimer quelque sonnet, et bientôt, il sera amoureux fou.

Ces personnages si vrais, si justement observés, parlent une langue qui est celle de la bonne société, de la société galante du temps. Ce n'est pas une langue de bouffons, ce n'est pas, Corneille l'a fait remarquer, une langue de marchands. Pour la goûter il faut l'imaginer dans la bouche de la jeunesse dorée de Rouen, dans le cercle où de jeunes avocats papillonnent autour de belles jeunes filles lettrées et musiciennes. Elle n'est même pas très comique. Lorsque Corneille parle du « style naïf » de *Mélite,* il n'a raison que si l'on rend à ce mot le sens qu'il avait alors, c'est-à-dire qu'il est saisi sur le vif. Mais il n'a pas du tout de naïveté au sens actuel de ce mot.

Il nous étonne même plus d'une fois par sa force et son

élévation. Quand les personnages de *Mélite* veulent exprimer leurs sentiments, ils n'ont aucune envie de nous faire rire, ni même sourire. Nous nous rappelons alors que Corneille, quelques années plus tard, s'est décidément tourné vers la tragédie. Mais peut-être ferions-nous mieux de nous rappeler qu'il est nourri de Bertaut, et que c'est à Bertaut qu'il emprunte ce ton douloureux et tendu.

Ses jeunes amoureux ne sont pas pour autant cantonnés dans le grave et le passionné. Parfois ils se détendent. Ils s'amusent à parler le langage à la mode, et c'est une autre forme, pour eux, de la « naïveté ». Elle consiste à multiplier les formules ingénieuses, à aiguiser les « pointes ». Corneille avoue que *Mélite* en est « semée ». Mais ces pointes donnaient une image naïve des conversations galantes de la jeune génération, de ce marivaudage avant la lettre. Le comique de Corneille, c'est alors, déjà, le comique de Marivaux.

Ce n'est qu'en de plus rares moments que le ton de la comédie s'abaisse, fait appel aux locutions populaires, aux formules pittoresques et triviales. Parfois même Corneille risque quelques gaillardises. Il fallut les supprimer plus tard, pour obéir aux exigences d'un goût devenu sévère. Il fallut supprimer aussi quelques baisers un peu vifs ou un peu vite donnés, fort naturels aux yeux du public de 1630, mais qui choquèrent plus tard (5).

Faut-il, après avoir loué de si éminentes qualités, s'étendre sur les insuffisances techniques de cette œuvre de débutant ? Corneille n'avaït même pas entendu parler de la question des vingt-quatre heures, qui depuis un an agitait les lettrés de la capitale. Sa pièce durait au moins une semaine. Le lieu n'était autre que celui des comédies du siècle précédent, trois mai-

(5) On peut observer, dans les corrections du texte, un trait curieux. En 1632, Mélite cesse un moment de dire *vous* à Tircis et le tutoie. Tircis aussitôt l'imite (v. 711 sqq). A partir de 1648, lorsque Mélite tutoie Tircis, celui-ci continue à lui dire *vous*.

sons voisines dans une rue de la ville. Certaines invraisemblances éclataient dans son intrigue. Des scènes étaient sans
influence sur l'issue de la comédie. Les personnages de Lisis et
de la nourrice n'apparaissaient que tard, trop tard pour faire
corps avec les autres rôles. Surtout, les scènes n'étaient guère
liées et l'absence de liaison entre elles était, à certains moments,
particulièrement choquante. Mais en vérité, qu'importaient ces
gaucheries ? et pouvaient-elles dissimuler les mérites de cette
œuvre savoureuse, ni les promesses d'un si beau talent ?

Clitandre [1]

Retourné à Rouen, Corneille entreprit une seconde pièce.
Il y travailla pendant la plus grande partie de 1630. Elle fut jouée
au cours de la saison suivante, entre le mois de novembre 1630
et le mois de mars 1631. Elle s'intitulait *Clitandre ou l'Innocence
délivrée*.

(1) La pièce a été publiée seulement en 1632, avec privilège du 8 mars et
achevé d'imprimer du 20 mars. La date des pièces de Corneille avant *Médée*
ne peut être établie directement sur des témoignages anciens. Il faut des
recoupements délicats, et l'autorité des frères Parfaict et de l'édition Marty-
Laveaux a imposé à la plupart des ouvrages français un système inexact.
On est d'accord aujourd'hui pour admettre la succession suivante : *Clitandre*,
la *Veuve*, la *Galerie du Palais*, la *Suivante*, la *Place Royale*. D'autre part,
Claveret, au cours de la querelle du *Cid*, accuse Corneille d'avoir commencé à écrire la *Place Royale* « dès que vous sûtes que j'y travaillois »,
c'est-à-dire lorsque Claveret préparait une comédie de même titre. Or,
cette pièce fut jouée devant Louis XIII en juin 1633. Il nous faut donc
placer dans les trois saisons théâtrales 1630-1633 les quatre pièces de Corneille
qui vont de *Clitandre* à la *Suivante*. C'est-à-dire que *Clitandre* a été certainement joué au cours de la première de ces saisons, et non en 1632. *La Veuve*
a dû suivre et il est impossible d'imaginer qu'elle date de 1634. On proposerait
volontiers pour la *Galerie du Palais* le début de 1632 et pour *La Suivante*
les premiers mois de 1633. C'est alors que Corneille aurait appris le travail
de Claveret et aurait commencé la *Place Royale*. — *Clitandre* a été l'objet
d'une excellente édition de R.-L. Wagner, Droz, 1949.

Clitandre est une tragi-comédie. On ne saurait s'étonner que Corneille, plutôt que de recommencer une autre *Mélite,* se soit risqué à écrire une pièce toute différente et dans un genre nouveau pour lui. Toute sa vie, il se plaira à suivre les mouvements de l'opinion. Non par paresse d'esprit, ni par un vulgaire désir de succès immédiat. Mais tout au contraire, pour ne laisser aucune forme d'art dramatique hors de sa prise. Il va donc s'essayer à la tragi-comédie. Il a appris le succès, à Paris, des pièces de Du Ryer, de Mareschal et d'Auvray. Il veut maintenant rivaliser avec eux.

On ne sait à quelle source il a puisé l'extravagante intrigue de sa pièce. Des rapprochements ont été relevés entre *Clitandre* et des tragi-comédies contemporaines. On a noté, en particulier, des ressemblances étroites entre le premier acte et *Lisandre et Caliste* de Du Ryer, emprunté lui-même à un roman d'Audiguier. Mais de toute façon la pièce de Corneille est toute faite des thèmes habituels de la tragi-comédie : une prison et un geôlier féroce, un guet-apens, un homme assailli par des spadassins, des morts, des déguisements, une jeune fille habillée en homme, et cette même jeune fille à peu près violée. Rien ne manque de ce qui ravissait les contemporains.

Pourquoi faut-il qu'un certain purisme du goût nous interdise d'avouer que nous restons sensibles à ce plaisir ? Nous savons bien qu'il est d'assez médiocre qualité. Mais notre curiosité est constamment en haleine. Ces scènes violentes, ces passions exaltées, cette action haletante enchantent en nous le goût inné des aventures, l'imagination et la sensibilité naïves de la jeunesse. Par quel parti pris de pauvreté certains critiques ont-ils prétendu que l'intrigue de *Clitandre* était inextricable ? Elle est au contraire très aisée à démêler et témoigne, chez l'écrivain, du remarquable talent dont il donnera plus tard, dans certaines tragédies de la grande époque, des preuves si étonnantes. Mais c'est une vieille tradition de médire de *Clitandre.* Une tradition qui remonte à Corneille lui-même. J'entrepris, a-t-il dit, une pièce « qui ne vaudroit rien du tout : en quoi je réussis parfaitement ». Nous ne l'en croirons, ni sur l'intention, ni sur le résultat.

Chose étrange, cette œuvre romanesque est une œuvre régulière. En venant à Paris pour voir le succès de *Mélite*, Corneille avait appris qu'il existait une règle des vingt-quatre heures, et il avait décidé de l'observer. C'était beaucoup de zèle, car à cette date, seules les pastorales commençaient à s'astreindre aux unités. Les tragi-comédies s'en étaient jusqu'alors dispensées. A l'exception pourtant de la *Silvanire* de Mairet. Cette « tragi-comédie pastorale » avait été jouée à l'Hôtel de Bourgogne pendant que Montdory donnait *Mélite*. Elle observait les règles de la pastorale italienne. Elle suggéra à Corneille le projet de les appliquer à la tragi-comédie. L'action de *Clitandre* ne dépasse pas vingt-quatre heures, et l'unité de lieu y est exactement celle de la pastorale, c'est-à-dire une forêt, avec un château, une caverne, un grand rocher et une prison (2).

Mais s'il avait pris soin d'observer l'unité du temps et du lieu, Corneille ne semble pas s'être douté qu'il existe d'autres exigences de la technique dramatique. La structure de sa pièce laisse apparaître une gaucherie extrême. Au premier acte, l'intérêt se concentre sur Caliste et Rosidor. A en juger par les trois suivants, les héros de la pièce seraient Pymante et Dorise. Nul ne songerait à faire de Clitandre le personnage principal d'un drame qui porte pourtant son nom. Son rôle se borne à se laisser jeter en prison, à échanger des propos avec son geôlier et à gémir sur son destin. Au cinquième acte, il occupe à peine plus de place, et c'est pour recevoir de la main du Roi, non pas du tout la femme qu'il aime, mais cette aimable Dorise, qui ne cache pas qu'elle est folle de Rosidor et qui l'a bien

(2) Sur la question de mise en scène que pose, dans la tragi-comédie de l'époque, l'existence de plusieurs rôles de prisonniers, Corneille nous a laissé une indication précieuse dans l'*Examen* de *Médée* : « Ces grilles qui éloignent l'acteur du spectateur, et lui cachent toujours plus de la moitié de sa personne, ne manquent jamais à rendre son action fort languissante » (*Œuvres*, II, p. 337).

prouvé lorsqu'elle attira sa rivale Caliste dans un guet-apens pour la poignarder. La tentative d'assassinat remonte à quelques heures à peine, mais Clitandre a l'âme assez grande pour ne s'en plus souvenir. Corneille lui-même a reconnu que son Clitandre ne pouvait être « qu'un héros fort ennuyeux » (3).

Dans cette pièce curieuse, vivante, maladroite, ce qui nous intéresse surtout, c'est ce qu'elle nous livre sur Corneille, ce sont les premiers traits, les signes mal dessinés encore de son génie. Si l'on compare *Clitandre* aux tragi-comédies contemporaines, on y relève un goût de la violence et de l'horreur qui lui est propre. Elles étaient pathétiques, romanesques. Mais elles évitaient le plus souvent l'horrible. Corneille au contraire frappe dur et fort. Il veut provoquer chez le spectateur, non pas les impressions délicates que Racan et Mairet avaient recherchées, et que Bellerose savait si bien faire naître chez les spectatrices, mais des sensations d'une brutale violence.

Il est sur ce point plus près de Hardy que les autres auteurs de sa génération, et nous avons déjà rencontré dans le *Scédase* du vieil auteur la scène de viol que nous retrouvons dans *Clitandre*. Influence livresque ? Sans doute, mais qui trahit un

---

(3) Il y a dans ce personnage et dans ce rôle quelque chose de si étrangement maladroit qu'un historien aussi ingénieux qu'érudit, M. Charlier, en a tiré une explication nouvelle de la pièce (*La Clef de Clitandre* dans *Publications de l'Académie Royale de langue et de littérature françaises*, 1924). Clitandre serait le maréchal de Marillac, arrêté en novembre 1630, et décapité le 10 mai 1631. Corneille aurait, à la fin de 1630, modifié le premier jet de sa pièce pour lui donner ce sens nouveau, et c'est ce qui expliquerait que Clitandre, favori du prince dans les deux premiers actes, soit ensuite emprisonné sans que rien ait fait prévoir ce coup de la fortune. Ainsi refaite, la tragi-comédie serait un appel à la pitié du roi, un effort pour lui faire comprendre qu'il avait été trompé, et que Marillac était innocent. M. Charlier fait observer que le duc de Longueville, à qui Corneille dédie sa pièce, appartenait au parti de Gaston. L'hypothèse est curieuse, mais elle reste en l'air. Les défauts de structure qu'on observe dans *Clitandre* s'expliquent tout aussi bien par la gaucherie d'un débutant. Le thème d'un innocent emprisonné est courant dans la tragi-comédie contemporaine. On le trouvait par exemple dans *Lisandre et Caliste*. Enfin, on n'a pas encore pu démontrer que Longueville avait pris la défense de Marillac.

penchant. La première tragédie de Corneille mettra sur la scène l'horrible légende de Médée. La scène finale de *Rodogune* est connue, et *Théodore* prouve qu'à cinquante ans, il n'avait pas perdu le sens des situations audacieuses et brutales.

Ce qui lui est propre également, et qui jette une précieuse lumière sur ses goûts profonds, c'est que cette tragi-comédie est à peu près dépourvue de tout élément comique, c'est qu'elle tire sans cesse vers la grande tragédie, c'est que le ton, comme dans *Mélite,* y tend constamment vers le haut. On pourrait citer quantité de vers tragiques. Des vers, qui, isolés de leur contexte romanesque, seraient parfaitement dignes de figurer dans une tragédie de la grande époque. Des maximes fortes. Des pensées généreuses, ramassées en une dense formule. Ces héros qui interpellent les destins, qui tendent leurs volontés, qui s'excitent froidement à pousser leurs passions au paroxysme, sont déjà, dans leurs meilleurs moments, des héros cornéliens. Il est un point pourtant où *Clitandre* a particulièrement vieilli. Les monologues y sont fréquents et interminables. Corneille s'en est plus tard justifié et son plaidoyer donne l'explication de cette erreur. « C'étoit, dit-il, une beauté en ce temps-là : les comédiens les souhaitoient, et croyoient y paroître avec plus d'avantage ». Cette esthétique à la Bellerose allait succomber plus tard, sous les coups de l'abbé d'Aubignac. Corneille fait observer qu'à partir de *Pompée* il se libéra de cette habitude.

La Veuve [1]

Le succès de *Clitandre* fut très probablement médiocre [2], et Corneille résolut de revenir à la comédie. Sa nouvelle œuvre

[1] *La Veuve ou Le Traistre trahy* a été imprimée en 1634, avec privilège du 9 mars et achevé d'imprimer du 13 du même mois. *La Veuve* a été rééditée dans son premier texte par Mario Roques et Marion Lièvre, Droz, 1954.
[2] Ce qui semblerait l'indiquer, c'est d'une part que Corneille ne tarda pas à faire imprimer sa pièce, et c'est aussi que *Clitandre* ne figure pas au mémoire de Mahelot. Ce ne sont pas là, on s'en rend compte, des preuves certaines. Ce sont du moins des indices.

fut jouée certainement en 1631, soit à la fin de la saison 1630-1631, soit au début de celle de 1631-1632.

On l'a fait justement remarquer, s'il est un auteur que Corneille a imité en écrivant la *Veuve*, c'est lui-même. Entre cette pièce et *Mélite*, les ressemblances sont nombreuses, précises, indiscutables. Trois jeunes gens sont amoureux. L'un d'eux est un violent et un traître. A l'intrigue principale s'en mêle une autre, autour d'une jeune fille qui est, dans les deux pièces, la sœur du premier rôle. Cette sœur, dans les deux pièces, est l'objet d'une passion feinte et, dans les deux pièces encore, finit par épouser, au 5ᵉ acte, un personnage que nul n'aurait prévu. Certains détails se retrouvent dans l'une et l'autre pièces : la mère qui résiste aux sentiments de sa fille et finit par céder, la femme qui sert d'entremetteuse ; le duel proposé et refusé. On a la très forte impression que Corneille revient volontairement à sa première pièce, et que cette fois il ne s'en détache pas de façon suffisante.

Clarice fait penser à Mélite. Elle est comme elle très belle, très maîtresse d'elle-même et peut-être un peu froide. Mais, comme elle, capable d'un sentiment profond. Elle aime le timide Philiste et, pour l'obliger à se déclarer, elle va aussi loin sur la voie des aveux qu'il est permis à la pudeur d'une femme. Elle le fait avec une délicatesse exquise, dans une scène qui est un chef-d'œuvre de bout en bout. Doris, de son côté, rappelle de fort près Cloris. Elle a l'esprit vif et plaisant, un grand courage. Elle est moqueuse et fière, et ne craint rien tant que de s'humilier devant un homme qui ne la vaut pas. Ne forçons pas d'ailleurs les rapprochements. Clarice a quelque chose de plus que Mélite. Elle a vécu, elle a souffert. Ce n'est plus une jeune fille. C'est une jeune veuve. Elle met dans son amour pour Philiste une richesse, une profondeur de sentiments, qui manquaient à la jeune Mélite. Doris même, sous son ironie, dissimule un cœur désemparé. Elle est intérieurement malheureuse, contrariée dans son amour par la tyrannie d'une mère et l'aveuglement d'un frère. Il semble que Corneille, depuis qu'il a écrit *Mélite,* ait fait l'apprentissage de la douleur.

Entre Philiste et Tircis, une seule ressemblance ; ils sont pauvres, ils ne sont pas de brillants partis aux yeux des familles rouennaises. Cela reconnu, Philiste diffère fort de Tircis. Si Corneille pensait à lui-même lorsqu'il écrivait ce rôle, il en faudrait conclure qu'il avait beaucoup changé, beaucoup vieilli. Il n'est plus le gai compagnon, le poète, le fantaisiste. Il ne courtise plus toutes les jeunes beautés de la ville. Il est froid et passionné, et n'a de flamme que pour Clarice. Il se fait maintenant de l'amour l'idée la plus épurée, et il accepterait toute sa vie d'aimer Clarice, sans autre droit que celui de l'adorer en silence. Au début de la pièce, on le croirait un grand stratège en galanterie. Mais il se trompe. Il n'est qu'un amoureux transi. Avec cela, brave, loyal, généreux ami, et fort entêté dans son amitié comme il est entêté dans son amour.

En face de lui, Alcidon. Il a une tout autre réalité qu'Eraste dans *Mélite.* C'est le même homme, mais mieux compris. Amer, mélancolique, passionné, ne croyant pas à l'amitié, ni à aucun sentiment généreux et naïf. On le lui pardonnerait encore. Mais comment excuser sa fausseté ? Il se meut si bien dans le mensonge, il y fait preuve d'une telle aisance, il y déploie un tel brio qu'il répugne.

Voilà déjà bien des portraits. Il y en a d'autres, et manifestement Corneille se plaît à les multiplier. Un personnage aussi peu important que Florange, et qui ne paraît même pas sur la scène, a le sien, fort amusant. Il est « nouveau venu des universités », et Corneille se joue à décrire sa gaucherie, au bal, en face de l'intimidante Doris.

C'est là un trait nouveau dans l'œuvre de Corneille. Parce qu'il a réussi, dans *Mélite,* une sorte de peinture de genre, il insiste, il multiplie maintenant les morceaux brillants, où éclate son talent de peintre. C'est ainsi que nous avons une tirade sur la conversation des dames, un portrait en pied de l'amoureux transi, une page sur les conflits de l'amour et de la raison.

Ces développements ont certainement fait une partie du succès de la *Veuve*. On imagine volontiers l'accueil qu'y faisait un public déjà sensible aux finesses d'une psychologie déliée. Il faut bien admettre pourtant qu'ils sont trop nombreux, trop peu fondus dans l'ensemble, qu'ils s'en détachent comme des hors-d'œuvre.

Corneille, cette fois, ne s'était pas décidé à observer les unités. Il l'avait fait dans *Clitandre,* parce que *Silvanire* lui fournissait un modèle et lui semblait une autorité. Il ne voyait pas de raison d'étendre ces lois à la comédie. Pourtant il s'impose une discipline nouvelle. Dans *Mélite,* huit jours s'écoulaient entre le 1er et le IIe acte, mais les actes suivants n'étaient séparés que par des intervalles de temps indéterminés, et certainement très courts. Corneille fait disparaître ce déséquilibre dans la *Veuve*. Une journée sépare de façon uniforme chacun des actes de la pièce.

Il fit encore effort sur un autre point. Il avait, nous dit-il, une aversion naturelle pour les *aparté*. Il prit soin de les éviter dans deux scènes qui pourtant les appelaient de façon presque nécessaire. Lorsque Philiste et Clarice s'interdisent d'exprimer leur amour réciproque, lorsqu'au contraire Doris et Alcidon échangent des compliments d'amour sans avoir le moindre sentiment l'un pour l'autre, c'est le dialogue seul qui, par ses finesses, ses sous-entendus, ses phrases enveloppées, assume la tâche de nous faire comprendre, à travers les mots, les véritables intentions des personnages.

Mais le principal souci de Corneille ne fut pas d'ordre technique. Ce qu'il voulut avant tout, ce fut d'atteindre à plus de vérité, de serrer de plus près la réalité quotidienne. Il a fait remarquer, dans son *Avis au Lecteur,* donc en 1634, que parfois la langue de la *Veuve* était « une prose rimée » et plus tard, dans son *Examen,* il est revenu sur la qualité nouvelle de son style, « plus net et plus dégagé de pointes » que celui de *Mélite.*

Telle était donc la direction où il s'engageait. Sans doute

faut-il avouer qu'il ne réalisa pas pleinement ses intentions. On trouve encore dans la *Veuve* quelques vers trop ingénieux. Certains passages sont écrits dans ce style un peu haut que nous avons observé dans *Mélite,* et qui n'est pas tout à fait celui de la comédie. Mais enfin l'effort est certain. Les contemporains le sentirent vivement, et Claveret a reproché au style de la *Veuve* de manquer de tenue, d'abonder en « gallanteries plus que bourgeoises ». Corneille, à en croire cet excellent confrère, était devenu un « courtaut de boutique ».

La Galerie du Palais [1]

La *Veuve* obtint un vif succès, qui rappela sans doute celui de *Mélite.* Encouragé, Corneille continua dans la même voie et quelques mois plus tard, il fit jouer une nouvelle comédie d'une veine identique, la *Galerie du Palais ou l'amie rivalle.*

Le titre est curieux, il est intéressant, mais il est trompeur, et c'est le sous-titre, supprimé pourtant dès 1644, qui indique le vrai sujet de la pièce. Mais Corneille avait discerné dans quel sens s'orientait le goût du public. En fait, la Galerie et ses boutiques n'apparaissent qu'à deux reprises, et pour un temps assez court. Pendant le reste de la pièce, un rideau les dissimule [2]. Le décor où se joue presque toute la comédie n'est autre que celui de *Mélite* ou de la *Veuve,* celui de la comédie du XVIe siècle, plusieurs maisons arbitrairement rapprochées dans une unique rue.

Mais, pour apprécier à sa juste valeur l'importance de ces deux scènes, il ne faut pas tellement en mesurer la longueur.

(1) *La Galerie du Palais ou l'amie rivalle,* privilège du 21 janvier 1637, achevé d'imprimer du 20 février 1637.

(2) Ce rideau est mentionné au début de la scène I.4, dans les éditions postérieures à 1657. Il rend compte d'un passage de *l'Examen* qui serait, sans lui, incompréhensible.

C'est l'impression du public qui compte. Elle fut vive, et l'Hôtel de Bourgogne ne tarda pas à suivre l'exemple de la troupe rivale (3). L'originalité de Corneille n'était pas pourtant si grande qu'on l'a cru. Dans la *Célinde* de Baro, on voyait déjà des marchands qui ouvraient leurs boutiques. Le décor de *Lisandre et Caliste* comportait une boucherie parisienne, qu'une rue séparait du Châtelet. On avait vu d'autre part des marchands qui discutaient avec les chalands dans *Lizimène* et *Le Mercier inventif*. Chacun des éléments qui firent le succès des deux scènes de la *Galerie du Palais* existait donc avant cette pièce. L'originalité de Corneille fut de les réunir. On avait eu des boutiques sans les propos des marchands, des propos de marchands sans leurs boutiques. La *Galerie du Palais* rassembla les uns et les autres.

Bien plus encore que ce pittoresque amusant, c'est la conception même de la pièce qui traduit la volonté, chez Corneille, d'aller de plus en plus loin dans la voie du réalisme. Il écarte plus complètement que dans les pièces précédentes tout élément romanesque, tout ce qui rappelle la tragi-comédie. Dans *Mélite* les fausses lettres, dans la *Veuve* l'enlèvement trahissaient l'influence d'un genre avec lequel Corneille voulait rompre. Il élimine donc ces procédés. Les péripéties de sa nouvelle pièce naissent d'une intrigue féminine. Des mensonges savants, des jalousies trop promptes à naître, des conseils perfides, et naïvement acceptés. A un moment, les deux rivaux sont tout près de tirer l'épée. Mais ils ne se battent pas. Et se battraient-ils qu'on ne pourrait parler de romanesque. Le duel, en 1632, n'est pas un jeu de tragi-comédie.

C'est dans le même souci de réalisme que Corneille substitue

(3) *La Foire de Saint-Germain* de La Pinelière était jouée aux jours gras de 1634, et put l'être l'année précédente (Fournier, *Variétés*, II, p. 249). D'après le mémoire de Mahelot (p. 100), on y voyait des boutiques d'orfèvre. de peintre, de confiturier et de mercier. Gros Guillaume y jouait le rôle de l'orfèvre. Chacune des boutiques devait être munie de toutes sortes d'accessoires. Le confiturier par exemple, devait étaler dragées, boîtes et cornets.

à la nourrice une suivante. La nourrice rappelait trop la comédie du XVI° siècle et les personnages stéréotypés de la farce. Dans la troupe de Montdory, les rôles de nourrice étaient tenus par un homme, Alizon, avec un masque sur la figure et des allures de farce. La suivante était au contraire une jeune femme. Elle avait fait son apparition depuis quelques années déjà. On la rencontrait dans l'*Arsacome* de Hardy, dans *Chryséide et Arimant*, dans *Clitophon*, dans *Lisandre et Caliste*. Corneille ne créait donc rien. Mais il accueillait toutes les innovations qui pouvaient accentuer le caractère réaliste de sa comédie (4).

Le style de la *Galerie du Palais* continuait et précisait l'évolution que l'on a déjà remarquée dans la *Veuve*. Corneille a dit fort justement dans son *Examen :* « Le style en est plus fort et plus dégagé des pointes dont j'ai parlé, qui s'y trouveront assez rarement ». Il s'interdit, avec un constant souci, aussi bien les chutes dans la farce que les échappées vers le style de la tragédie. Il est, de plus en plus, le style habituel des honnêtes gens.

On voudrait louer de même les caractères. Sera-t-il permis d'avouer qu'ils sont dans l'ensemble bien éloignés d'offrir le charme attachant de *Mélite* ou de la *Veuve* ? Hippolyte est fausse, prompte à imaginer un mensonge nouveau. Célidée est naïve au contraire, incapable de percer à jour les ruses de sa traîtresse amie. Mais ces deux filles n'ont pas, il s'en faut de beaucoup, les traits aussi nettement dessinés que Clarice ou que Cloris. Dorimant est parfaitement insignifiant. Lysandre le serait sans une admirable scène, où il laisse éclater son désarroi, où il explique ses maladresses et l'excès de sa passion (V, sc. 4). Il y a là un de ces grands cris qui bientôt nous bouleverseront dans le *Cid* et dans *Polyeucte* et qui reviennent, semble-t-il, dans l'œuvre de Corneille chaque fois qu'il oublie qu'il est auteur, chaque

(4) On a noté que, cette fois, il fut timide. Florice, la suivante, n'est pas jeune. C'est une veuve et pas une jeune veuve. Gageons que ce fut encore Alizon qui joua ce rôle, et n'oublions pas qu'un homme a créé les rôles de Madame Pernelle, de Mme Jourdain et de Philaminte.

fois qu'il écarte les disciplines de l'écrivain pour laisser parler, en lui, l'homme passionné et douloureux.

Ce mouvement est admirable. Mais il n'est pas comique. Et voilà le grand défaut de la *Galerie du Palais*. A force de prétendre à une peinture vraie des sentiments et des propos des honnêtes gens, les pièces de Corneille tendaient à être de moins en moins comiques. D'autres, autour de lui, maintenant que grâce en partie à son exemple la comédie ressuscitait, d'autres marquaient un sens bien plus juste de cette exigence fondamentale de la comédie, qui est d'être comique. Dans *Mélite* même, certains dialogues étaient d'une verve excellente, dépourvue de vulgarité, mais savoureuse et forte. Corneille a volontairement, dans la *Galerie du Palais*, placé des personnages en demi-teinte dans une situation sans grand intérêt et leur a prêté des propos sans relief. Sa pièce, mieux construite que les précédentes (5), ne réussit pas aussi bien qu'elles à nous séduire.

Faut-il penser que le public prenait goût à ces peintures délicates de sentiments ? Faut-il supposer plutôt qu'il s'amusa au pittoresque des boutiques et au dialogue des marchands ? En tout cas, il fit un chaud accueil à la *Galerie du Palais*. Au dire de Corneille, ce fut celle de ses premières comédies qui obtint le plus de succès. Quelques mois plus tard il présenta une nouvelle pièce où se retrouvaient, croyait-il, les mêmes raisons de satisfaire les spectateurs.

La Suivante [1]

La *Suivante* reprend en effet le ton et les formes de la *Galerie du Palais*. Rien de romanesque. Des projets de mariage qui se

---

(5) Corneille, d'ailleurs, ne se décide pas encore à observer les unités. La durée est mal déterminée, mais s'étend sur plusieurs jours. Le progrès réside surtout dans la construction de l'intrigue, beaucoup plus serrée, beaucoup plus cohérente que dans les pièces précédentes.

(1) *La Suivante, comédie*, achevé d'imprimer du 9 septembre 1637.

contrarient. Des intrigues. Un malentendu. Des conversations entre honnêtes gens. Rien de plus. Peu de chose en somme, si peu même que cette fois encore, la matière manque, et ne réussit ni à émouvoir, ni à faire rire, ni à intéresser. Tout tient à une maladresse du père, qui oublie de dire à sa fille le nom du mari qu'il lui a choisi, et lui annonce ensuite un autre mari, sans dire davantage le nom du nouvel élu. Pendant ce temps un rival sans énergie monte une intrigue, mais il ne la pousse même pas jusqu'au bout parce qu'il juge préférable pour son repos de renoncer à sa maîtresse et d'aller faire un tour en Italie. Il s'en faut de trop peu que tous ces personnages ne soient des fantoches.

Cette nouvelle pièce est faite, semble-t-il, avec des éléments empruntés aux précédentes. Le malheur de Théante est exactement celui d'Ergaste. Il a présenté un ami à sa maîtresse, et l'ami devient son rival heureux. Floranne est volage comme Tircis, et, comme lui, tombe soudain et pour toujours amoureux. La poltronnerie de Théante répond à celle de Philandre.

S'il y a, dans la *Suivante,* quelque chose de neuf, c'est le personnage d'Amarante. Florice, dans la *Galerie du Palais,* avait pris la place de la nourrice, mais elle restait, nous l'avons vu, une femme âgée et sans vie sentimentale qui lui fût propre. Corneille, cette fois, a voulu peindre ces jeunes filles de bonne famille et de bonne éducation, mais sans fortune, obligées pour vivre de remplir des fonctions subalternes, aigries, portées à l'intrigue, entraînées jusqu'à la trahison. Mais dans sa crainte de tomber dans les excès de la tragi-comédie, il n'a certainement pas donné à cette création le relief qu'on eût pu lui souhaiter.

La pièce est donc loin d'être un chef-d'œuvre. Mais c'est une pièce régulière. Pour la première fois Corneille observe la règle des unités. L'action ne dure que quelques heures. Le lieu se réduit à une place, devant une maison. Si le dénouement comporte deux mariages, l'un est la condition de l'autre. D'autre part, pour la première fois aussi, les scènes sont liées. Le plateau ne reste vide que lorsqu'un personnage se retire à la vue d'un autre qu'il veut éviter. Ce n'était pas la première fois que cette règle était observée. Claveret et Du Ryer en avaient donné l'exemple, et l'*Alcimédon* de Du Ryer allait même plus loin que Corneille dans l'observation stricte de la règle. L'adhésion de Corneille n'en était pas moins significative.

La Place Royale [1]

La *Suivante* ne reçut pas l'accueil auquel Corneille était habitué. Elle eut des partisans, mais aussi des adversaires. Beaucoup d'esprits, et de fort bons, écrit Corneille, n'en firent pas grand état, pendant que d'autres la mettaient au-dessus des pièces précédentes. Il est assez vraisemblable que ces contestations portèrent l'écrivain à changer de manière. Ce qui est sûr, c'est que la *Place Royale* diffère profondément de la *Galerie du Palais* et de la *Suivante*.

Si dans ces deux pièces il s'était attaché à peindre des caractères en demi-teinte, ceux de sa nouvelle comédie ont un tout autre relief, et le principal de ses personnages pousse aussi loin que possible le mépris du sens commun et la haine des sentiments vulgaires. Alidor est un extravagant qui, de propos délibéré, cède sa maîtresse à son ami. Non pas parce qu'il est las de l'aimer. Non pas parce qu'il se méfie d'elle. Mais pour se prouver à soi-même qu'il est libre, et que l'amour même ne peut l'asservir.

Extraordinaire figure en vérité que ce jeune homme qui se plaint d'être trop aimé. Et figure très moderne. Il craint que le mariage transforme en devoir ce qui est actuellement un mouvement libre de son âme. Il sait que tout change, qu'Angé-

---

(1) *La Place Royale ou l'amoureux extravagant* a été publiée en 1637 avec privilège du 21 janvier et achevé du 20 février 1637. Elle a été jouée au cours de la saison 1633-1634, puisque Corneille en avait entrepris la composition vers le mois de juin 1633.

lique vieillira, et il se demande comment un amour durable est possible au milieu de l'écoulement des choses. Il souffre pourtant. Il hésite. Plusieurs fois, on croit qu'il va retomber sous un joug trop aimable. Mais chaque fois il se ressaisit, et lorsque la pièce s'achève, il a repris sa liberté.

A la vérité, on pourrait découvrir dans les pièces précédentes les premiers linéaments de cet extraordinaire personnage. On pourrait par exemple citer Ergaste. On pourrait aussi penser à Tircis lui-même, si soucieux de conserver sa liberté. Il semble que Corneille ait été, dès le début, attiré par ces esprits compliqués, à la fois très sollicités par l'amour et craintifs devant ses exigences. Mais chez Alidor, ce qui n'était jusque-là qu'esquissé, prend tout à coup un relief extraordinaire. Surtout, cette volonté de rester libre revêt l'aspect d'une doctrine. C'est dans la *Place Royale* qu'apparaît pour la première fois l'héroïsme cornélien. Un héroïsme d'ailleurs qui n'a pas encore trouvé son objet.

S'il faut en croire l'Epître qui précède la pièce, ce serait un important personnage qui aurait gagné Corneille à cette héroïque et volontaire conception de l'amour. Il ne le nomme pas. Il l'appelle seulement Monsieur, mais cet inconnu est engagé dans des « intrigues » où il trouve l'occasion d'affirmer cette parfaite possession de soi-même qui fait son idéal. « C'est de vous, écrit-il, que j'ai appris que l'amour d'un honnête homme doit être toujours volontaire, qu'on ne doit jamais aimer en un point qu'on ne puisse n'aimer pas ; que si on vient jusque là, c'est une tyrannie dont il faut secouer le joug ». Il y a là une vue nouvelle que Corneille n'oubliera plus.

Le personnage de Philis est également très curieux et très vivant. Cette jeune fille rieuse, volontaire, pleine de lucidité et d'énergie, rappelle la Cloris de *Mélite* et la Doris de la *Veuve*. Faut-il pourtant avouer qu'elle n'atteint pas l'intérêt d'Alidor ? Cette jeune fille aime s'entourer de mille adorateurs, elle a des sourires pour tous, elle est coquette en diable. Mais pas un instant elle ne se trouble, et nous ne sommes que trop tranquilles sur sa vertu. Ses audaces ne vont pas loin, et le mariage est un dogme qu'elle ne discute pas.

On touche là les limites de ce théâtre de mœurs, si intéressant par ailleurs. Qu'il y ait là une concession à la mode ou un mouvement naturel de son esprit, Corneille travaille pour un public qui ne badine pas sur le chapitre des convenances et de la morale. Il avait risqué dans ses deux premières pièces quelques expressions un peu libres. On n'en trouve plus de semblables dans les suivantes. Dans le monde qu'il décrit, il y a des menteurs et des jaloux, mais il n'existe pas de passions coupables, de liaisons illégitimes, d'intentions contraires aux lois du mariage.

A quoi l'on objectera qu'il n'était pas question, en ce siècle catholique, de toucher à des principes sacrés. Le personnage de Corisca, dans le *Pastor fido*, est là pour répondre à cette objection. Cette admirable création de Guarini avait affirmé, avec une audace tranquille, un affranchissement total de la femme, et son droit à faire librement son bonheur. Ses théories largement développées allaient munir d'arguments les belles affranchies du grand siècle. Non pas seulement Ninon, mais les héroïnes de la Fronde et les nièces de Mazarin. Corneille n'est pas allé si loin. Sa Philis est charmante. Mais ce n'est qu'une petite bourgeoise.

Tels quels, les caractères d'Alidor et de Philis donnent à la *Place Royale* un très vif intérêt. Pourtant Corneille manifestait, à cette époque, une sorte d'impuissance à sortir du cercle des situations comiques qu'il avait d'abord créées. Très supérieure aux deux pièces précédentes, capable de rivaliser avec *Mélite* et avec la *Veuve*, la *Place Royale* reste pourtant trop proche de ces pièces. Voilà de nouveau une jeune fille, son amant et la sœur de son amant, voilà deux rivaux du frère, et l'un d'eux épouse la sœur. La fausse lettre, l'enlèvement semblent les seuls ressorts possibles d'une intrigue comique. Corneille, à cette date, semble incapable de renouveler, sinon l'intérêt de ses pièces, du moins leurs situations et leurs thèmes. Il était temps pour lui d'aborder un autre genre (2).

Médée [1]

A l'époque où Corneille faisait jouer la *Place Royale,* la tragédie était en pleine renaissance. Deux œuvres, deux grands succès provoquaient un mouvement général des auteurs et du public. D'un côté l'*Hercule mourant* de Rotrou avait montré que les tragédies de Sénèque étaient encore capables de séduire les spectateurs modernes par leurs situations atroces, l'atmosphère mythologie qu'elles évoquaient, par le déploiement de faste et de « machines » auquel elles se prêtaient. D'autre part la *Sophonisbe* de Mairet fournissait le modèle de la tragédie historique, et plus particulièrement de la tragédie empruntée à l'histoire de Rome.

Les écrivains s'engagèrent dans cette double direction. En 1634, La Pinelière fit jouer *Hippolyte,* et en avril 1635, Scudéry travaillait à une *Didon.* Dans l'autre ligne, le Marais donna pendant la saison de 1634-1635 un *Marc-Antoine* de Mairet pendant que l'Hôtel de Bourgogne jouait, sur le même sujet, une *Cléopâtre* de Bensserade. Au début de 1635, Scudéry fit représenter la *Mort de César.* On comprend que La Pinelière ait écrit dans son *Parnasse,* à la fin de 1634 : « La mode du cothurne est revenue ».

Corneille était trop sensible aux mouvements de l'opinion pour s'entêter dans la comédie. Mais, des deux types de tragédie

---

(2) Deux mots sur l'observation des règles. Elle n'est pas aussi parfaite que dans *la Suivante,* mais elle satisfait aux exigences de l'unité de temps. L'action dure moins de vingt-quatre heures, une fin de journée, une nuit, et la matinée suivante. Le lieu est unique, en ce sens qu'il comprend une place publique et une chambre, dans une des maisons qui donnent sur cette place. En dépit de Corneille même, l'unité de lieu est donc observée.

(1) *Médée, tragédie.* Achevé d'imprimer du 16 mars 1639.

alors en vogue, il choisit non pas celui dont *Sophonisbe* venait
de donner le modèle, mais celui que Rotrou avait ressuscité dans
son *Hercule mourant*. Il écrivit *Médée*.

L'œuvre fut jouée au Marais au cours de la saison 1634-1635,
probablement dans les premiers mois de 1635. Montdory jouait
le rôle de Jason, et la Villiers tenait presque certainement le
rôle de Créuse.

La *Médée* de Sénèque avait fourni à Corneille son modèle.
Mais il fit subir à l'œuvre antique les mêmes et profondes alté-
rations que Rotrou avait imposées à l'*Hercules Oetaeus* lorsqu'il
composa son *Hercule mourant*. Il supprima les chœurs, rédui-
sit les monologues, étoffa l'intrigue. Au lieu d'éviter la « scène
à faire », comme il arrive si souvent à Sénèque, il s'appliqua à
la faire naître, à provoquer les chocs dramatiques, les rencontres bouleversantes.

Jason n'est qu'une figure secondaire dans la pièce de Sénèque. Corneille lui donna une importance presque égale à celle
de Médée. Modification essentielle. Car du même coup il ne
s'agit plus d'éclairer seulement la tragique figure de Médée, mais
de précipiter l'une contre l'autre deux volontés exaspérées.

Comme Rotrou l'avait fait, Corneille introduit dans son
œuvre un élément spectaculaire qui manque dans Sénèque.
Nous voyons Médée au milieu de ses philtres, nous la retrouvons
qui délivre Thésée dans sa prison et qui s'élève sur un char
dans le ciel. L'influence encore vivante de la tragi-comédie et
celle des ballets de cour expliquent cet élément de mise en
scène destiné à disparaître bientôt de la tragédie classique.

Hercule mourant et *Sophonisbe* avaient observé les unités.
Il ne pouvait donc être question pour Corneille de les négliger.
Celle des vingt-quatre heures est admirablement observée, avec
une aisance que Racine ne surpassera pas. Celle du lieu n'est
pas entière. Il est infiniment probable qu'au IV⁺ acte un rideau
tiré découvrait l'antre de Médée. Il se refermait ensuite, et l'on

retrouvait le lieu classique, une place devant le palais de Créon (2).

Dans l'histoire du théâtre cornélien, *Médée* représente sans doute un moment d'hésitation. Corneille vient de renoncer à la comédie, et il restera six ans sans écrire de tragédie nouvelle, et la première qu'il écrira plus tard, *Horace,* n'est pas dans la même ligne que *Médée.* Mais on ne retrouve pas moins dans cette pièce deux traits qui sont en train chez lui de s'approfondir, et qui se révéleront un jour essentiels. Le rôle d'Alidor, dans la *Place Royale,* avait été un premier dessin de ces héros solitaires, révoltés, prêts à braver le monde, ses usages, ses lois. Une volonté tendue à l'extrême. Un besoin d'absolue liberté. Quelque chose de stoïcien, dirait-on. Mais le stoïcisme est aussi une doctrine d'acceptation. Le héros cornélien n'accepte pas. Ni Alidor, ni Médée ne reconnaissent pour eux-mêmes la loi universelle. En dépit des différences nombreuses et inévitables entre ce personnage de comédie et ce rôle tragique entre tous, ce trait profond les unit.

Par ailleurs, *Médée* confirme l'indication que nous avait donnée *Clitandre.* Corneille, dès qu'il quitte la comédie de mœurs, aime les situations fortes, les actions brutales. Il a un certain goût de l'horrible. Il ne le craint pas, parce qu'il sait qu'il lui faut frapper fort, toucher des sensibilités, faire naître des sensations. Sans doute un sentiment croissant des convenances chez ses contemporains s'oppose-t-il à cette préférence qu'il nourrit pour des situations et des passions brutales. Il n'y renoncera qu'à son corps défendant.

(2) C'est là, semble-t-il, la seule explication satisfaisante de ce passage de l'*Examen* : « J'ai mieux aimé rompre l'unité exacte du lieu, pour faire voir Médée dans le même cabinet où elle fait ses charmes que d'imiter (Sénèque) en ce point ». (*Œuvres*, II, p. 334).

L'Illusion comique [1]

Après *Médée,* Corneille entreprit l'*Illusion comique.* Sans doute y travailla-t-il pendant l'été de 1635. La pièce fut jouée au Marais pendant la saison théâtrale de 1635-1636.

Pièce singulière. Au premier acte, un père vient consulter un magicien sur le sort de son fils. Aux trois actes suivants, le magicien déroule sous les yeux du père les aventures passées du jeune homme. Au cinquième acte, de nouvelles scènes se déroulent. Mais cette fois il ne s'agit plus des aventures réelles que le héros a traversées. Devenu comédien, il joue son rôle dans une pièce de théâtre, et ce sont des scènes de cette pièce qui forment le cinquième acte de la comédie. L'œuvre se termine par une conversation entre le père et le magicien.

Cette fantaisiste construction est beaucoup moins originale qu'on le croirait d'abord. Deux œuvres, portant toutes deux le titre de *Comédie des Comédiens,* en avaient, quelques années plus tôt, donné le modèle. La plus ancienne, celle de Gougenot (2), avait été jouée à l'Hôtel de Bourgogne en 1631 ou 1632. Gougenot avait emprunté son idée à la tradition des *Prologues,* imitée d'Italie, et pratiquée avec éclat par Bruscambille. Sa pièce commence en effet par un prologue authentique, récité par Bellerose. Puis d'autres acteurs surviennent, une querelle éclate, se prolonge. Elle s'étend jusqu'à la fin du deuxième acte. Si bien que la vraie pièce est une comédie d'intrigue en trois actes, qui commence après deux actes de prologue comique. La différence des deux parties est très nette. Les conversations des comédiens sont en prose, la pièce principale est en vers.

---

(1) *L'Illusion comique, comédie.* Le privilège est du 11 février 1639, l'achevé d'imprimer du 16 mars 1639.

(2) Ce Gougenot est originaire de Dijon. Outre la *Comédie des Comédiens,* il a donné une tragi-comédie, la *Fidèle tromperie,* publiée en 1633.

Il faut croire que cette innovation avait reçu un bon accueil du public, car la troupe rivale ne tarda pas à jouer une pièce du même type (3). Ce fut la *Comédie des Comédiens* de Scudéry. La structure est la même que celle de Gougenot. Deux actes de prologue en prose, trois actes pour la pièce principale en vers. Le premier acte commence par un prologue de Montdory, parallèle à celui que Bellerose avait récité à l'Hôtel de Bourgogne. Puis d'autres auteurs paraissent. Là aussi une querelle éclate et les conversations se prolongent jusqu'à la fin du deuxième acte. Les trois actes qui suivent forment une pastorale en vers. Ce qui pourtant distingue la pièce de Scudéry de celle de Gougenot, c'est que Scudéry manifeste le souci d'encadrer sa pastorale, d'en faire vraiment une pièce à l'intérieur de l'autre. Dans ce but, lorsque la pastorale est achevée, les comédiens reprennent leurs conversations et donnent une conclusion.

Corneille reprend le même procédé. Mais il le transforme. Il resserre la pièce en une unité plus rigoureuse, en faisant disparaître la séparation des parties de vers et des parties de prose. Le premier acte n'est pas un prologue, mais une vraie pièce, à l'intérieur de laquelle une autre sera jouée. D'autre part il complique les moyens un peu simples de Gougenot et de Scudéry. Il n'y a pas seulement chez lui une pièce dans une autre pièce. Il y a une trame de fond. Puis une évocation. Puis, à l'intérieur de celle-ci une pièce de théâtre représentée.

L'ingéniosité fut de recourir, pour cette fantaisie, aux charmes d'un magicien. Là encore, il suffisait à Corneille de puiser dans les thèmes du théâtre contemporain. Dans les *Bergeries* de Racan, dans la *Bélinde* de Rampalle, un personnage découvrait, grâce aux incantations d'un magicien, des scènes qu'il n'aurait pu voir normalement. Le rôle de ce magicien

---

(3) La pièce de Scudéry aurait été jouée en 1632 d'après Henri Carrington Lancaster (1.2, p. 658). Mais la première représentation qui soit sûrement attestée eut lieu devant la Reine, à l'Arsenal, le 28 novembre 1634.

et sa caverne étaient familiers aux spectateurs de la tragi-comédie.

Ce qui était moins original encore, c'était le personnage de Matamore. On a vu plus haut que Montdory avait, dans sa troupe, un acteur nommé Bellemore, chargé de jouer les capitans espagnols. Corneille s'amuse à traiter ce personnage, après tant d'autres auteurs qui avaient exercé leur verve sur le même sujet.

Mais n'avait-il, en écrivant l'*Illusion comique*, d'autre motif que de s'amuser ? En réalité, Scudéry avait, dans la *Comédie des Comédiens*, plaidé la cause du théâtre et des acteurs. C'est la même intention qui anime Corneille. S'il a écrit l'*Illusion comique*, c'est pour y placer un plaidoyer en faveur du théâtre. Il défend sa cause avec verve, avec chaleur, avec un désir passionné de convaincre. On sent qu'elle lui tient à cœur. Corneille aurait-il souffert, pour son propre compte, du mépris qui s'attachait alors aux choses du théâtre ? A-t-il été renié par les siens ? A-t-il voulu les convaincre qu'ils se trompaient ? Que la carrière dramatique où il s'était engagé était maintenant honorable ? On ignore trop sa vie privée pour mesurer jusqu'à quel point Corneille a eu le sentiment, en plaidant pour les gens de théâtre, de plaider pour lui-même. Mais la chaleur persuasive de son apologie est sensible à quiconque la lit.

Corneille et la société des cinq auteurs

Dans l'intervalle, Corneille avait été invité par Richelieu à entrer dans la société des auteurs. Elle fit jouer, le 4 mars 1635, devant la reine, la *Comédie des Tuileries*. Un acte était l'œuvre de Corneille. Les érudits sont d'accord pour penser que le troisième acte lui revient.

Deux ans plus tard, en janvier 1637, les Cinq donnèrent une seconde pièce, la *Grande Pastorale*. Comme elle n'a pas été conservée, il est impossible de deviner la part qui échut à Corneille.

Le 22 février 1637, l'*Aveugle de Smyrne* fut joué dans la salle des fêtes du palais de Richelieu. C'était, encore une fois, une pièce de la société des Cinq. On s'est pourtant demandé si Corneille y avait réellement collaboré. Il n'en faut pas douter car la rupture se produisit un an plus tard. Rien par conséquent ne s'oppose aux conclusions d'H. Carrington Lancaster lorsqu'il attribue à Corneille le premier acte de l'*Aveugle de Smyrne*.

Voltaire, faisant état d'une tradition conservée dans la maison de Vendôme, a rapporté que Corneille ne s'était pas soumis sans révolte à ce joug qu'on prétendait lui imposer. Il aurait apporté des retouches au canevas du troisième acte de la *Comédie des Tuileries*, et Richelieu lui aurait reproché de manquer « d'esprit de suite ». Cette tradition est vraisemblable (1). Mais on a eu le tort de penser que ce désaccord entraîna l'exclusion de l'écrivain. Elle se produisit beaucoup plus tard, et pour un tout autre motif.

Un texte, dissimulé dans un recueil d'*Entretiens,* apporte une lumière complète sur cet épisode important de la vie de Corneille. Voici ce qu'on peut y lire : « *Mirame* où il *(Richelieu)* a dépeint avec tant d'art les plus tendres sentiments d'une passion qui n'est divine que pour les poètes profanes, et où ne se fiant pas à ses propres lumières il a mendié les secours de tous nos plus délicats versificateurs, à la réserve de ce poète, notre ami, qui a été exclu de la société des artisans de ce chef-d'œuvre pour n'avoir pas su assujettir la force et la sublimité de ses pensées toutes libres à des conceptions si délicates et si spiritualisées qu'elles n'avaient pas assez de corps pour se

_____

(1) On remarquera notamment que Voltaire savait que Corneille était l'auteur du 3ᵉ acte. Il y a là une indication très forte en faveur de la valeur historique de la tradition recueillie.

soutenir elles-mêmes et qu'il vouloit toujours faire servir de fondement aux vers auxiliaires qu'il lui demandoit... » (2).

Cette inextricable phrase donne la solution d'un problème qui a si longtemps et si vainement jusqu'ici sollicité les historiens. Ce n'est pas après la *Comédie des Tuileries* en 1635, ce n'est même pas en 1637 à propos de l'*Aveugle de Smyrne* que Corneille a quitté la société des Cinq auteurs. C'est lorsqu'il s'est agi d'écrire *Mirame*. Au surplus, il n'a pas rompu avec ses collègues. Il a été exclu de la société. Non pas parce qu'il manquait d'esprit de suite. Mais parce qu'il refusait de s'engager dans cette poésie de plus en plus « spiritualisée », sans nerfs, sans vigueur, qui était maintenant à la mode. On ne se trompera guère en plaçant cette rupture entre les derniers mois de 1637 et la fin de 1638, et peut-être, s'il fallait se fier à un curieux indice, vers le mois de juin 1638 (3).

Cette participation à un travail d'équipe ne pouvait être, pour Corneille, qu'un épisode, en marge de son véritable travail. Au moment où il vient d'achever l'*Illusion comique*, il est un des auteurs les plus aimés du public, et dans une revue des écrivains de l'époque, Gaillard écrit : « Corneille est excellent... ». Evitons pourtant une erreur de perspective. Rien à cette date ne le met au-dessus de ses confrères. Mairet, Rotrou, Scu-

(2) *Entretiens sur plusieurs sujets d'histoire, de politique et de morale,* Paris, 1704, p. 443. Ces entretiens mettent en scène Alexandre Campion et ses amis, c'est-à-dire le cercle des intimes de Corneille. La phrase citée est dans la bouche d'Ezicrate, c'est-à-dire d'Alexandre Campion.

(3) *Mirame* ne fut jouée que le 14 janvier 1641, mais elle était composée au plus tard au mois de mars 1639, et rien n'interdit de remonter plus tôt encore. Dans ces conditions, il convient de considérer à nouveau le problème que pose l'étrange contradiction qui existe entre le privilège de l'*Aveugle de Smyrne* et l'*Avis au lecteur* qu'y a mis Baudoin. Dans le privilège, il est question des « Cinq autheurs ». Mais Baudoin parle de « quatre célèbres Esprits ». Aucune explication satisfaisante n'a été donnée de cette contradiction, et H. Carrington Lancaster en vient à penser que Baudoin a commis un *lapsus*. Mais tout s'explique aisément si la rupture a eu lieu immédiatement avant le temps où Baudoin écrivit son *Avis au lecteur*, c'est-à-dire avant le 17 juin 1638.

dery, Du Ryer ont obtenu des succès égaux aux siens. On ne lui porte pas envie, parce qu'on ne croit pas qu'il doive un jour offusquer la gloire de ses rivaux. On dit déjà qu'il est avare. Probablement aussi qu'il est fier et ne se livre guère. Mais on le lui pardonne, et l'on ne croit pas qu'il soit possible de méconnaître qu'il a du talent. On attendra, pour le nier, qu'il ait prouvé son génie.

Le Cid [1]

C'est dans cette atmosphère que, vers le 4 janvier 1637, la troupe de Montdory joua la tragi-comédie du *Cid*.

Que Corneille fût revenu à la tragi-comédie il n'y avait rien là qui pût étonner. En dépit de la renaissance de la tragédie, la tragi-comédie n'était pas morte et continuait de plaire à son public habituel. En deux ans, c'est-à-dire en 1635 et 1636, on avait joué quinze tragi-comédies nouvelles, et plusieurs d'entre elles étaient l'œuvre d'auteurs en vue, Scudéry et Rotrou, sans parler de quelques autres qui n'étaient pas alors sans réputation, comme Rayssiguier et d'Alibray.

Ces pièces gardent les caractéristiques de la tragi-comédie antérieure. Leur intérêt réside surtout dans l'action, qui est rapide et diverse, qui étonne par ses coups de théâtre, qui émeut par ses sanglantes péripéties, qui rassure enfin par une issue heureuse. Les thèmes sont romanesques, et le plus souvent empruntés à la littérature romanesque, à l'*Amadis*, à l'*Orlando furioso*, à des romans ou à des pièces de théâtre d'Espagne et d'Italie. On y voit des combats singuliers, des filles promises à des champions, des reines qui poursuivent la mort de l'homme qu'elles aiment. On ne se tue plus que rarement sur la scène,

---

[1] *Le Cid, tragi-comédie.* Privilège du 21 janvier 1637. Depuis que la correspondance de Chapelain a été publiée, il n'existe aucune raison de conserver pour le *Cid* la date de 1636. Chapelain, dans sa lettre du 22 janvier, est formel. Il y a quinze jours qu'on joue la pièce.

Le premier texte du *Cid* a été réédité par Maurice Cauchie, Société des Textes français modernes, 1946.

507

33

mais on continue de s'y battre. Parfois, souvent même, dans neuf pièces sur quinze, le héros laisse éclater sa douleur dans des stances harmonieuses.

Mais en même temps qu'elle continue d'exploiter les mêmes thèmes, la tragi-comédie se rapproche de plus en plus des règles. Ces règles qui n'étaient pas faites pour elle, mais que les doctes imposaient à un public à demi rétif. Sur les quinze tragi-comédies de 1635-1636, il en est sept qui observent la règle des vingt-quatre heures. La plupart d'entre elles se confinent dans un lieu unique. Non pas celui qui s'imposera bientôt à la tragédie classique, mais celui de la pastorale, une petite île, ou divers points d'une même ville. Telle est la tragi-comédie, au moment où Corneille écrit son premier chef-d'œuvre.

En empruntant son sujet à Guillén de Castro et à ses *Mocedades del Cid*, Corneille n'obéissait pas, comme on l'a dit, à un engouement du public pour les choses d'Espagne, que la déclaration de guerre, en 1635, aurait fait naître. Depuis 1628, les adaptations d'œuvres espagnoles étaient nombreuses : elles l'étaient moins depuis la déclaration de guerre. Ne disons pas non plus, par une exagération inverse, que Corneille bravait la politique du Cardinal en prenant un Espagnol pour héros de sa pièce (2). Rotrou avait donné l'exemple de ces adaptations, et Scudéry venait de faire jouer l'*Amant libéral*, emprunté à Cervantes, sans que ni l'un, ni l'autre eût passé pour l'avocat de l'Escurial.

---

(2) Il faut citer ici, pour mémoire seulement, l'étrange supposition de Michelet. Corneille aurait voulu plaire à Anne d'Autriche en la peignant sous les traits de Chimène. Celle de Van Roosbroek n'est pas plus solide. Chimène, déchirée entre le devoir envers son père et celui qui l'attache à Rodrigue, représenterait Anne d'Autriche, prise entre son amour pour l'Espagne et ses devoirs envers son mari et sa nouvelle patrie. On a signalé aussi un M. de Chalon, secrétaire de la reine, qui aurait indiqué le sujet à Corneille, et cette tradition remonte à Beauchamps. Elle a été longtemps dédaignée, mais deux excellents érudits normands, L. Letellier et René Herval, ont établi qu'en effet il existait à Rouen une famille d'origine espagnole, les Chalon (*en espagnol* Jalon) qui y étaient établis depuis 1575 au plus tard. Les Chalon étaient même apparentés aux Corneille, et chose curieuse l'un d'eux s'appelait Rodrigue.

Ce qui est vrai, c'est que la pièce de Guillén de Castro développait un thème particulièrement cher à la littérature romanesque. On le retrouvait en 1635 dans le *Prince Desguisé*, de Scudéry, on le retrouvait dans l'*Agélisan de Colchos* de Rotrou, et par delà ces pièces nous pouvons remonter à l'*Amadis*, à l'*Adone* de Marino, au *Primaleon* espagnol, aux sources les plus abondantes de la littérature romanesque. En écrivant le *Cid*, Corneille ne fait rien d'autre que de traiter un parfait sujet de tragi-comédie, un sujet conforme aux meilleures traditions du genre, et dont le succès était assuré.

Il le traite également dans l'esprit de la scène française. Il resserre, il élague, il épure. Les épisodes inutiles disparaissent, les personnages sont moins nombreux. Il écarte certains traits d'un réalisme brutal. Mais ne disons pas qu'en agissant de la sorte, Corneille jette les bases du théâtre classique français. Il fait seulement ce que faisaient les auteurs de tragi-comédies depuis 1627. Non pas du tout au nom d'un idéal de simplicité classique. Mais, ce qui est tout différent, par un sens remarquable de l'action dramatique, de son mouvement, de son unité, de sa concentration. Ce n'est pas pour suivre les lois d'Aristote, ou d'Heinsius, ou de Castelvetro, que Corneille a simplifié et concentré la surabondante et confuse matière de Guillén de Castro. C'est parce que, depuis 1627, Mairet et ses émules avaient appris au public la valeur de l'action dramatique, rapide, serrée, dégagée de tout ce qui la retarde ou la dilue.

Ne laissons même pas à Corneille le mérite, si mérite il y a, d'avoir appliqué la règle des unités à sa tragi-comédie. Il l'avait fait dans *Clitandre* en 1630-1631, et s'il eut quelque initiative, ce fut à cette date, et non pas six ans plus tard. Depuis lors la tragi-comédie s'était progressivement soumise aux règles. Nous avons vu où elle en était à la veille du *Cid*, et que sur quinze pièces écrites en 1635-1636, on en relève sept qui s'enfermaient dans les vingt-quatre heures, pendant que le plus grand nombre d'entre elles observent l'unité de lieu telle que la pratiquaient les auteurs de pastorales.

Corneille observe donc, lui aussi, les règles. Il le fait avec gêne, a-t-on dit. Mais sa situation est exactement la même que celle des auteurs de tragi-comédies, contraints d'imposer à leurs pièces des règles qui n'étaient pas faites pour elles. La règle des unités, toute normale pour une tragédie comme *Pyrame* et *Thisbé, Hercule mourant* et *Sophonisbe,* était en vérité par trop étrangère à la tragi-comédie, à une forme d'art dramatique dont l'essence était le mouvement et la diversité. En fait, Corneille se conforme à l'usage de son temps. Le *Cid* commence un jour pour finir le lendemain matin. C'était, on s'en souvient, la formule première de l'unité de temps, d'abord appliquée à la pastorale, puis étendue à la tragi-comédie. De même la pièce se déroule en plusieurs endroits de Séville, et c'était, là encore, le sens qu'on donnait le plus souvent à l'unité de lieu. Corneille est si peu préoccupé d'écrire une pièce régulière qu'il n'apporte aucun progrès à la liaison des scènes, malgré l'intérêt qui s'attachait depuis deux ans à cette importante question de la technique dramatique.

L'originalité du *Cid* est ailleurs. La faiblesse de la tragi-comédie avait été, jusque-là, dans l'inconsistance de ses héros. Ces personnages à panache, grands pourfendeurs de truands, et terribles amoureux des belles, n'étaient pourtant que des fantoches. Ils intéressaient pour leurs aventures, non pour eux-mêmes. Le *Cid* fit connaître des héros qui étaient en même temps des hommes.

Des hommes capables de vouloir. Rodrigue et Chimène ne sont pas emportés dans un tourbillon d'aventures, comme l'avait été Clitandre, comme l'était Cléarque dans le *Prince Déguisé*. La situation où ils se débattent est romanesque. Mais c'est leur volonté qui les mène. Rodrigue décide de se battre avec le père de sa fiancée. Chimène décide de poursuivre la mort de celui qu'elle continue d'aimer. La tragi-comédie du *Cid* devenait un drame de la volonté.

Qu'on observe de quelle façon le même thème romanesque est traité dans Scudéry d'un côté, dans Guillén de Castro et Corneille de l'autre. Dans le *Prince Déguisé,* rien ne prouve que Cléarque ait tué le père d'Argénie, et s'il l'a fait, c'est sans le connaître, dans une bataille, à un moment d'ailleurs où il ne connaît pas Argénie. C'est plus tard seulement qu'il la voit et s'éprend d'elle. De son côté, Argénie l'aime sans savoir qui il est. Elle n'apprend son vrai nom que dans la dernière scène du dernier acte. Dans ces conditions, on peut s'attendre à des aventures, à des coups de théâtre, à de brusques révélations, à des remous pathétiques. Mais certainement pas à un drame de conscience, ni à un conflit de volontés.

Les personnages du *Cid,* conscients et volontaires, sont humains encore parce qu'ils sont capables de souffrir et de se troubler. Rodrigue n'a rien d'un matamore. Il va jusqu'au bout de son effort. Mais il est désespéré. Le vieux Don Diègue n'est pas davantage insensible, en dépit de la fermeté qu'il affecte. Le comte lui-même est humain. Sa pitié s'intéresse au jeune imprudent qui brave la mort avec tant de courage. Chimène s'évanouit lorsqu'elle croit que Rodrigue a été tué.

La beauté du *Cid* est dans cet effort de ses personnages vers l'héroïsme le plus authentique. Il se retrouve, non pas seulement chez Rodrigue et Chimène, mais chez l'infante, qui donne à une autre celui que secrètement elle ne cesse d'aimer. Mais prenons garde de ne pas donner à cette exigence morale le sens d'une loi abstraite. Ce n'est pas un impératif catégorique qui règle la conduite de Rodrigue et de Chimène, et la maxime de leur action ne saurait être érigée en loi universelle. Elle est faite pour les « esprits généreux ». Le mot revient plusieurs fois et rappelle les « généreux » de Sorel. Elle rappelle plus encore les théories d'Honoré d'Urfé dans ses *Epîtres Morales.* Le généreux, c'est celui qui ne met aucune modération dans l'accomplissement de son devoir, qui le pousse à l'extrême, qui va jusqu'aux raffinements de l'héroïsme. Le terme même de devoir, très souvent employé dans le *Cid,* court le risque de nous égarer, en raison de la valeur qu'il a acquise depuis Kant. Celui d'honneur, de point d'honneur, employé lui aussi, donne une plus juste idée de cette exigence intérieure, de ce besoin de grandeur.

On voit par là tout ce qui rattache Rodrigue à la tradition romanesque. Il est si bien un héros chevaleresque, un héros de tragi-comédie, qu'il refuse d'opposer ce qu'il doit à son père et ce qu'il doit à sa maîtresse. Il accepte, dans leur plénitude, les exigences de ces devoirs contraires. L'amant infidèle lui semble aussi méprisable que le fils qui n'a pas le courage de venger son père. Il n'est pas un héros de tragédie qui dissiperait par son exemple les chimères du romanesque. C'est au contraire l'idéal romanesque qui se réalise en lui pour la première fois sous une forme parfaite. Toute la génération de Corneille vivait de cet idéal, mais ni la scène, ni le roman n'avait pu en donner une expression littéraire digne de lui. L'accueil que les contemporains firent au *Cid* suffit à prouver qu'ils comprirent la valeur de ce qu'il leur offrait.

Le *Cid* est le chef-d'œuvre de la tragi-comédie. Un chef-d'œuvre qui, sans doute, n'eût pas été possible si depuis quelques années la tragédie n'avait été en pleine renaissance. La scène française venait de s'enrichir de plusieurs œuvres remarquables, qui ne devaient rien à la tradition romanesque. La *Mariane* de Tristan venait de donner, en 1636, l'exemple d'une tragédie toute de terreur, de pitié et d'admiration. La sublime figure de Mariane, dressée contre Hérode, était d'une autre nature et d'une autre classe que les héros à panache de la tragi-comédie. On imagine sans peine les réflexions qu'une si remarquable création put inspirer à Corneille, et comment il fut amené à concevoir une tragi-comédie où s'intégrerait ce qu'offrait de plus précieux la tragédie de Tristan.

De même l'austérité du dessin, le refus des moyens faciles, la constante noblesse du ton traduisent l'influence de la récente tragédie. C'est dans la *Sophonisbe* de Mairet et dans *Mariane* que Corneille avait pu d'abord les voir réalisées. Le *Cid*, tragi-comédie romanesque, a toutes les vertus de la tragédie. Plus tard, quand la tragi-comédie aura passé de mode, Corneille dira que le *Cid* était une tragédie, et les historiens, sans y regarder de plus près, ne feront pas difficulté de le croire.

Expression de l'idéal de toute une époque, le *Cid* marquait aussi l'aboutissement de l'œuvre de Corneille. Dans ses comédies, il avait manifesté d'abord un sens remarquable de la modernité, une aptitude rare à exprimer les pensées et à traduire la sensibilité de la jeunesse de son temps. En même temps on avait senti chez lui une tendance, difficilement réprimée, vers les passions fortes, vers les pensées grandes et nobles. Nulle philosophie, semble-t-il, nul système encore. Tout au plus l'individualisme de Théophile. Dans la *Place Royale*, le personnage d'Alidor avait pour la première fois marqué puissamment ce trait, et Corneille avait parlé d'une influence qui s'exerçait alors sur lui, qui lui apprenait jusqu'où peut aller la volonté d'être libre.

Médée enfin avait réalisé le type de l'être solitaire et révolté. Mais ni Alidor, ni Médée n'avouaient un « devoir », ne conformaient leur conduite aux exigences d'une « raison ». Leur liberté jouait à vide. Le jour où Corneille mit ce sens de la liberté intérieure au service de l'idéal romanesque, resté jusqu'alors si « extérieur », si borné à de vaines parades, il écrivit son premier chef-d'œuvre, et le premier de la scène française.

La Querelle du Cid [1]

Le *Cid* obtint, au Marais, un succès triomphal. La Cour, le Cardinal voulurent voir le chef-d'œuvre. Dans le mois qui

(1) Les documents de la Querelle ont été réunis par Gasté, *La Querelle du Cid*, Paris, 1898. Il faut y ajouter l'*Anatomie du Cid*, pamphlet inachevé conservé B. N. ms. f. fr. 18972 et publié par Van Roosbroeck dans *R. H. L.*, 1925. Sur l'histoire de la Querelle voir A. Adam *A travers la Querelle du Cid. Revue d'histoire de la philosophie*, 1938, p. 29-52. C. Searles a soutenu avec de

suivit, la pièce fut jouée trois fois au Louvre, deux fois au palais de Richelieu. Le Cardinal voulut s'entretenir avec son auteur, et Corneille lui apporta le volume des *Mocedades del Cid*. Le 24 mars 1637, le père de Corneille reçut ses lettres d'anoblissement, et cette faveur, qui lui venait de la reine Anne (2), récompensait sans aucun doute l'œuvre du fils plus que les mérites de son père. Il faut avoir présentes à l'esprit ces marques de bienveillance les plus hautes pour comprendre le vrai caractère de la querelle qui allait éclater.

Quinze jours après les premières représentations, vers le 20 janvier par conséquent, Corneille jugea que le succès de sa pièce lui donnait le droit de demander aux comédiens un supplément de cent livres. Son geste nous semble normal, mais n'oublions pas que depuis deux ou trois ans déjà, on parlait de son avarice, et que Gaillard avait dit dans sa comédie :

> *Corneille est excellent, mais il vend ses ouvrages.*

L'auteur du *Cid* envoya donc l'un de ses meilleurs amis présenter sa requête. L'ami, s'il faut en croire un pamphlétaire, s'acquitta de sa mission « en termes impératifs, comminatoires, et dignes de la majesté d'une si haute commission ». Les comédiens l'accueillirent mal : « il se vit luy-mesme typographiquement imprimé dans la boue ». Corneille, irrité, décida de faire imprimer sa pièce. Le 21, il obtint un privilège. C'était à coup sûr son droit strict, mais cette précipitation anormale portait un coup aux intérêts des comédiens, puisque dès lors n'importe quelle troupe avait le droit de jouer le *Cid*.

A cette première maladresse, Corneille en joignit bientôt

sérieux arguments que le *Discours à Cliton* serait de l'auteur dramatique Gougenot (*Philological Quarterly*, t IV).

(2) Ce fait, mis en doute par plusieurs, est cependant attesté par l'auteur du *Souhait du Cid*. Je suis, dit-il, celui qui « honore infiniment celle qui l'a autorisée par son jugement, procurant à son autheur la noblesse qu'il n'avoit point de naissance ». (Gasté, p. 186).

une seconde. Vers le 20 février il publia son *Excuse à Ariste*. On sait maintenant, à n'en pas douter, que cette pièce était traduite de l'*Excusatio* composée vers 1633, et adressée à François de Harlay. Elle ne s'inspire donc pas du triomphe récent du *Cid*. Mais les auteurs de l'époque y virent un manifeste plein de superbe. Ils crurent que Corneille abusait de son succès et se jouait à les humilier. Ils en furent blessés, et l'on ne saurait leur en faire grief, ni s'en étonner.

Presque en même temps, deux pamphlets parurent. Mairet avait écrit l'*Autheur du vray Cid espagnol*, et Scudéry les *Observations*. Rien ne permet de croire qu'il y ait eu là une attaque concertée. Mairet résidait alors au château de Belin dans le Maine ; Scudéry était à Paris. Le pamphlet du premier est une œuvre extrêmement courte, violente, et qui ne discute pas. Les *Observations* du second forment une œuvre de critique. Scudéry s'interdit toute attaque personnelle. Il prétend discuter le *Cid* à la lumière d'Aristote. Il invitait Corneille à répondre. Il le provoquait à une joute académique.

Les *Observations* avaient paru vers le 1er avril. Six semaines plus tard, Corneille répondit par une *Lettre apologitique*. Elle était dure, méprisante, et refusait la discussion. Scudéry sentit l'avantage que lui procurait l'intransigeante raideur de son adversaire. Il se tourna vers l'Académie, et sollicita son intervention : « Je l'attaque, déclarait-il, il doit se défendre ; mais vous nous devez juger. » Corneille s'était moqué de cette érudition de fraîche date. Scudéry prétendit l'accabler sous les citations d'Aristote, d'Horace, de Scaliger et d'Heinsius. L'impression fut forte. Les doctes se rassurèrent, et ceux qui avaient admiré le *Cid* de bonne foi commencèrent à se demander si leurs applaudissements avaient été légitimes.

Les règlements de l'Académie ne l'autorisaient à juger les œuvres récentes qu'avec l'aveu de leurs auteurs. Il fallait donc que Corneille accordât le sien. Il le donna. De mauvais gré, n'en doutons pas, mais sans retard. C'est entre le 4 et le 13 juin que Scudéry s'était adressé à l'Académie. Dans une lettre du

13 juin, Corneille fit savoir qu'il s'inclinait devant le désir exprimé par Son Eminence.

Il serait faux d'imaginer que l'Académie fût alors composée d'hommes malveillants et serviles. Chapelain, Gombauld nous ont laissé la preuve écrite de leurs répugnances à entrer dans ce débat. Mais Richelieu est intervenu. Non pas du tout par un sentiment d'hostilité à l'endroit de la pièce. Il l'avait au contraire patronnée. Mais parce qu'il voyait là une excellente occasion pour l'Académie d'assurer, dans la vie littéraire du pays, le rôle qu'il lui destinait.

Chapelain établit d'abord une « ébauche de jugement ». Il s'y montrait sévère « pour les choses essentielles ». Par contre, il louait dans le *Cid* quantité de beautés de détail. Le mémoire fut présenté à Richelieu vers le 15 juillet. Le Cardinal le jugea trop peu ferme. Boisrobert le fit savoir à Chapelain, et celui-ci se remit au travail. Cette attitude du ministre ne doit pas nous étonner. Richelieu avait maintenant, à l'égard du *Cid* et de son auteur, des sentiments nouveaux. Les répugnances de Corneille à soumettre son œuvre au jugement de l'Académie marquaient un fâcheux esprit d'indiscipline. Autour du Cardinal, des hommes comme l'abbé d'Aubignac se répandaient sans doute en propos malveillants contre une pièce qui avait le double tort de n'être pas assez régulière et d'avoir trop de succès. Le rôle de Boisrobert est obscur. Il affectait d'être l'ami de Corneille son compatriote. Mais s'il faut accepter certaine anecdote de Tallemant, il aurait, à cette époque, oublié cette amitié. Nous le croirons d'autant plus aisément que Boisrobert était vivement hostile à l'hôtel de Liancourt, aux écrivains et aux artistes qui le fréquentaient.

L'attitude de l'Académie ne doit pas davantage nous surprendre, et nous ne devons y soupçonner ni cabale, ni basse jalousie. Les *doctes* dominaient parmi les Académiciens, et le parti des règles était chez eux tout-puissant. Ils ne pouvaient approuver les libertés de la tragi-comédie. Le succès du *Cid* représentait pour eux un danger. Ils prévoyaient, et nous verrons qu'ils avaient raison de prévoir que la tragi-comédie populaire allait prendre une force nouvelle, et compromettre les lents et difficiles progrès de la tragédie. Lorsque Richelieu fit savoir à Chapelain qu'il fallait, dans son rapport, accentuer le blâme, Chapelain s'inclina, non pas du tout par servilité, mais parce que, lui-même, en vertu de ses plus profondes convictions, il était porté à condamner le *Cid*.

Pendant que l'Académie préparait son rapport, la querelle continuait. Mais cette fois sur un ton nouveau. La *Lettre apologitique* de Corneille contenait une phrase blessante pour Claveret. Faut-il penser que cet obscur auteur jouissait de protections particulièrement efficaces ? En tout cas cette imprudence de Corneille déchaîna de véritables fureurs. Mairet, qui s'était tu depuis le *Vray Cid*, reprit la plume. De nouveaux champions descendirent dans la lice, Claveret lui-même, et Charleval, et Scarron et La Pinelière.

Corneille, dans cette bagarre, avait donné le signal des violences. Il est possible que ses adversaires l'aient mis hors de lui par des manœuvres que nous ignorons. Mais à s'en tenir aux pièces connues, nul doute qu'il ait été l'agresseur. Claveret fut sa première victime, ce Claveret qui, disait-il, « n'a jamais prétendu au delà de sommelier dans une médiocre maison ». Bientôt après il aggrava l'insulte : « J'estime ceux qui, comme lui, s'efforcent à se tirer de la boue. »

Puis il se tourna contre Mairet, il railla sa naissance obscure, sa pauvreté. Il s'amusa à le peindre affamé. « On vous enverra dans les offices, osa-t-il lui écrire, vous saouler de cette viande délicate pour qui vous avez tant d'appétit ».

Il serait trop commode d'excuser ces violences en les expliquant par les usages du temps. En réalité, le ton adopté par Corneille fit scandale. « Monsieur de Corneille, lui disait un de ses adversaires, qu'il est dangereux d'être mal avec vous, et que vous êtes rude aux pauvres gens. » Les victimes finirent par se fâcher. Elles injurièrent à leur tour. Un jour, à Rouen, Corneille se trouva en face de Charleval. Il y eut esclandre, et

Charleval, qui s'appelait Faucon de Ris, menaça de plumer une pitoyable corneille. Mairet manifestait l'intention de venir à Rouen s'expliquer avec son adversaire, et Scarron, dans la *Suite du Cid en abrégé,* fait savoir à Corneille que « cinquante coups de baston bien appliquez seront justement *La Véritable suite du Cid* ». Depuis longtemps il n'était plus question d'Aristote.

Richelieu alors intervint. Il fit cesser net une querelle devenue scandaleuse. Le 5 octobre, Boisrobert, sur son ordre, fit savoir à Mairet qu'il avait à se taire désormais. La parole était maintenant à l'Académie, et à elle seule. Le 5 octobre, une bonne partie de son rapport était à l'impression. Il faut croire que de nouvelles difficultés surgirent, car le 30 novembre, trois commissaires y travaillaient encore, l'abbé de Cerisy, Des Marests et Chapelain.

Corneille attendait. Il espérait une sentence favorable. Il fut déçu. Ses adversaires le furent aussi. Les *Sentiments* (3) traduisaient l'opinion des *doctes,* impartiale, modérée, capable de découvrir les faiblesses d'une œuvre de génie, impuissante à sentir le génie même, toujours prête à invoquer la raison, la vérité, la nature, sans jamais s'apercevoir que ce qu'elle appelle de ces noms n'est autre chose que ses préjugés érigés en maximes.

Horace [1]

La persécution dont le *Cid* avait été l'objet décourages Corneille. Jusqu'alors, il avait, en huit saisons théâtrales, donné

---

(3) Une édition critique en a été procurée par G. Collas, 1911.

(1) *Horace* a été joué un peu avant le 9 mars 1640 devant Richelieu. Entre cette date et le 19 mai il fut joué trois fois devant le public parisien. Il fut imprimé avec privilège du 11 décembre 1640, et achevé d'imprimer le 15 janvier 1641.

neuf pièces. Il resta les deux saisons suivantes, celles de 1637-1638 et de 1638-1639, sans en faire jouer de nouvelle. Chapelain nous a conservé le souvenir d'une visite que lui fit l'auteur du *Cid,* en janvier 1639. A cette date, Corneille était encore sous le coup de la sentence portée contre lui et contre son chef-d'œuvre. Scudéry, disait-il, l'avait rebuté du métier et avait tari sa verve. A trente-trois ans il songeait à quitter le théâtre. Chapelain fut obligé de le réconforter ; il lui conseilla d'écrire un nouveau *Cid.*

C'est seulement au début de 1640, après un silence de trois ans, que le nom de Corneille reparut au théâtre. Avec un nouveau chef-d'œuvre, *Horace.* Pendant ces trois ans, Corneille avait réfléchi sur l'art dramatique, étudié les théories récentes, observé la pratique des auteurs et les réactions du public. Entre le *Cid* et *Horace,* la distance est considérable. Elle révèle l'importance de ces méditations.

Le succès du *Cid* avait provoqué un développement nouveau de la tragi-comédie aux dépens de la tragédie pure. Le rapport entre les deux genres, qui était de 15 à 14 en 1635-1636, passe en 1637-1639, à 33 contre 23. De même l'observation des règles est en recul marqué. Sur ces 23 tragédies, il y en a neuf qui sont irrégulières, et cette proportion est supérieure à celle qu'on avait notée pour les deux années précédentes.

Gardons-nous par conséquent de prétendre que le succès du *Cid* a décidé de la victoire de la tragédie classique. C'est le contraire qui est vrai, et le *Cid,* tragi-comédie imparfaitement régulière, a, au contraire, compromis un moment le progrès de la tragédie.

Mais, tandis que le goût du grand public s'orientait dans une direction, les réflexions de Corneille l'orientaient dans un sens tout contraire. Lui qui avait parlé naguère des règles sur un ton si cavalier, lui qui avait affirmé qu'il n'existe pour l'artiste d'autre loi que de plaire, lui qui s'était posé en champion du modernisme, et par conséquent de la liberté, il s'inclina. Il passa dans le camp des Réguliers. Il décida que désormais il écrirait des tragédies, et que ses œuvres à venir pousseraient aussi loin que possible l'observation des règles.

Ce n'est peut-être pas calomnier Corneille que de soupçonner, dans cette soumission, des motifs qui n'étaient pas tous d'ordre littéraire. *Horace* est dédié à Richelieu, et fut d'abord joué devant le Cardinal. Le sujet, les idées affirmées, l'observation des règles, tout était fait pour plaire au ministre, pour lui faire oublier les griefs qu'il pouvait nourrir contre un écrivain peu docile. Si l'image que les contemporains nous ont laissée de Corneille est exacte, cet ordre de considérations n'a certainement pas été sans influence sur l'orientation nouvelle de son effort.

Mais il y en a eu d'autres. Depuis la *Sophonisbe* de Mairet, la tragédie historique, surtout la tragédie puisée dans l'histoire romaine, avait inspiré des œuvres remarquables. En 1635, Mairet avait donné *Marc-Antoine* et Scudéry la *Mort de César*. En 1636, Scudéry faisait imprimer cette pièce et Guérin de Bouscal une *Suite de la mort de César*. En 1637 paraissaient la *Lucrèce Romaine* de Chevreau et la *Didon* de Scudéry, en 1638 le *Coriolan* de Chevreau et la *Lucrèce* de Du Ryer, en 1639 le *Scipion* de Des Marests.

L'histoire devenait de plus en plus la grande et principale source de la littérature dramatique et tendait à supplanter les œuvres romanesques. Les auteurs marquaient maintenant un souci nouveau d'exactitude. C'est à cette époque que s'établit l'usage de justifier dans une docte préface la valeur historique de l'œuvre présentée. Mairet le fit dans la préface de *Sophonisbe*. La Calprenède l'imita dans la *Mort de Mithridate* et s'y défendit d'avoir altéré ses sources. Leur exemple fut repris par les autres auteurs.

En même temps, et malgré la vigueur encore grande de la tragi-comédie, malgré les succès populaires qu'elle continuait d'obtenir, les règles ne cessaient de gagner du terrain parmi les écrivains. Dans la préface de *Panthée*, en 1639, Durval avoue, ou dénonce, la victoire des doctes. Ils sont à ses yeux les maîtres de la scène. « Depuis que les Réguliers, écrit-il, en ont sous prétexte de réforme, usurpé la possession pour y fonder leur secte... », et s'il fallait l'en croire, il deviendrait difficile à un auteur de faire accepter des comédiens une pièce qui ne fût pas régulière.

Il exagère sans aucun doute. Mais il a raison pour le fond. C'est qu'un divorce est en train de se créer entre les doctes et le peuple. Dans le même temps que le public continue de se plaire aux tragi-comédies et de réclamer des changements de scènes fréquents, des péripéties romanesques, des situations excitantes, les doctes imposent de plus en plus leurs vues aux auteurs, pèsent de tout leur poids sur le mouvement de notre théâtre. En 1637, en pleine bataille du *Cid*, Scudéry écrit dans la préface de *Didon* : « (Cette pièce) est un peu hors de la sévérité des Règles, bien que je ne les ignore pas, mais souvenez-vous, je vous prie, qu'ayant satisfait les savants par elles, il faut parfois contenter le peuple par la diversité des spectacles et par les différentes faces du Théâtre ». Satisfaire aux savants, contenter le peuple : les auteurs se trouvaient maintenant devant deux exigences contraires. Mais en 1639, il devenait de plus en plus important pour eux d'obéir à la première. Non pas simplement par servilité et pour complaire à Richelieu, mais pour échapper au destin qui enveloppait les œuvres irrégulières, pour avoir le droit à l'estime de soi-même et à celle des élites intellectuelles et mondaines de l'Académie et des salons.

Corneille, conscient de la force du courant qui entraînait l'art dramatique vers une observation toujours plus stricte des règles, et bien décidé à n'y pas résister, a écrit *Horace* pour satisfaire les doctes. Il tire son sujet de l'histoire romaine, et nul n'ignore ce qu'il doit à Tite-Live. Un savant américain a démontré qu'il devait plus encore à Denys d'Halicarnasse (2).

_____

(2) Riddle, *The genesis and sources of Pierre Corneille's tragedies from Médée to Pertharite*, Baltimore, 1926. Corneille, d'après M. Riddle, semble avoir emprunté à la *Sophonisbe* de Mairet l'idée du combat raconté et celle

Il n'était plus permis, en 1640, d'écrire une tragédie sans avoir derrière soi l'autorité d'un ou de plusieurs historiens. De même les unités sont observées. Non plus comme elles l'étaient dans le *Cid*, mais avec une parfaite rigueur. Plus n'est besoin, pour la représentation, de plusieurs « régions » ouvertes sur le *proscenium*. Une pièce dans la maison des Horaces suffit (3). Cette exactitude s'allie à une extrême aisance. C'est sans aucune contrainte que l'action se resserre en une journée, et nous comprenons sans peine que les femmes doivent attendre chez le vieil Horace l'issue du combat.

Corneille sait que le héros tragique doit, d'après Aristote, inspirer la pitié par un mélange de grandeur et de faiblesse, qu'il doit être puni pour ses fautes, mais au delà de ce qu'il méritait. Presque tous les personnages de sa pièce répondent à ces exigences de la *Poétique*. Si l'on ajoute que l'exposition est d'une perfection achevée, et que les scènes sont soigneusement liées, on appréciera les progrès que Corneille a réalisés depuis le *Cid* dans le domaine de la technique dramatique.

---

des imprécations, au *Cid* les personnages du vieil Horace et de Valère qui rappellent Don Diègue et Don Sanche. Peut-être doit-il l'idée du rôle de Sabine à l'*Amour tyrannique* de Scudéry ou au *Mithridate* de la Calprenède.

(3) En fait, les choses ne sont peut-être pas aussi simples. L'abbé d'Aubignac écrit : « Quand l'*Horace* de Corneille fut vu dans Paris, je crus que la scène étoit dans la salle du palais du père, comme tout se peut assez bien accommoder ; mais l'auteur m'assura qu'il n'y avoit pas pensé, et que si l'unité de lieu s'y trouvoit observée, c'étoit par hasard ; et ce qu'il en a dit longtemps après n'est qu'un galimatias auquel on ne comprend rien, tant nos poètes ont peu d'intelligence de leur art et de leurs propres ouvrages ». Cette note semble inspirée par la plus pure malveillance. Mais qu'on lise le texte de l'*Examen* dont parle d'Aubignac (éd. Marty-Laveaux, t. III, p. 276), et l'on sera bien contraint d'avouer que Corneille s'explique en un véritable galimatias. Tout indique par conséquent que le critique n'a pas inventé la confidence de Corneille et qu'il s'est borné à la mal interpréter. Ce que Corneille lui a dit sans doute, ou a voulu lui faire entendre, c'est qu'il a placé l'action d'*Horace* dans une sorte de lieu abstrait. Ce qu'on verra plus loin sur le « lieu » de *Cinna* donne une forte probabilité à cette interprétation.

Il subsiste pourtant dans sa tragédie quelques imperfections. Il a lui-même reconnu qu'il avait manqué à la règle de l'unité d'action en exposant son héros à deux périls successifs, et le personnage de Sabine est à peu près aussi inutile que celui de l'Infante. Il n'est pas douteux enfin que le V⁰ acte ne se maintient pas à la hauteur des quatre autres. Chapelain le dit à Corneille avant même la représentation, et les contemporains en furent d'accord (4). Corneille leur a donné plus tard raison avec une belle franchise. Mais ces imperfections ne sauraient empêcher de rendre justice aux qualités techniques d'*Horace*, et pourquoi serions-nous plus difficiles que l'abbé d'Aubignac qui les admirait fort ?

N'expliquons pas seulement la perfection de cette tragédie par la simple observation de quelques recettes. Elles n'ont jamais suffi à produire un chef-d'œuvre. Dans la nouvelle pièce de Corneille, ce qui mérite notre admiration, ce n'est pas qu'elle observe la règle des trois unités, c'est qu'elle aboutisse à cette concentration, c'est qu'elle atteigne à cette densité sans lesquelles il n'existe pas de grande œuvre dramatique. C'est que chaque élément du drame soit comme imbriqué dans l'ensemble, relié aux autres par des attaches nombreuses, étroites, solides, c'est que, selon l'exigence de Descartes dans sa lettre latine sur l'œuvre de Balzac, les beautés de détail soient subordonnées à la beauté de l'ensemble, n'existent qu'en elle et pour elle. L'œuvre dramatique devient ainsi un tout organique. Et le classicisme, c'est cela d'abord.

Mais *Horace* n'est pas seulement une œuvre classique. C'est

(4) Les critiques des contemporains ne visaient pas, à vrai dire, le seul V⁰ acte, mais les deux derniers, et ils ne blâmaient pas seulement les ennuyeux plaidoyers de la fin. Ils furent choqués de voir Horace assassiner sa sœur. Comme le meurtre commençait à paraître malséant, tandis que le suicide était un geste fort décent, d'Aubignac proposa à Corneille de modifier son IV⁰ acte. Camille, voyant son frère tirer l'épée, se serait jetée dessus. La bienséance eût été de la sorte sauvée. L'épisode est significatif. Le goût pseudo-classique, le respect des fausses convenances commencent à sévir dès 1640.

523

34

une tragédie moderne et française. Elle possède à un haut degré la qualité essentielle au classicisme français, celle qui le définit en face de la tragédie antique. *Horace* est un drame haletant, tout en rebondissements et en coups de théâtre. L'unité de l'œuvre se concilie avec un mouvement puissant, et sa sobriété ne l'empêche pas d'obtenir des effets pathétiques. Tout ce qu'il y avait de légitime dans les efforts tâtonnants de la tragi-comédie, sa recherche des situations tendues, des scènes dramatiques, son aptitude à faire naître chez les spectateurs les émotions les plus fortes, tout cela se retrouve dans *Horace* sous une forme supérieure. C'est en vain que Corneille parlait de terreur et de pitié, et croyait retrouver la tragédie grecque. Ce ne sont pas la terreur et la pitié antiques, ce sont les mouvements de la scène moderne, la curiosité, la surprise l'enthousiasme, qu'il provoque le plus sûrement. *Horace* est une tragédie classique française.

C'est aussi une pièce de circonstance et, si l'on veut pénétrer au cœur de l'œuvre, c'est bien moins sa technique qu'il faut étudier, que les thèmes qu'elle développe. Lorsque Corneille écrit *Horace,* la France est engagée dans une guerre épuisante, qui réclame de tous les Français les plus lourds sacrifices. Il ne faut rien de moins que la terrible énergie de Richelieu pour soutenir cet effort. Les esprits sont mal préparés à admettre que les exigences de la Raison d'Etat sont supérieures à celles de la famille et de l'humanité. Un noble français se sent plus près d'un aristocrate espagnol que d'un bourgeois parisien, et la commune civilisation, les mille rapports qui lient deux nations chrétiennes, semblent à beaucoup d'une réalité plus solide que des haines momentanées et désastreuses. On ne saurait expliquer autrement tant de conspirations, tant de manœuvres et d'intrigues qui enveloppent Richelieu, contrecarrent son action et paralyseraient son effort s'il n'en tranchait les fils avec une dureté implacable.

C'est dans cette atmosphère qu'*Horace* a été écrit et joué, et si l'on veut retrouver, dans toute leur vivacité, les impressions des premiers spectateurs, c'est cette situation qu'il faut avoir dans l'esprit. Lorsque Corneille évoque les splendides perspectives de l'histoire romaine, ne croyons pas qu'il pense aux légions de Rome et cède à un enthousiasme d'érudit. Il pense à la France, il exprime en vers magnifique l'élan qui jette alors toute la nation vers les frontières, sur les routes de l'hégémonie européenne. Lorsqu'il dresse l'image d'une famille romaine déchirée par les cruels conflits du patriotisme et de l'humanité, c'est à mille familles françaises qu'il pense, qui connaissent alors le même déchirement. Et qui sait s'il n'a pas dans l'esprit la situation dramatique de la famille royale ?

Horace est en effet le tableau d'une famille en guerre. Un tableau admirable de grandeur simple et de vérité profonde. Le père, tout plein du sens de l'honneur et du devoir, et qui ne distingue pas ce qu'il doit à son nom et ce qu'il doit à l'Etat, ferme, presque dur, mais humain, et qui dissimule avec peine sa douleur de père. Le fils, nourri dans les idées nouvelles, totalement voué à l'Etat et à sa grandeur, fermé à tout autre sentiment, poussant jusqu'au crime son amour de la patrie. La fille, très semblable au fond à son frère, passionnée comme lui, et comme lui, incapable de se partager. Toute à son amour comme il est tout à Rome. Détestant d'une haine sans limite l'idole sanglante qui lui a volé son amant. Pour compléter ce tableau, Curiace, courageux aussi, mais incapable d'oublier que les Horaces sont ses amis, et qu'il aime Camille. Sabine enfin, qui, pour tout dire, nous ennuie, mais qui pouvait émouvoir, en un temps où il n'était pas impossible d'imaginer une Espagnole mariée à un Français, et déchirée par un conflit sans issue.

Admirable tableau, d'une vérité à laquelle l'humanité restera sensible tant qu'il y aura des guerres et des hommes contraints d'abandonner une femme ou des amis très chers pour répondre à l'appel de la patrie. Mais tableau qui, encore une fois, reçoit des conditions où il fut réalisé une valeur très particulière. Le jeune Horace n'est pas seulement un patriote. Il appartient à une génération qui a été formée et comme dressée à ne vivre que pour l'Etat. Qui est imbue de ce qu'on appelle aujourd'hui une conception totalitaire de l'Etat. Voilà sans doute pourquoi nous sommes mieux préparés à comprendre la vérité de ce caractère qu'on ne l'était au siècle passé. Nous imaginons aisément, trop aisément hélas, la vie de ce jeune héros, et par quelles voies une éducation fanatique l'a mené jusqu'à l'héroïsme et jusqu'au crime. Il a l'âme naturellement droite et simple, des idées peu nombreuses et qu'il ne discute pas, nul souci de voir au delà des étroites frontières de sa patrie. Il est prêt à s'y sacrifier avec un courage tranquille et sans forfanterie. Faut-il d'ailleurs parler de sacrifice ? Il existe si peu par lui-même, il est si complètement absorbé par son peuple qu'en mourant pour lui, il ne ferait que donner à sa courte vie son couronnement normal.

Lorsqu'il est question pour lui d'égorger trois hommes qu'il aime, il parle d'allégresse et ce mot a épouvanté des générations de critiques. Il est tout naturel au contraire et n'exagère rien. C'est sans haine et sans colère qu'il tue. Mais c'est aussi avec la joie de dresser un holocauste à son dieu. C'est avec la même allégresse, avec la même joie qu'il mourrait pour le servir. Richelieu dut applaudir à une œuvre qui exaltait à ce point le dogme de la Raison d'Etat, et peignait ses cruautés des couleurs de l'héroïsme. Peut-être a-t-il rêvé alors d'une nation où toute une jeunesse fanatisée trouverait la même ardeur que le jeune Horace à servir la patrie sans peur et sans pitié (5).

C'est donc de la réalité contemporaine que Corneille a tiré son personnage d'Horace, et non pas, comme le feraient croire

(5) Gustave Lanson a soutenu que Camille se livrait à une « *vendetta* froide », et que le jeune Horace la tuait « par raison ». D'après lui, leurs actions « ne sont pas les égarements de deux âmes passionnées » et les héros de Corneille sont des « fanatiques réfléchis » qui ne regretteront jamais leurs actes « parce que ce n'est pas à leur colère, mais, à leur idée qu'ils donnent leur vie et la vie d'autrui » (*Corneille* 1898. p. 104). Cette analyse est spécieuse, mais elle trahit sans doute les intentions de Corneille. Elle veut nous découvrir un automate là où Corneille a vu un jeune enthousiaste, illuminé par son idéal. Il est vrai que le héros de Corneille est conscient, qu'il obéit à ce qu'il considère comme une « raison ». Mais il n'agit pas à

tant de commentateurs, d'une théorie de l'héroïsme. Rien n'est plus propre à tromper que ces éternelles discussions sur le héros cornélien. Quelque ingéniosité qui s'y déploie, quelles que soient les remarques pertinentes qui peuvent parfois s'y mêler, elles ont ce vice essentiel de méconnaître l'effort vivant et créateur du dramaturge. Il est bien vrai, hélas, que Corneille, en vieillissant, a exploité son œuvre antérieure, qu'il a transformé en formules et en procédés mécaniques ce qui avait été d'abord création et jaillissement. Mais, lorsqu'il écrit *Horace*, il n'obéit à aucun système. Il réalise simplement un type d'homme héroïque qu'il porte en son esprit, et qui y est né, non pas de vues théoriques, mais d'une observation profonde de la réalité contemporaine. Il n'oppose pas les uns aux autres des concepts abstraits : raison et passion, devoir et crime, volonté et sentiment. Il *voit*.

Chose notable, sa vision s'attarde, avec une préférence certaine, sur la jeunesse. Rodrigue n'a guère que vingt ans et le jeune Horace n'en a guère davantage. Tout le sens des drames où ils sont mêlés s'affaiblit si on les imagine plus âgés. Qu'ils aient seulement trente ans, et Rodrigue tombe dans la sentimentalité romantique, et Horace n'est plus qu'une brute. Mais s'ils n'ont que vingt ans, tout ce qui étonne chez eux, tout ce qui nous paraît le résultat d'une vue systématique et forcée, se révèle normal, vrai, admirablement observé. Il appartient à la jeunesse de se donner ainsi sans réserve ni partage à un haut idéal, d'y mettre une intransigeance que les sceptiques traitent de fanatisme, et qui traduit au contraire sa pureté. L'héroïsme d'Horace, c'est l'héroïsme de la jeunesse, et Corneille, lorsqu'il écrit sa tragédie, n'est pas un esprit systématique qui construit et exploite une formule, mais un poète, épris de la beauté des

---

froid, et le vieil Horace le sait bien, car il déclare que son fils a obéi à un « premier mouvement ». Même observation pour Camille, si jeune, si sensible, si lucide dans ses tendresses et ses fureurs.

âmes jeunes, des générosités intactes, des ardeurs qui ne calculent pas.

Cinna [1]

Il est une question qu'il vaut mieux ne se pas poser lorsqu'on étudie *Horace*. De toutes les formes du patriotisme qui y sont décrites, quelle est celle que Corneille reconnaît pour sienne ? Question dangereuse, car lorsqu'un dramaturge donne la vie à ses personnages, il s'identifie successivement à eux tous, et Corneille, en écrivant *Horace,* a été tour à tour le vieil Horace, son fils et Curiace. Il a même été, sans aucun doute, Camille. Bien mieux, on sent qu'il s'est retrouvé, avec une complaisance toute spéciale, dans les deux figures les plus jeunes, les plus ardentes, dans les deux êtres les plus capables d'aller jusqu'au bout d'eux-mêmes, les plus épris d'absolu, le jeune Horace et Camille. Ils dominent la pièce sans contestation possible.

Mais il importe de distinguer avec soin le point de vue de l'artiste créateur et celui du moraliste. Corneille, lorsqu'il médite sur la Raison d'Etat, se sent peut-être plus près de Curiace que du jeune Horace. Lui aussi, peut-être, il trouve alors que la vertu, chez son héros, tient un peu du barbare et offre quelque chose d'inhumain. Si bien qu'à la réflexion, l'œuvre d'art une fois réalisée, il en vient à la considérer comme l'étude d'un conflit entre les exigences de la Raison d'Etat et celles des liens de la parenté et du sentiment. L'idée lui vient alors que ce conflit

---

(1) *Cinna ou la Clémence d'Auguste, tragédie,* privilège du 1er août, 1642, achevé d'imprimer du 18 janvier 1643. *Cinna* fut joué pendant la saison 1640-41, et fut donc composé, selon toute vraisemblance, entre mars et novembre 1640. Non en 1639, comme on l'a dit sans aucune preuve.

peut être porté sur un plan supérieur. Il peut opposer la Raison d'Etat et l'humanité et si le patriotisme méritait de l'emporter sur le sentiment familial, l'humanité se présentait, en vertu de sa généralité plus grande, comme un idéal supérieur à celui de la Raison d'Etat elle-même. De ces considérations, on aime à penser que *Cinna* est sorti.

Car s'il est raisonnable d'éclairer les grandes œuvres littéraires par les événements de l'histoire, encore faut-il se garder d'en diminuer la portée en les faisant naître d'une simple anecdote. Qu'il y ait eu en 1639 des troubles à Rouen, que le pouvoir royal ait sévi avec une horrible dureté, que Corneille ait assisté à cette répression sanglante, il n'y a aucune raison d'en conclure que *Cinna* soit sorti de cet épisode d'histoire locale, et que Corneille l'ait composé pour porter Richelieu à la clémence. Ce qui, au contraire, éclaire son œuvre, ce qui l'explique d'une explication nécessaire, c'est que le problème du conflit entre la Raison d'Etat et le sentiment d'humanité s'impose à toutes les consciences éclairées de l'époque. Les meilleurs esprits, en France, réagissent secrètement, mais décidément, contre les progrès de ce dogme inhumain qui fait fi aussi bien des traditions chrétiennes que des affirmations de la sagesse antique. Ce n'est pas un hasard si la doctrine du droit naturel se précise et se développe avec tant de force à l'heure même où Richelieu prétend ne connaître d'autre droit que le salut de l'Etat (2).

Pris à cette hauteur, *Cinna* reçoit sa véritable signification. Il n'est pas question d'imaginer qu'Auguste représente Richelieu.

(2) Si l'on veut replacer *Cinna* dans les discussions politiques de l'époque, on se reportera au IX⁰ des *Entretiens* issus du cercle des Campion. On y discute *De l'autorité souveraine*. Tous les personnages, qui sont des amis de Corneille, sont hostiles à Richelieu. Hédomène, qui est M. de Beauregard, soutient, pour provoquer les échanges de vues, la cause de la sévérité. Ezicrate, qui est Campion, proteste que l'intérêt, compris à la façon de

Hypothèse invraisemblable, car il eût suffi que la pièce parût une leçon pour que la foudre frappât l'écrivain imprudent. Il s'agit au contraire d'une étude très générale, portée et maintenue sur le plan le plus élevé, où Corneille s'abstrait volontairement de tout ce qui pourrait paraître allusion à des événements contemporains. Ce n'est pas par l'anecdote et le fait-divers, c'est par ses profondeurs que *Cinna* se trouve en rapport avec la réalité historique.

De même, rien ne serait plus vain que de chercher dans la pièce de Corneille des allusions aux conspirations de l'époque. Emilie n'est pas Mme de Chevreuse. Mme de Fargis, ni Mme de Montbazon, ni aucune des belles conspiratrices qui troublèrent alors le royaume, n'auraient eu le droit de se reconnaître dans l'héroïne cornélienne, si pure, et soulevée par un amour si profond de la liberté républicaine.

Ce qui est vrai, et qui est tout différent, c'est que Corneille, en écrivant *Cinna,* conçoit la vie d'un homme d'Etat et, si l'on peut dire, la technique des conspirations, comme ses contemporains pouvaient les concevoir, et qu'il tire de la réalité contemporaine l'image qu'il s'en fait.

Auguste n'est pas Richelieu. Mais Corneille a médité sur les grandeurs et les servitudes de la dictature. Il a vu, et il a osé dire tout ce que tant de puissance peut dissimuler d'injustice, de violences, de crimes sanglants. Sources impures d'une autorité qui cherche ensuite à se justifier par son œuvre bienfaisante, par l'ordre, par la paix, par la justice qu'elle fait régner. Il ne prétend pas juger. Il met dans le plus fort relief à la fois ces crimes et cette justification. Il pénètre, en grand artiste,

---

Machiavel, finit par se ruiner lui-même. Comme le dit l'un des personnages du X⁰ *Entretien* « les beaux esprits qui se sont laissés séduire aux fausses manières d'un raisonnement trop subtil, retournent enfin aux premières notions que tous les peuples ont reçues de la nature, leur première mère. »

dans les secrets d'un homme d'Etat puissant et solitaire. Il décrit la mélancolie d'un homme qui ne saura jamais s'il est aimé, et que sa puissance même a séparé de ses semblables. D'un homme sur qui pèse le souvenir d'un effroyable passé, qui voudrait l'effacer à force de services rendus à l'Etat, et qui constate chaque jour que ce passé ne s'efface pas et que sa puissance reste empoisonnée en sa source. Cet homme n'est pas un roi légitime, établi par Dieu pour être le père de son peuple. Il est parvenu au pouvoir grâce à des talents exceptionnels. Il y accomplit maintenant une besogne admirable. Mais trop de crimes ont jalonné sa route, trop de sévérités lui ont permis de garder sa puissance.

De même, Emilie n'est pas Mme de Chevreuse, et Cinna n'est pas le malheureux Chalais. Mais Corneille a dans l'esprit, lorsqu'il décrit cette conspiration du temps d'Auguste, les conspirations du temps de Louis XIII. Il en a saisi les traits avec une admirable clairvoyance, la futilité des mobiles, l'abus des nobles formules, les indiscrétions, les imprudences, et par-dessus tout, le rôle que joue l'amour dans des entreprises qu'il ne peut que compromettre. L'on sent, chez Corneille, un effort pour comprendre, pour pénétrer à fond l'état d'esprit d'un conspirateur, pour ne s'en faire pas une idée simpliste, pour le voir dans sa réalité concrète et diverse. Il jette à certains moments de véritables coups de lumière sur l'âme des conjurés, et quelle profondeur dans les aveux de Cinna à Maxime, dans ce recul d'un homme qui s'est enivré de grands mots, et qui, au moment d'enfoncer le poignard, s'aperçoit de l'horreur de son geste, et recule épouvanté.

Cinna est donc vrai. D'une admirable vérité. Et ses personnages sont vivants. Ils le sont beaucoup plus qu'on ne le dit parfois. Il est faux que Cinna soit un fantoche et qu'Emilie soit une sorte de monomane. Les contemporains en jugèrent autrement qui s'enthousiasmèrent pour « la belle, la raisonnable, la sainte et l'adorable Furie », et qui félicitèrent Corneille d'avoir fait de Cinna un honnête homme. On trouve qu'ils exagèrent. Ils ont eu au contraire raison.

Si le personnage d'Emilie semble d'une raideur mécanique, c'est qu'on a dans l'esprit la funeste théorie du héros cornélien, et qu'on l'impose de force à une création du poète, toute d'ardeur frémissante et d'enthousiasme généreux. On la prend pour une Kantienne, si l'on peut dire, alors qu'elle est possédée par une image atroce, celle de son père assassiné ; et quand, à la fin de la pièce, elle renonce à sa vengeance, ce n'est pas en vertu d'on ne sait quel mécanisme de la volonté, c'est parce que des natures généreuses comme elle agissent par élans, obéissent aux évidences qui les illuminent et qu'elle a vu d'un seul et soudain regard, qu'Auguste n'est plus l'assassin de son père, mais un homme purifié, racheté, un homme d'une grandeur et d'une noblesse exceptionnelles.

On prétend qu'elle n'aime pas Cinna. On se trompe. Elle l'aime exactement comme Chimène aime Rodrigue. De même que Chimène cesserait d'aimer Rodrigue parjure, Emilie ne saurait aimer encore Cinna s'il trahissait le serment qu'il lui a fait. Ne disons pas que cet amour est moins profond parce qu'il ne saurait subsister sans estime. Une âme pure comme celle d'Emilie vit à une hauteur où l'amour même ne saurait être qu'une passion généreuse. Ce n'est pas une vue abstraite du devoir qui la fixe à ce niveau, et l'idée qu'elle se fait de l'amour n'a rien à voir avec l'idée qu'on s'en fait dans les salons. Emilie, comme Chimène déjà, comme Pauline bientôt, est de ces êtres d'élite qui naturellement vivent et aiment dans la grandeur. Son désarroi à la fin du IVe acte prouve à quel point son âme est déchirée, à quel point il lui serait cruel de perdre Cinna, s'il mourait ou s'il se révélait indigne.

Cinna est tout différent, et il n'est pas question de le rapprocher de Rodrigue. Mais les critiques sont injustes à son endroit. Il n'est ni lâche, ni inconsistant, et l'on ne peut lui en vouloir d'être dominé par la personnalité d'Emilie. Le Ier acte, toujours si important pour qui veut découvrir les intentions de Corneille, nous fait connaître un Cinna ardent et courageux. Lorsqu'Evandre vient lui annoncer qu'Auguste le mande, c'est Emilie qui se trouble et qui tremble. Pour lui, il garde son sang-froid. Il écarte des craintes sans doute chimériques, et les regarde d'un œil ferme pour le cas où elles se révéleraient exactes. Il sait que sa vertu ne le trahira pas.

On dit qu'il ne sait ce qu'il veut. La vérité, c'est qu'il n'hésite pas à faire ce que l'honneur exige, mais s'aperçoit que des devoirs contraires s'imposent à lui. Ce n'est pas lâcheté, ce n'est pas inconsistance. Cinna, généreux, voit avec horreur que ses belles phrases sur la liberté dissimulaient un projet de trahison et de meurtre vulgaire. Mais il est pris par son serment, et ce mot, au XVIIᵉ siècle, à une époque où l'esprit féodal est encore très vivant, ce mot continue de signifier quelque chose de sacré. Pris aussi par son amour pour Emilie. Un amour qui n'est point lâche, ni honteux, et qui se présente à lui avec tous les prestiges de la plus pure vertu. Cinna se sent donc déchiré. On ne peut dire pourtant qu'il hésite. Si la décision dépendait de lui, elle serait prise sans plus tarder, et Cinna renoncerait à un projet qui lui fait horreur. Mais elle dépend d'Emilie, parce qu'il l'aime, et plus encore parce qu'il a déposé son serment entre ses mains, et qu'elle seule peut l'en relever. A la fin de la pièce, lorsque Cinna et Emilie rivalisent d'héroïsme, nous n'avons donc pas à nous étonner. Cinna était digne d'Emilie. Son courage devant la mort n'a peut-être pas le même caractère d'enthousiasme. Mais il n'est pas moins ferme. Cinna envisage froidement les supplices qui le menacent, et sans effort il se hausse jusqu'à la vertu des anciens Romains.

Cinna est donc une pièce beaucoup plus vraie, plus humaine, plus vivante, qu'on ne le dit souvent. Ajoutons qu'elle n'a pas non plus la grandiloquence qu'on lui reproche parfois. Déjà, à la fin du XVIIᵉ siècle, les acteurs déclamaient les vers de Cinna avec une emphase qu'ils croyaient romaine, et Fénelon en rendait Corneille responsable. Mais le poète ne saurait porter la peine de l'erreur de ses interprètes. Il a vu Rome comme Balzac la voyait. La grandeur romaine était faite, dans son esprit, de fermeté et de sobriété, bien différente donc de la boursouflure asiatique. Les contemporains admirèrent dans *Cinna* le génie romain ressuscité, le génie authentique de Rome. Balzac écrivit magnifiquement à l'auteur : « Vous avez même trouvé ce qu'elle avait perdu dans les ruines de la République, cette noble et magnanime fierté ; et il se voit bien quelques passables traducteurs de ses paroles et de ses locutions, mais vous êtes le vrai et le fidèle interprète de son esprit et de son courage ». Pas un instant Balzac n'a soupçonné que cette noble et magnanime fierté exigeât l'emphase et la boursouflure.

Techniquement *Cinna* est plus remarquable encore qu'*Horace*. L'unité est parfaite et l'on n'y voit plus de personnage en marge de l'action comme l'avait été Sabine. Qui plus est, cette unité, tout intérieure, soulève la tragédie d'un mouvement croissant qui trouve son point le plus élevé au V⁰ acte. Il y avait là un progrès très net. A examiner le *Cid* et *Horace,* on en pouvait conclure que Corneille, au IV⁰ acte de ses pièces, était comme épuisé, et se révélait incapable de pousser son effort un acte plus loin. *Cinna* prouve qu'il avait senti cette faiblesse, et qu'il l'avait surmontée (3).

Tout, dans *Cinna,* est action, et l'on n'y voit plus ces mor-

---

(3) Un mot de l'unité de lieu. L'action se passe dans deux salles différentes du palais d'Auguste. Corneille le sait et l'a dit. Mais dans la représentation, rien ne vient avertir de cette dualité de lieu. Simplement, au IV⁰ acte, la 4ᵉ scène n'est pas liée à la 3ᵉ parce qu'elle se passe dans une autre salle. Mais si Corneille ne nous en avait pas averti, qui aurait fait attention à ce détail ? L'ambiguïté était grave. L'abbé d'Aubignac la releva, et Corneille s'en expliqua avec quelque embarras. On se souvient que, dans *Horace*, Corneille avait laissé le lieu indéterminé. On devine qu'il persévère ici dans la même voie, et qu'il tend à résoudre les problèmes de l'unité de lieu non pas en appliquant strictement le principe, mais en l'éludant. Non pas en ramenant toutes les scènes à un lieu unique et précis, mais en les laissant se dérouler dans une sorte de lieu abstrait.

ceaux d'intérêt trop exclusivement oratoire qui avaient entravé le mouvement du *Cid* et d'*Horace*. L'abbé d'Aubignac a bien vu ces secrets d'un art dramatique de plus en plus admirable Il a fait remarquer que la grande scène du IIe acte n'est pas pure délibération. Le spectateur, instruit du complot, se demande quelle attitude Cinna et Maxime vont adopter. Chaque mot que prononce Cinna parvient aux auditeurs chargé d'un mystère inquiétant qu'Auguste seul ne perçoit pas. Ils se demandent, avec une curiosité très éveillée, le sens de cette énigme. « Si bien, conclut d'Aubignac, que cette Délibération est soutenue par les intérests de ceux qui parlent, et soutient elle-même la meilleure partie des affaires du théâtre ».

Une pareille scène est bien moins antique que moderne. Elle fait ressortir le caractère moderne de la tragédie de *Cinna,* qui n'est point une tragédie de la terreur et de la pitié, mais de l'étonnement et de l'admiration. Ce trait est si essentiel à la pièce qu'elle se libère d'une des obligations traditionnelles de la tragédie, qui était de finir mal. *Cinna* finit bien. Audace caractéristique, et qui ne porte pas sur un point de détail. C'est la conception même de la tragédie qui s'en trouve transformée. Corneille, implicitement, démontre que le drame moderne prétend éveiller des sentiments tout différents du drame antique et ose faire appel à autre chose que la terreur et la pitié des Anciens.

Polyeucte [1]

Cinna avait été joué pendant la saison de 1640-1641. Au cours de la saison suivante, Corneille fit représenter *Polyeucte.*

(1) *Polyeucte, tragédie,* privilège du 30 janvier 1643, achevé d'imprimer du 20 octobre 1643.

Les dates différentes qui ont été proposées reposent ou sur des affirmations gratuites, ou sur un texte mal interprété (2).

D'*Horace* à *Cinna*, de *Cinna* à *Polyeucte,* il semble qu'il y ait une progression constante et voulue. *Horace* avait peint les victoires du sentiment patriotique sur celui de la famille, *Cinna* le triomphe de l'humanité sur la Raison d'Etat. *Polyeucte* a pour thème le conflit des sentiments naturels et humains avec les sublimes exigences de l'ordre surnaturel.

On ne sait rien des sentiments religieux de Corneille à l'époque de ses premières pièces. Sera-t-il permis d'observer que les poésies de ses débuts sont passablement libertines d'allure, que Corneille alors semble fort peu dévot et qu'il a pour ami Saint-Amant, qui ne l'est certainement pas ? Mais il n'a pu s'agir là que d'une crise passagère et superficielle, et Corneille revint, s'il s'en était éloigné, au catholicisme dans lequel il avait été nourri. Il traduira l'*Imitation*. Sarrau, en décembre 1642, lui parle d'un poème sacré qu'il serait en train de composer, et Tallemant dira de lui : « Ce dévot... », ce qui, sous sa plume, n'est pas un compliment. Dieu seul sait dans quelle mesure la vie intime du poète était pénétrée de sens religieux, mais son attitude, ses gestes sont d'un chrétien zélé.

Dans le mouvement de renaissance religieuse qui est l'un des traits essentiels de cette époque, l'histoire distingue des

---

(2) Marty-Laveaux, en présentant *Polyeucte* dans son édition des œuvres de Corneille (III, p. 468), soutient encore la date de 1640. Elle est absurde, puisqu'*Horace* fut joué au cours de la saison de 1639-1640, et *Cinna* dans celle de 1640-1641. Lorsqu'il publia le t. X. de son édition, Marty-Laveaux proposa la date de 1643. Une lettre de Sarrau à Corneille, le 12 décembre 1642, demande à l'écrivain s'il va ajouter une quatrième pièce à ses trois chefs-d'œuvre, et fait allusion à un poème sacré que, d'après la rumeur publique, Corneille était en train de composer. Marty Laveaux vit là une allusion à *Polyeucte*. Il est clair pourtant que le texte est susceptible d'autres explications tout aussi vraisemblables. D'autre part, un témoignage très précis de d'Aubignac prouve que Richelieu a connu *Polyeucte*. On en conclura que la pièce fut jouée au cours de la saison 1641-1642.

courants très divers ou contraires : la Compagnie de Jésus, l'Oratoire, le Jansénisme naissant. On voudrait savoir avec lequel de ces mouvements Corneille se trouvait surtout en contact. Résolu, ce problème éclairerait peut-être les intentions théologiques que *Polyeucte* serait susceptible de cacher (3). En fait, il faut se borner à énumérer quelques faits.

Corneille, élève des Jésuites, leur est resté fidèle, et dans la controverse de la Grâce, il prendra plus tard position pour la liberté humaine. Ce qui semblerait indiquer qu'il était moliniste. Mais il était aussi normand, et il s'agit là de questions théologiques.

En fait, il semble évident que les milieux religieux que Corneille a approchés entre 1630 et 1640 se situent dans une tout autre direction. Il est l'ami de Camus. Il le rencontre à Rouen. Il lit ses romans et c'est à deux d'entre eux qu'il va emprunter des suggestions essentielles pour composer son *Polyeucte*. Comme Camus, il fréquente à l'Hôtel de Liancourt. Celui-ci est maintenant un lieu de haute dévotion. Jeanne de Schomberg, dévote de vieille date, a obtenu la conversion du bon messire Roger, son mari. Saint-Amant s'est laissé convertir et compose maintenant un poème sacré, le *Moyse sauvé*. La même influence a dû s'exercer sur Corneille et lui suggérer d'écrire une tragédie sainte. L'hypothèse se précise lorsqu'on apprend par Tallemant que ce fut le maréchal de Schomberg, beau-frère de Liancourt, qui s'offrit pour présenter au roi la tragédie de Corneille.

Polyeucte est la tragédie de la grâce. C'est-à-dire que cette pièce fait intervenir une force mystérieuse, surnaturelle, qui échappe aux prises de l'homme, de sa raison et de sa conscience. Une force par conséquent qui, par nature, fait éclater les cadres

---

(3) K. Loukovitch, *La tragédie religieuse classique en France,* 1933, énumère les opinions des critiques sur cet insoluble problème (p. 248-249).

habituels de la tragédie cornélienne, où nul mouvement n'apparaît qui ne s'explique par des raisons très précises. On pouvait exactement savoir quels mobiles déterminent les gestes d'Horace, ou d'Emilie, ou d'Auguste. Aucune force contrôlable ne peut expliquer la résolution de Polyeucte, la conversion de Pauline ou de Félix.

Devant une tâche si difficile proposée au dramaturge, il faut à la fois admirer le génie qu'il déploie à la réaliser, et avoir le courage de dire que la réussite est demeurée imparfaite.

Ce qui fait de *Polyeucte* un magnifique drame religieux, c'est que Corneille a su présenter la foi chrétienne, non comme une orthodoxie, non comme un légalisme, mais comme une vie. Dieu n'est ni l'objet d'une pure adhésion intellectuelle ni l'auteur de préceptes et de formules. Il est amour, et objet d'amour. Il est une vie qui s'offre à l'âme, la pénètre, la transforme, l'élève à des hauteurs inconnues. Il est enthousiasme et ferveur. Il est le digne objet, le seul digne, de ces âmes héroïques et jeunes que Corneille avait peintes avec tant de complaisance et de bonheur. Mieux qu'une femme, mieux que la patrie, mieux que l'humanité, Dieu offre à l'homme généreux des raisons de servir, de se donner, de se dépasser. Le surnaturel ne condamne pas les vertus naturelles d'un Rodrigue ou d'un Horace. Il les couronne et les transpose sur un plan supérieur.

Ainsi présentée, la vie religieuse offre un caractère de beauté morale qui inspire le respect à ceux-là mêmes qui opposent aux dogmes une négation décidée. Cela reconnu, pourquoi ne pas avouer que Corneille n'a pas surmonté les trop difficiles obstacles que lui opposait le sujet choisi ? L'acte central de sa tragédie, la résolution que prend Polyeucte d'abattre les idoles, se présente d'une façon qui ne peut absolument satisfaire l'esprit. Non pas parce qu'il reste humainement non-motivé : on veut bien admettre que c'est la grâce du baptême qui inspire Polyeucte.

Mais parce que ce geste est en désaccord avec les propos que le jeune homme vient de tenir un instant auparavant (4).

On dira que Corneille avait déjà donné plusieurs exemples de ces revirements soudains. Mais il s'agit ici de tout autre chose. Lorsqu'Auguste ou Emilie prennent une résolution inattendue, c'est qu'ils viennent de voir avec une évidence décisive où se trouve la vérité qu'ils cherchaient depuis longtemps. Leur acte est soudain. Mais il est préparé, ne fût-ce que par cette évidence qui s'offre à eux. On cherche en vain l'évidence qui a décidé Polyeucte à un geste héroïque et insensé dans l'instant même où il venait de rassurer sa jeune femme.

On voit mal également ce qui se passe dans l'âme de Pauline et de Félix lorsqu'ils se convertissent. Un historien a dit avec humour que la conversion de Félix n'était guère satisfaisante, mais que Corneille s'y était résolu parce qu'en cette fin de sa tragédie, toute autre solution eût été moins satisfaisante encore. Le cas de Pauline est plus grave.

> *Je vois, je sais, je crois, je suis désabusée,*

s'écrie-t-elle en un beau mouvement oratoire. Mais précisément, ce n'est là que de la rhétorique. Elle ne voit rien du tout, et ne sait rien de plus qu'une heure auparavant. Mais son Polyeucte est mort. Elle veut partager les croyances de son mari, se rapprocher de lui, revivre avec lui par la communauté de la foi.

---

(4) Qu'on se souvienne du déroulement des scènes. Polyeucte revient avec Néarque. Il trouve sa jeune femme encore toute tremblante. Il la rassure, il la plaisante gentiment de ses inquiétudes. Lorsqu'on l'appelle au temple, il la tranquillise encore. Sévère sera là. Mais qu'elle n'ait crainte. Les deux hommes ne combattront que de civilité. Voilà ce que Polyeucte affirme à Pauline au vers 636. Or nous devinons au vers 640, nous apprenons au vers 643 qu'il va renverser les idoles. Un dilemme se présente donc. Ou bien Polyeucte a joué la comédie. Ou bien, entre les vers 636 et 640, une sorte de coup de théâtre intérieur s'est produit, une illumination, une résolution prise. Mais la grâce du baptême avait-elle donc attendu jusque-là pour agir ? Comment ne pas chercher alors une autre explication, qui rendrait compte de ce mouvement inattendu et mal préparé ?

Il faut quelque bonne volonté pour admettre que le Saint-Esprit soit pour quelque chose dans sa conversion (5).

Ces réserves faites, il reste que *Polyeucte* est un extraordinaire chef-d'œuvre de tendresse et de beauté morale. De tendresse d'abord. Lorsqu'on en aborde l'étude sans préoccupations de théologie ou de technique théâtrale, il est impossible de n'être pas frappé par l'émotion qui baigne toute l'œuvre et qu'on ne retrouverait au même degré ni dans *Horace* ni dans *Cinna*, mais seulement dans les plus belles scènes du *Cid*.

Elle éclate dans cette rencontre de Pauline et de Sévère, qui est sans doute l'un des sommets de la littérature de tous les temps. Mais elle apparaît aussi bien dans tout le rôle de Pauline, dans ces cris de passion :

> *Ne désespère pas une âme qui t'adore....*

ou dans ces audaces bouleversantes :

> *Je te suis odieuse après m'être donnée.*

Le rôle de Sévère, celui même de Polyeucte avant sa conversion, sont pénétrés de cette tendresse. Polyeucte est un tout jeune marié, et malheur au comédien de plus de vingt-cinq ans qui prétend jouer ce rôle d'héroïque jeunesse. Il est un mari très amoureux et qui chaque jour fait la découverte de son bonheur avec un ravissement nouveau. Il fait sourire le spectateur moderne lorsqu'il dit :

> *Je ne veux que la voir, soupirer et mourir.*

---

(5) Sur deux points encore, l'emploi du surnaturel trahit, chez Corneille, quelque embarras. Les contemporains firent observer que les conciles interdisaient de façon formelle le geste de Polyeucte. Les historiens écartent cette critique. Elle est pourtant fondée. Rodrigue, Horace, Auguste sont en face d'un conflit moral qui s'impose à eux, et il y a une tragédie pour cette raison qu'il leur faut le résoudre. Le geste de Polyeucte est gratuit, même au point de vue religieux. Plus que cela, il constitue une infraction aux ordres de l'Eglise. D'autre part, on remarquera dans la pièce des « morceaux », qui font figure de dissertations : sur la grâce, sur la tentation, sur l'amour des créatures. A ces moments-là, Corneille devient un peu prêcheur.

C'est que le spectateur moderne comprend mal certains enthousiasmes, certaines ferveurs passionnées et pures.

Bien mieux il semble que Corneille s'attarde avec une complaisance nouvelle à la peinture de l'amour et de la galanterie. Le trait est visible dès les premiers vers :

Mais vous ne savez pas ce que c'est qu'une femme.

Il reparaît dans les vers, plus dignes de la haute comédie que d'une œuvre tragique, où Pauline explique si joliment à Stratonice qu'un époux n'est pas aussi docile qu'un fiancé, que la femme est une reine avant le mariage, mais que l'homme ensuite reprend la haute main.

Corneille, lorsqu'il composa *Polyeucte,* venait de se marier. Il n'est pas interdit de penser qu'il songeait à sa situation nouvelle lorsqu'il décrivait avec tant de délicatesse les joies d'un jeune foyer. Mais qui sait s'il ne mettait pas davantage de lui dans sa pièce ? Qui sait si cet admirable poème d'amour, de pureté, de fidélité, n'était pas chargé d'un message secret pour celle qu'il avait jadis aimée, dont il était maintenant séparé par un obstacle définitif, mais qui restait présente en lui par le souvenir ? Si charmante que soit la peinture du bonheur des deux jeunes époux, qu'est-elle auprès de ce double cri d'amour que sont les rencontres de Pauline et de Sévère ?

Œuvre de tendresse donc. Mais aussi chef-d'œuvre de beauté morale. Polyeucte, Pauline, Sévère appartiennent à une humanité héroïque et trouvent dans la « générosité » leur climat habituel. Prenons garde pourtant de ne pas attribuer à Corneille une psychologie de l'héroïsme qui ne lui est nullement propre. Aux yeux de bien des commentateurs, c'est Corneille qui a créé ce type magnifique du héros qui domine à ce point le tumulte de ses sentiments qu'il lui est possible d'aimer ou de n'aimer pas, et qui laisse aux lois du devoir une puissance absolue sur son cœur. S'il est pourtant un point où le rôle de Corneille ne fut pas créateur et où il se borne à donner une expression magnifique à un lieu commun de la littérature du temps, c'est celui-là.

Un érudit a très opportunément relevé dans l'*Alexis* de Camus une histoire et des développements qui annoncent *Polyeucte* (1). Une jeune fille, Colombe, a aimé Marcel, et sur l'ordre de son père, elle a épousé Hermin. Voici le message qu'elle fait passer à l'homme qu'elle aimait : « Dites à Marcel que j'honoreray toujours ses mérites ; si j'eusse eu le pouvoir de choisir quelqu'un, mes affections m'eussent donnée à luy ; mais ne pouvant faire que ce que je dois et me debvant toute à ceux qui m'ont donné l'estre, il faut que je suive leur volonté ». On reconnaît là la déclaration que Pauline fait à Sévère. Ce qui accentue encore la ressemblance, c'est que Marcel, comme Sévère, ne ressent aucune amertume à l'endroit d'Hermin, et que loin de s'aigrir contre Colombe, il admire sa vertu. « Tant est grande, s'écrie-t-il, la bride de la raison, et puissante la domination que Dieu luy a donnée sur l'appétit sensitif ».

L'*Alexis* de Camus date de 1622. On ne peut donc même pas dire que Corneille s'inspirait de vues psychologiques récentes. Ce qui est peut-être vrai, c'est que ces vues devenaient de plus en plus familières aux écrivains de son temps et qu'en 1640 elles s'imposaient avec plus de force qu'aux environs de 1620. On le verra bien lorsque La Calprenède en fera l'un des thèmes principaux de ses romans. Ce n'est pas Corneille, c'est toute sa génération qui a mis cette confiance sans limite dans la libre volonté de l'homme, dans son pouvoir sur les tumultes de la passion, dans sa victoire finale sur les désordres du sentiment.

Noble conception de la vie. Honneur de cette grande époque, de notre littérature, de notre pays. Honneur de Corneille, qui l'ayant trouvée autour de lui, a su lui donner une expression si émouvante et si splendide. Plus tard, quand le siècle finissant aura perdu ces nobles enthousiasmes et sera devenu incapable de les comprendre, La Bruyère dira que Corneille avait peint

(6) M. Magendie. *Des sources inédites de Polyeucte*, dans *R.H.L.* 1932, p. 383-390.

les hommes tels qu'ils devraient être. Formule désenchantée d'un moraliste qui a sous les yeux une génération dressée à la servitude. Corneille lui aurait répondu qu'en créant Polyeucte, Sévère et Pauline, il avait peint les hommes, non pas comme ils devraient être, mais comme ils peuvent être, comme ils sont lorsqu'ils ont le courage d'être des hommes.

Ce chef-d'œuvre, Corneille en avait emprunté le sujet à une adaptation de Métaphraste par Surius. On a fait observer qu'un dramaturge italien, Bartolommei, avait composé un *Polietto* et que Corneille avait probablement connu cet auteur puisqu'il a écrit *Théodore* et que Bartolommei avait de son côté composé une *Teodora*. La coïncidence est, à coup sûr, remarquable (7). Mais il semble évident que Corneille a également connu l'*Agathomphile* de son ami Camus (1621). On y retrouve en effet le personnage et le nom de Sévère. On y voit un haut fonctionnaire qui rappelle fort Félix. Surveillé par un homme qui peut nuire à sa carrière, il pousse la lâcheté jusqu'à sévir contre un membre de sa famille, en l'occurrence contre sa femme. L'histoire se termine par une scène de martyre et par les conversions qui la suivent (8).

Après *Horace* et *Cinna,* on ne saurait plus guère parler de la technique des pièces de Corneille qu'au prix d'inutiles répétitions. Il est maintenant en pleine possession des lois de son art, et en observe les règles avec une aisance parfaite. Il a dit lui-même, en parlant de *Polyeucte* : « A mon gré, je n'ai point fait de pièce où l'ordre du théâtre soit plus beau et l'enchaînement des scènes mieux ménagé ». Par scrupule, il a noté quelque contrainte dans l'observation de l'unité de temps et de lieu. Le

(7) Hauvette, dans les *Annales de l'Université de Grenoble,* IX p. 557.
(8) Les pièces religieuses antérieures à *Polyeucte* ne manquent pas, mais sont restées sans autre influence sur Corneille que de l'avoir confirmé dans son projet d'écrire une tragédie sainte. Il cite lui-même des pièces de Buchanan, Grotius et Heinsius. Il aurait pu nommer des pièces de Mairet, de Grenaille, de Baro et la *Sainte Agnès* de son compatriote Troterel (H. Carrington Lancaster. II, p. 321).

sacrifice s'exécute dès l'arrivée de Sévère, un peu vite par conséquent, et tout se passe dans une salle commune de la maison
de Félix, même l'entretien de Pauline et de Sévère. Chose
curieuse, Corneille ne relève pas une invraisemblance plus
sérieuse : comment croire que l'approche d'un personnage aussi
important que Sévère ne soit connue que quelques instants
avant son arrivée ? Mais en vérité, ces détails n'ont qu'une
importance minime et ne sauraient compromettre l'impression
que fait sur nous le chef-d'œuvre.

La tragédie de 1635 a 1642

On serait tenté maintenant de passer vite et d'oublier qu'au
temps de Corneille, toute une pléiade d'écrivains estimables,
Mairet, Tristan, Rotrou, Scudéry, Du Ryer, Bensserade, La Calprenède ont, eux aussi, composé des tragédies, charmé leurs
auditoires, obtenu des succès qui balançaient souvent ceux de
Corneille. Il faut pourtant s'arrêter sur eux un moment. D'abord
parce qu'ils le méritent. Et parce que Corneille lui-même est
mieux connu lorsqu'on le replace exactement dans le mouvement dramatique contemporain.

Ce n'est pas lui qui a fixé les lois de la tragédie et qui en
a assuré la vogue. Le mérite en revient tout entier et sans
partage à Mairet. La *Sophonisbe,* déjà étudiée, a déterminé un
puissant mouvement. En 1634, on n'avait joué que trois tragédies
nouvelles. Il y en eut quatorze en 1635-1636, et la plupart d'entre
elles se modelaient sur l'œuvre de Mairet. Elles allaient chercher
leurs sujets dans Plutarque et dans Tite-Live. L'intérêt se con-
centrait dans des conflits de volonté entre quelques personnages
peu nombreux. Ses héros présentaient les caractères réclamés
par Aristote. Ils étaient à la fois coupables et dignes de pitié.

L'unité de temps était observée dans le plus grand nombre

de ces pièces. Celle du lieu continuait de pâtir de la confusion antérieure. Le plus souvent les auteurs l'interprétaient à la manière de la tragi-comédie. Pas une seule fois ils ne la réalisèrent dans toute sa rigueur en enfermant l'action dans une seule salle. Quelques scènes comiques, quelques meurtres sur la scène prouvent que la tragédie continuait de subir l'influence de la tragi-comédie contemporaine.

Mais cette influence s'exerçait aussi dans un autre sens. Toutes ces tragédies, si on les compare à celles de Hardy, marquent un progrès considérable dans le dialogue, dans l'intelligence du mouvement dramatique et de la scène à faire. Ce progrès, c'est à la tragi-comédie que les auteurs le doivent. Leurs qualités plus hautes, leur sens de la concentration, leur habileté à mettre en relief un thème principal, c'est dans *Sophonisbe* qu'ils les avaient observées et apprises.

Parmi les tragédies de cette période il en est trois que leur qualité et leur succès mirent hors de pair : *La Mort de Mithridate* de La Calprenède (2), la *Lucrèce* de Du Ryer, et surtout la *Mariane* de Tristan. C'était la première fois que Tristan abordait la scène. Il adopta la forme du drame que deux ans plus tôt Mairet avait illustrée avec *Sophonisbe* : le sujet tiré de l'histoire, l'action resserrée en quelques heures, le conflit de deux

---

(1) Six de ces quatorze tragédies contiennent des stances, et il n'y en a que quatre qui s'en tiennent strictement au dialogue en alexandrins sans parties lyriques.

(2) Gautier de Costes de La Calprenède est né près de Sarlat vers 1610. Il débute comme Scudéry par la carrière des armes et fait campagne en Allemagne comme cadet aux Gardes. Revenu à Paris, protégé par la duchesse de Guémené, il devient gentilhomme ordinaire de la chambre du roi. De 1635 à 1642 il a composé neuf pièces de théâtre. Il débuta par la *Mort de Mithridate* (jouée en 1635), qui s'inspire de *Sophonisbe*, donna ensuite deux tragi-comédies, et revint ensuite à la tragédie. Chose curieuse, il composa trois pièces sur des sujets tirés de l'histoire d'Angleterre, *Jeanne, reine d'Angleterre*, le *Comte d'Essex*, et *Edouard*. Il donna une continuation de la *Mariane* de Tristan dans une tragédie intitulée *La mort des enfants d'Hérode ou suite de Mariane*. En 1641 ou 1642, il fit jouer une tragédie religieuse, *Herménigilde*, tirée d'une pièce latine du P. Caussin.

volontés tendues, la constante majesté du ton. Comme Mairet sans doute, il crut réaliser une œuvre d'inspiration antique, et ne s'aperçut pas que sa tragédie éveillait chez les spectateurs la surprise et l'admiration bien plutôt que la terreur et la pitié. Son héroïne est au-dessus des coups du sort, et quelle pitié pourrait-on éprouver pour une femme qui, dès le début, n'aspire qu'à la mort ? Un seul moment elle se trouble. Elle pense à ses enfants qu'elle entraîne dans sa ruine. Mais elle se ressaisit aussitôt, et marche au supplice la tête haute.

Par là elle s'apparente aux héroïnes des prochaines tragédies de Corneille. A Camille, qui bravera son frère comme elle brave Hérode. A Emilie surtout, et la ressemblance, ici, est précise. Car Mariane est obsédée par l'image de ses parents assassinés par Hérode, comme Emilie par le souvenir de son père tué sur l'ordre d'Auguste. Son courage a la même allure, provocante et tendue.

Peut-être faut-il dire que la plus « cornélienne » de ces héroïnes, au sens que l'on donne d'habitude à ce mot, c'est Mariane. Camille est tendre. Emilie se laisse conquérir par un dernier geste d'Auguste. Mariane seule reste intransigeante, en dépit des preuves de tendresse et d'amour qu'Hérode multiplie. Si la formule de l'héroïne cornélienne a été donnée, si son essence a été définie, c'est dans la pièce de Tristan. Mariane, au début du II⁰ acte, s'écrie :

> *Moi ? Que je me contraigne ? Estant d'une naissance*
> *Qui peut impunément prendre toute licence,*
> *Et qui sans abuser de ceste authorité,*
> *Ne reigle mes désirs que par l'honnesteté ?*

On trouverait difficilement une formule plus forte du héros de Corneille, conscient de ses qualités supérieures, persuadé qu'il n'y a pas pour lui de règles morales imposées de l'extérieur et que sa volonté libre est la seule loi que puissent reconnaître ses désirs. Il est piquant que cette définition soit donnée par

Tristan à une date où Corneille n'a pas encore écrit ses tragédies (3).

Le succès de *Mariane* fut très grand et il aurait sans doute déterminé un regain de vogue de la tragédie si le triomphe du *Cid* ne l'avait balancé. Le résultat fut que dans les trois années qui suivirent (1637-1639), on compte seulement vingt-trois tragédies pour trente-trois tragi-comédies.

Ce n'est plus *Sophonisbe* qui fournit un modèle aux auteurs de tragédies. Ils se règlent plus volontiers sur la pièce de Tristan. La Calprenède fit même jouer la *Mort des enfants d'Hérode*, qui est une suite de *Mariane*, et trois ou quatre autres pièces de cette période portent la trace d'imitations très précises du chef-d'œuvre que l'on venait d'applaudir.

Bien loin de marquer de nouveaux progrès des règles, les tragédies de 1637-1639 sont, pour la régularité, en recul sur celles des années précédentes. On n'en compte que neuf qui observent la règle des vingt-quatre heures. Plusieurs pièces durent même quelques semaines. L'unité de lieu n'est observée que de façon approximative. Seule, l'*Alcionée* de Du Ryer se limite à deux salles d'un palais, comme le fera *Cinna*. Les stances continuent à plaire au public. On en trouve dans les deux tiers des tragédies de ces trois années.

Les trois grands succès de cette période furent l'*Alcionée* de Du Ryer, le *Comte d'Essex* de La Calprenède, *Antigone* de

---

(3) On notera encore dans *Mariane* une longue théorie sur l'interprétation des rêves. Au point de vue dramatique, elle est fâcheuse. Mais elle est aussi d'un bien vif intérêt. Tristan, esprit curieux, « philosophe » comme dira Cyrano, s'attarde à ce problème sur lequel ses contemporains soutiennent les explications les plus opposées. On se reportera, pour l'étude de *Mariane*, à l'excellente édition des *Textes Français Modernes*, 1917. Après *Mariane*, Tristan a encore fait jouer sept autres pièces. mais seule *Panthée*, publiée en 1639, entre dans la période que nous étudions. Cette pièce est tirée d'un épisode touchant de la *Cyropédie*, plus romanesque peut-être que tragique. Tristan a sans doute choisi ce sujet pour les belles tendresses et les fines analyses auxquelles il prêtait.

Rotrou : une tragédie tirée de l'Arioste, une autre tirée de l'histoire récente d'Angleterre, la troisième sur un sujet emprunté à la tragédie grecque. C'est le moment pourtant où Corneille prépare sa rentrée avec *Horace*. On voit donc que le poète, au lieu de fixer son attention sur les plus récents succès de la scène, a voulu revenir en arrière, remonter jusqu'au point de départ de la tragédie moderne, jusqu'à *Sophonisbe*, et refaire, avec son génie, ce que Mairet avait fait d'abord avec talent.

On serait tenté de croire qu'*Horace* décida de la victoire des tragédies régulières sur les tragi-comédies. Les faits prouvent qu'il n'en fut rien. De 1640 à 1642, on joua sur les deux scènes de Paris vingt-cinq tragédies et vingt-cinq tragi-comédies. De même on constate avec suprise que le nombre des pièces tirées de l'histoire romaine ne s'accroît pas pendant cette période, et que s'il est possible de discerner une vogue nouvelle, elle porte sur des sujets empruntés à la Bible et à la vie des Saints (4). Trois pièces seulement peuvent être rattachées à l'histoire romaine (5).

Par contre, l'observation des règles fait, durant cette période, un progrès brusque et décisif. Si l'on met à part les trois pièces de Corneille, on constate que sur vingt-deux tragédies, dix-huit observent l'unité de temps, trois autres se permettent de durer deux jours. Une seule fait fi des règles et s'étend sur une durée de dix ans. Progrès aussi dans l'observation de

---

(4) On serait naturellement porté à croire que cette vogue a été déterminée par le succès de *Polyeucte*, mais nos connaissances sur la chronologie des pièces de cette époque restent trop imprécises pour qu'il soit possible de rien affirmer. Parmi ces tragédies saintes, il en est trois qui tirent leur sujet de la Bible : le *Saül* et l'*Esther* de Du Ryer, le *Déluge universel* de Picou. Cinq autres sont, comme *Polyeucte*, des histoires de martyrs : l'*Herménigilde* de La Calprenède, la *Pucelle d'Orléans* de l'abbé d'Aubignac, le *Thomas Morus* de La Serre, la *Sainte-Catherine* du même auteur et le *Saint-Eustache* de Desfontaines.

(5) *L'Injustice punie* de Du Teil raconte la mort de Virginie. La Serre a écrit *Le sac de Carthage*, et l'on rattachera, si l'on veut, à ce cycle la *Vraye Didon* de Boisrobert.

l'unité de lieu. Quatre tragédies sans compter *Horace* et *Polyeucte* s'enferment dans une salle unique. Deux pièces seulement transgressent la règle du lieu dans le sens large qui lui avait été longtemps donné. Si bien que la victoire des règles peut être considérée en 1640 comme solidement acquise.

La tragi-comédie de 1635 à 1642

Après le succès de *Sophonisbe,* on aurait pu s'attendre à la disparition complète et rapide de la tragi-comédie. Mais le public tenait à une formule qui lui offrait des plaisirs plus faciles que la tragédie régulière. Au cours des deux premières années de cette période, les deux théâtres de Paris ne jouèrent pas moins de quinze tragi-comédies nouvelles.

Elles présentaient dans l'ensemble les même caractéristiques que les tragi-comédies des années précédentes. Comme elles, elles cherchaient avant tout à plaire aux spectateurs par une action vive, variée, souvent violente, par des coups de théâtre, par des péripéties dramatiques, par un mélange précieux d'aventures brutales et de sentiments raffinés. L'étude d'un caractère, l'approfondissement d'un problème moral lui restaient parfaitement étrangers.

A cette formule dramatique, la littérature romanesque fournissait une matière très riche. Les auteurs puisaient dans le *Roland furieux,* ou dans l'*Adone* de Marino (1), ou dans l'*Amadis.* Plus spécialement, durant ces deux années, ils se tournèrent vers les *Novelas exemplares* de Cervantes : Scudéry, Guérin de Bouscal et Rotrou portèrent à la scène deux d'entre elles : *El amante liberal* et *Las dos Doncellas.*

---

(1) A. Adam, *Le Prince déguisé de Scudéry et l'Adone de Marino,* dans la *Revue d'histoire de la philosophie,* 15 janvier 1937.

Pourtant, l'influence des doctes se faisait sentir même dans ce domaine qui leur était, en principe, étranger. La tragi-comédie est de plus en plus régulière. Sur ces quinze pièces de 1635-1636, il y en a sept qui observent l'unité de temps de la même manière que le *Cid* va les observer au mois de janvier 1637. Neuf d'entre elles sont même plus conformes que le *Cid* aux exigences de l'unité de lieu, car elles resserrent l'action à l'intérieur d'une seule maison. La plupart des autres continuent sur ce point à se régler sur la pastorale italienne. Elles placent l'action en divers points d'une cité ou d'une petite île. Ce qui est la formule même que Corneille appliquera dans le *Cid*.

De même les stances, les vers lyriques sont fréquents dans les tragi-comédies de l'époque, et Corneille n'a fait que se conformer à l'usage.

Dans les trois années qui suivirent (1637-1639), la tragi-comédie connut un regain de vitalité. Trente-trois pièces nouvelles témoignent de la vogue persistante d'un genre qui ne voulait pas mourir. Les auteurs continuent de puiser dans la littérature romanesque. On signale des tragi-comédies tirées de Bandello, de l'*Arcadia* de Sidney, du *Roland furieux*, de l'*Astrée* (2). Trois autres sont des continuations du *Cid*. Ce qui prouve cette renaissance de la tragi-comédie, c'est que deux des auteurs les plus habiles à discerner les goûts du public, Mairet et Scudéry, ne donnèrent pas moins de cinq tragi-comédies dans la période qui suivit le triomphe du *Cid*.

Mais ces chiffres ne doivent pas nous empêcher de découvrir la profonde transformation qui est en train de s'opérer dans les formes dramatiques. Si la tragi-comédie subsiste, c'est qu'elle s'adapte au goût nouveau.

Elle est, on le devine, de plus en plus régulière ; les deux

---

(2) Sur les trente-trois comédies de cette période, il y en a seize dont la source a pu être retrouvée. De ces seize, huit sont tirées de l'histoire ancienne et de la légende, huit de la littérature romanesque moderne.

tiers des pièces sont conformes à la règle du lieu. Ce qui est plus nouveau et caractéristique, c'est qu'elles respectent souvent les bienséances. Dans la moitié d'entre elles, on ne se bat plus, on ne tue plus sur la scène : on continue seulement de s'y suicider parce que le suicide est un geste noble. Les scènes comiques et familières sont de moins en moins nombreuses.

Mais il y a plus. Les barrières entre la tragédie et la tragi-comédie sont en train de tomber. Les auteurs de tragi-comédies marquent une tendance certaine à prendre pour personnages des héros de l'histoire et non plus des héros de romans. Il est vrai que les romanciers de la même époque prennent l'habitude de prendre pour leurs héros les grands personnages de l'histoire.

On voit maintenant paraître sous le nom de tragi-comédies des pièces qui sont en fait des tragédies soit parce qu'elles présentent une fin malheureuse soit parce qu'elles s'intéressent plus à un problème moral qu'aux péripéties d'une action mouvementée. Le *Scipion* de Des Marests finit de façon heureuse. Mais, par le choix du héros, par le caractère historique du sujet, par la dignité du ton, par l'importance accordée à l'étude des caractères, il mériterait aussi bien le nom de tragédie. Il s'agit de savoir si le général romain surmontera sa passion comme il s'agira de savoir, dans *Cinna,* si Auguste saura dominer sa colère. Dans une lettre à Balzac, Chapelain met *Scipion* bien au-dessous du *Cid* pour la « tendresse », mais bien au-dessus du chef-d'œuvre cornélien « soit pour la bienséance, soit par la beauté des vers et des sentiments ». Des Marests lui-même reconnaît que sa pièce aurait pu s'intituler aussi bien tragédie, puisque, dans le langage des Anciens, ce mot désignait les pièces qui traitaient de sujets graves, dont les conversations étaient sérieuses et convenables à des personnes de haut rang. S'il avait préféré le titre plus moderne de tragi-comédie, c'est qu'il appelait de la sorte une pièce « dont les principaux personnages sont Princes, et les accidents graves et funestes, mais dont la fin est heureuse, encore qu'il n'y ait rien de comique qui y soit meslé ».

La tragi-comédie de 1640 en vient à présenter des traits qui la rapprochent de la tragédie. Le *Timoléon* de Saint-Germain a pour sujet le conflit du patriotisme et de l'amour fraternel. Le *Clarigène* de Scudéry développe des problèmes de conscience. L'intrigue s'allège, et un contemporain fait observer que, dans l'*Edouard* de La Calprenède « la substance même de l'action fait toutes les beautez de la Scène, et l'Autheur trouve en la forme de son ouvrage ce que plusieurs autres cherchent en des idées estrangères ».

Ce qui, dans cette confusion de tendances à peine dessinées, semble au contraire s'affirmer avec quelque netteté, c'est l'importance grandissante d'un élément de galanterie mêlé de façon paradoxale à la trame historique. C'est dans la tragi-comédie de 1640 qu'apparaît cette formule qui trouvera sa pleine réalisation avec la tragédie racinienne. Dans la *Roxane* de Des Marests, nous observons un Alexandre soupirant et que La Ménardière définit assez bien en l'appelant « muguet ». En 1639, l'*Eudoxe* de Scudéry met en scène un Genséric galant et sentimental. Un Genséric qui fait penser à Pyrrhus ; qui veut épouser sa prisonnière et qui mêle, déjà, les menaces et les fadeurs.

Au cours des trois années qui suivirent (1640-1642), au moment même où Corneille accumulait les chefs-d'œuvre de la plus pure tragédie, la tragi-comédie resta le genre favori du grand public. Il n'en faut d'autre preuve que les vingt-cinq tragi-comédies qui furent alors composées. Au surplus, Scudéry nous a laissé, dans l'Avis au lecteur d'*Andromire,* un témoignage précieux. Auteur de treize pièces, il peut certifier que de toutes ses créations ce sont les tragi-comédies qui ont été les mieux accueillies. C'est que la tragi-comédie, bien qu'inconnue des Anciens, est, sinon le plus parfait, du moins le plus agréable des genres. Elle tient le juste milieu entre la sévérité du tragique et le style railleur de la comédie. Elle prend les beautés les plus délicates de l'un et de l'autre. La tragédie n'a pas les mêmes moyens de plaire. « Il est bien difficile, écrit-il, qu'une action toute nue... sans épisodes et sans incidents imprévus, puisse avoir autant de grâce que celle qui, dans chaque scène, monstre quelque chose de nouveau, qui tient tousjours l'esprit suspendu et qui par cent moyens surprenans, arrive insensiblement à sa fin. »

La tragi-comédie, de 1640 à 1642, conserve les caractères qu'on a vu apparaître dans les années précédentes. Elle est maintenant presque aussi soumise aux règles que la tragédie du même temps. Toutes les pièces de cette période observent l'unité de temps. Toutes observent celle du lieu dans le sens que lui donnaient les auteurs de pastorales. Presque toutes se conforment aux règles de la bienséance, et des scènes de violence n'apparaissent que dans cinq d'entre elles.

Les auteurs continuent de puiser aux sources les plus variées. Ils demandent leurs sujets à Plutarque ou à Quinte Curce, mais aussi à Cervantes, à Gomberville et à plusieurs romanciers français.

Les plus intéressantes de ces tragi-comédies développent la conception qui s'était dessinée dans le *Scipion* et la *Roxane* de Des Marests. Ils mettent en scène des personnages historiques, Alexandre, Théodoric, Bélisaire, Soliman, Henri II d'Angleterre, Pierre II d'Espagne, et sur un fond d'histoire brodent des aventures romanesques. Il faut avouer d'ailleurs que cette manière ne réussit pas à s'imposer, et que le plus grand nombre des tragi-comédies met en scène des héros et des événements inventés de toutes pièces.

Ce qui, par contre, est assez net, ce sont les progrès de la « galanterie » dans les caractères et le dialogue. La plupart des personnages de la tragi-comédie, inventés ou historiques, ont ce trait commun qu'ils sont galants. La *Parthénie* de Baro met en scène un Alexandre passionné, cruel, et généreux. Le dialogue de *Roxane* s'attarde en délicatesses, en propos tendres, en subtilités qu'on ne trouverait pas dans les tragi-comédies de 1630. Plus encore que les progrès de la régularité, ce trait définit la tragi-comédie nouvelle et permet de fixer l'importance et le sens de l'évolution du genre depuis dix ans.

La comédie de 1632 à 1642

Tandis que la tragédie et la tragi-comédie se partageaient la faveur du public, la comédie est restée négligée durant toute cette période. Comparé au nombre de pièces écrites dans les deux autres genres, celui des comédies est infime.

On voudrait expliquer ce fait étrange. Il semble que les écrivains et le public aient quelque peine à concevoir un comique détaché des traditions de la comédie latine et de la farce. Ce qui semblerait l'indiquer, c'est la présence d'éléments comiques excellents dans la pastorale et la tragi-comédie Le public les goûtait sans doute. Mais il était à ce point accoutumé à lier l'idée de comédie aux rôles traditionnels de pédants, de valets, de soldats fanfarons, de nourrices et d'entremetteuses que lorsqu'il assistait à une scène d'observation plaisante et délicate, il ne comprenait pas que la comédie, c'était précisément cela.

On dira que cette conception de la comédie ne pouvait être inconnue d'une génération qui eut le privilège d'assister aux premières pièces de Corneille. Mais précisément l'effort de Corneille ne fut que faiblement suivi. On applaudit ses pièces. Bien peu d'auteurs songèrent à rivaliser avec lui.

On ne voit guère que Claveret et Du Ryer qui aient écrit des comédies où se retrouvent le souci d'observation exacte, la plaisanterie née de la notation vraie d'un ridicule.

Le premier fit jouer au cours de la saison 1630-1631 une comédie de l'*Esprit fort,* maladroitement construite, mais intéressante par l'étude d'un type de la société contemporaine. Les comédies qu'il écrivit ensuite sont perdues. Mais on sait qu'elles étaient, elles aussi, des comédies de mœurs, et le titre seul de la *Place Royale*, inspiré sans doute de la *Galerie du Palais*, prouve que Claveret s'était engagé dans la voie marquée par Corneille. Il s'en tint là d'ailleurs, ne donna rien entre 1632 et 1637, et les deux pièces qu'il composa plus tard, sont d'un genre entièrement différent (1).

Si l'on veut se donner une idée à la fois exacte et plaisante de la comédie à cette date, il faut lire les *Vendanges de Suresnes* composées par Du Ryer et probablement jouées en 1633. Le plaisir qu'on prend à cette lecture est encore aujourd'hui très vif. Les personnages sont dessinés avec une grâce charmante, le dialogue est rapide et fin. Peut-être même est-il plus réellement comique que celui de Corneille, plus proche de la conversation des gens de la moyenne bourgeoisie qu'il dépeint (2).

Les *Vendanges de Suresnes* ont encore un autre intérêt. Elles nous permettent de saisir sur le vif l'effort de la comédie pour se dégager de la pastorale. Elles sont toutes pleines en effet de situations, de personnages et de détails venus en droite ligne de la pastorale française et italienne. La tromperie qui est à l'origine de l'intrigue est celle-là même que l'on avait remarquée dans le *Pentimento amoroso* de Luigi Groto, dans les *Bergeries* de Racan et la *Sylvie* de Mairet. Même le caractère des parents, si justement observé, rappelle très précisément les personnages analogues de Sylvie. La comédie de Du Ryer est donc beaucoup

---

(1) Claveret est un avocat originaire d'Orléans. On ne sait rien d'intéressant sur lui. Il avait été l'ami de Corneille avant de se quereller avec lui en 1637. Outre *l'Esprit fort* il a écrit le *Pèlerin amoureux*, la *Visite différée*, les *Eaux de Forges*, la *Place Royale*, mais toutes ces pièces sont restées inédites et sont perdues. Dans l'histoire de la technique dramatique, Claveret est le premier qui ait introduit l'unité de temps dans la comédie. Il est également le premier qui ait observé la liaison des scènes, mais il se contente de la *liaison de fuite*. La *liaison de présence* n'apparaît que dans l'*Alcimédon* de Du Ryer.

(2) Les *Vendanges de Suresnes* ont été rééditées par E. Fournier, *Théâtre français au XVIᵉ et au XVIIᵉ siècles*, t. II, 76 sqq.

moins dégagée de la tradition que les pièces de Corneille. Mais d'autre part, Du Ryer accentue une évolution commencée avec les *Bergeries*. On se rappelle que Racan avait placé sa pastorale en Ile-de-France et non dans un poétique Forêz. Depuis lors, Claveret avait placé son *Esprit fort* dans la forêt, près de Versailles, et Rayssiguier avait fait jouer *La Bourgeoise ou la Promenade de Saint-Cloud*. En se rapprochant de Paris, la pastorale se rapprochait de la comédie de mœurs (3).

Il ne faut pas oublier non plus que les Parisiens de l'époque prennent l'habitude de passer leurs journées de liberté dans la banlieue de l'ouest. Il est impossible de lire les *Vendanges de Suresnes* sans penser aux *Illustres Bergers* et sans se rappeler les vers de Frenicle qui décrivent leurs occupations, promenades, jeux galants, propos échangés au milieu d'une nature qu'ils goûtèrent sans extases ni déclamations, mais avec un plaisir simple et vrai. C'est cette atmosphère que Du Ryer a réussi à évoquer avec une verve charmante.

Pendant ce temps, d'autres auteurs tentaient des formes différentes de comédies. En 1630 ou 1631, Rotrou donna une adaptation des *Ménechmes*. La pièce de Plaute cherchait le comique dans le développement d'une situation étrange et dans les quiproquos qui en résultaient. Rotrou n'y apporta pas de modifications profondes. Il se borna à sauver la décence en remplaçant une prostituée par une vénérable veuve. Quelques détails ajoutés pour donner à la pièce une note de modernité ne suffisent pas à ranger cette œuvre parmi les comédies de mœurs.

Il y avait là du moins une veine intéressante, une abondance certaine de ressources comiques. Rotrou était d'autant plus tenté d'y puiser que la comédie espagnole était le plus souvent une comédie d'intrigue. Il la connaissait bien et avait, on s'en souvient, publié au début de sa carrière une adaptation de la

(3) A relever également la *Foire de Saint-Germain* par La Pinelière, malheureusement perdue.

Bague de l'oubli. En 1632 il adapta une pièce de Lope, la *Villana de Xetafe,* et la fit jouer sous le titre de *Diane.* En dépit de l'observation des règles qu'il s'impose au prix de corrections importantes, Rotrou ne touche pas à l'essentiel de l'œuvre. Elle reste entre ses mains une comédie d'intrigue, où tout le comique réside dans l'habileté déployée par une femme pour tromper les machinations successives de ses ennemis.

Le succès fut très vif, et détermina une certaine vogue de ce type. Rotrou fit jouer en 1633 *Célimène* et *Filandre.* Ces deux pièces, elles encore, mettent l'intérêt dans l'enchevêtrement de l'intrigue et le caractère inattendu des situations. Dans *Célimène* l'héroïne se déguise en homme pour rejoindre son amant infidèle et le reconquérir. Ce thème, tiré d'un épisode de Montemayor, avait été repris cent fois dans la tragi-comédie. Rotrou s'en sert maintenant pour trame de sa comédie.

Ainsi donc, la comédie d'intrigue, tout comme la comédie de mœurs, se dégageait lentement et avec peine de la tragi-comédie romanesque. Il semble même qu'aux environs de 1635, la comédie d'intrigue subit plus fortement que jamais l'influence du romanesque. La chose était sensible dans *Célimène.* Elle s'accentue dans *Filandre* qui présente une combinaison curieuse de sentimentalité romanesque et de comique. De même encore, le *Fils supposé* de Scudéry, joué dans la première moitié de 1634, est, au vrai, une comédie romanesque. Ici encore, une jeune fille se travestit et feint d'être l'amant de la maîtresse de son infidèle. C'est le ton seul qui distingue cette pièce d'une tragi-comédie ordinaire.

Il convient de mettre à part les *Galanteries du duc d'Ossone* de Mairet (4). Comédie d'intrigue sans aucun doute, et qui, sous ce seul aspect, mérite toute l'attention du lecteur moderne.

----

(4) *Les Galanteries du duc d'Ossone* ont paru en 1636, mais elles ont été probablement jouées en 1632. Elles ont été rééditées par E. Fournier dans son *Théâtre français,* t. II.

Car elle est singulièrement vive, et ses maladresses évidentes n'empêchent pas d'être sensible à son mouvement endiablé. Elle est gaillarde aussi, et Corneille, en 1637, fera semblant d'avoir été scandalisé. Mais cette gaillardise a quelque chose de vigoureux et de sain.

D'autre part, les *Galanteries* sont d'une vérité d'observation extrêmement plaisante. Sans mériter le nom de comédie de mœurs puisque tel n'est pas son objet, elle est vraie. La peinture du mari jaloux, cruel et lâche, de la suivante intéressée et sensuelle, des deux jeunes femmes rusées, prudentes, avides de plaisir, est admirable de vérité comique. Par-dessus tous, le duc d'Ossone a une physionomie vivante et sympathique de Don Juan bon enfant.

Mais surtout, le style des *Galanteries* est comique. Il l'est plus que celui de Corneille. Il abonde en trouvailles, en remarques drôles, en traits d'observation brusquement saisis. Mairet, en écrivant cette pièce, avait montré des dons éminents pour le style comique. Il est déplorable qu'il n'ait pas continué dans la même voie.

En 1635-1636, la comédie reste rare. On ne compte que huit pièces et plusieurs d'entre elles, le plus grand nombre même sont bien moins des comédies que des tragi-comédies. Si la *Florimonde* de Rotrou avait été jouée en 1630, on l'aurait bien plutôt appelée une tragi-comédie pastorale. L'action se passe dans le Forez. Les personnages sont des types conventionnels et le dialogue ne comporte à peu près aucun élément comique. Rotrou donna ensuite une *Clorinde* un peu plus comique et réaliste, mais *La Belle Alphrède* est encore plus proche de la tragi-comédie. Elle repose sur des éléments romanesques, déguisement et reconnaissance. Un poltron se charge d'en faire une comédie, comme il y avait eu un poltron dans *Clorinde*.

C'est pourtant pendant cette période que furent jouées deux curieuses comédies, très dignes de garder une place dans l'histoire de notre théâtre : le *Railleur* d'André Mareschal, et l'*Alizon* d'un auteur inconnu nommé Discret (5).

André Mareschal a présenté sa pièce au public dans une intéressante préface. Il a écrit, dit-il, une comédie à l'italienne, mais entièrement originale. Il a pensé « qu'une courtizane plus adroite que vilaine, et un Filou protecteur valloient mieux qu'un Parasite et qu'une effrontée dedans Plaute et chez les Italiens ». A ces personnages il a joint « un Financier aussi vain que riche et prodigue », deux femmes, la Muguette et la Niaise. Au centre, un railleur. Même un type ancien comme le soldat fanfaron est renouvelé avec des traits modernes.

Il y avait là une matière comique d'une grande richesse. Il faut avouer que Mareschal n'a pas su en tirer tout le parti souhaitable. Il n'en est pas moins vrai que sa pièce abonde en traits d'observation. Mareschal, faible lorsqu'il s'agit de creuser un caractère, est excellent pour noter les détails de mœurs. Il sait très exactement toutes les espèces de rubans qui se débitent à Paris, et décrit avec verve les ridicules des gens de lettres. On trouverait, dans sa comédie, cent traits du même ordre et d'égale qualité.

A lire le *Railleur,* on comprend mieux, à la fois les qualités supérieures des comédies de Corneille, et la pauvreté de sa veine comique. Corneille, qui prétend peindre la réalité quotidienne, n'en voit qu'une région très étroite, et la moins susceptible de faire rire. En fait, il est, dans ses premières pièces déjà, bien plutôt peintre de caractères que peintre des mœurs.

Aucune de ses comédies ne vaut, pour l'observation des mœurs, l'*Alizon* de Discret. Le sujet était tout chargé de périls. C'est le mariage d'une veuve déjà mûre avec un barbon. Il n'était que trop aisé de tomber dans le plat et le grossier. L'œuvre

(5) *Le Railleur* a paru avec un privilège du 13 novembre 1637 et un achevé du 31 (*sic*) novembre 1636. *Alizon* doit dater de 1636 et a été publié l'année suivante. Les deux pièces ont été également rééditées par E. Fournier.

est au contraire charmante. Ces deux amoureux grisonnants sont touchants, et non ridicules. On rit de leurs vieilles amours, mais d'un rire tout cordial et sympathique. Autour d'eux gravitent quelques personnages, surtout un ancien combattant des guerres civiles, et les charmantes filles d'Alizon. Nous assistons à un pique-nique au pied de la colline de Chaillot, à des discussions politiques, à des échanges de galanteries entre les jeunes filles et trois jeunes gentilhommes. Peu de documents nous font pénétrer aussi avant dans la vie des petits bourgeois de Paris, et non pas seulement saisir le pittoresque de leurs gestes et de leur langue, mais pénétrer jusqu'en leur esprit, jusqu'à leurs habitudes de sentir et de juger.

On peut être sûr que le succès d'*Alizon* fut médiocre, et que celui du *Railleur* ne dut pas être bien vif. Ces pièces répondaient mal à ce que le public attendait, à ce que les auteurs l'avaient accoutumé d'attendre. Il voulait ou bien du romanesque, ou bien des imitations de Plaute. Parmi les douze comédies qui furent jouées en 1637-1639, on compte quatre adaptations de la comédie latine et trois sujets tirés de *Don Quichotte*. Parasites, pédants, soldats fanfarons, vieilles servantes continuent de s'agiter sur la scène. Rotrou tire les *Sosies* d'*Amphitryon*, et les *Captifs* de la pièce latine du même nom. Le *Miles gloriosus* est imité deux fois, par un anonyme et par André Mareschal.

Cette production n'est pas entièrement insignifiante. Les adaptations se font de plus en plus libres. Mareschal par exemple modernise la pièce de Plaute. Elle se passe maintenant à Paris. Parasites et courtisanes disparaissent, ainsi que les plaisanteries indécentes. Le parasite, type ancien, devient un filou, type d'un intérêt tout moderne. Les parties originales ajoutées par Guérin de Bouscal à ses trois pièces tirées de *Don Quichotte* sont, au dire d'un bon juge, excellentes.

Dans la veine réaliste, on ne saurait guère ranger que les *Nopces de Vaugirard,* œuvre presque certainement de Discret. L'action se passe à Vaugirard et sur les bords de la Seine. C'est une paysannerie authentique, qui répond bien à ce qu'on pouvait attendre de l'auteur d'*Alizon*. Elle est d'autant plus digne d'attention qu'on peut admettre comme établi que Molière l'a connue et ne l'a pas oubliée (6).

Une des comédies de cette époque se situe tout à fait à part, en dehors des divers courants de la comédie contemporaine. Ce sont les *Visionnaires* de Des Marests (7). Ce fut pour obéir à un ordre de Richelieu que l'écrivain composa cette pièce curieuse, et le thème lui fut imposé. Il s'agissait de mettre sur la scène un certain nombre de personnages bizarres, probablement bien connus des gens renseignés (8). Il ne s'agissait donc, ni d'une comédie d'intrigue, ni d'une comédie de mœurs, ni d'une étude de caractère. Ce que Richelieu attendait, c'était à peine une pièce. Mais une série de portraits. Des portraits d'excentriques, et, comme on disait alors, de « visionnaires ».

Des Marests s'est acquitté de cette tâche avec une habileté remarquable. Sa pièce, est-il besoin de le dire, présente aux yeux de celui qui en ignore la genèse, des défauts évidents. Avant tout, l'inconsistance de son intrigue. L'abbé d'Aubignac a eu beau jeu de faire observer qu'elle était « sans aucun rapport, liaison, ny dépendance ». Mais Des Marests avait d'avance répondu à cette critique. Dès lors qu'il s'agissait de mettre en scène une galerie d'extravagants, il était impossible de donner à la pièce « une liaison aussi grande que celle qui se peut donner aux comédies où n'agissent que deux ou trois principaux personnages ». Ce père visionnaire, qui a trois filles visionnaires, et qui affronte de futurs gendres qui ne le sont pas moins, ne pouvait en vérité inspirer une pièce solidement construite.

(6) Il y a des raisons de penser que Molière a également connu une pièce de cette époque, *Le Docteur amoureux* de Le Vert, joué en 1638.

(7) *Les Visionnaires* ont été publiés avec un privilège du 20 juillet 1637.

(8) D'après Segrais, Mélisse serait Mme de Sablé, Hespérie Mme de Chavigny et Sestiane Mme de Rambouillet.

De même, il serait injuste de reprocher à cette pièce de manquer de vérité, et de la comparer aux pièces de Molière. Cette injustice aboutit même à une grossière erreur lorsqu'on tire de ce rapprochement un parallèle entre l'époque de Louis XIII, incapable de prendre pour objet une vérité humaine et classique, et celle de Louis XIV où la littérature est toute de vérité profonde et réalise des types d'une valeur universelle. Les *Visionnaires* sont une œuvre isolée, une sorte de fantaisie, très différente des comédies qui s'écrivaient alors, et c'est comme fantaisie qu'elle doit être jugée.

Lorsqu'on a cessé de lui demander ce qu'elle ne prétend pas nous donner, la comédie de Des Marests laisse éclater des qualités éminentes de verve et d'esprit. Des Marests justifie le renom qu'il avait de génie inventif. On lui demandait une série de caricatures. Celles qu'il a dessinées sont étourdissantes de brio. Le lecteur moderne a besoin de quelque effort pour en sentir l'agrément. L'on ne voit plus aujourd'hui de filles qui soient amoureuses d'Alexandre et l'extravagance d'un poète en 1640 revêt d'autres formes que l'extravagance de nos inspirés d'aujourd'hui. Mais lorsqu'on a acquis quelque familiarité avec cette époque, on se rend compte que la comédie de Des Marests réunit quelques-uns des types les plus curieux de son temps, et les peint, non pas certes avec une prudente exactitude, mais avec cette vérité supérieure qui est celle de la caricature.

Lorsqu'il écrivit sa pièce, Des Marests n'avait certes pas le sentiment d'aller contre les exigences des doctes. Aucun écrivain n'a sans doute développé avec plus d'intransigeance une conception aristocratique de la littérature. Dans son avis *Au lecteur,* il relève certaines critiques qui lui ont été faites. On lui a reproché l'obscurité de beaucoup de ses mots, incompréhensibles à un public ignorant. Mais il rappelle que la France n'est pas en république, que les écrivains ne travaillent pas pour le peuple, qu'ils ne doivent songer à satisfaire que les premiers esprits de l'Europe, et que le vulgaire doit se satisfaire des miettes qui tombent de la table des grands. Ces vues, certainement conformes aux pensées de Richelieu, jettent un jour précieux sur le caractère aristocratique qu'il entendait donner à notre littérature, avec tous les avantages immédiats et les périls lointains qu'une telle conception de l'art peut comporter.

Au cours des trois dernières années du ministère de Richelieu, les comédies restèrent peu nombreuses, mais on vit s'amorcer un mouvement qui devait durer une vingtaine d'années et marquer une phase importante de la comédie à l'époque classique. D'Ouville, qui était frère de Boisrobert, avait séjourné en Espagne. De retour en France, il fit de façon plus systématique ce que Rotrou avait commencé avant lui. Il fit jouer coup sur coup, entre 1639 et 1644, cinq comédies tirées du répertoire espagnol, l'*Esprit folet* tiré de Calderon (1639), les *Fausses vérités* du même, probablement jouées en 1641, puis l'*Absent chez soy* presque traduit d'une pièce de Lope et publié en 1643, et de nouveau une pièce tirée de Calderon, *Jodelet Astrologue,* imprimée en 1646. Ces pièces créèrent véritablement une mode, si bien que sur les vingt comédies qui furent jouées de 1640 à 1648, il y en a dix qui sont des traductions ou des adaptations de l'espagnol.

Toutes ces pièces adaptent d'ailleurs leurs modèles aux exigences du goût français. Elles réduisent les *aparté,* éliminent les descriptions, abrègent les tirades. Elles s'imposent l'observation des règles avec beaucoup plus de rigueur que les comédies des dix années précédentes.

Les écrivains français se tournent alors aussi vers l'Italie, encore qu'ils lui empruntent dans une moindre mesure. En 1641, Rotrou fit jouer *Clarice,* tirée d'une pièce de Sforza d'Oddi. Un peu plus tard, il allait adapter la *Sorella* de Della Porta. Son exemple allait être suivi par d'Ouville lui-même, qui emprunte à Piccolomini une pièce en 1649 (9). Ces pièces imitées de l'italien allaient prolonger chez nous l'existence des types traditionnels : pédants, parasites, entremetteuses, soldats fanfarons. Comme les pièces espagnoles, elles allaient imposer un type de comédie plus soucieux d'intrigues et d'aventures étonnantes que d'observation. Elles allaient ainsi retarder l'apparition de la comédie de mœurs ou de caractère, dont les dix années précédentes avaient donné de si savoureuses promesses.

Pierre du Ryer [1]

Dans ce développement des genres dramatiques, quelques hommes ont agi avec trop de force pour que l'histoire ne s'arrête pas un moment sur eux. Le plus ancien est Pierre du Ryer. Il était né probablement à Paris en 1600. Son père était Isaac du Ryer, secrétaire de la chambre du roi, secrétaire de Roger de Bellegarde, et poète, comme beaucoup de ceux qui entouraient ce grand seigneur lettré. Il était l'ami d'Hodey, de Tristan, de l'actrice Isabelle Andréini. Il perdit un jour la confiance de son maître Bellegarde, et devint employé de l'octroi du quai Saint-Paul, à dix louis de traitement par mois.

Pierre du Ryer se fit recevoir avocat. Il acquit une charge de secrétaire de la chambre du roi, puis de conseiller et secrétaire du roi et de ses finances. En 1627, il s'appelle noble homme Pierre du Ryer, sieur de Paracy, conseiller et secrétaire du Roi et de ses finances, demeurant à Paris, rue des Francs-Bourgeois, paroisse Saint-Gervais.

En 1633 il vendit sa charge et se maria. Sa femme s'appelait

(9) Cette pièce porte le titre d'*Aimer sans savoir qui*, mais elle n'a que le titre de commun avec la pièce de Lope de Vega, *Amar sin saber a quién*.

(1) Voir H. Carrington Lancaster, *Pierre du Ryer dramatist*, Washington, 1913.

Geneviève Fournier. Elle devait lui donner quatre enfants. Il devint à cette époque secrétaire du duc de Vendôme, et c'est chez le duc qu'il écrit *Alcimédon* en 1634. Il resta auprès de son nouveau maître jusqu'en 1641. Cette année-là, Vendôme, accusé d'avoir voulu empoisonner Richelieu, fut obligé de s'enfuir en Angleterre.

Cet événement bouleversa profondément la vie de Du Ryer. C'est à partir de cette date qu'il commence à publier des traductions, symptôme assuré, au XVII⁰ siècle, d'impécuniosité. Ne pouvant plus vivre à Paris, il se fixa à Picpus. Il était veuf alors. Vigneul-Marville, qui l'alla voir dans sa retraite, parle de pauvreté. Mais il prouve par son récit même qu'il s'agissait plutôt d'une situation modeste. Du Ryer, au reste, se remaria. Sa nouvelle femme s'appelait Marie de Bonnaire. Il revint à Paris et vécut rue des Tournelles, au Marais. Depuis 1646, il était de l'Académie française. Il mourut en 1658, en sa maison au village de la Rapée, « proche de la basse-court de la seigneurie de Bercy, paroisse Saint-Paul ». Une charge d'historiographe du roi avait accru ses ressources dans les derniers temps de sa vie.

Au milieu de ses amis Auvray, Pichou, Mareschal et Rayssiguier, il faisait, aux environs de 1630, figure de chef d'école. Antoine Gaillard, en 1633, parle de son orgueil :

> *Durier est trop obscur et trop rempli d'orgueil.*

et nous savons qu'il tenait chez lui un cercle où fréquenta Montdory. Mais cette énergie et ce que Gaillard prenait pour de l'orgueil dissimulaient de très belles qualités de patience et de modestie clairvoyante. Une lettre qu'il a écrite dans les dernières années de sa vie et qui fut publiée en 1690, permet d'apprécier les qualités de son esprit et de son caractère (2).

---

(2) Outre son théâtre et ses traductions, Pierre du Ryer a donné des vers latins au *Temps perdu* de son père (1624) et quelques pièces lyriques en 1630 et 1632, avec un *Dialogue de la digue et de la Rochelle* en 1629. En 1630, il adresse

Il commença d'écrire pour le théâtre en 1628. Sa première pièce, l'*Arétaphile*, était tirée des *Vertus des femmes* de Plutarque. Gaston d'Orléans l'appelait « sa pièce ». Elle était remarquable par des discussions et des tirades politiques où l'on retrouve l'influence de *Pyrame*. L'œuvre était bien faite pour plaire à une aristocratie en révolte larvée contre le pouvoir royal.

L'année suivante, Du Ryer fit jouer *Clitophon*, autre tragi-comédie de construction très libre. Il en avait tiré le sujet du roman grec de Tatius, *Clitophon et Leucippe*. Sa troisième pièce, *Argénis et Poliarque*, était en deux journées, à l'imitation sans doute du *Tyr et Sidon* que Jean de Schélandre avait donné en 1628. On y retrouvait, avec des réminiscences nombreuses de *Pyrame*, les discussions politiques qui plaisaient à Du Ryer, sur le pouvoir divin des rois et sur le droit qu'auraient les princes de violer la loi pour le salut de l'Etat. Du point de vue de la technique, l'œuvre était remarquable par quelques scènes comiques ou familières, et par les combats qui se déroulaient sur la scène.

En 1630, Du Ryer fit jouer à l'Hôtel de Bourgogne la tragi-comédie de *Lisandre et Caliste*, qui ne tenait aucun compte des discussions alors en cours sur les unités. Il ne les ignorait pourtant pas. En 1631, il fit jouer sous le titre d'*Amarillis* une adaptation du *Pentimento amoroso* de Luigi Groto, pastorale régulière. Sa tragi-comédie d'*Alcimédon*, en 1632, observe la règle des vingt-quatre heures, Pourtant il ne se crut pas lié par les nouvelles exigences des doctes, et *Cléomédon*, en 1634, est de nou-

---

des vers à Daphnide, Sylvie et Amarante, en 1632 il en écrit pour Caliste et Olinde. Daphnide apparaît plusieurs fois dans les lettres d'Auvray. Il s'adresse aussi au maréchal de La Chastre et à la comtesse de Crussol. Alcidon est son ami. Il a écrit des pièces liminaires pour Scudéry en 1631 et 1635, pour Mareschal en 1630 et 1634, pour Cotignon de La Charnaye en 1632, pour Auvray en 1632, pour Rayssiguier en 1630, et pour *la Veuve* de Corneille en 1634. En revanche, il en a reçu pour ses propres œuvres de Pichou, Colletet et Auvray, de Bonnet, le neveu de Motin, de deux des Illustres Bergers, Mauduit et Villeneuve, et de quelques autres personnages inconnus.

veau une tragi-comédie irrégulière. C'est l'époque où il compose la plus vivante de ses pièces, ses *Vendanges de Suresnes*.

Du Ryer avait été en 1628 un auteur d'avant-garde. Après 1634, il en est réduit à suivre un mouvement qu'il n'avait pas créé. Il est du moins remarquable qu'il s'engage énergiquement dans la voie que Mairet et Rotrou ont ouverte. Sans doute écrit-il encore deux tragi-comédies, *Clarigène* (1637) et *Bérénice* (1642). Mais dans le même temps il donne cinq tragédies : *Lucrèce* (1636), *Alcionée* (1637), *Saül* (1639), *Esther* et *Scévole* (1642).

Il y a là un renouvellement remarquable de la part de cet écrivain qui avait joué un rôle si important dans l'histoire de la tragi-comédie. Il renonce aux incidents romanesques, aux déguisements et aux reconnaissances. Il cesse de prendre pour objet principal de son théâtre l'amour, et exalte maintenant la chasteté, la justice, la loyauté, le patriotisme. Il observe les règles. Dans *Saül* et dans *Lucrèce*, il admet encore qu'une nuit sépare le dernier acte du premier. Mais dans les autres, il concentre l'action en quelques heures. Il s'en tient avec vigueur à l'unité de lieu, et se permet seulement deux pièces dans un palais, comme Corneille dans *Cinna*. Quelques années plus tard, de nouveau sensible aux changements du goût public, Du Ryer allait revenir à la tragi-comédie, mais une tragi-comédie renouvelée et toute pénétrée de la galanterie à la mode.

Mairet [1]

On a vu plus haut l'arrivée de Mairet à Paris, la protection que lui accorda Montmorency, ses débuts au théâtre. Les contemporains avaient les plus sérieuses raisons de le considérer comme le plus important des auteurs dramatiques. Il avait, avec

---

[1] Voir *supra*, p. 207.

Sylvie, donné le modèle de la pastorale régulière. La *Silvanire* et sa préface avaient ensuite, par la doctrine et par l'exemple, introduit l'observation des règles dans la tragi-comédie. Enfin *Sophonisbe* avait donné le modèle de la tragédie classique. Chaque fois, la leçon donnée par Mairet avait obtenu le plus vaste retentissement. En 1634, nul écrivain ne pouvait rivaliser avec lui.

La mort de Montmorency avait été pour lui un coup redoutable. Mais bientôt il avait su gagner la faveur particulière du comte de Belin. Lorsque le comte résidait dans ses propriétés du Maine, Mairet se trouvait à ses côtés.

On connaît mal son caractère. Corneille assure que les comédiens l'avaient appelé Innocent le bel (2), mais le sens de ce sobriquet nous échappe. Il fréquentait les ruelles. L'on dirait aujourd'hui qu'il était devenu, en 1637, un auteur mondain. Si Corneille était seul à nous le dire, nous ne serions pas obligés de le croire. Mairet, sans le savoir, confirme ce témoignage de l'adversaire. Avec une vanité un peu naïve, il se flatte d'avoir accès à des cabinets qui restent fermés à Corneille (3).

Cette vanité, en 1637, avait encore de quoi se satisfaire. Mais bientôt une série d'échecs allait prouver à Mairet qu'il était temps de quitter la scène. Il le fit en 1643, et dit adieu au théâtre en termes où quelque aigreur se discerne sous une modération affectée. « Je me retire, écrivit-il alors, sans regret des occupations de la scène » et « sans autre récompense que d'un peu de bruit et de quelques feuilles de laurier ». Mais quelques mots durs sur le parterre et sur les comédiens laissent percer sa mauvaise humeur.

Il allait désormais se tourner vers des activités bien différentes. En 1645 il fut engagé dans d'importantes négociations diplomatiques avec le baron de Lisola. Il y montra des qualités.

---

(2) *Avertissement au Besançonnais Mairet,* dans Gasté, *op. cit.,* p. 320.
(3) *Ib.,* p. 289.

Elles lui valurent d'être nommé résident de Franche-Comté en France. Il vécut désormais à Paris avec sa femme. Un jour de 1653, Mazarin le fit expulser de France, mais la paix des Pyrénées lui permit de revenir à Paris. Il ne devait mourir qu'en 1686, dans sa ville natale où il avait fini par se fixer.

Il n'y a pas à revenir ici sur l'œuvre dramatique de Mairet antérieure à 1634. Chose étrange, l'histoire des pièces qu'il composa après cette date marque une décadence continue. Déjà la tragédie de *Marc-Antoine,* jouée au Marais au début de 1635, n'obtint pas un succès comparable à *Sophonisbe.* Il se tourna alors vers une œuvre italienne de Prospero Bonarelli et l'adapta à la scène française sous le titre du *Grand et dernier Solyman.* L'intrigue comportait des éléments mélodramatiques, mais la structure restait classique.

Désormais, l'écrivain se tourna résolument vers la tragi-comédie. A la fin de 1637, il fit jouer l'*Illustre Corsaire.* Le sujet était tiré de l'*Ariane* de Des Marests. Un prince devenu pirate sauve une princesse, bat un rival et regagne un trône. Un héros, comme dans l'*Astrée,* se jette à l'eau après un baiser mal accueilli. Les éléments comiques occupent un tiers de l'œuvre. L'absence de toute vérité morale étonne chez l'auteur des *Galanteries du duc d'Ossone.*

Au début de l'année suivante, Mairet fit jouer une autre tragi-comédie, *Roland furieux.* Il tourne alors le dos à tout ce qui avait assuré le légitime succès de ses premières œuvres. Il observe encore l'unité de lieu, mais il avoue qu'il lui a été impossible de conserver celle de temps. Il mêle aux scènes tragiques des éléments de farce, viole la règle des bienséances et ne réussit qu'à bâtir une action dispersée et incohérente.

A la fin de 1638 il fit jouer une pièce tirée d'un épisode romanesque de l'histoire byzantine. *Athénaïs,* plus encore que *Roland furieux,* trahit la cause des unités. L'action dure neuf jours au moins et mêle plusieurs intrigues. Puis Mairet se tut jusqu'en 1640. Il donna alors *Sidonie.* Cette tragi-comédie utilise les procédés les plus usés, songes, présages, oracles, enfant enlevée et retrouvée. La construction de l'intrigue est médiocre et maladroite. Mairet eut beau soutenir que *Sidonie* était son œuvre la plus achevée ; le public ne fut pas de son avis, et Mairet se retira définitivement de la carrière des lettres.

Rotrou [1]

Jean Rotrou était né à Dreux en 1609. Il n'apparaît dans la vie littéraire qu'en 1628, et l'on peut penser qu'il était venu à Paris pour y faire ses études de droit et devenir avocat. Dans la capitale, il se lia avec Pichou, et par conséquent avec le groupe de Pierre du Ryer. Celui-ci pourtant ne semble pas s'être intéressé à lui, et Rotrou fut surtout l'ami d'André Mareschal. Vers la même date il se liait avec Scudéry et, peut-être un peu plus tard, avec Corneille [2].

En 1632, il était, sans qu'on sache depuis combien de temps, attaché à la troupe des Comédiens du Roi. Il se voyait condamné à une production précipitée, si bien qu'au début de 1634, il avait déjà composé plus de trente pièces. On a vu plus haut que de hauts personnages s'intéressèrent à lui, et l'on peut croire que le comte de Belin l'arracha à une servitude pénible et déshonorante. Il devint le familier du comte et vécut chez lui, en même temps que Mairet, lorsque le comte résidait dans ses propriétés du Maine. A Paris, il habitait rue Neuve Saint-François, tout près du comte qui demeurait sur le territoire de la même paroisse Saint-Gervais.

Il avait en même temps de puissants protecteurs dans le

(1) H. Chardon, *La vie de Rotrou mieux connue*, 1884.

(2) Rotrou a écrit un sonnet pour la *Filis de Scire* de son ami Pichou (1630), un sonnet pour la *Généreuse Alemande* (1631), et des vers pour la *Sœur généreuse* d'André Mareschal (1634), des vers pour le *Ligdamon et Lidias* de Scudéry (1631), pour les *Bocages* de Cotignon de La Charnaye (1632) et une belle élégie en l'honneur de la *Veuve* de Corneille (1634).

comte de Soissons et sa mère. Louis de Bourbon était seigneur de Dreux, et la famille de Rotrou était, de génération en génération, attachée à ses princes.

En 1639, Rotrou quitta Paris et regagna sa ville natale. Richelieu, qui depuis 1633 s'intéressait à lui, lui avait assuré une situation honorable. Il s'appelle alors noble homme Jean Rotrou, gentilhomme ordinaire de Son Eminence, lieutenant particulier du comté et bailliage de Dreux. En 1641 il signe Rotrou, seigneur de Toisy, conseiller du roi, lieutenant particulier civil et criminel.

Il se rendait compte que ces fonctions absorberaient le plus clair de son temps, mais il ne désespérait pas d'écrire encore. Il gardait le goût du théâtre et surtout une véritable passion de satisfaire celui qu'il appelait « le premier esprit de la terre ». Même lorsque Richelieu fut mort, Rotrou continua d'écrire, et c'est de cette période que datent ses deux œuvres les plus célèbres, *Saint-Genest* et *Venceslas*.

Il s'était marié. Il avait eu de son mariage six enfants. En 1650 une épidémie l'emporta. On a gardé le résumé d'une lettre qu'il aurait écrite le jour de sa mort. Elle lui fait le plus grand honneur. Il est regrettable seulement que son authenticité, très admissible d'ailleurs, ne soit pas cependant tout à fait certaine.

Bien qu'une bonne partie de ses œuvres ait été perdue, il en reste encore plus de trente. Elles comprennent des tragédies, comme *Hercule mourant,* des tragi-comédies romanesques et des comédies tirées de Plaute ou du théâtre espagnol. Elles donnent par leur variété même l'idée la plus exacte des goûts successifs d'un public passionné des choses du théâtre.

Il avait débuté par une tragi-comédie, l'*Hypocondriaque*, toute pleine des éléments traditionnels du romanesque. Puis il s'était tourné vers l'Espagne et lui avait emprunté la *Bague de l'oubli*. Il avait aussi fait jouer une adaptation des *Ménechmes*.

Les pièces qui subsistent de la période suivante sont des tragi-comédies d'allure irrégulière. Mais, à la fin de 1632, Rotrou fut présenté à Chapelain, mis en rapport avec les doctes. C'est ce qui explique que la comédie de *Diane* observe les règles. *Amélie,* tragi-comédie où le comique domine, respecte également les unités, ainsi que *Célimène,* une comédie qui précéda de peu la *Veuve* de Corneille. En 1634, Rotrou donna *Hercule mourant,* et l'on aurait pu croire qu'il allait se tourner vers la tragédie régulière. Mais son goût, ou les exigences du public, dispersèrent ses efforts. Il continua de publier pièce sur pièce, et dans tous les genres. L'*Heureux naufrage,* l'*Innocente infidélité, Agésilan de Colchos* sont des tragi-comédies. *Crisante* est une tragédie, mais tirée d'une romanesque histoire de Plutarque. En même temps, il donne plusieurs comédies. *Florimonde* est une comédie romanesque dont l'action se passe dans le Forez, entre trois bergères et trois bergers. *Clorinde* a du moins le mérite de placer la scène à Paris, et l'on peut supposer que Rotrou, en l'écrivant, avait dans l'esprit les comédies de Corneille. *La Belle Alphrède* est d'un romanesque absurde, qui accumule tous les procédés du genre. Il n'est pas impossible que Rotrou ait utilisé pour l'écrire une nouvelle espagnole. Ce qui est sûr, c'est qu'à la même époque, il tirait des *Dos doncellas* de Cervantès la tragi-comédie des *Deux Pucelles.*

Rotrou s'engageait de plus en plus dans la voie des adaptations. Après Cervantes, il se tourna vers Plaute et tira d'*Amphitryon* sa comédie des *Deux Sosies.* Puis par un procédé de contamination que Racine devait lui reprocher, il construisit sa tragédie d'*Antigone* avec des emprunts de Stace, de l'*Antigone* de Garnier et de Sophocle. Encore n'atteignait-il pas le poète grec de façon directe, mais à travers l'adaptation italienne d'Alamanni. A la fin de 1637 il tira de Lope de Vega sa *Laure persécutée.* Détail curieux, l'imitation cesse soudain à la 7ᵉ scène de l'acte IV, et l'on peut se demander si là encore,

Rotrou n'eut pas recours à la contamination. Les *Captifs* qui suivirent sont une adaptation de Plaute, mais une adaptation assez libre puisqu'une moitié environ de l'œuvre est nouvelle.

En 1640, il adapta l'*Iphigénie* d'Euripide. Il le fit cette fois avec un respect plus grand du texte ancien, et sans contamination. La comédie de *Clarice* qui suivit est tirée de Sforza d'Oddi : choix malheureux, car le modèle est mauvais, et l'imitation ne l'est guère moins. Rotrou n'allait se dégager de ces travaux trop rapides et en partie serviles que dans les dernières années de sa vie. *Saint-Genest* et *Venceslas* appartiennent à l'époque suivante et seront étudiés dans le prochain volume.

Scudéry [1]

De 1630 à 1643, Georges de Scudéry fit jouer quinze pièces de théâtre. Lié d'amitié avec Du Ryer et son groupe, il avait débuté par des pastorales tirées de l'*Astrée : Ligdamon et Lidias* en 1630, le *Trompeur puni* en 1631, le *Vassal généreux* en 1632 et *Orante* en 1633. Durant cette première période, il avait fait jouer une curieuse pièce, dont il a été parlé plus haut, la *Comédie des Comédiens* (1632), et une comédie d'intrigue, le *Fils supposé* (1634). En 1635 il puisa à une nouvelle source et tira de l'*Adone* de Marino le *Prince Desguisé*, qui traite, deux ans avant Corneille, le même thème romanesque que le *Cid :* deux jeunes gens séparés par la mort d'un père.

Après le succès de *Sophonisbe*, Scudéry voulut écrire une tragédie historique. Il fit jouer en 1635 la *Mort de César*, tirée de Plutarque. La pièce était médiocre. Scudéry n'avait ni le

(1) On a déjà signalé le très bon ouvrage de Batereau, *Scudéry als Dramatiker*, Leipzig, 1902.

sens de l'histoire, ni celui des conflits de la volonté. Sa tragédie fut pourtant bien reçue, grâce à des effets de rhétorique et aux effets de scène dans lesquels il excellait.

Le succès l'encouragea à écrire une deuxième tragédie. Mais sa *Didon,* jouée au cours de la saison 1635-1636, n'est pas classique comme avait du moins semblé l'être la *Mort de César.* Scudéry prend pour matière tout le IVe chant de l'*Enéide,* abandonne les unités, adopte le mélange des tons. Le succès fut contesté, mais resta considérable.

Après cette incursion dans la tragédie, Scudéry revint à la tragi-comédie. De la nouvelle de Cervantes *El amante liberal* il tira une pièce du même titre. Le sujet est hautement romanesque. On y voit une fille de Sicile aimée de deux chrétiens, trois mahométans et un juif, deux fois vendue, destinée au harem, et finalement sauvée. Scudéry, qui ne détestait pas le paradoxe, réussit à faire tenir cette surabondante matière dans les bornes des vingt-quatre heures.

Après la querelle du *Cid,* il restait à Scudéry à prouver qu'il pouvait faire mieux que Corneille. Son *Amour tyrannique,* joué au cours de la saison 1637-1638, est une sorte de réplique du *Cid.* On y retrouve un vieux gentilhomme, un noble orgueilleux, un jeune héros déchiré entre l'amour et l'honneur. Scudéry crut sans doute que sa pièce éclipsait celle de son rival. Elle n'est pourtant, au dire d'un juge très compétent, qu'un assez pauvre mélodrame.

La mode commençait à s'établir des tragi-comédies à personnages historiques. Scudéry écrivit *Eudoxe* qui met en scène Genséric, et *Andromire* où Hiéron, Jugurtha, Syphax s'efforcent de donner quelque intérêt à une œuvre médiocre. Puis il tira du roman de sa sœur, *Ibrahim ou l'illustre Bassa,* deux pièces, *Ibrahim* (1641-1642) et *Axiane* (1643). Le succès de la première fut considérable, la seconde échoua. Une fois encore, Scudéry tenta la chance et fit jouer *Arminius.* L'accueil reçu le découragea. Lorsqu'il le publia, il fit savoir qu'il n'écrirait plus de pièce et qu'il était temps pour lui de prendre du repos.

A voir combien Scudéry est resté fidèle à la tragi-comédie, on pourrait croire qu'il fut assez peu sensible à l'évolution du goût. En réalité, la date de 1635 marque dans l'histoire de son talent une sorte de rupture. Il est jusque-là très docile à l'influence d'H. d'Urfé. Il l'appelle « le Peintre de l'âme », il admire chez lui la variété des passions. « Tout y est naturel, écrit-il, et vraisemblable. » Il est également tout pénétré des idées et des hardiesses de style de Théophile. Mais surtout on discerne chez lui une véritable obsession des tours habituels de Hardy. L'étude en a été faite avec soin. Elle révèle l'abus des antithèses, des exclamations, des allusions mythologiques. Tous ces traits, à partir de 1635, ne cessent de s'affaiblir ou disparaissent entièrement.

De même, quelles que soient les faiblesses techniques de ses œuvres, quelques concessions qu'il fasse au romanesque, on remarque qu'à partir de la même date, il y a progrès dans la concentration et que les moyens les plus usés de ce genre, déguisements, enlèvements, duels se font plus rares ou disparaissent.

Les contemporains les plus exigeants faisaient grand cas de Scudéry. Balzac ne craignait pas d'écrire : « Il a je ne sais quoi de noble et de grave qui me plaît », et mettait son amitié au nombre de ses meilleures fortunes. Chapelain disait de lui : « Son principal mérite est dans son naturel, qui est beau, et s'il étoit réglé par le jugement et soutenu par le savoir, il a une vigueur qui ne le laisseroit pas entre les hommes ordinaires. »

Mais, si Scudéry réussit à gagner l'estime des doctes, la cause de ses succès n'est pas assurément dans son intelligence des règles et dans sa fidélité à les observer. Il les dut bien plutôt à un sens particulièrement éveillé de la mise en scène.

Dans la *Mort de César,* le rideau tombe à l'instant où le crime va souiller la scène, puis les meurtriers apparaissent et se retirent, le poignard à la main. Dans *Ibrahim* quatre muets sont sur la scène, tenant le fatal cordon, et, à un autre moment, des janissaires avec leurs drapeaux. Les changements de scène avaient fait, de l'aveu même de Scudéry, une bonne partie du succès de son *Prince Desguisé*. Il les multiplia. *Didon* ne comporte pas moins de onze changements de décors.

CONCLUSION

En 1642, au moment où Richelieu disparaît, les écrivains français ont un sentiment très fort et très fier des progrès que notre littérature a réalisés depuis le début du siècle. Ils ont raison. Une époque qui a produit l'œuvre lyrique de Malherbe et de Racan, de Théophile et de Saint-Amant, l'*Astrée* et le *Francion,* et par-dessus tout les grandes tragédies de Corneille, une époque d'où est sorti le *Discours sur la Méthode,* a des motifs d'être fière. D'autant plus que ces chefs-d'œuvre ne sont pas isolés. Ils naissent au sein d'une vie littéraire et intellectuelle d'une rare intensité. D'une intensité qui va grandissant d'année en année. En 1642 il existe une pléiade d'écrivains de valeur, comme on n'en a pas vu en France depuis Ronsard, et leurs œuvres sont accueillies par un public plus vaste et plus éclairé qu'à aucun moment du siècle. Le progrès est général, aussi bien des talents que des lumières. C'est ce progrès qu'il s'agit pour l'historien d'interpréter.

Il est constitué d'abord par une « régularité » plus grande. C'est là le trait le plus visible, celui dont les contemporains ont eu davantage conscience, celui qui, de nos jours, est le plus universellement reconnu par ceux qui ont étudié cette époque. Un homme de lettres, ou même n'importe quel Français cultivé, raisonne mieux en 1640 qu'en 1600, d'une façon à la fois mieux liée et plus délicate, et ce qu'il pense, il le dit avec plus de justesse et de nuances. Et c'est cela que les Français de 1640 appellent « régularité ». Le contraste est grand entre une page de valeur moyenne écrite en 1600, et une autre, de qualité équivalente, composée quarante ans plus tard. D'un côté une pensée qui procède par bonds et par boutades, une langue, colorée certes et vive, mais où le lecteur bute à chaque instant sur l'emphase ou la trivialité, sur une anacoluthe ou sur une faute de raisonnement grossière. De l'autre, une langue vigoureuse encore, mais disciplinée, nette, régulière, une façon de pensée méthodique, et soucieuse avant tout d'enchaînements impeccables.

Régularité dans la pensée et dans l'expression de la pensée. Mais aussi régularité dans la construction de l'œuvre. L'évolution qui mène le théâtre français des pièces de Hardy à celles de Corneille, est caractéristique d'un mouvement à peu près général de notre littérature. Une ode de Racan a la même structure régulière qu'une tragédie, et si les romans semblent à première vue offrir une apparence confuse, chaque épisode est construit avec le même sens de l'unité intérieure, la même netteté de dessin.

Il y a donc progrès de ce qu'il est convenu d'appeler l'art classique. Plus exactement, il y a eu progrès d'abord, puis, vers 1640, victoire complète et incontestée des principes classiques. Il est faux que ceux-ci aient attendu Boileau pour s'imposer à l'ensemble des écrivains et au public, et rien n'est plus propre à égarer l'esprit que d'appeler cette époque pré-classique. On ne saurait trouver une seule maxime de la « doctrine classique » qui n'ait été affirmée et commentée avec toute la clarté, avec tous les développements désirables aux environs de 1640, et comment s'en étonner si l'on songe que les artisans du classicisme s'appellent Balzac, Chapelain, Conrart, d'Aubignac, et qu'ils avaient fait connaître publiquement leur pensée quand Boileau venait à peine de naître ?

Mais ce progrès de la régularité, s'il est le trait le plus évident de l'époque, n'est pas le seul, ni peut-être le plus important. Celui qui domine tous les autres, c'est, chez les meilleurs de nos écrivains, la volonté de créer des modes d'expression nouveaux pour traduire des formes nouvelles de vivre, de sentir et de penser. C'est, en un mot, le modernisme de toute cette époque. Il se retrouve, on l'a vu, chez Malherbe comme chez Théophile, chez Balzac comme chez Saint-Amant, chez Corneille comme chez Descartes. Tous sont persuadés qu'il faut se libérer, non pas seulement de Ronsard et de la scolastique, mais d'une certaine manière d'admirer l'antiquité qui étouffe la force créatrice dont ils se sentent soulevés. Le classicisme, qui, au temps de Schlegel, apparaîtra à l'Europe comme une entrave au libre jaillissement de l'esprit, a été, à son début en France, liberté et jaillissement.

Ce qui masque cet effort, son importance, la vigueur avec laquelle il a été mené, c'est d'abord que la rupture avec le passé n'a pas été complète. Les poètes restent persuadés que les Anciens ont accompli une œuvre admirable, et que s'il ne faut plus les imiter servilement, il reste nécessaire de profiter de leurs exemples. Malherbe, Balzac, Théophile sont sur ce point d'accord. Et comme, Racan et Saint-Amant mis à part, ils ont fait d'excellentes études latines, cette influence des modèles anciens reste très forte, même chez les partisans les plus décidés du modernisme.

Une autre série de faits empêche de voir clairement tout ce qu'il y a de moderne dans la littérature de cette époque. Il peut sembler paradoxal en effet de parler de modernisme lorsqu'Aristote devient le tyran des lettres françaises et que des hommes bardés de latin comme Balzac et Chapelain régentent notre Parnasse. Mais il y a dans cette prétendue domination d'Aristote beaucoup d'illusion, et l'indéniable pédantisme qui est le trait fâcheux de cette époque n'est pas un pédantisme d'érudits ou ne l'est qu'en apparence. Il s'agit bien plutôt d'un pédantisme de la raison, et la *Poétique* n'y tient qu'une assez faible place. Chapelain est, sur ce point, formel. C'est au nom de la raison, et non pas au nom d'Aristote, qu'il promulgue les règles de la tragédie. D'Aubignac ne le contredirait pas, ni La Ménardière. Tous les critiques de l'époque sont, sur ce point, d'accord, et D'Alibray a pu dire que la littérature était devenue libre, parce que dans son esprit, comme dans celui de ses contemporains, c'est être libre que de n'obéir qu'aux lois de la raison.

Les lois de la raison : c'est-à-dire les lois de la nature humaine, et comment s'étonner que les écrivains français, en 1640, soient tout prêts à y obéir, quand on sait que l'objet de leur étude, c'est une connaissance plus profonde de l'homme ? Voilà encore un trait qui, bien plus que la « régularité », donne le sens de notre littérature dans ces quarante années. Elle est tout entière tendue vers une science plus riche, plus délicate, plus nuancée de tous les mouvements des passions, de toutes les singularités des mœurs, de tout ce qui permet de saisir la vraie nature de l'homme.

Le progrès sur ce point est immense. L'*Astrée* a donné le branle, et le mouvement s'est poursuivi dans les œuvres dramatiques et romanesques de l'époque. Certaines d'entre elles, qui passent aujourd'hui pour des productions de deuxième ordre, prennent une tout autre valeur si l'on y considère avant tout la finesse et la justesse des notations morales, l'enrichissement qu'elles apportent à la connaissance de l'homme, leur nouveauté au temps où elles parurent. Si l'on veut mesurer le chemin parcouru, qu'on rapproche par exemple l'œuvre de Desportes et celle de Théophile. D'un côté le développement poétique d'un certain nombre de thèmes traditionnels hérités de Pétrarque et de son école. De l'autre une connaissance vraie de l'homme et de ses passions, la femme ramenée du ciel sur la terre, objet non plus d'un culte, mais d'une recherche faite de tendresse, de désir et parfois de fureur. Le lyrisme même n'échappe pas à cette tendance, qui marque, plus profondément encore, le théâtre et le roman.

Ce qu'il y a de remarquable dans cette évolution, c'est qu'elle entraîne l'ensemble de nos écrivains dans un élan unanime. Telle est en effet la conclusion qui se dégage de cette étude. Elle contredit de la façon la plus nette les vues le plus communément admises. Il est faux qu'il y ait eu, entre 1600 et 1640, un double courant : le courant classique et celui des irréguliers. D'un côté Régnier, Théophile et Saint-Amant. De l'autre,

Malherbe et son école. Cette opposition est imaginaire, et les contemporains ne l'ont pas un instant soupçonnée. Malherbe a rencontré des adversaires. Ce sont Régnier, Hardy, Garnier. Mais Régnier est mort en 1613, Garnier représente l'ultime et vaine résistance de la montagne Sainte-Geneviève. Hardy, à partir de 1628 et sans doute trois ou quatre ans plus tôt, n'est plus qu'un vieil homme dont la jeunesse se moque. En fait, à partir de 1620, aucun écrivain des nouvelles générations ne songerait à remettre en question l'œuvre de Malherbe.

Ce qui est exact, c'est que, d'accord sur le double principe de la régularité et du modernisme, les écrivains y apportaient plus ou moins d'intransigeance. Les uns, comme Marbeuf, allaient au delà de Malherbe, et Mlle de Gournay a plaisanté le maître, dépassé par les exagérations de certains fanatiques. D'autres, au contraire, étaient soucieux d'adoucir des exigences trop sévères. Théophile entendait réserver les droits du poète à une originalité légitime, Colletet refusait de partager l'injuste mépris de Malherbe pour les grands poètes du siècle précédent, Saint-Amant voulait que le poète exploitât les ressources de la langue dans toute leur étendue, La Mothe le Vayer s'inquiétait des excès du purisme.

Mais rien, absolument rien ne permet de conclure de là à une opposition de deux écoles. Racan ne l'a jamais soupçonnée, qui lisait avec le même plaisir Malherbe et Théophile. Saint-Amant ne la soupçonnait pas davantage, qui confiait au malherbien Faret le soin de présenter son œuvre au public, et les historiens qui soutiennent l'existence des deux écoles doivent être bien embarrassés lorsqu'ils trouvent, sous la plume de Vion d'Alibray, une des définitions les plus fortes que nous ayons de l'esthétique classique. En revanche, Balzac a soutenu la conception hédoniste de l'art sans croire pour autant trahir les principes orthodoxes, et lorsque Chapelain juge Saint-Amant, il le fait avec une parfaite équité, sans rien qui indique l'hostilité d'une école pour une école contraire.

Il y a eu, à vrai dire, une querelle des règles. Mais elle porte de façon exclusive sur l'art dramatique. Elle n'intéresse aucun des poètes lyriques de l'époque. Elle commence en 1628 et se termine en 1640 par une victoire complète des « réguliers ». On ne peut même pas dire qu'elle ait opposé deux camps résolus à combattre, car le groupe de Du Ryer, le plus nombreux et le plus influent, adopta dans son ensemble une attitude conciliante. Quelques isolés seuls ont résisté. Le mot de querelle est trop fort pour marquer quelques objections assez rapidement abandonnées.

S'il n'y a pas, entre 1600 et 1640, un camp des règles et un parti des irréguliers, il ne faut pas davantage imaginer que les progrès du classicisme se sont heurtés à la double résistance du réalisme et de l'esprit romanesque. Lorsque l'excellent historien du « roman réaliste » note à la fois un progrès du réalisme et un progrès du romanesque à la même époque, le seul fait qu'il donne à ce mouvement deux caractéristiques contraires prouve qu'il n'a pas su pénétrer jusqu'au principe essentiel de l'évolution qu'il étudie. On a vu plus haut l'inexactitude du terme de réalisme, et que ni Sorel, ni Saint-Amant ne sont des réalistes. Ils développent un certain nombre de traditions littéraires qui n'ont aucun point de contact, ni par conséquent de conflit avec les principes classiques, qui ne s'y opposent pas, qui sont sur un autre plan, celui de la matière de l'art et non pas celui de la forme et de l'expression. Saint-Amant était de l'Académie, ses intimes amis Faret et Vion d'Alibray étaient de zélés partisans des règles, et il n'existe pas un texte qui permette de penser que les contemporains ont senti une opposition entre les maximes de Balzac ou de Chapelain et le *Francion* ou le *Gascon extravagant*. Chapelain n'a désavoué sa traduction de *Guzman d'Alfarache* que pour la barbarie de sa langue. Il n'a pas cessé de trouver fort agréables les romans picaresques.

Par contre il existe un authentique réalisme, qui apparaît dans les *Bergeries* de Racan, dans les comédies de Corneille, dans certains romans. Mais ce réalisme-là, qui est un des traits les plus importants de l'époque, n'est nullement associé à l'esthétique classique. André Mareschal, l'auteur du roman le plus authentiquement réaliste de toute cette période, est un des rares écrivains qui aient opposé une résistance sans faiblesse aux exigences des « réguliers ».

Plus irréelle encore est l'opposition qu'on imagine entre l'esprit classique et l'esprit romanesque. En dehors de Charles Sorel, fanatique ennemi de toute poésie, toute l'époque est romanesque. A commencer par Malherbe qui mettait l'*Aminta* au sommet de la littérature moderne et qui avait fait une étude particulière de la pastorale italienne. Tous les poètes ont l'imagination hantée par les tendres amants d'Héliodore et par les héros de l'*Amadis*. Tous rêvent d'enlèvements, de travestis, d'aventures héroïques, d'amours passionnées. Racan est romanesque, qui a écrit les *Bergeries*. Gomberville, malherbien de la plus stricte observance, est romanesque. Par-dessus tout, l'hôtel de Rambouillet, le lieu de France où les noms de Malherbe, de Chapelain et de Balzac sont l'objet de la plus grande vénération, est aussi celui où l'esprit romanesque règne de la façon la plus absolue. Aussi bien, ce sont les mêmes écrivains qui ont fait jouer, tantôt des tragi-comédies romanesques, tantôt des tragédies de type « classique », passant indifféremment de l'un à l'autre genre, sans avoir un instant le sentiment de quitter une école littéraire pour une école opposée.

Il n'existe donc pas deux clans contraires, rien qui rappelle le choc des classiques et des romantiques entre 1820 et 1830, rien même qui puisse se comparer à l'hostilité décidée des milieux littéraires à Racine et à Boileau après 1670. La chapelle malherbienne a certes existé, entre 1620 et 1627 surtout, et elle s'est prolongée après la mort du maître, groupée autour de Chapelain et de Balzac. Mais elle est seulement le noyau solide, le centre de convictions plus fermes et plus exigeantes, au milieu d'une société qui ne résiste pas et ne demande guère qu'à se laisser entraîner.

Ce que l'histoire constate par contre, c'est l'existence d'un certain nombre de tendances qui se font jour à travers le siècle et qui agissent avec une intensité diverse sur les divers écrivains. On en a déjà relevé plusieurs : tendance à la régularité, à l'observation morale, à la modernité de l'expression. Il en existe d'autres. D'abord une attention scrupuleuse attachée aux détails les plus infimes de la forme. Les écrivains de l'époque de Richelieu ne sont pas seulement « réguliers ». Ils sont animés d'un souci extrême de correction, de pureté, de délicatesse. Ils n'emploient qu'en tremblant les mots les plus authentiques de la langue, craignant toujours de manquer à une exigence des « doctes », de violer l'un de leurs arrêts. Cette tendance, nous l'avons observée, à l'aube même du siècle, chez des ennemis de Desportes restés d'ailleurs inconnus. Elle est donc antérieure à l'arrivée de Malherbe à Paris. Elle existe indépendamment de lui. Elle se développe près de lui dans des cercles qui lui restent pourtant étrangers, comme celui de Piat Maucors. Elle persiste après lui, au point que Des Marests, en 1633, croira nécessaire de protester contre ses excès. En fait, tous les écrivains ont été plus ou moins marqués par elle. Théophile a refait, vers par vers, ses poésies de débutant, comme Montchrestien a refait vers par vers ses tragédies, comme Jean de Schélandre a refait vers par vers les parties de *Tyr et Sidon* qu'il remit à la scène en 1628. Ceux que les historiens appellent les réguliers sont ceux qui ont été plus fortement marqués. Mais à part des attardés comme Garnier ou Hardy, nul n'a échappé aux exigences de ce qu'on appelle alors d'un mot nouveau le purisme.

En second lieu, des façons de penser de plus en plus abstraites. Sur ce point, l'évolution avait commencé bien avant le siècle. Desportes est plus abstrait que Ronsard, et la poésie de Bertaut se définit, on l'a vu, par son caractère tout intellectuel. Le mouvement se poursuit de 1600 à 1640. La langue poétique de cette époque, si on la compare d'un côté à celle de la Pléiade, de l'autre à celle des Romantiques après les *Orientales*, est d'une extrême abstraction.

Cependant un double mouvement se produisit en sens inverse. D'une part, sous l'influence conjuguée de Régnier, de d'Esternod peut-être, des Bernesques italiens et de la peinture contemporaine, Saint-Amant se fit le champion d'une poésie haute en couleurs et du pittoresque le plus savoureux. De l'autre, Saint-Amant encore, mais cette fois associé à Tristan, à Scudéry, à Malleville, trouva dans Marino les modèles d'une poésie des formes plastiques assez semblable à ce que sera, au XIX⁰ siècle, « l'école de l'Art ». Mais ces poètes mêmes n'échappent pas à l'évolution générale. Ils restent beaucoup plus abstraits que le poète italien. Il n'est pour s'en convaincre que de comparer les parties descriptives des *Sospiri d'Ergasto* aux *Plaintes d'Acante* qui les imitent.

Enfin l'époque de 1600 à 1640 marque une confiance de plus en plus grande dans les recettes de la technique. Elle croit encore un peu, mais de moins en moins, à l'inspiration et à l'enthousiasme. Elle croit fort, et de plus en plus, à l'efficacité des règles. C'est ce qui explique sans doute l'importance que prend la critique littéraire à partir de 1630. Importance vraiment excessive si l'on songe que Chapelain, Balzac, Conrart, Ménage, d'Aubignac, La Ménardière exercent une espèce de tyrannie sur les écrivains. L'abus devint si visible que Racan jugea bon d'élever une protestation en pleine Académie. Mais que pouvait-il contre cette invasion du pédantisme ?

Car il faut prononcer le mot. Les historiens de la littérature classique n'ont pas assez nettement distingué d'une part l'effort de régularité, de modernisme, de vérité, qui fait de cette époque une des plus fécondes de notre histoire littéraire, et les excès d'un pédantisme qui s'étala dans toute sa malfaisance au cours de la querelle du *Cid*. Lorsque Descartes ou Vion d'Alibray définissent l'œuvre d'art comme un tout organique, lorsque Chapelain oppose une esthétique de l'unité à une esthétique de la diversité, ils défendent une thèse essentielle à l'art classique. Mais lorsque D'Aubignac reproche à Corneille le 'IV' acte d'*Horace* parce que le meurtre de Camille est contraire aux règles, que fait-il que d'imposer au génie les servitudes de son pédantisme ?

Si trop souvent les historiens de cette époque ont mis au centre du tableau qu'ils en dressaient une prétendue école classique se développant parmi les tendances anarchiques et contraires, c'est qu'ils étaient dominés par certains préjugés d'origines diverses.

On ne saurait trop fortement insister sur le rôle qu'un certain dogmatisme, issu de Boileau et de Sainte-Beuve, a joué dans la formation de nos jugements et dans l'image que nous nous sommes construite de l'école française classique. Mais faut-il rappeler le caractère partisan des anathèmes et des admirations de Boileau ? Faut-il, après Marcel Proust, redire que Sainte-Beuve, si intelligent pourtant et si fin, n'a jamais su se libérer des étroitesses du goût pseudo-classique, et qu'il goûtait, bien plutôt que les œuvres d'une authentique grandeur, les talents médiocres, les fausses élégances, les délicatesses un peu mièvres ? On ne peut lui demander de juger avec équité Théophile ou Saint-Amant, et de voir pleinement la médiocrité de Mainard. Sainte-Beuve a conçu le classicisme comme un ordre, alors qu'il était avant tout une volonté de créer. Toutes ses vues sur la formation de notre littérature classique ont été viciées par cette première et fondamentale erreur.

Préjugé d'ordre politique autant que littéraire. Trop d'historiens affirment une relation directe entre l'établissement de la monarchie absolue et le développement de notre littérature classique. L'existence d'un pouvoir fort leur semble une condition suffisante pour l'épanouissement de la vie littéraire. Le classicisme est d'abord pour eux un ordre. Cet ordre dans les lettres leur paraît lié à un ordre analogue dans la vie politique.

L'histoire de notre littérature entre 1600 et 1640 prouve l'absolue fausseté de ces vues. C'est pendant l'époque d'anarchie des derniers Valois que le pouvoir royal a patronné les lettres françaises, et les écrivains se sont sentis négligés par Henri IV. L'ordre qui s'établit alors n'a inspiré que des œuvres froides et mortes. S'il est pour quelque chose dans le développement de notre littérature, c'est pour l'emphase et le mensonge de la poésie d'apparat. Malgré le soin attentif que Richelieu porte à notre littérature, son intervention, lorsqu'elle est directe et s'affirme comme un ordre, n'exerce aucune influence salutaire sur le mouvement des lettres. Des genres très vivants, le lyrisme, le roman, se développent en dehors de lui, et s'il agit sur le théâtre, c'est lorsqu'il a failli étouffer le seul écrivain de génie dont son époque pût s'enorgueillir. On ne voit guère que des D'Aubignac et des La Ménardière qui puissent se sentir à l'aise sous ce régime étouffant. Le seul fruit que la tyrannie puisse produire dans le domaine de la littérature, c'est l'académisme. On l'avait bien vu dans l'Italie du Concile de Trente. On allait le revoir sous Louis XIV. Il n'a pas dépendu de Richelieu qu'il en fût de même sous son ministère. C'est l'honneur des écrivains français d'être restés fidèles à leur idéal de liberté et d'avoir, sans vaine ostentation, sans opposition partisane, maintenu les droits de la pensée libre. Il serait paradoxal d'attribuer à la tyrannie le mérite d'une vie intellectuelle que la liberté seule avait animée et soutenue.

Au reste, s'il n'existe aucune raison de rapprocher *l'ordre* des lettres classiques et *l'ordre* politique, il est exact que des relations de toutes sortes se discernent entre l'évolution politique et l'histoire littéraire. Le retour de la paix en 1598 a déterminé, on l'a vu, une renaissance immédiate de la poésie et du roman. La protection accordée aux gens de lettres par Richelieu leur donna un sentiment nouveau de leur dignité et les encouragea à produire. Mais surtout l'atmosphère de tension morale, de volonté conquérante, d'orgueil national qui règne à partir du moment où Richelieu prit en main des rênes jusqu'alors flottantes, agit puissamment sur les écrivains. Le moindre des hommes de lettres eut dès lors le sentiment exaltant d'appartenir à un grand peuple, de participer à une œuvre historique. Les Académiciens entrevirent le moment où notre langue, portée en avant par nos armées victorieuses, serait la langue du monde civilisé. Ce n'était qu'un rêve. Pas même un beau rêve, puisqu'il supposait réalisés des plans d'hégémonie militaire. Mais ceux qui le faisaient se trouvaient soulevés au-dessus de leur médiocrité naturelle, et bénéficiaient du puissant élan dont la nation tout entière était animée. L'écrivain français de 1640 a des pensées plus grandes qu'en d'autres temps, un mépris plus senti de tout ce qui est lâche et médiocre. Dans cette atmosphère, *Horace* et *Polyeucte* ont pu naître. C'est là, et non pas dans un ordre prétendu, que l'action de Richelieu s'est révélée d'une magnifique efficacité.

Mais plus grave, plus profonde que des illusions littéraires ou politiques, la théorie courante sur la formation de l'école classique repose sur l'antique illusion qu'il existe des valeurs universelles, qu'elles s'imposent aux hommes de tous les temps et de tous les climats, dès que leurs intelligences ont été dégagées des préjugés qui les encombrent et des passions qui les troublent. L'histoire de l'école classique apparaît ainsi comme la victoire progressive d'une doctrine de valeur éternelle et absolue, la victoire d'un *ordre,* sur les formes diverses de désordre qu'incarnent le romanesque et la trivialité réaliste. Exprimée ou seulement sous-entendue, cette théorie est le fondement de toutes les interprétations historiques du classicisme.

On a vu quelle violence il fallait faire aux textes les plus clairs et aux faits les plus certains pour présenter de cette manière l'histoire de notre littérature au début du XVII⁰ siècle. La réalité est en effet totalement différente et le mouvement des lettres françaises s'explique, non par un principe idéal, antérieur et supérieur aux faits de l'histoire, mais par les forces diverses, sociales, politiques, intellectuelles, qui déterminent, pour chaque écrivain, le sens de son activité. Notre littérature entre 1600 et 1640 peut être considérée comme le produit d'un moment de l'esprit français, et par conséquent comme l'expression de la nation, et des classes sociales qui la composent.

Il serait vain en effet de prétendre qu'il existe à cette époque une classe sociale qui assure, à elle seule, la direction du mouvement littéraire. La France de Louis XIII présente une sorte d'équilibre, ou si l'on veut, de partage entre l'aristocratie et la bourgeoisie. Ce qui est vrai de la vie politique ne l'est pas moins des belles-lettres.

L'influence persistante des traditions féodales apparaît sur plusieurs plans. Il en est un qui appartient à peine à l'histoire littéraire, et dont il faut pourtant parler. Sorel nous a dit que la jeunesse de son temps se nourrissait des vieux romans, des aventures des paladins, et s'enflammait pour les gorgiases infantes arrachées aux monstres par les chevaliers errants. Attachons à cette indication le prix qui convient. Beaucoup plus qu'on ne le croirait, les hommes raisonnables et éclairés du XVII° siècle sont restés en contact avec la littérature féodale, et donc avec les formes de pensée du monde féodal, avec les réalités politiques de la féodalité. Lorsqu'à la fin du XVIII° siècle, des penseurs d'Angleterre, d'Allemagne et de France nous présenteront l'Europe du Moyen Age comme le type idéal de la civilisation, ils ne feront que ramener à la lumière une tradition qui avait continué de vivre obscurément à travers les siècles classiques (1).

Quand un collégien comme Sorel s'enchante à la lecture de l'*Amadis* ou du *Roman de Perceforest*, il n'est qu'un petit bourgeois qui s'évade dans un monde étranger à sa classe. Mais à l'époque d'Henri IV et de Louis XIII, il existe encore une aristocratie puissante, riche, et qui n'est pas toujours fermée aux choses de l'art. L'*Astrée* est le type même d'une œuvre écrite pour elle. Mieux encore, une œuvre écrite par l'un des siens,

---

(1) C'est ici le lieu de signaler un excellent ouvrage de publication récente, Nathan Edelman, *Attitudes of XVIIth century France toward the Middle Age*, New York, 1946.

par un ancien ligueur, fidèle aux traditions de sa classe. Le succès de l'*Astrée* et son immense influence ont prolongé l'existence d'une littérature aristocratique, et par conséquent de manières non-bourgeoises de sentir et de juger. Avec cette réserve essentielle d'ailleurs, et qu'on a eu soin de faire déjà, qu'Honoré d'Urfé, comme Montemayor, exprime l'idéal d'une aristocratie toute pénétrée d'humanisme, ouverte aux influences libératrices de la Renaissance.

On a pu observer que parmi les protecteurs des lettres figurent en nombre des grands seigneurs fermement attachés à leurs privilèges et à leurs traditions. Le marquis de Rambouillet et le comte de Belin appartiennent au clan politique de Marie de Médicis, c'est-à-dire à ce qu'on appellerait aujourd'hui le clan réactionnaire. Voilà qui éclaire le goût du romanesque qui paraît à l'Hôtel de Rambouillet, l'atmosphère d'héroïsme et de galanterie qu'on y respire. Le comte de Guiche, Saint-Aignan, Montauzier sont des féodaux et la littérature romanesque est celle qu'ils peuvent le plus aisément goûter pour cette raison qu'elle est, en partie du moins, une littérature féodale.

De 1625 à 1640, l'inspiration romanesque s'affirme avec une force de plus en plus grande. Elle apparaît dans le roman, dans le théâtre, et dans les formes archaïques de poésie qui connaissent, à partir de 1635, un regain de vogue inattendu. Si l'on entre dans le détail, si l'on observe l'évolution de chacun des genres, on constate les mêmes progrès de l'esprit romanesque. La *Cythérée* de Gomberville, en 1640, est beaucoup plus romanesque que les œuvres précédentes du même écrivain, et les historiens italiens et espagnols observent, chez eux, un développement analogue. Ou bien encore le romanesque se transforme. Le romanesque de l'*Astrée* était, pour la plus grande part, de caractère idyllique. Celui qui domine dans les romans épiques de 1640 est un romanesque de chefs de guerre.

Ce fait, qui serait inexplicable si le mouvement littéraire se développait dans l'empyrée de la pure esthétique, apparaît au contraire comme naturel si l'on se rapporte à l'évolution politique et sociale de l'Europe. La politique de réaction qui triomphe partout, qui partout rétablit les vieilles hiérarchies, renforce sans doute les positions de l'aristocratie. Richelieu même, s'il brise les résistances des féodaux au pouvoir central, les confirme en revanche dans leur puissance sociale dès qu'ils lui restent dociles. Au surplus, la guerre européenne rend à l'aristocratie militaire le moyen de s'affirmer comme la première des classes sociales. Elle exalte les vertus militaires, qui sont les vertus féodales. Elle restitue le goût de la bataille, le culte du chef, la fraternité de combat, la morale de la bande. Quoi d'étonnant si, en 1640, le roman épique et les formes nouvelles de la tragi-comédie exaltent le héros guerrier et galant, le héros féodal ? Ce n'est pas l'anarchie de la Fronde qui a provoqué une explosion du romanesque. C'est, en France, la politique réactionnaire de Richelieu, et la guerre européenne qui ont, à partir de 1625 et plus encore à partir de 1635, provoqué un développement continu et puissant d'une littérature d'inspiration aristocratique et féodale.

Dans le domaine du lyrisme, le cercle de la reine Marguerite a également contribué à maintenir la tradition aristocratique. La reine Marguerite avait favorisé la Ligue. Elle s'entoura d'écrivains qui étaient, non pas tous, mais en majorité, des nobles et d'anciens combattants des guerres civiles. C'est ce qui explique sans doute sa fidélité, à la fois, aux doctrines platoniciennes et aux formes littéraires du siècle écoulé. Jean de Lingendes, dont l'œuvre poétique répond si exactement aux goûts de la Reine, appartenait à une famille fort engagée dans la réaction catholique, et ses protecteurs étaient les Nevers, c'est-à-dire une des familles princières qui représentaient le plus purement la tradition féodale.

Telles sont, dans la variété de leurs aspects et la complexité de leur action, les forces sociales d'origine aristocratique qui ont agi sur le développement de notre littérature entre 1600 et 1640. Parallèlement, d'autres forces agissaient, issues de la bourgeoisie. Mais lorsqu'on prononce ce mot, il faut préciser que la bourgeoisie dont il est question, n'est ni financière, ni industrielle. Le moment n'est pas venu où les financiers s'occuperont de belles-lettres. Ils le feront bientôt, au temps de Mazarin, davantage sous Louis XIV, et n'agiront sur le mouvement littéraire qu'au XVIII⁺ siècle. La bourgeoisie industrielle apparaîtra plus tard encore. Lorsqu'on parle de bourgeois, on a en vue les officiers royaux, les Parlementaires, les gens du Palais, les avocats. Classe nombreuse, puissante dans son ensemble, consciente d'être l'appui le plus ferme de l'Etat, et qui est sans doute, avec un certain clergé issu d'elle, la classe la plus instruite et la plus éclairée du royaume.

Que la plupart des gens de lettres soient sortis de cette classe, on s'en est aperçu au cours de ce livre. Ce n'est pas seulement l'auteur de *Francion* qui est un bourgeois. C'est Colletet, Malleville et L'Estoille, c'est Chapelain, Conrart et Balzac. C'est Voiture. C'est l'immense majorité des gens de lettres. Cette importance numérique de la classe bourgeoise va croissant. On trouve encore, vers 1600, des hobereaux qui publient des romans après avoir fait la guerre. En 1640 des poètes qui se vantent des exploits de leur épée aussi volontiers que des succès de leur plume, comme Scudéry ou Loubayssin de la Marque, sont des bizarres qui font rire.

Chacun des traits qui définissent le mouvement littéraire de l'époque répond à quelque aspect de la mentalité bourgeoise. Il est naturel que l'idée moderniste inspire une classe sociale qui n'existe que dans la mesure où elle rompt avec le passé, où elle libère l'homme des traditions et de leurs servitudes. Il est naturel qu'une bourgeoisie de fonctionnaires et d'hommes de loi adopte des formes de pensée abstraites, et qui tendent à la généralité par l'abstraction. Il est naturel que cette bourgeoisie mette sa confiance en la raison, en une raison qu'elle conçoit d'ailleurs comme universelle et comme normative à la façon d'une loi. Il est naturel qu'elle mette sa confiance dans des règles poétiques précises et dans une technique poétique qui correspondent exactement aux règlements et aux lois qu'elle a mission de faire appliquer. Il est naturel qu'elle attache le plus grand prix aux qualités de clarté, de logique, de régularité dont elle fait pour son compte un exercice quotidien. La littérature de 1640, dans la mesure où elle ne s'inspire pas de la tradition aristocratique, est une littérature de fonctionnaires, de parlementaires et d'hommes de loi.

Tous ces traits sont essentiels à la mentalité bourgeoise, et si beaucoup de bons esprits sont portés à croire que notre littérature classique possède des vertus d'une valeur absolue et indépendante des péripéties de l'histoire, c'est que ces traits se retrouvent dans tous les siècles et tous les pays où une classe de légistes se substitue à une aristocratie familiale et militaire. Ils ne voient pas que déjà une bourgeoisie industrielle a fait naître, au XIXᵉ siècle, un type de littérature irréductible au type classique, et que demain une société dont l'élément dominant sera, non plus l'homme de loi et le fonctionnaire, mais celui qui travaille et qui crée, déterminera l'éclosion d'une littérature nouvelle, différente des précédentes non par quelque caractère secondaire, mais dans son essence même.

La bourgeoisie française, en 1640, présente au surplus deux traits particuliers qui s'expliquent par les conditions du développement historique. Ces traits se retrouvent dans la littérature de l'époque. En même temps que la partie cultivée de la noblesse, la bourgeoisie se forme maintenant dans les collèges des Jésuites. Elle y reçoit une instruction fondée sur l'humanisme. Elle est nourrie de la pensée et de l'art antiques. Une pensée privée d'ailleurs de sa valeur révolutionnaire. Un art dont on met surtout en relief les procédés. Il n'en reste pas moins que les gens de lettres aussi bien que le public qui les lit sont nourris de Cicéron, d'Horace et Virgile, qu'ils apprennent les règles de l'éloquence dans le *Brutus* et dans les *Institutions oratoires*, et les règles de la poésie dans les modèles latins.

D'autre part cette bourgeoisie a pris pour maîtres de sa pensée Erasme et Montaigne. Deux maîtres dont pourtant les leçons diffèrent fort, et qui peut-être se contredisent sur l'essentiel. On ne veut voir que la partie commune de leur doctrine. Voilà pourquoi notre littérature de 1640 est entièrement dominée par la préoccupation de l'homme. C'est l'homme qu'elle a pris pour objet, et c'est l'idée de la dignité humaine qui l'anime et lui confère tant de grandeur et de noblesse. Elle n'est jamais lasse d'observer les mouvements des passions, elle s'intéresse même aux mœurs étranges des peuples lointains. Mais en même temps elle croit qu'il existe une hiérarchie des facultés, des valeurs humaines qu'on ne discute pas. Elle forme de l'homme un idéal où dominent la raison claire et la volonté libre. En ce sens encore, notre littérature entre 1600 et 1640 est un humanisme.

Entre ces deux courants, aristocratique et bourgeois, n'imaginons pas qu'il y ait eu opposition. De même que, dans la vie sociale, nobles et roturiers se coudoient et souvent se mêlent, de même la mentalité bourgeoise et la tradition aristocratique se combinent sans se heurter. Les écrivains d'origine bourgeoise sont sensibles aux valeurs romanesques, et grâce à elles, ils échappent aux périls de l'esprit bourgeois, trop tenté, hélas, de devenir abstraitement logicien et légaliste. En revanche, la littérature romanesque s'adapte à l'esprit moderne, acquiert un souci de vérité humaine et des délicatesses qu'elle ne soupçonnait pas un siècle plus tôt. On ne voit guère que Sorel qui ait été avec acharnement hostile à toute idée d'origine aristocratique. Encore son Francion est-il fier d'être de bon lieu et n'a-t-il que mépris pour les marchands.

C'est l'union harmonieuse de ces deux formes qui définit notre littérature classique en 1640, et non pas un ordre abstrait, obtenu par la réduction d'un désordre antérieur. Harmonie au contraire qui s'établit entre des forces diverses, et qui par conséquent modifiera ses aspects d'année en année, en même temps que se modifieront les forces sociales qu'elle traduit. La littérature de l'époque suivante n'exprimera, ni un progrès ni un recul d'un prétendu ordre classique, mais des rapports nouveaux de forces, l'évolution des classes sociales, des conditions politiques et des systèmes de pensée qui y correspondent.

Notre littérature, en cette première partie du siècle, apparaît ainsi plongée en pleine histoire. Elle n'en est pas pour cela moins digne de notre admiration. Elle se révèle, libérée de toute vue dogmatique, dans toute sa force créatrice et son élan. Elle est l'expression d'un moment de la nation. Elle a les qualités de notre peuple : le souci de la vérité, l'exactitude de l'observation morale, un sens très vif de la liberté. Elle a ce que l'étranger souvent nous refuse, et qui est pourtant si essentiel à la vraie pensée française : le sérieux passionné, une sorte d'inquiétude à pousser toujours plus loin la connaissance de l'homme, à satisfaire de façon toujours plus parfaite un besoin profond de clarté, une lucidité cruelle à la fois et courageuse, un pessimisme décidé sur les hommes, et une foi inébranlable dans l'homme. C'est notre fierté de penser qu'à l'aube de l'époque classique, notre pays ait donné au monde Corneille et Descartes.

NOTE BIBLIOGRAPHIQUE

On dispose, pour l'étude de notre littérature au XVIIe siècle, des instruments de travail suivants :

1° *Période antérieure à 1921.* G. Lanson, *Manuel bibliographique de la littérature française moderne.*

2° *Période 1921-1935.* Jeanne Giraud, *Manuel de bibliographie littéraire*, Paris, 1939, (répertoire à peu près complet des livres et articles parus en France et à l'étranger sur l'histoire littéraire des XVIe, XVIIe et XVIIIe siècles).

3° *Période 1936-1939*, la chronique publiée par la *Revue d'histoire littéraire de la France.*

Pour les années suivantes, on se trouve réduit à des moyens de fortune.

La Revue d'histoire littéraire, sous la direction de M. J. Pommier, a repris la publication de sa chronique.

Quelques répertoires fournissent sur les écrivains d'utiles notices :

Baillet, *Jugement des Savants*, 1685-1686 et rééd. successives.

Goujet, *Bibliothèque des Savants,* 18 volumes, 1740-1756.

F. Lachèvre, *Bibliographie des recueils collectifs,* 5 vol. 1901-1922.

INDEX DES NOMS CITÉS

Les chiffres en gras indiquent les passages où la personnalité citée fait l'objet d'une étude particulière.

Bartolommei, 543.
Basin (Simon), 431.
Bassompierre (maréchal de), 49,
222, 335, 347, 356, 358.
Baudelaire, 373.
Baudoin, 217, 232, 401, 407, 506.
Bauldry, 473.
Baussays (de), 438.
Bautru (comte de), 216, 218, 238,
298, 335.
Bayle, 230.
Beauchamps, 508.
Beauchasteau, 461.
Beauclère, 99, 100.
Beaupré, 461.
Beauregard (de), 529.
Beeckmann, 323.
Béguin (Marguerite), 462.
Behourt, 185.
Belin (comte de), 452, 462, 465, 466,
467, 569, 571, 590.
Bellan, 98, 407.
Belleforest, 101, 120.
Bellegarde (Roger de), 27, 36, 47,
50, 386, 392, 419.
Bellegarde (duchesse de), 337.
Bellemore, 461, 504.
Bellerose (Pierre Le Messier, dit),
171, 458, 459, 463, 482, 502.
Bellerose (Nicole Gassot, dite la),
394, 459.
Belleville, cf. Turlupin.
Belloni, 403.
Bélurgey (Claude), 309, 310.
Bembo, 129, 130.
Bénésin, 439.
Bensserade (Isaac de), 382, 384,
390, 394-396, 459, 499, 544.
Bentivoglio, 238, 255.
Bergerac (Cyrano de), 371, 547.
Bergeron, 251.
Bergh (Elisabeth de), 371.
Béringhen (Mme de), 347.
Bernardin (N.-M.), 369, 371.
Berni, 61, 67, 379.
Bertaut, 4-8, 10, 12-16, 18, 19, 22-24,
30, 33, 34, 36, 40, 41, 44, 45, 52, 54,
55, 65, 69, 80, 85, 98, 103, 105, 359,
369, 482.
Berthelot, 29, 37, 40, 47, 59, 60, 63,
64-65, 73.

Bérulle (cardinal de), 301, 320, 324,
326, 327, 357, 404.
Besançon, 208.
Béthune (comte de), 65.
Beys, 99, 434.
Billard (Claude), 20, 56, 181, 182,
185, 186, 189, 194,
Bilot, 377.
Binet (Claude), 53.
Biondi, 398, 418.
Blanchemain (Prosper), 74.
Boccace, 101, 118, 196, 399, 406, 421,
Boïardo, 44.
Boileau (Gilles), 234, 235.
Boileau-Despréaux, 208, 234, 236,
414, 578, 586.
Boisrobert, 46, 47, 89-91, 93-95, 98,
99, 144, 151, 215-219, 223, 224, 231,
232, 238, 261, 280, 333, 338, 344,
348-349, 350, 351, 358, 398, 447, 464,
467, 474, 516, 549, 563.
Boissat, 62, 73, 228, 341, 377, 380,
392.
Boissières, 25.
Bonarelli, 381, 430, 435, 436, 570.
Bonfons (Nicolas), 3.
Bonnaire (Marie de), 566.
Bonnet, 62, 98.
Bordier, 50.
Borée, 424.
Bosquet, 188.
Bossuet, 19, 290.
Bouchard (J.-G.), 293, 296, 301.
Boucher (Guillaume), 140, 141.
Bouillon (Frédéric-Maurice de La
Tour, duc de), 371.
Boulliau (Samuel), 295, 298.
Bounyn, 182.
Bourbon (Nicolas), 254, 286, 288,
292, 293, 301.
Bournier (Etienne), 120.
Bourzeys, 225, 237, 377, 408.
Bouteroue, 3.
Bracciolini, 159.
Brantôme, 166.
Bray (R.), 439.
Bridard, 439.
Briguelle, 176.
Brinon, 188.
Brissac (duc de), 155.

603

Malespini (Celio), 407.
Malherbe, 16, 18, **23**, 25, **26-43**, **44**, 47, 49-53, **54-57**, 59, 65, 69-73, 78-80, 82-86, 88, 90, 91, 97, 99, 100, 115, 133, 189, 202, 204, 208, 213-215, 223, 228, 231, 236-238, 246, 248, 249, 253, 254, 260, 264, 266, 275, 283, 330, 332, 336, 338, 340, 342, 344, 345, 350, 356, 362, 368, 369, 374, 386, 419, 577-579, 583, 584.
Mallarmé, 373.
Malleville (Cl. de), 25, 92, 99, 100, 214, 221, 222, 223, 240, 266, 333, 339, 343, **356-360**, 362, 364, 365, 368, 369, 380, 382, 383, 389, 585.
Malvezzi, 381.
Mantzius (K.), 461.
Manzini, 398.
Marbœuf, 99, 339, 340, **474**, 581.
Marcassus, 99, 339, 340, 400, 430, **438**.
Marchier, 360.
Marcilly (de), 144.
Mareschal (André), 46, 47, **156**, 405, 425, 428-434, 436, 439, **448**, **449**, 474, 484, 559-561, 566, 571, 582.
Marigny, 390.
Marillac (maréchal de), 226, 273, **486**.
Marini (G.-A.), 418.
Marino (G.-B.), 35, 40, 63, 93, 95, 98, 113, 127, 214, 223, 233, 236, 359, 368, 372, 379, 380, 431, 509, 542, 574.
Marivaux, 482.
Marolles (Mlle de), 389.
Marolles (abbé de), **51**, 99, 100, 171, 177, 198, 260, 339, 340, 342.
Marot (Clément), 58, 59, 61, 267, 368.
Marsin (comtesse de), 272.
Marteau (Colombe), 360.
Martelli (Vincenzo), 174.
Martial, 29, 49, 50.
Martinon (Ph.), 22.
Marty-Laveaux, 536.
Materot (Lucas), 44.
Mathieu, 106.
Mathieu (Pierre), 181.
Maucors (Piat), 99, 220, 249, 339, 340, 342, 357, 584.

Mauduit (J.), 345.
Mauduit (Louis), 55, **343-345**, 355, 454, 474.
Mauro, 68, 174, 391.
Mayenne (duc de), 105.
Mazarin, 273, 293, 396, 473, 496, 569, 592.
Médicis (Catherine de), 9.
Médicis (Marie de), 25, 27, 35, 37, 65, 89, 179, 216, 242, 273, 346, 508.
Mellay, 18.
Mellan (Claude), 319.
Ménage, 51, 59, 231, 234, **277-279**, 280, 289-290.
Ménandre, 294.
Ménard (Fr.), 22, 47.
Mendoza (Hurtado de), 107, 390.
Mercier, 468.
Méré, 268.
Mérigon (Pierre), 208.
Mersenne (R.-P.), 85, 297, 298, 320, 325, 332.
Mervesin (Abbé), 470.
Meslier (Mathias), 459.
Mesmes (Président de), 286, 310, 386.
Mesmes (Henri de), 382.
Mesmes (Claude de), *cf.* Avaux.
Métaphraste, 542.
Mézières (Mlle de), *cf.* Clermont.
Méziriac, 340.
Michel-Ange, 95, 475.
Michelet, 508.
Milet (Mlle), 471, 478.
Moisset, 253.
Molé (Mathieu), 301.
Molière, 78, 180, 256, 258, 472, 561.
Molière d'Essertine, 99, 159, **160-161**, 215, 339, 340, 420.
Mollinet, 21.
Monfuron (J. Nicolas Garnier de), 46, 99.
Mongrédien, 462.
Monrabe (Président de), 49.
Montaigne, 52, 72, 87, 298, 313, 314, 322, 326, 332, 421, 593.
Montalvan, 399, 408, 418.
Montalvo, 119, 126.
Montauzier, 265, 266, 269, 283, 346, 392, 403, 590.

609

TABLE DES MATIÈRES

Première partie : 1600-1627

CHAPITRE PREMIER. — La Poésie.

CHAPITRE II. — Le Roman.

CHAPITRE IV. — Le Roman.

CHAPITRE V. — Le Théâtre.

ACHEVÉ D'IMPRIMER SUR LES PRESSES
DES NOUVELLES ÉDITIONS DU BERRY
A CHATEAUROUX, LE 15 NOVEMBRE 1956

115. — 4ᵉ trimestre 1956. — Editeur n° 61